国家出版基金项目
NATIONAL PUBLICATION FOUNDATION

中国物理教育研究丛书

郭玉英 主编

魏 昕 著

中学物理能量学习进阶研究

ZHONGXUE WULI NENGLIANG XUEXI JINJIE YANJIU

GEP 广西教育出版社
南宁

图书在版编目（CIP）数据

中学物理能量学习进阶研究／魏昕著．—南宁：广西教育出版社，2016.12（2019.7 重印）
（中国物理教育研究丛书／郭玉英主编）
ISBN 978－7－5435－8216－3

Ⅰ.①中… Ⅱ.①魏… Ⅲ.①中学物理课—教学研究 Ⅳ.①G633.72

中国版本图书馆 CIP 数据核字（2016）第 320832 号

策　　划　黄敏娴　黄力平
责任编辑　潘　安
装帧设计　刘相文
责任校对　杨红斌　何　云
责任技编　胡庆团
封面题字　李　雁

出 版 人：石立民
出版发行：广西教育出版社
地　　址：广西南宁市鲤湾路 8 号　　邮政编码：530022
电　　话：0771-5865797
本社网址：http://www.gxeph.com
电子信箱：gxeph@vip.163.com
印　　刷：广西民族印刷包装集团有限公司
开　　本：787mm×1092mm　1/16
印　　张：16
字　　数：238 千字
版　　次：2016 年 12 月第 1 版
印　　次：2019 年 7 月第 2 次印刷
书　　号：ISBN 978－7－5435－8216－3
定　　价：35.00 元

序

20 世纪 90 年代，广西教育出版社出版了《学科现代教育理论书系·物理》，由我的导师阎金铎教授担任主编，在物理教育领域产生了重要影响，已经成为本学科专业发展的里程碑。二十多年过去了，随着新世纪中国基础教育课程改革的全面推进，物理教育研究呈现出前所未有的繁荣景象，涌现出丰富的研究成果。当 2014 年该社提出要我组织编写一套《中国物理教育研究丛书》，汇集新时期的标志性成果时，我认为这是一个现实与历史意义兼具的重要选题，同时也感到是一个非常艰巨的任务，责任重大。

我国的物理教育有研究与教学紧密结合的优良传统，许多优秀的中学物理教师和教研员植根于教学实践开展研究，积累了大量本土化、原创性的研究成果，展示出物理教育的中国特色。近十几年来，随着研究生教育的发展，物理教育的国际交流不断拓展和深化，越来越多的年轻学者借鉴国际科学教育研究的经验和方法，针对我国物理教育实践中的问题，开展了多角度、多层次的具体深入的实证研究，如围绕新课程倡导的科学探究和探究教学的研究，针对物理学科核心概念和关键能力展开的学习进阶研究，促进学生发展的课堂教学模式的研究，关于物理课程和教材的深入研究和国际比较研究，关于物理教育测量和评价的研究，物理教育与信息技术整合的研究，针对物理教师观念的研究等。研究内容涵盖了课程与教学论的各个分支领域，研究对象从课程教材到课堂、学生、教师、试题，研究视角从哲学到物理、心理、技术，研究方法从思辨到定量、实证，呈现出多元化和多样化的研究取向，拓宽了物理教育研究的视野和范围，为我国物理教育理论和中学物理教学实践提供了研究基础和方法论指导。

本丛书的选题力图涵盖上述诸方面的主要研究成果，简要介绍如下。

在来自一线教师和教研员的研究成果中，包含了从哲学层面到物理课堂教学操作层面的四本著作。《物理与哲学——中学物理教学的视角》呈现了中学物理教师的哲学思考。作者从物理与哲学的关系入手，结合中学物理教学的具体内容，论述了哲学的洞见与物理教学实践密不可分，将中学物理教学上升到哲学高度。在实验教学方面，毕生从事高中物理实验教学与研究的专家撰写了《高中物理实验教学研究》，从科学技术发展和教育理念进步的角度，突出了以学生为主体的教育理念和学科素养在实验中的表现及培养的途径，重点探讨了高中物理实验教学的目标、内容和方法策略方面的热点问题。在课堂教学实践层面，《中学物理习题教学研究》凝聚了中学物理特级教师的经验和智慧，从习题和试题的不同功能出发，以大量的题例阐述了习题和试题的编写要领，论述了优化习题教学的各种途径，提出了科学实施习题教学的策略，把习题教学的目标落实到提高学生解决问题的素养上来。《中学物理教学疑难问题研究》则来自基层教研工作者，从一线教学实际和物理教师的需求出发，对新课程实施过程中遇到的多方面的具体疑难问题进行了深入分析和探讨。

丛书围绕新课程实施以来物理教育研究领域关注的重点——科学探究和探究教学呈现了三个不同视角的研究成果。《科学探究能力模型与培养研究》系统介绍了国际科学教育领域对科学探究能力及其培养的研究和实践，构建了基于知识和技能的科学探究能力结构模型，结合案例论述了在中学物理教学中如何利用探究式教学法培养学生的科学探究能力。《促进认知发展的物理探究教学研究》聚焦目前中学物理探究教学中亟待解决的核心问题，从物理学科自身特点出发，构建了促进认知发展的探究教学模型，并对实施该探究教学模型的教学策略进行了探讨。《中学物理教师的探究教学观研究》则聚焦教师观念和行为，基于对探究教学的理论探讨，提出了教师探究教学观的分析框架与研究方法，从语言表达和教学行为两个层面研究了物理教师的探究教学观现状及其影响因素。

围绕学科核心概念展开的对学生认知和能力发展的研究是近几年的研究热点，学习进阶是将学生核心素养的发展与课程、教材和评价紧密联系在一起的桥梁，是具有发展潜力的新兴研究领域，丛书呈现了其中四方面的最新研究成果。《高中物理概念学习进阶及其教学应用研究》针对我国概念教学中存在的问题，构建了核心概念统领下的物理概念层次结构模型和概念学习进阶模型，以静电场核心概念为例进行了实证检验，并应用于教师培训。中学物理中的能量概念既是物理学科的核心概念，又是与社会发展和技术进步密切相关的共通概念，对于学生的发展至关重要。《中学物理能量学习进阶研究》构建了以学生为中心、具有实证有效性的“能量”进阶框架，并以此对学生“能量”概念的认知状态和发展情况进行了刻画和阐释，针对如何帮助学生提升“能量”概念的认知水平给出了相关建议。《中学物理课程中科学解释学习进阶及其教学应用》结合科学哲学的相关理论，提出了科学解释的“现象—理论—资料—推理”框架，确立了学习进阶的二维进阶模式及其进阶变量，通过跨年级测试建构了科学解释的学习进阶，并结合能量学习进阶进行了准教学实验研究。《基于学习进阶的中学物理教学设计研究》将物理概念和能力学习进阶的研究成果与现代教学设计理论相结合，建立了教学设计模型，结合大量中学物理教学案例，论述了如何基于学习进阶的研究成果开展以学生为中心的教学设计，从而促进学生物理核心素养的进阶发展。

关于课程和教材的研究呈现了两方面的研究成果，分别体现了不同的研究范围和方法。《高中物理量子理论课程研究》聚焦中学物理中的量子内容，从课程角度开展研究。采用理论和实证研究相结合的方法，对高中物理课程中量子理论的地位与教育价值、课程发展历程与现状进行了系统深入的探讨。《中学物理教材比较研究》选取中国、美国、俄罗斯、英国、法国、德国、日本、韩国、新加坡和澳大利亚十个国家的初中物理主流教材为比较对象，对教材的难度、广度、平均深度进行了比较研究，并分别比较了教材中的实验内容、例题和习题及拓展内容情况，分析了教材特点并提出了教材建设的启示与建议。

学生物理核心素养的测评一直是本领域关注的重要问题，特别是像高考、中考这样的高利害考试的有效性已经成为全社会关心的热点。《大学入学物理考试内容效度研究》对大学入学物理考试的内容效度进行了多方面的定量研究。一方面以高中物理课程标准为效标，研究比较和评估了我国（包括台湾和香港地区）大学入学考试物理试卷的内容效度；另一方面从比较我国的高考物理考试与美国AP物理考试、英国A-Level物理考试出发，研究评估了我国大学入学物理考试的内容效度，提出了对我国现行高考制度的改革建议。

《中学物理教学与信息技术整合研究》展示了跨领域的研究视角，凸显了现代技术特色。在“数据探究”理论指导下，探讨了信息技术与中学物理教学深度融合的基本概念、理论等问题。同时还根据物理学科教学的特点，选取了几何画板软件、物理虚拟仿真实验软件、Camtasia视频制作软件、FrontPage网站制作等技术，用案例说明了信息技术在物理教学中的实际应用。

大学物理教学研究是我国物理教育研究领域中正在发展的研究方向，关于心智模型和建模教学的研究也是新的研究热点。《基于学生心智模型进阶的物理建模教学研究》介绍了国内外关于模型与学习进阶、建模与建模教学的相关研究。在此基础上整合心智模型、学习进阶和建模教学的研究，结合我国物理教学的实际，从教学要素和学生心智模型进阶两个维度建构了基于学生心智模型进阶的导引式建模教学模式，并以大学物理“静电学”为例展开实践研究。其研究内容和方法对中学物理教学与研究均有参考价值。

十几位学者参与了本套丛书的编著工作。他们有的是长期从事物理教育研究和中学物理教学的专家，凝聚毕生研究之学术精华；有的是具备海外学习经历的年轻学者，用现代科学教育研究方法研究我国的实际问题。其中多数作者为本领域的博士。作者们都为丛书的出版付出了艰辛的劳动。本丛书从策划、编辑到出版面世，得到时任广西教育出版社副总编黄力平编审、编辑部主任黄敏娴副编审和各书责任编辑的积极参与和付出辛劳，也得到不少同行的关心和帮助，其中参阅引用了大量相关的研究成果，均已在参考文献中列出，在此一并表示感谢！期望本丛书的出版有助于物理教育研究领域的繁荣与发展，也期望这些研究成果能够在物理教育实践中得到进一步的检验、修正和完善。

郭玉英

2016年11月于北师大

前言

21世纪初期，大洋彼岸的学者们在提出探究教学后，紧接着又对另一教育理论——学习进阶理论进行了大量的实证研究，并最终成为美国2013年颁布的最新课程标准——《下一代科学标准》(*Next Generation Science Standards*)的理论基石。与此同时，国内的广大教育研究者和教师对学习进阶理论充满了研究和实践的热情。鉴于此，本书为相关的研究者和教师提供了一条从理论到实践、全面而系统了解学习进阶理论的途径。

本书围绕中学物理"能量"概念的学习进阶研究而展开，主要介绍了如何构建有效的"能量"进阶框架，如何基于进阶框架来描述学生"能量"概念认知水平的发展程度。研究的目的在于构建以学生为中心、具有实证有效性的"能量"进阶框架，并以此对学生"能量"认知状态和发展情况进行准确的刻画和阐释。在获得可靠研究结果的基础上，尝试对如何开展"能量"概念的学习进阶课程与教学进行初步的讨论。

具体地，绪论、第一章首先对"能量"进阶研究的意义、学习进阶研究的一般情况进行了介绍，让读者对这一研究领域形成初步的了解和认识。第二章对"能量"概念发展过程、学生相关认知方式以及"能量"进阶研究面临的问题与挑战进行了系统阐述。第三章确立了本研究的总体研究规划，对"能量"框架的具体构建和检验方式以及数据的分析方法等进行了系统的说明。在

第二章、第三章的基础上，第四章以认知的“框架理论（framework theory）”为基础，分析了学生在“能量”概念的认知发展过程中所使用的思维方式，依据的物理原理，表现出的迷思概念（misconception），以及三者之间的关系，利用推理方式和原理两个进阶变量对上述三者进行整合，将学生对“能量”的认知活动投影到“能量”概念的各个方面，形成了对学生“能量”认知状态进行描述的理论进阶框架。

第五、六、七、八章则根据学习进阶框架的开发流程，利用Partial Credit Rasch Model作为测量模型，在效度理论的具体指导下，通过三轮实证研究对理论进阶框架不断修正和完善，形成了以学生为中心，能够有效描述学生“能量”概念认知特征的“能量”进阶框架，并依据该框架对样本学生的“能量”认知状态进行了客观描述。

第九章主要讨论如何基于“能量”框架，形成能够帮助学生从较低认知层级向较高认知层级迈进的课程开发和教学相关问题。

虽然书中所呈现的研究结果是在实证基础上建立起来的，但需要说明的是，作者是站在研究者的视角来选取进阶变量的。“能量”进阶框架的构成不应该也不可能仅有书中所呈现的这一种方式，基于“能量”框架的课程设计理论也并非书中所述的一种。希望读者能够以批判的目光审视本书的研究成果，从教学实践和其他视角入手，在本研究的基础上推出更新的、与实际更适切的、适应于实际教学和普遍推广的研究成果。

此外，作者认为本书的另一个价值在于为读者提供了方法论层面上的帮助。读者可以将“能量”看作一个研究案例，体会开展学习进阶研究的一般性方法和步骤。例如，学习进阶的主要构成要素有哪些？学习进阶框架的组织结构有哪些类型，各有什么特点？支撑进阶框架的进阶变量如何选取？如何开发测试题目检验进阶框架？如何基于进阶框架开发相适切的课程活动？等等。这将有助于读者自主开展学习进阶方面的研究工作。

总之，希望读者不仅可以从中获得具体的研究内容和结果，而且可以借鉴书中的研究思路以及建构框架的流程和方法，为开展同类研究奠定基础。

本书向读者系统展示了作者在“能量”进阶研究上所取得的系列结果，同时也诠释了学习进阶研究的内涵以及进行学习进阶研究的过程和方法。希望书中所展现的“能量”进阶框架以及课程活动设计方案等能为读者的学习和工作带来启发和借鉴。但在作者看来，读者通过本书对学习进阶形成的系统认识以及在方法论层面获得的知识将更有价值，它们会帮助广大研究者和教师自主开展这个领域的研究和教学工作，使得本领域的研究成果更加丰富并且更加具有实证有效性。

本书在写作以及定稿过程中得到了北京师范大学郭玉英教授的细心指导和热情帮助，获得了诸多有益的建议，在此深深表示感谢！

魏昕

2016 年 11 月

目 录

绪　论

“学习进阶（learning progression）”目前受到国际科学教育界的广泛关注，并且成为美国新课程标准《下一代科学标准》开发的理论基础。当前是我国课程改革的关键时期，因此，很有必要对学习进阶理论的内涵、理论框架的开发过程以及实证检验方法等进行系统的阐述与说明，以期帮助读者更全面地认识这一理论。

一、“能量”进阶框架的重要性

“能量”作为重要的科学概念，在解释各种自然现象，构建各个自然学科的相关理论时均发挥着不可替代的作用。费恩曼指出能量是一个非常有用的概念，因为它是一个守恒量，科学家能够通过追踪能量来理解物理、化学以及生物学中各种现象的变化[1]。正由于此，“能量”概念在科学教育领域的地位更是不言而喻。我国《义务教育物理课程标准》将“能量”“物质”“运动和相互作用”并列为三大主题；美国《K—12科学教育框架》（*A Framework for K-12 Science Education*，以下简称“框架”）将“能量”概念列为七大学科共通概念（crosscutting concepts）之一，强调了“能量”在各个科学领域的重要作用，同时在学科核心概念部分以及根据《框架》所制定的《下一代科学标准》中，将“能量”作为物质科学部分的核心概念在课程标准中加以详细阐述。然而，学生对于“能量”概念的学习则表现出诸多困难，一些大规模基础教育评价项目（如TIMSS、PISA）以及研

[1] FEYNMAN R P, LEIGHTON R B, SANDS M. The Feynman lectures on physics [M]. New York: Basic Books, 2013.

究者的实证研究结果显示，学生对于“能量”具有多种与科学认识不相符的迷思概念，并且学生运用能量原理解释自然现象的能力较弱[1,2]。

美国国家研究委员会（National Research Council，简称 NRC）认为学习进阶是指学生在课堂内外认知一系列科学知识时，所依思维方式的逐渐发展和成熟过程[3]。学习进阶理论为研究者、教师等人重新审视科学课程标准、课程与教学提供了一条有效的新途径。当前国内与国际的科学课程标准主要由一系列的对不同年级学生的学科知识期望构成。然而从建构主义的观点出发，学习是学生主动构建知识的过程，学生的原始认知在构建对概念的科学理解过程中起着至关重要的作用[4]。因此，当前的课程文件由于缺乏对学生原始思维的考量，从而有可能无法有效引导科学课程的教学工作。与科学课程文件不同，学习进阶是关注学生思维与想法的理论，描述了学生在理解真实世界时所发展而成的一系列日臻成熟的思维与推理方式。因此，学习进阶更有可能为课堂的教学工作提供有益的指导。与此同时，学习进阶研究与创新性的评价测试方式相结合，可以更加有效地刻画学生真实的认知过程与水平。

以上两方面反映出开展“能量”进阶研究的重要性，聚焦于“能量”概念的学习进阶理论研究，能够更好地描述学生在学习“能量”概念时所处的认知水平与变化过程，为课堂教学提供有效的指导，也为日后构建评价、课程与教学相结合的新模式奠定基础。

二、学习进阶研究所面临的挑战

学习进阶在科学教育领域内是一个广受关注，同时又具有广泛含义的研究课题。已有的相关研究主要可以划分为两类：（1）从学科知识间

---

[1] MARTIN M O, MULLIS I V S, FOY P, et al. TIMSS 2011 international results in science [M]. Chestnut Hill: TIMSS & PIRLS International Study Center, 2012.

[2] FLEISCHMAN H L, HOPSTOCK P J, PELCZAR M P, et al. Highlights from PISA 2009: Performance of U.S. 15-year-old students in reading, mathematics, and science literacy in an international context [J]. National Center for Education Statistics, 2010.

[3] DUSCHL R A, SCHWEINGRUBER H A, SHOUSE A W. Taking science to school: Learning and teaching science in grades K-8 [M]. Washington D.C.: National Academies Press,2007.

[4] COBB P. Where is the mind? Constructivist and sociocultural perspectives on mathematical development [J]. Educational Researcher, 1994, 23 (7): 13-20.

的逻辑联系出发，依据课程文件等对学生提出的知识期望来构建学习进阶框架；（2）从学生的认知特点出发，依据学生对科学概念的一系列认知表现来建构学习进阶框架。

第一类的学习进阶框架将科学概念、原理和现象按照从具体到抽象，从简单到复杂的过程进行组织与建构。该类研究的基本观点认为对新知识的掌握必须是以对之前基本知识的掌握为基础的[1,2]。尽管其中一些学习进阶框架是根据对学生测试的结果发展而来的[3-5]，但在框架当中并未强调学生的思维过程，缺乏对学生认知特点的有效关注，因此无法为教师了解学生的真实思维活动提供帮助。

第二类的学习进阶框架则是以学生为中心，从学生的一系列认知表现出发来构建学习进阶框架[6-10]。该类研究虽然依据不同的认知理

[1] AUFSCHNAITER C, AUFSCHNAITER S. Theoretical framework and empirical evidence of students' cognitive processes in three dimensions of content, complexity, and time [J]. Journal of Research in Science Teaching, 2003, 40 (7): 616-648.

[2] NEUMANN K, VIERING T, BOONE W J, et al. Towards a learning progression of energy [J]. Journal of Research in Science Teaching, 2013, 50 (2): 162-188.

[3] LIU X, LESNIAK K. Progression in children's understanding of the matter concept from elementary to high school [J]. Journal of Research in Science Teaching, 2006, 43 (3): 320-347.

[4] LIU X, MCKEOUGH A. Developmental growth in students' concept of energy: Analysis of selected items from the TIMSS database [J]. Journal of Research in Science Teaching, 2005, 42 (5): 493-517.

[5] COOK T D, CAMPBELL D T. Quasi-experimentation: Design & analysis issues for field settings [M]. Chicago: Rand McNally College Publishing Company, 1979.

[6] ALONZO A C, STEEDLE J T. Developing and assessing a force and motion learning progression [J]. Science Education, 2009, 93 (3): 389-421.

[7] MOHAN L, CHEN J, ANDERSON C W. Developing a multi-year learning progression for carbon cycling in socio-ecological systems [J]. Journal of Research in Science Teaching, 2009, 46 (6): 675-698.

[8] SCHWARZ C V, REISER B J, DAVIS E A, et al. Developing a learning progression for scientific modeling: Making scientific modeling accessible and meaningful for learners [J]. Journal of Research in Science Teaching, 2009, 46 (6): 632-654.

[9] SMITH C L, WISER M, ANDERSON C W, et al. FOCUS ARTICLE: Implications of research on children's learning for standards and assessment: A proposed learning progression for matter and the atomic-molecular theory [J]. Measurement: Interdisciplinary Research and Perspectives, 2006, 4 (1/2): 1-98.

[10] SONGER N B, KELCEY B, GOTWALS A W. How and when does complex reasoning occur? Empirically driven development of a learning progression focused on complex reasoning about biodiversity [J]. Journal of Research in Science Teaching, 2009, 46 (6): 610-631.

论与研究方法，但都从学生原有认知与思维出发，建立起或是与具体学科内容无关，或是基于具体学科内容的描述学生思维过程的学习进阶框架。然而，该类学习进阶研究却在“效度”问题上遇到了挑战，即学生的思维水平在不同情境的问题中表现得缺乏一致性。Duncan 和他的同事（2013）在《科学》上指出，当学生的思维能力处在发展过程中时，学生的表现通常因题而异，若依据目前已有的第二类学习进阶框架，则个体的思维呈现出多层级状态，因而降低了学习进阶框架的有效性[1]。

三、研究的问题

从以上概括可以看出，为了使学习进阶框架能够真正刻画学生的思维特征，满足为教学提供丰富有效的反馈信息的实践需要，当前关于“能量”概念的学习进阶研究仍然面临两个挑战：一是如何从以知识逻辑为中心转向以学生认知为中心来构建描述学生认知状态的“能量”进阶框架；二是如何提升描述学生认知状态的“能量”进阶框架的实证有效性。为此，本书提出以下三个主要研究问题来回答上述挑战：

1. 建构物理领域关于“能量”概念的学习进阶框架

（1）如何确定“能量”进阶框架的进阶变量？

（2）如何描述学生对“能量”概念的认知水平？

2. “能量”进阶框架的效度研究

（1）如何提升“能量”进阶框架的实证有效性？

（2）如何保证“能量”进阶框架能够体现学生思维的内在一致性？

3. 测量学生对“能量”概念的认知水平

（1）如何设计题目与评价标准？

（2）如何描述学生对“能量”概念的认知水平？

四、研究的价值

根据以上所确定的研究问题以及对研究背景的讨论，本研究在理论与实践层面将会做出以下贡献：

1. 理论价值

本研究以“能量”进阶研究所面临的两个难点为研究的出发点，基

[1] DUNCAN R G, RIVET A E. Science learning progressions [J]. Science, 2013, 339 (6118): 396-397.

于学科共通概念来抽取进阶变量，力求构建以学生认知为中心的关于“能量”概念的学习进阶框架，率先尝试将共通概念与学科核心概念的进阶研究融合在一起，在理论上实现了美国《框架》所倡导的“用学习学科概念的方式帮助学生理解和发展学科共通概念，利用共通概念使学生获得对学科概念更为深刻、更为整体的认识”的理念[1]。

在建构的过程中，本研究根据效度理论的相关研究成果，对无关因素的干扰进行控制，选择合理的测量模型进行数据分析，通过循环修正的研究方式得出能够有效描述学生如何理解“能量”概念，如何利用“能量”进行思考的学习进阶框架。一定程度上回答了“能量”进阶研究所面临的两个困难，从理论上促进了“能量”进阶研究的发展。

2. 实践价值

教学层面，本研究所建立的“能量”进阶框架能够有效描述学生在学习“能量”概念时所处的各个关键认知阶段，能够反映出学生各种迷思概念之下的深层问题，从而能够帮助教师更加深刻地认识学生的学习困难所在，而非局限于迷思概念的表象。

课标层面，2011 年美国国家研究委员会（NRC）发布的《框架》以及 2013 年正式公布的美国《下一代科学标准》被认为是下一代科学课程标准的典型代表，它们均是以学习进阶的研究结果为依据制定的。我国的科学（物理、化学、生物、地理等）课程标准也将在今后不断进行修订，本研究结合我国学生和课程、教材的实际情况，在充分借鉴先进课程以及研究理念的基础上进行创新，所发展出的学习进阶框架将会对未来课程标准的修订提供一定的参考。

教材层面，学科共通概念的提出体现了对如何帮助学生发展内在一致的概念框架、如何帮助学生从整体上理解科学的关注，但目前还鲜有研究者在实践的层面上关注如何将共通概念与学科概念在教材的层面进行整合，本研究的结果则可在一定程度上对相关教材的编写提供启示。

[1] QUINN H, SCHWEINGRUBER H, KELLER T. A framework for K-12 science education: Practices, crosscutting concepts, and core ideas [M]. Washington D.C.: National Academies Press, 2012.

第一章　学习进阶概述

本书旨在向读者介绍如何建立能够有效描述学生“能量”概念认知状态的进阶框架。为了达到这一目的，首先必须明确什么是学习进阶。本章针对已有的相关研究进行了回顾和总结。希望读者通过对本章的阅读，能够对学习进阶的基本特征，开发学习进阶框架的流程和方法，以及当前关于“能量”概念的进阶研究中存在的问题有所了解。

第一节 主要内涵和研究途径

一、学习进阶的主要内涵

目前，研究者对于学习进阶已经给出了多种定义与描述[1-5]。一般而言，这些定义均具有一些共性，都认为学习进阶可以用来描述学生对科学概念的不同理解水平[6]。Duschl 等人（2007）提出学习进阶应具有以下四个特征：第一，学习进阶必须基于已有的研究进行开发。第二，学习进阶描述的是学生的综合科学本领，即学习进阶不能只包含学科知识，更应该涉及学生用来解决真实问题的思维与推理能力[7-9]。第三，学习进阶框架应当首先确定其中的最低和最高层级，然后刻画中间层次。最高层级应该是学生能够达到的对目标知识的最高理解层次；而学生关

[1] DUSCHL R A, SCHWEINGRUBER H A, SHOUSE A W. Taking science to school: Learning and teaching science in grades K-8 [M]. Washington D.C.: National Academies Press, 2007

[2] SCHWARZ C V, REISER B J, DAVIS E A, et al. Developing a learning progression for scientific modeling: Making scientific modeling accessible and meaningful for learners [J]. Journal of Research in Science Teaching, 2009, 46 (6): 632-654.

[3] SMITH C L, WISER M, ANDERSON C W, et al. FOCUS ARTICLE: Implications of research on children's learning for standards and assessment: A proposed learning progression for matter and the atomic-molecular theory [J]. Measurement: Interdisciplinary Research and Perspectives, 2006, 4 (1/2): 1-98.

[4] STEVENS S Y, DELGADO C, KRAJCIK J S. Developing a hypothetical multi-dimensional learning progression for the nature of matter [J]. Journal of Research in Science Teaching, 2010, 47 (6): 687-715.

[5] WILSON M R, BERTENTHAL M W. Systems for state science assessment [M]. Washington D.C.: National Academies Press, 2005.

[6] DUNCAN R G, HMELO-SILVER C E. Learning progressions: Aligning curriculum, instruction, and assessment [J]. Journal of Research in Science Teaching, 2009, 46 (6): 606-609.

[7] 同 [2].

[8] 同 [3].

[9] SONGER N B, KELCEY B, GOTWALS A W. How and when does complex reasoning occur? Empirically driven development of a learning progression focused on complex reasoning about biodiversity [J]. Journal of Research in Science Teaching, 2009, 46 (6): 610-631.

于目标知识的原始认识应当作为学习进阶框架的最低层级。第四，学习进阶框架的中间层级应能够覆盖学生从最低层级向最高层级过渡的主要阶段。Krajcik 和其同事（2012）认为学习进阶还应该提供：（1）学生在学习表现上的细节信息，如学生在学习进阶的每个层次上都能解决什么样的问题；（2）在每个水平上教学的细节信息，如什么样的教学能够促使学生的理解向更高层次发展[1]。

学习进阶框架的发展起始于对最高与最低层级的确定，以及对中间层次的描述。最高层级通常依据课程文件、对具体学科知识和科学史的分析来确定[2,3]，同时还需考虑相应的科学教育理论[4]。最低层级通常基于学生对目标知识的前概念和较低年级学生关于目标知识的认识来确定。中间层次的确定则大多依赖于已有的对学生学习情况的研究结果[5]，以及对具体学科内容的分析[6]。完成这一过程便形成了原始的学习进阶框架。

如上所述，学习进阶目前虽然具有多种定义，但对其内涵的认识已基本达成一致。本书选取目前广泛采用的、由美国国家研究委员会（NRC）定义的学习进阶的标准定义，即：学习进阶是对学生一系列基于学科知识的、连续的、逐步深入的思维活动进行描述的工具，旨在刻画学生（课内与课外）科学认知水平的发展过程。

从该定义中看出，学习进阶关注的中心是学生的思维活动，但此处

[1] KRAJCIK J S. The importance, cautions and future of learning progression research [M] // ALONZO A C, COTWALS A W. Learning progressions in science. Rotterdam: Sense Publishers, 2012: 27-36.

[2] DUNCAN R G, HMELO-SILVER C E. Learning progressions: Aligning curriculum, instruction, and assessment [J]. Journal of Research in Science Teaching, 2009, 46 (6): 606-609.

[3] BERLAND L K, MCNEILL K L. A learning progression for scientific argumentation: Understanding student work and designing supportive instructional contexts [J]. Science Education, 2010, 94 (5): 765-793.

[4] MOHAN L, CHEN J, ANDERSON C W. Developing a multi-year learning progression for carbon cycling in socio-ecological systems [J]. Journal of Research in Science Teaching, 2009, 46 (6): 675-698.

[5] 同 [2].

[6] 同 [3].

的思维活动并非一般意义上的“推理”“假设”等思维过程，而是与具体学科知识相融合的思维活动，是用具体的科学概念和原理作为思维的工具，具有学科特性（domain-specific）的思维活动。此外，学习进阶是学生学习策略与教师教学策略的统一整体，表明学习进阶不仅是用来评估学生当前学习水平的诊断工具，而且要在诊断的基础上，根据学生的特点开发出有针对性的教学策略和手段，帮助学生提升对知识的认识水平，而后对学习效果进行再检测与评估，在教学策略与教学结果不断互动的过程中提升学生的学习质量。因此，学习进阶作为一个完整的教学与学习理论，应当包含理论框架、测试评估和教学实践三个部分，并且三者都应围绕着具体的学科知识而展开。

学习进阶理论的本质特征是“整合性（integration）”和“实证有效性（empirical validation）”[1-4]。整合性是指学习进阶理论应当以具体的学科知识为中心，将科学教育的研究成果、课程标准、评价与教学相结合，在结合的过程中使得这些元素成为有机的整体。以“能量”概念的学习进阶为例，图 1-1 是关于“能量”进阶理论的示意图，围绕着“能量”概念，由学习进阶框架、测试与评价、教学与实践三个部分构成。学习进阶框架是由一系列不同的、能够揭示学生“能量”概念典型认知特征的有序层级构成，能够描述学生所处的认知状态和水平。测试与评价部分则主要包括试卷测试与访谈活动，通过实证的调查来掌握学生对“能量”的认识情况以及背后的内隐因素。教学与实践是学习进阶研究的出发点和落脚点，主要包括设计具体的科学课程和开发相应的教学策略。

[1] SCHWARZ C V, REISER B J, DAVIS E A, et al. Developing a learning progression for scientific modeling: Making scientific modeling accessible and meaningful for learners [J]. Journal of Research in Science Teaching, 2009, 46 (6): 632-654.

[2] SONGER N B, KELCEY B, GOTWALS A W. How and when does complex reasoning occur? Empirically driven development of a learning progression focused on complex reasoning about biodiversity [J]. Journal of Research in Science Teaching, 2009, 46 (6): 610-631.

[3] DUNCAN R G, RIVET A E. Science learning progressions [J]. Science, 2013, 339 (6118): 396-397.

[4] QUINN H, SCHWEINGRUBER H, KELLER T. A framework for K-12 science education: Practices, crosscutting concepts, and core ideas [M]. Washington D.C.: National Academies Press, 2012.

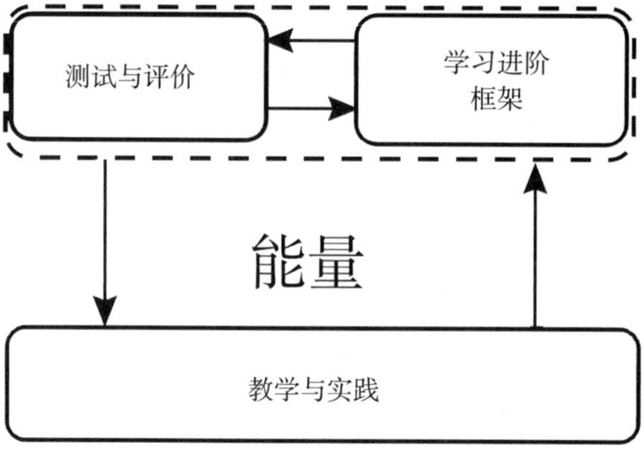

图 1-1 “能量”进阶理论示意图

研究者首先根据已有的相关研究结果并结合教学实际的需要来制订出最原始的“能量”进阶框架，以此为基础进行测试和访谈活动。通过实证的方式收集和分析所得数据，依据结果对进阶框架进行修改，同时又对测试题目进行新的修正和完善，然后再次进行实证调查，直到进阶框架的内容与实证研究结果一致。这表明“能量”进阶框架具备一定的实证有效性，能够描述学生对“能量”概念是如何进行思考和认识的。在此基础之上，提出课程和教学建议来指导教学研究，使其能够促进学生认知水平的不断提升。在教学过程当中，收集所出现的问题，将其再次反馈于进阶框架，指导“能量”进阶框架的完善工作。仅当三部分之间能够互相佐证，形成具有内部一致性的有机整体时，才标志着学习进阶理论的真正建立，此时的学习进阶理论才具有最高的有效性。

学习进阶框架作为学习进阶理论的一个核心部分，其主要功能在于描述和解释学生对于某一具体知识的认知机制和状态，是对学生进行诊断以及制订教学策略的主要依据。

二、学习进阶的研究途径

如何提升原始学习进阶框架的有效性？简单而言，原始的进阶框架需要通过实证的方式来进行检验和修改，使其最终能够有效地描述学生的实际情况，从而具有实证的有效性。当前，研究者主要提出两条途径使得原始学习进阶框架获得进一步发展，提升效度。

第一条途径起始于设计干预性教学策略，教学策略的目的在于促进学生沿着学习进阶框架假设的路径获得学习的发展[1]。为此，最初的学习进阶框架需要包含对教学细节以及效果的描述，从而能够指引课程和教材的发展[2]；而后对教学干预的效果进行评估，从评估的结果可以看出学生的学习水平是否按照学习进阶框架的预期而进行。如果学生的理解水平被证明是沿着进阶框架的假设发展的，那么框架便与这一教学干预策略共同被看作是有效的；如果效果不好，则需要依据具体情况对学习进阶框架或教学策略进行修改、完善，而后再次重复上述的过程，直至实证结果与学习进阶框架的假设相符为止。第二条途径起始于问卷调查，按照学习进阶框架来调查学生的学习情况[3]。用试卷来调查当前课程对学生学习情况的影响程度，要求目前的课程与学习进阶框架具有某种程度的一致性，进阶框架所依据的理论基础能够准确地描述学生的学习特征。

在以上两种途径中，如果发现学生的学习情况与学习进阶框架所预期的不一致，那么就需要重新考虑与进阶框架相关的课程、测量方法以及进阶框架本身，对其进行反思与修改。然后重复上述步骤，直到形成相互一致的结论，从而使得学习进阶框架具有实证有效性。两种途径所适用的学习进阶框架类型不同：第一种适合于“强调外力对学生学习进阶的重要性”的进阶框架，这种学习进阶框架往往侧重于以课程文件中对不同阶段学生的知识期望为层级划分的依据，力图通过恰当的外力干预（教学策略）来使学生获得期望的进阶；第二种则适合于“强调以学生为中心的学习进阶”的学习进阶框架，该种框架充分地以学生现有的和能够达到的最高水平作为层级划分依据，主要功能在于准确评价学生

[1] NORDINE J, KRAJCIK J, FORTUS D. Transforming energy instruction in middle school to support integrated understanding and future learning [J]. Science Education, 2011, 95 (4): 670-699.

[2] KRAJCIK J S. The importance, cautions and future of learning progression research [M] // ALONZO A C, COTWALS A W. Learning progressions in science. Rotterdam: Sense Publishers, 2012: 27-36.

[3] MOHAN L, CHEN J, ANDERSON C W. Developing a multi-year learning progression for carbon cycling in socio-ecological systems [J]. Journal of Research in Science Teaching, 2009, 46 (6): 675-698.

现有水平以及解释其背后的原因，为后续的教学研究提供有效信息。

由于本研究的主要目的在于描述学生现有的对“能量”概念的认知水平和状态，以及对其背后原因进行解释，因此采取第二条途径来开发学习进阶框架。

第二节　进阶框架的开发流程

Wilson（2009）就学习进阶框架的开发流程从定量测量的角度进行了介绍，具体如图 1–2 所示[1]：

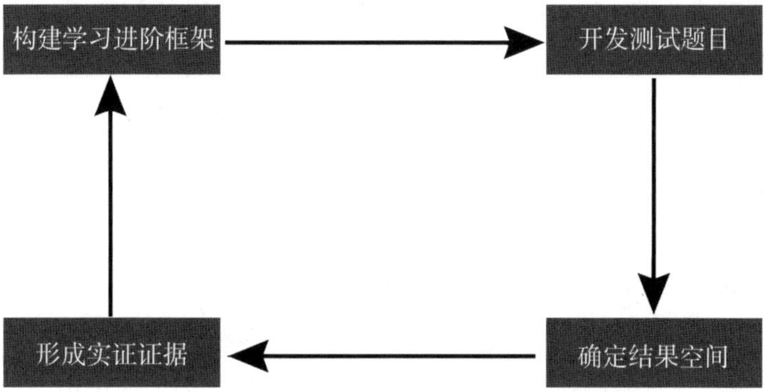

图 1–2　学习进阶框架开发流程示意图

从该研究流程图可以看出，学习进阶研究的核心要素包含四部分内容：构建学习进阶框架，开发相应测试题目，确定结果空间（outcome space），形成实证证据。各环节之间通过单向循环的方式螺旋递进，从而形成有效的进阶框架。以下根据各环节在研究过程中的先后顺序对其进行详细说明。

一、构建学习进阶框架

根据已有文献和研究基础，从理论上构建学习进阶框架是该类研究的第一步。进阶框架是由一个或若干个心理构造（construct）组成的。因此，为了能够相对准确地建立学习进阶框架，首先需要依据现有研究结果来确定学生在理解相关概念时的心理构造的维度（数量）。在此基础上通过构建心理构造图（construct map）的方式来具体搭建进阶框架。

[1] WILSON M. Measuring progressions: Assessment structures underlying a learning progression [J]. Journal of Research in Science Teaching, 2009, 46（6）: 716–730.

1. 心理构造图

具体而言，心理构造图必须能够描述学生在该心理构造上的不同层级水平的表现。因此，心理构造图不仅从原则上规定了测试的内容和题目的难易程度，并且同时又能足够具体地指导其他环节的研究工作。心理构造图的构建既依赖于与学科主题紧密相关的认知理论，同时又离不开相关实证研究结果对其进行修正和完善。

如何构建心理构造图？心理构造图是对所确定的单维心理构造的不同层次水平的描述，因此需要首先确定该心理构造的典型特征和描述角度，即进阶变量（progress variables）。在确定进阶变量的基础上，通过整合相关的课程标准、迷思概念以及认知理论，便可根据变量在不同层级上的典型特征对心理构造进行刻画。

以下就“地球与太阳系”中的相关内容为例来展示心理构造图的具体特征[1]。该研究主要试图描述小学和中学阶段的学生在“昼夜、月相和季节”知识方面的进阶情况，研究者将学生对“三方面知识的理解整合程度”作为进阶变量。在参考课程标准文件和已有的对学生迷思概念的认知研究结果的基础上，根据进阶变量对学生在不同层级的表现进行描述，如表1-1所示。从此例可以看出，心理构造图根据进阶变量对各个层级进行了详细而具体的描述，对学生迷思概念的描述能够更突出地体现层次间的差异，从而能够有效地指导下一阶段题目的设计工作以及问题结果空间的制订等。

表1-1 学生关于“地球与太阳系”在不同层级的表现

水平	描述
5	学生将地球和月球的运动完全置于太阳系运动的框架当中，能够解释： 昼夜循环 月相（包括月亮不发光，而是反射太阳光） 季节的交替

[1] BRIGGS D C, ALONZO A C, SCHWAB C, et al. Diagnostic assessment with ordered multiple-choice items [J]. Educational Assessment, 2006, 11 (1): 33-63.

续表

水平	描述
4	学生能够联系天空中出现的现象和实际物体的运动，学生知道： 地球不仅绕着太阳轨道公转，并且绕着地轴自转 地球每年绕太阳公转一圈 地球绕地轴每天自转一圈，产生昼夜交替，并让人们看到太阳东升西落 月球每28天绕地球转一圈，产生了月相的变化 典型迷思概念： 季节变化是由于日、地距离的变化而产生的 月相是由于行星、太阳或是地球的影子挡住了月球而形成的
3	学生知道： 地球围着太阳转 月亮围着地球转 地球绕着地轴自转 然而，学生没有对这些知识进行整合性的理解，不能对现象做出解释，并且也许没有认识到地球的公转和自转是同时进行的。 典型迷思概念： 天变黑是因为地球每天都绕太阳转一圈
2	学生认识到： 太阳每天都在天空中移动 月亮的形状每28天改变一次 学生或许认为太阳围着地球转 典型迷思概念： 在天空中观察到的所有运动都是由于地球围绕地轴快速转动的结果 太阳围着地球转 天变黑是因为太阳每天绕地球转一圈 地球是宇宙的中心
1	学生没有认识到天空中的物体的出现具有对称性的本质，学生可能没有意识到地球是球形。 典型迷思概念： 天变黑是因为一些东西挡住了太阳（如：云，大气，甚至“黑暗”本身） 天黑时太阳运动到地球下边去了

2. 学习进阶框架

学生对于某一知识主题的学习进阶有可能由一个或多个心理构造来

共同主导，而心理构造存在相互独立性。因此，学习进阶框架实际是由数量不等的心理构造图所构成的集合体，每个心理构造图表征一个能够描述该学习进阶框架的维度，心理构造图中的各个层次与学习进阶框架中的层级水平间则存在着某种对应关系。为了能够解释这种对应关系，Wilson（2009）利用图 1–3 进行说明，该学习进阶框架由三个不同的心理构造构成，每个心理构造的层级结构均由各自的心理构造图进行描述，学习进阶框架的层级则是各个心理构造图的相应层级水平的简单集合。[1]

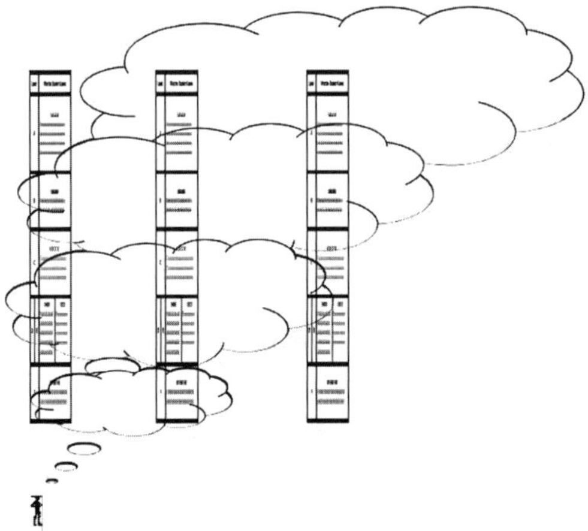

图 1–3 学习进阶与心理构造关系示意图

已有研究如关于“碳循环”内容的学习进阶研究则采用图 1–3 中的结构来建构进阶框架[2]。在这个研究中，两个心理构造显著不同，但其对应的层级集合却能够表征学习者关于该主题知识的学习进阶过程（见表 1–2）。

表1–2 学习进阶框架举例（Mohan et al., 2009）

水平	系统的层级	物质的种类和属性
7	在多个尺度上通过多个过程来描述物质的运动	根据反应物和反应过程对有机化合物合成的影响正确刻画它们的特征

[1] WILSON M. Measuring progressions: Assessment structures underlying a learning progression [J]. Journal of Research in Science Teaching, 2009, 46 (6): 716–730.
[2] MOHAN L, CHEN J, ANDERSON C W. Developing a multi-year learning progression for carbon cycling in socio-ecological systems [J]. Journal of Research in Science Teaching, 2009, 46 (6): 675–698.

续表

水平	系统的层级	物质的种类和属性
6	在多个尺度下追踪单一生命过程中的元素或原子	正确识别单个生命过程中的反应物和生成物
5	在原子分子尺度下描述物质在单一化学变化中的运动	正确识别单一化学变化中的反应物和生成物
4	在宏观尺度下描述物质的运动	正确识别简单化学变化中的反应物和生成物。识别化学或物理变化中的固体、液体，但不包括气体
3	意识到隐藏于内的机制，能够描述物质内的变化	意识到隐藏于内的机制，但不能识别任何材料的种类
2	像描述事件一样描述变化（在宏观尺度下）	利用有关自然现象的常识来识别变化，但不能识别材料中的变化
1	自我为中心的推理：使用与人类生活相关的类比来解释物质中的变化	自我为中心的推理：使用与人类生活相关的类比来解释物质中的变化

由于所研究的知识主题和侧重各有不同，因此学习进阶框架内的心理构造图间的结构关系也呈现出多样性的特点，主要可分为以下四类（见图 1-4）：图（a）为单维心理构造的进阶框架，该类进阶框架的层级结构与构成其心理构造图的层级结构完全一致，主要用于建立知识主题和进阶内容较为单一的学习进阶框架；图（b）为心理构造间的层级水平不能完全对应学习进阶框架，例如在一些学习进阶研究中，学生的最低水平层次仅包含一个心理构造，而在较高层级则出现多个心理构造参与的情况；图（c）为心理构造数量和种类发生变化的进阶框架，是“碳循环”实例和图（b）的结合体；图（d）表示某一心理构造的层级依赖其他心理构造的情况，这种学习进阶框架较为复杂，适用于研究多个知识主题内容以及推理、探究等能力全面覆盖的学习进阶框架。

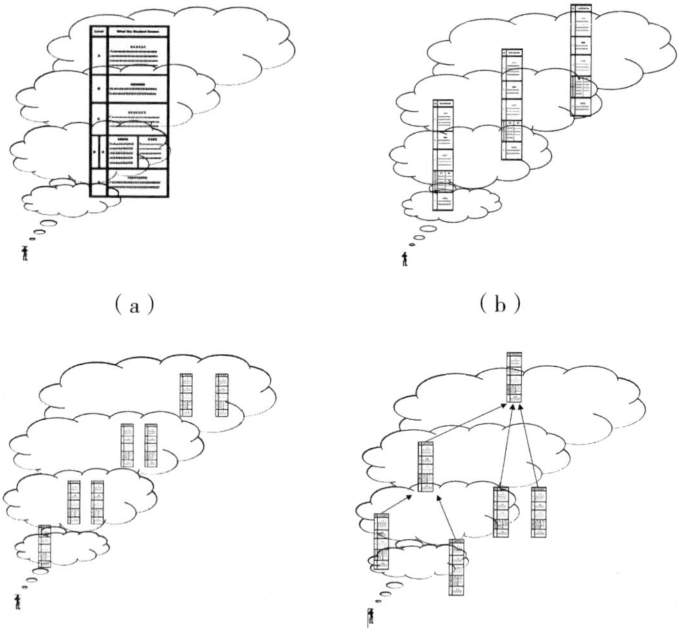

（a）　（b）　（c）　（d）

图 1-4　学习进阶框架的结构示意图

二、开发测试题目

测试题目的开发是以学习进阶框架为依据进行的，所考查的知识主题需要与学生在课堂上学习的内容相一致。虽然测试中可以选择不同类型的题目进行测试，但每道题必须能够与学习进阶框架的相关层级有所对应。在进行跨年级甚至跨学段的测试中，还需注意测试之间链接题（linking items）的设计。以下分别就单个题目与整体测试的设计进行阐述。

1. 单个题目的设计

单个题目的形式主要以选择题和开放性试题为主。选择题的各个选项均是表现型的描述，而其背后的知识则与相应的学习进阶层次对应。以“地球与太阳系统”中的题目为例，从中可以看出，除正确选项外，其余迷惑选项也均对应于进阶框架的各个层级，并且各个选项所对应的水平较为灵活，不需要与框架中的层次一一对应。

下列哪个选项能够最好地解释为什么我们在地球上会经历不同的季节（冬季、夏季等）？

A. 围绕着太阳的地球轨道使得我们在夏天的时候离太阳近，在冬天的时候离太阳远　水平 4

B. 围绕着太阳的地球轨道使得我们在夏天的时候面朝太阳，在冬天的时候背向太阳　水平 3

C. 地球的倾角使得在夏季时能够有更多直射的阳光　水平 5

D. 地球的倾角使得我们在夏天离太阳更近　水平 4

为了提高题目及各个选项的设计质量，使其能够更为准确地对应于学习进阶框架，可以随机抽取题目进行预测试和访谈，从而对题目的效度进行检验。

2. 试卷的整体设计

进阶框架是用来描述学生知识和能力发展的，因此需要对不同阶段的样本进行测试。由于样本在知识储量和经验等方面存在差异，为了保证测试的有效性和可靠性，不同样本的试卷形式和内容会有所不同。但为了保证能够在同一尺度内对学生的学习进阶情况进行整体的描述，所以需要在不同样本的试卷间植入链接题目，使得不同样本间的测试结果能够被整合起来描述和检验学习进阶框架的整体质量。链接题目的设计方式如表 1-3 所示。从表中看出，三个样本的测试题目各有不同，但测试两两间具有重合与交叠的测试题目。在组卷的过程中还应当注意：题目应尽量涵盖目标样本所应出现的各个层级水平，使得题目能够更准确地对学生的水平进行估计。

表1-3　整体试卷设计方式

样本	测试1		测试2		测试3	
	题目1—10	题目11—20	题目21—30	题目31—40	题目41—50	题目51—60
样本1	√	√	√			
样本2			√	√	√	
样本3	√				√	√

三、确定问题结果空间

所谓问题的结果空间，就是根据学习进阶框架，对各个问题的选项或可能的作答情况进行分类，即制定相应的评分标准。使得研究者能够根据该标准，按照学习进阶框架将学生的能力和知识等归为若干层次。

四、形成实证证据

如何用实证证据来检验学习进阶框架的有效性？问题结果空间能够将学生的表现按照理论进阶框架进行分类，而这一分类结果是否可靠和准确？为了回答这个问题，研究者需要首先选取恰当的数理统计模型和统计工具，明确何种统计结果能够验证学习进阶框架的准确性与有效性。当前科学教育界主要采用 Rasch 模型作为定量分析的主流手段对数据进行处理，在综合考虑题目和学生各类估计指标的基础上，通过 Wright 图与学习进阶理论层级结构的比较来判断进阶框架的有效性。具体方法以 Neumann 等人关于"能量"概念的学习进阶研究为例进行说明[1]。

在 Neumann 等人的研究中，研究者构建了"能量"的进阶框架，该学习进阶框架采用"概念知识"与"整合程度"两个变量对层级进行描述。概念知识顺次包含：能量的形式（forms of energy），能量的传递（transfer of energy），能量的退降（degradation of energy），能量的守恒（conservation of energy）。整合程度则依次包括：事实（facts），映射（mappings），关联（relations），概念（concept）。具体进阶框架如图 1-5（a）所示（注：虽然此图形的呈现形式类似于含有多个心理构造的进阶框架，但作者实际是为了直观地描述单一心理构造在两个变量维度上的变化过程）。倘若这一进阶框架能够有效地描述学生对"能量"知识的掌握情况，则在由实证数据所得的 Wright 图中，应呈现出题目难度水平的分布与框架的理论假设相一致的结果，如图 1-5（b）所示。从结果可以看出，总体而言，该研究在"能量的形式"和"能量的传递"上与理论模型符合较好，而"能量的退降"和"能量的守恒"则和理论预期有一定的出入。如作者所讲："我们的研究并未证实学生学习更难的知识（能量退降与守

[1] NEUMANN K, VIERING T, BOONE W J, et al. Towards a learning progression of energy [J]. Journal of Research in Science Teaching, 2013, 50 (2): 162-188.

恒）需要以掌握更为简单的知识（能量的传递）为前提。”[1]

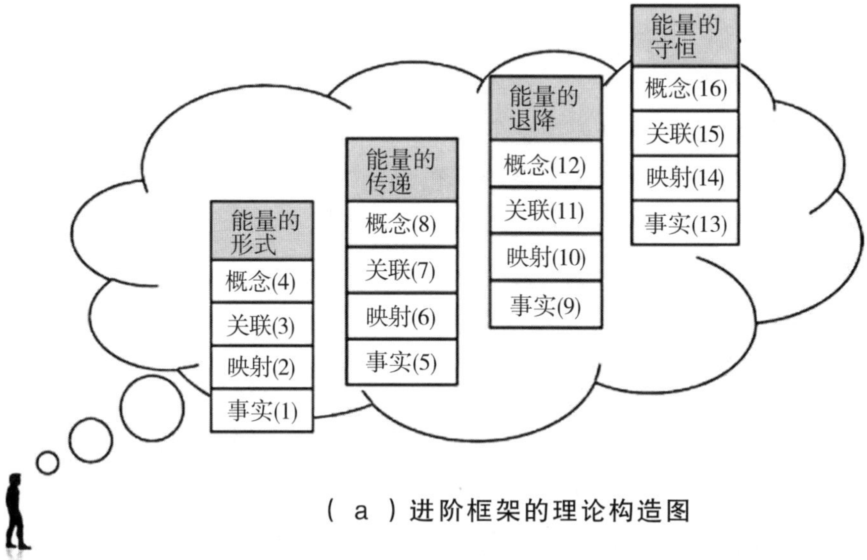

（a）进阶框架的理论构造图

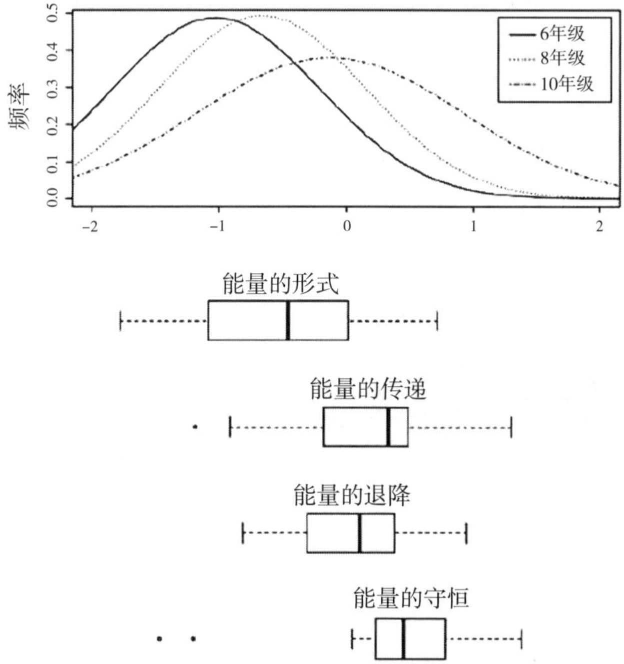

（b）进阶框架的实证结果图

图 1-5　学习进阶理论框架与实证结果示意图

[1] NEUMANN K, VIERING T, BOONE W J, et al. Towards a learning progression of energy [J]. Journal of Research in Science Teaching, 2013, 50 (2): 162-188.

五、理论框架的修正与循环研究

正如上例所示，当实证证据与理论模型不一致时，在考虑题目设计缺陷的同时，更应该审视理论框架可能存在的不足，并根据实证结果的反馈对理论框架进行修改和完善，在此基础上开始新的一轮学习进阶研究。例如修改或重新设计题目并测试，制订新的问题结果空间，利用测量模型对新数据进行处理，检查新框架的有效性，如此往复，直至理论框架与实证证据基本相一致为止。

总而言之，学习进阶框架的开发是一个循环的过程。在这个过程中，最初的理论框架被不断修改，从而进一步提升其有效性。值得注意的是，在评估学习进阶框架的有效性时，无须检验是否每位学生都沿着进阶框架的假设进行发展[1,2]。相反，学习进阶的有效性是看学生群体的发展是否沿着进阶框架的假设进行的，也要看能否将所获得的学生的进阶证据用来改进课程、教学和评价，促使它们达到能够帮助学生发展的最佳状态。

[1] STEVENS S Y, DELGADO C, KRAJCIK J S. Developing a hypothetical multi-dimensional learning progression for the nature of matter [J]. Journal of Research in Science Teaching, 2010, 47 (6): 687-715.

[2] DUNCAN R G, HMELO-SILVER C E. Learning progressions: Aligning curriculum, instruction, and assessment [J]. Journal of Research in Science Teaching, 2009, 46 (6): 606-609.

第三节 进阶框架的效度保证

关于效度的含义存在两种观点，一种认为效度是测验本身的属性，另一种认为效度是测验分数背后所代表的解释的属性[1,2]。第一种观点广泛地应用于自然科学领域当中，如实验是否有效（测试的条件、环境以及相关变量是否被控制等）；然而在教育学领域中，研究者对效度更普遍地持后一种观点[3-5]。

Messick 指出，效度不是测试本身所具有的一种属性，而是对测验分数进行说明和解释的理论框架所应该具有的属性[6]。换言之，真正需要具有效度的并非分数和试卷本身，而是应该关注利用分数对现实所做出的解释与说明是否有效[7]。能够利用所得分数对多大的样本群体以及多少不同情境下的问题与现象进行有效解释，是所有实证研究都面临的一个永恒问题。这也是为什么效度永远都是一个不断发展的概念。在表现型评价（performance assessment）中，效度显得更加重要，研究者需要通过参与者的表现来推测其内隐的心理构造的情况。例如，学生的成长档案袋经常被当作表现型评价的资料来源，研究者不仅关注这些资料本身的质量如何，更想通过这些资料来推测学生的知识、能力以及学习兴趣等潜在的心理构造的发展情况。

---

[1] BORSBOOM D, MELLENBERGH G J, VAN HEERDEN J. The concept of validity [J]. Psychological Review, 2004, 111 (4): 1061-1071.

[2] BROWN G, BULL J, PENDLEBURY M. Assessing student learning in higher education [M]. London: Routledge, 1997.

[3] 同 [1].

[4] MCMILLAN J H. Educational research: Fundamentals for the consumer [M]. New York: Longman, 2000.

[5] MESSICK S. The interplay of evidence and consequences in the validation of performance assessents [J]. Educational Researcher, 1994, 23 (2): 13-23.

[6] MESSICK S. Validity of performance assessments [M] //PHILLIPS G W. Technical issues in large-scale performance assessment.Washington D.C.:Council of the Chief State School Officers,1996: 1-18.

[7] CRONBACH L J. Test validation [J]. Educational Measurement, 1971, 2: 443-507.

一、心理构造的无效成分来源

为了明确什么方式能够提升研究过程和结果的有效性，首先应当明确哪些因素会影响研究过程和结果的效度。对于测量心理构造方面的研究来说，有两类情况对效度构成威胁：一种是对心理构造的不完全表征，即测试的内容过于狭隘，无法涵盖待测心理构造的重要维度和内容等；另一种被称为“心理构造无关方差（construct-irrelevant variance）”，是指测试过于宽泛，包含了信度较高但与其他心理构造紧密相关的内容，从而带来了方差，甚至是设计题目或任务的方法所带来的方差，如题目的错误选项迷惑性不强，学生可以通过排除的方式筛选出正确答案，或是有较大的概率通过猜测的方式获得正确答案等。以上二者都或多或少地存在于所有的测验当中[1]。因此效度主要关注测验能够在多大程度上解释目标心理构造，而又在多大程度上同时包含了与目标心理构造无关的因素。

心理构造无关方差可以被分成基本的两类，在关于学生能力和学业成就的测试中，它们被称为“心理构造无关困难（construct-irrelevant difficulty）”和“心理构造无关容易（construct-irrelevant easiness）”。对于前者，测试题目或任务过于关注非目标心理构造的某些方面，从而对测试个体或群体增加了不相关的难度。一个例子便是在物质知识测验中，过高的阅读能力要求妨碍了学生真实表达其对物质知识的理解水平。一般而言，心理构造无关困难会导致个体的分数过低，这种过低的分数对于解释目标心理构造而言是无效的（如：对于能够理解物质概念但阅读水平较低的个体，所得的过低分数并不能描述和解释其对物质概念的真实理解水平）。当然，倘若在目标心理构造的建构中认为阅读表现和理解物质知识具有同等重要的地位而需进行评价，那么样本由阅读能力的差异而造成的方差将被认为是与目标心理构造相关的，也是有效的。然而上述例子中只根据物质知识对分数做出解释，过度的阅读要求将对解

[1] MESSICK S. Validity of performance assessments [M] //PHILLIPS G W. Technical issues in large-scale performance assessment.Washington D.C.:Council of the Chief State School Officers,1996: 1-18.

释目标心理构造制造无关的障碍。

相反，心理构造无关容易是指题目或任务中包含了明显的线索，使得学生能够不需待测心理构造的参与便能正确地给出答案。其中一个典型例子便是具体的测试材料或是对于某些参与者过于熟悉，或是测验中的一个阅读理解段落对于多数人过于熟悉等。心理构造无关容易导致个体的测验分数过高，但却未能反映出待测目标心理构造的真实水平。

心理构造无关方差的概念对于教育与心理测试来讲非常重要，尤其是包含丰富内容、源于真实生活情境的测试。这是因为“复杂的情境有时难于阅读，但有时却又包含了过多的线索”[1]。这两类情况——情境难于理解和情境包含过多线索——或是可能造成心理构造无关困难，或是可能造成心理构造无关容易，两种情况都会影响测验的有效性。

然而，究竟是什么造成了心理构造无关方差是一个非常微妙的问题[2]。尤其对于表现型测试而言，目标心理构造的高层次表现往往包含着多种复杂的过程。例如，交流数学想法的技能被普遍认为是与数学知识测验的表现无关的（尽管并非绝对无关），但根据美国国家数学教师委员会（National Council of Teachers of Mathematics，简称 NCTM）（1989）中的内容标准，在更高层面的关于数学能力的心理构造中，交流技能与数学知识被认为是相关的两个部分。这完全依赖于如何将用来解释方差来源的证据和理论作为目标心理构造的一个相关部分，而非选取一个表面看似合理的假设来对方差进行解释，或是将其归为其他变量造成的结果。

从本质上讲，测验本身没有效度的概念可言，所谓测验的效度是指对测验分数进行的解释说明的有效程度。利用一些具有解释力的概念能够对测验分数进行解释，以及能够解释分数与其他变量之间的关系，而实证证据以及理论又能够为这些概念对分数的种种说明提供支撑。因此，实证证据以及相对应的理论才是构成心理构造的效度的两个组成部分。

[1] WIGGINS G. Assessment: Authenticity, context, and validity [J]. Phi Delta Kappan, 1993, 75 (3): 200-208, 210-214.

[2] MESSICK S. The interplay of evidence and consequences in the validation of performance assessments [J]. Educational Researcher, 1994, 23 (2): 13-23.

简而言之，心理构造效度是判断对测验分数的解释是否有效的证据集合。作为证据整体，通过测验反映出的任何种类的信息都能对理解测验分数的含义做出贡献，但仅当这些信息与对分数进行解释的理论框架的一致程度能够被直接地衡量时，这些信息的贡献程度才能被考虑，一致程度越高，则贡献也就越大[1-3]。

二、心理构造效度的维度

按照传统的方式，心理构造效度主要被分为“内部效度（internal validity）”和“外部效度（external validity）”两类，即各题目分数间的关系是否符合理论预期（内部效度），以及测验分数与其他测验之间的关系是否符合理论预期（外部效度）。但如前文所述，效度作为一个发展性的概念，其内涵也在不断地丰富和具体化。

在关于测量研究方面的文献中，有许多文献对效度提出了不同的分析模式和调查方式。Messick（1996）提出了关于心理构造效度的整体理论，这个整体的效度当中包含了若干维度，研究者可以有选择性地对各个维度进行使用,但却不能故意回避其中的任意一个。作为整体性的概念，区分效度不同维度的目的在于提供一种手段，来帮助研究者明晰“效度”这一复杂概念内部的要素以及结构。

一般而言,心理构造效度由六个维度构成,分别是:内容效度（content validity），充分性效度（substantive validity），结构效度（structural validity），可延拓效度（generalizability validity），外部效度（external validity），结果效度（consequential validity）。事实上，这六个维度对于所有教育和心理测量研究都是适用和通用的效度评价标准[4]。以下将给

[1] CRONBACH L J. Five perspectives on validity argument [M] //WAINER H,BRAUN H I. Test validity. Hillsdale, N.J. :Erlbaum,1988: 3-17.

[2] KANE M T. An argument-based approach to validity [J]. Psychological Bulletin, 1992, 112 (3): 527-535.

[3] MESSICK S. Validity [M] //LINN R L.Educational measurement. New York: American Council on Education, 1989: 13-103.

[4] MESSICK S. Validity of performance assessments [M] //PHILLIPS G W. Technical issues in large-scale performance assessment.Washington D.C.: Council of the Chief State School Officers, 1996: 1-18.

出每个维度的特点以及证据来源。

（1）内容效度。内容效度包括内容相关性和表征质量[1,2]。心理构造的内容效度，一个关键的问题便在于对心理构造的边界条件进行具体化，确定知识、技能、态度、动机以及其他将被反映于测验任务中的待测心理构造所需包含的内容。心理构造的边界和结构可以通过对任务的分析、对课程的分析和特定的学科理论等确定出来。所谓学科理论，即构成一个学科的主要原理、实验定律等，如热力学定律、牛顿运动定律等便是物理学科理论的重要组成部分。学科理论主要用来帮助研究者理解与心理构造相关的任务的难度来源，它能够指导关于心理构造的理论框架的开发，同时也指导着评分标准（问题结果空间）的开发工作。在理论框架发展的任何阶段，学科理论都是具化心理构造的边界和结构的主要基础。

在任务选取方面，不仅要选取与目标心理构造相关的任务，还应该将测试中的各个任务有序地组合起来，形成对学科的某种表征。这样做的目的在于确保关于目标心理构造的所有重要部分都被覆盖到，这通常被描述为根据任务的重要程度选取典型任务来表征学科。测验中内容的相关性和表征质量都可以通过专家判断、相关文件的说明等方式进行判定。

（2）充分性效度。充分性效度是指理论框架与所获得的测验实证数据间的一致性，包括样本对题目的作答是否反映了目标心理构造所包含的过程性内容等[3]。此处包含两个层面的含义：一是需要任务在设计上除了传统式地对知识内容进行覆盖外，还要能够准确地反映本学科的典型思维过程；二是要高于传统式的对知识内容的判断，增加实证证据，证明这些所增加的（思维）过程等都能通过测试被参与者反映出来。

因此，这个维度与内容效度的不同之处在于：该维度需要利用参与者的实证数据来证明他们的回答与所要考查的学科具体（思维）过程是

---

[1] LENNON R T. Assumptions underlying the use of content validity [J]. Educational and Psychological Measurement, 1956,16 (3): 294-304.

[2] MESSICK S. Meaning and values in test validation: The science and ethics of assessment [J]. Educational Researcher, 1989, 18 (2): 5-11.

[3] WHITELY S E. Construct validity: Construct representation versus nomothetic span [J]. Psychological Bulletin, 1983, 93 (1): 179-197.

一致的。这类证据可以从一系列不同的途径得到，如从访谈的记录或是眼动实验的记录中获得。总而言之，学科内容表征的问题不仅仅是指对目标心理构造所覆盖的结果性内容的表征，而且还是对心理构造涉及的过程性内容的表征，以及在多大程度上这些过程通过测验被反映了出来。

（3）结构效度。心理构造的理论不仅应当指导相关测试任务的选取或开发，而且需要指导基于心理构造的评分标准和细则（问题结果空间）的制订。理想地，在评分细则中，对分数（等级）进行具体描述的典型表现行为需要反映其所代表的知识内容的过程和结构。因此，测试任务的评分点等应该与待测心理构造的内部结构相一致[1]。这个基于心理构造的理论评分模型叫作“结构忠实（structural fidelity）”[2]。

（4）可延拓效度。可延拓是指测验适用范围的可延拓性和对分数所进行的解释说明的应用范围的拓展性，即通过参与者的分数所反映出的特点能够在多大程度上解释其他群体在该测验中的表现，或是参与者在其他情境和任务中的表现[3,4]，同时包括测验标准的拓展有效性[5]。行为测验应该聚焦于目标“心理构造”所包含的内容和过程，对分数赋予的含义不应仅局限于解释测验中的题目或任务，而是能够将这些含义拓展到代表同一心理构造的其他题目上。关于可拓展性的证据主要依靠测试任务与其他代表同一“心理构造”的任务间的相关程度来判断，当所选测试任务与其他题目间的相关程度较高时，则分数的含义具有更广的拓展性。跨任务与跨情境的拓展性问题是分数意义的核心问题。

表现型任务通常较为复杂，因此所需时间较长；而测试需要尽量多地覆盖心理构造所包含的内容来提升测验分数的解释的适用范围，但测试的时间却是有限的。这个在测验的深度和广度上的矛盾需要研究者经

[1] MESSICK S. Validity [M] //LINN R L.Educational measurement. New York: American Council on Education, 1989: 13-103.

[2] LOEVINGER J. Objective tests as instruments of psychological theory [J]. Psychological Reports, 1957, 3 (3): 635-694.

[3] COOK T D, CAMPBELL D T. Quasi-experimentation: Design & analysis issues for field settings [M]. Chicago: Rand McNally College Publishing Company, 1979.

[4] SHULMAN L S. Reconstruction of educational research [J]. Review of Educational Research, 1970,40 (3): 371-396.

[5] HUNTER J E, SCHMIDT F L, JACKSON G B. Meta-analysis [M]. Beverly Hills: Sage Publications, 1982.

过权衡后进行取舍，研究者需要思考：是追求单个具体题目的有效性，还是追求心理构造的整体解释力？在任何研究中，这个矛盾都需要被仔细考虑并做出取舍[1]。

对于跨任务情况下的分数解释的拓展性而言，任务表现的评分者、观察者和任务的时间与情境的可拓展程度等影响着分数含义的拓展性。这些测量误差与典型任务、情境和评分者的选取等直接相关。

（5）外部效度。外部效度是指与其他相关研究或通过其他研究方法所得结果的一致性程度[2]，以及评价标准的相关性和统一性证据[3]。这个一致的程度反映了所建构的心理构造的质量和有效程度。测试中所体现的心理构造应当在理论上和其他测验具有外在的同质性和差异性，二者同样重要。同质性表明不同研究所建构的心理构造需要具有某种普遍共性，差异性则表现出不同研究所构建的心理构造的特性。同质性和差异性的证据对于心理构造的效度都是最基本的证据。同质性的证据能够从正面提升所测的目标心理构造的效度；差异性的证据能够从反面刻画出目标心理构造与其他心理构造的不同之处，从而更好地将彼此区分开来。

（6）结果效度。结果效度主要关注所构建的对分数的解释能否带来一系列实际和潜在的价值。例如，利用国际性的学生测验表现分析结果，能够促进教育政策的完善和发展。Gearhart 等人[4]根据这个方面的效度制定了一个关于写作的评分细则，他们根据评分者的反映来评估这个评分细则是否有利于为写作教学提供有用的反馈和指导信息。

从以上对效度每个维度的解释可以看出，效度作为一个整体概念，其核心是：（1）考查测验所得的实证证据与理论框架的一致性程度如何；（2）所得结果和其他相关研究结果的一致性与差异性如何；（3）所得结果的适用范围如何。

---

［1］ WIGGINS G. Assessment: Authenticity, context, and validity［J］. Phi Delta Kappan, 1993, 75（3）: 200-208, 210-214.

［2］ CAMPBELL D T, FISKE D W. Convergent and discriminant validation by the multitrait-multimethod matrix［J］. Psychological Bulletin, 1959, 56（2）: 81-105.

［3］ CRONBACH L J, GLESER G C. Psychological tests and personnel decisions［J］. American Journal of Sociology, 1958, 64（2）: 442.

［4］ GEARHART M, HERMAN J L, NOVAK J R, et al. Toward the instructional utility of large-scale writing assessment: Validation of a new narrative rubric［J］. Assessing Writing, 1995, 2（2）: 207-242.

这三个问题怎样与效度的各个方面相联系？它们的大致关系如下所述：

（1）测验数据与理论框架的一致性。关于这个问题，其主要方式是尽量减少心理构造无关方差的干扰。为了达到这个目的，可以通过明确心理构造的内容，明确题目考查的内容，保证测验与理论框架的一致性，以及提高题目设计技巧的方式来实现。在明确心理构造的内容时，主要根据内容效度的具体要求来加以落实，如利用具体的学科理论来确定理论框架所应包含的知识、能力和边界条件等。

明确题目考查的内容则主要考虑到充分性效度的要求，即题目除了反映出具体的知识内容外，还是否体现了目标心理构造应包含的过程性技能或知识等。保证测验与理论框架的一致性则涉及充分性效度和结构效度两个维度，测验题目中所包含的过程性内容必须能够被参与者通过测试表达出来，这主要是充分性效度所涉及的内容。与此同时，若想获得测验与理论框架一致性的结果，另一个前提条件则是：对参与者作答数据的评判必须根据与理论框架相一致的评分标准来进行，否则理论框架与测验之间的一致性无从谈起，而这是由结构效度来保证的，即评分标准需根据目标心理构造来进行构建。以上三项措施主要是为了避免心理构造无关方差中的心理构造无关困难，即在测验和评分的过程中尽量剔除与目标心理构造不相关的内容的干扰。

提高题目设计技巧，主要是为了避免过分暴露题目的解答线索，从而使得参与者不需利用目标心理构造便能轻松地给出正确答案。为了做到这一点，研究者需要根据充分性效度的要求，通过访谈等手段证实参与者给出答案的过程与题目最初所设计的解答思路和方式是一致的。这一措施主要是为了避免心理构造无关容易。

（2）所得结果与其他相关研究结果的一致性。教育学科内的研究与其他领域的研究一样，都是建立在已有研究基础之上的，并且还有其他许多类似的研究在同时进行。如何能够使得自身的研究结果更可靠？其中一条重要的途径是将研究结果与其他类似研究结果进行对比，通过对二者的对应程度或相关性的判断来相互增强研究的可靠性，这便是外部效度所关注的内容。外部效度既需要通过同质性证据从正面增强研究的有效性，同时也需要通过差异性的证据从反面强调目标心理构造的特征。

（3）研究结果的适用范围。研究结果能够在多大程度上对取样总体的表现做出有效解释？这便涉及可延拓效度的内容。为了使得研究结果可以解释更大的样本人群和更多的行为，这便要求研究者首先要选取有代表性的群体作为研究的样本，不仅注重样本的数量，而且还要考虑样本的质量，如样本的分布情况，抽样是否成比例等问题。在严格筛选样本的同时，还需注意测验和访谈题目的选取，不仅考虑题目是否能够充分体现目标心理构造内容，还应关注题目的情境是否丰富，是否具有样本日常利用目标心理构造进行思考的问题的特征等。

第四节 学习进阶的研究现状

回顾与总结了如何有效开发学习进阶框架的途径与方法，那么现有的学习进阶研究情况如何？取得了哪些成果，遗留了哪些问题？本研究以“learning progression”“learning development”“progression on concept understanding”等为关键词，通过对 ERIC 期刊数据库和 ProQuest 学位论文数据库的检索，发现 2000—2013 年共有 784 篇学术文章对学习进阶进行了相关研究，其中学术期刊文章有 551 篇，学位论文为 233 篇（见图 1-6）。

我国亦有研究者对学习进阶进行了相关讨论，例如范增通过对国内外课程文件以及研究文献的分析，提出了若干物理核心概念的学习进阶模式[1]，其他一些有影响力的学者也对国外研究成果和研究动态进行了介

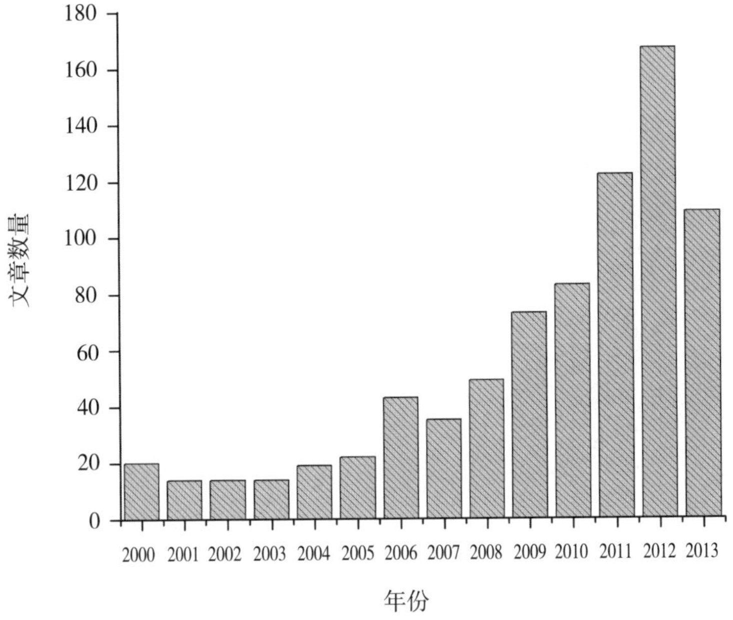

图 1-6 2000—2013 年学习进阶框架研究文章分布图

[1] 范增. 我国高中物理核心概念及其学习进阶研究 [D]. 重庆：西南大学，2013.

绍，并对这一研究领域的未来发展进行了展望[1-3]。这些成果为我国教育研究者了解学习进阶提供了有益的帮助，但到目前为止尚未有关于学习进阶的实证研究结果发表。

利用 UCINET 软件，根据共词分析法（co-word analysis）对所选文献的关键词进行关联性分析，通过社会网络分析软件 NetDraw 对结果进行可视化处理，从而确定学习进阶研究范畴内所包含的各个子主题、主题间的相关性以及结构等信息[4]。在此基础上，按照本文的研究目的，通过与具体文献内容相结合的方式对各个子主题下的研究情况进行归纳和总结。

共词分析法的基本假设是：如果在同一篇文献中同时出现了某研究领域内的两个关键词，那么便表明两个词之间具有内在关联性；两个词在其他文献中出现的频率则代表了内在联系的紧密程度。基于此，便可采用因素分析等多元分析手段，根据词语关系的紧密程度，对某个研究领域内的重要关键词进行分类，概括得出该领域内研究的共同特征[5]，便

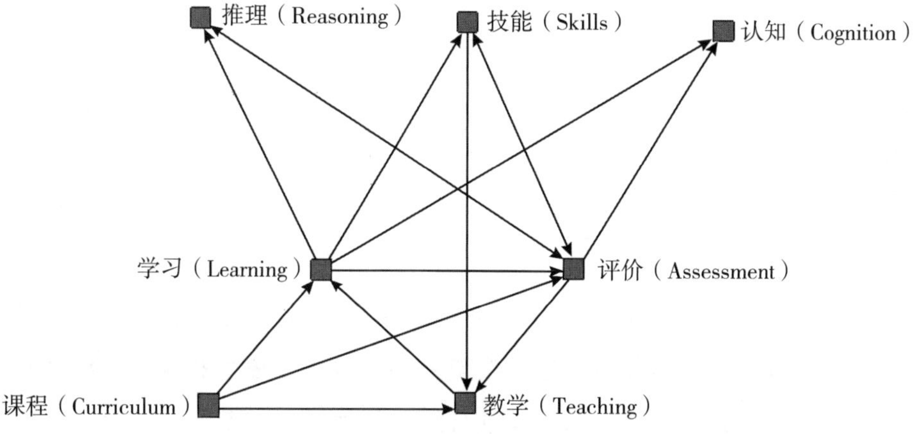

图 1-7 学习进阶研究要关注的主题与联系

[1] 郭玉英，姚建欣，张静. 整合与发展——科学课程中概念体系的建构及其学习进阶［J］. 课程 · 教材 · 教法，2013，33（2）：44-49.

[2] 刘晟，刘恩山. 学习进阶：关注学生认知发展和生活经验［J］. 教育学报，2012，8（2）：81-87.

[3] 王磊，黄鸣春，王维臻，等. 从国际比较的视角来看高中化学课程标准的稳定性和趋势性［J］. 全球教育展望，2013，42（11）：98-109.

[4] 杨颖，崔雷. 基于共词可视化的学科战略情报研究［J］. 情报学报，2011，28（3）：325-330.

[5] 张勤，马费成. 国内知识管理研究结构探讨——以共词分析为方法［J］. 情报学报，2008，27（1）：93-101.

于研究者了解该领域的热点问题，并且有助于规划研究方向和目标。

结合图 1-7 以及文献的具体内容可以得知，目前关于学习进阶的研究主要关注学生的推理、技能和认知的发展情况，学习进阶框架或是以学生的学习理论（learning theory）为出发点，或是以教师的教学理论（teaching theory）为出发点，将学习进阶与课程的相关内容紧密结合，通过测试的方式来描述或检验学生的学习发展情况。具体表现为，研究者选取核心的认知理论作为研究的基础，将课程文件涉及的具体学科核心概念和课程所要培养的核心技能、推理方法等有选择性地结合起来，建构能够通过具体活动使得学生获得（或表现出）活动技能或推理，以及概念理解方面的进阶发展。

其中大多数学习进阶理论是在实证研究基础之上建立起来的，但也并非所有的研究者都认为实证研究是建立学习进阶的必备基础，如 Heritage[1] 根据学科内容知识的内在逻辑性而描绘了理想的学习进阶路线。Roseman 等人[2] 利用概念图，通过科学概念与原理间的逻辑关系构建了“遗传”概念的进阶框架。但是，如果建立学习进阶框架的目标是为了促进学生的学习和教师的教学，那么学习进阶必须关注学生的真实学习、思维以及推理情况，这也是使得学习进阶理论具有实证有效性的重要途径。

通过实证研究的方式，学习进阶的思想已经运用到了诸多不同的科学教育问题上。部分学习进阶框架将科学概念、原理和现象按照从具体到抽象，从简单到复杂的过程进行组织与建构，其基本假设是掌握新知识必须以理解原有知识为基础。与上述不同的是，许多研究者以学生为中心，从学生的一系列认知表现出发来构建学习进阶框架。这些研究采用了不同的理论基础以及研究方法，可以分为“学科共性（domain-

[1] HERITAGE M. Learning progressions: Supporting instruction and formative assessment [R]. Washington, DC: the Council of Chief State School Officers, 2008.

[2] ROSEMAN J E, CALDWELL A, GOGOS A, et al. Mapping a coherent learning progression for the molecular basis of heredity [C]. San Francisco: National Association for Research in Science Teaching Annual Meeting, 2006.

general)”和“学科特性(domain-specific)”两类。[1-5]

站在学科共性的角度，Songer 等人[6]认为学习进阶框架不应只强调具体的学科内容知识，也应强调学生的一般性的探究推理能力(inquiry reasoning skills)。最终形成的学习进阶框架包括一个知识进阶和一个探究推理进阶框架。关于知识的学习进阶框架是按照测试中知识内容的难易程度来进行组织排序的，而探究推理进阶框架则是按照学生用来建构科学解释时所用的一系列元认知能力来组织的。这样的一个好处在于可以帮助研究者认识到学生的元认知意识与策略对于其理解知识的重要作用。然而，这一学习进阶框架在知识方面仍然是按照学科知识的逻辑进行组织和排列的，而非以学生为中心，没有将学生对相关概念的原始认知纳入框架之中。因此，在这个意义上，此类学习进阶框架的实证有效性仍有提升的空间。

Schwarz 等人[7]设计的学习进阶框架聚焦于具体的元认知技能——建模。研究者根据学生自身对模型的不同认识层次而对进阶框架进行了组织，覆盖了从将模型视为对所观现象的简单复现到将模型作为解释现象的工具的各个层级。同时，研究者还研究了学生从低层次认识向高层次认识过渡的转变过程。这一研究的价值在于学习进阶框架中的层次并非

[1] ALONZO A C, STEEDLE J T. Developing and assessing a force and motion learning progression [J]. Science Education, 2009, 93 (3): 389-421.

[2] MOHAN L, CHEN J, ANDERSON C W. Developing a multi-year learning progression for carbon cycling in socio-ecological systems [J]. Journal of Research in Science Teaching, 2009, 46 (6): 675-698.

[3] SCHWARZ C V, REISER B J, DAVIS E A, et al. Developing a learning progression for scientific modeling: Making scientific modeling accessible and meaningful for learners [J]. Journal of Research in Science Teaching, 2009, 46 (6): 632-654.

[4] SMITH C L, WISER M, ANDERSON C W, et al. FOCUS ARTICLE: Implications of research on children's learning for standards and assessment: A proposed learning progression for matter and the atomic-molecular theory [J]. Measurement: Interdisciplinary Research and Perspectives, 2006, 4 (1/2): 1-98.

[5] SONGER N B, KELCEY B, GOTWALS A W. How and when does complex reasoning occur? Empirically driven development of a learning progression focused on complex reasoning about biodiversity [J]. Journal of Research in Science Teaching, 2009, 46 (6): 610-631.

[6] 同[5].

[7] 同[3].

源于专家和课程文件中所期望的不同阶段学生应当掌握的建模能力，而是以学生的真实认知情况为建立基础。但是，他们试图将建模能力与对具体科学内容的理解相分离的做法存在问题，因为学生所谓建模能力的提升很有可能源自对学科知识的更进一步理解，使得该框架缺乏解释力。

站在学科特性的角度，代表性的研究主要由三篇文献构成[1-3]。他们的研究均包含了学生对于科学概念的最初认识，例如Alonzo等人[4]在关于力与运动的研究中强调了从"力是推与拉"的原始认知到"力与运动是由加速度联系起来"的科学理解的一系列认知过程。在关于"碳循环"的学习进阶研究中，尽管在低层级的划分上存在异议，但研究者仍然刻画了隐藏于学生表现之下的具体的思维方式[5]。Smith和同事[6]利用实证研究的结果设计了关于学生因果推理与认识论层面的学习进阶框架，这三个研究共同表明学习进阶的有效性必须以学科特性为基础。

从以上可以看出，学习进阶的主要功能是描述学生思维与推理能力的发展情况，而这些思维与能力的研究必须围绕着学生的内隐心理构造而展开。然而，学习进阶研究在此遇到了效度问题的挑战，即学生的思维水平在不同情境的问题中表现得缺乏内在一致性。例如，Alonzo和Steedle[7]发现学生在解决不同情境中的同类问题时，其回答往往缺乏内在一致性。Duncan和他的同事（2013）在《科学》上指出，当学生的思维能力处在发展过程中时，学生的表现通常因题而异，若依据目前已有的学习进阶框架，则个体的思维呈现出多层级状态，从而使得学习进阶

[1] ALONZO A C, STEEDLE J T. Developing and assessing a force and motion learning progression [J]. Science Education, 2009, 93 (3): 389-421.
[2] MOHAN L, CHEN J, ANDERSON C W. Developing a multi-year learning progression for carbon cycling in socio-ecological systems [J]. Journal of Research in Science Teaching, 2009, 46 (6): 675-698.
[3] SMITH C L, WISER M, ANDERSON C W, et al. FOCUS ARTICLE: Implications of research on children's learning for standards and assessment: A proposed learning progression for matter and the atomic-molecular theory [J]. Measurement: Interdisciplinary Research and Perspectives, 2006, 4 (1/2): 1-98.
[4] 同[1].
[5] 同[2].
[6] 同[3].
[7] 同[1].

框架的有效性受到怀疑[1]。

总而言之，学习进阶的优势在于它的整合性。学习进阶能够将评价、课程与教学有机地合为一体。在Schwarz等人[2]与Songer等人[3]的研究中不仅包含了评价部分，同时也包括了教学实验部分。为了让学习进阶能够为课堂教学提供有益的建议，进阶框架必须能够反映学生的真实学习情况。学习进阶理论的另一个优势源于它的实证有效性，依赖于对学生真实思维与认识的实证调查，尤其是学习进阶框架并非是完全按照课程标准中对学生的知识期望进行组织的，而是强调与具体科学知识相关的思维的发展过程。

[1] DUNCAN R G, RIVET A E. Science learning progressions [J]. Science, 2013, 339 (6118): 396-397.

[2] SCHWARZ C V, REISER B J, DAVIS E A, et al. Developing a learning progression for scientific modeling: Making scientific modeling accessible and meaningful for learners [J]. Journal of Research in Science Teaching, 2009, 46 (6): 632-654.

[3] SONGER N B, KELCEY B, GOTWALS A W. How and when does complex reasoning occur? Empirically driven development of a learning progression focused on complex reasoning about biodiversity [J]. Journal of Research in Science Teaching, 2009, 46 (6): 610-631.

第二章　“能量”进阶框架的开发基础

通过上一章的介绍，读者对学习进阶以及进阶框架的基本情况和开发流程有了较为系统的认识。但对于具体的知识主题，需要何种理论的支撑才能建立具有针对性的进阶框架则是需要认真思考的首要问题。在本书中，学习进阶框架是用来描述学生“能量”概念认知状态与发展的工具，这种认知的变化过程本身就是“能量”的概念转变过程。因此，与人类对“能量”概念认识的过程以及学生概念转变过程相关的研究结果将是本研究的重要理论基础。这其中包括“能量”概念本身的发展历程，学生认知外部世界的认知理论，以及“能量”进阶的研究现状等。通过本章，读者会对以上问题形成更进一步的理解。

第一节 人类对“能量”认识的演化

人类对能量的认识并非一蹴而就，而是经历了漫长而曲折的探索历程。至今，我们对能量的探索仍未停止。本节主要从科学史和现代物理的观点出发，简单地梳理科学家对“能量”概念的认识过程和认识现状，试图从中归纳得出在不同阶段理解“能量”概念所涉及的思维方式以及“原理”等。

一、科学史上对“能量”认识的演化

为什么要了解科学家对能量的认识过程？学生的思维特征仅能告诉我们人类思考“能量”的起点在哪里，而无法看出人类对这一概念的认识是如何发展的，其更高层次的思维活动是什么。通过对科学史的梳理，则可以使我们从中抽取出认识能量概念的主要思维框架。

1. 能量与力的区分

为什么物体能够运动？为什么物体能够停止运动？运动的原因是什么？亚里士多德提出了第一个理论来回答这些问题。根据他的理论，世间有两类运动：自然运动和受迫运动[1]。宇宙中每一个物体都有自己的自然位置，由组成它的四种元素（水、火、土、气）的属性决定。任何不在自然位置上的物体都有回归原位的趋势。例如，石头是由土构成的，因此它们总是滚向地心的方向。与自然运动相反，受迫运动是由于有外力施加于物体造成的，如推或拉。因此，在亚里士多德的运动理论中，自然属性和外力是运动的原因，在运动中没有守恒量的存在。可以看出，亚里士多德等人根据自我的直觉和想象，将任何不在自然位置上的物体都有回归原位的趋势作为“原理”，利用简单因果推理（自然运动与受迫运动）的方式对自然现象进行思考，与 Pinker 和 Talmy 等对儿童思维方

[1] PRESS G A. Aristotle's physics books III and IV [J]. Analytic Philosophy, 1985, 26 (1): 14-16.

式的分析结果相类似[1,2]。

17世纪的科学家通过测量和定量研究，成功地挑战了亚里士多德的学说。这段历史被记录在 *Energy, the Subtle Concept：The discovery of Feynman's blocks from Leibniz to Einstein* 一书当中[3]。1644年，笛卡儿提出了“运动的量”来解释物体运动的原因。莱布尼茨则提出了另一个备选概念“活力(vis viva)”来解释运动，其表达式为 mv^2。然而莱布尼茨的“活力”受到了强烈的批评，因为在非弹性碰撞中“活力”并不守恒，无法解释消失的“活力”对运动究竟产生了怎样的影响或者去向哪里。在笛卡儿的启发下，牛顿最终发展出了现代“力”的概念，并且阐明了它与物体运动的关系：力是改变物体运动状态的原因。他的这一学说发表在1687年出版的《自然哲学的数学原理》一书当中。在这一时期，科学家开始根据物理测量和实验，采用抽象的方式来建构物理概念，根据因果推理的方式，利用已知的物理规律来解释自然现象发生的机制。

从笛卡儿到牛顿，“力”的概念经历了40余年的发展便告一段落，而从“活力”演化为现代的“能量”概念却异常缓慢和曲折，科学家和工程师们直到19世纪才意识到使用“动能”替代“活力”，并且发现势能与动能在只有保守力做功的机械系统内守恒的定律。至此，科学家们意识到“力”可以用来解释物体为什么运动，而“能量”更多地强调对运动的限制：能量守恒并且传递具有方向性，因此第一、二类永动机都无法实现。至此，人类终于将“能量”与“力”区分开来，认识到“能量”与“系统”间的内在关系：站在“系统”的角度认识“能量”，意识到“能量”的功能在于解释什么样的运动能够发生，而什么样的运动不能发生。

2. 能量与物质的区分

自古代起，人类就对火充满着神秘感，为什么有的物质会燃烧而有的却不会？什么是火？为什么会烫？亚里士多德认为易燃的物质包含着“火”元素。沿着这一线索，Geber认为易燃物质含有硫黄，它能使得物

[1] PINKER S. The stuff of thought [M]. New York: Viking, 2007.
[2] TALMY L. Force dynamics in language and thought [J]. Parasession on Causatives and Agentivity, 1985, 1: 293-337.
[3] COOPERSMITH J. Energy, the subtle concept: The discovery of Feynman's blocks from Leibniz to Einstein [M]. New York: Oxford University Press, 2010.

质具有可燃性。根据这些对火的原始认识，17 世纪初的炼金术士们提出并发展了“燃素”说[1]。根据这一理论，所有易燃物质都包含“燃素”——一种能够在燃烧中释放出来的物质；物质燃烧后的灰烬总是会变轻，这是因为“燃素”被释放出去了。回顾以上可以看出，正是炼金术士们通过“燃素”的概念使得“能量”与“物质”无法区分开来。

大约一个世纪之后，法国化学家拉瓦锡用实验否证了燃素说[2]。他指出了氧在燃烧反应中的重要性，并且得出了质量守恒定律。他的工作为现代化学的发展奠定了坚实的基础。然而，这些工作仍然没有回答为什么一些物质能够燃烧而其他不能？为此，拉瓦锡提出了“卡路里”理论：易燃物质含有卡路里，一种没有重量的流体，能够在燃烧中释放出去。卡路里的提出成为区分物质与能量的开端，因为与燃素不同，卡路里不具有质量。但二者并不能被完全区分开来，卡路里仍然具有物质的形态——流体，成为一种半物质的状态，能量能够流动到其他地方。这一观点与现代的能量观点不同，现代能量观点认为“热”仅是伴随着分子原子机械运动而产生的抽象的物理量。在迈尔和焦耳发现关于热的守恒定律后，“卡路里”理论才被现代理论所代替。这一理论表明能量与物质是截然不同的两个概念。

3. 能量与生命的区分

对于生命的研究起源于对几个基本问题的思考：什么是生命？生物与非生物的区别是什么？为什么生物能够生长和繁殖，而非生物却不能？亚里士多德再一次第一个提出了关于生命的理论[3]。根据他的理论，所有的生命都有“灵”，是“灵”造就了生命：植物具有“营养灵（nutritive soul）”来获得生长和繁殖；动物具有“感知灵（sensitive soul）”，从而不仅能够生长和繁殖，还能运动和感知；人具有“理智灵”，使得我们具有以上所有的本领以及思考的能力。“灵”是一个无法区分为生物或心理范畴的概念，但这一思想一直统治着人们关于生命的认识长达数千年，

[1] COBB C, GOLDWHITE H. Creations of fire: Chemistry's lively history from alchemy to the atomic age [M]. New York: Plenum Press, 1995.
[2] 同[1].
[3] MAGNER L N. A history of the life sciences [M]. New York: Marcel Dekker, 2002.

直到19世纪现代生物学的建立。

在 *The Web of Life: A New Scientific Understanding of Living Systems* 一书中，作者追寻了生物作为一个独立学科的建立以及研究范式的转变过程[1]。在19世纪，关于生命的研究主要在两个学科内进行。机械生物学（mechanistic biology）按照机械和化学的结构与过程来研究生命体；心理学则调查人的思维与推理。许多生物学家认为物理与化学是不足以理解生命现象的。在他们之中，有人认为“活力（vital power）”是使得生命发生的原因，如细胞的繁殖。“活力”曾一度被认为是生命体的“能量”。其他生物学家提出了一种与之竞争的理论，将生命看作自组织系统的显性特质。组成细胞的原子与分子本无生命，然而，当他们形成一个生命网络（细胞）时，生命便从原子、分子形成的特殊组织中显化出来。同样要注意的是，细胞中的有机分子含有能量但却没有生命。因此，有机理论将生命与能量完全区分开来，并且将生命和能量也与心理特质（如“灵”）区分开来。

4. 总结

科学家最初对能量的认识与学生的原始认识一样，将能量与力、物质和生命纠缠在一起。最初利用简单因果推理的方式，将能量看作解释物体运动的原因来对现象做出解释，而后逐渐意识到能量与生命一样，是系统所具有的某种特征，能量只有在系统中谈及才更有意义。与作为运动的原因相比，能量更多的是强调对运动和事件发生的限制。由此可见，科学家群体对能量的认识和学生的认识具有相同的出发点，经过发展后逐渐成熟完善。因此，有理由认为学生对能量概念的认识也会经历大致的思维过程而逐步走向成熟。

二、对于“能量”的现代科学认识

经历了以上曲折的发展历程，现代科学对能量有了全新的认识，费

[1] CAPRA F. The web of life: A new scientific understanding of living systems [M]. New York: Anchor Books, 1996.

恩曼在其物理学讲义中对“能量”给出了如下描述[1]：“这里有一个事实，或如你们所说，一个定律，它决定着世间一切自然现象，它异常精准，这就是能量守恒定律。它描述了一个我们谓之曰‘能量’的抽象数量，任凭自然现象的万千变化却毫无改变。这个想法非常抽象，因为它是一个数学原理，它表示这里有这么一个数量，它在其他事情发生时自身却不随之改变。它不是用来描述事情背后的发生机理的……在今天的物理学中，很重要的是应该意识到我们并不知道能量的本质是什么，我们无法用具体的图画来描绘能量。它是一个抽象的东西，并且并不是用来解释各种公式背后的原因与机理的。”

正如费恩曼所说，在现代物理学看来：第一，能量仅是一个抽象的数量，它与力、生命和物质不同；第二，能量强调对事件发生的限制而非事件发生的动因。能量总是守恒却又是有方向性的，意味着能量来自一方而必须去向另一方。这就是为什么有的事情能发生，而有的却不能。

此外，在美国国家研究委员会（NRC）2011 年颁布的《K—12 科学教育框架》以及 2013 年颁布的美国《下一代科学标准》中，“能量”与“系统”均被认为是学科共通概念（学科共通概念是科学家依据各个重要概念在科学和技术领域的价值，从众多的备选概念中挑选而出的。《K—12 科学教育框架》共挑选出了 7 个概念作为共通概念）。共通概念是将各个学科联系起来的纽带，能够为描述和解释自然科学与工程技术领域的绝大多数现象和问题做出贡献。这些共通概念为学生提供了一个组织框架，帮助学生将不同学科的知识进行整合，从而形成内在一致并且科学的世界观[2,3]。

这两个课程文件强调能量与系统紧密相关。然而需要指出的是，虽然系统与能量密切相关，但并非一一对应。与能量概念相比，系统的应

[1] FEYNMAN R P, LEIGHTON R B, SANDS M. The Feynman lectures on physics [M]. New York: Basic Books, 2013.
[2] QUINN H, SCHWEINGRUBER H, KELLER T. A framework for K-12 science education: Practices, crosscutting concepts, and core ideas [M]. Washington D.C.: National Academies Press, 2012.
[3] NGSS Lead States. Next generation science standards [M]. Washington D.C.: National Academies Press, 2013.

用范围更加广阔，所牵涉和包含的知识也更加丰富，能量仅是与系统的一个部分或侧面紧密相关。能量及能量原理是对系统进行分析判断的工具，目的是为了理解系统内什么样的事件有可能发生，而什么样的事件不可能发生[1]。

从以上内容可以看出，科学家对能量的认识经历了从将能量看作解释事件发生的机制“物理量”（即用“能量”来解释事件发生的内部机理）到将能量看作判断系统内事件能否发生的依据；从使用简单因果推理的思维方式到将能量与系统相结合，视能量为系统的特征量，利用热力学第一定律和第二定律来分析系统内事件发生的各种可能性。由于学生与早期科学家对能量的认知具有相似性，因此科学家这种对能量的认知发展过程将为揭示学生所具有的不同能量认知状态提供有益信息。

三、本书中“能量”概念的含义

“能量”作为自然科学中的核心概念，可以广泛地用来解释和预测物理、化学、生物和环境科学中相关的现象，因此被美国《K—12 科学教育框架》列为 7 个学科共通概念之一。在本书中，由于仅讨论能量概念在物理领域内的内容和应用，因此更加侧重于将能量概念定位于物理学科核心概念（disciplinary core idea）。针对该概念所包含的能量的来源、能量的形式、能量的转化和转移、能量的降退以及能量的守恒等几个方面的内容，仅在经典物理领域内，主要针对宏观过程中涉及的能量问题进行讨论（不包括近代物理中的内容）。

具体而言，能量的来源（source of energy）具体包含对能量本质的思考（从哪里来），能量与力、物质和生命的区别；能量的形式（forms of energy）方面包括对各种形式的能量的命名、对重要形式的能量的含义以及定量理解（如动能、势能、内能等）;能量的转移和转化（transfer/transformation of energy）包括能量转移和转化的途径，以及这些过程中所涉及的原理和定律（如功、能之间的关系，动能定理，但不包括热传递）;

[1] QUINN H, SCHWEINGRUBER H, KELLER T. A framework for K-12 science education: Practices, crosscutting concepts, and core ideas [M]. Washington D.C.: National Academies Press, 2012.

能量的退降（degradation of energy）强调能量转移和转化具有方向性，同时也包括能量耗散的相关内容（如结合实例了解能量在利用的过程中总有一部分被以其他的能量形式浪费掉等）；能量的守恒（conservation of energy）包括机械能守恒定律（以及条件）和能量守恒定律等。

第二节 对学生“能量”认知的解释

一、认知理论：“框架理论”与“碎片理论”

当前关于概念转变背后机制的研究主要可以归纳为“框架理论（framework theory）”和“知识碎片理论（knowledge-in-pieces）”两类。研究者从上述两个观点展开研究，从而在知识的本质、概念转变的机制以及有效教学途径等方面产生了不同的见解。

二者争论的焦点主要集中在如何看待学生的思维活动，是将学生的思维与认知看作如理论框架般具有内在一致性，还是将其看作与情境相联的碎片状。框架理论学说认为学生依赖与具体学科知识相联系的、具有内在一致性的认知框架（这个框架既可以是对知识的正确认识，又可以是原始的认识）来对生活中所遇到的现象进行解释，学生在解释的过程中所外显的相异概念或正确认知等都是由学生头脑中内隐的认知框架来决定的[1-5]。与之相反，知识碎片学说用“基元（p-prims）”来描述学生的知识[6]，或是使用“事实（facts）”进行表征[7]，二者均不具有科学

[1] CAREY S. Conceptual change in childhood [M]. Cambridge, Mass.: MIT Press, 1985.

[2] CHI M T H. Commonsense conceptions of emergent processes: Why some misconceptions are robust [J]. The Journal of the Learning Sciences, 2005, 14 (2): 161-199.

[3] GELMAN R. First principles organize attention to and learning about relevant data: Number and the animate-inanimate distinction as examples [J]. Cognitive Science, 1990, 14 (1): 79-106.

[4] GOPNIK A, WELLMAN H M. The theory theory [G] // Mapping the mind: Domain specificity in cognition and culture. New York: Cambridge University Press, 1994.

[5] IOANNIDES C, VOSNIADOU S. Exploring the changing meanings of force: From coherence to fragmentation [J]. Cognitive Science Quarterly, 2002, 2 (1): 5-61.

[6] DISESSA A A. Toward an epistemology of physics [J]. Cognition and Instruction, 1993, 10 (2/3): 105-225.

[7] MINSTRELL J, STIMPSON V. A classroom environment for learning: Guiding students' reconstruction of understanding and reasoning [M] // SCHAUBLE L, GLASER R. Innovations in learning: New environments for education. Mahwah: Lawrence Erlbaum Associates, 1996: 175-202.

理论框架的核心特征。

为了更加准确地理解以上两个学说，首先要理解“理论”。科学家使用理论来解释现象和做出假设，而在日常生活中，“理论”被用来指代对概念的一系列不同程度的理解，从模糊的猜测、直觉和推测到可检测性的假设。因此，什么是理论？什么是理论的核心？什么是用来判断学生思维是否与理论相类似的标准？

Gopnik 和 Wellman [1] 讨论了理论的本质，区分了两个概念，即“事实分类（empirical typologies）”与“理论（theories）”。事实分类指对可观察的事物进行排序、划分和在证据、经验层面的诠释（与经验处于同一层面），并且“与经验本身共用一些基本词汇”。在这个意义上，事实分类都是描述性的，不具有解释的力量。许多日常思维都具有事实分类的主要特征。例如，在解释为什么生物需要不同的物质来维持生存和生长时，人们会认为这是因为生物体（或者是动物或者是植物）都有不同的需要，因此要用不同物质来维持生长。这便是事实分类，它缺乏解释的深度。

与事实分类不同，理论是人们用来解释世界和做出假设的工具，具有解释的力量。事实分类仅仅在可观察的层面上描述事物因与果之间的联系，而理论可以告诉人们隐藏在这种表面关系背后的因果机制。为了展现这种因果机制，理论不得不具有抽象性和内在一致性。Gopnik 和 Wellman 认为理论是由抽象的心理构造构成的系统，例如实体（entities）、过程（processes）和原理（principles）等都是心理构造的组成成分。组成理论的心理构造之所以抽象，是因为它们处在一个比可直接观察的证据更深的层面上，因此必须用完全不同于事实分类的词汇来进行表征。这也是理论能够解释表面因果关系背后的机制的原因与方法。理论的心理构造之间具有一致性，所以建立在它们之上的解释具有可理解性。例如，行星的运动能够依据万有引力理论来解释，这一理论包含着抽象的心理构造：具有三个实体——力、质量与距离，是从可直接观察的现象中抽象得出的；同时还包含一个原理——$F=GMm/r^2$，描述了实体之间的内部

[1] GOPNIK A, WELLMAN H M. The theory theory [G] // Mapping the mind: Domain specificity in cognition and culture. New York: Cambridge University Press, 1994.

联系。

总而言之，以上关于理论本质的讨论指出了一条理解和比较框架理论与知识碎片理论的途径。框架理论认为，学生对概念的原始认识是建立在抽象的、系统的、相互联系的理论心理构造之上的，而知识碎片理论强调学生的认识是事实分类层次的，是缺乏理论的深度的。

框架理论认为学生对于具体学科知识的“理论”在幼年就已经开始形成，例如“原始的物理理论（naive theories of physics）”，“原始的心理理论（naive theories of psychology）”和“原始的生物理论（naive theories of biology）”。“相互作用与运动（theory of body mechanisms）”的原始物理理论在个体幼年时就已经出现[1,2]，采用 Gopnik 和 Wellman 的理论可以对这一原始理论进行分析。物体的运动可以用构成理论的心理构造来解释（包括实体、过程和原理）：实体是力，一种基本和普遍的力量，而这种力附着在物体之上；过程是机械相互作用以及运动的物体；原理是当物体移动时，它们具有或被施加了力，或者是当物体接触其他物体时，它们传递、接收或阻止力。原始的心理理论同样出现在较早的阶段。例如，当幼儿三岁大时，他们就能够理解心理实体了，如思维和梦境是心智的和非物质的。他们能够区分心理的和物理的实体[3]。

与之相反，知识碎片理论认为即使在高中阶段的学生，其已有的认知仍然是碎片化的和缺乏理论式的深度的。例如，个体学生能够运用若干相对独立的认识（如，越重的物体速度越快）来解释不同情境下物体的运动情况[4]。学生对物理的理解是由成百乃至上千的现象基元构成，他

[1] LESLIE A M. ToMM, ToBy, and agency: Core architecture and domain specificity [M] //HIRSCHFELD L A, GELMAN S A. Mapping the mind: Domain specificity in cognition and culture. Cambridge, Mass.: Cambridge University Press, 1994: 119-148.

[2] LESLIE A M. A theory of agency [M] // SPERBER D, PREMACK D, PREMACK A J. Causal cognition: A multidisciplinary debate. Oxford: Clarendon Press, 1996: 121-141.

[3] WELLMAN H M, ESTES D. Early understanding of mental entities: A reexamination of childhood realism [J]. Child Development, 1986, 57 (4): 910-923.

[4] HUNT E, MINSTRELL J. A cognitive approach to the teaching of physics [M] // MCGILLY K. Classroom lessons: Integrating cognitive theory and classroom practice. Cambridge, Mass.: MIT Press, 1994: 51-74.

们从日常生活的场景中抽象得出，能够自发地、无意识地被激活，用于解释不同的现象[1]。根据 Gopnik 和 Wellman 对于理论的界定，基元仅处于事实分类的层面，而非理论的层面。

框架理论与知识碎片理论直接导致了这两个观点将学生概念转变背后的机制解释为两个不同的过程。知识碎片理论认为各个知识元素之间相对独立，概念转变的过程就是知识整合的过程，新的知识元素被加入到已有的知识列表当中，在已有知识列表内修正错误的知识元素，并逐渐在各个知识元素之间形成恰当的联系[1,2]。然而，这一途径具有实证困难（empirical difficulty），很可能从科学家的角度来看，学生的认识是碎片状的，但从学生的眼光来看，实际上可能源于隐藏于头脑之中的认知框架。

Chi 和她的同事（2002）[4]通过一系列的研究来调查不同科学概念的转变过程，发现其中的一些原始认识较为容易通过教学进行改变，而另一些则较为顽固，很难改变。研究者认为原始认识之所以顽固，主要是因为这些认识的改变需要变动其原属的更上位的“存在性”类别（ontological class）的划分方式，而这种类别的变换对学生构成了具体的挑战。因为学生本身缺乏存放新概念或理论的“存在性”类别，例如学生极难理解的科学概念如热、电流、光和扩散等。学生通常将这些概念归为“物质或事件（substance or event）”一类，然而事实上此类概念均属于“群体效应（emergent processes）”。群体效应包括两个层次：经验层次和理论层次。宏观可观察和可感觉的现象均需要利用处于理论层次的机制来进行解释，而这一层次的行为方式与宏观可观察的经验层次的

[1] DISESSA A A. Toward an epistemology of physics [J]. Cognition and Instruction, 1993, 10 (2/3): 105-225.

[2] DISESSA A A. Why "conceptual ecology" is a good idea [M] // LIMON M, MASON L. Reconsidering conceptual change: Issues in theory and practice. Dordrecht: Kluwer Academic Publishers, 2002: 28-60.

[3] LINN M C, CLARK D, SLOTTA J D. WISE design for knowledge integration [J]. Science Education, 2003, 87 (4): 517-538

[4] CHI M T, ROSCOE R D. The processes and challenges of conceptual change [M] // LIMON M, MASON L. Reconsidering conceptual change: Issues in theory and practice. Dordrecht: Kluwer Academic Publishers, 2002: 3-27.

行为非常不同。例如，学生所观察到的扩散现象为“浓度高处的物质向浓度低处有方向性的运动”（扩散现象是由众多单个分子的运动所共同构成的一种效应，因此称为“群体效应”），但在解释扩散的机制时，却是“溶剂与溶液分子都在进行着永不停息的随机运动，溶质分子与溶剂分子随机碰撞，从而导致了所观察到的扩散现象”。这种宏观的“有向性”和微观的“随机性”使得学生难以将二者对应起来。

从以上归纳可以看出，框架理论与知识碎片理论都是描述学生思维与认知的理论，都强调对思维活动的研究应与具体知识相结合，二者虽然存在分歧，但其研究的侧重点亦有所不同，因此很难简单判断二者的优劣。框架理论强调学生思维活动的内在一致性，认为学生从幼年起就已建立了一套系统的认知框架来思考具体的学科知识，而知识碎片理论强调学生的思维活动依赖于具体情境，具有相对的独立性，并且认为随着知识数量的增加，学生的思维会得到相应的提升。

以上对两种认知理论进行了对比和概括，具体到本研究而言，本研究主要是从学生已有的对具体概念的认知状态出发，建构能够描述学生“能量”思维整体发展的进阶框架，探索如何化解以学生认知为中心的进阶研究在效度问题上遭遇的挑战，提升框架的实证有效性。知识碎片理论在建构学习进阶框架时更加倾向于使用知识数量作为进阶变量，而非学生的认知模式，并且该观点本身认为学生的思维具有情境依赖性与相对独立性，因此这一观点无法成为将学生思维内在一致性当作基本前提的研究的理论基础。与之相比，框架理论允许利用学生的思维特征作为进阶的变量，而其所强调的“思维内在一致性”恰好能够为本研究提供理论基础。因此，本研究选择框架理论作为构建学习进阶框架的基本出发点。

二、内隐核心：学生的思维方式

根据框架理论，学生的思维具有理论的特点。按照 Gopnik 和 Wellman[1] 的观点，理论由抽象的心理构造构成，如原理（principles）等。因果推

[1] GOPNIK A, WELLMAN H M. The theory theory [G] // Mapping the mind: Domain specificity in cognition and culture. New York: Cambridge University Press, 1994.

理（causal mechanisms）是理论的核心思维方式。此外，有学者提出了目的性推理（teleological explanation），指出“人们之所以认为事件会发生，是因为其他事件对其有特定的需要”[1,2]。例如，人们之所以有心脏，是因为人们需要心脏来提供血液循环。已有研究提供了诸多实证结果来表明学生的这种目的性推理的思维方式[3-7]。倾向性推理(intentional explanation）认为学生将个人意愿和信条作为事件发生的原因[8]。例如，人们之所以需要食物是因为人们感觉到饥饿。但是如果使用 Gopnik 和 Wellman 的观点来分析上述两种推理方式，可以发现这两种推理方式分别是将目的和意愿作为对象进行因果推理。Hatano 和 Inagaki 认为虽然人们在日常生活中对现象的解释是通过因果推理完成的，但人们所依据的心理构造与科学的心理构造是不同的[9]。例如，在解释为什么植物能够生长时，科学的心理构造是以物质和能量为工具，利用物质守恒、能量守恒以及能量退降等原理对光合作用进行解释；而日常的解释会将树叶、根、空气、水和土壤当作工具，利用“植物的身体来自土壤和水”（原理）来解释为什么“新鲜空气变为废气”和“营养物质通过土壤变为植物结构”。

学生因果推理的特点是什么？学生通过与外部物质世界和人类社会

[1] AHN W K, KALISH C W. The role of mechanism beliefs in causal reasoning [M] // KEIL F C, WILSON R A. Explanation and cognition. Cambridge, Mass.: MIT Press, 2000: 199-225.

[2] SALMON W C. Scientific explanation and the causal structure of the world [M]. Princeton: Princeton University Press, 1984.

[3] HATANO G, INAGAKI K. A developmental perspective on informal biology [M] // MEDIN D L, ATRAN S. Folkbiology. Cabridge, Mass.: MIT Press, 1999: 321-354.

[4] KELEMEN D. The scope of teleological thinking in preschool children [J]. Cognition, 1999, 70 (3): 241-272.

[5] KELEMEN D. British and American children's preferences for teleo-functional explanations of the natural world [J]. Cognition, 2003, 88 (2): 201-221.

[6] LOMBROZO T. The structure and function of explanations [J]. Trends in Cognitive Sciences, 2006, 10 (10): 464-470.

[7] LOMBROZO T, CAREY S. Functional explanation and the function of explanation [J]. Cognition, 2006, 99 (2): 167-204.

[8] CAREY S. Conceptual change in childhood [M]. Cambridge, Mass.: MIT Press, 1985.

[9] 同[3].

的接触来构建他们具体的因果推理方式。因果推理的研究已经有了许多重要的发现。首先，学生通过语言与外部世界进行交流。越来越多的学者认为日常使用语言的方式影响了他们的因果推理。Pinker 和 Talmy 提出了简单因果推理（force-dynamic reasoning）[1,2]，其中有两个实体（entities），每个对彼此施加力：主动方（agonist）具有利于自己方向的力，而对抗方（antagonists）施加反向的力，反向的力产生了阻碍的效果。例如，树是主动方，它有内部的目标和能力来生长，但它需要来自帮助者（enablers）如土壤、水、空气和阳光的帮助；当树死亡后，它的“对抗方”如虫子和细菌将克服它（的生长）并使得它分解。简单因果推理与科学的推理方式非常不同，科学的推理将物质和能量作为分析的工具，用物质转化和能量转化来描述它们间的相互作用。

由此可以看出，倾向性推理、目的性推理以及简单因果推理的本质都是相同的，均是用可观察的现象、生活经验、想象和个人意愿等进行推理，而非基于真正的逻辑，属于同一类型的因果推理。

通过与物质世界的直接相互作用，人们建立了原始的推理方式，对于解释他们的观察和感觉非常有用。这种日常的原始推理通常是线性的，并且强调可观察和可感知性的推理方式。如 Chi 等人[3]对专家和新手在问题解决方面的研究发现：新手是根据问题的外部特征来决定解决问题所需的方法，如斜面问题，“斜面”成为他们解决所有包含斜面这一外显特征的问题的原因。这与科学的推理方式非常不同，科学的推理方式通常是复杂的、非线性的，甚至是对系统整体而非单个物体进行的。实证研究发现了学生在各种情境下根据隐藏机制（hidden mechanisms）来解释过程的发生。隐藏机制通常是不可见的或不可感知的，但与可观察的

[1] PINKER S. The stuff of thought [M]. New York: Viking, 2007.

[2] TALMY L. Toward a cognitive semantics: Concept structuring systems [M]. Cambridge, Mass.: MIT Press, 2000.

[3] CHI M T H, GLASER R, REES E. Expertise in problem solving [M]. Washington D.C.: U.S. Government Printing Office, 1982.

模式（patterns）一样处于现象的层次。Grotzer 等人[1]发现学生认为电池与灯泡通过单根导线相连而非闭合回路便可发光，这是学生基于“消费–来源”这种简单的线性思维方式来构建的，这与宏观的模式相类似：电池是能量的来源，而灯泡是能量的消耗者。Chi[2]发现基于可观察的染料扩散现象，学生认为扩散是由于个体分子倾向于从高密度向低密度运动的结果。这种隐藏机制和科学的推理不同，科学的推理强调从系统的角度入手，认为扩散是由于系统内部个体分子随机运动而造成的结果。

从以上可以看出，学生的推理以因果推理为主，且与科学式的因果推理不同，呈现简单因果推理的特点。这很可能是学生认知科学概念（包括“能量”）的思维起点。根据认知的框架理论，学生将根据自身认知框架（理论）中的原理，利用这种简单因果推理的方式对具体的问题进行思考，从而表现出外显的种种迷思概念。对于“能量”概念而言，在明确学生所利用的思维方式的同时，还必须找出其所使用的原理以及所表现出的外显迷思概念，只有这样才有可能对这一猜想进行进一步的提炼和检验。

三、外在表现：“能量”的迷思概念

关于学生“能量”前概念的实证研究主要集中在以下两个方面：(1)对“能量”概念本身的认识，如能量的定义、形式、来源等；(2)对与能量相关的原理的认识，如能量守恒与能量退降等。关于第一方面，已有研究主要调查了学生对“能量”概念的不同认识角度与观点。关于第二方面，研究者主要关注学生如何在物理以及其他学科中使用“能量”原理来解决问题。

对“能量”概念的认识。已有研究表明学生通常对“能量”含义具有多种迷思概念，并且互不一致，呈碎片状，并与具体情境相依

[1] GROTZER T A, SUDBURY M. Moving beyond underlying linear causal models of electrical circuits [C] // Annual Meeting of the National Association of Research in Science Teaching. New Orleans, LA, 2000.

[2] CHI M T H. Commonsense conceptions of emergent processes: Why some misconceptions are robust [J]. The Journal of the Learning Sciences, 2005, 14 (2): 161–199.

赖。学生仅能将“能量”与有生命或是运动的物体联系起来，而不能意识到潜在的能量——“势能”的存在[1-4]。Watts[5]回顾了之前的研究，总结得出学生使用六种不同的观点来描述能量：以人为中心的能量说（anthropocentric），能量的存储说（depository），能量的要素说（ingredient），能量的活动说（activity），能量的产品说（product），能量的功能说（functional），能量的流动说（flow-transfer）。

以人为中心的能量说将能量与生命物质联系起来，尤其与人联系在一起，认为能量是用来满足生命体的需要的，由生命体生成，并最终由生命体消费。能量的存储说认为能量与存储其的具体物体或媒介紧密相关，例如燃料和电池被认为是有能量的，而其他物质则没有。能量的要素说认为能量潜在或休眠于物体当中，在特定的环境下表现出来，如认为静止于高处的物体没有能量，但当其下落时则表现出了能量。能量的活动说认为能量与运动、力或化学反应相联系。许多学生同时混用“能量”“力”以及一些运动来表现能量概念[6]。能量的产品说认为能量是活动或过程的副产品，随着活动产生，然后慢慢消失。能量的功能说认为能量是用来使生活变得更加舒适的工具。能量的流动说认为能量像液体一样能够通过流动来进行传递，如电能通过导线中的一个个电子进行传递。

同时，学生在不同情境中对“能量”的认识也有所不同，“能量”有时被看作一种半实物（semi-matter），有时被认作是一种感觉（sensation），

[1] GILBERT J K, POPE M L. Small group discussions about conceptions in science: A case study [J]. Research in Science & Technological Education, 1986, 4 (1): 61-76.
[2] GILBERT J K, WATTS D M. Concepts, misconceptions and alternative conceptions: Changing perspectives in science education [J]. Studies in Science Education, 1983, 10 (1): 61-98.
[3] WATTS D M, GILBERT J K. Enigmas in school science: Students' conceptions for scientifically associated words [J]. Research in Science & Technological Education, 1983, 1 (2): 161-171.
[4] WATTS D M. Some alternative views of energy [J]. Physics Education, 1983, 18 (5): 213-217.
[5] 同 [4].
[6] 同 [1].

有时又被当作一种现象（phenomenon）[1]。在涉及与动物或人相关的情境时，学生试图将能量看作一种活力（vital power）或精力（spirit）而促使生物过程的发生[2]。当处理物理问题时，学生经常不能将能量与“力”“功”两个概念进行区分[3]。

关于能量原理的应用，实证研究的结果表明学生在物理学科中缺乏应用能量原理构建定性解释的能力。在另一些研究当中，研究者发现学生有时甚至认为能量是人或动物特有的，而且并不守恒[4]。Driver及其同事发现学生倾向使用“功（work）”的定义（$W=Fs$）来解决问题，而非使用能量守恒原理来解决问题[5]。类似的，Duit也发现学生几乎不使用能量守恒来对力学问题做出判断[6]。Solomon更是发现学生倾向于忽视能量降级的作用或是认为它与能量守恒相互矛盾[7]。

综上所述，学生对“能量”的认识表现出了多重的相异概念，作为实证研究的成果，这些相异概念真实地存在于学生的认识当中，因此，关于“能量”概念的进阶框架必须包含这些实证事实而且能够对其做出解释。但这些研究结果仅是对事实的简单总结与归纳，并未与学生形成这些相异概念背后的思维活动对应起来，而且其中有些迷思概念在学生的认知框架中可能处于原理的地位。虽然本节第二部分已对学生的典型思维方式进行了归纳，但由于简单因果推理仅是思维的起点，不能覆盖学生“能量”认知的各个阶段，也不能与上述所有迷思概念相对应，因

[1] WATTS D M. Some alternative views of energy [J]. Physics Education, 1983, 18 (5): 213-217.

[2] BARAK J, GORODETSKY M, CHIPMAN D. Understanding of energy in biology and vitalistic conceptions [J]. International Journal of Science Education, 1997, 19 (1): 21-30.

[3] LIU X, LESNIAK K. Progression in children's understanding of the matter concept from elementary to high school [J]. Journal of Research in Science Teaching, 2006, 43 (3): 320-347.

[4] 同[2].

[5] DRIVER R, WARRINGTON L. Students' use of the principle of energy conservation in problem situations [J]. Physics Education, 1985, 20 (4): 171-176.

[6] DUIT R. Learning the energy concept in school-empirical results from the Philippines and West Germany [J]. Physics Education, 1984, 19 (2): 59-66.

[7] SOLOMON J. Teaching the conservation of energy [J]. Physics Education, 1985, 20 (4): 165-170

此需要从更为丰富的材料中推知学生认知“能量”概念时可能使用的推理方式、原理以及所表现出的其他迷思概念等。

四、本书中“认知”的含义

认知（cognition）是从心理学借鉴而来的学术名词，其一般含义是指通过形成概念、知觉、判断或想象等心理活动来获取知识的过程，即个体思维进行信息处理的心理功能[1]。具体地，在教育领域内，布卢姆在1956年出版的《教育目标分类》中将认知活动划分为不同的等级，经2001年修订后表示为记忆、理解、应用、分析、评价和创造六个层次。

这种对认知的分类仍然是在学科共性（domain-general）的原则下进行的，并未与具体的学科知识相结合。例如，对于“能量”概念的认知，则存在对能量概念的记忆，对能量概念的理解，对能量概念的应用等不同层次，但却无法明确地给出所谓的“记忆、理解与应用”活动中所具体包含的思维活动，以及所需的具体的推理内容等。

由于本书中的学习进阶框架是紧密围绕“能量”概念而建立的，因此一般意义上的认知并不适用于此，在没有更好的学术术语的情况下，本书借鉴其他围绕具体学科知识的学习进阶框架的研究方式[2-4]，将学生对“能量”概念的不同的认知状态以及在该状态下所具有的知识和思维等通过描述性的语句陈述出来。在本文中，所谓学生对“能量”的认知，是学习进阶框架中一系列关于学生“能量”概念认识程度的表现型描述集合。

[1] MYERS D G. Exploring psychology [M]. London: Macmillan, 2004.

[2] ALONZO A C, STEEDLE J T. Developing and assessing a force and motion learning progression [J]. Science Education, 2009, 93 (3): 389-421.

[3] MOHAN L, CHEN J, ANDERSON C W. Developing a multi-year learning progression for carbon cycling in socio-ecological systems [J]. Journal of Research in Science Teaching, 2009, 46 (6): 675-698.

[4] SMITH C L, WISER M, ANDERSON C W, et al. FOCUS ARTICLE: Implications of research on children's learning for standards and assessment: A proposed learning progression for matter and the atomic-molecular theory [J]. Measurement: Interdisciplinary Research and Perspectives, 2006, 4 (1/2): 1-98.

第三节 “能量”进阶研究的挑战

一、“能量”进阶的研究现状

根据学习进阶的广义界定，关于“能量”概念的进阶研究早已广受重视。最初的“能量”进阶研究，按照学科知识的内在逻辑，根据“能量”所包含的子概念、原理以及现象的抽象程度和复杂程度，按照由具体到抽象，由简单到复杂的顺序进行组织与建构，认为对复杂知识的掌握必须以对基本知识的掌握为前提。

Driver 等人[1]首次对学生理解“能量”的过程提出假设：从认为只有人（生命体）有能量逐渐意识到非生命体也能够具有能量；从认为能量存储于弹性物体拓展至意识到引力势能的存在；从用能量术语描述现象拓展到利用能量守恒来解释现象，以及能量的退降和效率等。随着时间的推移，Liu 与 McKeough[2]依据 Driver 等人的假设，认为学生对于“能量”概念的理解过程可进一步划分为五个具有层级顺序的概念结构：认为能量是一种活动或是做功的本领（activity/work），认识能量具有不同的来源与形式（form/source），理解能量传递（transfer）的本质和过程，认识到能量的有序性（degradation），认识到能量的守恒性（conservation）。

Liu 和同事们使用 TIMMS 数据库来探测 K—12 阶段学生关于“能量”

[1] DRIVER R, ASOKO H, LEACH J, et al. Constructing scientific knowledge in the classroom [J]. Educational Researcher, 1994, 23 (7): 5-12.

[2] LIU X, MCKEOUGH A. Developmental growth in students' concept of energy: Analysis of selected items from the TIMSS database [J]. Journal of Research in Science Teaching, 2005, 42 (5): 493-517.

概念的学习进阶情况[1-3]。研究者认为随着学生学习时间的增加，他们越发能够解决需要运用多个能量相关概念解释的问题。这种能量概念所表现出的层级性同样被 Dawson-Tunik[4] 所发现，并进一步由 Lee 和 Liu 所证实。Lee 和 Liu[5] 进行了一项类似关于"能量"的研究，这些研究都比较了针对不同概念的题目的难度。最终的"能量"进阶是一个依据题目难度水平而组织的线性序列。虽然这些关于"能量"的进阶框架研究是根据对学生测试的结果而构建起来的，但其主要突出的是概念与原理之间的内在逻辑和难易关系，在框架当中并未体现出学生的认知过程，无法为教师了解学生真实的思维活动提供帮助。

在此基础上，Neumann 等人[6] 结合上述已有研究，根据"学生的知识数量影响知识的组织结构，知识的组织结构决定学生对概念的理解程度，掌握低层次概念是理解高层次概念的必要条件"以及"能量概念体系的层级结构可以依次表征为：能量形式、能量传递、能量退降、能量守恒"两个基本假设，形成了具有两个进阶变量的进阶框架：使用事实（facts）、映射（mappings）、关联（relations）、概念（concept）描述知识的组织结构；用能量的形式（forms）、能量的传递（transfer）、能量传递的方向性（degradation）、能量守恒（conservation）来表征能量概念的理解层级。与之前的研究相比，该研究开始考虑将学生的认知特点纳

[1] LIU X, LESNIAK K. Progression in children's understanding of the matter concept from elementary to high school [J]. Journal of Research in Science Teaching, 2006, 43 (3): 320-347.

[2] LIU X, MCKEOUGH A. Developmental growth in students' concept of energy: Analysis of selected items from the TIMSS database [J]. Journal of Research in Science Teaching, 2005, 42 (5): 493-517.

[3] LIU X, RUIZ M E. Using data mining to predict K-12 students' performance on large-scale assessment items related to energy [J]. Journal of Research in Science Teaching, 2008, 45 (5): 554-573.

[4] DAWSON-TUNIK T L. Stage-like patterns in the development of conceptions of energy [M] //LIU X, BOONE W J. Applications of Rasch measurement in science education. Maple Grove: JAM Press, 2006: 111-136.

[5] LEE H S, LIU O L. Assessing learning progression of energy concepts across middle school grades: The knowledge integration perspective [J]. Science Education, 2010, 94 (4): 665-688.

[6] NEUMANN K, VIERING T, BOONE W J, et al. Towards a learning progression of energy [J]. Journal of Research in Science Teaching, 2013, 50 (2): 162-188.

入进阶框架之中，开始关注学生所学的知识数量与其头脑中的知识组织结构间的关系，以及这种关系对于概念理解的影响程度。但该研究在认知方面所依据的是知识碎片观（knowledge in pieces），认为学生的认知发展是不断地通过对零散事实、现象的抽象与整合而实现的，(因此）高层次概念的获得需要以低层次概念为基础，学生头脑中不存在所谓原始但完整的认知框架（详见本章第二节关于两种认知理论的叙述），但该研究最后的实证结果却暗示了与研究假设相悖的结果。

与上述研究不同的是，Jin 等人[1]以学生的思维方式为核心，将思维与“能量”结合，从中提取出了能量的目的（purpose of energy）、联系（association）和追踪（tracing）三个描述进阶的特征量，建立了在社会生态系统情境下（social-ecology）关于“能量”概念的进阶框架。在具体的情境下，通过纸笔测试和访谈的方式检测了学生在能力和知识两个方面的学习进阶情况，并在最后给出了教师教学、学生学习以及课程改进等方面的建议。该研究以学生为中心，站在认知的框架理论（framework theory）的角度来关注学生对“能量”的认知特点，揭示了学生真实的思维过程，但该研究的侧重点在于学生如何应用“能量”概念解释社会生态学中的问题，而非主要关注学生对“能量”概念本身的认知发展情况。

二、“能量”进阶研究面临的问题

从以上归纳可以看出，现有的在物质科学领域关于“能量”概念的进阶框架大多强调从学科知识的内部逻辑出发，降低了对学生自身思维特点的关注，只能对学生的学习表现进行描述，而无法对其背后的原因等进行解释，因此进阶框架的有效性仍具有进一步提升的空间。但以学生认知为中心的学习进阶框架则在克服这一缺陷的同时又显现出了新的问题，即学生对相似问题的回答缺乏内在一致性，使得学习进阶框架无法有效地描述学生所处的认知水平。

[1] JIN H, ANDERSON C W. A learning progression for energy in socio-ecological systems [J]. Journal of Research in Science Teaching, 2012, 49 (9): 1149-1180.

如何克服以上两个问题？如何建立以描述学生“能量”概念认知状态为中心的进阶框架，同时又能提升其实证有效性？已有研究虽然对于学习进阶框架的开发提出了四项要求，指出了两条有效的途径，并且提供了具体的开发流程，强调学习进阶框架的开发应当采取循环修正的方式来提升框架的有效性，但在现实的研究过程中，循环的方式不可能无限地进行下去。因此，除循环的方式外，为了能够在有限循环的条件下使得学习进阶框架的效度达到预期要求，则还需将效度理论的要求整合于进阶框架开发的每个环节之中，提升单次学习进阶框架的开发质量。只有在单次开发质量与循环修正质量均获良好保证的前提下，所开发的学习进阶框架才能对现实做出准确的描述和解释。

第三章 “能量”进阶框架的研究思路

通过前面几章的阅读，读者对什么是学习进阶、何种理论能够支撑能量进阶框架的建立等有了一定认识。那么，如何才能开发出有效的能量进阶框架呢？这就需要首先在方法层面上对研究进行细致的顶层设计。本章首先从宏观层面对研究的总体阶段进行了介绍。在此基础上，结合“效度”理论和学习进阶的开发流程，对如何建构“能量”进阶框架，如何选取测试和访谈题目，以及采用何种实证证据的分析方式等进行了说明。

第一节　研究的整体规划

图 3-1 为本研究的总体设计流程图。从图中可以看出，本研究将以第一、二章的内容为基础构建最初的原始“能量”进阶框架，并以此为起点，进行第一轮实证研究。

第一轮实证研究的目的在于从原则和方向上判断构建“能量”框架的思路是否可行，暴露出框架存在的问题和缺陷，为框架的修正提供实证证据支持。此外，还需通过第一轮实证研究来检验具体研究方法的可行性，如筛选题目的原则、构建问题结果空间的方式，以及所选的统计模型是否与数据编码的方式相互匹配等。

第二轮实证研究。首先根据上一轮的实证结果对原始“能量”进阶

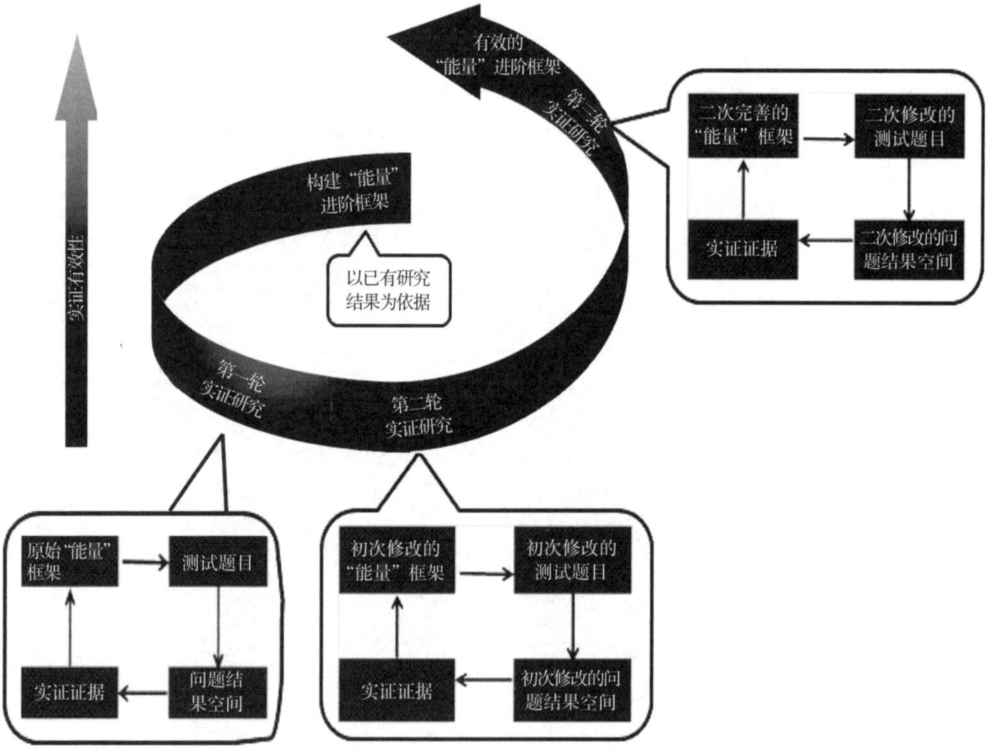

图 3-1　总体设计流程图

框架所存在的问题进行分析，而后针对这些问题对框架进行修订。利用修订的框架再筛选题目，根据框架制订问题结果空间并对样本的数据进行编码，利用所选的测量模型形成实证证据，来检验和判断修订后的“能量”进阶框架的实证有效性。在证明框架具有较高有效性的基础上，对参与测试的样本的“能量”认知水平和状态进行描述。

第三轮实证研究。与第二轮实证研究类似，该轮实证研究的目的是为了更进一步提升“能量”进阶框架的实证有效性。根据第二轮实证研究的结果分析研究仍然存在的问题，并对这些问题采取进一步的措施予以解决。然后根据新的“能量”框架对题目进行筛选和补充，对问题结果空间进行相应的修订，并对第三轮的实证证据进行编码，利用实证证据检验“能量”进阶框架的有效程度，是否能够清晰并准确地描述学生对“能量”概念的认知状态。

每一轮的实证研究都会分别经历四个类似的步骤，分别为：构建（或修订）“能量”进阶框架，筛选测试题目，形成问题结果空间，用实证证据检验框架的有效性。下一节便针对这四个步骤的内容进行详细的介绍。

第二节 进阶框架的构建

本节将根据第一章对学习进阶框架的开发以及效度理论的介绍情况，在“能量”进阶框架开发过程中的每个步骤结合效度理论的相关要求，使得学习进阶从开发的初始阶段便严格地受到效度理论的约束。从研究流程图（图 3-2）可以看出，每轮实证研究的核心包含四个部分的内容：构建（修改或完善）“能量”进阶框架，筛选相应的测试题目，确定题目的结果空间，形成实证证据。各环节之间通过单向循环的方式螺旋递进，将研究从第一轮逐步拓展到第三轮，形成能够有效描述学生关于“能量”概念的认知状态的学习进阶框架。以下根据各环节在研究过程中的先后顺序进行详细说明。

一、框架的构建

根据效度内容维度的要求，首先从物理学科理论出发，对“能量”概念进行分析，确定“能量”概念所包含的具体子概念、原理与定律等；明确“能量”概念所涉及的典型过程性知识,如需包含的具体思维活动等。为了做到这一点,研究者将以已有的关于“能量”概念的研究结果为基础,同时参考国内外课程文件中对能量概念的要求和描述，以及教材和物理学专家等对能量的认识。在明确能量内涵的前提下，确定能够体现学生

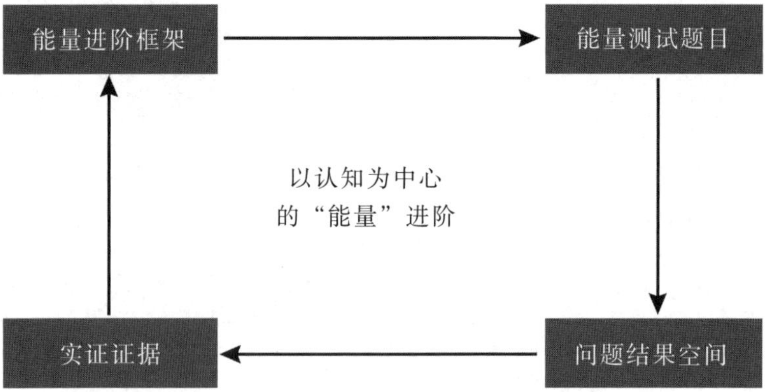

图 3-2 “能量”进阶框架开发流程示意图

对“能量”概念的认知的心理构造。在确定心理构造数量和种类的基础上构建心理构造图，来搭建理论上的“能量”进阶框架。

1. 构建“能量”的心理构造图

心理构造图是对所确定的单维心理构造不同层级水平的描述，为了能够更加系统和明确地对层级进行描述，首先需要确定描述学生在认知“能量”概念时的进阶变量。在确定变量的基础上，将心理构造所涵盖的内容进行整合和组织，使其能够按照进阶变量对学生不同层次的“能量”认知状态进行刻画。具体而言，本研究首先对已有关于学生学习“能量”概念的研究结果，以及关于学生学习背后机制的认知理论进行梳理，找出影响学生认识“能量”的最主要因素作为进阶变量，使得所建立的学习进阶框架不仅能够描述学生对“能量”的认知状态，更具有能够解释学生为何处于该状态，以及如何帮助其提升认知水平的力量。

2. 构建“能量”学习进阶框架

在确定了心理构造和心理构造图的前提下，按照关于“能量”概念已有的研究和“能量”概念本身的特征，将心理构造进行有机的联系与组合，使其形成一个完整的能够描述学生“能量”概念认知状态的学习进阶框架。

二、测试题目的开发

1. 测试题目的设计原则

根据效度理论的要求，题目的开发需要尽量避免无关心理构造的干扰，同时也需要提高题目设计技巧，不将明显的解题线索等暴露于题目的题干信息当中，而且还要考虑最终研究结果的可拓展性。为了扩大研究结果的适用范围，设计题目时应在突出体现所构建的关于能量的心理构造的特征的基础上，尽量贴近现有的关于“能量”的测试题目，提高测试题目与其他题目的一致性程度，同时在不同的实证研究中对某些题目进行替换，实现不同题目对同一心理构造的反映，从而为扩大研究结果的适用范围预留潜在可能性。

基于充分性效度的考虑，测试题目的开发需要以所建立的“能量”进阶框架为依据进行，所考查的知识内容主题需要与学生在课堂上学习的内容相一致，测试中不仅容纳具体的陈述性知识，而且还要反映出“能量”概念中所包含的过程性内容，例如怎样根据现有的事实，利用能量原理对所研究对象的未来状态做出预测。

按照本研究中对“能量”进阶框架的假设，学生是否处在某一认知层级，需要对其在不同内容范畴中的表现进行全面考量。因此，测试与访谈题目的设计需要能够完全覆盖相应方面的内容。此外，由于认知的框架理论认为情境对学生的回答不会具有显著的影响，因此题目应该同时涵盖多个显著不同但又为学生熟悉的相关情境。

2. 测试题目的整体要求

学习进阶框架是为指导实际教学而服务的，因此学习进阶框架应该具有更强的包容性，能够尽量利用真实教学环境中的测试题目对学生的思维特征进行有效描述，这也是提升框架的实证有效性的重要途径。本研究采取大样本测试，测试内容较为广泛并且辅之以访谈。题目从当前实际的测试题目或已有研究题目入手进行选取，对题目的选项根据学习进阶框架各个层级的描述进行分析，当现有题目无法满足研究需求（如无法与学习进阶框架相应层次的描述对应）时对题目的选项进行修改。

测试题目在内容上除了选取学生课堂所学的知识外，还应注意对能量概念自身各个方面的覆盖。可选择不同的题目类型进行测试，但每道题目必须能够与进阶框架内的相关层级有所对应。由于能量的各个方面的知识分布于不同年级的教学要求之中，为了减少心理构造无关方差的影响，需要贴合各个年级样本的实际情况进行试题组织。为了能够对各个年级所得的结果进行纵向比较，还需要在测试之间进行“链接题”的设计。

3. 单个题目的设计

单个题目主要以选择题和开放性试题为主。选择题的各个选项背后都对应着相应的认知层次，而且每道题目的选项不需对学习进阶框架各个层次进行覆盖，而是根据题目和内容的自身特点进行有选择的设计。为了检验题目及各个选项的设计质量，使题目更为准确地对应于“能量”进阶框架，因此对部分选择题目进行访谈研究，对题目的充分性效度进行检验。

链接题的设计原则是：选取“能量”概念在各个测试年级均有涉及的知识内容作为题目的内容依托，为了减小心理构造无关困难，应考虑最低年级学生的阅读和思维习惯，使得学生能够利用自己所熟悉的表达方式进行阅读和作答；同时，为了避免心理构造无关容易，则需考虑高年级学生的阅读和思维习惯，不在题目的情境中出现明显的解题线索。

4. 试卷的设计

由于“能量”进阶框架是用来描述学生“能量”概念认知状态和发展的，因此需要对属于不同学习阶段的样本进行测试。由于样本在“能量”方面的知识储量和经验等方面存在差异，因此为了保证测试的有效性和可靠性，本研究对于各个年级学生所使用的试卷都进行了差异化的设计，同时保证整张试卷对测试学生所学“能量”知识的全覆盖。此外，试卷间链接题目的组合也按已有研究中给出的经验规律进行组织，即试卷两两之间的链接题数量不应少于总题量的三分之一，从而使得不同样本间的测试结果能够在同一尺度上描述和检验“能量”进阶框架的整体质量。

三、问题结果空间的构建方法

所谓问题结果空间，就是根据所制订的“能量”进阶框架，对选择题的每个选项以及开放题学生可能给出的答案进行层级归类，制订相应的评判标准。研究者根据该标准将学生的作答表现划分为与框架相对应的若干层次。为了使所制订的问题结果空间能够满足结构效度的要求，能够更加准确地反映出“能量”进阶框架的内容并与其保持一致，本研究在制订问题结果空间时，要求两位（或以上）具有一定科学教育研究经验的研究者根据进阶框架独立构建问题结果空间，在去除由于表述方式而造成的差别后，利用 Cronbach's Alpha 系数表征所开发的问题结果空间的内容之间的一致程度，以此来判断问题结果空间、“能量”进阶框架以及题目三者之间是否具有良好的匹配性[1]。对于问题结果空间中有争议的内容，通过制订者的相互沟通，在确定表达无误的情况下进行协商

[1] SHROUT P E, FLEISS J L. Intraclass correlations: Uses in assessing rater reliability [J]. Psychological Bulletin, 1979, 86 (2): 420-428.

解决（协商后的结果以斜体表示在最终的问题结果空间当中）。

四、统计模型的选取

为了能够根据题目的作答情况对学生的“能量”心理构造做出有效的推理,首先需要评估测试题目是否体现了“能量”概念的心理构造特征。由于本研究在题目设计上，将题目的每个选项或每种作答的表现都进行了相应水平的归类，因此本研究采用 Partial Credit Rasch Model 作为数据分析的基础模型，该模型能够处理非 0、1 赋值的情况。此外，该模型能够将“能量”心理构造看作单一维度（与本研究的假设相一致）进行检验，既能提供学生对“能量”概念的认知水平，又能同时给出每个选项或典型回答的难度估计值，因此可以通过链接题的方式对多个年级的学生的认知水平进行统一比较，形成相应的 Wright 图来对理解框架进行检验。模型具体如下所示：

$$P(A_{vih}=1|S_v, I_i)=\frac{\exp(h\theta_v+\beta_{ih})}{\sum_{i=0}^{m_i}\exp(t\theta_v+\beta_{it})}$$

其中 I_i 为题目，$i=1,\cdots,k$；C_h 为对回答的分类，$h=0,\cdots,m_i$。A_{vih} 是样本 S_v 对题目 I_i 的回答。如果样本 S_v 对题目 I_i 的回答为 C_h，那么 $a_{vih}=1$；若否，则 $a_{vih}=0$。在 Rasch 模型中，样本心理构造的层次以及题目的难度都会被同时估计出来。另外，模型还会给出一系列的题目估计参数，这些参数可以用来判断每道题目均在多大程度上满足模型心理构造单维性的理论假设。在本研究中，研究者将核查每道题目的 infit 与 outfit MNSQ（mean square residuals）值。两个参数均反映了模型估计结果与实际观察结果间的偏差程度：infit MNSQ 为加权残差平方均值，将更多的权重给予样本与题目难度密切相符的情况；outfit MNSQ 为平权残差平方均值，将权重相等地分配到每种情况上。因此，outfit MNSQ 值相对更为敏感。一般而言，infit 和 outfit MNSQ 值在［0.7，1.3］的区间内便视为可接受[1]。但为了更加准确地衡量模型与实际数据间的拟合质量，本

［1］BOND T G, FOX C M. Applying the Rasch model: Fundamental measurement in the human sciences［M］. Oxford: Psychology Press, 2013.

研究将采用大样本情况下 MNSQ 值的判别条件对其进行估计。在大样本条件下，infit MNSQ 值应处于［0.7, 1+2/sqrt（*N*）］的范围内，而 outfit MNSQ 值则应分布在［0.7, 1+6/sqrt（*N*）］的区间内，*N* 为样本数[1]。

［1］ SMITH R M, SCHUMACKER R E, BUSH M J. Using item mean squares to evaluate fit to the Rasch model［J］. Journal of Outcome Measurement, 1998, 2（1）: 66-78.

第三节 数据收集与分析

在根据上节流程制订出“能量”进阶框架、获得相应的实证数据后，如何对数据进行处理和分析？如何根据实证结果来评估框架的有效性？本节的主要任务便是从理论层面上探索如何将所制订的理论“能量”进阶框架与具体的测试和评价相对应，以实现对框架效度的检验和对学生“能量”概念认知状态的描述，并为“能量”框架的进一步修改和完善提供实证基础。

一、对数据的分析

1. 数据的编码

根据所制订的问题结果空间，研究者可以对学生在每道测试题目上的表现进行评分。评分方式与题目的特点紧密相关：对于选择题而言，研究者可直接根据问题结果空间中对每个选项的等级描述进行编码；对于开放题（open-ended）而言，则需要由多人分别按照问题结果空间的相关描述进行评分，然后计算评分者信度（rater's reliability），以此来判断对开放题目的编码是否可靠。在编码的信度结果可接受的前提下，对不一致的编码采取组内讨论、听取专家意见等方式进行一致性的处理。

2. 编码数据的处理

对编码后的数据如何进行处理才能科学地检验所开发的“能量”进阶框架的实证有效性？由于测试为表现型测试，为了增强“能量”进阶框架的可延拓效度，测试中所选的题目均与日常练习和习题的形式相类似。题目的选项作为相应认知状态的特征的投影而非认知状态本身，题目的选项有可能会无法与进阶框架中的认知层级形成一一对应的映射关系，即多个选项的行为表现有可能对应同一认知水平。对于这种情况而言，在制订问题结果空间时不要求每个选项均须对应不同的认知层级，强调同一题目中的各个选项可以对应相同的认知层级，因此这一问题得到解决。此外，由于不同题目所能够反映出的认知层级不尽相同，以及在单个题目设计时的语言表述、情境选择等所造成的难以避免的心理构造无关容易与心理构造无关困难等因素的影响，使得通过学生在单道（甚至若干道）选择题目上的表现无法评估出其所处的认知状态，因此需要将学生在所有试题中的表现进行综合考虑来判断学生所处的认知层级。

如何进行综合考虑来对学生的认知状态进行判断？学生对测试中所有题目的回答形成了试题表现集合。如下例题所示，当有学生在测试中对Form2题的回答为A时，根据相应的问题结果空间，学生处于认知水平2；对Form3题的回答为A时，其处于认知水平3。由于Form2题所能反映的最高认知层级为水平2，因此若仅通过该题对学生认知状态进行判断，则低估了学生的水平和能力。相比较而言，将学生在Form2与Form3两道题目中的表现作为整体进行考虑时，则可以较为准确地对其能力进行判断，如学生的答案为AA时，则可知学生处于认知水平3。同样地，若学生在Form4题中的回答为B（没有能量）时，综合三道题目的表现（AAB），则可以估计学生的水平有可能低于水平2（前两道题目存在猜测的可能性），也可能对第三道题的作答存在随机性的失误等。至于哪种可能性更大，则需要根据该学生对其他题目的回答情况进行判断。随着题目数量的增多，在测试层面对学生认知状态的描述会更加明确，直到当题目的数量与内容能够完全满足学习进阶框架的需要时，便完成了将认知层级从进阶框架层面向测量模型层面的对应转化过程。

Form2.“跳虫”被弹起，向上运动的过程中，“跳虫”________。

A. 有能量　　B. 没有能量

C. 不知道有没有能量

Form3. 当“跳虫”跳到了最高点，它既不向上也不向下运动的一瞬间，“跳虫”________。

A. 有能量　　B. 没有能量

C. 不知道有没有能量

Form4.“跳虫”从最高点往下落的过程中，它________。

A. 有能量　　B. 没有能量

C. 不知道有没有能量

但应当指出的是，相当数量的学生的试题表现集合很有可能会与理论进阶框架的预期不符（如在一些题目上达到水平 3，而在另一些难度相当的题目上仅有水平 2，甚至水平 1 等），如何应对这一情况？本研究选择 Partial Credit Rasch Model 对数据进行分析（具体细节见上节内容），当有显著数量的试题表现集合与理论框架不符时，这一结果会通过模型所给出的相关拟合优度等参数以及 Wright 图显示出来，即此时的进阶框架与学生的实际情况不符，框架的实证有效性受到了挑战。这种情况下，研究者则需要对题目进行重新分析，尤其重点考虑是否需要对现有的“能量”进阶框架进行修改。

根据本研究所构建的“能量”进阶框架的结构特点（进阶框架由单维心理构造组成，并且对应的心理构造图中的层级是依次递进的），当实际结果与理论估计完全一致时，在理想状态下，由模型所给出的 Wright 图将如图 3–3 所示，属于各个层级的题目（选项）将会明显地彼此区分，学生对“能量”的认知状态将不会出现对应于多个认知层级的情况，并且层级能够均匀覆盖样本，属于同一层级的题目之间难度区分相对较小。

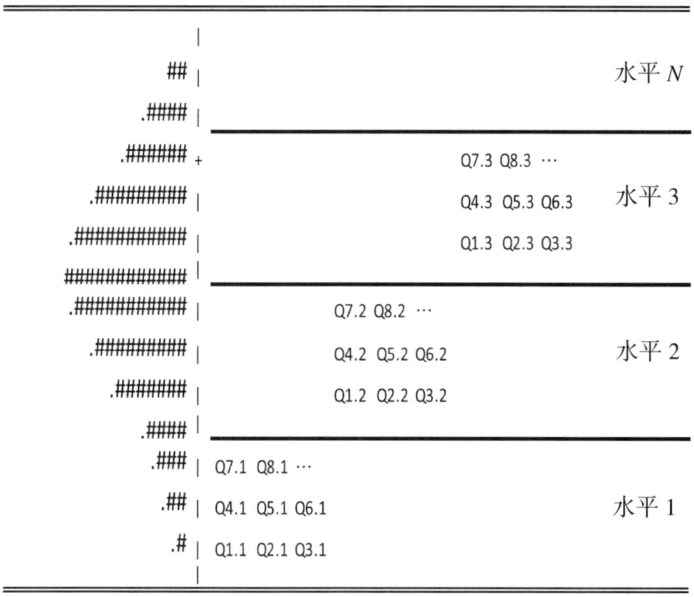

图 3–3 理想状态下的 Wright 图

本研究根据所制订的问题结果空间，将学生在每道题目上的表现按照“能量”进阶框架进行分类，利用 Rasch 模型族中的 Partial Credit

Rasch Model 对原始数据进行处理，通过 Wright 图中由实证数据所绘制的进阶层级图与理论框架进行对比，从而检验理论框架是否能够客观描述学生的学习进阶情况。

但需要指出的是，与理想状态（图 3-3）相比，实际研究中所得的 Wright 图中每一层级内各个题目的难度分布相对较为分散，这是因为现实情况下处于某一认知水平的所有学生的实际表现不可能均与问题结果空间的理论预期完全一致（如水平 2 的学生有可能大部分题目的回答均可归为水平 2，但仍有个别题目的回答可能随机地处于水平 3 或水平 1）。学生在回答问题时，除受“能量”心理构造的支配外，往往还会受到多种现实条件和其他因素的影响，如阅读的能力、作答动机、测试环境以及测试时间等。此外，题目在设计和选取上也难以完全避免心理构造无关方差的干扰。在这些原因的共同作用下，由实证数据所得的 Wright 图便会与理想状态的结果具有一定差异，但二者的主要特征是一致的，即不同层级间的题目不应具有重合度（或尽量减少重合度）。

二、对理论框架的修正与循环研究

从构建“能量”学习进阶框架到形成实证证据是一轮实证研究所需经历的过程和步骤。本研究通过三轮的实证研究，逐步将理论框架和测试题目等暴露出的问题进行修正和完善：在实证结果与理论框架不一致时，通过分析题目和框架的方式查找问题；在题目有效性得到验证的情况下以修改框架的方式进行修正，并将其作为下一轮实证研究的基础来进行新一轮学习进阶研究。根据新的框架修改或重新设计题目，使其达到新框架的要求，并制订新的问题结果空间，利用测量模型对新数据进行处理，如此往复，直至理论框架与实证证据基本一致为止。

第四章 “能量”进阶框架的理论建构

在上一章具体研究方法的指导下，本章的主要任务是建立原始的“能量”进阶框架。读者可以看到，为了达到这个目的，本章依据第二章中所介绍的相关学生认知理论、学生对“能量”的原始认知情况，人类对“能量”认知的发展过程，以及当前物理学家对“能量”概念的最新认识等确定出认识“能量”概念所依赖的认知方式和所需经历的若干思维阶段，并结合当前课程标准中的相关要求，初步形成原始的“能量”进阶框架。

第一节 “能量”框架中进阶变量的选取

一、基本假设

根据外部效度的要求，所开发的“能量”进阶框架必须能够对已有的相关研究结果进行解释，因此“能量”进阶框架需要在现有的研究基础上进行开发。根据文献综述中的相关内容，学习进阶框架是由心理构造组成的，确定学习进阶框架结构的关键在于确定心理构造以及心理构造间的关系。已有关于“能量”概念的进阶研究强调：描述“能量”的心理构造应当包含能量的形式、能量的传递和转化、能量的退降与能量的守恒四个方面的“能量”本体内容[1-3]。学生利用与“能量”相关的原理（原始的或科学的），通过自身的思维和推理方式将这四个方面的内容结合在一起[4-6]。本研究所要建立的“能量”进阶框架旨在描述学生认知“能量”概念的过程和结果。根据以上的研究结果，从学生认知的角度很难将“能量”划分为相对独立而不同的心理构造。因此，本研究假设学生关于“能量”的认知活动由一个心理构造所主导，命名为“关于‘能量’的心理构造”，简称“‘能量’心理构造”。于是，本研究中“能量”概念进阶的层级结构实际上等同于“‘能量’心理构造”的层级结构，

[1] NEUMANN K, VIERING T, BOONE W J, et al. Towards a learning progression of energy [J]. Journal of Research in Science Teaching, 2013, 50 (2): 162-188.

[2] LIU X, LESNIAK K. Progression in children's understanding of the matter concept from elementary to high school [J]. Journal of Research in Science Teaching, 2006, 43 (3): 320-347.

[3] LEE H S, LIU O L. Assessing learning progression of energy concepts across middle school grades: The knowledge integration perspective [J]. Science Education, 2010, 94 (4): 665-688.

[4] JIN H, ANDERSON C W. A learning progression for energy in socio-ecological systems [J]. Journal of Research in Science Teaching, 2012, 49 (9): 1149-1180.

[5] CAREY S. Conceptual change in childhood [M]. Cambridge, Mass.: MIT Press, 1985.

[6] GOPNIK A, WELLMAN H M. The theory theory [G] // Mapping the mind: Domain specificity in cognition and culture. New York: Cambridge University Press, 1994.

与 Briggs 等的学习进阶框架具有类似的结构特征[1]。

“能量”心理构造的结构如何？根据 Carey 等人的认知框架理论，学生所表现出的零散的迷思概念都从属于同一个认知框架，这个认知框架的核心便是“思维”和“原理”。学生利用在该认知框架中占据主导地位的推理方式，通过原始的原理对所要分析的对象和过程进行推理后得出结论，从而实现对各种现象的解释，这些解释正是所观察到的迷思概念[2]。如对于“相互作用与运动”而言，其原理之一便是：当物体接触其他物体时，他们传递、接收或是阻止“力”[3,4]。学生在解释“为什么物体碰撞后会停下来？”时会回答：因为物体发生了碰撞，碰撞使物体失去了力（将力传递给其他物体），所以停了下来[5]。这个例子中，学生利用简单因果推理的方式，通过原理对问题做出了解释，而这一回答所反映出的“力是物体运动的原因”则是典型的迷思概念。

鉴于此，由于假设“能量”的认知框架由同一个心理构造构成，因此，建立“能量”心理构造的核心任务便是找出各个关于能量的原理，确定学生的思维方式，以及与原理和思维方式对应的迷思概念。在此基础上对其进行整合，形成心理构造图。

根据建立学习进阶框架的四条原则（参见第一章第一节中的相关内容），首先应当确立“能量”心理构造的最低与最高层级。最低层级应当反映学生认知“能量”概念的最原始的理论，而最高层级则应对应学生能够达到的、认知“能量”的最科学的理论，中间则由一系列能够描述学生典型认知特征的过渡层次顺次相连。“能量”进阶框架的总体结构应如表 4-1所示。

---

［1］BRIGGS D C, ALONZO A C, SCHWAB C, et al. Diagnostic assessment with ordered multiple-choice items［J］. Educational Assessment, 2006, 11（1）: 33-63.

［2］CAREY S. Conceptual change in childhood［M］. Cambridge, Mass.: MIT Press, 1985.

［3］LESLIE A M. A theory of agency［M］// SPERBER D, PREMACK D, PREMACK A J. Causal cognition: A multidisciplinary debate. Oxford: Clarendon Press, 1996: 121-141.

［4］LESLIE A M. Pretending and believing: Issues in the theory of ToMM［J］. Cognition, 1994, 50（1-3）: 211-238.

［5］ALONZO A C, STEEDLE J T. Developing and assessing a force and motion learning progression［J］. Science Education, 2009, 93（3）: 389-421.

表4-1 “能量”进阶框架示意

学生认知水平	进阶变量		
	变量1	变量2	……
最高层级	表现型描述		
中间层级			
最低层级			

从表中可以看出，“能量”进阶框架包含着两个主要因素：进阶变量与学生认知水平。学生的学习进阶过程有时可以从多个维度进行描述，这些维度便是进阶变量。例如，Songer 等人利用“学科知识”和“探究推理能力”两个维度来共同描述学生的进阶过程，因此知识和探究能力便是该进阶框架的进阶变量[1]。进阶变量的选取没有固定的模式可依，但所选取的进阶变量应能够从不同角度对学生的认知特征进行阐述，能够为教学提供更为丰富的信息。只有这样，才有可能解释为什么如“能量”般的科学概念如此难以理解，为什么原始的认知方式难以通过现有教学而得到有效改变。

表现型描述是对进阶变量不同层级水平的具体阐述，这些描述共同确定了处于这一层级的学生的行为表现。原则上讲，学生在不同“进阶”变量上所表现出的层级水平可以不同。但对于描述学生认知特征的学习进阶框架而言，由于学生在一段时期内其认知活动具有相对的稳定性，同时根据关于学生认知的框架理论，学生的认知活动具有如理论般的内在一致性。因此，不同进阶变量对学生思维活动的描述需要具有内在一致性，才能使得在学习进阶框架中用单一水平描述学生的认知状态具有可能性，才能保证学习进阶框架的实证有效性。

[1] SONGER N B, KELCEY B, GOTWALS A W. How and when does complex reasoning occur? Empirically driven development of a learning progression focused on complex reasoning about biodiversity [J]. Journal of Research in Science Teaching, 2009, 46 (6): 610-631.

二、原理、迷思概念和推理方式

1. 关于能量的原始原理

研究者在调查中发现，学生对“能量”概念形成了若干不同的认识，典型的有:(1)将“能量”与有生命的物质联系起来,尤其与人联系在一起，认为能量是用来满足生命体的需要的，由生命体生成，并最终由生命体消费[1];(2)能量与物质有关,如燃料、电池和食物被认为是能量[2,3];(3)能量与运动相关，运动的物体具有能量，而静止的物体没有能量[4]；(4)能量与力相联系，可以通过碰撞进行传递，能量是力作用效果的体现[5]；(5)能量像液体一样通过流动进行传递，如电能通过电流传递[6-8]；(6)能量是“活动”的产品,活动消失,能量也便消失,如燃烧时物体有能量,烧尽时能量消失[9]。

其中一些认识之间相互并不冲突，学生可能同时具有一个或几个认识，并将它们共同作为认知框架的原理对涉及“能量”的相关问题（自认为和“能量”相关的问题）进行解释。

2. 关于能量的外显迷思概念

根据文献综述的结果,学生关于“能量”所外显出的迷思概念主要有:

[1] WATTS D M. Some alternative views of energy [J]. Physics Education, 1983, 18 (5): 213-217.

[2] CLEMENT J. Mapping a student's causal conceptions from a problem-solving protocol [J]. Cognitive Process Instruction, 1979: 133-146.

[3] ELKANA Y, BROWN S C. The discovery of the conservation of energy [J]. Physics Today, 1975, 28 (8): 74.

[4] 同[1].

[5] GILBERT J K, POPE M L. Small group discussions about conceptions in science: A case study [J]. Research in Science & Technological Education, 1986, 4 (1): 61-76.

[6] ARONS A B. Development of concepts of physics [M]. Reading, Mass.: Addison-Wesley, 1965.

[7] DUIT R. Students' notions about the energy concept—before and after physics instruction [C]. Ludwigburg: Problems Concerning Students' Representation of Physics and Chemistry Knowledge, 1981.

[8] WARREN J W. The nature of energy [J]. European Journal of Science Education, 1982, 4 (3): 295-297.

[9] 同[1].

燃料和电池有能量，而其他物体没有能量[1,2]；静止于高处的物体没有能量，但当其下落时则表现出了能量[3]；混用“能量”“运动”“力”的概念[4]；燃烧消失，能量也随着消失[5,6]；能量的功能是使生活变得更加舒适；能量通过导线中的一个个电子进行传递；能量通过物体间的碰撞相互传递；“能量”有时被看作一种半实物（semi-matter），有时被认作是一种感觉（sensation），有时又被当作一种现象（phenomenon）[7]。当处理物理问题时，学生经常不能将能量与“力”“功”两个概念进行区分[8]。学生在物理学习中缺乏应用“能量”原理构建定性解释的能力。在另一些研究当中，研究者发现学生有时甚至认为“能量”是人或动物特有的，而且并不守恒[9]。Driver及其同事发现学生倾向使用功的定义（$W=F\cdot s$）来解决问题，而非使用能量守恒原理来解决问题[10]。类似的，Duit也发现学生几乎不使用能量守恒来对力学问题做出判断[11]。Solomon更是发现学生倾向于忽视

[1] CLEMENT J. Mapping a student's causal conceptions from a problem-solving protocol [J]. Cognitive Process Instruction, 1979: 133-146.

[2] ELKANA Y, BROWN S C. The discovery of the conservation of energy [J]. Physics Today, 1975, 28 (8): 74.

[3] WATTS D M. Some alternative views of energy [J]. Physics Education, 1983, 18 (5): 213-217.

[4] GILBERT J K, POPE M L. Small group discussions about conceptions in science: A case study [J]. Research in Science & Technological Education, 1986, 4 (1): 61-76.

[5] 同 [3].

[6] DUIT R. Students' notions about the energy concept—before and after physics instruction [C]. Ludwigburg: Problems Concerning Students' Representation of Physics and Chemistry Knowledge, 1981.

[7] 同 [3].

[8] WATTS D M, GILBERT J K. Enigmas in school science: Students' conceptions for scientifically associated words [J]. Research in Science & Technological Education, 1983, 1 (2): 161-171.

[9] BARAK J, GORODETSKY M, CHIPMAN D. Understanding of energy in biology and vitalistic conceptions [J]. International Journal of Science Education, 1997, 19 (1): 21-30.

[10] DRIVER R, WARRINGTON L. Students' use of the principle of energy conservation in problem situations [J]. Physics Education, 1985, 20 (4): 171-176.

[11] DUIT R. Learning the energy concept in school—empirical results from the Philippines and West Germany [J]. Physics Education, 1984, 19 (2): 59-66.

"能量传递具有方向性"的作用或是认为它与能量守恒相互矛盾[1]。

3. 学生的推理方式

目前已有的关于学生思维的研究表明：由于日常生活经验的影响，儿童和青少年普遍存在着简单因果推理的思考方式，而在经历自然科学的学习后，普遍具有了机械推理的思维方式。所谓机械推理，也是因果推理的一种，也将追寻和描述事件的"因"和"果"作为思考的主要内容，是牛顿力学理论中经常需要被使用的推理方式。机械推理通常以单个物体作为分析对象，强调力是改变物体运动状态的原因，探求在给定"力"（原因）的情况下，物体的运动状态如何（结果）；或是在已知运动状态的前提下（结果），来推理物体的受力情况等（原因）。这种思维方式可以归纳为"作用"（原因）改变"状态"（结果）[2,3]。虽然这种推理方式首先从学生在力学的学习中被发现，但却在很多领域都被普遍观察到，只是"作用"不再仅限于"力"，而结果也不再局限于"运动状态"。它与简单因果推理相比，不同之处在于：简单因果推理中的原因是儿童根据生活经验所得来的，这种原因来自具体的、可见和可感知的生活现象，甚至是能够根据经验想象得来的，且并非是在逻辑意义上的原因。如在回答"为什么树需要水分？"时，儿童会回答"树需要长大"[4]。在这个例子中，儿童将"需要长大"当作树需要水分的原因，可见儿童还不能分清"水"和"长大"的逻辑关系，更重要的是，"长大"并非来自科学范畴，而是根据自身经验和想象得出的。对于机械推理而言，当提问"为什么树需要水分时"，学生会回答"因为水分可以提供树木无机盐和光合作用的材料"，可以看出学生能够在逻辑的层面辨清原因和结果的关系，不再以日常经验作为回答的依据，而是利用比较抽象的科学概念和原理（但未必恰当和准确）充当解释的原因。

[1] SOLOMON J. Teaching the conservation of energy [J]. Physics Education, 1985, 20 (4): 165-170.

[2] TALMY L. Force dynamics in language and thought [J]. Parasession on Causatives and Agentivity, 1985, 1: 293-337.

[3] TALMY L. Toward a cognitive semantics: Concept structuring systems [M]. Cambridge, Mass.: MIT Press, 2000.

[4] 同 [2].

与上述两种推理方式不同的是，根据当前科学家对“能量”概念的认识，“能量”概念的最主要功能不再是对单个物体进行分析，而是“系统”，人们主要通过追寻“能量”在系统中的流入和流出来理解系统所具有的各种潜在可能性（系统内什么可以发生）和局限性（系统内什么不可以发生）[1]。由此可以看出，“能量”与系统紧密相关，而且不再关注“能量”是否作用于物体，以及这种作用会带来何种结果（即利用“能量”来解释事件发生的内部机制），而是将“能量”当作分析的系统工具，来判断系统内哪些事件有可能发生，哪些事件不可能发生。从以上的叙述可知，学生若想对“能量”概念的认知到达科学的水平，就必须从系统的角度来考虑“能量”概念的价值和意义，用系统的思维方式来思考与“能量”相关的问题。

然而由于儿童首先是从生活中接触并认识“能量”这一词汇的，作为日常经验的一部分，“能量”早已经与他们的日常思维方式融合在一起。此外，由于“力与运动”部分内容在我国的教材（以及国外主流教材）当中总是首先讲授的，在物理教学中占据重要的地位，而且机械推理这种因果推理方式在各个自然科学领域内都普遍采用，对学生的影响也较为深远，学生有可能不自觉地以这种思考问题的视角来理解“能量”概念的相关内容。总而言之，由于上述两个方面的原因，学生所出现的迷思概念很有可能与其内隐的推理方式紧密相连。

三、进阶变量的确定

正如本节“一、基本假设”所述，建立“能量”进阶框架的主要工作在于将学生的原始原理、推理方式和外显迷思概念进行整合。在基本厘清三者内容的前提下，如何将其结合起来便成了需要思考的问题。迷思概念作为推理方式和原理相互作用的外显化表现，是可观测的，因此可以用来对各个认知水平进行描述。而与迷思概念相比，推理方式和原理则更为内隐，不易被直接观察到。更重要的是，从认知的角度看，推

[1] QUINN H, SCHWEINGRUBER H, KELLER T. A framework for K-12 science education: Practices, crosscutting concepts, and core ideas [M]. Washington D.C.: National Academies Press, 2012.

理方式与原理更为核心，学生的外显行为（包括迷思概念）是推理方式与原理对具体现象作用的产物，是对推理方式和原理的直接体现。因此，推理方式与原理可以当作进阶变量，来区分学生对“能量”认知的不同阶段。

1. 推理方式

具体而言，从已有的研究看，学生对“能量”的推理方式依次包括简单因果推理和机械推理，二者均属于因果推理的范畴。学生总是试图将“能量”与事件（现象）的发生机制相联系，将“能量”看作与“力”具有类似功能的概念，利用“能量”来解释现象发生的原因（taking energy as cause），或是将“能量”视作这些现象所产生的结果（例如，因为有能量，所以树木会长大；因为有能量，所以物体会运动；因为物体燃烧，所以有了能量；因为物体对外做功，所以能量减少），这便是学生无法将“能量”与“力”进行区分的原因[1]。与之相反，从现代科学、科学课程文件对“能量”的认识来看，认知“能量”概念需要从系统的角度进行思考。在科学的理论体系下，热力学第一定律（能量守恒定律）和第二定律等将系统当作分析对象，利用“能量”这一工具来分析什么现象在系统内是可能发生的，而什么现象又是不可能发生的，即将“能量”当作判据（限制条件）来使用（taking energy as constraint）[2]。从以上可以看出，对于“能量”概念而言，利用系统来思考“能量”比利用因果式的思维方式更加有助于认知“能量”在科学中的本质和内涵。

此外，《K—12 科学教育框架》强调了因果推理与系统的重要性，将二者列入了学科共通概念的范畴，这也从侧面说明学生具有利用系统来认识“能量”的潜在可能性。同时，根据对学生思维特征和科学家思维发展过程的归纳与总结可知，二者对“能量”的认知都以简单因果推理为起点，科学家的思维经历了从“将‘能量’看作事件发生的动因”到“将‘能量’看作判断事件能否发生的条件”的转变。这说明学生也可从简单

[1] DRIVER R, WARRINGTON L. Students' use of the principle of energy conservation in problem situations [J]. Physics Education, 1985, 20 (4): 171-176.

[2] FEYNMAN R P, LEIGHTON R B, SANDS M. The Feynman lectures on physics [M]. New York: Basic Books, 2013.

因果推理开始逐渐发展到将系统与能量相联系进行思考的认知水平。

鉴于此，对于推理方式这一进阶变量而言，可以利用两个学科共通概念（“原因与结果”和“系统”）与“能量”概念相互作用的结果作为进阶变量的内容，分别是：利用系统认知能量，利用因果推理认知能量（并且前者的层级高于后者）。但需要说明的是，脱离了“能量”概念的范畴，因果推理与系统思维并无高低之分，二者都是核心的科学思维方式，在不同的概念主题下，二者的重要程度会有所不同。此外，本研究虽然将共通概念作为进阶变量的内容，但并非关注共通概念本身的学习进阶，并未关注系统的发展过程，在本研究的“能量”进阶框架中出现的系统思维已是比较成熟的形态。学科共通概念的进阶不是靠单个学科核心概念就能够实现的，系统的进阶发展需要依靠其他核心概念的帮助来完成。

2. 原理

根据上节内容可知，学生的认知框架中存在着各种关于“能量”概念的原理，但如何确定这些原理间的层级结构？如本节“一、基本假设”部分所述，学生是通过推理方式将原理作用于所要分析的问题之上的。因此，不同层级的推理方式与各个原理间的关系密切程度有所不同，从而可以利用这一特点对原理进行层次的划分。

具体地，利用简单因果推理认知“能量”的学生，更加倾向于将“能量”与可观察、可感知的具体实物或因素相联系，如：因为物体静止，所以没有能量；因为物体发生了碰撞，能量从一个物体传递到另一个物体；因为有火，所以有能量；物体大，所以能量多；等等。因此，与简单因果推理相对应的原理为：只有生命才具有“能量”（因为只有生物才能生长）；“能量”是“活动（运动、燃烧等）”发生的原因或结果，“活动”消失，能量也便消失；“能量”通过碰撞和流动的方式传递等。

利用机械推理认知“能量”的学生，开始利用抽象的物理概念来思考“能量”，如：因为物体对外做功，所以自身能量减少；因为物体对另一物体施加了力，所以能量发生了传递；因为物体的速度大，所以动能大；等等。因此，与机械推理相对应的原理为：功是能量的量度；物体依靠做功（力）来传递和转化能量。

利用系统认知“能量”的学生，会将系统当作分析的对象，将“能量”

当作物理系统所具有的一个特征量，用“能量”作为工具来判断什么现象在系统内可能发生，而什么现象不可能发生。与之相对应的物理原理为：机械能守恒定律，热力学第一定律（能量守恒定律），热力学第二定律。

以上列出了不同推理方式所对应的具体的原理，但从能量的功能这一更上位的观点看，利用因果推理（包括简单因果推理和机械推理）进行思维的学生，是利用对应的原理来解释事件（现象）发生的机制，将“能量”看作事件发生的原因或是结果；与之相反，利用系统认知能量的学生，则将原理看作判断系统内事件能否发生的判据。鉴于进阶变量应当尽量阐释学生表现背后的潜在原因，因此，原理变量可以分为“将能量看作事件发生的原因或结果”和“将能量看作判断系统内事件能否发生的判据”两个层级。

3. 进阶变量与学生表现的联系

从以上对两个“进阶变量”的叙述可以看出，两个变量之间具有相当程度的相关性，并不相互独立。这是因为本研究选取这两个变量的目的在于更加充分和深刻地阐释学生对“能量”概念的认知特征以及背后的形成原因和机制，为教师进行教学诊断提供更加丰富的信息。

如何将进阶变量与学生的具体表现联系起来？“能量”概念涉及形式、来源、传递、转化、守恒和退降六个方面，而上述原理变量在每个层级中的具体内容也都对应于这六个方面，例如：“能量是活动发生的原因或结果”体现了对能量来源和形式的原始认识；“能量通过碰撞和流动的方式传递”体现了对传递和转化的原始概念。同时，通过实证归纳得出的学生对“能量”的迷思概念也都对应于上述六个方面（详见第二章第二节），如“能量的存储说”侧重于对能量传递的原始认识，而“能量的要素说”则体现了学生对于能量来源的原始概念。

根据学生认知的框架理论，学生在幼年就已经具备了解释具体学科知识的原始思维框架，能够将不同的原理纳入框架之中，形成内部一致和较为全面的理论。因此，本研究认为学生每一层级的认知水平都必须能够体现学生对“能量”这六个方面的认识情况，即用六个方面的认知特征来具体表征相应的认知特点。

第二节 “能量”框架中进阶层级的确定

一、最低层级的确定

1. 确定的依据

本研究的进阶框架旨在尽量覆盖中学阶段各个层次的学生，为了能够尽量全面地描述和解释各层次的学生对“能量”概念的认知情况，在建立框架的初始阶段，最高与最低层次需向两极进行延伸。极端情况下，根据对进阶变量的论述，学生所持有的推理方式为简单因果推理；对“能量”概念最原始的原理为“以人为中心的能量说”，即认为能量仅与生命有关，尤其与人有关，认为能量是用来满足生命体的需要的，通过生命体表现出来，并最终由生命体消费（与其他原理相比，持有此观点的儿童还不能将“能量”概念应用到除生命体以外的其他对象上去）。持这种观点的儿童的思维框架是：因为生长是人的本性（原理：能量是生命能够生长的原因），所以他需要能量；人通过食物和休息获得能量；当人运动或劳动时，能量就被消耗了（原理：能量是活动发生的原因，活动消失，能量便也消失了），变成了汗水和热[1]。

从以上的儿童思维框架可以看出，儿童采取简单因果推理的方式，利用两个原理将日常的观察和经验（生长是人的本性）与能量联系起来。所表现出的迷思概念为：能量仅与人有关（形式）；通过休息获得能量（来源）；能量可以变为汗水（退降）。

2. 最低层级的确定

根据“以人为中心”的原理和简单因果推理方式，结合以上的依据，按照“能量”概念的六个方面，将儿童该阶段对“能量”的认知框架显化为以下形式：

能量的形式：与人有关，根据人的活动形式具体命名。

[1] WATTS D M. Some alternative views of energy [J]. Physics Education, 1983, 18 (5): 213-217.

能量的来源：食物、水或休息。

能量的传递与转化：人通过具体的活动（如推或拉等）失去能量。

能量的退降：人的能量通过运动等变成热和汗水。

能量的守恒：尚无能量守恒的意识。

这一层级的学生无法将能量与生命、物质进行区分。可以将这一层次概括为"'以人为中心'的简单因果推理"。

二、最高层级的确定

"能量"进阶框架中的最高层级应该是学生应当并且能够达到的最高认知水平，本框架是针对 K—12 年级学生而设计的，因此最高层级将参照十二年级学生水平制订。根据《普通高中物理课程标准》(2003 年版)的要求，学生需要"理解机械能守恒定律，用机械能守恒定律分析生活和生产中的有关问题……知道能量守恒是最基本、最普遍的自然规律之一"，知道"能量守恒以及能量转化和转移的方向性"。教材方面，人教版（人民教育出版社）和教科版（教育科学出版社）《高中物理（选修 3-3）》中介绍了热力学第一定律和第二定律，将能量守恒定律从机械能守恒扩展到一般的能量守恒原理，指出"能量"是系统所持有的，并且强调了能量转移和转化的方向性问题。因此，参照之前对进阶变量部分的说明，处于该阶段的学生有可能达到利用系统对"能量"进行认知的水平。

具体地，理想状态下，在这一层级上的学生能够站在系统的角度上，以热力学第一定律（能量守恒定律）和热力学第二定律为原理，通过分析"能量"的流入和流出来判断在机械系统、热力学系统或是由不同形式的能量参与的系统中哪些事件可能发生，哪些事件不可能发生。按照与"能量"有关的六个方面，最高层级可以描述为：

能量的形式：不仅能够按照能量的具体表现形式来恰当命名（如风能、光能等），还能够按照科学的定义表征相应的能量形式，如动能、势能、内能和电势能等。

能量的来源：将能量看作抽象的物理量，是系统的一个属性，能够站在系统的观点上分析能量来源。

能量的传递与转化：从整体上考虑由多种形式的能量参与的系统的能量的流入和流出，不去关注具体的各种能量的转化过程与机制。

能量的退降：考虑能量转移和转化的方向性，内能（热）能够参与能量守恒，但无法自发地参与能量转化，能量具有“等级”性，利用热力学第二定律来判断系统内的现象能否发生。

能量的守恒：能从全局的角度理解各种形式能量参与的能量守恒；将能量守恒作为判断系统内现象发生与否的依据。

该层次的学生不再将“能量”看作促使事件发生的动因，而是将“能量”作为分析系统的工具，利用能量相关原理来判断系统内的事件能否发生，概括为“基于能量原理的系统推理”。

表 4-2 “能量”概念的学习进阶框架示意

学生认知水平	进阶变量	
	能量原理	推理方式
最高层级	基于能量原理的系统推理	
中间层级	↑	
最低层级	“以人为中心”的简单因果推理	

三、中间层级的确定

根据建立学习进阶框架的四条原则（详见第一章第一节中的相关内容），中间层级的确定需要以两极为参照，同时还需要对相关学生认知方面的研究成果、课程文件以及教学实际等进行综合考量。

1. 课程标准与教科书的要求

小学课程文件的要求。由于进阶框架的最低层级起点较低，加之框架试图尽量覆盖中学阶段各个层次的学生，因此将小学科学课程文件和教材的相关要求纳入了制订中间层级的参考范围。根据小学科学课程文件和教材，对“能量”内容的要求主要集中在小学中、高年级阶段，具体有以下几点：（1）知道能量具有不同的表现形式，能够识别生活中常见的能量形式（如光能、声能、电能、热能等）；（2）知道不同形式的能量之间可以相互转化（如其他形式的能量和热能可以相互转化），认识日常生活中简单的能量转化过程（如电能与光能、热能间的转化）；（3）认识到能量在使用的过程中总会有一部分被以其他形式浪费掉（如电能转化成光能时电灯会发热）；（4）有意识地思考能量和力的区别和能量的存在性；（5）有意识地探寻能量的来源和去向。

中学课程标准的要求。研究者对我国《义务教育物理课程标准》（2011年版）与《普通高中物理课程标准》（2003年版）中相关的学科内容进行了分析。初中课程标准规定学生“了解能量具有不同的形式，认识到能量可以从一个物体转移到另一个物体，不同形式的能量可以互相转化，知道做功的过程就是能量转化的过程，知道动能、势能和其相互转化，能用能量的观点分析用电器”。高中课程标准同样覆盖这些知识点，仅是在要求的层次上有了进一步提高，从“了解和知道”变为“理解和掌握”。此外，高中课程标准还要求“理解机械能守恒定律，用机械能守恒定律分析生活和生产中的有关问题……知道能量守恒是最基本、最普遍的自然规律之一”，知道“能量守恒以及能量转化和转移的方向性”，但这些内容在本框架中已被包含于最高认知水平当中，因此在中间层级中不再出现。

物理教科书的要求。作为对课程标准的具体体现，物理教科书对能量部分的要求如下所示：义务教育教科书《物理（八年级）》（人教版与北师大版）对“能量”的要求可以概括为：初步认识功、功率的含义以及计算方法；定性地认识动能和重力势能；初步了解机械能的概念，简单地了解机械能间的转化。高中《物理（必修2）》（人教版与教科版）关于“能量”的内容可以归纳为：进一步认识功和功率，理解功的定义式和计算方法，能够区分平均功率与瞬时功率，会计算瞬时功率；定量地认识重力势能、动能和弹性势能；理解动能定理；理解机械能守恒定律。

2. 对《下一代科学标准》（NGSS）的借鉴

作为对学生概念学习研究的产物，《下一代科学标准》（NGSS）描述了K—12年级各个阶段学生对“能量”认识的情况，虽然本研究的样本为国内学生，但由于儿童的认知特征具有一定的普遍性，因此对本研究仍有一定的借鉴意义。在小学阶段，学生对“能量”的认识为：能量与运动有关，速度越快能量越大；能量通过碰撞等物理接触相互传递，在接触的过程中会在空气中产生热；物体所存储的能量能够转化为所需要的形式；电流、光和声都具有能量。在初中阶段，学生的认识上升为：知道动能的概念和表达式；知道势能与物体的位置有关；物体动能的变化会带来其他能量的变化；能量从高温自发传向低温；物体相互作用时，力是能量传递的原因。在高中阶段，学生的认识变为：能量是系统具有的一个定量属性；在宏观尺度上，能量以运动、声、光和热为载体表现出来；系统的能量总是守恒的，即使系统内部存在能量的传递和转化过程；用能量守恒的原理来判断在系统中什么过程能够发生；能量不能被消灭，但可以变为无用的形式，如热。

3. 中间层级的确定

根据以上对课标和教材的分析，参照小学阶段和初中课程标准对“能量”的部分要求来确定较低水平的认知层级，称作“水平 2”（区别于最低的“水平 1”）。“水平 2”的学生没有区分能量与物质的意识，通过简单因果推理的方式，利用“能量是活动（运动、燃烧等）发生的原因或结果，活动消失，能量便也消失；能量通过碰撞和流动的方式传递”等原理来认知“能量”，认为能量来自物质本身，通过如碰撞、流动等形式进行传递，并且可转化为任何所需要的形式（与“能量的存储说”和“能量的要素说”的特点一致，详见前文关于“能量”迷思概念的归纳）。在“能量”概念的六个方面上具体表现为：

能量的形式：根据能量参与的具体活动的形式来命名，如动能、光能、电能等。

能量的来源：将能量看作物质本身的属性，通过“活动”表现出来，如能量来自燃烧。

能量的传递与转化：能量通过碰撞和流动进行传递和转化，如物体通过碰撞传递动能，风通过碰撞叶片将能量传递给风车，电池通过导线中的电流将电能传递给灯泡。

能量的退降：物体在燃烧时会产生热，热会随着燃烧的消失而消失；碰撞时会产生热，热会消散在空气里。

能量的守恒：尚无能量守恒的意识。

“水平 2”可以概括为“基于日常经验的简单因果推理”。

“水平 3”根据中学部分课程标准和教材的要求而形成。学生通过机械推理的方式，利用抽象的物理概念或原理来认知“能量”，具体为：通过质量、速度等来认识动能、势能；认识到能量与物质的差异；物体通过外力（做功）获得能量；能量的传递和转化是通过功（或力）完成的；物体克服摩擦力（做功）而产生了热。在“能量”六个方面的具体表现为：

能量的形式：知道动能和势能的数学形式，知道机械能的含义。

能量的来源：意识到能量与物质的差异，物体通过外力（或外力做功）获得能量。

能量的传递与转化：物体通过力（做功）进行能量的传递和转化。

能量的退降：物体通过克服摩擦力（做功）将能量转化为热。

能量的守恒：尚不能理解能量守恒。

“水平 3”可以概括为“基于功、能关系的机械推理”。

“水平 4”参考高中物理课标和教材的部分要求而形成，处于这一层级的学生能够从系统的角度，利用“机械能守恒定律”和“能量转移的转化具有方向性”来认知“能量”，将“能量”当作分析机械系统内现象能否发生的工具，具体表现为：

能量的形式：同“水平 3”。

能量的来源：站在系统的角度上分析整个机械系统的能量来源。

能量的传递与转化：从整体上考虑机械系统的能量流入和流出，不关注各种形式的能量在系统内的转化过程。

能量的退降：内能（热）不能参与机械能守恒，只有摩擦力不做功的机械系统，能量才可能守恒，能量具有“等级”性。

能量的守恒：理解机械能守恒定律，将机械能守恒定律作为判断系统内现象发生与否的依据。

“水平 4”可以概括为“基于机械能守恒的系统推理”。

第三节 “能量”进阶框架的初步建立

根据以上的描述，“能量”进阶框架结构初步确立（图 4-1），每个层级的具体表现则如表 4-3 所示。图 4-1 根据进阶变量对各个认知水平的特征进行了概括性描述，表 4-3 则是相应的认知层级在“能量”概念六个方面的投影。从图 4-1 可以看出，水平 1—3 在推理方式变量上均属于因果推理，在原理层面上均将“能量”看作事件发生的原因或结果；水平 4—5 则将“能量”当作分析系统内事件能否发生的工具。

从图 4-1 对推理方式变量的描述中可以看出，因果推理与系统主要反映了学生思考“能量”问题时的思维方式；而对原理变量的描述则反映了学生对“能量”功能（用途）的理解，是对“能量”更加上位的认识。但应再次强调的是，两个进阶变量是紧密相关的，所利用的推理方式与对“能量”功能的认识是相互关联的，两个进阶变量实际上反映了相关学科共通概念（原因与结果、系统）的不同方面的内容。

从表 4-3 可以看出，水平 1—3 和水平 4—5 分别是根据学生自身知识和经验的不同积累程度而划分的。按照概念转变理论，这类层次的过渡是“同化（assimilation）”式的，是通过将新的知识（经验）纳入已有的认知框架来完成的，是较为温和的转变方式。与之相反，水平 3 到水平 4 的跃迁则属于“顺应（accommodation）”式的，是较为激烈的转变方式，原有框架和新框架之间存在根本性的冲突。根据 Chi[1] 的观点，原有知识之所以难以转变，原因在于学生的头脑中在上位层面没有与新知识相对应的类别。具体而言，水平 3 的学生将“能量”看作事件发生的原因或结果，而水平 4 的学生却将“能量”看作判断系统内事件能否发生的工具，二者对“能量”的功能（上位层面）有着不同的理解。对于物理概念的功能这一上位认识，学生或许认为物理概念与原理只有解

[1] CHI M T H. Commonsense conceptions of emergent processes: Why some misconceptions are robust [J]. The Journal of the Learning Sciences, 2005, 14 (2): 161-199.

释现象发生的原因、机制和预测结果的功能，缺失了“用物理原理判断事件发生可能性”的认识，因此造成了学生认知水平进阶的困难。根据以上的原因，从水平 3 进阶到水平 4 的学生是扩展了对物理概念的功能的认识，并非是一种认识（能量为因、果）对另一种认识（能量为判据）的替代。鉴于此，研究者推测当水平 3 的学生进阶到水平 4 时，头脑中依然会持有水平 3 中包含的知识，只是在处理问题时，学生的头脑会增加一种备选手段，学生会根据对题目的判断而选择相应的处理手段[1,2]。

倘若学生不能实现对功能这一上位层面认识的拓展，那么新的知识（如机械能守恒定律）无法有效整合于已有的认知框架之中，学生无法仅通过知识的积累而获得认知的整体进步。新的知识只能游离于框架之外，呈现出碎片状的特征，即学生只能依赖记忆或情境的熟悉程度等来使用这些知识。

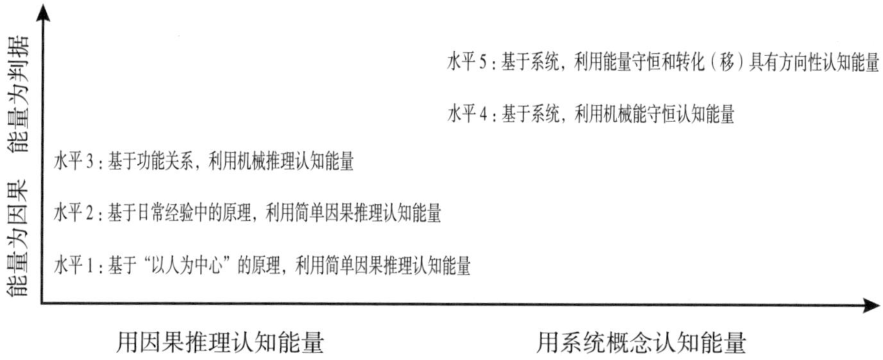

图 4-1 “能量”进阶框架结构图

[1] CHI M T H, GLASER R, REES E. Expertise in problem solving [M]. Washington D.C.: U.S. Government Printing Office, 1982.

[2] CHI M T H, FELTOVICH P J, GLASER R. Categorization and representation of physics problems by experts and novices [J]. Cognitive Science, 1981, 5 (2): 121-152.

表 4-3 “能量”进阶框架具体表现

进阶变量		学生水平	具体表现				
推理方式	能量原理		能量的形式	能量的来源	能量的传递和转化	能量的退降	能量的守恒
利用系统认知能量	能量为判据	水平5	按照科学的定义表征相应的能量形式，如动能、势能、内能和电势能等	意识到能量是系统的一种属性；能在系统的角度上分析（有多种形式的能量参与的）系统的能量来源	从（有多种形式的能量参与的）系统的整体出发，考虑能量的流入与流出	意识到内能虽然可以参与能量守恒，但无法自发地转化为其他形式的能量，能量的转移和转化具有方向性，利用方向性判断系统内活动发生的可能性	能够理解各种形式能量参与的能量守恒；将能量守恒作为系统活动发生与否的判据
		水平4	用动能、势能来描述机械系统的能量	站在系统角度分析机械系统的能量来源	能从系统的角度分析机械系统能量的流入与流出	意识到内能不能参与机械能守恒，能量具有“等级”性	理解机械系统的能量守恒；只有摩擦力不做功的系统机械能才守恒；用能量守恒来判断系统的目标活动能否发生

续表

进阶变量		学生水平	具体表现				
推理方式	能量原理		能量的形式	能量的来源	能量的传递和转化	能量的退降	能量的守恒
利用因果推理认知能量	能量为因果	水平3	知道势能，能够利用数学表达式描述动能、重力势能	意识到能量与物质的差异；用做功、力来解释能量的来源	能量通过功（力）或流体来进行传递和转化	使用摩擦或阻力的概念解释热的产生	—
		水平2	与能量参与的活动的具体形式有关	不再认为能量仅与生物有关，而是物质自身的属性，通过如运动和燃烧等形式显现出来	通过碰撞等物理接触和流体传播等方式获得或传递能量	能量传递时会产生热	—
		水平1	与人进行的具体活动有关	食物，休息	人通过进食和休息获得能量，通过具体活动（如推或拉等）失去能量	失去的能量以汗水和热的方式释放出去	—

第五章　对“能量”进阶框架的初步实证检验

本章作为实证研究的起点，主要目的在于从原则上检验理论框架的有效程度，是否具有进一步修正和完善的潜力，暴露出框架存在的各种问题，为下一轮的修订奠定基础。同时，本轮研究还承担着对所选测量模型是否与测试题目、编码方式相匹配，以及对研究所需涉及的其他技术问题进行检验和判断的任务。

第一节　数据收集：测验样本与题目的选取

一、研究样本

第一轮实证研究阶段选取了北京地区八年级与十年级的学生作为样本，样本具体信息如下：八年级参与人数共 171 人，其中市级示范校学生 76 人，区级示范校学生 95 人；十年级参与者人数共 172 人，其中市级示范校学生 72 人，区级示范校学生 100 人。

样本来自北京市的两个城区，其中一个为近郊区，另一个为中心城区。研究者在两个区均选取了八年级与十年级的学生作为样本。郊区八年级使用北师大版物理教科书，城区八年级使用人教版物理教科书；郊区十年级使用教科版物理教科书，城区十年级使用人教版物理教科书。两个区的八年级、十年级学生均已完成对“能量”部分相关内容的学习。

所选样本的分布区域相对广泛，样本在学习水平方面具有较大的差异，使用的教材版本具有代表性，为得出有效的结果提供了保障。

二、测试题目与试卷

本部分将根据第三章关于题目设计的原则对本次实证研究（预研究）中的题目和试卷进行选取和设计。

（1）题目对“能量”内容的覆盖。根据本研究所涉及的“能量”概念的内容，《义务教育物理课程标准》（2011 年版）《全日制普通高中物理课程标准》（2003 年版），以及样本所使用的八年级和十年级物理教科书（人教版、北师大版和教科版）教学内容的分析，八年级对“能量”概念的知识内容的要求情况如表 5-1 所示，十年级对“能量”概念的要求情况如表 5-2 所示（表中斜体部分为此次测试中不涉及的内容）。

表5-1 八年级“能量”概念的知识内容

能量的来源	能量的形式	能量的转化转移	能量的退降	能量的守恒
初步认识能量与物质的不同	结合实例了解常见的能量存在形式	通过实例认识常见的能量转移转化过程		
认识能量与力是不同的概念	用实例说明物体的动能、势能，机械能	结合实例来理解功用于描述能量转化过程		
		结合实例理解动能和势能间的相互转化过程		

表5-2 十年级“能量”概念的知识内容

能量的来源	能量的形式	能量的转化转移	能量的退降	能量的守恒
思考“能量是什么”的问题	了解自然界中存在多种形式的能量	用实例说明功是能量转化的量度，理解功的概念	通过实例了解其他形式的能量可以转化为内能	通过实例认识并理解机械能守恒定律
初步认识能量与力、物质、运动的关系	定量描述物体的动能、势能，机械能	用功来定量描述能量转化过程	*知道能量转移和转化的方向性*	用机械能守恒定律分析各种物理过程和生活现象
		理解动能和动能定理，用动能定理解释生活中的现象		*了解能量守恒定律，利用能量守恒定律分析生活现象*
		知道重力势能的变化与重力做功的关系		

考虑学生已经学习过关于“能量”的上述知识，本研究在八年级和十年级所选的题目如表 5-3 所示（具体题目见附录 1）。

其中 Form 代表与能量形式有关的题目；Nature 则表示与能量来源（以及本质）等相关的题目；Trans 代表与能量转移和转化相关的题目；Cons

代表与能量守恒相关的题目；Degrad 代表与能量的退降和耗散等相关的题目。第二、三轮测试题目采取同样的编码方式。

表5-3 研究所选题目情况

八年级			十年级		
编号	考查内容	所属范畴	编号	考查内容	所属范畴
Form1	弹簧弹性势能	形式	Form1	弹簧弹性势能	形式
Nature1	能量与力的区别	本质	Nature1	能量与力的区别	内涵
Form2	向上运动时的能量	形式	Form2	向上运动时的能量	形式
Form3	最高点状态时的能量	形式	Form3	最高点状态时的能量	形式
Form4	向下运动时的能量	形式	Form4	向下运动时的能量	内涵
Nature2	能量存在性	本质	Nature2	能量存在性	内涵
Trans1	转化过程与事件	转化			
Degrad1	灯泡电能与光能	退降			
			Cons1	小球滑轨	守恒
			Degrad2	小球弹跳	退降
			Cons2	自行车上山顶	守恒

从八年级、十年级“能量”知识的内容以及题目的分布情况可以看出，此部分的题目基本做到对教材与课标所要求的“能量”内容的覆盖。此外，从整体看，八年级与十年级的试卷有近一半的题目作为链接题，符合试卷组织的相关要求。

（2）题目对“能量”过程性知识的覆盖。所出题目是否在覆盖能量内容的基础上还体现了能量概念所特有的过程性特征？学生是否在回答的过程中体现出了这些过程性内容？本研究未能对以上题目随机筛选进行访谈调查，但利用了第三章第三节所提到的选择试题组（Form1，Form2，Form3 和 Form4）来定位学生的认知水平分布情况。同时，本研究将利用 Partial Credit Rasch Model 对数据进行分析，这种分析方式能够将学生在各个孤立题目上的表现有机地整合起来进行评价，从而能够更准确地反映出学生的思维状态和水平，因此也能从一定程度上检验学生是否体现了“能量”概念的特征性思维过程等（关于 Partial Credit Rasch Model 的内容详见第三章第二节的有关说明）。

（3）基于可延拓效度对题目设计的考虑。根据对效度的综述，考量研究结果效果的一个方面便是其适用范围如何。为了使得研究结果具有较大的适用范围，在选择题目的过程中则应该与已有的其他相关研究中的题目风格等保持一致，使得研究结果可以对学生在更为普遍的题目上的表现做出解释。由于本研究所关注的是学生对“能量”概念的认知进阶情况，而任何有关能量的题目都或多或少地涉及认知活动的参与，因此本研究从其他已有的研究中选取了相关题目，在保证题目基本可靠性的基础上,还力图使得本研究所建构的“能量”进阶框架有更强的适用性。例题如下所示：

Degrad2. 掉在水平地面上的弹性小球会跳起，而且弹跳的高度会越来越低。下面图片是小球弹跳的频闪照片，小球在 1、2 位置的高度一样。下面说法正确的是（　　）。

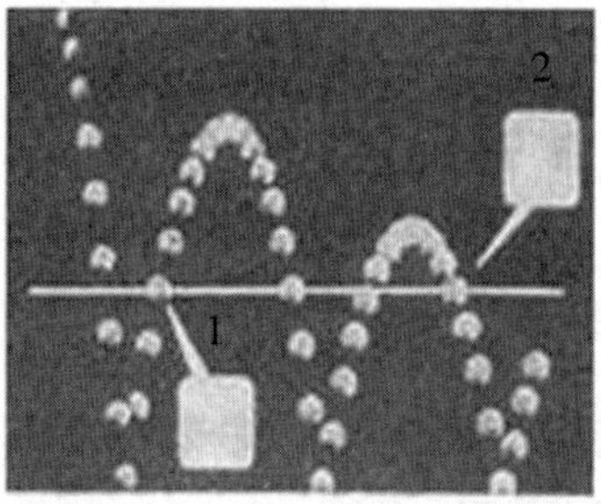

A.1、2 位置的动能相同，2 位置的机械能较小

B.1、2 位置的机械能相同，2 位置的动能较小

C.1、2 位置的动能相同，机械能也相同

D.2 位置的动能较小，机械能也较小

该题目是目前典型的考查学生对“能量”概念认识的题目，源于学生的一般作业练习，但通过对不同选项的分析同样可以获得学生认知“能量”的信息。各个选项所代表的认知层级详见“问题结果空间”。

第二节 编码标准：构建问题结果空间

第一轮测试题目的问题结果空间是在原始的“能量”进阶框架基础上形成的，具体内容如表 5-4 所示。为了使所制订的问题结果空间满足结构效度的要求，能够更加准确地反映出“能量”进阶框架的内容并与其保持一致，本研究在第一轮研究阶段制订问题结果空间时，要求两人（含笔者）独立根据进阶框架进行开发，根据所开发的问题结果空间的内容计算二者间的一致性程度，去除由于表述方式而造成的差别后，所得结果为 0.83（具体结果见附件 5），表明问题结果空间具有良好的可靠性。对于问题结果空间中有争议的内容，通过两人的相互沟通，在确定表达无误的情况下进行协商解决（协商后的结果以斜体表示在表中）。

与此同时，问题结果空间的制订者发现所选题目的各个选项与进阶框架并非完全匹配，导致“能量”进阶框架并不能对所有题目的选项进行明确的等级划分。鉴于暂时没有相关实证证据表明问题来自框架本身或是所选题目，研究者首先假定这一结果是由于理论框架对层级的划分过于简单和模糊造成的。基于此，研究者利用“水平 3-”和“水平 3+”等方式来对题目的选项进行归类和划分（“水平 3-”指代某选项仅能表示学生的层次低于水平 3 但又高于水平 2，“水平 3+”的含义类似），完成问题结果空间的制订。然后依据问题结果空间对所收集的数据进行编码，利用测量模型进行处理，通过实证证据来检验假设正确与否（即在水平 2、水平 3 和水平 4 之间是否存在其他认知水平），根据实证结果对所出现的问题进行分析和处理。

表5-4 问题结果空间

题目编号	所属范畴	编码A	编码B	编码C	编码D
Cons1	守恒	水平2：简单因果推理，根据图形外显的形状特征对结果进行判断	*水平2：简单因果推理，根据图形外显特征对结果进行判断*	水平4：能够根据机械能守恒定律进行正确判断	*水平3：利用摩擦来解释能量的消耗；试图使用牛顿运动定律来解释现象*
Cons2	守恒	水平4：理解机械能守恒的条件	*水平4-：不知道机械能守恒的含义*	*水平4-：不知道机械能守恒的含义*	*水平4-：不知道机械能守恒的含义*
Degrad1	退降	水平3：知道能量在转化的过程中会产生热，而且具有数量上的概念	水平2：知道能量可以相互转化，但无具体数量概念	*水平4-：具有能量守恒的初步思想*	—
Degrad2	退降	水平3-：不能将物体动能与速度联系起来；*未能意识到物体在非弹性碰撞的过程中会损失能量*	水平3-：不能正确理解机械能的含义；*未能意识到物体在非弹性碰撞的过程中会损失能量*	水平3-：不能正确理解势能和动能的表达式；*未能意识到物体在非弹性碰撞的过程中会损失能量*	水平3：知道动能、势能和机械能之间的关系，以及各自的大小与什么因素有关
Form1	形式	水平2：能量是物质自身的属性，通过具体的外显活动形式（弹簧的压缩）表现出来	水平1：能量仅与生命体有关；只能来自食物或生物的休息	—	—
Form2	形式	水平2：能量是物质自身的属性，通过具体的外显活动形式（跳虫向上运动）表现出来	水平1：能量仅与生命体有关；只能来自食物或生物的休息	—	—

续表

题目编号	所属范畴	编码A	编码B	编码C	编码D
Form3	形式	水平3：知道重力势能的概念和重力势能与位置的关系	水平2：能量是物质自身的属性，通过具体的外显活动形式表现出来（跳虫静止，没有能量）	—	—
Form4	形式	水平2：能量是物质自身的属性，通过具体的外显活动形式（跳虫向下运动）表现出来	水平1：能量仅与生命体有关；只能来自食物或生物的休息	—	—
Nature1	本质	水平2：能量是物质自身的属性，是物体运动和物理状态发生改变的原因	水平3：能够区分能量与力，开始用力来解释能量的传递与转化	—	—
Nature2	本质	水平4：意识到“能量”的抽象性	水平2：能量通过力（碰撞）或流体来传递，因此是真实存在的	—	—
Trans1	转化	水平2：知道能量是物体所持有的（电池），能够传递和转化，知道能量在传递过程中会产生热	水平2-：知道能量会传递，但无法将能量的形式与物体具体的活动形式对应起来	水平2-：知道能量是物体所持有的（电池），能够传递和转化，能利用已有经验对能量的形式进行判断	水平2-：知道能量会传递，且在传递的过程中会产生热，但无法将能量的形式与物体具体的活动形式对应起来

第三节 数据分析：对“能量”进阶框架的反馈

基于样本学生对所选测试题目的回答情况，根据由“能量”框架形成的问题结果空间对学生的表现进行编码（本轮测试均为选择题，不需要两位以上的独立评分人对学生答案进行编码），利用 Partial Credit Rasch Model 对数据进行拟合与分析，从而用实证证据对理论框架的质量进行检验。

一、对“‘能量’心理构造”的表征程度

本研究所构建的“能量”学习进阶框架是由一个心理构造组成的，因此首先需要对测试题目所反映的学生心理构造的单维性进行检验（图 5-1）。Rasch 模型显示样本作答方差的 54.9% 可以被模型解释。利用主成分分析法（Principle Component Analysis）对除此之外的学生作答残差（residuals）进行分析，结果显示最大特征值为 1.8（小于 2），表明测试题目所考查的是学生的单一心理构造[1]。根据实证研究的具体流程，测试题目的开发以及对学生表现的编码是根据“能量”进阶框架完成的，因此认为测验所反映出单一心理构造为“能量”进阶框架中的心理构造。

Table of STANDARDIZED RESIDUAL variance (in Eigenvalue units)

		-- Empirical --		Modeled
Total raw variance in observations =	16.6	100.0%		100.0%
Raw variance explained by measures =	9.1	54.9%		54.6%
Raw variance explained by persons =	4.1	24.7%		24.3%
Raw Variance explained by items =	5.0	29.6%		29.3%
Raw unexplained variance (total) =	7.5	45.2%	100.0%	45.6%
Unexplned variance in 1st contrast =	1.8	10.8%	24.0%	
Unexplned variance in 2nd contrast =	1.7	10.2%	22.7%	
Unexplned variance in 3rd contrast =	1.6	9.6%	21.3%	
Unexplned variance in 4th contrast =	1.4	8.4%	18.7%	
Unexplned variance in 5th contrast =	1.0	6.0%	13.3%	

图 5-1 “能量”心理构造单维性检查结果

[1] LIU X. Using and developing measurement instruments in science education: A Rasch modeling approach [M]. Charlotte: Information Age Publishing, 2010.

二、测试题目的质量

根据 Rasch 模型的理论，为了准确评估实证结果与理论框架的一致性，应当首先对测试工具的可靠性进行检验。由于问题结果空间对 Trans1 题各个选项的评判均为“水平 2-”或“水平 2”，且所有题目当中仅有该题涉及“水平 2-”，鉴于此，研究者认为该题对学生的认知水平没有显著的区分度，因此不纳入统计模型当中。本研究对其余题目的 infit 与 outfit MNSQ（Mean-Square）值进行分析（图 5-2），从图中可以看出，各个题目的平均 infit MNSQ 值从 0.72 到 1.10，平均 outfit MNSQ 值从 0.87 到 1.23。由于本轮实证研究的样本数量相对有限，因此采用一般情况下 MNSQ 值的判别条件进行估计，所有题目的 infit 与 outfit MNSQ 值均在［0.7，1.3］的范围内，表明所选题目符合 Partial Credit Rasch Model 的拟合要求，能够根据由这些题目所获得的数据得出较为可靠的推论。

题目			INFIT		OUTFIT	
	Measure	S.E	MNSQ(Mean)	ZSTD(Mean)	MNSQ(Mean)	ZSTD(Mean)
Form1.1	-1.21	0.15	1.10	2.2	1.23	2.6
Form1.2	-0.83	0.08				
Form2.1	-1.52	0.05	1.02	0.7	1.04	1.2
Form2.2	-0.95	0.05				
Form3.2	-0.74	0.05	1.07	1.9	1.12	2.3
Form3.3	0.49	0.05				
Form4.1	-1.42	0.11	0.96	-2.1	0.94	-1.9
Form4.2	-0.91	0.11				
Nature1.2	-0.53	0.05	1.03	1.4	1.02	0.6
Nature1.3	0.32	0.04				
Nature2.2	-1.24	0.05	1.01	0.4	0.99	-0.2
Nature2.4	0.93	0.07				
Degrad1.2	-1.17	0.02	1.05	2.8	1.05	1.8
Degrad1.3	-0.08	0.03				
Degrad1.4-	0.37	0.08				
Degrad2.3-	-0.48	0.02	1.01	0.5	0.98	-0.3
Degrad2.3	0.72	0.05				
Cons1.2	-0.24	0.07	1.08	1.4	1.07	1.5
Cons1.3	-0.27	0.05				
Cons1.4	1.45	0.09				
Cons2.4-	0.52	0.11	0.72	-1.3	0.87	-1.3
Cons2.4	1.35	0.06				
Mean	-0.05	0.06	0.99	0.6	1.01	0.3

注：ZSTD 是指标准 t 值（Standardized t Value）。

图 5-2 题目拟合结果

三、理论框架的有效性检验

为了对“能量”进阶框架的实证有效性进行检验，依据第三章第三节的相关叙述，此处对经过编码后的数据利用 Rasch 模型进行处理，得出能够描述学生认知水平和题目难度分布的 Wright 图，通过理论框架与该图的对比来检验二者是否一致。

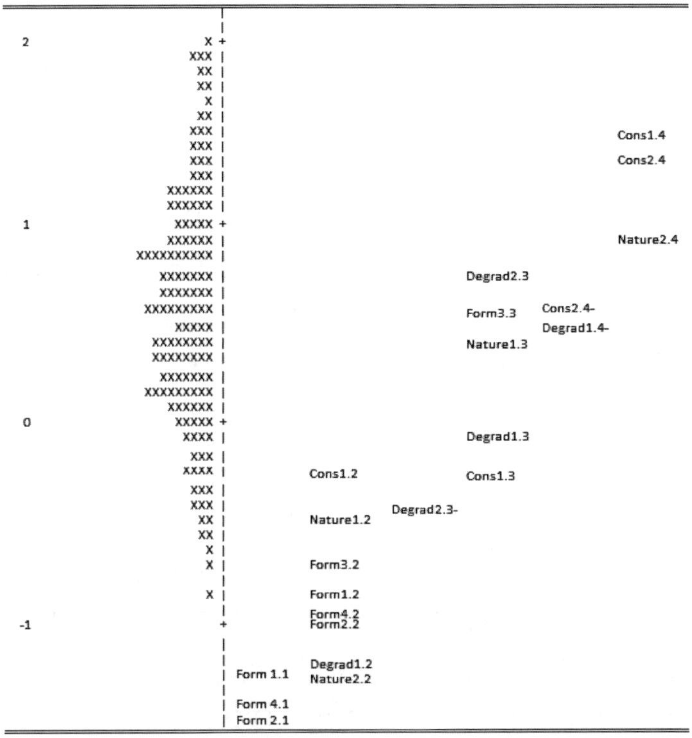

Each X refers to 2.4 cases.

图 5-3　由实证数据所得的 Wright 图

由于两个样本（八年级与十年级）在测试题目的选取上具有共同的链接题，因此可以将两个样本进行联合处理[1]。图 5-3 为由实证数据所得的 Wright 图，图中右半部分为测试题目的难度分布情况，左半部分为

[1] LIU X. Using and developing measurement instruments in science education: A Rasch modeling approach [M]. Charlotte: Information Age Publishing, 2010.

两个年级样本学生的目标心理构造的水平分布情况。本轮实证研究作为研究的起点，所建立的理论框架还有较大的改进空间，尚不足以用来准确描述学生对“能量”概念的认知状态。鉴于此，暂不通过 Wright 图对两个年级学生的具体认知状态进行描述和说明。

从结果可以看出（图 5-3），测验题目对各个认知层级的整体表征尚可，能够从图中大体区分出各个主要的认知水平，表明问题结果空间对题目各个选项所做出的预测在整体上与学生的实际作答表现基本一致，说明了理论进阶框架在整体上具有一定的实证有效性。然而，在问题结果空间中新添加的“水平 3-”和“水平 4-”则与预期的结果不一致，Wright 图所提供的信息不能证明上述两个认知水平的存在性。但是，由于本次对“水平 3-”和“水平 4-”等的划分是通过简单方式完成的（例如，低于“水平 3”而高于“水平 2”的即为“水平 3-”），这种划分方式缺乏基于理论的基础和思考，因此尚不能简单地认为原有理论进阶框架的层级划分是准确无误的，还需进一步的分析和检验。

可以肯定的是，当前的问题结果空间与题目的匹配性仍存在较大提升空间。中间层级的题目出现了部分重叠的现象，而且题目难度的分布较为离散，题目（选项）不能清晰地按照问题结果空间的预期而被完全划分为 6 个认知水平。其中一方面的原因源于理论框架和问题结果空间无法对题目所代表的认知层级进行准确的判断和估计，另一方面也同时暗示需要对所选题目进行更进一步的调查和调整，尽量避免心理构造无关方差的干扰。

除“水平 3/3-”和“水平 4/4-”的问题外，图中还显示出“水平 1”和部分“水平 2”的题目对于八年级及以上的学生而言过于简单，中学阶段已基本没有样本处于进阶框架所设计的最低层级，为了能够更准确地描述学生对能量的认知活动，在下一轮实证研究的样本年级不变的前提下，学习进阶框架还需要对最低层级的设计进行修改。

总体而言，本研究所建立的原始“能量”进阶框架能够对学生关于“能量”的认知状态进行描述，对两极的认知层级具有相对良好的界定，与学生的实际情况较为相符，但对中间层级的界定相对较为模糊，还需在下一轮的实证研究前进行完善。另外，当前每一层级的题目难度分布并不均匀，题目数量较少，并且缺少对最高层级的覆盖，表明需要增添题目或对已有题目进行微调，最终形成能够完整、准确描述各个认知层级的测试试卷。本研究所采用的 Partial Credit Rasch Model 与试题、编码等匹配良好，能够最大限度地提升“能量”进阶框架对试题的使用效率，同时也提升了“能量”进阶框架的效度。

第六章 对“能量”进阶框架的调整与再检验

读者可以看到，在上一章的基础上，本章首先根据所得实证结果对进阶框架进行了修正，而后再次筛选能够反映“能量”心理构造的题目作为测试工具，并依据框架制订问题结果空间，最后通过选取样本、收集数据来对框架的有效性进行实证检验。

第一节 “能量”进阶框架的调整

经过预测试的检验，表明最初制订的“能量”进阶框架和题目能够将学生对“能量”概念的两极认知层级与其他层级进行区分，但对中间层级水平的划分还较为模糊，不够清晰，需要进行进一步的调整。

一、调整的依据

1. 对问题的分析和对策

通过对最初所建立的“能量”进阶框架的分析和反思，可以总结出以下主要原因：（1）理论方面。最初所建立的进阶框架是以描述学生认知的框架理论为依据，是现有文献中关于学生在“能量”概念中的典型迷思概念和典型思维方式相融合的产物，能够反映学生对“能量”概念在长时跨度上（如从小学到高中）的标志性认知阶段。这些阶段之间的变化更加符合认知框架的“顺应”的变化特征（质变），但无法准确反映从一个认知框架到另一个认知框架的中间过程（量变）。（2）题目方面。由于预测试期间没有对题目进行访谈研究，无法就题目是否反映了学生对“能量”概念的认知过程进行进一步的检验，因此需要在本轮研究中通过访谈来调整题目，如删除无效题目并增加新的题目。

本部分主要从前者（理论方面）来对“能量”进阶框架进行修正（对题目的修正见“题目的调整”）。由于本研究的目的不仅在于识别出这些标志性的认知水平，更要描述这些质变式的层级是如何通过量变的方式演化而成的，即描述出目前各个年级学生对“能量”概念的特征认知状态。因此，“能量”进阶框架需要从当前的实际出发，考虑教学活动中的重、难点问题，对其进行归纳和概括，并围绕进阶框架中的进阶变量进行组织和安排，使得所形成的进阶框架更能准确地反映和解释学生对“能量”的认知过程，为教学实践提供参考。

鉴于此，在本轮实证研究开展之前，首先对教材中相关内容的教学重、难点再次进行了文本分析，并且与一线教师和专家（含教科书编写者、物理学科教研员）进行了讨论，从学生认知发展的角度对中间层级和高级层级再次进行界定，形成调整后的“能量”进阶框架。

2. 调整的措施

通过对教材的文本分析以及与专家、一线教师和教研员的讨论可知，功的概念不仅涉及力，而且涉及在力作用方向上的距离；功在数值上有正负，但却没有方向性。这些特征使得学生在考虑功的概念时需要同时思考两个变量以及它们的共同效果，并且在理解功的物理意义时无法利用矢量的概念进行类比，甚至会因为矢量而造成理解的障碍。由此推知，虽然学生在用力和功解释能量的来源和转化时的推理方式类似，但功的概念会包含更多的内容知识，并且功作为“能量”的量度，与“能量”概念间的关系更为科学；相反，用力的概念来解释能量的转移和转化并不被认为是恰当的。

因此，决定将原始“能量”进阶框架中的“水平 3”拆分为“水平 3A”和“水平 3B”。“水平 3B”主要指学生将力作为解释“能量”来源和转化的原因，认为“能量”是力的作用效果的体现。结合教科书中的相关内容，在此阶段的学生在知识内容方面应对动能、重力势能具有定性的了解，知道“能量”在转化的过程中会产生热。与“水平 3B”相比，“水平 3A”阶段的学生同样采取机械推理方式，但将“能量”来源和转化的原因归结为物体做功，如“因为物体 A 对 B 做了功，所以 B 具有（增加）了能量”。此外，学生还对动能和势能有了定量的理解，知道用做功来解释能量的退降（和耗散）。

对“水平 4”的拆分。由于最初的“水平 4”强调站在机械系统的角度上分析能量的流入和流出，但通过专家和教师了解到：学生对系统的确定往往感到吃力，不知道该如何选择系统。因此，出于对结果效度的考虑，为了能够照顾到教学的实践需要，增强“能量”进阶框架的实践价值，将“水平 4”拆分为“水平 4B”和“水平 4A”。“水平 4A”基本保持了原“水平 4”的内容，而“水平 4B”则是指学生具有利用系统分析能量的意识，但还无法正确建立系统。“水平 4A”与“水平 4B”均强调学生已不再将“能量”看作事件发生的原因，而是看作判断事件可否发生的依据。

二、调整后的“能量”进阶框架

表 6-1 是调整后的“能量”进阶框架，可以看到，新的框架依次具有“水平 1”“水平 2”“水平 3B”“水平 3A”“水平 4B”“水平 4A”“水平 5”七个层级。虽然通过预研究看到“水平 1”的认知要求过低，但考虑到本轮实证研究中有处于八年级前（还未学习八年级知识）的学生参与测试，为了避免框架和题目无法覆盖测试样本的结果出现，因此暂时保留了“水平 1”这一层级。

表6-1　调整后的“能量”进阶框架

进阶变量		学生水平	具体表现				
推理方式	能量原理		能量的形式	能量的来源	能量的传递和转化	能量的退降	能量的守恒
利用系统认知能量	能量为判据	水平5	按照科学的定义表征相应的能量形式，如动能、势能、内能和电势能等	意识到能量是系统的一种属性；能在系统的角度上分析（有多种形式的能量参与的）系统的能量来源	从（有多种形式的能量参与的）系统的整体出发，考虑能量的流入与流出	意识到内能虽然可以参与能量守恒，但无法自发地转化为其他形式的能量，能量的转移和转化具有方向性，利用方向性判断系统活动能否发生	能够理解各种形式能量参与的能量守恒；将能量守恒（及条件）作为判断系统活动能否发生的依据
		水平4A	用动能、势能来描述机械系统的能量	站在系统角度分析机械系统的能量来源	从系统的角度分析机械系统能量的流入与流出	意识到内能不能参与机械能守恒，能量具有等级性	理解机械系统的能量守恒；只有摩擦力不做功的系统的机械能才守恒；用机械能守恒来判断系统的目标活动能否发生

续表

进阶变量		学生水平	具体表现				
推理方式	能量原理		能量的形式	能量的来源	能量的传递和转化	能量的退降	能量的守恒
		水平4B	用动能、势能来描述机械系统的能量	有站在系统角度上分析能量来源的意识	有从系统角度分析机械系统能量的流入与流出的意识，但不能完全正确地确定机械能守恒系统	意识到内能不能参与机械能守恒，但不能准确理解系统机械能守恒的条件	有用机械能守恒来判断系统目标活动能否发生的意识
利用因果推理认知能量	能量为因果	水平3A	定量地利用数学表达式描述动能、势能	意识到能量与物质的区别；用做功来解释能量的来源	能量通过做功进行转化，能够解释动能和势能间的转化	使用摩擦力做功来解释能量损失	—
		水平3B	能够区分力和能量；定性地认识到动能与速度有关，重力势能与高度有关，但不知具体形式；认识内能和机械能	用力来解释能量的来源	通过力来解释能量的转移和转化	使用摩擦力或阻力的概念来解释能量的损失，意识到能量在传递的过程中会以放热的方式减少	—
		水平2	与能量参与的活动的具体形式有关，无法区分力与能量	不再认为能量仅与生物有关，而是物质自身的属性，通过如运动和燃烧等形式显现出来	通过碰撞、流动或其他可由直接观察得出的理由来解释能量的转移和转化	意识到能量在传递时会产生热	—

续表

进阶变量		学生水平	具体表现				
推理方式	能量原理		能量的形式	能量的来源	能量的传递和转化	能量的退降	能量的守恒
		水平1	与人进行的具体活动有关	认为能量来源于食物，自身休息	人通过进食和休息获得能量，通过具体活动（如推或拉等）失去能量	失去的能量以汗水和热的方式释放出去	—

第二节 测试工具的调整

在“能量”进阶框架进行调整后，根据第一轮实证研究的结果，测试的题目也需进行相应调整，并且由于参与测试的样本比第一轮测试更加丰富，测试的内容也要有所扩充。因此，本部分对之前的题目进行了修订和扩充，并根据充分性效度的要求，针对题目的质量进行了访谈研究，以此来增强进阶框架对题目作答情况的解释的有效性。

一、测试内容

为了使得测试题目能够准确反映学生对“能量”概念的认识和理解，首先需要对学生关于“能量”知识的学习情况进行了解。本部分根据研究所涉及的“能量”概念的内容，结合课程标准以及学生样本所使用的物理教科书，对“能量”部分的教学内容进行了归纳，八年级前至高中阶段的知识内容如表 6-2 到表 6-4 所示。

表6-2 八年级前“能量”知识覆盖表

能量的来源	能量的形式	能量的转化转移	能量的退降	能量的守恒
有意识思考能量的存在性	知道能量具有不同的表现形式	知道不同形式之间的能量可以相互转化	认识在能量使用过程中总有一部分能量以其他形式浪费	有意识思考探寻能量的来源和去向
有意识探寻能量和力的区别	识别生活中常见的能量表现形式	认识日常生活中简单的能量转移转化过程		

表6-3 初中阶段“能量”知识覆盖表

能量的来源	能量的形式	能量的转化转移	能量的退降	能量的守恒
认识能量统一着自然界的各种运动形式	结合实例了解常见的能量存在形式	认识能量可以从一个物体转移到另一个物体，不同形式的能量可以相互转化	知道能量的转移和转化有一定方向性	知道能量守恒定律

续表

能量的来源	能量的形式	能量的转化转移	能量的退降	能量的守恒
认识能量与力是不同的概念，具有不同意义	用实例说明物体的动能、势能、机械量	结合实例，认识功的概念。知道做功的过程就是能量转化或转移的过程		列举生活中能量守恒的实例
	了解简单电路中电能及电磁现象中的能量	了解动能和势能的相互转化，结合实例说明机械能和其他形式能量转化的过程		有意识地用能量转化与守恒的观点来分析生活现象
	了解内能和热	从能量转化的角度认识常见的发电方式、电源和用电器		

表6-4 高中阶段“能量”知识覆盖表

能量的来源	能量的形式	能量的转化转移	能量的退降	能量的守恒
思考“能量是什么”的问题	了解自然界中存在多种形式的能量	用实例说明功是能量转化的量度，理解功和功率的概念	知道能量转移和转化的方向性	理解能量守恒定律，用能量守恒定律解释物理现象
认识能量与力、物质、运动的关系	定量描述物体的动能、势能、机械能	用功来定量描述能量转化过程	通过宏观过程方向性了解热力学第二定律	用机械能守恒定律分析各种物理过程和生活现象
理解“能量”从更深的层次统一着物体的运动和相互作用	理解电势能的概念	理解动能和动能定理，用动能定理解释生活中的现象		使用能量守恒定律讨论电磁场中能量转化过程
	理解内能的概念，认识温度是分子平均动能的标志	知道重力势能的变化与重力做功的关系		利用能量守恒定律分析复杂情境中的能量问题

二、测试题目

1. 单道题目的设计

选择题的设计依然采取预研究的方式，每个选项的设计都力图与“能量”进阶框架中的层级进行对应，但这种对应并非全部为一一对应的关系，而是在题目本身能够承载的范围内进行对应，如下例题所示（对认知水平的详细说明见问题结果空间）：

Trans5. 两个物块最初静止在光滑的水平面上，物块 A 的质量 m_A 小于物块 B 的质量 m_B。分别用相同的恒力 F 拉这两个物块，使它们均沿直线移动相同的距离 d（恒力 F 作用于整个过程中）。关于物块 A、B 均移动距离 d 后所具有的动能情况，下列说法正确的是（　　）。

A. 物块 A、B 的动能相同　　水平 3A

B. 质量小的物块动能大，因为它达到了更大的速度　　水平 3B

C. 质量大的物块动能大，因为它的质量大　　水平 2

D. 所给条件不够，无法判断，因为需要已知物块的真实质量才能比较动能大小　　水平 2

开放式笔答题目则可根据学生的回答情况，依据问题结果空间的相关评判标准来判断学生所处的认知层级，开放性题目能够较为全面地覆盖进阶框架的认知层级，具体如下例所示：

Nature3. “能量”是我们在物理学习中和生活中都经常使用的一个词，你对“能量”有怎么样的认识呢？请用一两句话写出你所认为的“能量”是什么。

水平 2：无法区分能量与力，将能量当作物体运动的原因；不能区分能量与物质；将能源和能量相混淆，如污染、不可再生等。

水平 3B：用力来解释能量，认为能量是力的作用效果的体现。

水平 3A：认为能量是物体做功的量度；因为有了能量，物体才会具有各种形式的运动。

水平 4A：能量不会消失，只会相互转化，可以用机械能守恒定律来判断系统内物体的运动能否发生。

水平 5：系统内的能量有流入和流出的变化，但能量的总量是守恒的；能量的转化具有方向性；能量的守恒定律和转化的方向性规律能够作为判别事件能否发生的依据。

以上便是对此题目答案的预判分类，依照问题结果空间将学生不同类别的回答进行归类。

2. 测验的整体设计

根据上述学生所学“能量”的内容，本研究针对修改后的“能量”进阶框架的需要，在原有题目的基础上进行了扩充（尤其以开放式笔答题为主），题目在各个年级的分布如表 6-5 所示（具体试题见附录 2）。

从表中可以看出，题目覆盖了“能量”概念的各个范畴，并且在组卷时根据不同年级教学目标的变化进行有所侧重的安排，使得试卷所考查的内容与学生所学内容更为一致，并且在两两年级之间设置了链接题。题目与预研究所出题目的风格一致，在满足“能量”进阶框架要求的前提下，尽量贴近教学活动中普遍遇到的情境与内容，不在题目情境上为学生表达对“能量”概念的理解设置过多的由心理构造无关方差导致的障碍。

表6-5　题目在各个年级的分布

题目	八年级	九年级	十年级	十一年级	十二年级
Nature1	√				
Nature3		√	√		
Form2	√	√			
Form3	√	√			
Form4	√	√			
Form5A	√	√			
Form5B	√	√			
Form6	√	√			
Form7		√	√		
Trans2	√	√			

续表

题目	八年级	九年级	十年级	十一年级	十二年级
Trans3	√	√			
Trans4		√	√		
Trans5			√		√
Trans6			√	√	√
Cons1	√	√	√	√	√
Cons3	√				
Cons4		√	√		
Cons5		√	√		
Cons6				√	
Cons7				√	
Degrad1	√				
Degrad2		√	√	√	√
Degrad3	√				
Degrad4		√	√	√	√

三、题目访谈提纲

根据充分性效度的要求，本部分对所设计的纸笔测验题目同时进行了访谈测试，目的在于检验所出题目是否真正考查出了“能量”进阶框架中所要求的认知和思维过程。为此，本研究设计了访谈提纲，并采取出声思考（think-aloud）的方式对各个年级的学生进行了随机访谈。访谈提纲如下所示：

访谈提纲

说明：将测试题目拿给学生进行充分阅读，在学生进行阅读和思考的过程中不做干预和引导，允许学生利用纸笔进行思考（但需根据纸笔内容对学生进行提问），当学生示意完成该道题目的作答后，访谈者对学生进行提问。注：每次只给学生一道问题，当对该问题的访谈结束后再进行下一题。

问题 1：对于这道题，你的解题思路是什么？

问题 2：你能对_____再具体解释一下吗？

或：你能解释一下_____词是什么意思吗？

或：当你说____时，你想表达的是什么意思呢？

问题 3：你还能用其他办法来回答这个问题吗？

如上所示，本研究所开发的访谈提纲尽量使用学生熟悉的词语进行提问，如“解题思路”等，避免因为被访谈者由于不理解访谈人的意图而影响访谈数据的质量。此外，由于时间和其他条件的限制，本研究仅对纸笔测试中的选择题进行访谈。这是因为对于开放题而言，能够通过学生的文字回答来分析学生的思维过程是否与题目最初的考查目标相一致。

第三节　问题结果空间的调整

随着对“能量”进阶框架和题目的修改，对问题结果空间也同样进行了调整。

一、调整的说明

出于对结构效度方面的考虑，为使所制订的评分标准能够准确地反映进阶框架的内容，邀请了具有一定经验的一线物理教师和本学科的研究生分别对照“能量”进阶框架和题目制订评分标准（含笔者在内共三人），然后对各个评分标准进行统一编码，进行定量的一致性检验。在编码的过程中，为了避免由于各位评分者的语言表达所造成的歧义，因此通过讨论的方式，首先由发起人对评分标准的逐条项目进行解释，其他成员在此基础上进行提问和讨论，最后对本人的评分标准进行编码。这一过程仅是为了消除语言歧义带来的编码误差，而不要求评分者改变对题目层级划分的原有观点。通过计算 Cronbach's Alpha 系数来定量评估由不同评分者所制订的问题结果空间的一致程度，结果为 0.92（具体结果见附录 5）。这一结果显示了评分者之间对题目所考查的认知水平具有较高的一致性。由于问题结果空间是根据进阶框架和题目制订的，因此也反映了进阶框架对各个层级的描述较为清晰，能够指导实践当中的操作；题目的各个选项也具有较好的区分性，对学生可能存在的行为具有准确的描述性，能按照理论框架对其进行归类。

尽管各个评分者所制订的问题结果空间具有较高的一致性，但仍有个别地方存在分歧，而对学生的作答情况只能根据同一个评分标准进行处理，因此，研究者又通过与专家、评分者进行讨论，对仍然存在分歧的地方进行协商，直到最终各方达成一致（问题结果空间中斜体字部分为经过讨论后达成一致的部分）。

二、调整后的问题结果空间

调整后的问题结果空间如表6-6所示，根据修改后的“能量”进阶框架，对每道题所反映的各个水平进行了表现型的描述，目的是为了能够和框架保持一致，成为框架在具体题目上的投影，方便评分者对学生的表现进行归类。

表6-6　调整后的问题结果空间

题号	编码说明				
	编码 A	编码 B	编码 C	编码 D	编码 E
Nature1	无法区分力与能量（水平 2）	知道力和能量是不同的概念（水平 3B）	无法区分力与能量（水平 2）		
Nature3	无法区分能量与力，将能量当作物体运动的原因；不能区分能量与物质；将能源和能量相混淆，如：污染、不可再生等（水平 2）	用力来解释能量，认为能量是力的作用效果的体现（水平 3B）	认为能量是物体做功的量度（水平 3A）	能量不会消失，只会相互转化，可以用机械能守恒定律来判断系统内物体的运动能否发生（水平 4A）	*系统内的能量有流入和流出的变化，但能量的总量是守恒的；能量的转化具有方向性；能量的守恒定律和转化的方向性规律能够作为判别事件能否发生的依据（水平 5）*
Form2	能量可通过运动的方式表现出来（水平 2）	非生物体不具有能量（水平 1）			
Form3	知道重力势能与物体的高度相关（水平 3B）	能量通过运动的方式显示出来（水平 2）	*不了解重力势能的概念（水平 2）*		

续表

题号	编码说明				
	编码 A	编码 B	编码 C	编码 D	编码 E
Form4	能量通过运动的方式显示出来（水平 2）	非生物体不具有能量（水平 1）			
Form5A	具有动能、重力势能。知道物体的重力势能与高度有关（水平 3B）	动能、热能。不了解重力势能的概念（水平 2）			
Form5B	动能、热能（水平 3B）	根据物体的外显特征和经验进行回答，如：运动能、动能、电能、燃烧能……（水平 2）			
Form6	采用简单的经验进行因果推理，如：①因为甲车比乙车高，行驶费劲，所以能量大；②乙车比甲车位置低，空气密度大，行驶更费劲（水平 2）	用力做原因来解释能量变化，如：①甲车位置高，空气稀薄，所受阻力小，所以需要的能量少；②乙车位置低，空气阻力大，所以需要的能量多（水平 3B）	能同时用重力势能和动能来定量地考虑物体的能量大小：甲车位置高，具有重力势能，而且与乙车速度一样，说明动能相同，因此甲车能量大（水平 3A）		
Form7	动能、内能、弹性势能；机械能和内能（水平 3A）	动能、机械能（水平 3B）	根据经验命名，如：发动机能（水平 2）		

续表

题号	编码说明				
	编码 A	编码 B	编码 C	编码 D	编码 E
Trans2	采用简单的因果推理，如：①因为甲车下坡，速度会变大，所以能量变大；②因为下坡，甲车的路程长，所以能量大（水平 2）	用力做原因来解释能量的变化，如：甲车因为下坡，省力，所以能量变大（水平 3B）	能够定量地用重力势能和动能来考虑问题中的能量大小，如：甲车位置变低，重力势能减小，而速度不变，所以总能量减少（水平 3A）		
Trans3	从表面特征描述能量的转化，如：①从汽油能到电能；②汽油能到动能；等等（水平 2）	知道内能的概念，如：从内能到动能。用力解释能量的转化，如：甲车在下坡时遇到阻力，摩擦生热（水平 3B）	知道重力势能和其他能量间的转化，如：甲车的重力势能转化为内能（热）。从做功的角度解释：甲车在下坡时克服摩擦阻力做功，动能转化为内能，而重力势能转化为动能（水平 3A）	从系统的角度思考能量转化，如：甲车初始状态（下坡前）的能量最后转化为甲车的动能，以及甲车和道路、空气等共有的内能（水平 4A）	
Trans4	从系统的角度分析能量的转化：汽车的动能变成了汽车、墙与地面的内能；机械能转为内能（水平 4A）	用力解释能量的转化，如：汽车与墙接触时产生了强大的力，汽车还要继续向前，就必须用动能来抵挡阻力，最后动能变为墙的热能（水平 3B）	简单因果推理，如：墙发生运动，所以汽车的动能转为墙的动能（水平 2）		

续表

题号	编码说明				
	编码 A	编码 B	编码 C	编码 D	编码 E
Trans5	用做功来解释物体能量的变化，理解对功的定义（水平 3A）	用力解释物体能量的变化，将能量看作力的作用效果的体现（水平 3B）	根据外显特征进行简单因果推理：因为质量大，而且施加的力相等，走的距离也相等，所以动能大（水平 2）		
Trans6	简单因果推理，根据题目中的外显特征进行思考，因为 P 车与 Q 车都运动，撞击比 R 车剧烈，所以转化的热更多（水平 2）	采用因果推理，用力来解释能量，P 车和 R 车在碰撞中所受的力相同，导致形变也相同，所以最后所具有的内能（热）也相同（水平 3B）	根据外显特征进行简单因果推理，汽车 R 与墙相撞，墙没有移动，最后能量还在 R 车上，所以比 P 车大（水平 2）	简单因果推理，没有找到足够外显的条件进行推理（水平 2）	
Cons1	对图像的外显特征进行直觉式简单推理（水平 2）	具备能量守恒的意识，但不能从系统的角度进行正确分析（水平 4B）	能从整体上运用能量守恒原理对系统进行分析（水平 4A）	用力解释物体的运动，从摩擦力的角度来解释物体的能量退降（水平 3B）	

续表

题号	编码说明				
	编码 A	编码 B	编码 C	编码 D	编码 E
Cons3	（1）还不能理解“下坡阶段速度保持不变”，只能将速度与外显的生活经验的因素联系，认为下坡速度就会变大，利用简单的因果推理：速度变大能量变大，所以不守恒。（2）因为甲、乙两车速度不变，所以能量不变（水平 2）	用力来解释能量的变化，如：甲车在下坡时阻力变大，能量减小（水平 3B）	（1）用做功来解释能量转化和退降，如：①甲车在下坡时要克服摩擦阻力做功，能量转化为内能；②乙车在行驶的过程中也要克服摩擦阻力做功，动能转化为内能。（2）同时定量地考虑重力势能和动能，如：甲车初始时具有动能和重力势能，但下坡时动能不变，而重力势能减小（水平 3A）	从系统的角度思考包含机械能与非机械能的能量守恒，如：在甲车与道路、空气组成的系统当中能量守恒，系统中甲车的重力势能转化为其他形式的能量（水平 5）	
Cons4	简单因果推理，如：①对，汽车停止，动能消失，墙仅移动了微小的距离，所以能量减少；②错，因为能量守恒，所以能量没减少（水平 2）	用力解释能量的变化，如：对，动能最后转化成了阻力（水平 3B）	通过具体的相互作用过程分析物体间的能量转化，如：车的动能转化成墙的动能和墙与车的热能，墙的热能最后转化为墙与地面的热能（水平 3A）	从系统角度分析能量的转化，如：由车、墙、地面以及空气所组成的系统，最初系统的动能转化为了内能（水平 4A）	

续表

题号	编码说明				
	编码 A	编码 B	编码 C	编码 D	编码 E
Cons5	简单的因果推理，如：①对，因为能量守恒，所以全部转化为墙的动能；②错，墙只移动了一点，所以只有一部分动能转化为墙的动能（水平 2）	用力来解释，如：①力的作用是相互的，所以汽车的动能没有完全转变成墙的动能；②汽车和墙都发生了形变，所以在汽车和墙上都有能量（水平 3B）	具有机械能的概念，如：汽车的部分机械能转化为了内能（水平 3A）	从系统的角度分析能量的转化，如：汽车的动能最终转化为墙、汽车和空气等共有的内能（水平 4A）	
Cons6	不理解机械能和守恒的概念（水平 2）	理解机械能守恒和守恒的条件（水平 4A）	不知道重力势能的概念，简单因果推理：因为匀速上升，所以机械能守恒（水平 2）	不知道重力势能的概念，简单因果推理：因为匀速下降，所以机械能守恒（水平 2）	
Cons7	知道重力势能和物体位置间的关系，重力势能减小（水平 3B）	知道动能和速度间的关系，重力势能和位置间的关系（水平 3A）	不理解重力势能的概念，通过经验等进行简单推理得出结果（水平 2）		
Degrad1	能量在传递的过程中会以放热的方式减少（水平 3B）	通过能量的形式来直观地认识能量的数量（水平 2）	不将热看作能量的一种形式（水平 2）		

续表

题号	编码说明				
	编码 A	编码 B	编码 C	编码 D	编码 E
Degrad2	不理解动能、势能、机械能概念，从图片中的外显信息（小球位置）进行推理（水平 2）	不理解机械能概念，但能用力来解释能量的变化，如：小球在运动过程中受到重力和空气阻力的影响，动能减小（水平 3B）	不理解动能、势能、机械能概念，从图片中的外显信息（小球位置）进行推理（水平 2）	*理解机械能，知道重力势能和位置有关，动能和速度有关，但用力解释小球动能的变化（水平 3B）*	
Degrad3	简单因果推理，如：因为动能不变，所以发动机不用工作（水平 2）	用摩擦力来解释为什么发动机一直需要运转，摩擦力会消耗动能（水平 3B）	用摩擦力做功来解释问题，如：汽车在行驶的过程中要克服空气阻力等做功，所以需要发动机运转（水平 3A）	从系统的角度考虑机械能守恒，如：由车和道路所组成的系统需克服摩擦阻力做功，机械能不守恒，为了维持汽车的动能不变，需要通过发动机将其他能量转化为车的动能（水平 4A）	
Degrad4	从经验出发，简单推理，如：①因为会有污染、能源再生需要很长时间；②能量的总量是有限的，所以要节约能源（水平 2）	能量在使用的过程中会以热的形式散失在空气中，不好将它们聚集到一起再用（水平 3B）	*能量转化时会有部分损失，不能 100% 地被利用，如在克服摩擦力做功时会损失能量，只能利用一部分能量（水平 3A）*	能量是有等级的，热是低等级的能量形式，不能自发地转化为机械能（水平 4A）	能量的传递具有方向性，物体所具有的内能不能自发地转化为人们需要利用的能量形式，而是需要消耗额外的可用能量（水平 5）

第四节 数据收集与分析

根据所制订的评分标准对样本的回答情况进行编码。由于人力有限，对开放问题的编码主要由研究者完成，同时要求另一评分者对随机抽选的100名样本（各年级随机抽选20名）的开放试题答案进行编码，然后与研究者的对应编码进行一致性检验，所得的Cronbach's Alpha系数为0.89，表明问题结果空间对学生回答情况的估计基本准确，研究者也能够根据问题结果空间对答案进行分类。而后采用Partial Credit Rasch Model作为测量模型对数据进行分析和处理，得到了一系列的定量结果。

本节主要从试卷能否体现“能量”进阶框架所包含的目标心理构造，题目和试卷的测量质量，实证结果与理论进阶框架间的符合程度，以及样本对“能量”的认知水平等几个方面来进行分析和说明。

一、研究样本

在第二轮实证研究中，选取北京市某区各个层次学校八年级到十二年级共1276人，其中样本的具体信息如表6-7所示：

表6-7 第二轮实证研究样本信息表

年级	八年级	九年级	十年级	十一年级	十二年级	总计
人数	267	258	274	250	227	1276

该区作为北京市的主要城区之一，在人口、经济等方面的贡献均具有重要地位，区内共有初中、高中共计80所，在校八年级到十二年级的中学生3万余人（信息来源：北京市统计信息网，其中学生总数为在校中学生总数减去七年级人数，七年级人数以年招收新生人数计）。本轮实证研究的样本从该区各个学校中随机抽选了不同层次的学校（如区级示范学校、市级示范学校等）11所，学生样本1276人，样本抽样率约为4%。样本的覆盖范围广，学生群体间的差异明显，具有较好的代表性。该区初中所用物理教科书为人教版，高中所用物理教科书为教科版。测

试时间为新学年初,学生还未学习本年级有关“能量”部分的内容。因此,样本的实际年级应为“八年级前”到“十一年级”。鉴于此，考虑到本次实证研究中没有十二年级学生参与，为了最大限度地利用测验机会，因此尽量减少了对最高层级“水平 5”进行测试的题目。

二、测试对“能量”心理构造的表征程度

测试能否反映出“能量”进阶框架中的“能量”心理构造，这直接关系到由测试所得的分数是否能够按照框架来对学生的认知行为进行描述和解释。Rasch 模型显示有 62.7% 的学生回答情况方差可以被模型所解释（具体结果见附录 5）。利用主成分分析法对除此之外的学生作答情况的残差(residuals)进行分析(图 6–1),结果显示最大的特征值为 1.6(小于 2)。因此从定量的角度看，认为测验能够反映出“能量”进阶框架中的心理构造[1]。换言之,目前还没有证据表明无效的方差具有特定的规则或包含着其他心理构造，如阅读能力等。

Table of STANDARDIZED RESIDUAL variance (in Eigenvalue units)

		-- Empirical --			Modeled
Total raw variance in observations	=	17.4	100.0%		100.0%
Raw variance explained by measures	=	10.9	62.7%		61.8%
Raw variance explained by persons	=	4.8	27.7%		27.1%
Raw Variance explained by items	=	6.1	35.0%		34.5%
Raw unexplained variance (total)	=	6.5	37.2%	100.0%	38.6%
Unexplned variance in 1st contrast	=	1.6	9.2%	24.6%	
Unexplned variance in 2nd contrast	=	1.5	8.6%	23.1%	
Unexplned variance in 3rd contrast	=	1.3	7.5%	20.0%	
Unexplned variance in 4th contrast	=	1.1	6.3%	16.9%	
Unexplned variance in 5th contrast	=	1.0	5.7%	15.4%	

图 6–1　“能量”心理构造单维性检验结果

三、测试题目的质量

本节分别从单个题目和整个试卷的角度，以效度理论为依据，采取定性和定量相结合的方法对测验的质量进行了分析。

1. 单个题目的质量

（1）题目质量的访谈研究

出于充分性效度的考虑，需要检验题目是否能够反映出“能量”心理构造所包含的内隐的过程性内容，因此需要对题目（尤其是选择题）

[1] LIU X. Using and developing measurement instruments in science education: A Rasch modeling approach [M]. Charlotte: Information Age Publishing, 2010.

进行访谈研究，让被访谈者通过出声思考（think-aloud）的方式表达出其在回答问题时的思考过程和想法，以此来判断题目是否真正考查出了“能量”心理构造的过程性内容。

研究者从各年级的测试样本中随机抽取了25名学生进行访谈。由于测验中大部分题目为开放式笔答题，而部分选择题为题组型测试题（如From1—Form4），都能从中获得足够的信息来判别学生的认知过程。因此，研究者从上述两类题目之外的剩余测验题目当中选取了3道充当链接题的选择题作为访谈任务，根据访谈提纲进行了访谈。研究者对访谈的结果进行了归纳汇总，具体结果如下所示。

问题1（Cons1）：请看下面一幅图，小球在一个光滑没有摩擦的轨道上从*A*点由静止自由释放，小球始终没有离开轨道，你认为小球最远可以滚到哪一点？（不提供选项）

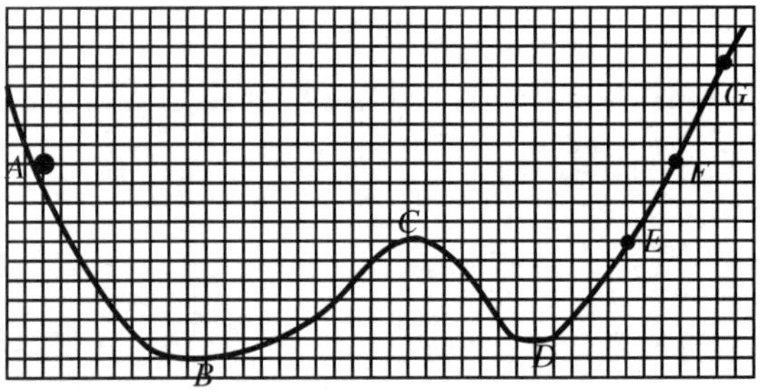

学生的回答可以分为以下几类：

①到*C*点，因为小球滑到*B*点后要上坡，上坡时小球会越来越慢，可能最多只能到*C*点。问：为什么小球不能通过*C*点？答：也许有可能滚到*D*点，因为在*C*点时可能还有一点点速度（或不可能，因为速度会变没；或是不知道原因）。问：为什么会有一点点速度（或为什么速度会变没）？答：因为轨道是斜的，所以肯定要消耗能量，但是可能本来很快的，所以还剩下那么一点（或我感觉应该会没有）。

具有此类回答的学生都是根据题目的外在信息（如“轨道是斜的”）或自己的感知（如“我感觉”），利用“能量是物体运动的原因”进行简单的因果（或直觉）推理来回答问题，因此属于“水平2”，与问题结果空间对该选项的描述一致。

②到 E 点，因为没有摩擦，能量守恒，所以小球能从 C 点滚到 E 点。问：为什么能量守恒？答：因为 C 点、E 点位置一样，又没有摩擦，所以能量守恒。问：为什么“位置一样”是能量守恒的条件呢？答：位置一样说明小球初、末的重力势能不变（并且都静止）。问：A 点和 F 点高度也一样，为什么能量不守恒？答：没注意到这两个点也一样。问：为什么没注意到？答：这个图形和平时的有点不一样，没太仔细看。

从这类学生的回答可以看出，学生实际已经理解了能量守恒定律的限制条件，并且也能利用它来预测小球的最终位置，但由于题中图形的影响，使得学生的判断产生了误差。但这种影响并不属于“能量”心理构造所涉及的范畴，虽然与“水平 4B”的要求相符，但实际是题目情境等造成的心理构造无关困难，因此学生的实际认知水平应为“水平 4A”。

③到 F 点，因为没有摩擦力，小球（机械能）能量守恒，A 点小球的能量等于 F 点小球的能量，所以小球可以到达 F 点。

从这类回答可以看出，学生具备了利用机械能守恒定律来判断小球位置的能力，与问题结果空间中的“水平 4A”相一致。

④到 G 点，因为轨道光滑无摩擦。问：为什么无摩擦就可以滚到无限远？答：牛顿第一定律，物体不受摩擦力的时候可以一直运动下去。

此类学生错误地将牛顿运动第一定律中“物体不受外力”对应为“物体不受摩擦力”，但学生已经具有了利用力和物理定律（即使是不恰当的）来分析问题的意识，因此属于“水平 3B”，与问题结果空间的判断相一致。

问题 2（Degrad2）：掉在水平地面上的弹性小球会弹起，而且弹起的高度会越来越低。右边图片是小球弹起的频闪照片，小球在 1、2 位置的高度一样。下列说法正确的是（　　）。

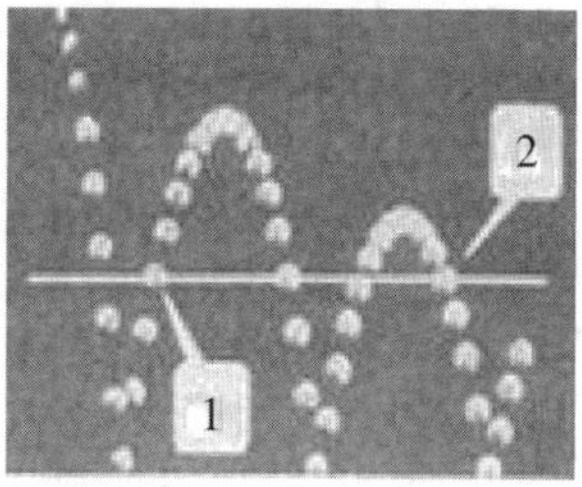

A. 1、2 位置的动能相同，2 位置的机械能较小

B. 1、2 位置的机械能相同，2 位置的动能较小

C. 1、2 位置的动能相同，机构能也相同

D. 2 位置的动能较小，机械能也较小

学生回答可以分为以下几类：

①选 A。1 和 2 位置的高度一样，所以动能相同；因为小球弹得越来越低，能量越来越少，所以 2 位置的机械能小。问：为什么高度相同，动能就相等呢？答:只有动能一样才能运动到相同的位置(或不知道)。问:为什么弹得低了能量就少？答：因为没能量了所以才弹得低。

此类学生不理解动能和机械能的概念，根据图片中小球的高度和弹跳轨迹等信息,利用“能量是物体运动的原因”为原理进行简单因果推理,属于框架中的“水平 2”，与问题结果空间中对这一选项的评判相一致。

②选 B。1、2 位置的高度一样，所以机械能相同；小球运动到 2 位置前与地面碰撞,而且在上升的过程中受到重力(和空气阻力),速度减小,所以动能也减小。问：为什么高度一样了，机械能就一样？答：老师（书上）说的（或“我记得是这样”）。问:小球上升的过程中动能去哪里了？答：被重力（摩擦力）消耗了。

此类学生不理解机械能的概念,用力来解释动能的变化情况,属于“水平 3B”，与问题结果空间中的判断相一致。

③选 C。1、2 位置的高度相同,所以能量也相同。问:哪些能量相同？答：动能和机械能。问：为什么高度相同了，动能和机械能就都能各自相等呢？答:只有能量相等了，高度才能相同（或我觉得是，或不知道）。问:什么是机械能？答:机械具有的能量,小球可以看作机械（或不知道）。

此类学生不理解机械能和动能，仅根据图片中外显的信息进行推断，而且使用简单因果推理的方式进行思考，属于“水平 2”，与问题结果空间给出的层级一致。

④选 D。小球经过与地面的碰撞，能量减少，上升的过程中还受到重力（和阻力）的影响，速度变小，所以动能减少；1、2 位置相同，重力势能相等，所以 2 位置的机械能较小。问：小球在上升的过程中动能哪里去了？答：被重力（空气阻力）消耗了（个别学生回答克服重力或空气阻力做功，转化为物体的重力势能或空气的内能）。

此类学生能理解机械能的概念，但大多数学生通过因果推理，仍然用力来解释动能的变化，属于“水平 3B”，与问题结果空间的预设相一致。说明：虽然个别学生利用功来解释能量的转化，但鉴于大多数被访谈学生的回答情况，因此最稳妥的方式仍是将本选项置于“水平 3B”上，并利用定量化的方式（如 MNSQ 值）来判断其可行性。

问题 3（Trans6）：一个汽车制造厂生产了某新型号汽车的一系列测试产品。两辆汽车 P 和 Q 具有相同质量，以相同大小的速度对撞，如图 1。第三辆汽车 R，与另两辆车具有相同质量，也以同样大小的速度撞向一堵足够牢固的墙，如图 2。在两种情况中，汽车碰撞后都停止下来。汽车 P 的动能转化为形变和热的能量（　　）。

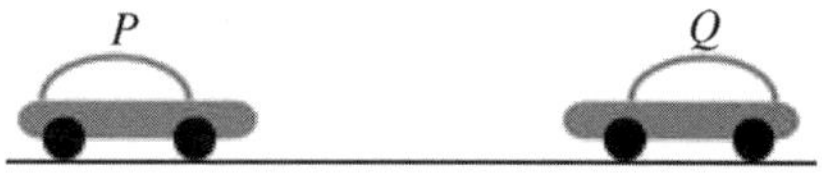

图1

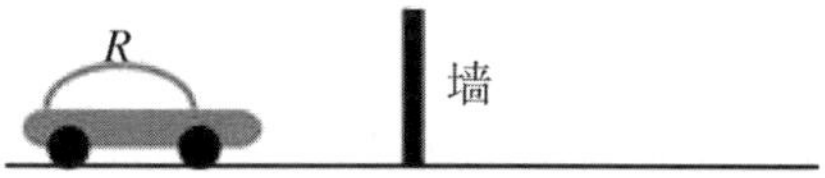

图2

A. 比汽车 R 的多

B. 与汽车 R 的相同

C. 比汽车 R 的少

D. 没有充足的条件，无法判断结果

学生回答可以分为以下几类：

①选 A。40% 的被访谈者认为：因为 P 和 Q 两车都有动能，最后两车都静止，两车的所有动能都转化成了它们共有的内能，所以 P 车最后获得的内能和原来的动能数量相等，但 R 车的动能转化成了它和墙共有的内能，R 车本身获得的内能肯定比 P 车少。问：那么 P 车的动能都转化成内能了吗？答：对。问：R 车的动能呢？答：也都转化成了内能。问：那么两车动能转化成的内能相等吗？答：相等，两车原来的动能一样，最后都停下来，都转化成内能。问：这道题目问的是什么？答：哦，看错了，应该选 B。问：是选项说的有问题吗？答：有点绕（之前类似的题目都是比较最后小车具有的内能之类的）。

此类学生能够分别将 P、Q 两车以及 R 车和墙当作整体（系统）来看（虽然没有说出“系统”这一名称），利用能量守恒定律来判断碰撞后能量的变化情况，属于“水平 4A”，与问题结果空间的判断相悖。

60% 的被访谈者认为：因为 P 和 Q 两辆车都有动能，能量多；而图 2 中只有 R 车有动能，能量少，所以最后 P 车转化的能量比 R 车多。问：为什么动能多的最后转化成的热就多？答：两辆运动的车碰撞肯定比撞墙的车激烈，变形肯定会更大（会爆炸得更厉害），所以最后转化得更多。

此类学生凭借可观察的外显因素和自己的经验、直觉，利用简单因果推理来思考问题，属于“水平 2”，与问题结果空间的判断一致。由此可见，该选项不能对应于单一的认知层级，重要的是造成这一结果的原因是由于该选项的文字叙述造成的，不属于“能量”心理构造的范畴，属于心理构造无关困难，因此应当对该选项（或题目）进行必要的处理。

②选 B。P 和 Q 两车碰撞的力与 R 车和墙碰撞的力相同，所以 P 车和 R 车的形变相同，转化成的热也相同。问：为什么碰撞的力相同，转化成的热就相同？答：因为形变相同。问：为什么形变相同，热就相同？答：形变需要消耗能量。

此类学生通过因果推理，利用力的作用效果来解释能量，属于“水平 3B”，与问题结果空间的评判一致。

③选 C。因为 R 车撞的是墙，和 P 车相比会更激烈，所以转化成的热更多。问：为什么 R 车比 P 车撞得更激烈？答：P 车撞的是墙，墙更硬（或 P、Q 两车在撞的一瞬间会刹车）。

此类学生同样采用简单因果推理的方式，根据自身的经验和直觉思考问题，属于“水平 2”，与问题结果空间的判断一致。

④选 D。没有足够的条件。问：需要什么样的条件才能判断？答：不知道（或测量一下两辆车碰撞后的温度）。

此类学生仍然属于“水平 2”，在题目中没有找到与自身经验对应的外显证据，使用简单因果推理，用温度来判断热，与问题结果空间的判断一致。

从以上对访谈结果的归纳汇总中可以推断，本轮研究中所选的题目基本能够体现“能量”心理构造中所包含的推理等过程性内容，但同时也暴露出了问题结果空间和部分题目所存在的问题，需要对问题结果空间和题目做相应的修改。根据访谈结果，将问题结果空间中（表 6-6）对题目 Cons1 的 B 选项编码从“水平 4B”调整为“水平 4A”，从而没有所选的题目能够对“水平 4A”和“水平 4B”进行区分，因此暂且将“水平 4A”命名为“水平 4”。对于题目 Trans6 而言，由于其他选项与理论预期一致，且对于 A 选项有超过一半的被访谈者对题意理解正确，考虑到访谈样本有限，随机误差难以避免，因此暂时不做修正，可由定量证据来对其质量进行综合判断。

（2）题目的拟合质量

为了衡量题目能够在多大程度上准确描述学生的“能量”心理构造，首先对题目的 infit 与 outfit MNSQ（Mean-Square）值进行分析（图 6-2）。从图中可以看出，本研究中题目的 infit MNSQ 值从 0.71 到 1.24，outfit MNSQ 值从 0.74 到 1.31。除 Cons1 外，其余题目的 infit 与 outfit MNSQ 值均在［0.7，1.3］的范围内。由于本研究的样本数量较多，为了更加准确地衡量模型与实际数据间的拟合质量，因此采用大样本情况下 MNSQ 值的判别条件进行估计。在大样本条件下，infit MNSQ 值应处于［0.7，$1+\frac{2}{\sqrt{N}}$］的范围内，而 outfit MNSQ 值则应分布在［0.7，$1+\frac{6}{\sqrt{N}}$］的区间内，N 为样本数[1]。具体到本研究内，若 infit 与 outfit MNSQ 值分别位于［0.7，1.09］，［0.7，1.17］范围内，则说明具有较好的拟合优度。鉴于此，除个别题目在单个指标上少量超出要求的范围外（如 Form4、Trans5 和 Degrad2 在 infit 方面少量超出范围），试卷总体质量可以接受。

［1］ SMITH R M, SCHUMACKER R E, BUSH M J. Using item mean squares to evaluate fit to the Rasch model［J］. Journal of Outcome Measurement, 1998, 2（1）: 66–78.

题目	MEASURE												INFIT		OUTFIT	
	Level 1	S.E	Level 2	S.E	Level 3B	S.E	Level 3A	S.E	Level 4	S.E	Mean	S.E	MNSQ	ZSTD	MNSQ	ZSTD
Nature1	—	—	-0.88	0.12	1.03	0.10	—	—	—	—	0.08	0.04	0.79	-1.30	0.88	-1.10
Nature3	—	—	0.15	0.02	1.93	0.05	2.35	0.30	3.49	0.28	1.98	0.05	0.98	-1.90	0.95	-1.10
Form2	-2.94	0.24	-1.18	0.09	—	—	—	—	—	—	-2.06	0.05	1.06	2.10	1.25	1.90
Form3	—	—	-0.61	0.02	1.86	0.13	—	—	—	—	0.63	0.11	0.98	1.40	0.74	1.80
Form4	-3.03	0.22	-1.16	0.09	—	—	—	—	—	—	-2.10	0.05	1.20	1.80	1.30	1.60
Form5A	—	—	-0.35	0.02	0.87	0.09	—	—	—	—	0.26	0.05	0.86	-1.80	0.89	-1.30
Form5B	—	—	0.26	0.06	0.82	0.07	—	—	—	—	0.54	0.05	0.71	-1.70	0.79	-1.50
Form6	—	—	0.17	0.01	1.78	0.11	2.72	0.37	—	—	1.56	0.05	0.99	-1.60	0.96	-1.40
Form7	—	—	-0.70	0.03	1.15	0.10	2.15	0.26	—	—	0.87	0.05	0.96	-1.70	0.95	-1.70
Trans2	—	—	-0.51	0.03	1.47	0.12	2.61	0.34	—	—	1.19	0.05	0.83	-1.40	0.82	-1.80
Trans3	—	—	0.42	0.05	1.35	0.09	—	—	3.28	0.33	1.68	0.05	0.77	-1.60	0.77	-1.30
Trans4	—	—	-0.24	0.16	1.16	0.02	—	—	3.82	0.25	1.58	0.06	0.84	-1.60	0.84	-1.50
Trans5	—	—	0.61	0.05	0.98	0.14	2.01	0.28	—	—	1.20	0.05	1.24	2.10	1.30	2.20
Trans6	—	—	-0.27	0.06	1.62	0.16	—	—	3.34	0.22	1.65	0.05	1.08	1.70	1.01	1.70
Cons1	—	—	-0.92	0.11	0.88	0.11	—	—	3.40	0.25	1.64	0.05	0.84	1.50	1.31	1.80
Cons3	—	—	0.01	0.02	1.71	0.10	2.99	0.11	—	—	1.43	0.05	0.98	-1.40	1.02	-1.20
Cons4	—	—	-0.02	0.03	2.01	0.07	3.05	0.31	3.91	0.31	2.14	0.05	1.04	-1.40	1.18	-1.90
Cons5	—	—	0.63	0.10	1.83	0.03	2.39	0.27	3.75	0.33	2.15	0.05	0.70	-1.90	0.84	-1.60
Cons6	—	—	-0.42	0.05	—	—	—	—	4.02	0.32	1.75	0.05	0.94	-0.40	0.99	0.00
Cons7	—	—	-0.53	0.05	1.68	0.16	2.52	0.32	—	—	1.32	0.05	1.02	1.87	1.01	1.35
Degrad1	—	—	0.34	0.04	1.25	0.27	—	—	—	—	0.87	0.05	1.07	1.90	0.94	1.60
Degrad2	—	—	0.52	0.11	1.74	0.06	2.25	0.23	—	—	2.00	0.04	1.14	2.30	1.17	2.20
Degrad3	—	—	-0.24	0.08	2.16	0.09	3.19	0.13	—	—	1.70	0.05	1.06	-1.80	0.95	-1.90
Degrad4	—	—	0.48	0.08	2.13	0.06	2.85	0.22	3.60	0.31	2.10	0.05	1.05	-1.40	1.27	-1.80
Mean	-2.99	0.23	-0.17	0.06	1.50	0.10	2.61	0.26	3.64	0.29	1.09	0.05	0.97	-0.14	1.01	-0.13

注：ZSTD 是指标准 t 值（Standardized t Value）。

图 6-2 题目拟合结果

2. 试卷整体的测量准确性

通过试卷所估计的学生对“能量”的认知水平的准确程度如何？这个问题同样影响着对学习进阶框架有效程度的判断，也同样影响着对样本所处水平的描述精度。为了回答这一问题，本研究利用信息函数（information function）的概念来分析题目和试卷在评估学生水平上的准确性。

信息函数的定义如下所示，其中 σ^2 代表题目对给定能力的估计方差，σ^2 越小，则 I 越大，表明题目对该认知水平的估计越准确。由于题目对认知水平的估计是连续的，因此信息函数在题目所估计的水平的范围内是一个连续变化的函数。研究者可以通过信息函数值 I 来确定题目对水平估计的方差值 σ^2。

$$I=\frac{1}{\sigma^2}$$

图 6-3 所显示的是各测试题目在学生认知水平区间内的信息函数，从图可以看出，各题目信息函数的最大值为 1 左右，而且分布较为连续和均匀，虽然单个题目对于学生水平（能力）的估计误差较大，但为测验整体的估计准确度奠定了良好的基础。图 6-4 为整个测验的信息函数，从图中可知，在 -1 到接近 +4 的区间内，测验对学生的水平（能力）估计的方差均控制在 0.2 以内，在 0 到 3 的范围内更是控制在 0.1 以内，表明测试对于学生水平的估计是准确的。

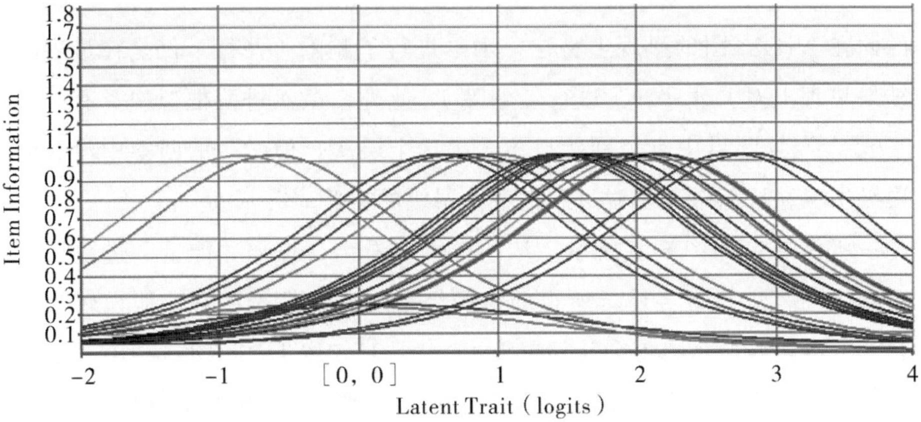

图 6-3 各测试题在学生认知水平区间内的信息函数

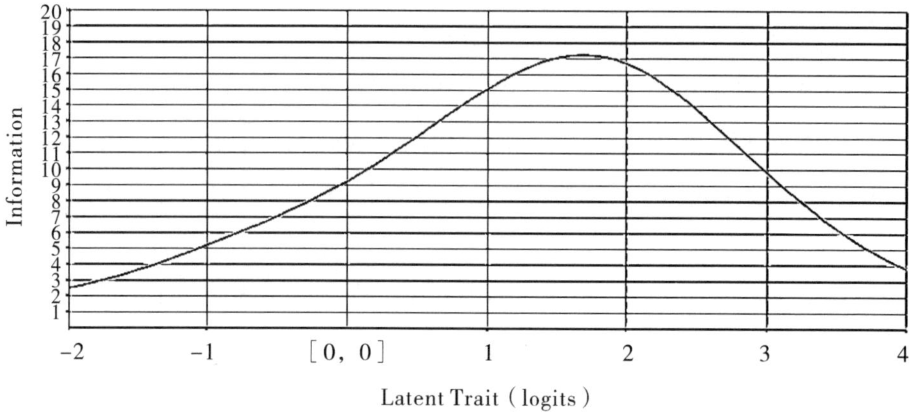

图 6-4 整体测验的信息函数

四、对“能量”进阶框架的实证有效性检验

在完成对题目和试卷质量的分析后，由于本轮实证研究中所采用的试题以及所组成的试卷能够反映出理论框架中关于“能量”认知的心理构造的内容和特点，并且对样本的认知水平的估计同样也较为准确，因此本部分基于以上题目所得的实证结果对“能量”进阶框架中认知层级的分布进行检验。

虽然本轮实证研究的样本中有对“能量”的理解处于八年级前水平的学生，但结果显示没有学生处在理论进阶框架中的“水平 1”阶段，说明该阶段对认知的要求过低，远低于小学高年级及以上学生的认知水平，因此在 Wright 图的呈现上将这一水平进行了删除（注意：仅是在最后的结果呈现上对“水平 1”进行了删除）。此外，虽然进阶框架中具有“水平 5”，而且题目中有个别题目覆盖了这个层次，但学生的回答中没有此层级出现，从而限制了对进阶框架该层级的检验。

所得结果如图 6-5 所示，从图中可以看出，按照“能量”进阶框架对学生回答进行分类后，所得的实证结果与进阶框架的理论假设较为符合，基本能够显示出 5 个认知层级（“水平 1”“水平 2”“水平 3B”“水平 3A”“水平 4”）。综合来看，总体上能够认为理论进阶框架对学生“能量”概念的认知状态的描述和解释与实际情况相符，具有实证有效性。但同时也需指出的是，“水平 3B”和“水平 3A”之间仍存在少量交叠情况，表明需要着重关注二者的界定或问题结果空间对题目答案的等级描述，在这些方面仍存在进一步提升的空间。“水平 4”所对应的题目相对偏少，虽然对学生估计的方差仍在 0.2 以内，但准确性亦仍有提升空间。最重要的是，本轮实证研究由于样本的限制，未能对框架中的“水平 5”给出实证检验，这些都需要在下一轮研究中进行改进和补充。

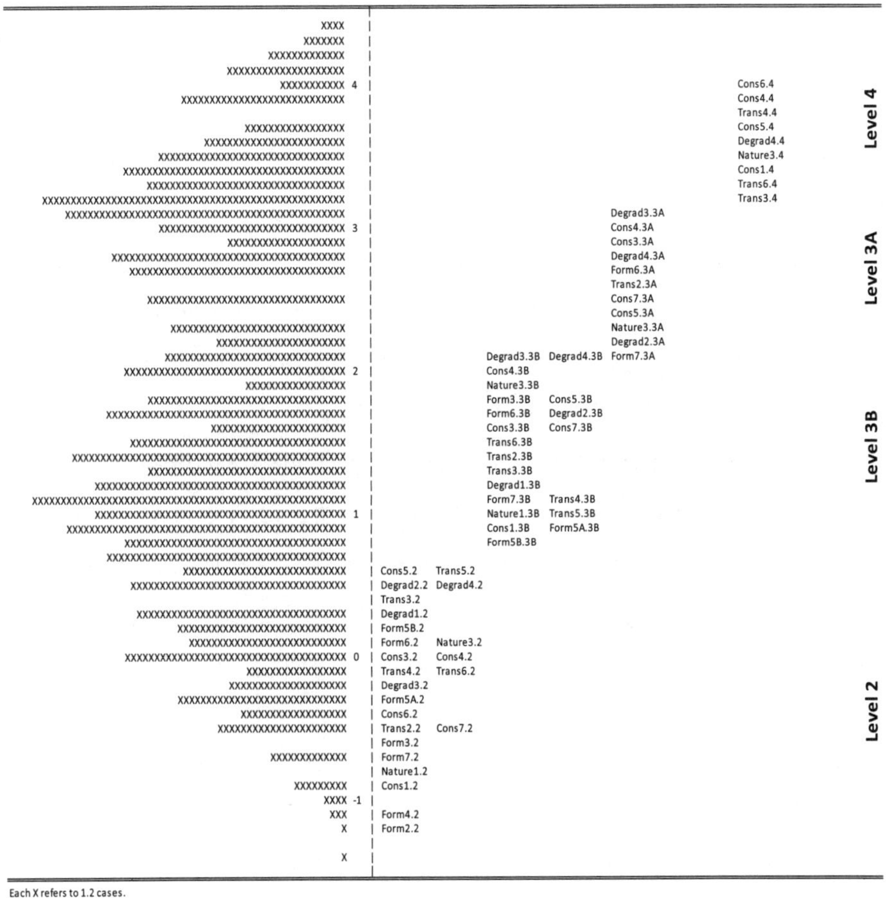

图 6-5　实证数据所得 Wright 图

五、对学生“能量”认知水平的说明

虽然本轮实证研究还未能完全检验“能量”进阶框架的有效性和准确性，但从上述结果可以看出，框架在“水平 2”到“水平 4”之间对学生的“能量”认知行为具有可靠的描述和解释力。由于学生的“能量”认知状态可能受到学校、教材、教学方式等因素的不同程度的影响，因此本研究首先对本轮参与实证调查的学生样本的认知状态进行说明，待第三轮实证调查完成后，便可获得对学生认知状态较为全面的认识。

本研究选取了八到十二年级的学生作为测试样本，但由于测试是在新学年开学初进行，学生实际还未学习本年级关于“能量”部分的知识内容，因此从“能量”的实际学习情况看，样本因分为八年级前（K—7）、八年级（Grd8）、九年级（Grd9）、十年级（Grd10）和十一年级（Grd11）五个阶段。需要说明的是，此处每个年级的样本均已完成了本年级内所有物理知识的学习。

通过对不同年级学生样本的认知水平的分布类型进行检验，结果表明五个年级的样本均符合正态分布（$sig._{min}=0.079>0.05$，非参数单样本K-S检验），且各年级的方差基本齐性（$sig._{(df1=4,\ df2=1271)}=0.43>0.05$，Levene test），采用正态曲线对各年级学生的认知水平分布情况进行拟合，结果如图6-6所示。图中左侧不同的曲线代表不同年级学生的分布情况，学生对“能量”的平均认知水平从八年级前至十一年级逐步上升。利用单因素方差分析（ANOVA）中的LSD法对各年级学生的原始Rasch估计值进行多重比较（multiple comparisons）可知，除八年级与九年级学生认知水平分布的差异较小外（$sig.=0.021<0.05$），其余年级学生间的差异相对较为显著（具体数据见附录5）。从平均水平来看，八年级前与八年级的水平差异最大，而八年级和九年级的认知水平最为接近。

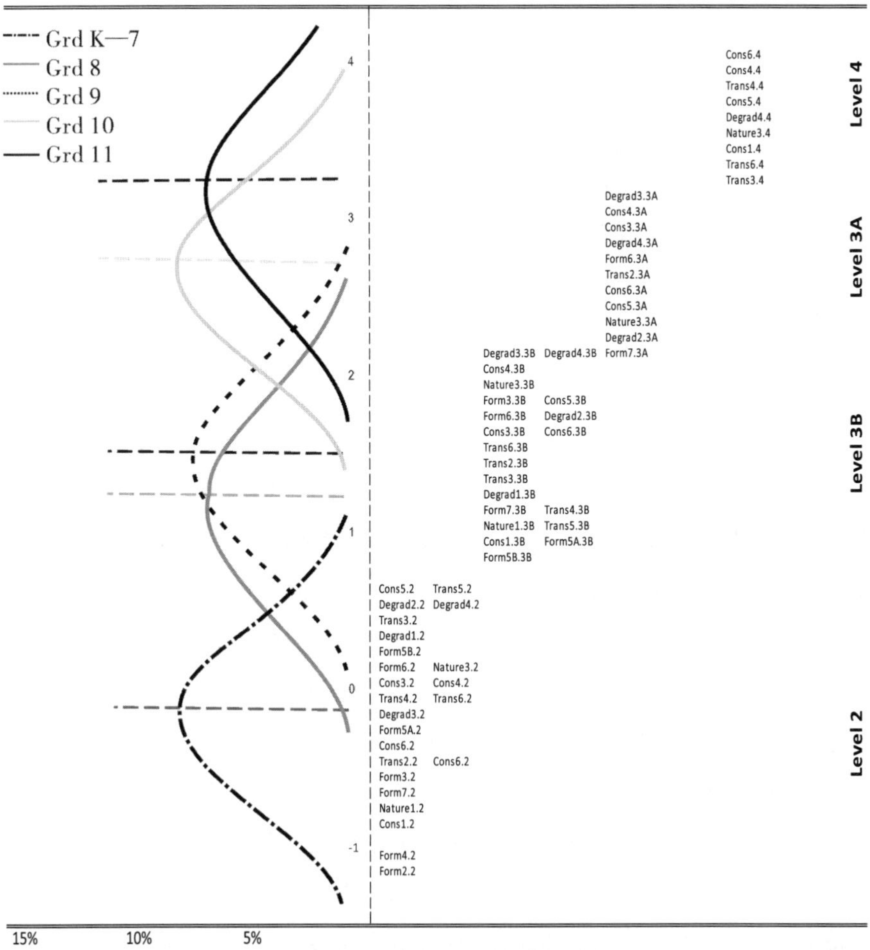

图 6-6　样本学生水平分布图

通过与右侧题目难度的比较可以看出，八年级前的学生水平总体处于“水平 2”阶段，即采用简单因果推理的方式来运用“能量”概念解释现象和思考问题，对“能量”的认识还局限于与日常生活经验和具体事物相联系的阶段。八年级学生由于已经学过力和能量部分的相关知识，原则上应该能够区分力与能量的不同，知道功的概念，并能够结合实例用做功来解释能量的转化过程，但从测试的实际情况可以看出，仍有近 30% 的学生根据事物外显可见的特征来对“能量”进行思考，另有 60% 左右的学生将能量与力相联系，认为能量是力的作用效果的一种体现方式，还不能正确理解力、功与能量间的关系，只有约 10% 的学生能够将功与能量的概念联系起来。

九年级，从教学要求上看，学生进一步学习了动能、势能和机械能的概念，并利用功的概念描述机械能之间的转化，并将机械功的概念进一步拓展到电学领域，加深和丰富了对功的认识，以及功、能关系间的理解程度。从实证数据可以看出，约三成的九年级学生达到教学要求，即利用物体做功来解释能量的来源、转化以及耗散等；但仍有超过一半的学生还无法分清力、功与能量间的关系。由此可见，虽然“水平 3B”与“水平 3A”的学生使用同一种因果推理模式（机械推理），但力与功两个概念在认知层面上表现出了明显的差异。

十年级进一步明确了功、能之间的关系（即功是能量的量度），要求学生掌握机械能守恒定律，知道能量的传递具有方向性等。在功、能关系不断深化的过程中，有超过 70% 的学生能够区分力、功和能的关系，学会用功来解释能量的转化，并且有 25% 左右的学生能够用机械能守恒定律来判断系统的能量流入与流出情况，用机械能守恒的条件来判断系统内事件是否具有发生的可能性。学生的思维逐步从以单个物体为分析对象转向站在系统的角度对能量进行认知。

十一年级的学生完成了对电、磁学部分内容的学习，通过电势能、焦耳定律以及电磁感应现象中能量的转化过程等拓展了对“能量”概念和“能量守恒”的理解。部分样本还从对机械能守恒的学习扩展到了理解能量守恒，并认识到能量的转移和转化具有方向性，甚至学习了热力学第二定律（教材与课标要求学生能够应用守恒定律处理较为复杂的系统中的能量问题）。在这些教学内容的促进下，学生对系统与能量间的关系有了更深入的认识和了解，逐渐掌握了如何划分系统，如何在系统内运用能量守恒定律来解释问题，并且将非机械能也纳入了思考的范畴中。十一年级的学生基本能够对力、功和能量进行明确的区分，有约 50% 的学生能够理解机械能守恒定律和守恒的条件，而且虽然没有学生在相应题目上表现出“水平 5”的认知水平，但已有部分学生的认知水平超出了“水平 4”的范畴。由于本次研究的题目所限（能够表征“水平 5”的题目过少），未能对更高水平进行检验，因此也无法对处于此认知水平的学生进行具体描述。这一问题留待下一轮实证研究再进行解决。

第七章 对“能量”进阶框架的微调与验证

前两轮的实证研究（第五、六章的内容）结果表明调整后的“能量”进阶框架的层级设计基本与学生的实际认知情况相一致，框架具有良好的效度。但是，由于测试样本和题目的局限（第二轮测试时间为2013年9月初，十二年级尚未学习相关课程，实际处于十一年级水平，因此在测试中基本没有包含与“水平5”相对应的题目），使得框架中的最高认知层级没有得到实证的检验。本章便针对这一问题，重点对框架中最高的认知层级进行检验，同时变换第二轮测验中的原有题目，检验“能量”进阶框架适用范围的可延拓性，从而进一步检查框架的有效程度。

第一节 “能量”进阶框架的微调

本节主要根据第二轮测试的结果对“能量”进阶框架进行必要的调整，在此基础上设计新的测试题目和问题结果空间，利用新样本的实证数据来检验调整后的框架的效度和质量。

一、调整说明

由于经修订的“能量”进阶框架在第二轮测试中表现良好，能够有效地描述学生对“能量”概念的认知活动，因此本轮研究中不做大的修改。鉴于第二轮测试中八年级前样本的认知水平均明显高于“水平 1”，本着充分利用测验题目来挖掘有意义信息的原则，本研究将进阶框架中的“水平 1”在此轮测验中直接删去，并在测验题目中不再出现与“水平 1”相关的题目。

此外，由于在第二轮测验中，根据访谈研究和对纸笔测试题目的归纳，能够区分“水平 4A”和“水平 4B”的题目极少。更重要的是，进阶框架中“水平 4B”与“水平 4A”的差别（是否能够熟练或正确地划分系统，是否熟练掌握机械能守恒的条件）并非本研究“能量”心理构造所关注的内容，而是更加倾向于问题解决的策略和技能等，属于心理构造无关方差，因此在本轮实证研究之前将“水平 4A”和“水平 4B”进行合并处理。

二、调整后的结果

调整后的“能量”进阶框架如表 7-1 所示，与第二次修订的框架（表 6-1）相比，区别在于将“水平 1”删除，并且将“水平 4A”和“水平 4B”重新合并为“水平 4”。

表7-1 调整后的“能量”进阶框架

进阶变量		学生水平	具体表现				
推理方式	能量原理		能量的形式	能量的来源	能量的传递和转化	能量的退降	能量的守恒
利用系统认知能量	能量为判据	水平5	按照科学的定义表征相应的能量形式，如动能、势能、内能和电势能等	意识到能量是系统的一种属性；在系统的角度上分析（有多种形式的能量参与的）系统的能量来源	从（有多种形式的能量参与的）系统的整体出发，考虑能量的流入与流出	意识到内能虽然可以参与能量守恒，但无法自发地转化为其他形式的能量，能量的转移和转化具有方向性，将方向性作为系统活动能否发生的判据	能够理解各种形式的能量参与的能量守恒；将能量守恒作为判断系统活动发生与否的判据
		水平4	用动能、势能来描述机械系统的能量	能够（或有意识地）站在系统角度分析机械系统的能量来源	能从系统的角度分析机械系统能量的流入与流出	意识到内能不能参与机械能守恒，能量具有等级性	理解机械系统的能量守恒；知道只有摩擦力不做功的系统机械能守恒，用机械能守恒来判断系统的目标活动能否发生

续表

进阶变量		学生水平	具体表现				
推理方式	能量原理		能量的形式	能量的来源	能量的传递和转化	能量的退降	能量的守恒
利用因果推理认知能量	能量为因果	水平3A	能够定量地利用数学表达式描述动能、势能	意识到能量与物质的差异；用做功来解释能量的来源	能量通过做功进行转化，能够解释动能和势能间的转化	使用摩擦力做功来解释能量损失的产生	—
		水平3B	能够区分力和能量；定性地认识到动能与速度有关，重力势能与高度有关，但不知具体形式；认识内能	用力来解释能量的来源	通过力来解释能量的转移和转化	使用摩擦力或阻力的概念来解释能量的损失，意识到能量在传递的过程中会以放热的方式减少	—
		水平2	与能量参与的活动的具体形式有关，无法区分力与能量	不再认为能量仅与生物有关，而是物质自身的属性，通过如运动和燃烧等形式显现出来	通过碰撞、流动或其他可由直接观察得出的理由来解释能量的转移和转化	意识到能量在传递时会产生热	—

第二节　测试工具的调整

由于本轮测试的主要目的在于检验框架中“水平 5”的实证有效性，以及整个框架对学生“能量”认知活动进行解释的适用范围的可延拓性，因此对测试题目需进行较大规模的调整。

在测试内容上，本轮测试中的样本与第二轮测试相比，虽然二者在所用教材的版本上不尽相同，但所涉及的知识点以及对知识点的要求则基本一致，因此本轮对各年级的测试内容与第二轮实证研究保持一致。

在测试题目上，本轮测试延续了第二轮测验中的题目的形式和设计理念，保留了质量较高的链接题目。不同之处在于，测试内容上，本轮测试中的测试题目增添了能够覆盖“能量”进阶框架中最高层级（“水平 5”）的题目；题目形式上，所添加的题目为开放性试题，使得研究者在获得学生答案的同时能够掌握学生用来得出结果的推理过程。由于本轮所增加的题目为开放性问答题，通过题目答案可以较为可靠地了解学生的思维活动和认知过程，因此本轮实证研究中将不再对样本进行访谈研究。

各个年级的测试题目的分布如表 7-2 所示。从中可以看出，各个年级间具有相当比例的链接题目，确保能够利用由测验所得的数据对各个年级学生的认知水平在同一个测量尺度上进行比较（具体题目详见附录 3）。

表7-2　各年级测试题目分布表

	八年级	九年级	十年级	十一年级	十二年级
Nature3		√	√	√	
Form1	√	√			
Form2	√	√			
Form3	√	√			
Form4	√	√			
Form5A	√	√			
Form5B	√	√			
Form6	√	√			

续表

	八年级	九年级	十年级	十一年级	十二年级
Form8			√	√	
Trans2	√	√			
Trans3	√	√			
Trans4	√	√	√	√	
Trans7		√	√	√	
Trans8			√	√	√
Trans9					√
Degrad2		√	√	√	√
Degrad3	√	√			
Degrad4		√	√	√	
Degrad5		√	√	√	√
Degrad6			√	√	√
Cons1	√	√	√	√	√
Cons3	√	√			
Cons4	√	√	√	√	
Cons5	√	√	√	√	
Cons7	√				
Cons8	√	√			
Cons9				√	√

第三节 问题结果空间的调整

根据最新的“能量”进阶框架，本研究对第三轮测验的题目制订了问题结果空间。由于“能量”进阶框架基本维持了原有内容和结构，并且保留了第二轮测验中相当数量的题目。因此本轮实证研究的问题结果空间是在第二轮研究的基础上完成的，主要聚焦在构建新增题目的问题结果空间。在制订的过程中同样依据了第二轮研究中的具体办法，要求两位评分者（含研究者）独立制订问题结果空间，通过计算 Cronbach's Alpha 系数来衡量问题结果空间的一致程度，结果为 0.94（具体结果见附录 5），说明由不同评分者所制订的问题结果空间高度一致。问题结果空间是根据进阶框架和题目制订的，表明进阶框架、题目和问题结果空间之间相互匹配，具有较高的结构效度。具体结果如表 7-3 所示（斜体部分为评分者对不同意见进行协商后的结果）。

表7-3 调整后的问题结果空间

题号	编码说明				
	编码 A	编码 B	编码 C	编码 D	编码 E
Nature3	无法区分能量与力，将能量当作物体运动的原因；不能区分能量与物质；将能源和能量相混淆，如：污染、不可再生等（水平 2）	用力来解释能量，认为能量是力的作用效果的体现（水平 3B）	认为能量是物体做功的量度；因为有了能量，物体才会具有各种形式的运动（水平 3A）	能量不会消失，只会相互转化，可以用机械能守恒定律来判断系统内物体的运动能否发生（水平 4）	*系统内的能量有流入和流出的变化，但能量的总量是守恒的；能量的转化具有方向性；能量的守恒定律和转化的方向性规律能够作为判别事件能否发生的依据（水平 5）*

续表

题号	编码说明				
	编码 A	编码 B	编码 C	编码 D	编码 E
Form1	将能量与具体的活动形式（弹簧压缩）联系起来（水平 2）				
Form2	能量可通过运动的方式表现出来（水平 2）				
Form3	知道重力势能与物体的高度相关（水平 3B）	能量通过运动的方式显示出来（水平 2）	*不了解重力势能的概念（水平 2）*		
Form4	能量通过运动的方式显示出来（水平 2）				
Form5A	具有动能、重力势能。知道物体的重力势能与高度有关（水平 3B）	动能、热能。不了解重力势能的概念（水平 2）			
Form5B	动能、热能（水平 3B）	根据物体的外显特征和经验进行回答，如：运动能、动能、电能、燃烧能……（水平 2）			
Form6	采用简单的经验进行因果推理，如：①因为甲车比乙车高，行驶费劲，所以能量大；②乙车比甲车位置低，空气密度大，行驶更费劲（水平 2）	用力来解释能量变化，如：①甲车位置高，空气稀薄，所受阻力小，所以需要的能量少；②乙车位置低，空气阻力大，所以需要的能量多（水平 3B）	能同时用重力势能和动能来定量地考虑物体的能量大小：甲车位置高，具有重力势能，而且与乙车速度一样，说明动能相同，因此甲车能量大（水平 3A）		

续表

题号	编码说明				
	编码 A	编码 B	编码 C	编码 D	编码 E
Form8	通过简单因果推理，利用个体经验或直觉，将能量的数量与直接观察的量相联系，如质量、体积和温度等。例如：冰和水的内能一样大，因为二者质量、温度都相同；水的分子平均动能大，因为水是流动的，冰是固态的；冰的分子平均势能大，因为冰坚固（或是采用算术法则得出）（水平 2）	通过因果推理的方式，利用抽象的物理原理（不正确的）进行部分推理。例如：冰和水的内能相同，因为物体的内能 $E=cmT$，冰与水的 c 相同，m 相同，温度也相同，所以内能相同；水的分子平均动能大，因为水分子在进行随机的运动，而冰分子是静止的（水平 3B）	通过因果推理的方式，利用正确的物理原理进行推理。例如：水的内能大，因为冰在融化变成水时需要吸热；冰和水的分子平均动能相等，因为分子平均动能仅与温度有关（二者温度相等），由于水的内能大于冰的内能，而且二者分子平均动能相等，所以水的分子平均势能大于冰（水平 3A）		
Trans2	采用简单的因果推理，如：①因为甲车下坡，速度会变大，所以能量变大；②因为下坡，甲车的路程长，所以能量大（水平 2）	用力来解释能量的变化，如：甲车因为下坡，省力，所以能量变大（水平 3B）	能够定量地用重力势能和动能来考虑问题中的能量大小，如：甲车位置变低，重力势能减小，而速度不变，所以总能量减少（水平 3A）		

续表

题号	编码说明				
	编码 A	编码 B	编码 C	编码 D	编码 E
Trans3	从表面特征描述能量的转化，如：①从汽油能到电能；②汽油能到动能；等等。（水平 2）	知道内能的概念，如：从内能到动能。用力解释能量的转化，如：甲车在下坡时遇到阻力，摩擦生热（水平 3B）	知道重力势能和其他能量间的转化，如：甲车的重力势能转化为内能（热）。从做功的角度解释，甲车在下坡时克服摩擦阻力做功，动能转化为内能，而重力势能转化为动能（水平 3A）	从系统的角度思考能量转化，如：甲车初始状态（下坡前）的能量最后转化为甲车的动能以及甲车和道路、空气等共有的内能（水平 4）	
Trans4	从系统的角度分析能量的转化：汽车的动能变成了汽车、墙与地面的内能；机械能转为内能（水平 4）	用力解释能量的转化，如：汽车与墙接触时产生了强大的力，汽车还要继续向前，就必须用动能来抵挡阻力，最后动能变为墙的热能（水平 3B）	简单因果推理，如：墙发生运动，所以汽车的动能转为墙的动能（水平 2）		
Trans7	*通过简单因果推理，将能量与物体的可观察的运动状况（如速度）联系在一起（水平 2）*	通过因果推理，根据物理原理（动能定理）对问题进行解答（水平 3A）	通过简单因果推理，将能量与物体的可观察的属性（如质量）联系在一起（水平 2）	简单因果推理，只能根据具体的可感知的对象进行推理（如具体的数字），无法利用抽象的符号进行推理（水平 2）	

续表

题号	编码说明				
	编码 A	编码 B	编码 C	编码 D	编码 E
Trans8	通过简单因果推理，利用生活经验等进行推理，如：①用电暖气（或空调）时电表走得慢，所以电暖气（或空调）更省电；②空调噪音大，所以费电 （水平 2）	通过因果推理，利用不恰当的物理概念或原理（如力）来解释，如：空调内部在运作过程中有摩擦（力），会造成能量的损耗，但电暖气则没有摩擦，所以电暖气省电 （水平 3B）	通过因果推理，（利用功）分析空调（电暖气）内部的能量转化过程和机制，以此来解释谁更费电，如：空调需要先将电能转化为机械能，然后再由机械能转化成热，这个过程空调内部的机械需要克服摩擦力做功，损失能量，而电暖气不需克服摩擦力做功，因此更省电 （水平 3A）	通过系统的概念，将能量当作判断事件能否发生（以及后果如何）的依据，利用热力学第二定律对系统进行推理，如：电暖气将电能转化为等量的内能，空调是从低温热源（室外）吸热后向高温热源（室内）输送热量，是逆循环，虽然需要做额外的功（能量传递的方向性），但效率大于 1，做功消耗的能量少于电暖气消耗的电能，所以省电 （水平 5）	

续表

题号	编码说明				
	编码 A	编码 B	编码 C	编码 D	编码 E
Trans9	通过简单因果推理，仅会按照 $W=Fs$，从题目中寻找对应的量进行简单计算，如：不知道，题目没告诉摩擦力大小和物体运动的路程（或位移）（水平 2）	通过因果推理，利用动能定理进行推理（水平 3A）	站在系统的角度，将能量当作判别工具，认识到系统的机械能不满足守恒条件，通过分析系统能量的初、末状态给出能量的去处，如：小物块和滑轨组成的系统能量不守恒，最后系统的机械能转化为内能（水平 4）		
Cons1	对图像的外显特征进行直觉式简单推理（水平 2）	具备能量守恒的意识，但不能从系统的角度进行正确分析（水平 4）	能从整体上运用能量守恒原理对系统进行分析（水平 4）	用力解释物体的运动，从摩擦力的角度来解释物体的能量退降（水平 3B）	

续表

题号	编码说明				
	编码 A	编码 B	编码 C	编码 D	编码 E
Cons3	（1）还不能理解“下坡阶段速度保持不变”，只能将速度与外显的生活经验的因素联系，认为下坡速度就会变大，利用简单的因果推理：速度变大能量变大，所以不守恒。（2）因为甲、乙两车速度不变，所以能量不变（水平 2）	用力来解释能量的变化，如：甲车在下坡时阻力变大，能量减小（水平 3B）	（1）用做功来解释能量转化和退降，如：①甲车在下坡时要克服摩擦阻力做功，能量转化为内能；②乙车在行驶的过程中也要克服摩擦阻力做功，动能转化为内能。（2）同时定量地考虑重力势能和动能，如：甲车初始时具有动能和重力势能，但下坡时动能不变，而重力势能减小（水平 3A）	从系统的角度思考包含机械能与非机械能的能量守恒，如：在甲车与道路、空气组成的系统当中能量守恒，系统中甲车的重力势能转化为其他形式的能量（水平 5）	
Cons4	简单因果推理，如：①对，汽车停止，动能消失，墙仅移动了微小的距离，所以能量减少；②错，因为能量守恒，所以能量没减少（水平 2）	用力解释能量的变化，如：对，动能最后转化成了阻力（水平 3B）	通过具体的相互作用过程分析物体间的能量转化，如：车的动能转化成墙的动能和墙与车的热能，墙的热能最后转化为墙与地面的热能（水平 3A）	从系统角度分析能量的转化，如：由车、墙、地面以及空气所组成的系统，最初的动能转化成了内能（水平 4）	

续表

题号	编码说明				
	编码 A	编码 B	编码 C	编码 D	编码 E
Cons5	简单的因果推理，如：①对，因为能量守恒，所以全部转化为墙的动能；②错，墙只移动了一点，所以只有一部分动能转化为墙的动能（水平 2）	用力来解释，如：①力的作用是相互的，所以汽车的动能没有完全转变成墙的动能；②汽车和墙都发生了形变，所以能量在汽车和墙上都有（水平 3B）	具有机械能的概念，如：汽车的部分机械能转化为了内能（水平 3A）	从系统的角度分析能量的转化，如：汽车的动能最终转化为墙、汽车和空气等共有的内能（水平 4）	
Cons7	知道重力势能和物体位置间的关系，重力势能减小（水平 3B）	知道动能和速度间的关系，重力势能和位置间的关系（水平 3A）	不知道重力势能的概念，通过经验等进行简单推理得出结果（水平 2）		
Cons8	通过简单因果推理，利用日常经验和语言进行思考，如：汽油使汽车运动，汽油就把能量全部传递给了汽车；人吃食物，能量就从食物传递到了人（水平 2）	通过因果推理，利用力的概念来解释能量的守恒过程（来源和转化），但没有将内能（热）纳入能量守恒当中的意识，如：有两个小球，一个运动，一个静止，运动的小球具有能量，通过碰撞使得静止的小球发生运动，从而把能量传递给静止的小球，碰撞前后的能量相等（水平 3B）	通过因果推理，利用功的概念来解释能量的守恒过程（来源和转化），没有将内能纳入能量守恒的意识，如：高处的物体具有重力势能，在下落的过程中重力做正功，物体的速度不断增加，则动能不断增加，重力势能不断减小，在落地瞬间物体的重力势能完全转化为动能，最初的重力势能和最后的动能相等（水平 3A）	将系统作为分析对象，知道机械能守恒的条件，利用机械能守恒原理来解释能量守恒，如：在没有摩擦力的系统里，体系内的势能和动能能够相互转化，而且能量的总量保持不变（水平 4）	将系统作为分析对象，知道能量守恒包括机械能和非机械能，知道能量的传递具有方向性，如：对于一个封闭系统，系统内部的能量始终是守恒的，电能、机械能等可以转化为系统的内能，但内能不能直接转化为其他形式的能量而不引起其他变化（水平 5）

续表

题号	编码说明				
	编码 A	编码 B	编码 C	编码 D	编码 E
Cons9	通过简单因果推理，利用经验直觉进行思考，如：线圈会阻碍磁体下落，因为能量守恒（不理解能量守恒的含义，仅将这一术语当作解释的原因）；线圈会阻碍磁体下落，因为有阻力；等等（水平 2）	通过因果推理，利用力的概念来解释，如：线圈会阻碍磁体的下落，因为线圈会产生与磁体相反的磁场，给磁体施加与运动方向相反的力（水平 3B）	通过因果推理，利用功来解释，如：线圈会阻碍磁体的下落，磁体在下落的过程中会激发线圈产生相反的磁场，磁体需要克服阻力做功，因此能量减少，与自由下落相比，速度变小（水平 3A）	利用系统概念，根据能量守恒定律，将能量当作分析事件能否发生的工具进行推理，如：线圈会阻碍磁体自由下落，因为磁体在接近线圈的过程中会在电路中产生电流，在磁体和线圈组成的系统里，磁体的机械能转化成了线圈的电能，导致磁体能量减少，速度相对减小（水平 5）	
Degrad2	不理解动能、势能、机械能概念，从图片中的外显信息（小球位置）进行推理（水平 2）	不理解机械能概念，用力来解释能量的变化，如：小球在运动过程中受到重力和空气阻力的影响，动能减小（水平 3B）	不理解动能、势能、机械能概念，从图片中的外显信息（小球位置）进行推理（水平 2）	*理解机械能，知道重力势能和位置有关，动能和速度有关，但用力解释小球动能的变化（水平 3B）*	

续表

题号	编码说明				
	编码 A	编码 B	编码 C	编码 D	编码 E
Degrad3	简单因果推理，如：因为动能不变，所以发动机不用工作 （水平 2）	用摩擦力来解释为什么发动机一直需要运转，摩擦力会消耗动能 （水平 3B）	用摩擦力做功来解释问题，如：汽车在行驶的过程中要克服空气阻力等做功，所以需要发动机运转 （水平 3A）	从系统的角度考虑机械能守恒，如：车与道路间有摩擦阻力，机械能不守恒，为了维持汽车的机械能不变，需要通过发动机将其他形式的能量转化为动能 （水平 4）	
Degrad4	从经验出发，简单推理，如：①因为会有污染，能源再生需要很长时间；②能量的总量是有限的，所以要节约能源 （水平 2）	能量在使用的过程中会以热的形式散失在空气中，不好将它们聚集到一起再用 （水平 3B）	*能量在转化时会有部分损失，不能100%地被利用，如在克服摩擦力做功时会损失能量，只能利用一部分能量* *（水平 3A）*	能量是有等级的，热是低等级的能量形式，不能自发地转化为机械能 （水平 4）	能量的传递具有方向性，物体所具有的内能不能自发地转化为人们需要利用的能量形式，而是需要消耗额外的可用能量 （水平 5）
Degrad5	通过简单因果推理，利用日常生活经验进行解释，如：曾经摸过打气时的气筒，它是热的 （水平 2）	通过因果推理，利用力来解释热的形成，如：打气时筒壁与活塞进行摩擦，而摩擦力导致了热的产生 （水平 3B）	通过因果推理，利用功、能关系进行解释，如：①人对气体所做的功转化为气体的内能，使温度升高；②活塞对筒壁的摩擦力所做的功转化为内能（热）；③筒壁对活塞的摩擦力所做的功转化为内能（热） （水平 3A）	利用系统的概念进行分析和解释，如：活塞和气体组成的系统可看作绝热系统，在绝热压缩过程中，人对气体所做的功转化为系统的内能，使温度升高 （水平 5）	

续表

题号	编码说明				
	编码 A	编码 B	编码 C	编码 D	编码 E
Degrad6	利用简单因果推理，根据日常经验等进行思考，如：可行，因为水在结冰时能够放热；不可行，因为海水降温会破坏生态环境（水平 2）	利用因果推理，根据不恰当的物理原理进行推理，如：可行，因为内能 $E=cm\Delta T$，海水质量巨大，如果 ΔT 为 0.1℃，将放出巨大的能量（水平 3A）	将能量当作分析事件能否发生的工具，利用热力学定律进行解释，如：不可行，不可能从单一热源吸收热量，使之完全变为功而不产生其他影响，在使海水降温的过程中会消耗大量其他形式的能量（水平 5）		

第四节 数据收集与分析

依照第二轮实证研究的流程，根据问题结构空间对样本的作答数据进行编码，利用计算机阅卷系统进行阅卷，由经过培训的一线教师和本学科的研究生共同完成，每道开放题目有两位评分者进行“背靠背”式的独立评分，在评分不一致的情况下由“仲裁者”进行仲裁。从评判的过程看，仲裁率大体控制在 10% 以内，表明问题结果空间对学生作答情况的预判相对准确。在对数据编码的基础上，采用 Partial Credit Rasch Model 对数据进行分析和处理，检验了测验对“能量”心理构造的表征程度，题目和试卷的测量质量、实证结果与修改后的“能量”进阶框架间的符合程度，以及样本对“能量”的认知发展水平。

一、研究样本

在第三轮实证研究中，由于上两轮实证研究对“能量”学习进阶框架进行了修订，使得框架的效度有了大幅的提升。本次研究除了继续对框架的效度进行检验外，还侧重于对样本学生关于“能量”概念认知状态的现状进行调查与测量。鉴于此，本次实证研究选取了北京市另一主要城区进行测试，该区共有中学 44 所，在校学生 28611 人（数据来源：北京市统计信息网，截至 2012 年）。本研究选取了该区八年级到十二年级的学生作为测试样本，共从 9 所中学中随机选出 2145 人，抽样率为 7.5%。9 所中学中共有市级示范校 3 所、区级示范校 3 所、普通学校 3 所。具体信息如表 7-4 所示。

表7-4 第三轮实证研究样本信息表

年级	八年级	九年级	十年级	十一年级	十二年级	总计
人数	401	415	445	449	435	2145

可以看出，本次测试所选样本分布均匀，样本容量大，为得出可靠结论奠定了良好基础。初中样本所用的物理教科书为北京课改版，高中

为教科版；测试时间为三月初，八年级、十年级学生还未学习“能量”知识，其余学生则已经学过相应年级的“能量”内容。

二、测试对“能量”心理构造的表征程度

测试能否反映出“能量”进阶框架中的“能量”心理构造，这直接关系到由测试所得的分数是否能够按照框架来对学生的认知行为进行描述和解释。利用 Partial Credit Rasch Model 模型对数据进行单维拟合，66.3% 的方差能够被模型所解释。之后利用主成分分析法对剩余的残差（residuals）进行分析（图 7-1），所得的最大特征值为 1.7，残差的分布呈现随机的态势（具体数据结果见附件 5）。因此从定量的角度看，在该模型内暂未发现第二个心理构造，即认为测验所反映出的心理构造为进阶框架中的“能量”心理构造[1]。

Table of STANDARDIZED RESIDUAL variance (in Eigenvalue units)

		-- Empirical --			Modeled
Total raw variance in observations	=	20.5	100.0%		100.0%
Raw variance explained by measures	=	13.6	66.3%		65.3%
Raw variance explained by persons	=	6.4	31.2%		30.1%
Raw Variance explained by items	=	7.2	35.1%		34.9%
Raw unexplained variance (total)	=	6.9	33.6%	100.0%	38.6%
Unexplned variance in 1st contrast	=	1.7	8.3%	24.6%	
Unexplned variance in 2nd contrast	=	1.5	7.3%	21.7%	
Unexplned variance in 3rd contrast	=	1.3	6.3%	18.8%	
Unexplned variance in 4th contrast	=	1.2	5.9%	17.4%	
Unexplned variance in 5th contrast	=	1.2	5.9%	17.4%	

图 7-1　“能量”心理构造单维性检验结果

三、测试题目的质量

1. 单个题目的质量

为了衡量题目能够在多大程度上准确描述学生的“能量”心理构造，首先对题目的 infit 与 outfit MNSQ（Mean-Square）值进行分析（图 7-2）。从图中可以看出，本研究中题目的 infit MNSQ 值从 0.78 到 1.37，outfit MNSQ 值从 0.70 到 1.27。由于本研究的样本数量较多，采用大样本情况下 MNSQ 值的判别条件进行估计：infit MNSQ 值应处于$[0.7, 1+\frac{2}{\sqrt{N}}]$的范围内，outfit MNSQ 值则应分布在$[0.7, 1+\frac{6}{\sqrt{N}}]$的区间内，$N$ 为样本数。具体到本轮测验，infit 与 outfit MNSQ 值则分别应位于［0.7，1.04］，［0.7，

［1］LIU X. Using and developing measurement instruments in science education: A Rasch modeling approach［M］. Charlotte: Information Age Publishing, 2010.

1.13］范围内。鉴于此，除少数题目在单个指标上少量超出要求的范围外（如 Degrad2、Degrad4、Trans3 和 Trans4 等在 infit 与 outfit 方面少量超出范围），试卷总体质量可以接受。由于样本过大，因此 ZSTD 指标不再考虑。此外，由于只有少量样本的认知水平达到“水平 5”，因此对这一层级题目难度估计的误差相对较大，虽然在定量方面的参考意义相对有限，但足以将这一认知水平与其他层级区分开来。

题目	MEASURES												INFIT		OUTFIT	
	Level2	S.E	Level 3B	S.E	Level 3A	S.E	Level 4	S.E	Level 5	S.E	Mean	S.E	MNSQ	ZSTD	MNSQ	ZSTD
Nature3	-1.28	0.02	0.79	0.05	1.58	0.05	3.00	0.05	4.18	0.55	1.02	0.05	1.01	-0.50	0.98	-0.30
Form1	-2.51	0.05	—	—	—	—	—	—	—	—	-2.51	0.05	0.98	-1.00	0.95	-0.80
Form2	-2.59	0.09	—	—	—	—	—	—	—	—	-2.59	0.05	0.84	-2.30	0.74	-2.00
Form3	-2.28	0.02	0.10	0.04	—	—	—	—	—	—	-1.09	0.04	0.80	-2.40	0.71	-1.60
Form4	-2.56	0.09	—	—	—	—	—	—	—	—	-2.56	0.05	0.85	-3.00	0.78	-2.80
Form5A	-1.76	0.02	-0.18	0.04	—	—	—	—	—	—	-0.97	0.05	0.78	-2.90	0.70	-2.90
Form5B	-1.32	0.06	-0.23	0.04	—	—	—	—	—	—	-0.77	0.05	0.79	-1.90	0.72	-2.00
Form6	-1.19	0.01	0.63	0.05	2.83	0.04	—	—	—	—	0.76	0.05	0.96	-2.30	0.92	-2.90
Form8	-1.20	0.04	1.05	0.05	3.25	0.05	—	—	—	—	1.04	0.05	0.87	-1.70	0.82	-1.40
Trans2	-1.96	0.03	0.34	0.04	1.86	0.05	—	—	—	—	0.08	0.05	1.07	2.40	1.06	2.10
Trans3	-1.14	0.05	0.15	0.04	1.77	0.04	2.92	0.05	—	—	0.93	0.05	1.10	2.20	1.23	2.60
Trans4	-1.63	0.04	-0.08	0.05	—	—	3.09	0.04	—	—	0.46	0.04	1.37	1.90	1.21	2.10
Trans7	-0.72	0.05	—	—	1.97	0.04	—	—	—	—	0.63	0.04	1.07	2.80	1.05	2.80
Trans8	-1.15	0.05	0.71	0.05	2.12	0.04	—	—	4.55	1.14	0.56	0.06	1.10	2.60	1.14	2.20
Trans9	-0.64	0.04	—	—	2.05	0.05	3.34	0.05	—	—	1.58	0.06	1.00	0.20	0.98	0.40
Cons1	-2.44	0.05	-0.14	0.05	—	—	2.96	0.04	—	—	0.13	0.04	1.01	0.70	1.02	0.60
Cons3	-1.52	0.02	0.48	0.04	1.69	0.05	—	—	3.92	0.65	0.22	0.05	1.01	0.40	0.99	0.70
Cons4	-1.43	0.03	0.92	0.05	1.73	0.05	3.21	0.05	—	—	1.11	0.05	0.96	-2.10	0.94	-1.90
Cons5	-0.82	0.04	0.06	0.05	1.48	0.05	3.15	0.05	—	—	0.97	0.05	1.08	4.00	1.07	2.50
Cons7	-1.88	0.05	0.40	0.04	1.63	0.04	—	—	—	—	0.05	0.05	1.03	1.40	1.02	0.60
Cons8	-2.19	0.05	0.21	0.05	2.23	0.04	3.29	0.04	4.05	0.65	0.89	0.04	1.02	0.70	1.04	1.20
Cons9	-1.05	0.05	1.13	0.05	2.34	0.05	—	—	4.42	0.91	0.81	0.04	1.07	3.00	1.12	3.30
Degrad2	-0.89	0.05	0.57	0.05	—	—	—	—	—	—	-0.16	0.04	1.19	2.30	1.26	2.10
Degrad3	-1.71	0.05	0.68	0.04	1.82	0.04	3.05	0.05	—	—	0.96	0.04	1.13	3.10	1.18	1.90
Degrad4	-0.92	0.05	0.74	0.05	1.54	0.04	3.24	0.04	3.97	0.65	1.15	0.04	1.04	-1.40	1.27	-1.80
Degrad5	-2.36	0.05	0.03	0.05	2.29	0.04	—	—	4.25	0.77	1.05	0.05	1.08	1.21	1.12	1.43
Degrad6	-1.39	0.05	—	—	2.18	0.05	—	—	4.37	0.82	1.72	0.04	0.98	-0.82	1.02	-0.98
Mean	-1.52	0.05	0.38	0.05	2.05	0.04	3.14	0.05	4.18	0.80	0.18	0.05	1.01	0.33	1.00	0.25

注：ZSTD 是指标准 t 值（Standardized t Value）。

图 7–2　题目拟合结果

2. 试卷整体的测量准确性

同样利用第二轮实证研究的方法，利用信息函数来分析题目和试卷在评估学生水平上的准确性。由于本轮测试中过半数题目与第二轮测验相同，所添加的题目主要为开放式题目，能够为推测学生的“能量”认知水平提供相对更为丰富的信息量，使得估计更为准确（信息函数最大值超过 20），因此不再呈现单个题目的信息函数图。图 7-3 为整个测验的信息函数，从图中可知，在从 -2 到 +5 的区间范围内，测验对学生“能量”认知水平的估计方差均控制在 0.4 以内，在 0.5 到 3.5 的范围内控制在 0.1 以内，说明测试对于学生认知水平的估计是相对准确的。

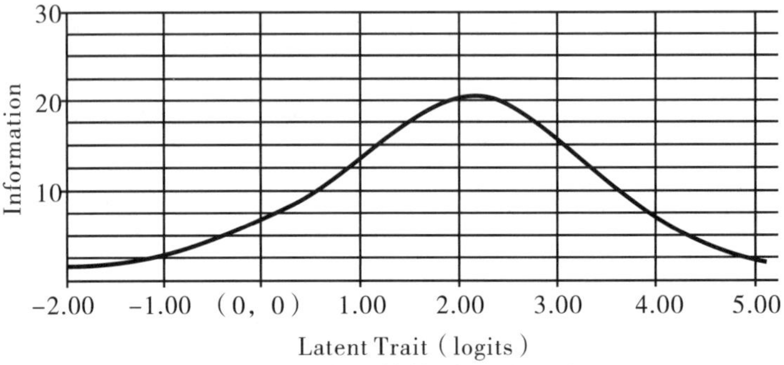

图 7-3　试卷整体的信息函数

3. 链接题的整体质量

由于各年级的学生样本在思维方式、知识储备方面有所差异，因此本研究根据各个年级学生所学的“能量”知识进行有区别的测试安排，为了能够将所得数据进行各年级之间的纵向比较，在每轮测试中的两两不同的试卷内插入了若干道链接题（锚题）。与此同时，第二、三轮测试还共享了绝大部分的链接题，链接题总数占第二轮测试题目数量的 75%，占第三次测验总题数的 66.7%。

鉴于此，链接题的质量直接决定着能否在同一轮测验内对各年级间样本的认知水平估计值进行纵向比较，能否通过理论层级与实证 Wright 图的比较来检验“能量”进阶框架的有效性，以及能否用同一进阶框架描述不同轮次的测验结果。因此需要对链接题的整体质量进行评估（单个链接题的质量评估方式与其他题目无异，均通过 infit 与 outfit MNSQ

值进行判断，此处主要对链接题形成的“链”的整体质量进行评测）。

“链”的整体质量主要依靠“链内拟合优度（Item within Link Fit）”与“链间拟合优度（Item Between Link Fit）两个指标来衡量[1, 2]。链内拟合优度的具体计算方式如下所示：

$$IWL=\frac{\sum_{i=1}^{L}(INFIT_{ij}+INFIT_{ik})}{2L}$$

其中，L 代表链内的题目数量，$INFIT_{ij}$ 表示题目 i 在试卷 j 中的 infit MNSQ 值，$INFIT_{ik}$ 代表题目 i 在试卷 k 中的 infit MNSQ 值。链内项目拟合假设链内所有题目应该具有理想的拟合优度，因此 IWL 的理想数值为 1。链间拟合优度中由于涉及题目难度估计值的标准误差（Standard Error, S.E），而该值受样本数量的影响极其显著[3]，由于本研究中第二、三轮测验中样本数量远超过 500，因此链间拟合优度已不能准确地对“链”的整体质量做出恰当的判断[4]。鉴于此，采取线性拟合的方式来检验链接题在两次测验中的表现情况[5]。

本研究中所选用的链接题既是每轮测验中各个年级的链接题，也是两次测验间的链接题，因此利用各个题目在两次测验中的参数估计值进行检验。根据图 6-2 和图 7-2 中的相关数据，计算可得链接题目“链”的链内拟合优度为 0.974，和理想状态的拟合优度仅相差约 3%，说明所选的链接题目在测验中与模型具有良好的匹配性。同时，对第二次和第三次测验中共有的链接题目的难度值进行线性拟合（图 7-4），结果显示共有题目在两轮测验中的表现相对稳定，二者高度线性相关（R^2=0.88，卡方检验显著性水平 sig.<0.001，具体拟合信息见附录 5），且斜率为 1，链接题目在两次测验中的难度值较为均匀地沿直线分布，在两次测验中的估计值仅相差常数（1.06），说明链接题目的总体质量稳定。以上表明第二、三

[1] LIU X. Using and developing measurement instruments in science education: A Rasch modeling approach [M]. Charlotte: Information Age Publishing, 2010.

[2] 韦斯林. 应用Rasch模型构建基于计算机建模的中学生物质结构认知测量的研究 [D].上海：华东师范大学，2011.

[3] LINACRE J M. Winsteps manual [J]. Chicago: Winsteps, 2002.

[4] WRIGHT B D, STONE M H. Measurement essentials [M]. Wilmington: Wide Range Inc, 1999: 221.

[5] 同 [1].

次测验所反映的是同一个心理构造，均能够用“能量”进阶框架进行解释。

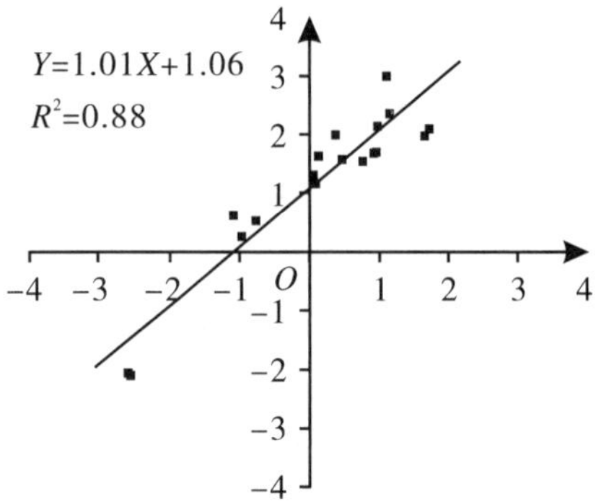

图 7-4 线性拟合图

四、对“能量”进阶框架实证有效性的检验

根据上述的定量研究结果，本轮测验题目和试卷能够与理论框架中关于“能量”心理构造的内容相对应，题目与模型的拟合质量良好，对学生认知水平的估计相对准确。鉴于此，所得的实证数据能够对理论框架中“能量”心理构造的层级结构进行检验。

本轮实证研究开始于春季学期初，十一年级样本在完成“机械能守恒定律”（必修 2）学习的基础上又在十一年级上学期学习了电学部分的知识，十二年级样本则基本完成了高中阶段涉及“能量”部分的全部知识（除近代物理部分，本研究不涉及）。由此可以看出，相比于第二轮测验，本次实证研究有对理论框架的最高层级进行检验的基础和条件。

根据实证数据所得的 Wright 图（图 7-5），可以认为理论框架中对“能量”心理构造的层级假设与学生的实际认知情况相互一致，即框架中的认知层级（“水平 2”到“水平 5”）反映了学生认知“能量”概念时的真实状态，表明进阶框架具有实证有效性。在第二轮测验的基础上，通过对理论框架和问题结果空间的调整，“水平 3B”“水平 3A”以及其他认知层级间不再出现相互交叠的情况，使得框架的有效性在第二轮的基础上又有了进一步的提升。虽然只有个别学生处在“水平 5”的认知层级，但由于覆盖该层级的题目均为开放性问题，相对选择题具有更高的测量准度和效度，因此题目的拟合参数基本良好，对处于该层级的学生认知层级的估计误差也在可接受范围内（估计值的方差在 0.4 以内）。

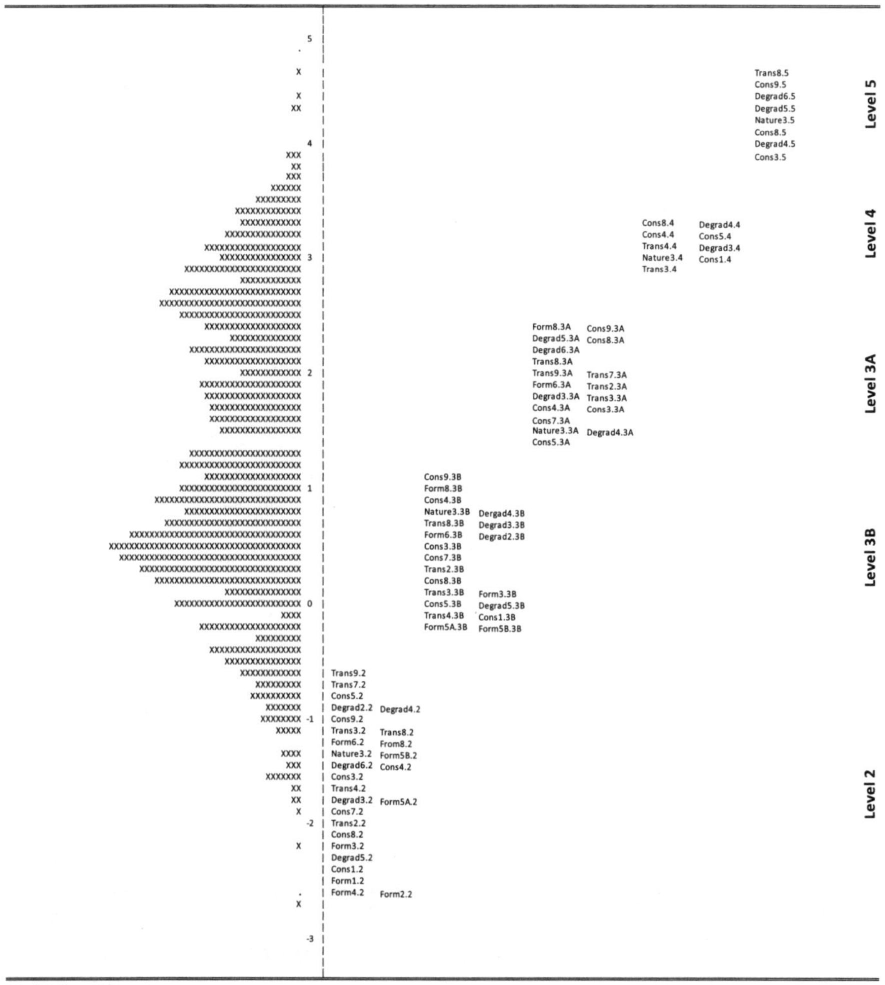

Each X refers to 1.9 cases

图 7–5　实证数据所得 Wright 图

五、对学生“能量”认知水平的说明

本轮调查所选的样本仍为八年级到十二年级的在校学生，虽然八年级样本的教学进度仍然没有涉及“能量”部分的内容，但在上一个学期已经接触了物理知识，具备了一定的物理基础（如常见的运动，质量和密度，运动和力，浮力与压强）；类似地，十年级的学生虽然尚未系统学习机械能守恒定律的内容，但对运动、相互作用和牛顿运动定律等已经具有了一定的认识，因此本轮测试的结果无法与上轮测试的结果进行简单的直接比较。

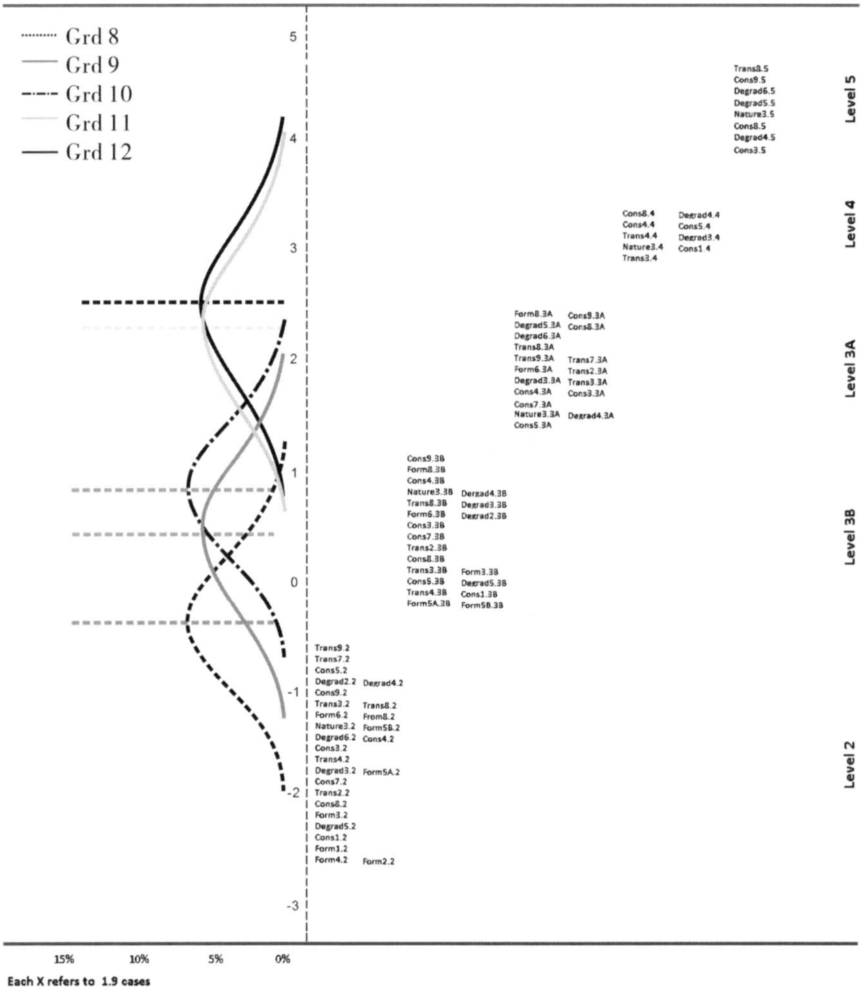

图 7-6 样本学生水平分布图

图 7-6 为各年级学生对“能量”概念的认知水平分布图。通过分别对各年级样本的认知水平进行分布类型检验，结果显示五个年级的样本均符合正态分布（非参数单样本 K-S 检验，$sig._{min}$=0.09>0.05），于是利用正态曲线对各年级学生的认知水平分布情况进行拟合（如图 7-6 左半部分所示），不同的曲线代表不同年级学生的分布情况，结果显示学生对“能量”的整体认知水平从八年级至十二年级逐步上升。各年级样本认知水平分布的方差齐性（$sig._{(df1=4,\ df2=2140)}$=0.121>0.05，Levene test），于是利用单因素方差分析（ANOVA）中的 LSD 法对各年级样本的实际认知

水平分布（Rasch 原始估计值）进行多重比较，可知：八年级与九年级的分布差异显著（$sig.=0.012<0.05$）；九年级与十年级的分布具有差异性（$sig.=0.031<0.05$）；十年级与十一年级分布的差异极其显著（$sig.<0.001$）；十一年级与十二年级间则没有呈现出显著性差异（$sig.=0.26>0.05$）。从各年级样本的平均水平看，八年级与九年级认知水平的整体性差异最大，十一年级与十二年级的认知水平最为接近（具体数据见附录 5）。

八年级的学生半数处于“水平 2”，半数处于“水平 3B”，整体呈现出从“水平 2”向“水平 3B”迈进的态势。具体而言，八年级近二分之一的样本在思考与“能量”有关的问题时，仍然倾向于采用简单因果推理的方式，将“能量”和日常的生活经验或具体事物联系起来；另一半学生则能够将力与能量进行区分，但认为能量是力作用的结果（或效果），用力来解释能量的转移和转化。本次测试的八年级样本已经学完了关于力和运动等的知识，但测试结果显示只有半数的学生开始尝试利用已学的抽象物理概念来进行思考和解释问题。

九年级的绝大部分学生位于“水平 3B”，约 20% 学生仍处于“水平 2”。九年级的测试样本已经了解了功、机械能和内能的概念，知道功是能量的量度，并已就如何计算功和功的原理进行了着重的学习与练习。但这与测试所显示出的结果并不吻合，即学生尚不能将功看作能够解释事件（或现象）发生机制的物理量，无法用功来解释能量的转移和转化的机制。相反，大部分学生仍然使用力来解释能量是如何转化和转移的。这可能与本次测试的时间有关，由于处于春季学期初，样本正在学习相关知识，各学校间的教学进度难免不同，而且学生也需要相应时间对知识进行消化和吸收，从而造成以上结果。

十年级学生的认知水平分布情况与九年级相类似（尽管 T 检验显示二者的分布具有差异性），约 60% 的学生处于“水平 3B”的认知状态，超 30% 的学生开始向“水平 3A”的方向发展。由于本次测试的时间处在开学初期，十年级（必修 2）关于机械能守恒的内容作为教材最后一章，按教学进度在学期接近结束时方能进行。因此，十年级样本在“能量”部分的知识储备与完成九年级学习的学生基本没有差异，唯一的区别在于十年级学生已在上学期完成了对运动、力和相互作用，以及牛顿运动定律的系统学习，对物理学的内容有了相对更深刻的理解。但从测试的结果可以看出，运动与力学知识的学习对于“能量”概念的理解帮助有限，较为明显的是十年级样本中基本不存在利用日常经验等来对“能量”进行思考的学生，学生已能够将“能量”从日常词汇归入科学词汇，开始利用物理学中的概念和原理（如力和牛顿运动定律等）来思考“能量”问题（即使未与恰当的概念或原理联系起来）。此外，与九年级样本相比，十年级样本中有更多的学生向“水平 3A”发展，这可能是九年级阶段对功、能关系的再次强调（如中考复习等）而形成的结果。

十一年级的样本基本脱离了将力与能量联系在一起的“水平 3B”，超过 70% 的学生处在“水平 3A”，能够将功的概念与能量联系起来，用做功来解释能量的传递和转化等；约 20% 的学生达到了“水平 4”，即能够站在系统的角度，将能量当作分析系统的工具（即能量是系统特有的指标），利用机械能守恒定律来对系统内的各种（事件的）可能性做出判断。知识方面，十一年级的样本不仅完成了对机械能守恒内容的学习，而且还在电、磁部分内容的学习中了解了其他形式的能量和与能量相关的定律（如电势能、焦耳定律等），加深了对能量内容的认识和理解。但即便如此，大部分学生还是未能将能量与系统联系起来，还是从事件发生的机制出发来思考物理问题，尚未能够站在相对整体和宏观的角度，用能量来刻画和表征系统初、末状态的变化，从而对系统的各种可能性进行判断。

十二年级样本的认知水平分布与十一年级无显著性区别。虽然即将完成对整个高中阶段物理内容的学习，但十二年级学生对能量的认知水平却并未得到应有的发展，不仅无法站在系统的角度认知能量，对于“能量的转移和转化具有方向性”也仅是极少数人有较为准确的了解，且尚不能熟练地用其分析和解释日常问题（例如为何不能通过给海水降温获取能源等）。十二年级学生对于能量部分的知识储备与十一年级学生无异，一是十二年级学生尚未开始总复习，还未将能量守恒扩展到有电势能、内能（或焦耳热）参与的系统当中；更重要的是，由于受模块化学习和高考的影响（选修 3-3 中的热学部分内容不是高考重点），各学校普遍只对所涉及的考点进行简单介绍，从而造成了学生能量知识结构的缺陷。因此，学生无法利用这些知识对能量进行深入的理解，认识到能量是系统所具有的特殊属性，主要作为分析系统内事件发生的可能性的工具，而非用来解释事件的发生机制。

第八章　具有实证有效性的“能量”进阶框架

读者在本章可以看到，通过对“能量”进阶框架的理论建构和循环反馈式的实证研究，得到了能够较为准确描述学生“能量”概念认知发展的学习进阶框架，并对学生所处的认知水平进行了详细说明。

第一节 最终形成的“能量”进阶框架

经过三轮的实证调查，本研究以最初建构的理论进阶框架为起点，经过逐步的修正和完善，最终在物理学科范围内形成了能够描述中学生“能量”概念认知发展的学习进阶框架，结构如图 8-1 所示。本研究以学生的认知为中心，进阶框架中的认知水平是对当前学生认知“能量”的真实状态的反映，进阶变量则刻画出了影响学生认知状态发展的潜在因素。

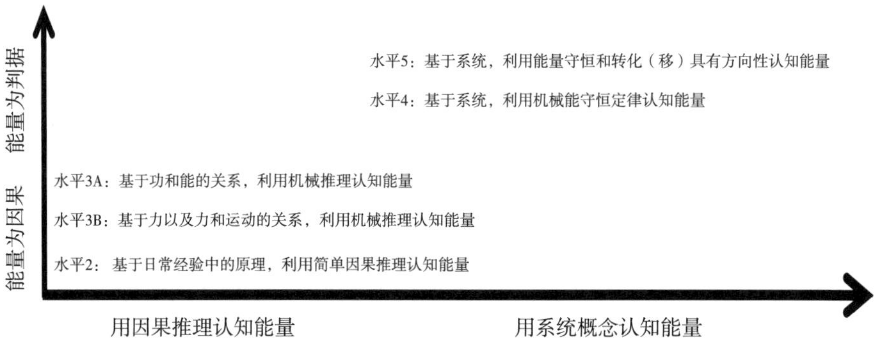

图 8-1 “能量”概念认知发展的学习进阶框架图

具体而言，首先，该框架是对中学生进行多轮实证研究后得出的结果。框架虽然以框架理论和对“能量”的研究文献为基础和起点，但在实证的过程中经历了反复的修改，如将最初的“水平 3”分化为“水平 3B”和“水平 3A”，将“水平 4”划分为“水平 4B”和“水平 4A”，后又调整为新的“水平 4”，以及将“水平 1”删去等。这些修改都是根据中学生的实际测试结果而进行的，并最终由实证数据来检验调整的效果。因此，本研究的“能量”进阶框架是对中学生“能量”认知状态的真实反映。

其次，本框架中有两个进阶变量（推理方式与原理），是对与“能量”相关的学科共通概念不同方面的刻画。推理方式描述的是学生思考与“能量”有关的问题时所倾向使用的思维模式（和思维角度）；原理除了包含具体的与“能量”相关的知识外，更重要的是强调当“能量”与这些知识产生联系时，学生对“能量”概念的功能的上位认识。虽然框架包含 5

个关于“能量”的认知水平，但均可归入变量的两个层次（如图 8-1 所示）。这样的划分方式能够清晰地显示出学生认知发展所需克服的障碍以及难度如何。根据认知的框架理论以及 Chi（2005）的研究结果，当学生所获得的新知识能够容易地与现有认知框架进行融合时，这类转变则较容易发生（如“水平 2”到“水平 3A”，或“水平 4”到“水平 5”）；当学生所学的知识无法与现有认知框架相兼容而需要重构整个认知框架时，这类进阶则相对更加困难（如“水平 3A”到“水平 4”），需要教师根据进阶变量搭建“脚手架”等帮助学生完成转变（详见后文）。

最后，对进阶框架的功能进行简短的说明。进阶框架（和测试工具）能够用来估计学生目前的认知状态以及与理想状态间的差距，但该框架并不必然地具有反映个体学生“能量”认知发展的真实路径的功能。由于学生对具体学科知识的认知受到教材、教学活动乃至文化等多重因素的影响，因此，框架中所描述的认知水平结构并不是学生“能量”认知发展的唯一路径，仅是对当前学生对“能量”不同的认知状态的表征。但是，如前文所提，进阶变量能够解释学生为何处于当前认知状态，以及指出向新的认知水平迈进所需跨越的障碍。例如，当教师旨在帮助“水平 3A”的学生向“水平 4”发展时，进阶变量指示了当前学生的推理方式（因果推理）和对原理的认识[将能量看作解释事件发生机制的工具（能量为事件发生的原因或结果）]，而目标层级则需要学生将能量与系统联系起来进行思考，认识到能量的最主要功能在于通过计算系统能量的流入流出来判断系统内各种事件的发生可能性。鉴于此，教师不能仅通过告知学生机械能守恒定律是什么（以及大量练习）来帮助学生发展，还需在教学活动中渗透“为什么要学习机械能守恒定律？”以及“机械能守恒定律可以用来解决哪类问题？”等内容，帮助学生从更上位的层面认知能量。

第二节 “能量”进阶框架的效度质量

本研究根据对效度理论综述的结果，将效度理论的具体要求渗透于三轮实证研究当中。现有充分的证据表明本研究所开发的“能量”进阶框架在总体上符合效度理论中各个维度的要求，具有良好的内容效度（Content Validity）、充分性效度（Substantive Validity）、结构效度（Structual Validity）、可延拓效度（Goneralizability Validity）、外部效度（External Validity），虽然由于研究目标和侧重点的限制，目前还没有实证证据来证明框架具有充分的结果效度（Consequential Validity），但其已然显示出能够有效指导教学实践的潜在价值。以下利用所获得的证据对“能量”进阶框架在各个效度维度的表现进行说明。

一、“能量”进阶框架的内容效度

1. 内容效度的过程性证据

在研究过程中，研究者根据对已有的学生关于“能量”概念理解的文献进行分析，同时参照国际上有影响的课程文件（如美国《K—12 科学教育框架》和《下一代科学标准》）和我国的中学物理课程标准（义务教育阶段和高中阶段）中对“能量”的相关要求，各个年级物理教材对“能量”的教学内容，以及经典物理教材（如《费恩曼物理学讲义》）中对“能量”概念的叙述等，来确定本研究中“能量”概念所应包含的内容：既包括陈述性知识（如能量的形式、能量的转移与转化和能量的守恒原理等），也包括过程性知识（如在利用“能量”进行推理时所需涉及的思维方式，以及对“能量”概念的上位认识等）。与此同时，邀请物理教育专家对初步确定的“能量”内容进行讨论，就内容的科学性、全面性等进行评估。一致认为本研究所确定的“能量”内容能够覆盖中学阶段对“能量”的教学要求，对内容的表征准确、严谨，没有包含与“能量”不相关的内容。

2. 内容效度的结果性证据

在实证结果方面，本研究在题目选取和设计上，均考虑到了对理论框架中各个知识领域的内容覆盖，除第一轮测试（预研究）外，其他两轮实证研究中均做到了对各个子领域的平均覆盖。根据 Partial Credit Rasch Model 对数据处理的结果显示，三轮实证研究均各自说明学生在三轮测试题目中表现的差异都可用单一的心理构造进行解释（可解释的方差占总方差量的 54.9%，62.7%，66.3%），将剩余的残差进行主成分分析，所得结果显示不能被目标心理构造解释的残差量小于 2 个单位（三轮实证研究的结果分别为：1.8，1.6，1.7），在可接受的范围内[1]，避免了心理构造无关方差对测试的影响。由于题目以及对数据进行编码的依据均是在“能量”进阶框架指导下完成的，因此可以认为所选的测试内容基本没有包含与框架不一致的成分。与此同时，各轮实证研究中，题目的拟合优度（infit MNSQ 与 outfit MNSQ）基本均在可接受的范围内，说明各个题目的测试内容与进阶框架中的心理构造联系紧密。

同时，在“能量”进阶框架的表征方面，研究者按照认知的框架理论，以学生思考“能量”相关问题时的原理和推理方式为核心，将学生对“能量”的认识表现于其所涉及的各个方面。如对于“水平 3A”而言，学生认知框架中的原理为“物体通过外力（对物体）做功获得能量，物体通过克服外力做功而损失能量”，学生在思考能量的转化和转移过程时，利用机械推理，将此原理应用于不同的情境，从而形成不同的外显表现，如“物体克服摩擦力做功，将自身机械能转化为内能”等。从实证的角度看，三轮测试所得出的 Wright 图逐渐清晰地显示出学生的实际认知水平与理论框架对认知层级的划分相一致，从而证明理论框架不仅对“能量”的内容具有良好的界定，同时对“能量”内容的层级结构具有良好的表征。

以上这些证据共同表明本研究所建构的“能量”进阶框架具有较高的内容效度。

[1] LIU X. Using and developing measurement instruments in science education: A Rasch modeling approach [M]. Charlotte: Information Age Publishing, 2010.

二、“能量”进阶框架的充分性效度

1. 基于纸笔测验的证据

本研究构建“能量”进阶框架的主要目标是描述学生对“能量”概念的认知状态，框架将学生的思维与推理方式置于中心地位。为了能够通过测试题目反映出隐藏在学生作答表现背后的思维活动，本研究在第一轮测试中采取组合式选择题的方式进行测验，如依次询问学生“向上运动的跳虫有无能量？”“停在空中最高点的跳虫有无能量？”“下落过程中的跳虫有无能量？”，根据学生对三个问题的作答情况，来推测学生是否处于利用简单因果推理，利用“能量仅与运动的物体有关”进行思考的“水平 2”认知状态。处于“水平 2”的学生会认为向上和向下运动时都会有能量，但在最高点处则无能量；处于“水平 3B”则不仅意识到上、下运动时有能量，同时知道最高点也有能量；处于“水平 1”则会认为三种情况都不会有能量，因为跳虫没有生命。

在第二轮和第三轮测验中，则采用开放式主观题的方式进行测试，通过对不同情境中的同一知识内容的考查，将学生的答案进行归纳和对比，从而推测出学生对“能量”概念的认知活动。如对于问题“有人说如果能将地球上所有海水的温度降低 1℃能够释放出大量的能量供人类利用，请问此方法是否可行？（Degrad6）”，有学生回答“可行，因为根据 $E=cm\Delta T$，海水比热容大，而且质量非常大，所以可以放出很多能量供人类使用”，而有的学生则回答“不可行，因为海水太多，没有办法把那么多的水降低 0.1℃”。从两个回答可以看出，虽然后者给出了“不可行”的正确答案，但其理由却是根据自身的个人经验（想象和无关事实），由简单因果推理的方式而得出的，属于“水平 2”的认知层次；前者的回答虽然不正确，但从其理由可以看出，该学生试图使用已学的抽象的物理原理进行推理，虽然没有正确理解“能量”概念的相关内容，但其思维方式属于机械推理，将“能量”看作海水温度降低后所带来的结果，处在“水平 3A”。从这个例子可以看出，本研究的开放题能够在考查学生知识的同时体现出学生的推理方式和所用的“能量”原理等内隐的过程性内容，而且通过这些题目所体现出的过程性内容与“能量”进阶框架的理论估计相一致，表明“能量”进阶框架和题目具有较高的充分性效度。

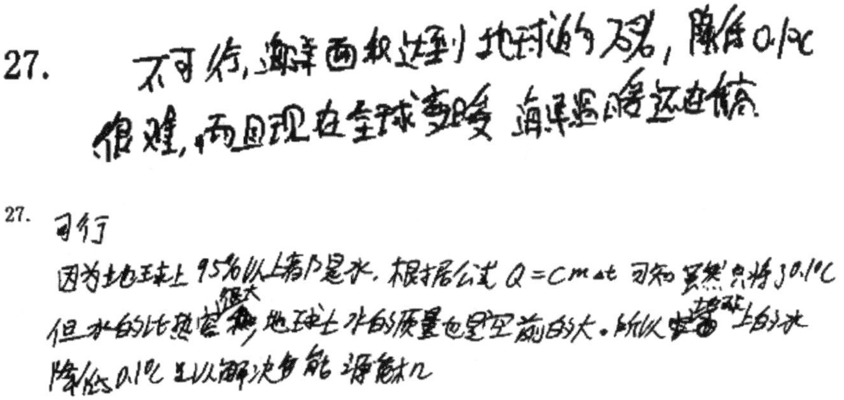

图 8-2　学生答题实例

2. 基于访谈的证据

此外，本研究针对第二、三轮测试当中所用到的部分选择题目，采用出声思考的方式对学生进行了访谈研究，通过访谈来揭示出学生得出选项的思考过程，利用实证结果来检验其实际思考过程与理论假设之间的一致程度。

例如，在访谈的过程中，学生在分析关于小球在轨道上滚动的最终位置时（第六章第四节访谈部分问题 1，Cons1），学生回答“到 *C* 点，因为小球滑到 *B* 点后要上坡，上坡时小球会越来越慢，可能最多只能到 *C* 点”，继续询问“为什么小球不能通过 *C* 点？”时，学生又答道“也许有可能滚到 *D* 点，因为在 *C* 点时可能还有一点点速度”“因为轨道是斜的，所以肯定要消耗能量，但是可能本来很快的，所以还剩下那么一点”。由此可以看出，具有此类回答的学生是根据题目的外在信息（如“轨道是斜的”）或自己的感知，利用“能量是物体运动的原因”来进行简单的因果（或直觉）推理来回答问题，这与属于“水平 2”的理论估计相一致。再如，有学生回答“到 *F* 点，因为没有摩擦力，小球（机械能）能量守恒，*A* 点小球的能量等于 *F* 点小球的能量，所以小球可以到达 *F* 点”。从这类回答可以看出，学生具备了利用机械能守恒定律来判断小球位置的能力，与“水平 4”的理论估计同样保持了一致。

由此可以看出，测试题目能够检测出理论框架中内隐的过程性内容，具有较高的充分性效度。

三、“能量”进阶框架的结构效度

在本研究中，每轮实证研究的问题结果空间的制订均是按照第三章中建构学习进阶框架的流程进行的（参见图 3-1）。根据文献综述，这一流程和方法是被当前学习进阶领域的研究者所普遍采用的[1-5]，表明本研究的问题结果空间是在科学的研究方法指导下建构而成的。在具体的构建过程当中，研究者以所建构的“能量”进阶框架为依据，对每道题目（各个选项或可能的典型回答）背后所隐藏的学生认知活动进行分析，根据认知活动的水平制订相应的评判标准。

1. 结构效度的过程性证据

为了检验理论框架和问题结果空间的文字表述是否清晰可靠，所划分的层级结构是否对题目的实际评判具有指导性，本研究在每轮实证研究当中分别邀请了在科学教育领域具有一定经验的研究者，根据本研究所建构的“能量”进阶框架来独立制订问题结果空间。之后利用 Cronbach's Alpha 系数对不同研究者开发的问题结果空间进行一致性检验，利用定量的结果来评估理论框架和问题结果空间的有效性。

在第一轮测试中，由于所构建的“能量”进阶框架尚处于初始阶段，所对应的学生的认知层级较少，因此问题结果空间的开发者在制订相关标准时认为较难将部分所选题目与理论框架相对应，出现了如“水平 3-”

［1］ NEUMANN K, VIERING T, BOONE W J, et al. Towards a learning progression of energy［J］. Journal of Research in Science Teaching, 2013, 50（2）: 162-188.

［2］ ALONZO A C, STEEDLE J T. Developing and assessing a force and motion learning progression［J］. Science Education, 2009, 93（3）: 389-421.

［3］ MOHAN L, CHEN J, ANDERSON C W. Developing a multi-year learning progression for carbon cycling in socio-ecological systems［J］. Journal of Research in Science Teaching, 2009, 46（6）: 675-698.

［4］ SCHWARZ C V, REISER B J, DAVIS E A, et al. Developing a learning progression for scientific modeling: Making scientific modeling accessible and meaningful for learners［J］. Journal of Research in Science Teaching, 2009, 46（6）: 632-654.

［5］ BERLAND L K, MCNEILL K L. A learning progression for scientific argumentation: Understanding student work and designing supportive instructional contexts［J］. Science Education, 2010, 94（5）: 765-793.

与“水平 4-”等理论框架中原来没有的认知层级。虽然一致性检验系数为 0.83，表明框架在语言表述方面较为清晰准确，但同时也反映出相应的问题，即理论框架需要对中间的认知层级进行重新考虑和界定，使其能够更好地与测试题目和学生的实际认知活动相对应。在第二轮实证研究中，研究者修订了“能量”进阶框架，对原有中间层级进行了重新界定，将“水平 3”“水平 4”划分为“水平 3A”“水平 3B”和“水平 4A”“水平 4B”。在这个基础上，评分者根据新的框架，对所选题目（有别于第一轮实证研究）制订了新的问题结果空间，一致性检验系数为 0.92，没有出现理论框架无法覆盖题目认知活动的情况，表明新的问题结果空间与修订后的理论框架具有较高的可靠性和有效性。但仍然存在“水平 4B”在测试题目上无法得到有效表征的问题，因此在处理时将“水平 4A”和“水平 4B”暂且合并，并在接下来的实证研究中对这一问题进行分析和处理。在第三轮实证研究中，情况与第二轮类似，评分者依据理论框架所独立制订出的问题结果空间具有较高的一致性（一致性检验系数为 0.94），除说明理论框架具有较高效度外，同时说明框架与题目具有很好的匹配性。

同时，为了进一步增强“能量”进阶框架的结构效度，在第二、三轮实证研究中，扩大了制订问题结果空间的讨论范围，将经过一致性检验的问题结果空间进行专家讨论，专家的组成者既包括资深的物理教育专家、物理教研员，也包括一线物理教师和物理教育专业的研究生，不仅依照理论框架对制订者间划分一致的部分进行核查，更对意见不一致的部分进行讨论，提出对框架、问题结果空间和测试题目的修改意见，例如理清了哪些问题是由于对框架以及题目表述的理解歧义所造成的等。

2. 结构效度的结果性证据

除上述过程性证据外，还可通过学生的答案与问题结果空间的一致程度来检验“能量”进阶框架与问题结果空间的结构效度。由于对学生回答的编码是根据问题结果空间进行的（并且编码的可靠性均经过了检验），因此 Wright 图的结果已经表明问题结果空间与学生实际作答情况间具有良好的匹配性。鉴于第三轮测验中 66.7% 的题目为第二轮的测验题目（链接题），且对链接题质量的评估显示这些题目质量良好，所以此处主要以第三轮测验新增加的开放性试题为例，来进一步展示问题结果空间与学生作答情况的良好一致性。

例如，在询问学生对“能量”的认识（Nature3）时，学生的典型回答如表 8-1 所示。从该表可以看出，依据“能量”进阶框架所制订的问题结果空间能够有效覆盖和描述学生“能量”概念的认知状态和水平。

表 8-1 问题结果空间与学生实际回答对照实例（1）

水平 5：系统内的能量有流入和流出的变化，但能量的总量是守恒的；能量的转化具有方向性	能量是守恒的，但能量的品质却降低
水平 4：能量不会消失，只会相互转化，可以用机械能守恒定律的条件来判断物体的运动能否发生	在物理学中，能量被认为某个物体对其他物体做功的能力。能量不能凭空产生，也不能凭空消失。只能从一个物体中转化入另一物体。
水平 3A：认为能量是物体做功的量度	能量就是一个物体做功的量度。
水平 3B：用力来解释能量，认为能量是力的作用效果的体现	我认为能量是物体通过力产生的，是人看不到的
水平 2：利用个体经验进行简单因果推理。如：①无法区分能量与力，将能量当作物体运动的原因；②不能区分能量与物质；等等	能量就是一个物体里蕴藏着的力 能量就是真实存在，可以使物体运动 我认为能量就是有很大的力气，然后可以搬动很大的东西 物体吸收或释放出的物质，能量没有形状

再比如，当学生回答能否通过海水降温来获取能源的题目（Degrad6）时，学生的典型答案和问题结果空间如表 8-2 所示，可见问题结果空间与实际答案的一致性。

表8-2　问题结果空间与学生实际回答对照实例（2）

水平 5：将能量当作分析事件能否发生的工具，利用热力学定律进行解释。如：不可行，不可能从单一热源吸收热量，使之完全变为功而不产生其他影响，在使海水降温的过程中会消耗大量的其他形式的能量	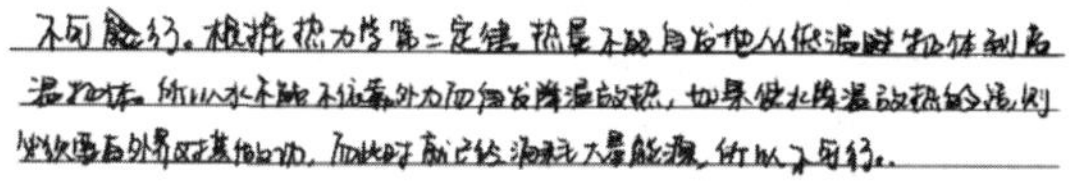
水平 3A：利用因果推理，根据不恰当的物理原理进行推理。如：可行，因为内能 $E=cm\Delta T$，海水质量巨大，如果 ΔT 为 0.1℃，将放出巨大能量	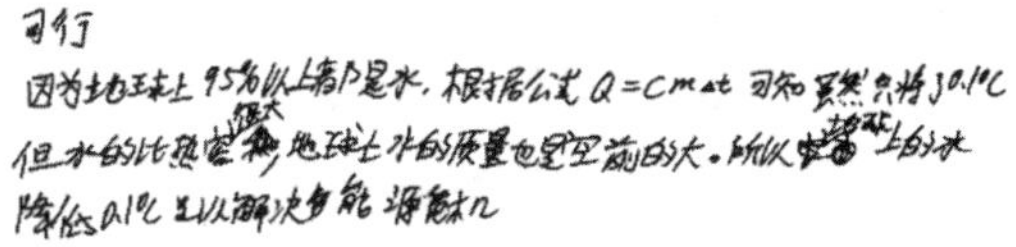
水平 2：利用简单因果推理，根据日常经验等进行思考。如：可行，因为水在结冰时能够放热；不可行，因为海水降温会破坏生态环境	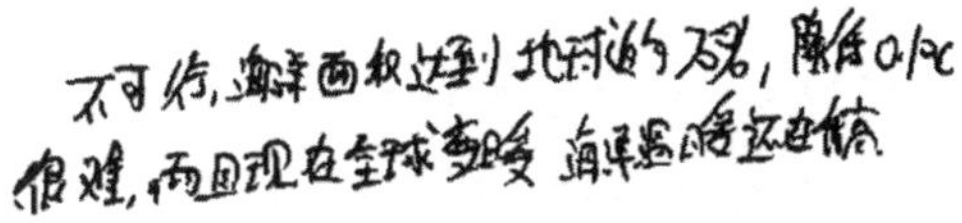

总之，从上述结果可以看出，经过三轮实证研究的不断修正和完善，本研究的“能量”进阶框架能够有效地指导问题结果空间的建构，所形成的“问题结果空间”能够有效地对学生的回答情况进行分类，表明本研究的“能量”进阶框架已具有了较高的结构效度。

四、“能量”进阶框架的可延拓效度

为了增强“能量”进阶框架的可延拓效度，本研究中主要进行了以下工作：（1）在三轮实证研究中分别选取不同的样本作为测试对象，检验进阶框架是否能够同时描述和解释不同群体对“能量”概念的认知活动；（2）在不同的实证研究中选取不同的题目对样本进行测试，检验进阶框架是否能够解释学生在不同任务中的表现。结果显示“能量”框架具有良好的可延拓效度。

1. 可延拓效度的过程性证据

为了使得所建立的“能量”进阶框架能够解释大多数普通学生对“能量”概念的认知活动，本研究进行了大规模的实证研究，选取了不同学区、不同层次的学生作为样本进行测试。在第一轮测试当中，所选样本既包含了北京中心城区某著名中学的学生，同时也包括了某远郊普通中学的学生，共计 370 余人；在第二轮测试当中，所选样本则来自北京一主要城区各个层次 11 所学校的 1200 余人；在第三次测试当中，样本则来自另外一个主要城区不同层次的 9 所学校 2400 余人。这些所选样本基本覆盖了北京市各个层次的公立中学的学生情况。

在测试题目选取上，本研究为了避免心理构造无关困难和心理构造无关容易对测试的干扰，选取经研究者、一线教师认可的题目进行组卷测试，这些题目与学生日常的练习和测验题目类似，降低了学生因题目情境和风格新颖而造成答题困难的可能性。在题目数量和内容上，研究者通过适当调整各次测验的题目数量来扩展理论框架能够解释的题目范围。具体地，与第一轮测验相比，第二轮测验新增了 13 道题目，撤换了 3 道题目；与第二轮相比，第三轮测验新增了 6 道题目，亦撤换了其中的 3 道题目。

2. 可延拓效度的结果性证据

从实证的研究结果来看，“能量”进阶框架和题目根据已得的数据结果进行修订，并利用下次不同样本的实证测试对本次修订后的理论框架进行检验，这样的设计使得理论框架能够经受更强的对于适用性的检验。在三轮如此的实证检验中，框架中对学生“能量”认知状态的理论估计均与学生的实际表现基本相符，具体结果分别表现在三轮测试结果的 Wright 图当中。从 Wright 图中可以看出，根据学生实际作答表现而划分的认知层级与理论框架中的层级结构逐渐相一致，不同层级相互交叠或者错位的情况逐渐减小并消失，并且三次测验中各个题目与 Rasch 模型的拟合优度（infit 与 outfit MNSQ）均在可接受的范围内，说明 Wright 图所示的结果具有较高的可靠性。这些结果都表明了本研究所构建的“能量”进阶框架能够描述和解释不同样本在不同任务中的“能量”认知活动，即该框架具有较高的可延拓效度。

五、“能量”进阶框架的外部效度

本研究所构建的“能量”心理构造既与其他相关研究具有一定的同质性，同时又具自身的独特之处，满足了外部效度的基本要求。

1. 基于已有研究的证据

本研究的“能量”进阶框架是在梳理了已有的关于“能量”研究相关结果的基础上建立起来的，能够包含和解释研究者关于“能量”迷思概念的研究结果[1-3]，如“只有生命体才具有能量”“能量和运动有关，没有运动就没有能量”“能量依靠碰撞进行传递”等。与此同时，本研究所构建的关于“能量”认知的心理构造与其他一些关于“能量”概念学习进阶的研究也具有相应的同质性和差异性。

与 Liu 和 Neumann 等人的研究相比[4-6]，本研究建构的“能量”心理构造是以学生的思维方式和对原理的上位认知为核心，不仅涉及“能量”知识本体的内容，同时还涉及学生理解这些知识背后的推理方式。因此，本研究最后形成的“能量”心理构造在结构上与上述研究明显不同，在每个认知层级上均会不同程度地涉及“能量”若干方面的知识，而不是单纯地从“能量的形式”到“能量的守恒”的进阶（图 1-5（a）与图 8-1

[1] ROSEMAN J E, CALDWELL A, GOGOS A, et al. Mapping a coherent learning progression for the molecular basis of heredity [C]. San Francisco: National Association for Research in Science Teaching Annual Meeting, 2006.

[2] WATTS D M. Some alternative views of energy [J]. Physics Education, 1983, 18 (5): 213-217.

[3] DRIVER R, WARRINGTON L. Students'use of the principle of energy conservation in problem situations [J]. Physics Education, 1985, 20 (4): 171-176.

[4] NEUMANN K, VIERING T, BOONE W J, et al. Towards a learning progression of energy [J]. Journal of Research in Science Teaching, 2013, 50 (2): 162-188.

[5] LIU X, LESNIAK K. Progression in children's understanding of the matter concept from elementary to high school [J]. Journal of Research in Science Teaching, 2006, 43 (3): 320-347.

[6] LIU X, MCKEOUGH A. Developmental growth in students'concept of energy: Analysis of selected items from the TIMSS database [J]. Journal of Research in Science Teaching, 2005, 42 (5): 493-517.

的对比）。与此同时，本研究的实证结果（图 6-5，图 7-5）均显示层级的划分与实证结果相一致，证明了本研究的进阶框架的实证有效性。

但同时，Neumann 和 Liu 等人的研究结果表明学生“理解‘能量的形式’会相对容易”，从本研究的“能量”进阶框架也可看出，学生在“水平 2”（甚至“水平 1”）阶段便能够利用已有的语言和生活经验对常见的不同形式的能量进行正确命名。此外，框架的低层级中包含的学生迷思概念也都在其他研究中被反复观察到[1-3]。

此外，本研究与 Jin 等人[4]的研究均是在认知的框架理论下构建心理构造，并且两个研究都强调学生思维和推理在心理构造中的核心地位，但由于二者关注的问题不同，使得两个研究的“能量”心理构造既有同质的一面，也有差异的一面。差异性：Jin 等建构的心理构造是为了描述学生应用“能量”概念回答社会生态学问题的能力发展，由于是对真实社会问题的讨论，因此该进阶框架中包含了情境因素对学生表现的影响；本研究关注学生在物理领域内对“能量”概念的认知发展，所涉及的“能量”知识更加系统和全面，并且将情境带来的影响视作心理构造无关困难。

与此同时，Jin 等开发的进阶框架是以学生思维为基础，将思维解构为不同的方面来形成进阶变量，本研究是以学科共通概念为基础，将共通概念划分为不同的方面，而思维则恰是其中之一。虽然如此，但都强调对“能量”的功能（目的）的理解，因此具有一定的同质性。同时，两项研究的实证结果也都表明了认识“能量”的功能（目的）对于理解“能量”概念的关键性。

[1] LIU X, LESNIAK K. Progression in children's understanding of the matter concept from elementary to high school [J]. Journal of Research in Science Teaching, 2006, 43 (3): 320-347.

[2] WATTS D M. Some alternative views of energy [J]. Physics Education, 1983, 18 (5): 213-217.

[3] DUIT R. Students' notions about the energy concept—before and after physics instruction [C]. Ludwigburg: Problems Concerning Students' Representation of Physics and Chemistry Knowledge, 1981.

[4] JIN H, ANDERSON C W. A learning progression for energy in socio-ecological systems [J]. Journal of Research in Science Teaching, 2012, 49 (9): 1149-1180.

2. 基于访谈结果的证据

根据上述关于外部效度的定义，本研究除了与其他已有研究的结果进行比较外，还在实证方面通过质性的方法来检测主要由定量方式得出的理论框架的外部效度。具体地，本研究除对纸笔测验中的题目进行访谈外，还专门对纸笔测验中没有涉及的题目进行了访谈研究，通过对访谈数据的分析，来判断理论框架能否覆盖访谈对象对“能量”的认知水平。

例如在第二轮实证研究中，研究者向访谈对象提出了如下问题：

一个重为600牛的大人和一个重为300牛的小孩进行登楼比赛，他们同时从底层出发，最后到达六楼，小孩比大人先到，那么谁的重力势能变化大？

被访谈对象的回答情况主要可以归为以下几类：（1）小孩的重力势能变化大，因为小孩跑得快，比大人先到，所以变化也应该大；（2）小孩的重力势能变化大，小孩跑得快，具有的能量多，所以变化大；（3）两人的变化一样大，两人上升的高度一样，重力势能与物体的位置相关，所以变化一样大；（4）大人的重力势能变化大，重力势能的定义式为 mgh，两人上升的高度相同，但大人比小孩重，所以重力势能的变化大。经过对学生回答的分析，可以看出持有第（1）（2）类回答的学生将“能量与运动相关”当作思考能量问题的原理，而其推理方式为简单因果推理，将“跑得快”当作“重力势能变化大”的原因，只在可见、可感知的范围寻求事件发生的原因，和框架中“水平2”对认知的描述相符。第（3）类学生开始将“重力势能与物体位置相关”当作原理，能够根据这一相对抽象的原理进行逻辑推理，属于机械推理，但所用原理并非完全正确，与框架中的“水平3B”相对应。第（4）类学生则能根据正确的原理，同样采用机械推理的方式对问题进行思考，与框架中对“水平3A”的描述一致。

另一问题则是要求学生分析关于射钉枪用气流将钉子推入墙内的过程中的能量转化问题：

射钉枪是向墙内打入钉子的重要工具，它利用强大的气流快速推动钉子，使钉子获得很大的速度，从而使钉子打入墙内，在这个过程中能量如何转化？

一部分学生回答“气体的机械能全部转移给钉子”，学生给出的理由是“因为气流将钉子推到了墙里，钉子本来是没有到墙里的，是气体使钉子到了墙里的，所以气体的机械能全部转给了钉子”，由此可以看出，学生在推理过程中使用的原理为“能量与运动相互关联”，采用的推理方式为简单因果推理：因为气流使钉子运动，所以将能量传递给钉子。这与框架中“水平 2”的描述相一致。另一部分学生回答“钉子的动能最后转化为内能”，给出的理由是“因为钉子进入墙的时候在动，就有动能，后来因为摩擦，钉子的温度会增加，所以是动能转化成内能”，从该理由中可以看出，学生虽然也利用“能量与运动相互关联”为原理，简单因果推理为思维方式（因为钉子动，就有动能），但同时该学生“能量通过摩擦（力）的方式进行转化”的原理，符合框架中“水平 3B”的认知状态。从以上结果可知，本研究中的“能量”进阶框架不仅能够对纸笔测验中学生的认知活动进行描述和解释，同时对于访谈中的其他与“能量”概念有关的任务也具有较好的解释性，表明框架具有良好的外部效度。

六、“能量”进阶框架的结果效度

本研究的“能量”进阶框架利用两个进阶变量对学生的认知状态进行描述，两个进阶变量均与学科共通概念相关，反映了“原因与结果”和“系统”两个共通概念的不同方面：推理方式反映了学生在思考“能量”问题时的思维方式和方法；原理则反映了学生对“能量”概念在解释自然中的功能的认识。这使得本研究的进阶框架不仅能够描述学生当前的认知状态，还具有解释其背后形成机制和原因的功能。这些背后的原因则正是促进学生对于“能量”认识的关键所在，对于教学实践具有重要的价值。

但由于本研究的目的仅限于发展能够有效描述和解释学生“能量”认知状态的进阶框架，还未进展到根据框架所揭示出的原因进行教学研究来提升学生对“能量”认知的水平。鉴于此，在结果效度方面，到目前为止，本研究的研究结果仅对于教学实践、课程标准的修订等工作具有潜在的价值，这一点可由下一章内容看出。但这些潜在的价值是否能够具体显化出来，则需要后续的教学研究加以检验。

综上所述，本研究所开发的“能量”进阶框架符合效度理论各个方面的要求，有充分的理论和实证证据证明框架具有较好的内容效度、充分性效度、结构效度、可延拓效度、外部效度，虽然由于研究目标和侧重点的限制，目前还没有实证证据来证明框架具有充分的结果效度，但其所具有的对教学实践和课标制订的潜在价值依然值得期待。

第三节 学生“能量”认知水平的发展现状

学生对于“能量”概念的认知现状和发展情况如何？这是本研究需要回答的另一个主要问题。在确定所建构的“能量”进阶框架具有较高可靠性和有效性的前提下，本部分对学生在“能量”问题上的认知现状和发展情况进行了总结和概括。

一、整体概括

总体上，学生“能量”概念的认知水平从初中到高中阶段呈现出逐步发展的态势。在学完初中物理课程的学生样本中，约有 20% 的学生能够将功与能联系起来，将能量看作物体做功所产生的结果，利用机械推理的方式来解释能量的来源、转移、转化和耗散等（水平 3A）；几乎没有学生能够基于系统来认知能量（水平 4 及以上）。在学完高中物理课程的学生样本中，约有 40% 的学生能够认识到能量是用来分析系统的有力工具，利用机械能守恒定律来判断系统内的事件是否具有发生的可能性（水平 4）；仅有极少数的学生能够同时根据能量守恒定律和能量转移（转化）具有方向性的知识，通过分析系统的能量流入和流出情况来判断事件能否发生（水平 5）。上述结果与初、高中课程标准的教学要求具有较大差距。

二、具体描述

由于原始理论框架的有效性相对有限，且第一轮实证研究的样本容量较小，无法对学生的认知情况进行准确测查，因此不予介绍。第二轮实证研究表明修改后的框架具有较高的实证有效性，样本数量可观且层次丰富，其结果能够代表当前学生对“能量”概念的认知水平。与第二轮实证研究相比，第三轮研究中所使用的“能量”进阶框架在层级结构上基本没有进行改动，虽然两轮测试中所选用的题目不尽相同，但两轮测试间仍具有相当数量的链接题目，且这些题目的质量良好。鉴于此，第二轮与第三轮测验的结果都可以利用同一个“能量”进阶框架进行解释和说明。

由于两次实证研究的测试时间不同，所选区域、学校以及所用教材版本和教学进度等都有所差异，因此将两个区域内各个年级对应地进行比较并无意义。但是，两个区域初、高中阶段的学习目标均由共同的课程标准所规定。因此，本研究利用所构建的“能量”进阶框架，对两轮测试中的初、高中阶段学生的学习目标达成情况进行说明，以此来判断各学段的教学目标是否达到。

（1）初中阶段

第二轮测试中的初中样本（除八年级前）共有15%左右的学生认知状态进入了“水平3A”的范围内，约65%的样本处于“水平3B”，另有15%左右的学生仍然停留在“水平2”。第三轮测试中，约5%的学生处于“水平3A”的范围内，近70%的学生处于“水平3B”，另有25%的学生停留在“水平2”。综合两轮测试的结果可以看出，目前初中阶段仅有少部分学生能够将功与能量联系起来，区别功、力和能的概念，通过机械推理的方式，利用做功来解释能量转移和转化（以及耗散）的机制（“水平3A”）。大部分学生虽然已逐步有意识地将“能量”从日常词汇归入科学词汇，但却将力与能量联系起来思考能量的来源、形式以及转移和转化（“水平3B”）。没有学生能够基于系统，以能量为工具，利用能量守恒等原理对系统内事件发生的可能性进行判断（“水平4”）。

对于学完初中物理课程的学生样本，仅约有20%的学生能够将功与能联系起来，将能量看作物体做功所产生的结果，利用机械推理的方式来解释能量的来源、转移、转化和耗散等（“水平3A”）；几乎没有学生能够基于系统来认知能量（“水平4”及以上）。从课程标准的要求和教材的教学内容看，初中阶段已经要求学生需要认识到能量守恒的存在，能够有意识地用能量守恒的观点来分析和解决问题，但测试的结果显示这些目标在初中阶段的教学当中还尚未实现。

（2）高中阶段

第二轮测试的高中样本中共有约25%的学生处于“水平4”，50%的学生处于“水平3A”，15%左右的学生停留在“水平3B”，另有10%左右的学生正在向高于“水平 4”的层级迈进。第三轮测试中，约 25% 的学生处于“水平 3B”，约 40% 的学生处在“水平 3A”，约 30% 左右的学生处于“水平 4”，小于 5% 的学生能够处于“水平 5”的范围内。综合来看，两次测试的样本中大部分学生均能根据机械推理的方式，利用功的概念和做功来分析和解释能量的转化和转移过程（“水平 3A”）；另有近三成的学生能够实现将能量与系统联系起来，将能量看作系统的一个变量，通过机械能守恒定律来判断系统内事件发生的可能性（如运动物体的最终位置如何、速度如何等，“水平 4”）；仅有极少数比例的学生的认知状态向“水平 5”发展。

对于学完高中物理课程的学生样本，仅约 40% 的学生能够认识到能量是用来分析系统的有力工具，利用机械能守恒定律来判断系统内的事件是否具有发生的可能性（“水平 4”），只有极少数样本能够达到“水平 5”的认知状态。但根据高中课程标准的要求，在完成高中物理课程的学习后，应当能够理解能量守恒定律，知道能量转移和转化具有方向性，能够利用能量守恒定律分析复杂情境中的能量问题等（“水平 5”）。然而根据测试的结果，这些课程目标在高中阶段同样没有得到很好的落实。

第九章 基于“能量进阶”的教学讨论

读者现在可以看到,本书通过以上各章完成了对“能量”进阶框架的建构和实证检验工作,对学生的“能量”认知水平也进行了细致的刻画和描述。然而，完整的学习进阶研究是由学习进阶框架、测验和教学实践三者构成的有机整体。本研究已经建立了“能量”进阶框架，今后的重点便是利用构建的“能量”进阶框架进行课程研究，促进学生对能量概念的理解和相应能力的提升，在教学的过程中再次检验框架的有效性和可靠性，对框架进行不断修订与完善。

现在，我们要重点思考：在课程和教学方面，如何才能根据“能量”进阶框架，帮助学生从较低的“能量”认知水平跃迁到较高的认知水平？为了回答这个问题,本章首先从课程的层面,结合 IQWST（Investigating and Questioning our World through Science and Technology）理论来设计能量进阶课程（并给出了设计实例）。然后从教学的层面上重点讨论了教师应关注的重点和相应的教学策略。本部分内容虽然没有经过实证的检验，但希望其中的某些理念和原则能够对读者在课程和教学方面的实际工作起到一定的启发作用。

第一节 基于IQWST理论的能量进阶课程

“能量”进阶框架中的进阶变量既是对学生认知状态进行描述的变量，也是影响学生认知状态的形成和发展的关键因素。因此，为了帮助学生在能量认知方面有所提升，就需要依据“能量”进阶框架来指导相应的课程。为了设计出高质量的课程方案，首先要找到与进阶框架相适切的课程设计理论。由美国国家科学基金会（National Science Foundation）资助，Shwartz 等人建构的 IQWST 课程理论以学习进阶的理念为核心，关注学生能否对概念产生整体和全面的理解，受到了广泛的关注和认同[1]，因而在此进行讨论。

一、课程目标的构成与组织

IQWST 以学习进阶框架的研究成果为基础，将框架中的不同层级分别作为阶段性课程目标，将进阶变量作为实现课程目标的突破口，围绕进阶变量对课程目标进行解构和组织，帮助学生从较低的认知水平迈向较高水平。对于本书中的能量概念而言，课程便以“能量原理”和“推理方式”两个进阶变量来组织各个阶段的课程目标（图 9-1）。已有研究表明科学实践（scientific practices）活动能够帮助学生养成重要的科学思维和推理方式，而这些科学思维又是学生对科学知识进行深刻理解的有力工具[2]。因此，从课程实施的角度，科学实践活动是培养学生思维能力的抓手。

能量原理包括的内容与进阶框架一致，而能够帮助学生提升推理方式的科学实践活动则需详细讨论。本研究构建的“能量”进阶框架

[1] SHWARTZ Y, WEIZMAN A, FORTUS D, et al. The IQWST experience: Using coherence as a design principle for a middle school science curriculum [J]. The Elementary School Journal, 2008, 109 (2): 199–219.

[2] QUINN H, SCHWEINGRUBER H, KELLER T. A framework for K–12 science education: Practices, crosscutting concepts, and core ideas [M]. Washington D.C.: National Academies Press, 2012.

的意义在于促进学生提升对“能量”概念的理解水平，即能够利用“能量”概念来对自然现象进行解释，对物理事件的发生与否进行理论判断。在《K—12科学教育框架》所列出的科学实践活动当中，“建构和使用模型（developing and using models）”“建构解释（constructing explanation）”“论证（argumentation）”等均能帮助学生按照本研究的进阶框架进行学习。因此，针对不同阶段的课程目标，会安排与之相对应的实践活动。例如，“建构解释”能够培养学生根据具体的物理原理，对所观察到的事实（现象）给出理论性的见解和判断，使得学生学会如何明确而又恰当地展示事实证据、物理原理与自我观点三者间的内在逻辑联系。此外，对于每项科学实践活动，不仅要关注学生在活动中的外显行为（如测量读数等），而且更要注重学生对这些行为背后的知识的理解（如测量仪器和读数的原理等）。

同时，课程目标以及教学过程还要在“有意义的情境”中实现，有意义的情境不仅是指真实的情境，而且要能够通过这个情境反映出所教知识对解决实际问题的价值和意义，在认识论的层面上促进学生理解所教概念的功能和用途。

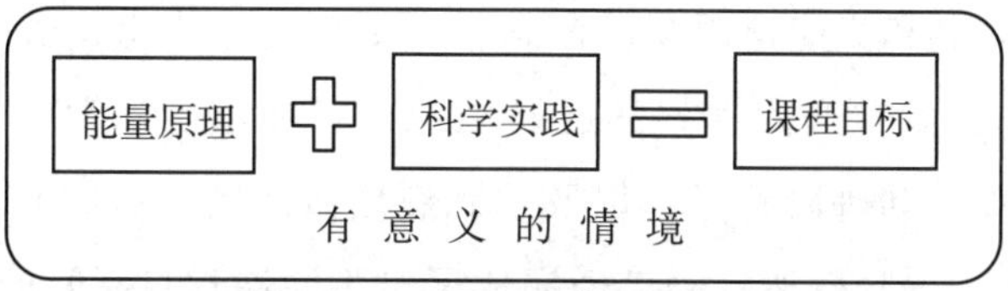

图 9–1　课程目标结构图

例如：为什么学生要学习“功”“能”间的关系？为什么又要学习能量守恒定律？为什么还要了解能量的传递具有方向性？这些知识都是用来分析和解决什么类型的问题？这些问题涉及了“能量”概念的功能以及何时使用“能量”概念，涉及了对“能量”概念的更上位理解，而这些与问题的情境密切相关。在“水平3A”中，问题情境中的分析对象主要以单个的物体为主（即便是在有势能参与的情况下，系统的概念也通常被忽视），与之不同的是，在“水平4”和“水平5”中，情境中的分析对象主要以系统的形式出现。只有在后者的情境中，学生才能理解“能量守恒定律与热力学第二定律更强调将能量当作判断系统内某些事件能否发生的依据，而非关注该事件发生的内部机制”的含义。

二、课程内容的组织原则

对于支撑能量原理这一进阶变量的课程内容而言，IQWST要求它们具有“知识的内在一致性”。就基于“能量”进阶框架的课程而言，科学概念目标针对框架中处于同一认知层级内的不同关键知识，科学概念的整合即对这些关键知识进行有机地组合，形成可教的概念序列。对概念进行组合和排序的依据是什么？对于“能量”概念（以及其他绝大多数核心概念），其所包含的各个关键子概念（知识）并非相互完全独立，学生对某个子概念的学习往往需要以其他子概念为基础。因此，整合科学概念目标的主要依据便是各个关键子概念间的学科内在逻辑。例如，对于“能量”进阶框架中的“水平3A”的教学，主要核心是帮助学生理解功与能之间的关系，利用功的概念来解释能量的传递和转化。但在带领学生学习功、能关系之前，需要首先让学生理解能量的具体形式，尤其是动能和势能的概念，使得学生掌握这两类能量的定义；若不然，学生将无法根据具体的能量形式来体会功与能之间的关系。因此，在科学概念目标中，动能和势能这两个子概念的介绍将先于功能关系进行。

此外，“能量”进阶框架的层级结构已经展示出了学生学习“能量”概念的关键所在和进阶路径，以及达到新层级所需具备的知识与经验等。因此，“能量”进阶框架实际已经完成了对不同课程目标间的整合。

对于科学实践活动，在具体培养学生某项科学实践能力时需要遵从Hug和Krajcik（2002）提出的“脚手架”式探究策略（Scaffold Inquiry Sequence，SIS），即采取鼓励、拆解、给出模式、说明和解释、练习等五个步骤来帮助学生获得该项能力。鼓励是通过语言、暗示等手段来激励学生的探究动机；拆解则是帮助学生将某项活动进行拆分和解构，使其能够对活动的每个环节和细节都有所掌握；给出模式则是在对多个同类科学实践活动进行拆解的基础上，帮助学生对各个关键步骤进行归纳并形成一定的实践程序和模式；说明和解释则是对实践模式的进一步解释与辨析，使学生对各个步骤以及整个模式有清晰的认识，帮助学生理解与科学实践活动相关的元知识，即为什么这项活动要采取这样的流程进行，采取每个步骤的原因和依据又是什么等；练习则是为学生提供科学实践活动的机会来巩固所获得的实践能力。

“脚手架”策略在不同的教学单元内所侧重的步骤不同。在最初的几个单元中，设计者会着重强调鼓励、拆解和给出模式等步骤。随着教学的不断展开，在后续的教学单元中，课程会逐渐过渡到以说明和解释、练习等为主的步骤中，并且会不断增加实践活动的难度和复杂程度。

三、课程展开的切入点

如何才能实现既定的课程目标？课程设计者将课程目标中所涵盖的内容划为一个教学单元，每个单元由若干教学活动组成，各个教学活动相互支撑，从而实现最终的课程目标。“兴趣是最好的老师”，为了顺利达成课程目标，课程设计首先要做的便是调动学生的兴趣，让学生自发意识到即将要学的知识对日常生活有什么价值和意义。例如，为什么要学习能量守恒定律？尽管专家和教师们能够列举出足够充分的理由来说明这个科学原理在各个方面的重要性，但这些理由只能被已经具有相对完整的知识体系的专家与学者所接受，而非真正的高中学生。因此，设计者需要站在学生的角度去考虑这个问题。在IQWST课程中，每个教学单元都由一个开放性的问题所统领，称为“驱动问题（driving question）”，它能帮助学生认识到所学知识的价值和意义，驱使学生完成本单元课程目标的要求。

如何才能获得恰当的驱动问题？这往往需要课程设计者、教师与学生进行交流，了解学生的兴趣和期望，以便从中提炼出以学生为中心的、恰当的驱动问题。然而，当问题的情境越趋近于真实时，往往也越会面临挑战。当问题完全来自学生的日常生活时，它很容易使得学生的思维和焦点发散，引申到与课程无关的内容上去，这便阻碍了实现既定课程目标的计划。但是，真实的情境又是驱动问题必不可少的组成部分。因此，所设计的驱动问题需要能够涵盖整个单元的课程目标。进一步地，驱动问题需要能够被拆分为相关的不同子问题，每个子问题关注不同的课程目标或是同一个目标的不同方面。

第二节　课程设计实例

以下将“能量”进阶框架中“水平 3A”和“水平 4”作为案例，来具体展示如何将情境、科学概念目标、科学实践目标等进行有机的整合，形成针对基于“能量”进阶框架的课程设计。

“水平 3A”主要希望学生能够利用机械推理（因果推理）的方式，利用功与能之间的物理原理进行推理，对能量转移和转化的机制进行解释。这其中涉及了“原因与结果”这一学科共通概念，而功、功与能关系则是这一层级的学科关键知识。根据上述对“情境”的要求，这一单元的教学围绕着进阶变量进行展开，起始教学活动需要首先启发学生对能量的上位认识，即为什么要学习功？功的用途是什么？让学生在对类似问题进行讨论的基础上对各个课程目标有序地开展教学，最终对本层级的知识形成整合的理解（具体课程设计如表 9-1 所示）。

表9-1　“水平3A”课程活动设计

教学活动	科学概念目标	科学实践目标	驱动问题
活动 1：观察两个身高相同的运动员进行举重，一个将较轻的杠铃举过头顶，另一个将较重的杠铃提到胸前，让学生讨论谁的本领更大	促使学生开始思考学习功的价值和意义	建构解释和论辩的能力：介绍论证的组成要素（观点、证据、推理及它们之间的关系）	提出驱动问题：怎样才能比较运动员的举重本领
活动 2：观察举重的过程，讨论哪些因素能够用来判断运动员举重的本领	功的定义：$W=Fs$	识别并提取变量（建立模型）	引导学生思考：构建一个怎样的物理量才能描述举重的本领

续表

教学活动	科学概念目标	科学实践目标	驱动问题
活动3：邀请一位力气较大的男同学和一位力气较小的女同学试着慢慢举起较重的相同哑铃。谁举得高？同学们讨论谁对哑铃做的功更大以及为什么	功是能量的量度	建构解释和论辩的能力：引导学生尝试着进行论证，并和不同观点的人进行交流	引导学生思考：功能够描述谁的举重本领强，那么哪个物理量又能决定谁的做功本领强呢
活动4：让两位同学谈谈自身身体的感受。同学们回忆哑铃被举高的位置，讨论两位同学的能量的去处	做功可以改变物体所具有的能量，也是能量传递和转化的一种方式		
活动5：讨论如何描述哑铃在被举高的过程中所具有的不同形式的能量	$E_k=\frac{1}{2}mv^2$；$E_p=mgh$	使用数学思维：练习使用数学符号对物理概念进行表征	引导学生思考：如何定量描述不同类型的能量
活动6：讨论学生做的功和哑铃所增加的能量间有什么定量关系。将这个问题简化为：匀速向上缓慢地将物体提升到一定高度 h，探究对物体所做的功以及物体此时所具有的能量	对物体做的功等于物体能量的改变量	建立模型：将实际问题抽象为物理模型 数据分析：让学生练习收集和处理数据	引导学生思考：功和能之间存在怎样的定量关系
活动7：恒力 F 拉动静止的小车沿力 F 的方向运动距离 s，探究小车的动能和对小车所做的功			

续表

教学活动	科学概念目标	科学实践目标	驱动问题
活动8：让学生设计方案：如何预判哪位举重运动员的本领更强	促使学生认识功能关系能够回答什么样的问题	建立模型和论证的能力：练习建构模型和论证	引导学生思考：功能关系可以用来回答什么样的问题

"水平4"则希望学生能站在系统的角度，将"能量"当作分析系统的工具，利用机械能守恒定律来预测和判断系统内事件发生的可能性。与"水平3A"相比，"水平4"不关注能量的转化过程（即能量转化的原因和机制），而更加关心系统能量的初、末状态。根据这些特点，该单元的教学活动仍以进阶变量为主要线索，首先同样激发学生对机械能守恒定律的上位思考，然后利用有序的教学活动来逐渐回答所提出的驱动问题，形成对"能量"概念的认识发展（具体课程设计如表9-2所示）。

但需要指出的是，在设计课程活动时，并非必须按照进阶框架中的层级安排，采取逐级的方式（进行教学），使学生获得机械式的进步。与之相反，教师应当根据学生的实际学习情况进行灵活调整，在较难提升的层级处采取更为稳妥和循序渐进的方式进行教学，而在较为容易提升的层级处则可采取跨越的方式帮助学生发展。

表9-2 "水平4"课程活动设计

教学活动	科学概念目标	科学实践目标	驱动问题
活动1：用弹簧将小钢球沿光滑轨道的水平一端弹出，判断小球能滚到另一端所连的曲面导轨的最大高度	根据功能关系的知识，明确解决思路。在变力做功的障碍下，促使学生寻找新的解决办法	建构模型：明确物理图景，找出并分析关键物理过程和物理量	提出驱动问题：小球最远能滚到哪里

续表

教学活动	科学概念目标	科学实践目标	驱动问题
活动2：实验探究：实际动手释放小球，测量弹簧的形变长度，小球达到的最大高度，小球在水平与曲面导轨连接处的速度大小，分别计算相应的弹簧弹性势能、小球动能和重力势能，寻找之间的规律	体会系统的含义，理解机械能守恒定律	数据收集和分析：设计数据表格、分析数据之间的内在联系 使用数学思维：引导学生用数学符号进行推理	用功能关系不好解决，有其他的办法吗？（认识到机械能守恒的存在）
活动3：在轨道内铺上毛巾，再次将小球从弹簧处静止释放，让学生讨论小球将会运动到何处停止	认识到机械能守恒的条件，机械能与内能间的转化具有方向性	建构模型：让学生意识到模型需要满足边界条件	认识到机械能守恒需要满足一定的条件，内能不能自发转化为机械能
活动4：用手在竖直方向压缩的弹簧上放置一个静止的小球，让学生分别利用做功和机械能守恒定律来预测：如果松手，小球弹起的高度是多少？并用实验来验证理论预测（弹簧的原长和压缩后的长度都可测量，弹簧劲度系数已知）	机械能守恒定律是分析系统的有效工具	分析数据：让学生练习收集和处理数据	用机械能守恒来分析多个物体组成的系统更简便
活动5：让学生讨论：将海水的温度降低1℃能放出大量能量，人类能否通过这种方式获取可供使用的能源	机械能守恒定律是物理系统内某些事件能否发生的判据	建构解释和论辩的能力：学生练习建构解释，并与他人展开论辩	机械能守恒定律能够用来回答系统内什么事件可能发生，什么事件不可能发生

从表 9-1 和表 9-2 中可以看出，“水平 3A”和“水平 4”的教学设计均是对“有意义的情境”“科学概念目标”“科学实践目标”进行整合的结果，每个课程单元都是围绕着进阶变量来展开教学设计的，围绕着驱动问题，通过连续的教学活动逐渐丰富和完善学生对“能量”的上位认识。

需要说明的是，将“能量”进阶框架转变为教学设计的过程中需要灵活面对某些实际情况，例如“水平 3A”的教学单元中，“活动 3”的出现似乎破坏了教学单元的连贯性，但考虑到动能和势能在中学阶段的重要程度，以及后续定量推到功、能间关系（如：动能定量）的需要，需要首先进行讲解，以免对后续的学习造成障碍。

以上通过两个教学单元的例子说明如何依据 IQWST 理论，将“能量”进阶框架转变为课程活动。然而这种转变在实际教学中也会面临诸多挑战，例如研究者如何让一线教师明确地理解这些课程活动的目的和意图，如何跳出现有教学框架的束缚，等等。本部分所做的上述讨论，最大的意义在于为学习进阶的教学设计提供了可行的途径，启发研究者和教师的思路。而具体的课程设计的内容等则可能还存在诸多问题，需要在具体的实践和教学研究过程中不断改进和完善。

教学过程是通过借助如构建模型等科学实践活动的方式展开的，使得学生对“能量”概念逐步进阶。因此，学生在提升概念认知水平的同时也必然会增强活动的能力。基于以上情况，在设计教学活动时还需考虑到如何能够促进学生能力的连续发展。例如需要确定在第一个课程单元中发展学生的哪些能力，以及发展到何种程度；在第二个单元中如何根据前一个单元的基础，继续发展学生某项能力或其他能力等。每个课程单元所包含的活动的复杂程度要随着教学单元层级的递增而增加，即在认知层级较低的教学单元中，需要更多的“脚手架”来帮助学生完成活动，而随着层级的升高，“脚手架”则需逐渐减少甚至全部撤除，鼓励学生自己通过活动来独立地认知“能量”概念。

第三节 课堂活动中的交互策略

如上所述，“能量”进阶框架与IQWST课程理论所提供的是宏观的整体课程活动顺序安排，而非针对每项活动的具体教学策略提供指导。那么，如何开展各项活动才能达到理想的效果呢？本章前两节所设计的课程活动都以培养学生推理方式为目标，每项活动（甚至每项教学策略的实施）都需要通过教师与学生的交互来完成。因此，教师与学生的互动策略和技巧是关系到各项教学活动最终效果的关键因素。为了找出有利于开展本书中教学活动的交互策略，作者针对部分“全国物理教学名师赛”的获奖课例以及部分著名教师的公开课例进行分析。

这些课例在教学目标层面上均以三维目标为导向，不仅关注学生学习的知识性结果，而且注重学生的学习过程和能力培养。同时，授课的教师均具有丰富的教学经验和一流的教学技能，代表了目前中学物理课堂教学的较高水平，从而也在一定程度上代表了物理课堂上教师与学生交互的较高水平。通过对这些课例的研究，能够帮助我们认清当前论证能力的培养还存在哪些典型问题，以及如何解决这些问题。

交互策略在课堂教学中具有普遍性，为了使得此部分的分析更加全面，不至于有所遗漏，在分析的过程中，作者选取了21节课堂现场实录作为样本。这些课例的授课内容既包含了高中物理中与能量相关的核心概念与规律，如功与机械能、电动势、焦耳定律和楞次定律等，也包含了加速度、牛顿运动定律等与能量联系不紧密的内容主题。针对同一知识主题，均选取了2—3节不同课例进行研究。通过对同课异构以及不同知识主题课例的比较，能够找出教师与学生交互的共同特征。

一、教师与学生的互动模式

在涉及学生的原始认识时，教师通常能够主动提出开放性的问题来供学生思考，但在大多数情况下（70%），教师并不关注学生的思维过程，主要是为了获取学生对某一现象的原始认识，即采用“提问—回答—……—回答”的互动模式。在这种模式下，教师对学生的回答不给出具有针对性的点评。例如，在牛顿第一定律的教学中，某位教师与学生间的对话如下所示：

教师：同学们认为力和物体的运动间有什么关系呢？

生 1：物体受到力就会运动。

生 2：质量小的物体运动得比质量大的快。

……

教师：大家的认识和两千年前的亚里士多德差不多，今天我们就来探究力和物体运动之间究竟有什么关系。

与此不同，在少数情况中（10%），出现了由教师引导学生探索原始认识不当之处的情况，即“提问—回答—引导—回答—……—点评”互动模式。互动过程中，学生在暴露出原始认识后，教师通过继续提问的方式引导学生亲身经历推理过程，意识到这种原始认识的不当之处，从而引出科学认识。例如，在牛顿第一定律的另一节课例中，教师与学生之间有如下对话：

师：力和物体运动之间有什么关系？

生：物体受到力才能运动。

师：能不能举几个例子呢？

生：就像踢足球，只有人踢了足球，它才会运动；人不踢，它就停下来。

师：球在空中飞的时候人脚给球力了吗？

生：没有。

师：那球还在运动吗？

生：……在。

师：那球为什么会最后停下来呢？

生：草地有摩擦。

师：如果地面很光滑的话会怎么样？

生：……球一直滚下去。

师：那么力和运动之间的关系是什么呢？

生：力和运动没有直接的关系……没有力，运动也能进行下去。

师：很好，平时总是认为有力才有运动，是因为我们忽视了摩擦阻力的存在，如果考虑到摩擦力，我们就能研究清楚这个问题……

在讲授科学概念时，教师往往也会在教学活动的过程中抛出开放性问题来引发学生的思考。当学生给出答案时，大部分情况下（60%），教师对学生的回应进行直接的点评，即采用“提问—回答—点评”型的互动策略。学生在互动的过程中仅给出了自身的观点，教师则给出了推理的过程。例如，在介绍电源电动势和内阻知识时，有如下的师生对话：

师：电源将化学能转化为了电能，这个过程是怎样完成的？

生：是通过做功完成的。

师：很好，电源里有非静电力，它能够把正电荷从电源的负极搬送到正极，使电荷的电势能增加……

同时，在近30%的情况下，教师并未直接给出推理过程，而是采取“提问—回答—引导—回答—……—点评”的互动模式。在这个过程中，教师引导学生自己说出其中的原因和理由，鼓励多名学生参与其中进行讨论，帮助学生亲身完成了论证的过程。仍以电源电动势和内阻为例，另一位教师和多位学生的对话如下所示：

教师：电路中的小灯泡发光，是电源给它提供了能量。那么，电源里的电能是怎么来的呢？

学生：……

教师：我们把电路比作这个水流的回路，电源就像这个抽水机……抽水机是怎么工作的？

生1：抽水机对水做功，把水从低处抽到高处，使水具有了重力势能，然后水就可以顺着管子继续流了。

教师：很好，那在电源里，什么物质与水相当？是不是也有一个力对它做功，把它举高呢？

生2：……电源里有电荷……有一个力对电荷做功，把它举高……

……

总体上看，样本中的大多数教师主要使用“提问—回答—……—回答”和“提问—回答—点评”两种模式与学生进行互动，仅有少数教师采取“提问—回答—引导—回答—……—点评”的方式与学生进行互动。

二、对互动模式的评析

从以上的分析可以看出，大多数教师学生的交互方式（“提问—回答—……—回答”与“提问—回答—点评”两种）都是以教师作为主角而进行的，学生在这个过程中没有机会亲自参与推理过程，只能被动接受，无法体验完整的论证过程。这两种交互方式不仅不重视学生的推理过程，而且还代替学生进行了思维和推理，将本该通过教师引导、学生亲自完成的推理过程以对学生回答的点评或补充等形式直接进行讲解。

在这种情况下，学生的学习方式转向被动，缺少了推理方面的训练和机会。学生头脑当中的原始认知理论不仅无法有效暴露，教师更无法帮助学生亲自体验旧理论和新理论的认知冲突，真正体会新理论的优越性。这不仅影响了论证能力的提升，而且还会对学科知识的理解产生负面影响，从而使得学生只能片面地将知识与特定情境、特定例题相联系，而不能完全放弃头脑当中的旧有理论，做到举一反三，融会贯通。

与之相对的是，“提问—回答—引导—回答—……—点评”的交互策略明显更能使学生深度参与到教学活动中，不仅能够有效暴露学生的原始推理过程，而且随着提问的深入，还能够引导学生认识到原始推理与科学推理之间的区别，使学生从多个角度对问题进行分析，对自己所做推理进行反思，有效提升思维能力以及对知识的理解程度。

在利用这一策略时，教师首先需要让学生认识到原始推理的错误所在，而非仅告诉学生科学认识是什么。为了做到这一点，教师需要关注学生的原始推理，首先促使学生充分暴露自身的原始推理过程。在这个基础上，教师利用诸如实验等方式在学生的原始推理和科学事实间制造冲突，从而为学生比较原始推理与科学推理间的区别，亲身依靠科学推理获得对自然现象等的科学认识奠定基础。

参考文献

[1] FEYNMAN R P, LEIGHTON R B, SANDS M. The Feynman lectures on physics [M]. New York: Basic Books, 2013.

[2] MARTIN M O, MULLIS I V S, FOY P, et al. TIMSS 2011 international results in science [M]. Chestnut Hill: TIMSS & PIRLS International Study Center, 2012.

[3] FLEISCHMAN H L, HOPSTOCK P J, PELCZAR M P, et al. Highlights from PISA 2009: Performance of U.S. 15-year-old students in reading, mathematics, and science literacy in an international context [J]. National Center for Education Statistics, 2010.

[4] DUSCHL R A, SCHWEINGRUBER H A, SHOUSE A W. Taking science to school: Learning and teaching science in grades K-8 [M]. Washington D.C.: National Academies Press, 2007.

[5] COBB P. Where is the mind? Constructivist and sociocultural perspectives on mathematical development [J]. Educational Researcher, 1994, 23 (7): 13-20.

[6] AUFSCHNAITER C, AUFSCHNAITER S. Theoretical framework and empirical evidence of students' cognitive processes in three dimensions of content, complexity, and time [J]. Journal of Research in Science Teaching, 2003, 40 (7): 616-648.

[7] NEUMANN K, VIERING T, BOONE W J, et al. Towards a learning progression of energy[J]. Journal of Research in Science Teaching, 2013, 50(2): 162-188.

[8] LIU X, LESNIAK K. Progression in children's understanding of the matter concept from elementary to high school [J]. Journal of Research in Science Teaching, 2006, 43 (3): 320-347.

[9] LIU X, MCKEOUGH A. Developmental growth in students' concept of energy: Analysis of selected items from the TIMSS database [J]. Journal of Research in Science Teaching, 2005, 42 (5): 493-517.

[10] COOK T D, CAMPBELL D T. Quasi-experimentation: Design & analysis issues for field settings [M]. Chicago: Rand McNally College Publishing Company, 1979.

[11] ALONZO A C, STEEDLE J T. Developing and assessing a force and motion learning progression [J]. Science Education, 2009, 93 (3): 389-421.

[12] MOHAN L, CHEN J, ANDERSON C W. Developing a multi-year learning progression for carbon cycling in socio-ecological systems [J]. Journal of Research in Science Teaching, 2009, 46 (6): 675-698.

[13] SCHWARZ C V, REISER B J, DAVIS E A, et al. Developing a learning progression for scientific modeling: Making scientific modeling accessible and meaningful for learners [J]. Journal of Research in Science Teaching, 2009, 46 (6): 632-654.

[14] SMITH C L, WISER M, ANDERSON C W, et al. FOCUS ARTICLE: Implications of research on children's learning for standards and assessment: A proposed learning progression for matter and the atomic-molecular theory[J]. Measurement: Interdisciplinary Research and Perspectives, 2006, 4 (1/2): 1-98.

[15] SONGER N B, KELCEY B, GOTWALS A W. How and when does complex reasoning occur? Empirically driven development of a learning progression focused on complex reasoning about biodiversity [J]. Journal of Research in Science Teaching, 2009, 46 (6): 610-631.

[16] DUNCAN R G, RIVET A E. Science learning progressions [J]. Science, 2013, 339 (6118): 396-397.

[17] QUINN H, SCHWEINGRUBER H, KELLER T. A framework for K-12 science education: Practices, crosscutting concepts, and core ideas [M]. Washington D.C.: National Academies Press, 2012.

[18] STEVENS S Y, DELGADO C, KRAJCIK J S. Developing a hypothetical multi-dimensional learning progression for the nature of matter[J]. Journal of Research in Science Teaching, 2010, 47 (6): 687-715.

[19] WILSON M R, BERTENTHAL M W. Systems for state science

assessment [M] . Washington D.C. : National Academies Press, 2005.

[20] DUNCAN R G, HMELO-SILVER C E. Learning progressions : Aligning curriculum, instruction, and assessment [J] . Journal of Research in Science Teaching, 2009, 46 (6) : 606-609.

[21] KRAJCIK J S. The importance, cautions and future of learning progression research [M] // ALONZO A C, COTWALS A W. Learning progressions in science. Rotterdam : Sense Publishers, 2012 : 27-36.

[22] BERLAND L K, MCNEILL K L. A learning progression for scientific argumentation : Understanding student work and designing supportive instructional contexts [J] . Science Education, 2010, 94 (5) : 765-793.

[23] NORDINE J, KRAJCIK J, FORTUS D. Transforming energy instruction in middle school to support integrated understanding and future learning [J] . Science Education, 2011, 95 (4) : 670-699.

[24] WILSON M. Measuring progressions : Assessment structures underlying a learning progression [J] . Journal of Research in Science Teaching, 2009, 46 (6) : 716-730.

[25] BRIGGS D C, ALONZO A C, SCHWAB C, et al. Diagnostic assessment with ordered multiple-choice items [J] . Educational Assessment, 2006, 11 (1) : 33-63.

[26] BORSBOOM D, MELLENBERGH G J, VAN HEERDEN J. The concept of validity [J] . Psychological Review, 2004, 111 (4) : 1061-1071.

[27] BROWN G, BULL J, PENDLEBURY M. Assessing student learning in higher education [M] . London : Routledge, 1997.

[28] MCMILLAN J H. Educational research : Fundamentals for the consumer [M] . New York : Longman, 2000.

[29] MESSICK S. Validity of performance assessments [M] //PHILLIPS G W. Technical issues in large-scale performance assessment.Washington D.C. : Council of the Chief State School Officers, 1996 : 1-18.

[30] CRONBACH L J. Test validation [J] . Educational Measurement, 1971, 2 : 443-507.

[31] WIGGINS G. Assessment: Authenticity, context, and validity [J]. Phi Delta Kappan, 1993, 75 (3): 200-208, 210-214.

[32] MESSICK S. The interplay of evidence and consequences in the validation of performance assessments [J]. Educational Researcher, 1994, 23 (2): 13-23.

[33] CRONBACH L J. Five perspectives on validity argument [M] // WAINER H, BRAUN H I. Test validity. Hillsdale, N.J.: Erlbaum, 1988: 3-17.

[34] KANE M T. An argument-based approach to validity [J]. Psychological Bulletin, 1992, 112 (3): 527-535.

[35] MESSICK S. Validity [M] // LINN R L. Educational measurement. New York: American Council on Education, 1989: 13-103.

[36] LENNON R T. Assumptions underlying the use of content validity [J]. Educational and Psychological Measurement, 1956, 16 (3): 294-304.

[37] MESSICK S. Meaning and values in test validation: The science and ethics of assessment [J]. Educational Researcher, 1989, 18 (2): 5-11.

[38] WHITELY S E. Construct validity: Construct representation versus nomothetic span [J]. Psychological Bulletin, 1983, 93 (1): 179-197.

[39] LOEVINGER J. Objective tests as instruments of psychological theory [J]. Psychological Reports, 1957, 3 (3): 635-694.

[40] SHULMAN L S. Reconstruction of educational research [J]. Review of Educational Research, 1970, 40 (3): 371-396.

[41] HUNTER J E, SCHMIDT F L, JACKSON G B. Meta-analysis [M]. Beverly Hills: Sage Publications, 1982.

[42] CAMPBELL D T, FISKE D W. Convergent and discriminant validation by the multitrait-multimethod matrix [J]. Psychological Bulletin, 1959, 56 (2): 81-105.

[43] CRONBACH L J, GLESER G C. Psychological tests and personnel decisions [J]. American Journal of Sociology, 1958, 64 (2): 442.

[44] GEARHART M, HERMAN J L, NOVAK J R, et al. Toward the instructional utility of large-scale writing assessment: Validation of a new

narrative rubric [J] . Assessing Writing, 1995, 2 (2): 207-242.

[45]范增 . 我国高中物理核心概念及其学习进阶研究[D]. 重庆:西南大学, 2013.

[46] 郭玉英, 姚建欣, 张静 . 整合与发展——科学课程中概念体系的建构及其学习进阶 [J] . 课程 · 教材 · 教法, 2013, 33 (2): 44-49.

[47]刘晟,刘恩山 . 学习进阶:关注学生认知发展和生活经验[J]. 教育学报, 2012, 8 (2): 81-87.

[48] 王磊, 黄鸣春, 王维臻, 等 . 从国际比较的视角来看高中化学课程标准的稳定性和趋势性 [J] . 全球教育展望, 2013, 42 (11): 98-109.

[49]张勤,马费成 . 国内知识管理研究结构探讨——以共词分析为方法[J]. 情报学报, 2008, 27 (1): 93-101.

[50] 杨颖, 崔雷 . 基于共词可视化的学科战略情报研究 [J] . 情报学报, 2011, 28 (3): 325-330.

[51] HERITAGE M. Learning progressions : Supporting instruction and formative assessment [R] . Washington, DC : the Council of Chief State School Officers, 2008.

[52] ROSEMAN J E, CALDWELL A, GOGOS A, et al. Mapping a coherent learning progression for the molecular basis of heredity [C] . San Francisco : National Association for Research in Science Teaching Annual Meeting, 2006.

[53] DRIVER R, ASOKO H, LEACH J, et al. Constructing scientific knowledge in the classroom [J] . Educational Researcher, 1994, 23 (7):5-12.

[54] LIU X, RUIZ M E. Using data mining to predict K-12 students' performance on large-scale assessment items related to energy [J] . Journal of Research in Science Teaching, 2008, 45 (5): 554-573.

[55] DAWSON-TUNIK T L. Stage-like patterns in the development of conceptions of energy [M] // LIU X, BOONE W J. Applications of Rasch measurement in science education. Maple Grove : JAM Press, 2006 : 111-136.

[56] LEE H S, LIU O L. Assessing learning progression of energy concepts across middle school grades:The knowledge integration perspective[J].

Science Education, 2010, 94 (4): 665-688.

[57] JIN H, ANDERSON C W. A learning progression for energy in socio-ecological systems [J]. Journal of Research in Science Teaching, 2012, 49 (9): 1149-1180.

[58] PRESS G A. Aristotle's physics books III and IV [J]. Analytic Philosophy, 1985, 26 (1): 14-16.

[59] PINKER S. The stuff of thought [M]. New York: Viking, 2007.

[60] TALMY L. Force dynamics in language and thought [J]. Parasession on Causatives and Agentivity, 1985, 1: 293-337.

[61] COOPERSMITH J. Energy, the subtle concept: The discovery of Feynman's blocks from Leibniz to Einstein [M]. New York: Oxford University Press, 2010.

[62] COBB C, GOLDWHITE H. Creations of fire: Chemistry's lively history from alchemy to the atomic age [M]. New York: Plenum Press, 1995.

[63] MAGNER L N. A history of the life sciences [M]. New York: Marcel Dekker, 2002.

[64] CAPRA F. The web of life: A new scientific understanding of living systems [M]. New York: Anchor Books, 1996.

[65] NGSS Lead States. Next generation science standards [M]. Washington D.C.: National Academies Press, 2013.

[66] CAREY S. Conceptual change in childhood [M]. Cambridge, Mass.: MIT Press, 1985.

[67] CHI M T H. Commonsense conceptions of emergent processes: Why some misconceptions are robust [J]. The Journal of the Learning Sciences, 2005, 14 (2): 161-199.

[68] GELMAN R. First principles organize attention to and learning about relevant data: Number and the animate-inanimate distinction as examples [J]. Cognitive Science, 1990, 14 (1): 79-106.

[69] GOPNIK A, WELLMAN H M. The theory theory [G] // Mapping the mind: Domain specificity in cognition and culture. New York: Cambridge

University Press, 1994.

[70] IOANNIDES C, VOSNIADOU S. Exploring the changing meanings of force : From coherence to fragmentation [J] . Cognitive Science Quarterly, 2002, 2 (1) : 5–61.

[71] DISESSA A A. Toward an epistemology of physics [J] . Cognition and Instruction, 1993, 10 (2/3) : 105–225.

[72] MINSTRELL J, STIMPSON V. A classroom environment for learning : Guiding students' reconstruction of understanding and reasoning [M] // SCHAUBLE L, GLASER R. Innovations in learning : New environments for education. Mahwah : Lawrence Erlbaum Associates, 1996 : 175–202.

[73] LESLIE A M. ToMM, ToBy, and agency : Core architecture and domain specificity [M] // HIRSCHFELD L A, GELMAN S A. Mapping the mind : Domain specificity in cognition and culture. Cambridge, Mass. : Cambridge University Press, 1994 : 119–148.

[74] LESLIE A M. A theory of agency [M] // SPERBER D, PREMACK D, PREMACK A J. Causal cognition : A multidisciplinary debate. Oxford : Clarendon Press, 1996 : 121–141.

[75] WELLMAN H M, ESTES D. Early understanding of mental entities : A reexamination of childhood realism [J] . Child Development, 1986, 57 (4): 910–923.

[76] HUNT E, MINSTRELL J. A cognitive approach to the teaching of physics [M] // MCGILLY K. Classroom lessons : Integrating cognitive theory and classroom practice. Cambridge, Mass. : MIT Press, 1994 : 51–74.

[77] DISESSA A A. Why "conceptual ecology" is a good idea [M] // LIMON M, MASON L. Reconsidering conceptual change : Issues in theory and practice. Dordrecht : Kluwer Academic Publishers, 2002 : 28–60.

[78] LINN M C, CLARK D, SLOTTA J D. WISE design for knowledge integration [J] . Science Education, 2003, 87 (4) : 517–538.

[79] CHI M T, ROSCOE R D. The processes and challenges of conceptual change [M] // LIMON M, MASON L. Reconsidering conceptual change : Issues

in theory and practice. Dordrecht : Kluwer Academic Publishers, 2002 : 3-27.

[80] AHN W K, KALISH C W. The role of mechanism beliefs in causal reasoning [M] // KEIL F C, WILSON R A. Explanation and cognition. Cambridge, Mass. : MIT Press, 2000 : 199-225.

[81] SALMON W C. Scientific explanation and the causal structure of the world [M] . Princeton : Princeton University Press, 1984.

[82] HATANO G, INAGAKI K. A developmental perspective on informal biology [M] // MEDIN D L, ATRAN S. Folkbiology. Cabridge, Mass. : MIT Press, 1999 : 321-354.

[83] KELEMEN D. The scope of teleological thinking in preschool children [J] . Cognition, 1999, 70 (3) : 241-272.

[84] KELEMEN D. British and American children's preferences for teleo-functional explanations of the natural world [J] . Cognition, 2003, 88 (2) : 201-221.

[85] LOMBROZO T. The structure and function of explanations [J] . Trends in Cognitive Sciences, 2006, 10 (10) : 464-470.

[86] LOMBROZO T, CAREY S. Functional explanation and the function of explanation [J] . Cognition, 2006, 99 (2) : 167-204.

[87] TALMY L. Toward a cognitive semantics : Concept structuring systems [M] . Cambridge, Mass. : MIT Press, 2000.

[88] CHI M T H, GLASER R, REES E. Expertise in problem solving [M] . Washington D.C. : U.S. Government Printing Office, 1982.

[89] GROTZER T A, SUDBURY M. Moving beyond underlying linear causal models of electrical circuits [C] // Annual Meeting of the National Association of Research in Science Teaching, New Orleans, LA, 2000.

[90] GILBERT J K, POPE M L. Small group discussions about conceptions in science : A case study [J] . Research in Science & Technological Education, 1986, 4 (1) : 61-76.

[91] GILBERT J K, WATTS D M. Concepts, misconceptions and alternative conceptions : Changing perspectives in science education [J] .

Studies in Science Education, 1983, 10 (1): 61-98.

[92] WATTS D M, GILBERT J K. Enigmas in school science: Students' conceptions for scientifically associated words [J]. Research in Science & Technological Education, 1983, 1 (2): 161-171.

[93] WATTS D M. Some alternative views of energy [J]. Physics Education, 1983, 18 (5): 213-217.

[94] BARAK J, GORODETSKY M, CHIPMAN D. Understanding of energy in biology and vitalistic conceptions [J]. International Journal of Science Education, 1997, 19 (1): 21-30.

[95] DRIVER R, WARRINGTON L. Students' use of the principle of energy conservation in problem situations[J]. Physics Education, 1985, 20(4): 171-176.

[96] DUIT R. Learning the energy concept in school-empirical results from the Philippines and West Germany [J]. Physics Education, 1984, 19 (2): 59-66.

[97] SOLOMON J. Teaching the conservation of energy [J]. Physics Education, 1985, 20 (4): 165-170.

[98] MYERS D G. Exploring psychology [M]. London: Macmillan, 2004.

[99] SHROUT P E, FLEISS J L. Intraclass correlations: Uses in assessing rater reliability [J]. Psychological Bulletin, 1979, 86 (2): 420-428.

[100] BOND T G, FOX C M. Applying the Rasch model: Fundamental measurement in the human sciences [M]. Oxford: Psychology Press, 2013.

[101] SMITH R M, SCHUMACKER R E, BUSH M J. Using item mean squares to evaluate fit to the Rasch model [J]. Journal of Outcome Measurement, 1998, 2 (1): 66-78.

[102] LESLIE A M. Pretending and believing: Issues in the theory of ToMM [J]. Cognition, 1994, 50 (1-3): 211-238.

[103] CLEMENT J. Mapping a student's causal conceptions from a problem-solving protocol [J]. Cognitive Process Instruction, 1979: 133-146.

[104] ELKANA Y, BROWN S C. The discovery of the conservation of

energy [J] . Physics Today, 1975, 28 (8) : 74.

[105] ARONS A B. Development of concepts of physics [M] . Reading, Mass. : Addison-Wesley, 1965.

[106] DUIT R. Students' notions about the energy concept—before and after physics instruction [C] . Ludwigburg : Problems Concerning Students' Representation of Physics and Chemistry Knowledge, 1981.

[107] WARREN J W. The nature of energy [J] . European Journal of Science Education, 1982, 4 (3) : 295-297.

[108] DUIT R. Learning the energy concept in school—empirical results from the Philippines and West Germany [J] . Physics Education, 1984, 19 (2): 59-66.

[109] CHI M T H, FELTOVICH P J, GLASER R. Categorization and representation of physics problems by experts and novices [J] . Cognitive Science, 1981, 5 (2) : 121-152.

[110] LIU X. Using and developing measurement instruments in science education : A Rasch modeling approach [M] . Charlotte : Information Age Publishing, 2010.

[111] 韦斯林 . 应用 Rasch 模型构建基于计算机建模的中学生物质结构认知测量的研究 [D] . 上海 : 华东师范大学, 2011.

[112] LINACRE J M. Winsteps manual [J] . Chicago : Winsteps, 2002.

[113] WRIGHT B D, STONE M H. Measurement essentials [M] . Wilmington : Wide Range Inc, 1999 : 221.

[114] SHWARTZ Y, WEIZMAN A, FORTUS D, et al. The IQWST experience : Using coherence as a design principle for a middle school science curriculum [J] . The Elementary School Journal, 2008, 109 (2) : 199-219.

[115] KRAJCIK J S, CZERNIAK C M, BERGER C F. Teaching science in elementary and middle school classrooms : A project-based approach [M] . Boston : McGraw-Hill, 2003.

[116] KRAJCIK J, MCNEILL K L, REISER B J. Learning-goals-driven design model : Developing curriculum materials that align with national

standards and incorporate project-based pedagogy [J] . Science Education, 2008, 92 (1) : 1-32.

[117] DELGADO C. Development of a research-based learning progerssion for middle school through undergraduate students' conceptual understanding of size and scale [D] . Ann Arbor : University of Michigan, 2009.

[118] HALLOUN I A, HESTENES D. Modeling instruction in mechanics [J] . American Journal of Physics, 1987, 55 (5) : 455-462.

[119] ETKINA E, HEUVELEN A V, WHITE-BRAHMIA S, et al. Scientific abilities and their assessment [J] . Physical Review Spcial Topics Physics Education Research, 2006, 2 (2) : 439-447.

附　录

附录1：第一轮测试题目

下图有一个“跳虫”玩具，它由弹簧、吸杯、虫壳组成。压弹簧时吸杯会贴在一起，再把“跳虫”放到桌子上，等很短的时间，吸杯分开，弹簧弹开，“跳虫”跳到空中，然后又落回桌面。请你根据对“跳虫”玩具原理的理解，回答 Form1—Form4 题。

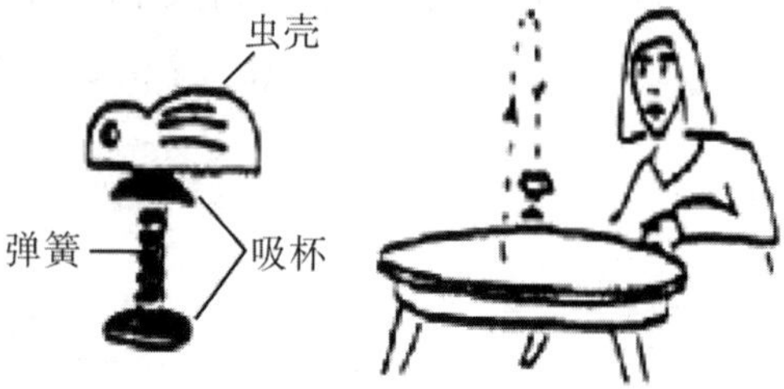

Form1. 当吸杯紧贴，弹簧被压缩时，玩具________。

A. 有能量　　B. 没有能量　　C. 不知道有没有能量

Nature1. 弹簧的能量是一种隐含在弹簧里面的力，这种说法________。

A. 对，能量就是一种力

B. 不对，能量和力不是一回事

C. 不知道

Form2. “跳虫”被弹起，向上运动的过程中，“跳虫”________。

A. 有能量　　B. 没有能量　　C. 不知道有没有能量

Form3. 当“跳虫”跳到了最高点，它既不向上也不向下运动的一瞬间，“跳虫”________。

A. 有能量　　B. 没有能量　　C. 不知道有没有能量

Form4. “跳虫”从最高点往下落的过程中，它________。

A. 有能量　　B. 没有能量　　C. 不知道有没有能量

Nature2. 有人认为：虽然我们在生活中经常谈到“能量”，但它并不真实存在，只是一个抽象概念。这种说法________。

A. 对　　B. 错　　C. 无法判断

Trans1. 下面框图中能量转化的次序可以解释选项中的哪个事件？_____。

电能 ⟶ 热能

A. 手电筒开着

B. 汽油燃烧驱动小汽车行驶

C. 电饭煲做饭

D. 电流使电视机工作

Degrad1. 电能可以用来使一个灯泡发光。当灯泡发光时，它消耗的电能与它产生的光能相比，_______。

A. 灯泡消耗的电能更多

B. 产生的光能更多

C. 消耗的电能和产生的光能一样多

D. 我也不知道到底哪个更多

Cons1. 请看下面一幅图，小球在一条光滑没有摩擦的轨道上从 *A* 点由静止自由释放，你认为小球最远可以到达哪一点？_______。

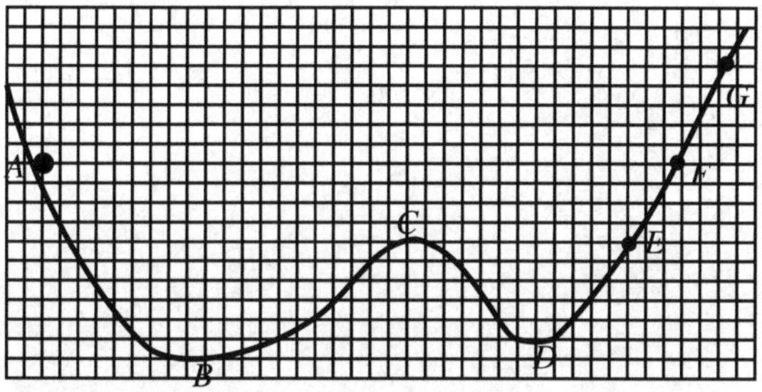

A. *C* 点，因为小球到了 *C* 点就过不去了，会返回去

B. *E* 点，因为 *E* 点和 *C* 点一样高，小球从 *C* 点滑过去，能量守恒，能到达 *E* 点的高度

C. *F* 点，因为 *F* 点与 *A* 点一样高，能量守恒，能到达 *F* 点的高度

D. *G* 点或者更远，因为轨道没有摩擦，由于惯性，小球可以一直滑过去，到达 *G* 点并继续往下滑

Degrad2. 掉在水平地面上的弹性小球会跳起，而且弹跳的高度会越来越低。下面图片是小球弹跳的频闪照片，小球在 1、2 位置的高度一样。下面说法正确的是_______。

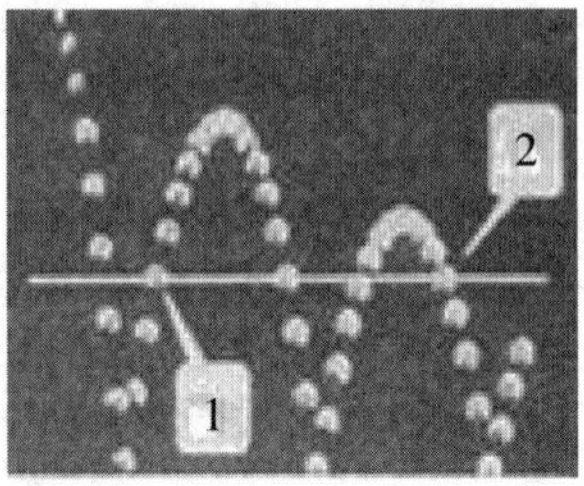

A. 1、2 位置的动能相同，2 位置的机械能较小

B. 1、2 位置的机械能相同，2 位置的动能较小

C. 1、2 位置的动能相同，机械能也相同

D. 2 位置的动能较小，机械能也较小

Cons2. 三辆自行车如下描述到达山顶：

（1）1 号在山脚时达到某一初速度，然后停止蹬踏板，自行车自己冲上山顶

（2）2 号一直蹬踏板以保证自行车以恒定的速度上山顶

（3）3 号使劲地蹬踏板，自行车加速上山顶

忽略摩擦力，这三种上山顶的过程中，人和自行车的总机械能保持不变的是：_______。

A. 只有（1）

B. 只有（1）和（2）

C. 只有（2）和（3）

D.（1）（2）（3）

附录2：第二轮测试题目

下图有一个弹簧青蛙玩具，它由弹簧、吸杯、外壳组成。压弹簧时吸杯会贴在一起，再把弹簧青蛙放到桌子上，等很短的时间，吸杯分开，弹簧弹开，弹簧青蛙跳到空中，然后又落回桌面。请你根据对弹簧青蛙玩具原理的理解，回答 Nature1—Form4 题。

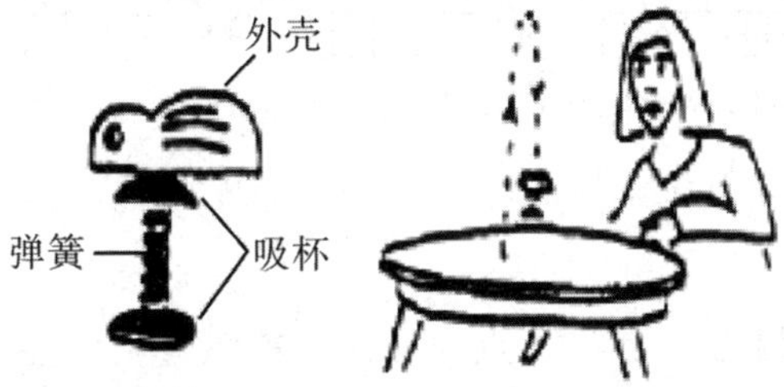

Nature1. 弹簧的能量是一种隐含在弹簧里面的力，这种说法（　　）。

A. 对，能量就是一种力

B. 不对，能量和力不是一回事

C. 不知道

Form2. 弹簧青蛙被弹起，在向上运动的过程中，弹簧青蛙（　　）。

A. 有能量　　B. 没有能量　　C. 不知道有没有能量

Form3. 当弹簧青蛙跳到了最高点，即在它既不向上也不向下运动的一瞬间，弹簧青蛙（　　）。

A. 有能量　　B. 没有能量　　C. 不知道有没有能量

Form4. 弹簧青蛙从最高点往下落的过程中，弹簧青蛙（　　）。

A. 有能量　　B. 没有能量　　C. 不知道有没有能量

Degrad1. 电能可以使灯泡发光。当灯泡发光时，它消耗的电能与它产生的光能相比，（　　）。

A. 消耗的电能更多

B. 产生的光能更多

C. 消耗的电能和产生的光能一样多

D. 不知道哪个更多

Cons1. 请看下面一幅图，小球在一个光滑没有摩擦的轨道上从 *A* 点

由静止自由释放，小球始终没有离开轨道，你认为小球最远可以滚到哪一点？（　　）

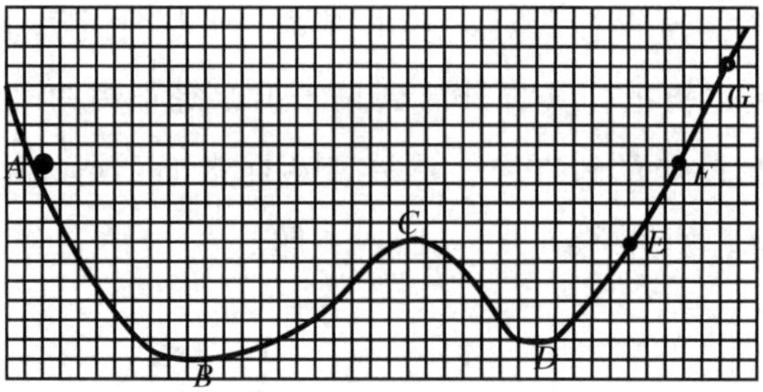

A. 到 C 点，因为小球到了 C 点就过不去了，会返回去

B. 到 E 点，因为 E 点和 C 点一样高，小球从 C 点滚过去，能量守恒，能到达 E 点的高度

C. 到 F 点，因为 F 点与 A 点一样高，能量守恒，能到达 F 点的高度

D. 到 G 点或者更远，因为轨道没有摩擦，由于惯性，小球可以一直滑过去，到达 G 点并继续往前滑

如图 a 所示，两辆完全相同的汽车分别行驶在山间的两条道路上。我们把这个情境简化成图 b 所示，甲车行驶在道路 A，乙车行驶在道路 B。在路段 1（即 YZ 之间的路段），道路 A 和道路 B 都平行于水平面，道路 A 高于道路 B。在路段 2（XY 之间的路段），道路 A 向下倾斜，最终和道路 B 交会。根据以上情境依次回答 Form5A—Degrad3 题，在分析问题时视道路 B 所在的平面为地平面。

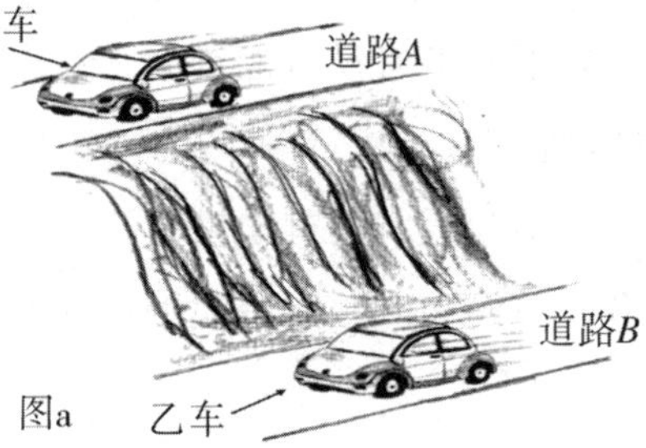

图a

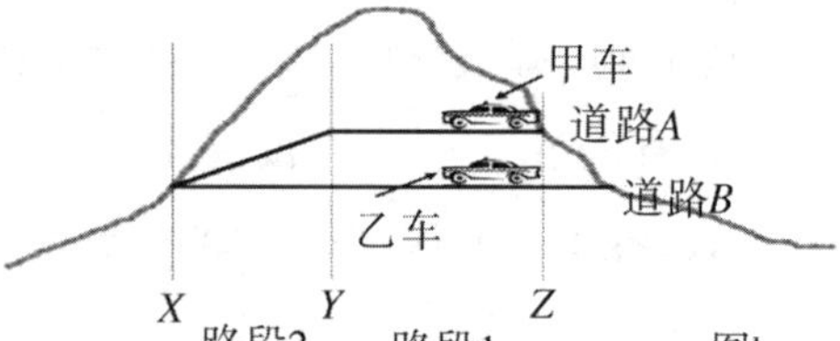

图b

在路段 1，两辆汽车保持相同的速度向前行驶，请写出这两辆汽车各自所具有的能量形式：

Form5A. 甲车：______________________________。

Form5B. 乙车：______________________________。

Form6. 在路段1，两辆汽车保持相同的速度向前行驶，请比较两辆汽车的能量大小，并解释原因。

答：我认为（　　）。（在选项A、B、C中选择一个，并简单叙述你选择的原因）

A. 甲车能量大

B. 乙车能量大

C. 两车能量一样大

原因：________________________________。

Trans2. 若在路段2，甲车仍匀速行驶，甲车的能量（　　）。（在选项A、B、C中选择一个，并简单叙述你选择的原因）

A. 不变　B. 变大　C. 变小

原因：________________________________。

Trans3. 请分析，在整个过程中，是否发生了能量转化？如果有，请列举所发生的能量转化的过程，并分析能量是从什么形式转化成了何种形式。如果没有，请解释原因。

答：我认为在整个过程中_____（选填“发生”或“没发生”）能量转化，

________________________________。

对于这个情境，某同学提出了两个看法，请判断他的观点是否正确。若认为不正确，请指出并修正他的错误；若认为正确，则可不填原因。

Cons3. 看法1：甲车和乙车的能量始终是守恒的，因为两车都在做匀速运动，动能不变。

看法1_____（选填“正确”或“不正确”），原因：________________

________________________________。

Degrad3. 看法2：汽车的发动机是为汽车提供动能的，因为在路段1行驶的时候乙车的速度不变，其动能没有变化，所以此时不需要打开发动机。

看法2_____（选填“正确”或“不正确”），原因：________________。

在检验中心的一次碰撞试验中，一辆汽车撞上厚墙并停止，碰撞后的墙体发生了微小移动，最后墙和汽车均静止下来，墙面和汽车均在碰撞中产生了凹痕。根据情境，回答Form7—Cons5题。

Form7. 请列举在整个过程中出现的能量形式：________________。

Trans4. 请描述在碰撞过程中发生的能量转化：________________。

请评述其他同学的几个观点。

Cons4. 观点1：在碰撞前后汽车和墙的总能量减少了。因为汽车在撞墙后停止，汽车的动能消失了，但墙体只发生了微小移动，且在最后墙静止下来，墙的动能也是零。所以总能量减少了。

观点1_____(填“正确”或“错误”)，因为____________________

____。

Cons5. 观点2：在碰撞前后，汽车和墙的总能量保持不变。在碰撞过程中，虽然墙比汽车质量大得多，墙只发生了微小移动，但因为能量守恒，汽车的动能全部转化为墙的动能。

观点2_____(填“正确”或“错误”)，因为____________________

____。

Nature3. “能量”是我们在物理学习和生活中都经常使用的一个词，你对“能量”有怎么样的认识呢？请用一两句话写出你所认为的“能量”是什么。

Degrad4. 能量守恒定律是我们非常熟悉的一个普遍定律，它告诉我们能量是守恒的，不可能消灭。可是，为什么我们还要节约能源呢？

Degrad2. 掉在水平地面上的弹性小球会弹起，而且弹起的高度会越来越低。下面图片是小球弹起的频闪照片，小球在1、2位置的高度一样。下面说法正确的是(　　)。

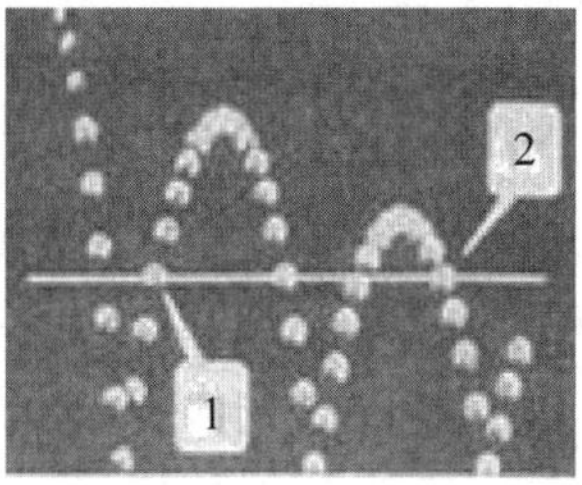

A. 1、2位置的动能相同，2位置的机械能较小

B. 1、2位置的机械能相同，2位置的动能较小

C. 1、2位置的动能相同，机械能也相同

D. 2位置的动能较小，机械能也较小

Trans5. 两个物块最初静止在光滑的水平面上，物块 A 的质量 m_A 小于物块 B 的质量 m_B。分别用相同的恒力 F 拉这两个物块，使它们均沿直线移动相同的距离 d（恒力 F 作用于整个过程中）。关于物块 A、B 均移动距离 d 后的动能情况，下列说法正确的是（　　）。

A. 物块 A、B 的动能相同

B. 质量小的物块动能大，因为它达到了更大的速度

C. 质量大的物块动能大，因为它的质量大

D. 所给条件不够，无法判断，因为需要已知物块的真实质量才能比较动能大小

Trans6. 一个汽车制造厂生产了某新型号汽车的一系列测试产品。两辆汽车 P 和 Q 具有相同质量，以相同大小的速度对撞，如图1。第三辆汽车 R，与另两辆车具有相同质量，也以同样大小的速度撞向一堵足够牢固的墙，如图2。在两种情况中，汽车碰撞后都停止下来。汽车 P 的动能转化为形变和热的能量（　　）。

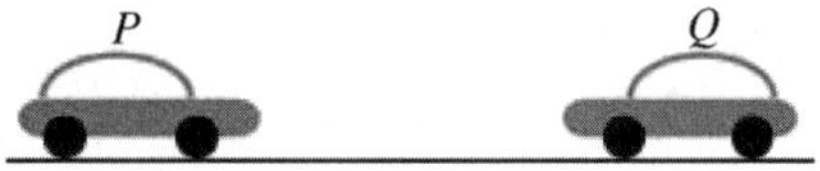

图1

图2

A. 比汽车 R 的多

B. 与汽车 R 的相同

C. 比汽车 R 的少

D. 没有充足的条件，无法判断结果

Cons6. 在下面列举的各个实例中，机械能守恒的物体有（　　）。

A. 在粗糙的水平面上运动的汽车

B. 在空中运动的铅球（不计空气阻力）

C. 沿光滑斜面匀速上升的物体

D. 在空中匀速下落的降落伞

Cons7. 如右图所示，物体沿斜面匀速下滑，在这个过程中物体所具有的动能____________，重力势能____________，机械能____________。（选填“增加”“不变”“减少”）

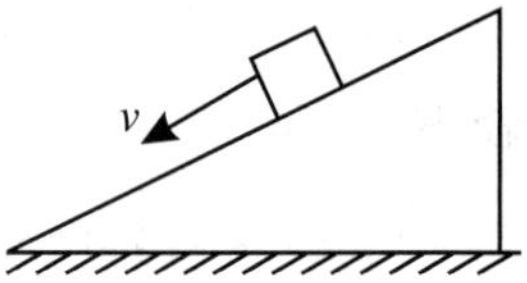

附录3：第三轮测试题目

有一个弹簧青蛙玩具，它由弹簧、吸杯、外壳组成。压弹簧时吸杯会贴在一起，再把弹簧青蛙放到桌子上，等很短的时间，吸杯分开，弹簧弹开，弹簧青蛙跳到空中，然后又落回桌面。请你根据对弹簧青蛙玩具原理的理解，回答 Form1—Form4 题。

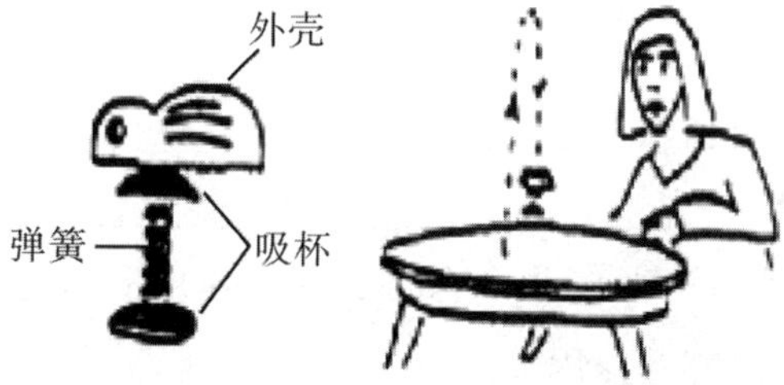

Form1 当弹簧青蛙的弹簧被压缩，“蓄势待发”之时（此时弹簧青蛙并没有运动），弹簧青蛙（　　）。

A. 有能量　　B. 没有能量　　C. 不知道有没有能量

Form2. 弹簧青蛙被弹起，在向上运动的过程中，弹簧青蛙（　　）。

A. 有能量　　B. 没有能量　　C. 不知道有没有能量

Form3. 当弹簧青蛙跳到了最高点，即在它既不向上也不向下运动的一瞬间，弹簧青蛙（　　）。

A. 有能量　　B. 没有能量　　C. 不知道有没有能量

Form4. 弹簧青蛙从最高点往下落的过程中，弹簧青蛙（　　）。

A. 有能量　　B. 没有能量　　C. 不知道有没有能量

如图 a 所示，两辆完全相同的汽车分别行驶在山间的两条道路上。我们把这个情境简化成图 b 所示，甲车行驶在道路 *A*，乙车行驶在道路 *B*。在路段 1（即 *YZ* 之间的路段），道路 *A* 和道路 *B* 都平行于水平面，道路 *A* 高于道路 *B*。在路段 2（*XY* 之间的路段），道路 *A* 向下倾斜，最终和道路 *B* 交会。根据以上情境依次回答 Form5A—Degrad3 题，在分析问题时视道路 *B* 所在的平面为地平面。

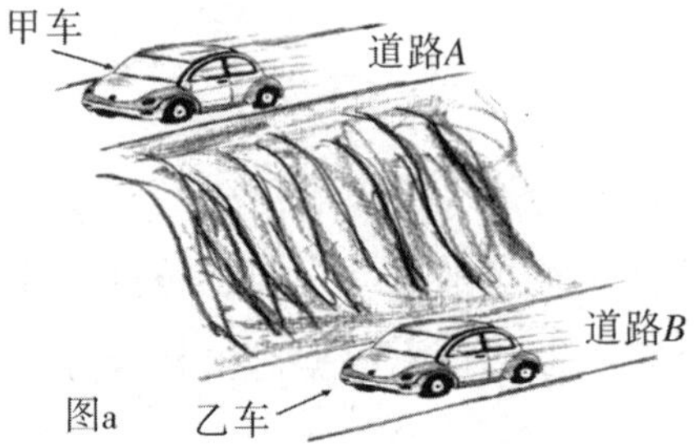

图a

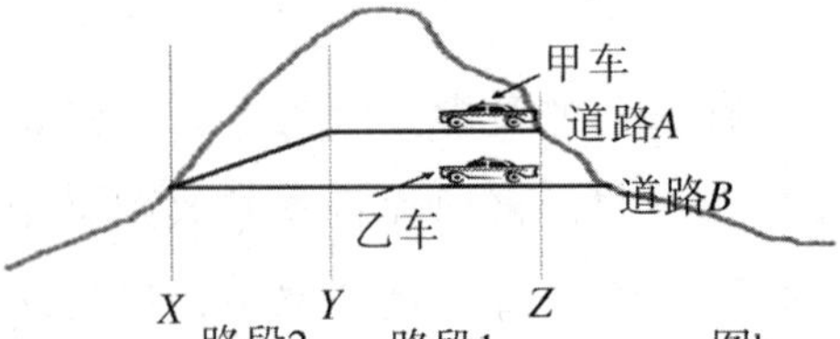

图b

在路段1，两辆汽车保持相同的速度向前行驶，请写出这两辆汽车各自所具有的能量形式：

Form5A. 甲车：________________________。

Form5B. 乙车：________________________。

Form6. 在路段1，两辆汽车保持相同的速度向前行驶，请比较两辆汽车的能量大小，并解释原因。

答：我认为（　　）。（在选项A、B、C中选择一个，并简单叙述你选择的原因）

A. 甲车能量大

B. 乙车能量大

C. 两车能量一样大

原因：________________________。

Trans2. 若在路段2，甲车仍匀速行驶，甲车的能量（　　）。（在选项A、B、C中选择一个，并简单叙述你选择的原因）

A. 不变　B. 变大　C. 变小

原因：________________________。

Trans3. 请列举三种在这个情境中发生的能量转化过程，并写明能量是从什么形式转化成了何种形式。

第一种：______转化______________。

第二种：______转化______________。

第三种：______转化______________。

对于这个情境，某同学提出了两个看法，请判断他的观点是否正确。若认为不正确，请指出并修正他的错误；若认为正确，则可不填原因。

Cons3. 看法1：甲车和乙车的能量始终是守恒的，因为两车都在做匀速运动，动能不变。

看法 1______（选填“正确”或“不正确”），原因：________________

____。

Degrad3. 看法 2：汽车的发动机是为汽车提供动能的，因为在路段 1 行驶的时候乙车的速度不变，其动能没有变化，所以此时不需要打开发动机。

看法 2______（选填“正确”或“不正确”），原因：________________

____。

在检验中心的一次碰撞试验中，一辆汽车撞上厚墙并停止，碰撞后的墙体发生了微小移动，最后墙和汽车均静止下来，墙面和汽车均在碰撞中产生了凹痕。根据情境，回答 Trans4—Cons5 题。

Trans4. 请描述在碰撞过程中发生的能量转化：________________

____。

请评述其他同学的几个观点。

Cons4. 观点 1：在碰撞前后汽车和墙的总能量减少了。因为汽车在撞墙后停止，汽车的动能消失了，但墙体只发生了微小移动，且在最后墙静止下来，墙的动能也是零。所以总能量减少了。

观点 1______（填“正确”或“错误”），因为________________

____。

Cons5. 观点 2：在碰撞前后，汽车和墙的总能量保持不变。在碰撞过程中，虽然墙比汽车质量大得多，墙只发生了微小移动，但因为能量守恒，汽车的动能全部转化为墙的动能。

观点 2______（填“正确”或“错误”），因为________________

____。

Cons1. 请看下面一幅图，小球在一个光滑没有摩擦的轨道上从 *A* 点

由静止自由释放，小球始终没有离开轨道，你认为小球最远可以滚到哪一点？（　　）

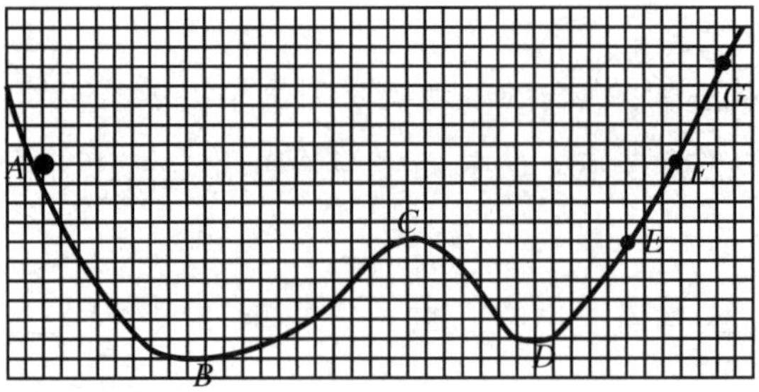

A. 到 C 点，因为小球到了 C 点就过不去了，会返回去

B. 到 E 点，因为 E 点和 C 点一样高，小球从 C 点滚过去，能量守恒，能到达 E 点的高度

C. 到 F 点，因为 F 点与 A 点一样高，能量守恒，能到达 F 点的高度

D. 到 G 点或者更远，因为轨道没有摩擦，由于惯性，小球可以一直滑过去，到达 G 点并继续往前滑

Cons8. 科普书籍告诉我们存在能量守恒定律：能量既不能被产生，也不能被消灭，只会从一种形式转化成另一种形式，或从一个物体转移到另一个物体。请描述在上述整个过程中，怎样体现着能量守恒定律。

Degrad2. 掉在水平地面上的弹性小球会弹起，而且弹起的高度会越来越低。下面图片是小球弹起的频闪照片，小球在1、2位置的高度一样。下面说法正确的是（　　）。

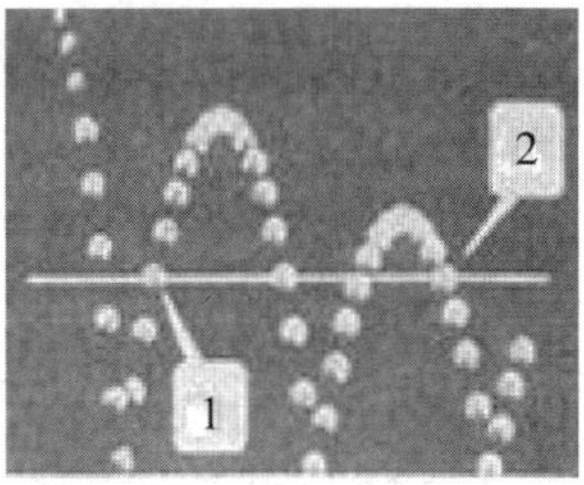

A. 1、2位置的动能相同，2位置的机械能较小

B. 1、2位置的机械能相同，2位置的动能较小

C. 1、2位置的动能相同，机械能也相同

D. 2位置的动能较小，机械能也较小

Nature3. “能量”是我们在物理学习和生活中都经常使用的一个词，你对“能量”有怎样的认识呢？请用一两句话写出你所认为的“能量”

是什么。

Trans7. 高中我们将学习动能定理，该定理指出：合外力所做的功等于物体动能的变化。两个物块最初静止在光滑的水平面上，物块 A 的质量 m_A 小于物块 B 的质量 m_B。分别用相同的恒力 F 拉这两个物块，使它们均沿直线移动相同的距离 d(恒力 F 作用于整个过程中)。关于物块 A、B 均移动距离 d 后所具有的动能情况，下列说法正确的是(　　)。

A. 质量小的物块动能大，因为它达到了更大的速度

B. 物块 A、B 的动能相同

C. 质量大的物块动能大，因为它的质量大

D. 所给条件不够，无法判断，因为需要已知物块的真实质量才能比较动能大小

Degrad4. 能量守恒定律是我们非常熟悉的一个普遍定律，它告诉我们能量是守恒的，不可能消灭。可是，为什么我们还要节约能源呢？

Trans8. 冬天用空调或电暖气取暖，哪个更省电？请简要说明理由。

Degrad6. 有人说“如果能将地球上所有海水的温度降低 0.1℃，那么放出的大量内能可以有效地缓解能源危机”，请问这一提议可行吗？请解释原因。

Cons7. 如右图所示，物体沿斜面匀速下滑，在这个过程中物体所具有的动能____________，重力势能____________，机械能____________。(选填“增加”“不变”“减少”)

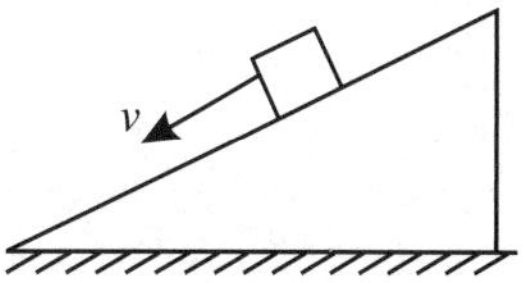

Form8. 温度为0℃、质量相同的冰和水进行比较，谁的内能较大？谁的分子平均动能较大？谁的分子平均势能较大？请说明原因。

Cons9. 如图所示，一条形磁体N极朝下，S极朝上，从距离线圈不远的高处沿着线圈轴线方向自由下落。在磁体接近线圈的过程中，线圈会对磁体产生什么作用？试从能量守恒的角度说明理由。

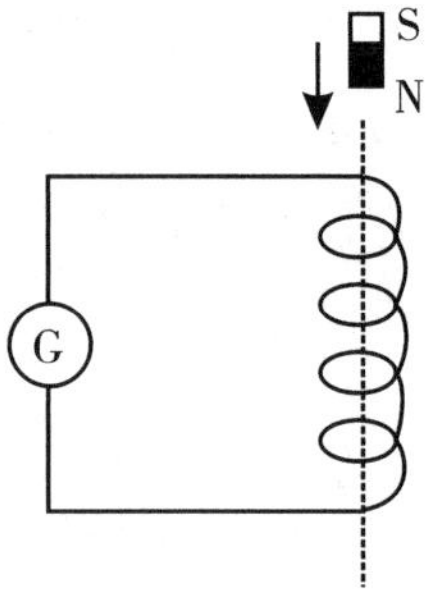

Degrad5. 用气筒给自行车打气时气筒会变热，试解释主要原因。

Trans9. 如图所示，质量为 m 的物体 A 从弧形面的底端以初速度 v_0 往上滑行，达到某一高度后，又沿原路返回，且继续沿水平面滑行至 P 点停止，则整个过程摩擦力对物体做的功为多少？

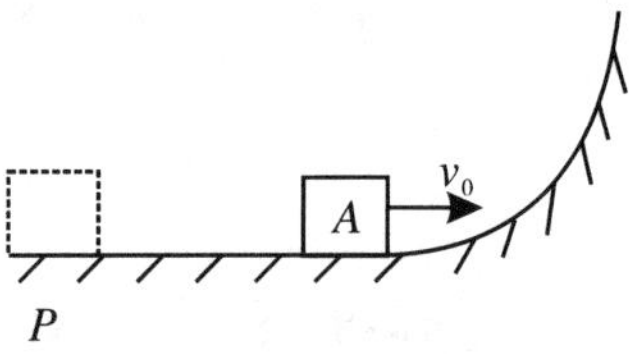

附录4：访谈题目

1. 请看下面一幅图，小球在一条光滑没有摩擦的轨道上从 A 点由静止自由释放，小球始终没有离开轨道，你认为小球最远可以滚到哪一点？(　　)

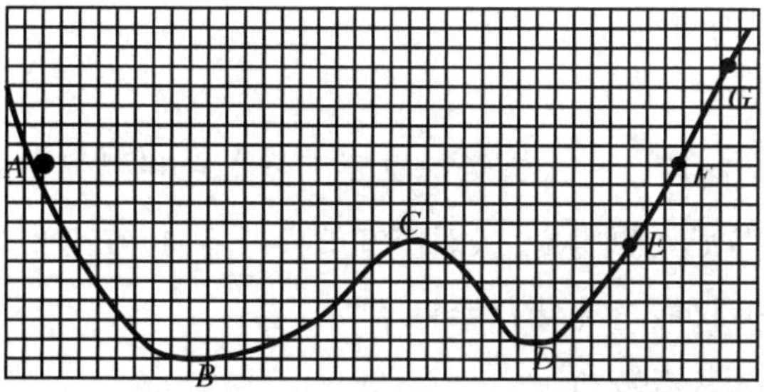

2. 掉在水平地面上的弹性小球会弹起，而且弹起的高度会越来越低。下面图片是小球弹起的频闪照片，小球在 1、2 位置的高度一样。下面说法正确的是(　　)。

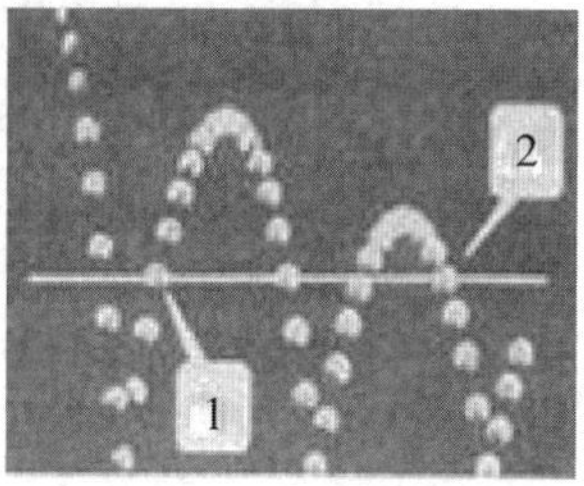

A. 1、2 位置的动能相同，2 位置的机械能较小

B. 1、2 位置的机械能相同，2 位置的动能较小

C. 1、2 位置的动能相同，机械能也相同

D. 2 位置的动能较小，机械能也较小

3. 一个汽车制造厂生产了某新型号汽车的一系列测试产品。两辆汽车 P 和 Q 具有相同质量，以相同大小的速度对撞，如图 1。第三辆汽车 R，与另两辆车具有相同质量，也以同样大小的速度撞向一堵足够牢固的墙，如图 2。在两种情况中，汽车碰撞后都停止下来。汽车 P 的动能转化为形变和热的能量(　　)。

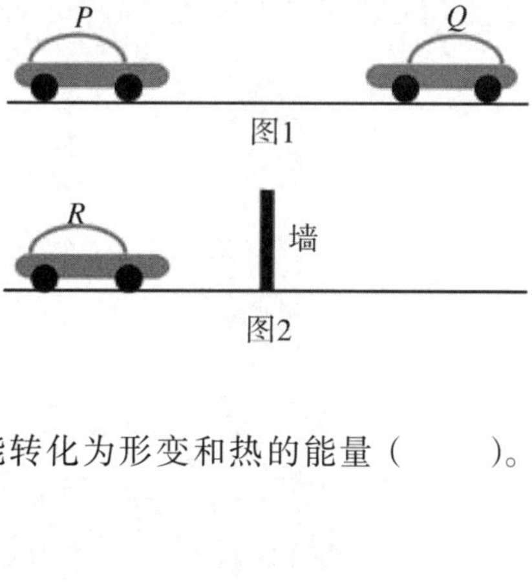

A. 比汽车 R 的多

B. 与汽车 R 的相同

C. 比汽车 R 的少

D. 没有充足的条件，无法判断结果

4. 一个重为600牛的大人和一个重为300牛的小孩进行登楼比赛，他们同时从底层出发，最后到达六楼，小孩比大人先到，那么谁的重力势能变化大？

5. 射钉枪是向墙内打入钉子的重要工具，它利用强大的气流快速推动钉子，使钉子获得很大的速度，从而使钉子打入墙内，在这个过程中，(　　)。

A. 气体的机械能全部转移给钉子

B. 气体对钉子不做功

C. 钉子的机械能守恒

D. 钉子的动能最后转化为内能

附录5：对实证结果的补充说明

1. 数据编码方式（以预研究为例）

ID	Form1	Nature1	Form2	Form3	Form4	Nature2	Trans1	Degrad1	Cons1	Degrad2	Cons2
08001	2	4	2	2	1	6	2	5	.	.	.
08002	2	2	2	2	2	6	2	5	.	.	.
08003	2	4	1	2	1	2	2	2	.	.	.
08004	2	2	1	2	1	2	2	2	.	.	.
08005	1	4	1	4	1	2	2	2	.	.	.
08006	2	2	2	2	2	2	2	5	.	.	.
……											
08166	2	4	2	2	1	2	2	5	.	.	.
08167	2	2	2	2	1	2	2	2	.	.	.
08168	2	4	2	4	1	2	2	2	.	.	.
08169	2	2	1	2	1	2	.	.	.	.	.
08170	2	4	1	2	1	2	2	2	.	.	.
08171	2	2	1	2	2	2	2	5	.	.	.
09001	2	4	2	4	2	6	.	.	6	4	5
09002	2	4	2	4	2	.	.	.	4	3	5
09003	2	4	2	4	2	2	.	.	4	4	5
……											
09170	2	4	2	3	2	6	.	.	6	3	5
09171	2	4	2	4	2	2	.	.	6	3	5
09172	2	4	2	4	2	6	.	.	6	4	5

编码说明：1—水平1；2—水平2；3—水平3-；4—水平3；5—水平4-；6—水平4。将不同年级学生对不同题目的作答通过链接题置于同一数据文件中进行处理，在链接题表现良好的前提下可在同一尺度上对各年级学生的表现进行比较。

2. 对第一轮实证研究结果的补充说明

（1）问题结果空间的一致性检验（Cronbach's Alpha）

Case Processing Summary

		N	%
Cases	Valid	31	100.0
	Excluded[a]	0	0.0
	Total	31	100.0

a. Listwise deletion based on all variables in the procedure.

Reliability Statistics

Cronbach's Alpha	*N* of raters
0.833	2

注：*N*=31代表问题结果空间中共有31处需要编码；*N* of raters=2表示有两位独立制订者。

（2）"能量"心理构造表征程度（principal component analysis）

```
      Table of STANDARDIZED RESIDUAL variance (in Eigenvalue units)
                                                  -- Empirical --    Modeled
Total raw variance in observations     =          16.6 100.0%         100.0%
  Raw variance explained by measures   =           9.1  54.9%          54.6%
    Raw variance explained by persons  =           4.1  24.7%          24.3%
    Raw Variance explained by items    =           5.0  29.6%          29.3%
  Raw unexplained variance (total)     =           7.5  45.2% 100.0%   45.6%
    Unexplned variance in 1st contrast =           1.8  10.8%  24.0%
    Unexplned variance in 2nd contrast =           1.7  10.2%  22.7%
    Unexplned variance in 3rd contrast =           1.6   9.6%  21.3%
    Unexplned variance in 4th contrast =           1.4   8.4%  18.7%
    Unexplned variance in 5th contrast =           1.0   6.0%  13.3%
```

3. 对第二轮实证研究结果的补充说明

（1）问题结果空间评分者一致性检验（Cronbach's Alpha）

Case Processing Summary

		N	%
Cases	Valid	81	100.0
	Excluded[a]	0	0.0
	Total	81	100.0

a. Listwise deletion based on all variables in the procedure.

Reliability Statistics

Cronbach's Alpha	*N* of raters
0.921	3

注：*N*=81代表问题结果空间有81处需要编码；*N* of raters=3表示有三位独立制订者。

（2）开放题编码一致性检验（Cronbach's Alpha）

Case Processing Summary

		N	%
Cases	Valid	520	100.0
	Excluded[a]	0	0.0
	Total	520	100.0

a. Listwise deletion based on all variables in the procedure.

Reliability Statistics

Cronbach's Alpha	*N* of raters
0.890	2

注：*N*=520表示有520处需要编码（20人×八年级前开放题7道+20人×八年级开放题9道+20人×九年级开放题6道+20人×十年级开放题2道+20人×十一年级开放题2道=520）；*N* of raters=2表示有两位独立评分者。

（3）"能量"心理构造表征程度（principal component analysis）

```
      Table of STANDARDIZED RESIDUAL variance (in Eigenvalue units)
                                                  -- Empirical --    Modeled
 Total raw variance in observations     =          17.4 100.0%        100.0%
   Raw variance explained by measures   =          10.9  62.7%         61.8%
     Raw variance explained by persons  =           4.8  27.7%         27.1%
     Raw Variance explained by items    =           6.1  35.0%         34.5%
   Raw unexplained variance (total)     =           6.5  37.2% 100.0%   38.6%
     Unexplned variance in 1st contrast =           1.6   9.2%  24.6%
     Unexplned variance in 2nd contrast =           1.5   8.6%  23.1%
     Unexplned variance in 3rd contrast =           1.3   7.5%  20.0%
     Unexplned variance in 4th contrast =           1.1   6.3%  16.9%
     Unexplned variance in 5th contrast =           1.0   5.7%  15.4%
```

（4）各年级样本认知水平的正态分布检验（单样本K-S检验）

One-Sample Kolmogorov-Smirnov Test

		Grade K-7	Grade 8	Grade 9	Grade 10	Grade 11
N		267	258	274	250	227
Normal Parameters[a, b]	Mean	-0.2357	1.2032	1.5419	2.8333	3.3286
	Std. Deviation	0.59641	0.73489	0.64967	0.60422	0.70348
Most Extreme Differences	Absolute	0.071	0.079	0.047	0.047	0.066
	Positive	0.065	0.079	0.047	0.047	0.066
	Negative	-0.071	-0.054	-0.029	-0.034	-0.156
Kolmogorov-Smirnov Z		1.153	1.271	0.779	0.734	0.995
Asymp. Sig.(2-tailed)		0.140	0.079	0.579	0.655	0.275

a. Test distribution is normal.

b. Calculated from data.

（5）各年级样本认知水平分布的方差齐性检验（Levene test）

Test of Homogeneity of Variances

Levene Statistic	df1	df2	Sig.
0.961	4	1271	0.430

（6）各年级样本认知水平分布的差异性检验（LSD 检验）

ANOVA

	Sum of Squares	df	Mean Square	F	Sig.
Between Groups	141.407	4	35.352	42.303	0.000
Within Groups	1062.148	1271	0.836		
Total	1203.556	1275			

Multiple Comparisons

LSD

(I) Grade	(J) Grade	Mean Difference (I–J)	Std. Error	Sig.	95% Confidence Interval	
					Lower Bound	Upper Bound
K–7	8	–1.43891	0.13884	0.000	–1.7166	–1.1612
	9	–1.77759	0.13269	0.000	–2.0429	–1.5122
	10	–3.06885	0.23099	0.000	–3.5308	–2.6068
	11	–3.56429*	0.23455	0.000	–4.0339	–3.0952
8	K–7	1.43891	0.13884	0.000	1.1612	1.7166
	9	–0.33870	0.14675	0.021	–0.6322	–0.0452
	10	–1.63010	0.12188	0.000	–1.8739	–1.3863
	11	–2.12539*	0.12569	0.000	–2.3768	–1.8740
9	K–7	1.77759	0.13269	0.000	1.5122	2.0429
	8	0.33870	0.14675	0.021	0.0452	0.6322
	10	–1.29137	0.13560	0.000	–1.5626	–1.0202
	11	–1.78670	0.13904	0.000	–2.0648	–1.5086
10	K–7	3.06885	0.23099	0.000	2.6068	3.5308
	8	1.63010	0.12188	0.000	1.3863	1.8739
	9	1.29137	0.13560	0.000	1.0202	1.5626
	11	–0.49531*	0.20151	0.014	–0.8983	–.0923
11	K–7	3.56429*	0.23455	0.000	3.0952	4.0339
	8	2.12539*	0.12569	0.000	1.8740	2.3768
	9	1.78670	0.13904	0.000	1.5086	2.0648
	10	0.49531*	0.20151	0.014	0.0923	0.8983

* The mean difference is significant at the 0.05 level.

4. 对三轮实证研究结果的补充说明

（1）问题结果空间的一致性检验（Cronbach's Alpha）

Case Processing Summary

		N	%
Cases	Valid	90	100.0
	Excluded[a]	0	0.0
	Total	90	100.0

a. Listwise deletion based on all variables in the procedure.

Reliability Statistics

Cronbach's Alpha	*N* of raters
0.940	2

注：*N*=90 表示问题结果空间有 90 处需要编码；*N* of raters=2 表示有两位独立制订者。

（2）"能量"心理构造表征程度（principal component analysis）

```
     Table of STANDARDIZED RESIDUAL variance (in Eigenvalue units)
                                                  -- Empirical --        Modeled
Total raw variance in observations          =      20.5 100.0%             100.0%
  Raw variance explained by measures        =      13.6  66.3%              65.3%
    Raw variance explained by persons       =       6.4  31.2%              30.1%
    Raw Variance explained by items         =       7.2  35.1%              34.9%
  Raw unexplained variance (total)          =       6.9  33.6% 100.0%       33.6%
    Unexplned variance in 1st contrast =            1.7   8.3%  24.6%
    Unexplned variance in 2nd contrast =            1.5   7.3%  21.7%
    Unexplned variance in 3rd contrast =            1.3   6.3%  18.8%
    Unexplned variance in 4th contrast =            1.2   5.9%  17.4%
    Unexplned variance in 5th contrast =            1.2   5.9%  17.4%
```

（3）各年级样本认知水平的正态分布检验（单样本 K-S 检验）

One-Sample Kolmogorov-Smirnov Test

		Grade 8	Grade9	Grade10	Grade11	Grade12
N		401	415	445	449	435
Normal Parameters[a,b]	Mean	−0.3711	0.4233	0.8695	2.1874	2.5766
	Std. Deviation	0.72103	0.88796	0.75710	0.93238	0.94803
Most Extreme Differences	Absolute	0.061	0.058	0.044	0.040	0.060
	Positive	0.061	0.046	0.044	0.035	0.060
	Negative	−0.056	−0.058	−0.035	−0.040	−0.051
Kolmogorov-Smirnov Z		1.227	1.183	0.929	0.853	1.243
Asymp. Sig.（2-tailed）		0.098	0.122	0.354	0.461	0.091

a. Test distribution is normal.

b. Calculated from data.

（4）各年级样本认知水平分布的方差齐性检验（Levene test）

Test of Homogeneity of Variances

Levene Statistic	df1	df2	Sig.
1.849	4	2140	0.121

（5）各年级样本认知水平分布的差异性检验（LSD 检验）

ANOVA

	Sum of Squares	df	Mean Square	F	Sig.
Between Groups	173.281	4	43.320	33.426	0.000
Within Groups	2773.517	2140	1.296		
Total	2946.798	2144			

Multiple Comparisons

LSD

（I）Grade	（J）Grade	Mean Difference（I–J）	Std. Error	Sig.	95% Confidence Interval	
					Lower Bound	Upper Bound
8	9	−0.79441	0.31624	0.012	−1.4269	−0.1619
	10	−1.24057	0.20839	0.000	−1.6574	−0.8238
	11	−2.55849	0.15397	0.000	−2.8664	−2.2506
	12	−2.94768	0.17600	0.000	−3.2997	−2.5957
9	8	0.79441	0.31624	0.012	0.1619	1.4269
	10	−0.44620	0.20686	0.031	−0.8599	−0.0324
	11	−1.76407	0.20578	0.000	−2.1756	−1.3525
	12	−2.15328*	0.20708	0.000	−2.5674	−1.7391
10	8	1.24057	0.20839	0.000	0.8238	1.6574
	9	0.44620	0.20686	0.031	0.0324	0.8599
	11	−1.31786*	0.17303	0.000	−1.6639	−0.9718
	12	−1.70710	0.17510	0.000	−2.0573	−1.3569
11	8	2.55849	0.15397	0.000	2.2506	2.8664
	9	1.76407	0.20578	0.000	1.3525	2.1756
	10	1.31786*	0.17303	0.000	0.9718	1.6639
	12	−0.38916	0.34623	0.261	−1.0816	−0.3033
12	8	2.94768	0.17600	0.000	2.5957	3.2997
	9	2.15328*	0.20708	0.000	1.7391	2.5674
	10	1.70710	0.17510	0.000	1.3569	2.0573
	11	0.38916	0.34623	0.261	0.3033	1.0816

* The mean difference is significant at the 0.05 level.

5. 学生试卷实例

（十一年级，其中部分题目为本次测试研究用题，电子扫描版）

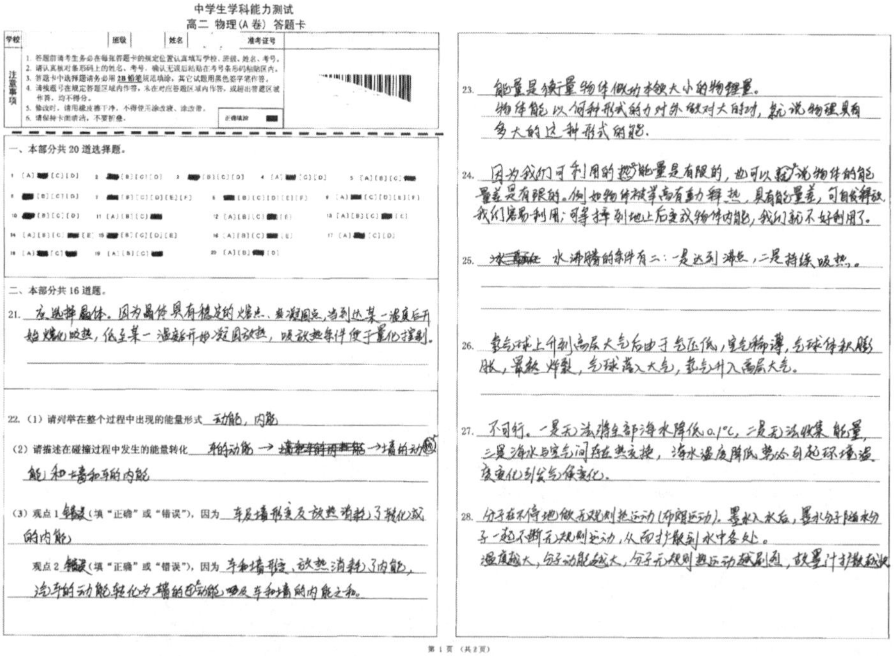
中学生学科能力测试
高二 物理(A卷) 答题卡

学校 | 班级 | 姓名 | 准考证号

注意事项
1. 答题前请考生务必在每张答题卡的规定位置认真填写学校、班级、姓名、考号。
2. 请认真核对条形码上的姓名、考号，确认无误后粘贴在考号条形码粘贴区内。
3. 答题卡中选择题请务必用2B铅笔规范填涂，其它试题用黑色签字笔作答。
4. 请按题号在规定答题区域内作答，未在对应答题区域内作答，或超出答题区域作答，均不得分。
5. 修改时，请用橡皮擦干净，不得使用涂改液、涂改带。
6. 请保持卡面清洁，不要折叠。

正确填涂 ■

一、本部分共20道选择题。

1 [A] ■ [C] [D]　2 ■ [B] [C] [D]　3 ■ [B] [C] [D]　4 [A] ■ [C] [D]　5 [A] [B] [C] ■
6 ■ [B] [C] [D]　7 ■ [B] [C] [D] [E] [F]　8 ■ [B] [C] [D] [E] [F]　9 [A] ■ [C] [D] [E] [F]
10 ■ [B] [C] [D]　11 [A] [B] [C] ■　12 [A] [B] [C] ■ [E]　13 [A] [B] [C] ■ [E]
14 [A] [B] [C] ■ [E]　15 ■ [B] [C] [D] [E]　16 [A] [B] [C] ■ [E]　17 [A] ■ [C] [D]
18 [A] ■ [C] ■　19 [A] [B] [C] ■　20 [A] [B] ■ [D]

二、本部分共16道题。

21. 应选择晶体。因为晶体具有稳定的熔点、凝固点，当到达某一温度后开始熔化吸热，低至某一温度后开始凝固放热，吸放热条件便于量化控制。

22.（1）请列举在整个过程中出现的能量形式 动能，内能

（2）请描述在碰撞过程中发生的能量转化 车的动能 → ~~墙和车的内能~~ → 墙的动能和墙和车的内能

（3）观点1 错误（填"正确"或"错误"），因为 车及墙形变及放热消耗了转化成的内能

观点2 错误（填"正确"或"错误"），因为 车和墙形变、放热消耗了内能，汽车的动能转化为墙的动能以及车和墙的内能之和。

23. 能量是衡量物体做功本领大小的物理量。
物体能以何种形式的力对外做多大的功，就说物体具有多大的这种形式的能。

24. 因为我们可利用的能量是有限的，也可以说物体的能量差是有限的。例如物体被举高有重力势能，具有能量差，可自发释放我们容易利用；可举掉到地上后变成物体内能，我们就不好利用了。

25. ~~水沸腾~~ 水沸腾的条件有二：一是达到沸点，二是持续吸热。

26. 氢气球上升到高层大气后由于气压低，空气稀薄，气球体积膨胀，最终炸裂，气球落入大气，氢气升入高层大气。

27. 不可行。一是无法将全部海水降低0.1°C，二是无法收集能量，三是海水与空气间存在热交换，海水温度降低势必引起环境温度变化引发气候变化。

28. 分子在不停地做无规则热运动（布朗运动）。墨水入水后，墨水分子随水分子一起不断无规则运动，从而扩散到水中各处。
温度越大，分子动能越大，分子无规则热运动越剧烈，故墨汁扩散越快。

第1页（共2页）

6. 第三轮测验计算机评分现场实录

仲裁者监控评分情况

评分前对评分者进行培训

藏传佛教

象征符号

THE HANDBOOK OF TIBETAN

[英] 罗伯特·比尔 著
向红笳 译

与

BUDDHIST SYMBOLS

中国藏学出版社

器物图解

译者的话

我是在英国牛津大学举办的国际藏学研讨会的书摊上发现的这本书。坦率地说，最初吸引我的是书中精美的插图。全书插图均采用白描画法，毫无奢华之感，但令人有一种美的享受。藏传佛教象征符号与器物的色彩、线条和器形与众不同，别具风格。白描绘制的藏传佛教象征符号与器物则更有一番韵味。插图的线条优雅、流畅，构图严谨，器具形象逼真、直观，极富韵律美。在翻阅全书后，我更感到这是一部文风严谨、资料翔实、内容丰富的学术性著作，全面阐述了藏传佛教器物的历史渊源、礼仪上的应用及其浓厚的宗教内涵。

本书作者罗伯特·比尔是一名英国艺术家。近三十年来他一直致力于西藏唐卡艺术的研究，是从事唐卡艺术研究的首批西方学者之一。他曾有多部有关西藏唐卡艺术的论著问世，如《藏族符号与艺术主题百科全书》等，并为《施魔大师》一书绘制了插图。

器物对藏传佛教的传播和传承都具有举足轻重的作用，它们也是西藏绘画、雕塑等艺术的重要题材。藏传佛教器物包括宗教法器、礼器、战斗武器及神灵所持神器。

全书共分十六章，附有四个附录和二百余张附带文字说明的插图。第一章“八瑞相”介绍了十分常见的宝伞、金鱼、宝瓶、妙莲、右旋白螺、吉祥结、胜利幢和金轮及其起源。第二章“八瑞物”详细描述了宝镜、黄丹、酸奶、长寿茅草、木瓜、右旋海螺、朱砂及芥子并阐述了它们的功能。第三章“五妙欲”特别介绍了色、声、香、味、触及五大感官器官在藏传佛教中的作用。第四章“转轮王”是十分重要的一章，它就转轮王七政宝、七近宝及七珍进行了言简意赅的阐述。第五章“象征物与供物”侧重在几大组重要的吉祥符号和图案上。第六章“动物和神话动物”主要介绍了出现在藏传佛教艺术中的自然动物及超自然的神话动物及其起源。第七章“星象符号”除了简述太阳和月亮及五大要素外，特别对佛教宇宙观中神秘莫测的须弥山和被称作“坛城”的曼荼罗进行了详细的解释。第八章“主要礼仪和密宗器具”是本书中最为重要的一章，重点诠释了藏传佛教仪轨和仪式中最常用的法器。第九章“兵器”介绍了神人或神神战争中使用的兵器及它们的历史渊源。第十章“吉祥天母的五大神器”是专门介绍吉祥天母神器的章节。第十一章“恐怖的替代品和供物”重点描述了藏传佛教中十分独特的供物和替代品。第十二章“手持标识和礼仪供物”着重讲述了佛像所持器物及它们的历史渊源。第十三章“植物供品”介绍的是其他类似著作中很少提及的植物供品。第十四章“法源”是比较晦涩的一章，更多涉及佛教的本原及其外在的表现形式。第十五章是“朵玛与象征性供品”。朵玛是日常生活和宗教生活中常见的供物，而其他象征性供品的宗教含义却鲜为人知。这一章侧重在对朵玛、灵器、赎身品、五觉供品及内供的描述上。第十六章“手印”十分有趣，在所附插图的帮助下，该章介绍了多种手印、手印的功能及结法。四个附录分别是：1）搅拌大海的传说；2）五部佛；3）三身；4）脉轮。书后所附词汇解释对生涩难解的佛教词汇做了进一步的诠释，相信会使读者受益匪浅。

为了方便读者进一步深刻理解藏传佛教器物深邃的宗教内涵，也为了增加本书的学术性，译者力所能及地提供了千余个注释，希望由此能加深读者的兴趣和理解。需要说明的是，由于个别梵文或藏文语焉不详，只得保留原文或给出音译或根据英文解释进行翻译，因而也无从加注。对于译者来说，这是一个小小的遗憾，我希望这点缺憾不会影响全书的质量。还须指出的是，全书中除了注释中的藏文和梵文是由译者补充的，绝大部分的藏文和梵文均是原书注明的。

译者从事藏传佛教资料翻译工作已有二十余年，对藏传佛教文化的博大精深深有感受。本书中出现的梵文、藏文及其他文字大大增加了翻译的难度，幸亏得到诸多朋友的鼎力相助，才使得这本著作得以面世，译者对此心怀感激，恕不一一致谢。我还要真诚地感谢中国藏学出版社为解决本书的版权所做的不懈努力。最后，我愿对长期以来一直给予我真诚帮助的所有朋友们表达我诚挚的谢意。

由于译者的水平有限，特别受到对佛学精髓之领悟的制约，在翻译过程中难免会有漏译，甚至错译之处，恳请广大读者及藏学界学者不吝赐教。

扎西德勒！

向红笳

2006 年国庆节

序　言

1999年夏季，我完成了《藏族符号与艺术主题百科全书》[1]。这部著作的写作耗时多年，仅完成素描一项就用了近乎八年的时光，它们是在苏格兰荒芜的西部高地漫长的半隐居状态下创作出来的。与之相比，本书的写作速度较快，且费力不大。每当有话要说时，词汇会轻易滚涌而出，或许不知何时收笔成了我的最大困难。在完成了近五十万字之后，我的出版商和编辑“让我歇手”。此书已超过了截止日期，甚至连编写索引的时间也所剩无几。尽管基本上它是以初稿形式呈现在读者的面前，但我认为它是一部质量上乘、见解独到的著作。

2000年初，我为《藏传佛教众神》[2] 一书编写精准的图示索引。马丁·威尔森[3]历时大约十四年为这部著作翻译了藏文经文并加以注释。这部著作简要描述了五百多位神灵。由于这两部著作几乎同时出版，这令我感到金刚乘艺术复杂的象征主义展现了某些新的感悟。

本书是《藏族符号与艺术主题百科全书》原文与《藏传佛教众神》中凝练段落的综合。尽管本书中原有插图的筛选受到一定的局限，且主题范围也被大大缩小，但我认为本书的版式会使读者使用起来更为方便、得心应手。

我曾力图使本书的内容构架更符合逻辑，以便能使具有如此鲜明之佛教教义特征的大量内容逐一引入此书。本书的前五章涉及几大组吉祥符号、供物及标识，其中许多是早期

---

① 原文：The Encyclopedia of Tibetan Symbols and Motifs，《藏族符号与艺术主题百科全书》，书名。

② 原文：Deities of Tibetan Buddhism，《藏传佛教众神》，书名。

③ 原文：Martin Willson，马丁·威尔森，人名。

印度佛教第一批具有象征意义的主题。第六章介绍出现在佛教艺术中的自然动物和神话动物之起源。第七章谈及星象符号（太阳和月亮）、五大要素、须弥山和坛城供物。第八章介绍了金刚乘中金刚杵、金刚铃、十字金刚杵及金刚橛主要法器及天杖、达玛茹（手鼓）、胫骨号筒、颅器及钺刀等其他密宗法器。第九、十章介绍了传统的、更具有神力的武器，主要为半怒相本尊神和怒相护法神所持。第十一章描述这些神灵所持的更具降魔功力的替代物。第十二、十三章包括不同神灵和法师的手持法器与植物替代物。第十四、十五章涉及金刚乘佛教中更为神秘的符号，包括“法源”、“朵玛”及“内供”。第十六章描述众神所结主要手印并以此结束全书。

本书书后附有四个附录和一个词汇表。附录一是有关搅拌大海的传说；附录二简述五佛部之总体概念；附录三简要诠释佛陀的各种“身”；附录四试图简要阐释无上瑜伽密宗佛教的“脉轮”体系。从象征意义上来看，“脉轮”体系与生、生命和死亡的转换过程及进入最高圆满状态的转世有关。这三个附录的主题内容极为广泛。尽管本书对它们的解释十分简要，不够充分，但深入理解它们对真正理解金刚乘佛教令人叹为观止、纷繁复杂的戒律和修持来说是至关重要的。

在本书中，我通篇使用“符号”一词说明一个特定的器物或替代物的内涵。这一词汇更为精准的解释或许应是“清净”，因为这些器物主要代表众神获得圆满后的品性或“纯净”。在过去的一千五百年间，印度及西藏大师撰写的种类繁多的《神灵赞》① 已充分展示了它们的纯净。优美的祈祷词中诗一般的语言常常展现出这些大师从众神身上感悟到的尊崇、信奉、挚爱和忠诚，这些被他们视为得到庇荫和获得灵感的源泉。

本书通篇还使用了“经常地、通常地、频繁地、普遍地和从传统意义上”等词汇表示独特的象征性定义或描述。之所以使用这些词汇并非无法确定某个象征的含义或对之进行的描述，而是这些符号在不同派别或世系的图像上产生了异化。解释这些突现的异化超出了本书的范畴。但有时，我会对卷帙浩繁的《百科全书》中的局部进行尝试性的解释。在金刚乘肖像画法中，象征主义有时会有外部、内部及神秘三个层面，在无上瑜伽密宗的修持中更为如此。这些教义揭示的含义十分深奥，且层面较多，宛如闪烁着彩虹光泽的一颗锥形如意宝。光的本体是一个，但其各个侧面发出的光泽却缤纷多彩。

同样，对古典英语词汇也应有同样的理解，它们被用来描述各种佛教世俗词汇和圆满的特质。如：“八正道”、“六度”和“四无量”都是难以界定的“绝对词汇”和“相关”词汇，其含义基本上是沟通人的灵感的。作为禅定的内容，其含义不断加深以符合修持者在情感、精神、心理、哲学和精神上的认知。在佛教经文中，大量词汇中的任何一个都可

---

① 原文：Praises to the Deities，《神灵赞》，书名。

以再分为多个方面或多个组成部分。例如“六度”就可以分为三个层面。这些词汇的“绝对”含义仅存于圆满之心。在圆满之心中，它们会自然地展现出佛陀与生俱来的光芒，无限的清净、智慧、慈悲和挚爱。

众佛神殿及其象征物纯粹是一个外壳或是小乘佛教、大乘佛教和金刚乘佛教教义的整个“道”或有形的表现形式。只有深入理解它们，才能真切地感悟它们，而且只有通过持续的、漫长的修持、修习和完善，才能直接感悟它们。认为通过历史的、心理的和比较的解释就能理解它们是远远不够的。佛教是一个活的教派，其历史可以追溯到二千五百年前。几千名大学者、贤哲和修持者已为此贡献了他们的整个一生，乃至生命。这些教义的结合十分完美，无须再行诠释。人类思想能够诠释和理解它们，而这个“活的教派”的纯净之美皆在于此。人们最终会意识到，佛法只存于人们的思想中，人们苦苦寻觅的东西正是他们实际看到的东西。

佛教在其家园印度发展了一千七百多年，直到入侵的伊斯兰军队在十二世纪末期摧毁了庞大的佛学院。金刚乘密宗传承在公元八至十二世纪期间得以昭世，而这四百年是印度佛教文化之花绽放的最后时期。正是在这段时期，佛教教义通过克什米尔和尼泊尔传入西藏，并从梵文译成藏文。藏族艺术中出现的大部分符号都源自印度佛教。早在佛教传入之前，许多符号在古印度就业已存在。同样，所有的佛、菩萨、主要本尊神和护法神都源自印度佛教，它们被装饰在印度皇族的丝袍和珠宝饰物上或装饰在印度密宗瑜伽师及瑜伽母的骨饰和兽皮上。

大多数符号源自印度已无可争议，但不可避免地引发了以下问题：“依据什么区分藏传佛教和早期印度佛教?”斯蒂芬·巴彻勒①在其著作《莲花中的珍宝》② 中写道：“藏人会根据教义内容描述佛教，但不会过分偏离印度先哲，但他们以多种方式将其内容组构成实现大圆满的道次。佛教‘道次’的逻辑是藏式的，而不是根据逻辑编排的教义和感悟。因此，并不是与众不同的藏族成分使藏传佛教具有自己独特的特质，而是这些普通的佛教成分在藏人思想中融合的方式而已。”

我从事佛教艺术研究和实践已有三十余年，但从中发现的令人难以置信的奇观和感悟始终令我惊叹不已。

如同一面魔镜，你注视得愈久，它就愈能揭示其内含。我对大圆满思想满怀感激，它表述了一切神圣之美。山姆·莫依德斯③的影片《美国丽人》④ 结尾的几段话似乎能准确

---

① 原文：Stephen Bachelor，斯蒂芬·巴彻勒，人名。

② 原文：The Jewels in the Lotus，《莲花中的珍宝》（1987 年），书名。

③ 原文：Sam Meudes，山姆·莫依德斯，人名。

④ 原文：American Beauty，《美国丽人》，美国电影名。

地表达出这种情感："我想，我能够对我身边发生之事视而不见，但当世界上充满了如此多的美时，我难以自持。有时，我感觉仿佛突然看到美，它无处不在。我的心膨胀起来，就像一只快要爆炸的气球。而后，我想要松弛于心，不想再抓住它。随后，它像雨水一样从我手中悄然飘过。除了对我愚蠢的、微不足道的生活中的每一个时刻心怀感激外，我的头脑空空如也。我敢肯定，你对我的话懵懂不明，但别担心，总有一天，你会明白的。"

2003 年复活节

八吉祥图

目　录

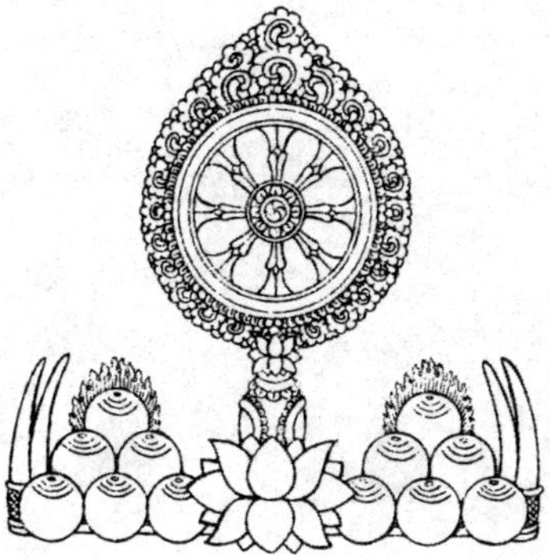

第一章　八瑞相

八瑞相（梵文：astamangala；藏文：bKra-shis-rtags-brgyad）

八瑞相是佛教符号中最著名的一组，其传统排列如下：1）白伞；2）一对金鱼；3）宝瓶；4）妙莲；5）右旋白螺；6）吉祥结；7）胜利幢；8）金轮。

最初，八瑞相构成了印度早期的一套供物，是国王加冕时获赠的礼品，可能源自前佛教时期。这组印度早期的八瑞相可能由以下器物组成：1）宝座；2）卐字符；3）手印；4）发旋①；5）珍宝瓶；6）净水瓶；7）一对金鱼；8）盖碗。早期南印度的一组器物为：1）拂尘；2）双鱼；3）赶象刺棒；4）宝镜；5）宝鼓；6）宝幡；7）水瓶；8）灯盏。

耆那教②教徒也选用八瑞相，其年代可能要早于佛教的八瑞相。耆那教的器物包括：1）宝瓶；2）净水瓶；3）双鱼；4）卐字符；5）吉祥结；6）发旋；7）宝镜；8）宝座。在尼泊尔，在尼瓦尔③佛教的八瑞相中，一对拂尘或牦牛拂尘④替代了金轮，一般来说，八大尼瓦尔象征物排列成瓶状。

在佛教传统中，象征好运的八瑞相代表释迦牟尼得道时伟大吠陀教⑤众神敬献他的供

---

① 梵文：shrivarsa，发旋，发循着一定方向所形成的漩涡，多位于顶部。

② 原文：Jaina，耆那教，产生和流行于南亚次大陆的一种宗教。前六至五世纪与佛教同时兴起，自称是最古的宗教。传说有二十四祖。四至十三世纪曾在印度流行，不少君王都是该教信徒和支持者。

③ 原文：Newar，尼瓦尔，尼泊尔的民族之一，大多居住在加德满都河谷及其附近城镇，主要从事农牧业。

④ 梵文：chamara，牦牛尾拂尘。

⑤ 吠陀教，印度古代宗教之一，由约前二千年古印度西北部的雅利安游牧部落的信仰演化而成。信仰多神。崇拜种种神化的自然力和祖先、英雄人物，凡日月星辰、雷雨闪电、山河草木以及动物等都被幻化为神，并根据这些神的位置分为天、空、地三界。

八瑞相：白伞，金鱼，宝瓶，妙莲（上排左起）；右旋白螺，
吉祥结，胜利幢，金轮（下排左起）

物。第一个在佛陀前现身的是众神中的梵天神①。他献给佛陀一尊千辐金轮，象征着请求佛陀通过“转法轮”传道。大天神因陀罗神②随后现身，赠给佛陀一只巨大的白色海螺号，象征着请求他“宣喻佛法真谛”。在描绘佛陀得道的藏族绘画作品中，在传统上，黄色四面梵天神和白色因陀罗神的祈求形式是跪拜在佛陀宝座面前，献上他们各自的象征物

① 梵文：Brahma，梵天神，婆罗门教、印度教的创造之神，与湿婆、毗湿奴并称婆罗门教和印度教的三大神。认为世界万物（包括神、人）都是他创造的，被称为始祖。佛教产生后，被吸收为护法神，为释迦牟尼的右胁侍。

② 梵文：Indra，因陀罗神，印度教神名。由雅利安人从古代伊朗带到印度，后被佛教吸收。在印度教中，为喜见城（Sudarsana）之主，备受崇拜。原为雷雨之神，后发展成为战神，手持金刚杵，故名“金刚手”，其武器有钩子和网。

金轮和白海螺。亲历见证佛陀得道的地神母①献给释迦牟尼一只充满长生不老甘露的金瓶。

在早期的印度佛教中，佛像被画成非偶像或无形的，通常用华盖和菩提树下的空宝座或带有其神刻足迹的石刻来表现。这些石刻显示出佛陀神性标识的各种吉祥符号，如：胜利幢、狮子座、三股叉、三宝、吉祥结、卐字符、海螺和双鱼，但最常见的标识是莲花和金轮。在早期金刚乘佛教②中，八瑞相被神化为八大天女，以“八瑞相天女”③ 著称，她们每人手持一个吉祥符号作为器物。

八瑞相整体构图

在汉地佛教中，八大象征物代表佛陀身体的八大器官：1）宝伞代表脾脏；2）双鱼代表肾脏；3）宝瓶代表胃；4）莲花代表肝脏；5）海螺代表膀胱；6）吉祥结代表小肠；7）胜利幢代表肺；8）金轮代表心脏。类似的藏族传统把八大象征物看成佛陀身体的组成部分：1）宝伞代表头部；2）金鱼代表双眼；3）宝瓶代表颈部；4）莲花代表舌头；5）金轮代表双足；6）胜利幢代表“身”；7）海螺代表“语”；8）吉祥结代表“意”。

在藏族艺术中，八瑞相可以分别绘制，也可以画成两个、四个和八个一组。当成组绘制时，它们常常摆成瓶状。在呈瓶状时，就没有宝瓶，而其他七件呈宝瓶状的象征物代表着宝瓶所象征的财富。象征好运的八瑞相图装饰在各种各样的佛教圣物和世俗物品上，如木雕家具、凿花金属制品、瓷器、墙镶板、地毯和丝绸织物，也用泼洒面粉或彩色粉末的方式画在地上以敬迎宗教大德们光临佛门圣地。

① 梵文：Sthavara；藏文：Savi Lha-mo，地神母，亦称“坚住神”或“不动神”，女神名。

② 金刚乘佛教，真言密教的异名，其名表示教法的坚利无比，有如金刚石。

③ 梵文：Astamangala Devi，八大瑞相天母，女神名。

宝伞（梵文：chatra，atapatra；藏文：gDugs）

宝伞是印度皇族传统的象征物和保护伞，其伞下阴影使人免受热带阳光的暴晒之苦。阴凉象征着保护人们免受酷热之苦，避开欲、障、疾病和邪恶力量。作为皇族或世俗财富的象征，仪仗队中随行人员擎举宝伞的数量越多表明他的社会等级就越高。在传统上，根据规定，国王可以撑用十三把宝伞，早期印度佛教徒把这个数字看成化身为转轮王①的佛陀之权力的象征。十三个伞轮构成各类佛塔的锥形塔尖。佛塔记述了佛陀一生中的主要事件或用于安放其遗物。这种习俗后来用于所有藏传佛教佛塔的设计上。印度大师阿底峡②公元十一世纪在西藏复兴了佛教，人们认为他有资格拥有撑有十三把宝伞的随从。

宝　伞

饰有孔雀翎、珠宝链、牦牛尾拂尘及丝幔的精美宝伞

① 梵文：chakravartin，转轮王，亦译“轮转圣帝”和“轮转圣王”，因手持轮宝而得名。古印度神话中的“圣王”。此王即位，自天感得轮宝，他转轮宝而降伏四方。佛教袭用其说。

② 梵文：Dipamkara Atisha；藏文：A-ti-sha，阿底峡，法名燃灯吉祥智，出身于孟加拉王族，曾任那烂陀寺、超岩寺住持。著有《菩提道灯论》等五十余种论著。1054 年病逝于前藏聂塘。其弟子仲敦巴等弘传其学说，发展成噶当派。

宝伞撑在头部上方，因此，它自然象征着荣誉和尊崇。正是出于这一原因，宝伞在早期佛教艺术中变成明显的、非偶像的象征符号。大龙神敬献给国王的宝伞是用黄金制成的，上面缀满珠宝，伞圈还缀有散发甘露香气的珠宝。伞上挂有迎风时叮当作响的玲珑可爱的铃铛，还有一根青玉手柄。佛像头顶上常画有一把精致的巨型白伞，而这把“大白伞”后来成为辨认金刚乘女神大白伞盖佛母①的标志。大白伞盖佛母是金刚乘所有神灵中最为复杂的一个，她长有千手千足千首和“十亿”只眼睛。双臂大白伞盖佛母常常画在结跏趺坐之佛陀的上方，十分恬静地手持一把白伞。

典型的佛教宝伞有一根白色或红色檀香长手柄或轴杆。其柄端饰有一朵金色小莲花、一个宝瓶和一个珠宝缀。在其圆顶状的伞架上绷着白色或黄色丝绸。伞骨圆边挂着一块多褶的帘饰，上面缀有众多的各色丝绸悬饰和围幔。宝伞圆檐的分界处钉有一根装饰华丽、饰有摩羯②尾的金轴，上面一般挂有丝绸帐幔，也可以装饰以孔雀翎、珠宝链饰和牦牛尾的挂饰。在传统上，在仪礼上使用的丝绸宝伞的直径约四英尺，长轴杆可以使伞在头顶上方撑至至少三英尺高。方形和八角形宝伞也十分常见，但在住持喇嘛宝座上方或寺院宝殿主供神像头顶上方经常悬挂的是黄色或红色巨型丝绸宝伞。白色或黄色宝伞是至高无上权力的宗教象征。而孔雀翎宝伞则更具体地体现了世俗的权威。

宝伞的圆顶代表智慧，悬挂的丝绸围幔象征着各种慈悲的方法或方便善巧③。敬献给佛陀的白伞主要象征着他护佑芸芸众生免于诱惑、克服恐惧的能力。

金鱼（梵文：suvarnamatsya；藏文：gSer-nya）

在梵文中，一对金鱼被称作“双鱼”④，暗示其来源，也是恒河⑤和朱木那⑥两大主要圣河的古代标志。从象征意义上来说，这两条大河代表着阴阳脉或脉道⑦。脉道源自鼻腔，掌控着呼吸的节奏。

在佛教中，金鱼代表着幸福和自主，因为它们完全可以在水中自由游动。由于繁殖迅速，金鱼代表着多子多孙。金鱼还代表着不受种姓和地位约束的舒适之感，因为它们能融合在一起，随意接触，因此，金鱼常常成双成对游动，而在中国，双鱼代表着夫妻结合和忠贞不渝，因此，在传统上，常赠送一对金鱼作为结婚礼物。由于鱼在中国数量繁多，因

---

① 梵文：Sitatapatra，大白伞盖佛母，女神名。藏文：gDugs-dkar，有“白伞”之意。

② 梵文：makara；藏文：Chu-sring，摩羯，水怪之意。

③ 方便巧，指为了接引众生的权宜方式。

④ 梵文：matsyayugma，双鱼。

⑤ 梵文：Ganges 或 Ganga，恒河，位于今印度与孟加拉国境内，印度教视为圣河，两岸约有一千五百公里的地方作为神圣的朝拜地区。印度教徒常到此巡礼、沐浴，或将死者骨灰投入河中，认为可涤除罪恶。

⑥ 梵文：Yamuna，朱木那河，印度境内的一条河。

⑦ 梵文：nadi，脉道，指人体内的脉，在藏医学中可分为初成脉、世界脉、联合脉和维持生命脉。

各种双鱼

此构成了主食的一个重要部分。在汉字中，鱼有“鱼”和“余”双重含义，因此，鱼成了物质财富的双关语。在中国风水传统中，人们认为养鱼就是招财进宝。

双鱼这一吉祥符号在印度教①、耆那教和佛教中十分普遍。在古埃及，双鱼象征着尼罗河富庶的流域。早期基督教徒把双鱼看做“渔夫”基督的象征并用离合略缩的方法将希腊文“鱼”的字母拼写（ichthys）解释为“耶稣基督，神之子和救世主”。

雌雄双鱼通常对称绘制，形似鲤鱼，尾巴、鳃和鳍均十分优雅，长长的鱼须从上鳄伸出。在传统上，鲤鱼因其优雅之美、体态和长寿，也由于它们与某些慈悲之神有关而在东方被视为圣鱼。双鱼常常画成两鼻相触。在印度教中，这是女性性器官和阴道的象征。金鱼是印度大成就者②提洛巴③的器物，象征着他使芸芸众生免受轮回之苦的觉识和能力。

① 印度教，亦称“新婆罗门教”。四世纪前后婆罗门教吸收佛教、耆那教等教义和民间信仰演化而成。基本教义与婆罗门教雷同。后逐步形成毗湿奴教、湿婆教和性力派三大派别。

② 梵文：Mahasiddha，大成就者。“Maha”译为“大”，“siddha”音译“悉昙”，汉译成就、吉祥。

③ 梵文：Di-lo-pa；藏文：Te-lo-pa，提洛巴，生于藏历土阳鼠年（988年～1069年），是公元十世纪印度那若巴的上师。原名慧贤，为修密宗的成就者。

敬献给佛陀的这一吉祥象征物双鱼可能是用金线绣在贝拿勒斯①丝绸上的。

宝瓶（梵文：nidhana-kumbha；藏文：gTer-gyi-bum-pa）

金色宝瓶仿造传统的印度黏土水瓶。这种水瓶被称作“Kalasha”或“kumbha”，瓶底扁平、圆肚、细颈，上瓶沿口刻有凹槽饰。在印度，子宫形状的圣水瓶在盛大的宗教“宝瓶节”② 上颇受尊崇。该节日每三年在阿拉哈巴德③、哈里迪瓦尔④、纳西克⑤和乌贾因⑥等城市轮流举行一次以纪念神降甘露⑦于这四个圣地（参阅附录1）。

宝瓶主要是某些财神的象征，其中有宝藏神⑧、多闻天王⑨和增禄天母⑩。宝瓶常常作为一种器物出现在它们的脚下。增禄天母的化身之一就是站在水平摆放的一对宝瓶之上，宝瓶连续不断地喷出珠宝。作为神瓶⑪，它有自动示现的特质，因为无论从瓶中取走多少珠宝，瓶内永远都珠宝满盈。

金色宝瓶

典型的藏式宝瓶被画成极其华丽的金瓶，其各个部位都散射着莲花瓣图案。一块如意宝或三联宝石作为饰顶,象

① 原文：Benares，贝拿勒斯，印度教圣地。旧称“伽尸”（Kashi），因古代伽尸国而得名。1957年改为瓦拉纳西（Varanasi）。位于印度北方邦南部、恒河中游左岸。不仅是印度教教徒的朝拜中心，也是佛教徒、耆那教朝拜圣地。古城内有成千座印度教寺庙，其中有著名的金寺。城西北约十公里处的鹿野苑，据传为释迦牟尼第一次讲道处。

② 原文：Kumbha Mela；梵文：mela，宝瓶节，印度教纪念黑天神（札格纳特）降落下界的节日。每年的六、七月举行。由祭司把札格纳特及其弟大力罗摩（Balarama）、妹苏婆特罗（Subhadra）的神像从庙宇抬出，用一百零八个水罐的水，在太阳升起前给以沐浴、涂油，把神像高举，让所有的人都能看到。

③ 原文：Allahabad，阿拉哈巴德，印度地名。

④ 原文：Haridwar，哈里迪瓦尔，印度地名。

⑤ 原文：Nasik，纳西克，印度地名。

⑥ 原文：Ujain，乌贾因，印度地名。

⑦ 梵文：amrita；藏文：bDud-rtsi，甘露，神祇、诸天常用的饮料。据说，服后不老不死，是一种不死的灵药。在佛教中，甘露被视为忉利天甘美的灵液，服后能使人驱除苦恼、延年益寿，甚至死而复苏。

⑧ 梵文：Jambhala，宝藏神，神名，财神之一。

⑨ 梵文：Vaishravana；藏文：rNam-thos-sras，多闻天王，亦称“多闻子”，梵音译作“毗沙门”。佛书所说北方一神名。

⑩ 梵文：Vasudhara；藏文：Nor-rgyun-ma，增禄天母，亦称“财流佛母”、“财续母”、“财宝天母”。赐予财宝成就的佛教密乘一本尊名。

⑪ 藏文：Bum-pa-bzang-po，神瓶。

征着佛、法、僧三宝。佛教坛城①供中所描述的大宝瓶②是金制的，饰有大量的奇珍异宝。瓶颈上系有来自神域的一方丝绸，顶部用一棵如意树为顶饰。该树的树根浸泡在长寿水中，树根上神奇地长出各色各样的珠宝。封好的宝瓶可以放在或埋在圣地，如山口、朝圣地、溪流、河流和海洋，其作用或是使周边地区富庶或取悦居于该地的地方神。

妙莲（梵文：padma，kamala；藏文：Pad-ma，Chu-skyes）

出污泥而不染的莲花是表示纯净和断灭的一个主要佛教象征。它代表一切活动的鼎盛阶段，而进行这些活动是为了完全避免堕入轮回之错误。神灵端坐或站立的莲花宝座象征着他们的神圣本源。这些神灵被想象成是洁白无瑕、极尽善美的，其身、语、意是绝对清净的。神灵显现在轮回之中，但他们绝没有受到不洁之物、意障和心障的污染。

从埃及到日本的众多世界伟大文明都把莲花视为神圣的象征，并将其广泛地融入它们自己的艺术和建筑之中。莲花随太阳花开花落，在古埃及，人们认为黎明时太阳从东边的莲花中升起，日落时，它落入西边的莲花之中。同样，吠陀教太阳神③的每只手都持有一朵莲花，象征着太阳掠过天际的路径。吠陀教的创生之神梵天诞生在一朵金色莲花里，而这朵莲花是从毗湿奴④肚脐里长出来的，宛如从脐状茎长出的一朵莲花。密教大师莲花生⑤将佛教传入西藏，他同样被神化为生于一朵奇异的莲花上，开放在印度的乌仗那⑥王国的丹纳阔沙湖⑦上。在印度教和佛教经文中，莲花被性隐喻为神圣子宫或阴道。莲花是梵文女性“阴道”的同义词，女性阴道柔软，呈粉红色且有开口。同样，金刚⑧是男性“阴茎”的同义词,它既坚挺又能插入。金刚和莲花的结合是色⑨与空⑩或方便与智慧结合的性象征。在内在的层面上，这种结合象征着气渗入人体内主脉并升腾，它会穿透并开启

① 梵文：Mandala，坛场，音译“曼荼罗”，亦译“坛城”、“轮圆具足”等。印度密教修“秘法”时为防止“魔众”侵入，在修法处划一圆圈或建以土坛，有时还在上面画上佛、菩萨像，事毕像废。一般曼荼罗分为：1）大曼荼罗；2）三昧曼荼罗；3）法曼荼罗；4）羯磨曼荼罗。

② 藏文：gTer Chen-povi bum-pa，大宝瓶。

③ 梵文：Surya，太阳神，梵文译音“苏利耶”，神名。

④ 梵文：Vishu，毗湿奴，意译“遍入天”、“遍净”等。与梵天、湿婆并称为婆罗门教和印度教三大神。后被毗湿奴教奉为最高的神来崇拜。其妻是吉祥天女，曾化作十大化身，十次下凡救世。

⑤ 梵文：Padmasambhava，莲花生，亦称“乌金大师"。八世纪印度僧人，应吐蕃赞普赤松德赞（742 年～797 年）之请入藏传播密法，曾利用密宗法术同苯教巫师斗争，并与护寂共建桑耶寺，对吐蕃佛教战胜苯教有一定的作用。后世藏传佛教宁玛派尊其为“祖师”。

⑥ 梵文：Udidiyana，乌仗那，印度地名。

⑦ 梵文：Dhanakosha，丹纳阔沙，印度地名。

⑧ 梵文：vajra，金刚，音译“伐折罗”。金中最刚之意，用以譬喻牢固、锐利、能摧毁一切的意思。

⑨ 梵文：rupa，色，佛教名词。相当于物质的概念，但并非全指物质现象。

⑩ 梵文：sunya，空，佛教名词。指事物之虚幻不实，或指理体之空寂明净。谓世界一切现象皆是因缘所生，刹那生灭，没有质的规定性和独立实体，假而不实，故谓之“空”。佛教讲空，说法不一。

牡丹和菊花样式的莲花

脉轮中的莲花或轮①。

莲花是西方红色阿弥陀佛，即“莲花部怙主”的象征。阿弥陀佛的特质代表着火的红色、生命体液、黄昏暮光、夏季及将慈爱化作觉识。阿弥陀佛之伴偶般吒罗②的手持器物是一朵红色莲花。阿弥陀佛麾下的菩萨是莲花手观音③（即大慈菩萨）。

佛教中的莲花被描述为四瓣、八瓣、十六瓣、二十四瓣、三十二瓣、六十四瓣、百瓣、千瓣。这些数字既象征性地符合令人费解的人体内的莲花数量，也与坛城的各个组成部分相符。作为手持器物，莲花通常呈粉色和浅红色，共有八个或十六个莲瓣。盛开的莲花也可以是白色、黄色、金黄色、蓝色和黑色。白色莲花④是尸弃佛⑤的象征，而白度母

① 梵文：chakras，轮。

② 梵文：Pandara，般吒罗，阿弥陀佛的伴偶，在佛教中代表女性性力。

③ 梵文：Padmapani Avalokiteshvara，莲花手观音，神名。

④ 梵文：pundarika；藏文：Pad-ma-dkar-po，白色莲花。

⑤ 梵文：Sikhin，尸弃佛，代表火的神。

莲花与花蕾

手持的是十六瓣白莲花。黄色莲花①和金黄色莲花②一般被称作“白玛”（莲花），而红色或粉色莲花更为常见。梵文词汇“utpala”专指蓝色或黑色的“夜莲花”，但直译的藏文同义词“ut-pa-la”可以用于各种颜色的莲花。

① 藏文：Pad-ma-ser-po，黄色莲花。

② 藏文：gSer-gyi-pad-ma，金黄色莲花。

右旋白螺（梵文：dakshinavarta-shankha；藏文：Dung-gyas-vkhyil）

右旋白螺是古印度战神的器物，巨大的海螺号宣告人们在战斗中表现出的骁勇和胜利。毗湿奴的喷焰海螺叫“Pamchajanya”，其意为“拥有对五众的控制力”。阿周那①的海螺以“Devadatta”著称，其意为“神赐”。它的胜利号角令敌人胆战心寒。作为战斗号角，海螺相当于现今的军号，是力量、权威和统治的象征。吉祥的号声可以驱除邪恶精灵、使人避开自然灾祸并恫吓一切有害生灵。

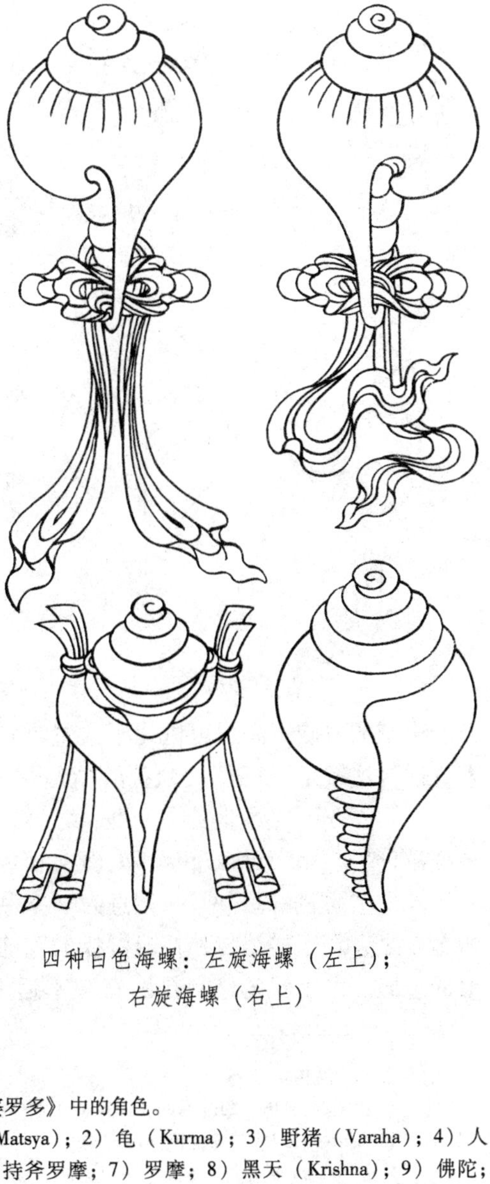

四种白色海螺：左旋海螺（左上）；右旋海螺（右上）

毗湿奴左上手持有喷焰海螺，与右上手持有的金轮相配。毗湿奴的十大化身②中的前五位都持有这两个器物。它们分别是：鱼、龟、野猪、人狮和侏儒。在印度教中，佛陀被视为毗湿奴十大化身中的第九大化身。因陀罗和梵天这两位大天神在传统上被画成在佛陀宝座前敬献毗湿奴的器物海螺和金轮，这或许更是一种巧合。毗湿奴也普遍被称作“伟人”③或“右手神”④，这些称号也同样适用于佛陀。佛陀的头发右旋，其身体带有“伟人”的三十二吉相⑤。

早期的印度教把海螺分为阴阳两类，厚壳球茎状海螺是阳性⑥的，而薄壳细长型

① 梵文：Arjuna，阿周那，印度古代梵文叙事诗《摩诃婆罗多》中的角色。

② 梵文：avatara，化身。毗湿奴的十大化身为：1）鱼（Matsya）；2）龟（Kurma）；3）野猪（Varaha）；4）人狮（Narasingha，半人半狮的怪物）；5）侏儒（Vamana）；6）持斧罗摩；7）罗摩；8）黑天（Krishna）；9）佛陀；10）迦尔吉（Kalki，白马）。

③ 梵文：mahapurusha，伟人或大人。

④ 梵文：dakshinadeva，右手神。

⑤ 梵文：mahapurusha-lakshana，三十二大相。如来身体的三十二种殊胜的相状。或指佛、转轮王的身体所具的三十二种相好。

⑥ 梵文：purusha，阳性。

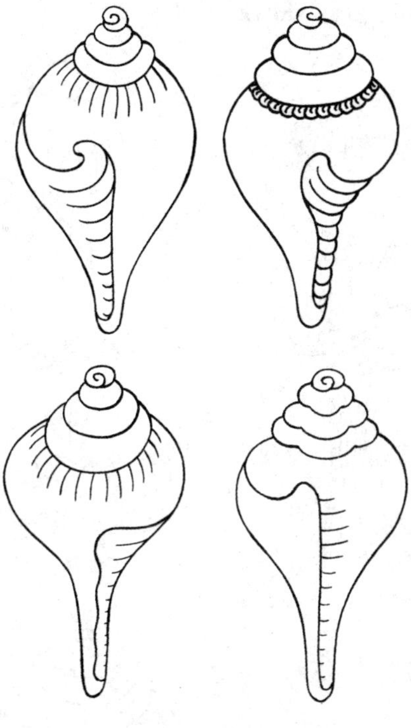

白色海螺

海螺是阴性①的，这也用于划分印度的四大种姓②。表面光滑的白海螺代表婆罗门(僧侣)种姓；红色海螺代表刹帝利(武士)种姓；黄色海螺代表吠舍(商人)种姓，而灰暗色海螺代表首陀罗(奴隶)种姓。天然左旋的普通海螺③与极为罕见的右旋白螺④可以进一步划分。右旋白螺最为吉祥，适宜用于仪式中。螺壳的壳尖被锯掉，形成吹口，这样，右旋风道可以创造出音响的效果，象征正在施颂⑤佛法。

婆罗门教把战斗中使用的海螺视为其宗教统治的礼仪象征。早期佛教徒同样用它作为佛陀教义至高无上的象征。此时，海螺象征着佛陀在宣讲佛法真谛时的无畏精神及他号召为众生利益而获得圆满和努力精进。海螺号筒般深沉的声音是佛陀三十二个大相之一，其声音响彻整个十方大地。在肖像画法中，佛陀喉部的三条海螺形状的皱褶代表着这一大相。

作为八瑞相之一，白色海螺通常垂直绘制，常在其较低处系有一根丝飘带。从口部的曲线和螺孔可以看出螺的右旋。海螺可以水平放置，当作盛放甘露或香料的容器。作为手持器物，它象征着宣讲佛法就是“佛语”。众神的“智慧”左手常持有海螺。

吉祥结(梵文:shrivatsa，granthi；藏文:dPal-bevu)

梵文“室利靺瑳”⑥一词意为“室利的钟爱之物”。室利指的是罗乞什密女神⑦，即：毗湿奴之妻。吉祥结装饰在毗湿奴的胸前。毗湿奴胸口上的罗乞什密标识表示他内心对其妻的忠诚。由于罗乞什密是财富和幸运之神，因此，吉祥结就形成了一个自然的吉祥符

① 梵文:shankhini，阴性。

② 原文:caste，种姓。印度的四大种姓是:1)婆罗教的掌门人，音译“婆罗门”(brahmin)；2)武士、王族和军人，音译“刹帝利”(kshatriya)；3)农工商庶民，音译“吠舍”(vaishya)；4)奴隶，音译“首陀罗”(shudra)。

③ 梵文:vamavarta，左旋海螺。

④ 梵文:dakshinavarta，右旋海螺。

⑤ 梵文:dakshina，施颂，指受施时唱起的咒颂。

⑥ 梵文：shrivatsa，室利靺瑳，意译“室利的钟爱之物”。

⑦ 梵文：Lakshmi，吉祥天女，音译“罗乞什密”。婆罗门教、印度教的命运、财富、美丽女神。在史诗、往世书时代成为女神。据印度教神话，她是天神和阿修罗搅乳海时产生出来的，故有“乳海之女”名。谓为毗湿奴之妻，爱神之母。在藏传佛教中常被称作“班登拉姆”。

号。吉祥结既可呈三角形的漩涡状，又可以呈垂直的菱形，其中四个主要内角挂有环圈。毗湿奴的第八个化身黑天①也在胸部中央佩带吉祥结。

吉祥结的另一个名字是“nandyavarta”，其意为“喜旋”②。这个结与卐字符和希腊十字架③形状相同。印度和中国汉地佛像的胸部经常刻有吉祥结或卐字符，象征着大圆满思想。吉祥结和卐字符可能源自眼镜蛇头部的S形图斑。而由此生成了龙吉祥结④，即：两条或多条蛇缠绕形成的吉祥图案。吉祥结也出现在印度河文明⑤的泥印上。它最终演变成几何图形的佛教符号吉祥结。人们认为它会“象卐字符一样旋转”，被认为是“吉祥卐字符”⑥，因为，这两个相似的符号在有关早期印度八瑞相的大部分传说中十分常见。

在许多古代教派中，代表永恒、无限或神秘的吉祥结十分常见，特别是在伊斯兰教和克尔特教⑦的图案中得以创新。在中国，它是长寿、永恒、爱和和谐的象征。作为佛教思想的象征物，吉祥结代表着佛陀无限的智慧和慈悲。作为佛教教义的象征，它代表着

系有丝哈达的两种吉祥结

① 梵文：Krishna，黑天，印度教崇拜的大神之一，毗湿奴的第八个化身。黑天的英雄业绩受到大神湿婆的尊敬，承认他是宇宙大神。黑天的形象在印度的民间文学、绘画、音乐等艺术中经常出现。

② 藏文：dGav-vkhyil，喜旋，与太极图相似的图形。

③ 希腊文：gammadion，希腊十字架，由四个大写的希腊语第三个字母 π 所组成的带钩十字形，特别是卐字形或希腊中空十字架。

④ 梵文：nagayantram，龙吉祥结。

⑤ 印度河文明，年代约公元前2350～前1750年。居民主要从事农牧业。有轮制素面陶。青铜舞女像为印度河流域文物珍品之一，出土印章多有动物形象，印章铭文尚未释读成功。

⑥ 梵文：shrivatsa-svastika，吉祥卐字符。

⑦ 原文：celtic，凯尔特教，指凯尔特人信奉的宗教。凯尔特人是铁器时代欧洲和前罗马时代欧洲的早期印欧民族的一部分成员，其分支分布在从大不列颠群岛和西班牙到小亚细亚，一部分被吸收入罗马帝国，如：高卢人、加拉西亚人等。

“十二因缘”① 的延续性，“十二因缘”强调轮回转世的现实。

胜利幢（梵文：dhvaja；藏文：rGyal-mtshan）

胜利幢意为旗子、旗帜或军旗，最初是古印度战争中的战旗。它装饰在武士战车的尾部或插在巨型宝伞或华盖后面。每面战旗都有胜者或王者的具体标识。黑天的战车上饰有金翅鸟②饰顶的旗幢。阿周那的战车上插着猴子图案的旗幢。而威音王③战车的旗幢上有棕榈树图案。但胜利幢主要是湿婆④这个死亡与毁灭之神的军旗。该旗顶有一个三股叉，象征着湿婆在天、地和地下三界的胜利或夺取坐落在三界⑤上之“三城”的胜利。

在印度战事中，军旗经常做成恐怖的样式，其设计是为了在敌人中制造恐慌。敌人或被害者被串起的头颅和剥下的人皮是一种令人极为恐怖的标志。凶猛野兽的头和皮，特别是虎皮、鳄鱼皮、狼皮和水牛皮常常是首选之物。还有用其他令人生畏的生灵做成的巨型雕像，如：蝎子、蛇、苍鹰、乌鸦和金翅鸟。

摩羯头旗幢最初是吠陀时期欲神⑥的标识。作为“惑”者⑦或“诱”者⑧。欲神在印度教中与魔⑨的作用相仿，它试图阻碍佛陀获得圆满。在早期佛教中，魔是阻碍修持者精神提升的阻障者，四魔为一组。四魔最初是以四兵为依据进行划分的，四兵分别为：马兵、步兵、象兵和车兵。四魔中占首位的是阴魔⑩；第二位是惑障魔⑪；第三位是死魔⑫；

---

① 十二因缘，又作“十二支”、“十二因生”。原始佛教极其重要的观念，以十二因果的条件而成一系列，解释人生的种种痛苦与烦恼的起源。这亦是佛祖释迦牟尼觉悟的内容。十二因果是：1）无明（梵文；avidya）；2）行（samskara）；3）识（梵文:）；4）名色（梵文：namarupa）；5）六入（梵文：ayatana）；6）触（梵文：sparsha）；7）受（梵文：vedana）；8）爱（梵文：trishna）；9）取（梵文：adana）；10）有（梵文：bhava）；11）生（梵文：jati）；12）老死（梵文：jaramarana）。

② 梵文：garuda，金翅鸟，梵文译音“迦楼罗”，亦称“妙翅鸟”等。印度神话中的理想化了的灵鸟，据说居于四天下的大树上，以龙为常食。大乘经典以之为天龙八部之一。

③ 梵文：Bhisma，威音王，神名。

④ 梵文：Shiva，湿婆，婆罗门教和印度教主神之一，即毁灭之神、苦行之神、舞蹈之神。与梵天、毗湿奴并称为婆罗门教和印度教三大主神。由“吠陀”中楼陀罗神发展而成。印度教认为“毁灭”有“再生”的意思，故表示生殖能力的男性生殖器“林伽”被认为是他的象征，受到教徒的崇拜。妻子是雪山神女，儿子是象头神塞建陀。佛教文献称他“大自在天”，住色界之顶，为三千界之主。

⑤ 梵文：trailokya，三界：1）欲界（梵文：kamadhatu；藏文：vDod-khams）；2）色界（梵文：rupadhatu；藏文：gZugs-khams）；3）无色界（梵文：arupadhatu；藏文：gZugs-med-khams）。据佛教的世界观，三界是众生所居住的世界或是三个迷执的界域，众生即在其中轮回流转，不能出离。

⑥ 梵文：Kamadeva，欲神，亦称“五欲自在王”，印度教的爱欲之神。

⑦ 梵文：maua，惑者。

⑧ 梵文：mara，诱者、魔。

⑨ 梵文：Mara，魔或恶魔，音译“马拉”。障碍佛道的鬼神或与佛法为敌的鬼神。

⑩ 梵文：sKhanda-mara；藏文：Phyung-povi-bdud，阴魔，四魔之一。

⑪ 梵文：Klesha-mara，惑障魔，四魔之一。

⑫ 梵文：Mrityu-mara；藏文：vChi-bdag-gi-bdud，死魔，四魔之一。

三种胜利幢，右边的两个饰有虎皮横饰带

第四位是魔子①或称“欲惑神”。该神就是欲神，即：“最高欲界之王”。据说，在获得圆满之前的一个黄昏，佛陀通过修习“四无量”②（慈、悲、喜、捨）战胜了欲神的性诱惑。清晨时，他战胜了魔的“蕴”和“惑”。在其长寿生命结束前仅三个月，佛陀最终战胜了死魔，凭借着大无畏的决力，他进入了大般涅槃③。

作为佛陀战胜四魔之胜利的象征，早期佛教徒选用欲神的摩羯头图案作为军旗，并将四面绘有摩羯头图案的旗帜插在如来佛或佛陀菩提塔的四大基本方位上。同样，众神也选

① 梵文：Devaputra-mara，魔子，四魔之一，五欲自在王的另一个梵文名字。

② 梵文：catur-brahmavihara；藏文：Tshad-med-bzhi，四无量，亦称“四无量心”和“四梵往”，是四种广大的利他心愿：慈、悲、喜、捨，以导无量的人入觉悟之域。四无量包括：1）慈无量（梵文：karuna）；2）悲无量（maitri）；3）喜无量（梵文：mudita）；4）舍无量（梵文：upeksha）。

③ 梵文：parinirvana，大般涅槃，汉译“大灭度”、“大入灭息”、“大圆寂入”。

择把胜利幢插在须弥山①上，把消灭了四魔军队的佛陀尊为“征服者”②。这面“十方胜利幢”被画成一个缀满珠宝的旗杆，杆顶饰有月牙和太阳，旗杆上裹着三层三色丝绸，丝绸上装饰着“三胜兽”③。

在藏族传说中，十一种形状各异的胜利幢代表着十一种制欲的具体方法。在寺庙屋顶上常可看到插有不同形状的胜利幢。屋顶四角常插有四面胜利幢，象征着佛陀战胜四魔的胜利。胜利幢最传统的形式是圆柱形宝幢，插在一根长木轴杆上，幢顶呈小白伞状，伞顶中央有个如意宝饰。圆顶伞用装饰华丽的金黄色伞骨支撑，伞骨末端有一个摩羯头，上面挂有呈波浪状的黄色或白色丝绸。圆柱形胜利幢上披有层层叠叠飘垂的色彩缤纷的丝绸帐帷并悬挂着众多珠宝。其底部饰有波浪形状飘扬的彩色丝绸帷帘。圆柱形胜利幢的上半部饰有虎皮帐帷，象征着佛陀战胜一切“嗔”与“蕴”。作为手持标识，胜利幢是众多神灵的器物，特别是与财富和权力有关的神灵，如：北方的多闻天王。

金轮（梵文：chakra；藏文：vKhor-lo）

轮是早期印度的太阳的象征，象征着统治、保护和创生。作为太阳的象征，它最初出现在印度河流域哈拉帕文明④遗址出土的泥印章上。轮是吠陀时期保护神毗湿奴的主要器物。喷焰六辐金轮⑤代表着宇宙万象之轮。它代表着运动、持续性和变化，宛如天界圆形天体一样永远旋转向前。作为一种武器，无轮圈的轮有六个、八个、十个、十二个或十八个利尖的刃片，能够像轮那样旋转或在绳下摆动。古印度战车上的木轮也有数量相同的轮辐。

佛教把轮视为“转轮王”的主要标识，认为这个轮就是佛陀教义中的“法轮”。法轮的藏文词汇“Chos-kyi-vkhor-lo”的字面含义是“转法轮”或精神的变化。轮的快速转动代表佛陀教义揭示的迅速的精神转变。与转轮王旋转的武器相比，轮能断灭一切“障”和“惑”。佛陀在斯里那他⑥鹿野苑⑦的初次传道被称作“初转法轮”。在此地，他阐述了“四

---

① 梵文：Meru 或 Sumeru，须弥山，印度神话中的山名，亦为佛教所采用。许多佛教造像和绘画以此山为题材，用以表示天上的景观。

② 梵文：jana；藏文：rGyal-ba，藏文音译“嘉瓦”，征服者。

③ 三胜兽，指传统意义上互为对手的兽类结合而生的三只杂交兽，分别是：1）八足雄狮；2）长毛或长皮的鱼；3）海龙或水怪。

④ 原文：Harappan，哈拉帕文明，青铜时代文化，详见“印度河文明”的注释。

⑤ 梵文：Sudarshana-chakra，六辐金轮。

⑥ 梵文：Saranath，斯里那他，印度地名。

⑦ 梵文：Mrgadāva，鹿野苑，亦称“仙人论处”、“仙人住处”、“仙人鹿园”等。佛教圣地。在今瓦拉纳西城西北约十公里处。传为释迦牟尼成道后最初说法的地方。

圣谛”① 和“八正道”②。后来，他又在拉贾吉尔③和沙拉瓦斯蒂④举行了两次重要的传法活动，这两次传法分别被称作“二转法论”和“三转法轮”。

轮由轮毂、轮辐和轮圈三部分组成，象征着佛教教义以伦理、智慧和禅定为依据。中心轮毂代表着伦理规范，它位于中心，使人心平稳笃定。尖利的轮辐代表智慧和觉识，可以断灭痴愚。轮圈代表着冥思禅定。环围轮的轮圈驱动轮的转动。千辐金轮像太阳的光芒一样散射，代表着佛陀上千次的传法活动和教法。八辐金轮象征着佛陀的“八正道”，也象征着这些教法传播八方。

八辐金轮

吉祥轮被画成用纯黄金制成，黄金采自“南瞻部洲”⑤的瞻部河⑥。吉祥轮在传统上被画成由八个金刚杵形状的轮辐构成，中心轮毂上有三个或四个旋转的“喜旋”，其旋转方向与中国汉地的阴阳符相同。如果中心轮毂上有三个旋，那么，它们就代表佛、法、僧“三宝”和战胜痴、贪、嗔“三毒”的胜利。如果有四个旋，那么，其颜色通常与四大方位及四大要素相符，象征着以“四圣谛”为依据的佛陀的教法。轮圈可能被画成一个简单的圆圈，常画有

① 梵文：astangamarga；藏文：bDen-pa-bzhi，四圣谛，亦称“四谛”，指四条神圣的真理，能彻底解决宇宙人生问题的四个真理条目。“四圣谛”为：1）苦谛；2）集谛；3）灭谛；4）道谛。

② 藏文：vPhags-lam-yang-dag-brgyag，八正道，又称“八圣道”、“八道支”等。要到达理想的境地的修行者所要具足的实践德目。“八正道”是：1）正见；2）正思维；3）正语；4）正业；5）正命；6）正精进；7）正念；8）正定。

③ 梵文：Rajghir，拉贾吉尔，地名。

④ 梵文：Shravasti，沙拉瓦斯蒂，地名。

⑤ 梵文：Jambudvipa，南瞻部洲，意译“胜金”。佛教名词。四大瞻部洲之一。此洲盛产瞻部树，位于须弥山南面咸海里，故名。

⑥ 梵文：Jambud，瞻部河，南瞻部洲中的一条河，河名。

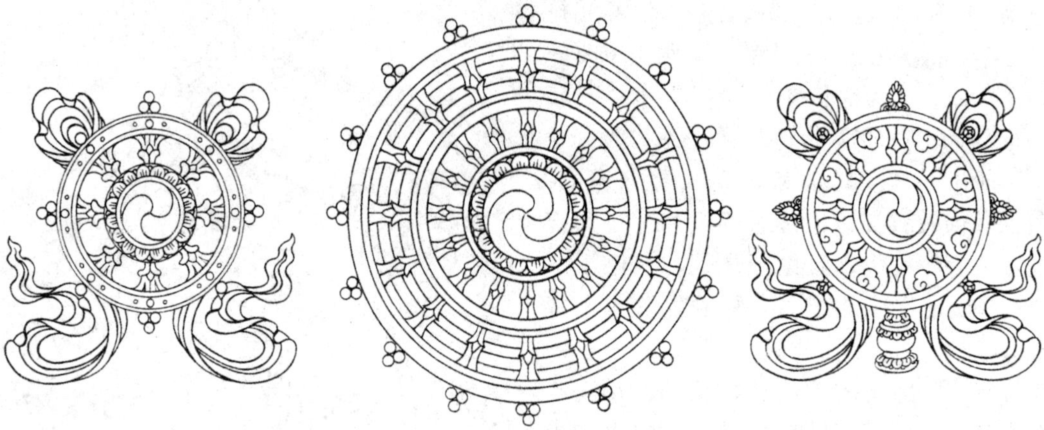

两个八辐金轮（左图、右图）；十六辐双轮（中）

朝向八大方向的圆形金色小饰物。有时，轮圈也可画在装饰华丽的梨形框圈内，框圈是用镶嵌着珠宝的金色旋状饰物制成。轮圈后面披挂一条丝飘带，轮的底部通常插在一个小莲花座基上。

第二章　八瑞物

八瑞物（梵文：astamangaladravya；藏文：bKra-shis-rdzas-brgyad）

八瑞物构成了早期第二大组佛教符号，其中包括：1）宝镜；2）黄丹；3）酸奶;4）长寿茅草①；5）木瓜②；6）右旋海螺；7）朱砂；8）芥子。与八瑞相一样，这八件宝物可能也源自前佛教时期，并在初始阶段就被早期佛教所采纳。它们代表了敬献给佛陀的一组具象供物，象征着佛陀的“八正道”（正见、正思、正语、正业、正命、正精进、正念和正定）。与八瑞相一样，八瑞物后来在金刚乘佛教中被神化为八大供养天女。

宝镜代表威光天女③，她敬献给释迦牟尼一面光洁无瑕的镜子，象征着其透彻的悟性及其所有前世准确无误的羯磨④思想。宝镜代表正思或正确的分析，因为它能真实无误地反映出万物，而没有任何偏爱、偏见、错觉和歪曲。

黄丹⑤取自大象前额的主要腺囊，代表护财象神⑥。它保护着佛陀证道之地菩提伽耶⑦的牧场。黄丹代表正念，因为它可治愈因愚痴所患之病，该病是一切痛苦的根源。

---

① 梵文：durva，长寿茅草，八瑞物之一。

② 梵文：bilva，木瓜，八瑞物之一。

③ 梵文：Prabhavati；藏文：Vod-vchang-ma，威光天女，女神名。

④ 梵文：karma；藏文：Las，音译“羯磨”，意译“业”。佛教名词。意为造作，泛指一切身心活动。

⑤ 梵文：gorochana，黄丹，八瑞物之一。

⑥ 梵文：Dhanapala；藏文：Nor-skyong，护财象神，神名。

⑦ 梵文：Bodh Gaya，菩提伽耶，亦称“菩提道场”。佛教圣地。在古印度摩揭陀国（今印度比哈尔邦南部）尼连禅河西岸。相传释迦牟尼在此菩提树下结跏趺坐，悟十二因和四谛。为纪念释迦牟尼在此地成道，前三世纪阿育王曾围绕菩提树建立大精舍。现存一座高五十二米的大塔。

盛有宝镜、酸奶、木瓜和长寿茅草的碗（左上角）；盛有海螺、黄丹、朱砂、芥子的碗（右上角）；它们下面是一堆珠宝，珠宝后面是八瑞相。一只盛有八瑞物的碗在下排中央。该碗的右侧还有一只盛有八瑞物的碗，左侧有一个盛有五妙欲的碗。

酸奶指的是农夫积德行善之女妙生女①敬献给端坐在菩提树下的释迦牟尼的乳糜。酸奶代表正命，因为它没有任何杂质，也没有对任何生灵造成伤害。

长寿茅草为八抱草，是割草神②作为禅垫敬献给佛陀的。长寿茅草象征着长寿和坚

① 梵文：Sujata；藏文：Legs-skyes-ma，妙生女，释迦牟尼证道前献乳糜之女。释迦牟尼去摩揭陀途中，遇妙生女，把从五百黄牛乳中提炼出的精华献给释迦牟尼。

② 梵文：Mangala；藏文：bKra-shis，割草神，神名。

韧，把正精进比作修持佛法的持久恒心。

木瓜是梵天敬献给释迦牟尼的，把正业比作成就一切的善行。

右旋白螺是因陀罗神敬献给佛陀的，把正语比作佛法的宣证。

婆罗门星象师鬼宿神①把吉祥朱砂痣②点在佛陀的前额上，把正定比作心境基于一点的三摩地③禅定。

白芥子是金刚手菩萨④敬献给佛陀的，把正见比作具有断灭一切伪见和伪释的能力。

以上所列的八瑞物也代表四法⑤或得道者的各种行为活动。宝镜、黄丹和酸奶代表平和的行为；长寿茅草、木瓜和海螺代表增长；红色朱砂代表降服；芥子代表凶残的毁灭行为。

与八瑞相一样，八瑞物也可分别绘制，每一瑞物可以单独出现，或放在不同的碗中。它们也可以成组地出现在成排的珠宝供物后面，或挂在小棵如意树的枝条上，或放在浅碗或托盘里。

宝镜（梵文：darpana，adarsha；藏文：Me-long）

作为光的反射"见证物"，镜子代表着视觉和眼睛这个感观器官。其功能是能够使人清楚地看清自己。作为化妆用具或家用物品，其代表吉祥的重要性是不言而喻的。在佛教中，镜子是空和净识的完美象征。镜子准确无误地反映出一切东西，而丝毫不受镜中形象的影响。它说明在本质上万物皆空。与"瞬时瞬逝展现"一样，它能反映出自然世界中的万物，又能说明万物都是非物质的。

在古代印度的灌顶仪式⑥中，圣像或礼器均需要浸入水中或通过喷洒圣水予以加持，即：灌顶。把水倒在能映出图像的镜面上也能清洗圣像的影子。这个仪式叫做"pratibimba"，其字面含义是"被反射"。在西藏，这个仪式叫做"献沐浴"⑦，即：把水洒在佛像或唐卡⑧所映出的影像上。洗涤过圣像的水被视为灌顶水。

---

① 梵文：Jyotisharaja；藏文：sKar-rgyal，鬼宿神，神名。

② 梵文：tillaka，吉祥痣，印度教徒作为宗教标志而画在额头上的装饰斑点。

③ 梵文：samadhi，三摩地，亦译"三昧"。"定"的异名，汉译作"等持"。这是一种心、精神的统一作用，把心、精神集中到某一对象上去，而凝敛其力量，进入宗教意义的深沉的冥想境地。通常所谓禅定，即指此而言。在密教中，"三摩地"是觉悟的境地。其最终阶段，是修行者的身、语、意三种领域都彻底澄清起来，在精神上境界上与佛平等不二。

④ 梵文：Vajrapani；藏文：Phyag-na-rdo-rje，金刚手菩萨，菩萨名。

⑤ 四法，佛法可以分为：1）教法；2）理法；3）行法；4）果法。

⑥ 梵文：abhisheka，灌顶，佛教名词。本为印度古代国王即位的一种仪式，国师以"四大海之水"灌于国王头顶，表示祝福。佛教密宗仿效此法，于僧于嗣阿阇梨位时，设坛举行灌顶仪式。

⑦ 藏文：Khrus-gsol，献沐浴，亦称"侍浴"，指在佛教仪式中为神像的沐浴。

⑧ 藏文：Thang-ka，唐卡，指一种可以悬挂的卷轴画，唐卡以宗教人物和宗教历史事件、教义为主要描绘对象，多挂于寺院中。

威光天女敬献给佛陀的宝镜绝对通透、无瑕疵、明亮而光洁。作为菩提心①的象征，宝镜完美地反映万物，没有丝毫的歪曲或阻碍。在艺术上，宝镜常被画成一个白色或银色的小圆盘，镜圈经常饰有一个圆形金框。圆盘表面中央常刻有一个小圆圈，四方刻有四个小圆圈，象征五佛②大圆满的品性和智慧。

宝　镜

黄丹（梵文：gorochana；藏文：Gi-wang）

黄丹是某些动物，特别是大象、熊和牛体内发现的内脏结石或胆结石。梵文“gorochana”一词特指牛③体内，如野牛、母牛、公牛和牦牛体内发现的结石。传说动物睡觉时发出的鼾声表明结石已经生成。

吠陀时期的一个传说讲述了因陀罗神向大海中抛撒金、银、珊瑚、珍珠和蓝宝石或绿松石五种珍宝的故事。大象、熊、蛇、蛙、苍鹰、鹅和鸽子后来分别吞食了这些物宝，由此形成它们体内的结石。从这些动物体内取得的内脏结石色彩各异，具有神奇的魔力。它们因具有抗毒、提神醒脑、退热和抗传染性病毒的药性而著称。优质结石、中等质量的结石和劣质结石分别能治愈七位、五位或三位中毒的病人。

黄　丹

“结石”一词源自波斯文“pad-zhar”，其意为“抗毒”，泛泛之含义是“解毒剂”。在中世纪的欧洲医学传统中，动物结石作为一般中毒症的解毒剂而备受青睐。源自东方的“东方结石”是其中价值最高的，是由小异物周围形成的有机油脂层构成。印度常见的解毒剂是结石解毒剂。波斯野山羊被称作“结石山羊”。据认为，在突厥斯坦④，人们膜拜结石以祈雨。在西

① 梵文：Bodhi-citta，菩提心，表现菩提智慧、能使人开悟成佛道的主体性，亦称“无上道心”。

② 四方佛，在真言密教的坛城中，大日如来（梵文：Vairocana；藏文：rNam-par-snang-mdzad）居中央，其四方有四佛，即成五佛。五佛为：1）东配阿閦如来（梵文：Akshobya；藏文：Mi-bskyod-pa）；2）西配无量寿如来（阿弥陀佛）（梵文：Amitabha；藏文：Vod-dpag-med）；4）南配宝生如来（梵文：Ratnasambhava；藏文：Ran-chen-vbyung-gnas）；5）北配不空成就如来（梵文：Amoghasiddhi；藏文：Don-phod-grub-pa）。

③ 梵文：go，牛。

④ 原文：Turkestan，突厥斯坦，亦称“土耳其斯坦”，前苏联地名。

藏，温泉中发现的小块白色和橘红色矿物质石头是钙和硫磺的积垢物。人们认为，这些钙化石或“药丸”① 与动物结石一样具有同样的药效。

据说，优质黄丹（象黄）取自大象大脑或大象前额，次等黄丹取自母牛的胃。据说黄丹的大小和外观与熟鸡蛋的蛋黄相同。从中获得的黄色物质可当作补药和镇静剂，也可以用作额前点吉祥痣的颜料。据说，与蜂蜜混合后用于眼部可以使人明目，能看清世上的一切珍宝。同样，取自眼镜王蛇头部的灰色和白色结石可以使要蛇人有控制小型蛇的能力，也可使自己免受毒液的伤害。据说，取自老蟾蜍头部的西洋“蟾蜍结石”同样具有血清的抗毒效应。

在藏族艺术中，这种结石的绘制方法多种多样，可能呈丸状，也可以呈鸡蛋状、豆子状、螺旋状、水果状、腺状或菌状，其颜色通常为白色或黄色，一般被画成坚硬的椭圆形，浮在白色的黏液中。

酸奶（梵文：dadhi；藏文：Zho）

在印度，酸奶一直被视为一种有营养的纯饮料。在印度草药学②中，酸奶作为助消化剂备受青睐。在传统上，酸奶也是腹泻和消瘦症的滋补之物。用母牛产仔后的初乳制成的酸奶被认为最具再生力。酸奶纯净洁白的特质象征着精神滋养和断灭一切恶业。源于神牛的“三白”（酪、乳、酥油）被视为浓缩的植物精华，常作为净化物用于各种密宗仪式中。

作为八瑞物之一，酸奶象征着妙生女敬献给饥肠辘辘的佛陀的四十九口乳糜。乳糜使佛陀获得了在菩提树下证道的力量，并清晰地顿悟“中道”③ 的真谛。出于这一原因，在佛陀的蓝色僧钵里常画有白色酸奶或“甘露”。

酸奶清凉、黏稠、含乳脂、滑腻和柔嫩，因此象征着体液④或水分子的组成部分。有鉴于此，在印度炎热的夏天和雨季，喝酸奶已无须再遵医嘱。七、八月份印度季风期在传统上是佛教僧侣季节性闭关的静修期。在多雨的闭关静修期结束后，要举行仪式为僧侣们供应酸奶作为首次庆贺大餐。在西藏的雪顿节⑤上也可以看到这一传统的延续。雪顿节要

---

① 藏文：Ril-bu，药丸。

② 原文：Ayurvedic，印度医药学，大部基于顺势疗法和自然疗法的传统医学体系。

③ 中道，在原始佛教，这主要指远离苦行与快乐这两极端的不苦不乐的中道。

④ 梵文：kapha，体液。

⑤ 藏文：Zho-ston，雪顿节，“雪”为“酸奶”，“顿”为“宴会”之意。群众的传统节日。每年藏历七月一日举行，节期五～七天不等。该节最初纯属宗教节日。经过三百多年的发展历史，已经形成了风韵各异、流派纷呈、丰富多彩、独具雪域特色的全民性的藏族艺术节。由于在此期间许多藏戏团要在罗布林卡演出藏戏，因此，人们又把“雪顿节”称为“藏戏节”。

酸 奶

在色拉寺①和哲蚌寺②这样的大寺院举行，在结束百天夏日闭关静修后僧人可以享用酸奶。

酪、乳、酥油“三白”构成了源自神牛“五甘露”中的三个，其他两个是小便和大便。出于仪礼的目的，牛尿和牛粪要在落地之前收集到容器里，然后在一个青铜碗中与“三白”混合，随后将这种混合物煮沸。晾凉之后，要滤去黏液上层的浮渣和下层的沉淀物，留下中层的物质。然后，将这些物质摊开，在阳光下晾晒。最后，将晒干的粉末与藏红花③混合在一起，制成小药丸。在西藏，这种药丸与经过加持的“甘露降魔丸”④ 均在修持时使用。五甘露源自神牛，该牛应是怀孕的母牛，其毛色呈金黄或橘黄色，从其身上可以提取黄丹。

长寿茅草（梵文：dyrva；藏文：rTsva-dur-ba）

长寿茅草是有多种名称⑤的一种普通的草。在西方，它被称作百慕大草⑥、巴哈马草、匍匐草或邪恶草，通常都生长在牧场。在东方，它被看做是“恐怖草”⑦ 或“折腰草”，也是草类中的一种白色物种，梵文称作“chanda”。长寿茅草草质坚硬，是匍匐四散生长的一种草，草茎上布满斑点，叶子覆盖茎端。沼泽或湿地是其天然的生长环境，但其韧性极强，即使晒干后在遇水时依然可以发出新芽。

长寿茅草是吠陀时期供物中不可或缺的组成部分。吠陀时期的圣坛是用被长寿茅草捆结的牛粪搭成。在抚慰众神的仪式中，吠陀时期的祭司经常戴有一只用长寿茅草草秆编织的戒指，代表毗湿奴的吉祥结。

---

① 藏文：Se-ra-dgon-pa，色拉寺，原意“野玫瑰寺”。相传初建寺时此地长满野玫瑰（色拉），故得名。位于西藏自治区拉萨市北郊的色拉乌孜山下，为宗喀巴八大弟子之一的释迦也失于明永乐十六年（1418 年）创建。寺内藏有大量文物珍品和稀世之宝，还有西藏本地制作金铜佛像上万尊以及大量的法器、壁画、唐卡、佛经等。

② 藏文：vBras-spungs-dgon-pa，哲蚌寺，藏语全称“吉祥米聚十方尊胜洲”，汉语意为“堆米寺”。据说该寺石山上有很多白石，远看就像很多白米，故而得名。该寺依山而筑，错落重叠。位于西藏自治区拉萨市北郊的根培乌孜山下，是藏传佛教格鲁派六大寺院中最大的一座。明永乐十四年（1416 年）由宗喀巴之弟子降央曲结所建。大殿二层供有宗喀巴亲自开光的强巴佛像，是该寺的主供佛像。其他各殿堂中供有宗喀巴师徒塑像以及观音、文殊、金刚、无量、度母等佛像。寺内还有大量佛教经典、法器、供器、唐卡、壁画和各种工艺品。

③ 梵文：kumkum；藏文：Kha-che-sha-skam，藏红花，藏族医学之传统药物。属菊科。一年生直立草木。药医学以花入药，性温，味辛苦，有活血、祛痰、调经的功能。

④ 藏文：bDud-rtsi，甘露降魔丸，药名。

⑤ 梵文：durva，durba，darbha，长寿茅草，草名。

⑥ 梵文：Capriola dactylon，百慕大草，草名。

⑦ 梵文：Panicum dactylon，恐怖草，草名。

长寿茅草

长寿茅草的神性源自搅拌大海时偶然洒下的甘露的传说。据说，在搅拌大海时，有几滴甘露洒落在长寿茅草上。类似的传说认为拘沙草①也具有神性。在这个传说中，金翅鸟偷走了盛有甘露的宝瓶，想用它赎回被其敌手龙众监禁的母亲。金翅鸟把这个宝瓶偷偷藏在一丛长寿茅草中。但因陀罗神识破了它的欺骗行径并迅速地从龙众手中拿走了甘露瓶。龙众急切希望能用上一些甘露，它们误把甘露的神圣香气看成是拘沙草发出的。当它们去舔拘沙草的草尖时，它们的舌头被劈成了蛇的叉形。

长寿茅草和拘沙草成了神圣的同义词，一般叫做“darbha”。拘沙草是一种长形刷状草，可以长到大约两英尺高。在印度，用一卷绳子把拘沙草捆在一起就可以制成一把普通的家用扫帚。在传统上，拘沙草可以用来净化污浊之物。在需要举行净化仪式时，婆罗门们要睡在一丛拘沙草中。根据寓言的说法，拘沙草的草秆又尖又硬，象征着敏慧的智力。在佛教中，人们认为这种草可以增加透视的清晰度及禅修的定力。在许多密宗教派，如时轮金刚密乘②中，人们要把一根长茎秆纵向地放在床垫之下，把一根短茎秆横向放置在枕头下，用这两根拘沙草茎秆为灌顶前夜所做之梦进行释梦。浸泡过拘沙草的水常常作为灌顶水用于灌顶加持。护摩火祭仪式③开始时也要点燃一把晒干的拘沙草。

即将成佛的佛陀在顿悟前夕走到神圣的菩提树下，站在一片柔软的草地上。在菩提树下，他遇到了割草神，他给了佛陀八抱拘沙草让他制成禅定蒲团。从吠陀时期起，拘沙草编织的拘沙蒲团④就是宗教仪式中使用的圣垫。佛陀始终沿袭着古老的传统一直使用拘沙草蒲团。在肖像画法上，众多的佛教苦修者、瑜伽师和大成就者⑤都被画成端坐在拘沙草蒲团之上。末罗国⑥的古都（佛陀的圆寂之地名叫拘尸那迦⑦）的意思是“拘沙草之城”。从艺术上来看，在藏族艺术中，长寿茅草和拘沙草都被画有多种形式的变体。

---

① 梵文：Kusha；原文：Poa cynosoroides，拘沙草，印度画眉草。印度的一种禾草，常用于印度教礼仪中。

② 梵文：Kalachakra，时轮金刚乘。时轮金刚密法源于古印度北方的香巴拉国，十二世纪前后传入西藏。时轮金刚密法确认一切众生都在过去、现在、未来“三时”的“迷界”中，并以时轮表示“三时”。

③ 梵文：homa，护摩，密教的修法。在炉中燃烧起火来，烧着供养的物料以供养本尊。护摩仪式分为：1）怀柔护摩；2）增长护摩；3）息灭护摩；4）诛灭护摩。

④ 梵文：Kushasana，拘沙蒲团，用拘沙草编成的蒲团。

⑤ 梵文：siddha，大成就者，指通过密教的秘法而获得觉悟的人。

⑥ 梵文：Malla，末罗国，古地名。故址在今伊拉克巴士拉之西。《新唐书·地理志》附“广州通海夷道”称之为大食重镇。

⑦ 梵文：Kushinagara，拘尸那迦，亦称“俱尸那”，意译“角城”、“茅城”。佛教圣地。相传为释迦牟尼在世时的末罗国都城，传为释迦牟尼涅槃处。

木瓜（梵文：bilva；藏文：Bil-ba）

木瓜①也称作孟加拉苹果②和孟加拉榲桲。这是一种圆形水果，如大橘子般大小，外皮坚硬，有斑点，皮呈棕红色。十九世纪初期，英国植物学家首次看到一堆令人困惑不解的印度珍奇水果时，他们选用了当时为英国苹果命名的时髦方式为许多水果重新命名，创造出了凤梨、番荔枝、蒲桃和曼陀罗果等名称。木瓜外皮粗糙，被恰如其分地称作“木苹果”。从医药学上来看，木瓜有速效收敛作用。在传统印度医药学和印度民间医学中，木瓜因具有排毒作用而备受重视。未熟的木瓜瓜瓤，特别是熬制成的能保存的木瓜酱更是治疗腹泻和痢疾的最有名的良药。

在古印度，木瓜被视为水果中最神圣之物，是供奉寺庙众神的主要食供。只是在近几年，椰子才取代木瓜成为宗教供物中的主要水果或作为放弃自我的象征物。对印度教众神，特别是湿婆、雪山神女③、吉祥天女、难近母④和太阳神这些神灵来说，木瓜树是神圣的。在印度教的一个早期神话中，据说木瓜最初发芽于雪山神女额头滴落在迈达拉圣山⑤的汗珠。在吠陀时期的创世记中，用迈达拉山搅动大海。三叶片的木瓜叶象征着梵天、毗湿奴、湿婆三联神（创生之神、保护之神和毁灭之神）及湿婆的三股叉。对湿婆来说，木瓜树尤为神圣。在湿婆缠结的头发上常画有三叶片的木瓜叶。在传统上，在印度烈日炎炎的夏天，湿润的木瓜叶也放在方形的石制象征物或湿婆的林伽⑥上作为降暑供品。木瓜树也是性力派⑦众神或湿婆之妻雪山神女各种化身的居处。据悉，乳房形状的木瓜含有大本母神⑧的乳汁，木瓜也叫做“shriphala”，其意为“什密果”，是财富和繁荣的天女罗乞什密的别名。

木　瓜

用木瓜代表湿婆派和性力派的象征主义源自印度教密宗后期，这个时期要大大晚于佛陀释迦牟尼时代。无

① 梵文：Aeglemarmelos，木瓜。

② 梵文：Bel，Bael，孟加拉苹果。

③ 梵文：Paravti，雪山神女，亦称“喜马拉雅山之女”，共有十大化身。她美丽、温柔，爱上了在雪山修苦行的湿婆。因陀罗派爱神去引诱湿婆去爱雪山神女，触怒了湿婆，被他用第三只眼睛的神火烧毁。以后雪山神女修了千年苦行，终于做了湿婆的妻子。

④ 梵文：Durga，难近母。印度教雪山神女的化身之一。印度教女神名。即是湿婆的妻子，又是一个相对独立的女神——降魔女神。印度教中信徒较多的神祇之一。性力派崇奉的主神之一。

⑤ 梵文：Mandara，迈达拉，山名，是印度北部比哈尔邦的一座圣山。

⑥ 梵文：lingam，林伽，男性生殖器，湿婆派和性力派的崇拜对象，其寺庙往往耸立着林伽石像，性力派教徒胸前还佩戴着林伽标志。

⑦ 梵文：shaktis，性力派，印度教三大派之一。主要崇拜湿婆之妻难近母、时母、吉祥天母及娑罗室伐底等女神。认为这些女神的活动力（性力）是宇宙万有的根源。

⑧ 梵文：matrika，本母神，女神名。

论前佛教时期的象征主义是什么，木瓜始终被视为万果中最为神圣的一个。据说，吠陀时期的创生之神梵天曾向释迦牟尼敬献过木瓜。在智慧和顿悟之心都优于自己的人的面前，梵天以尊崇和乞求之姿低声下气。在传统上，梵天被画成向释迦牟尼敬献金轮，但有时会用盛有木瓜的盘子替代金轮。在藏族艺术中，木瓜常被画成三个一组，象征着“三宝”。木瓜一般会画成石榴状，带有奶嘴状的圆尖及三个叶片，其绘制形式多种多样。

右旋白螺（梵文：dakshinavarta-shankha；藏文：Dung-dkar-g·yas-vkhyil）

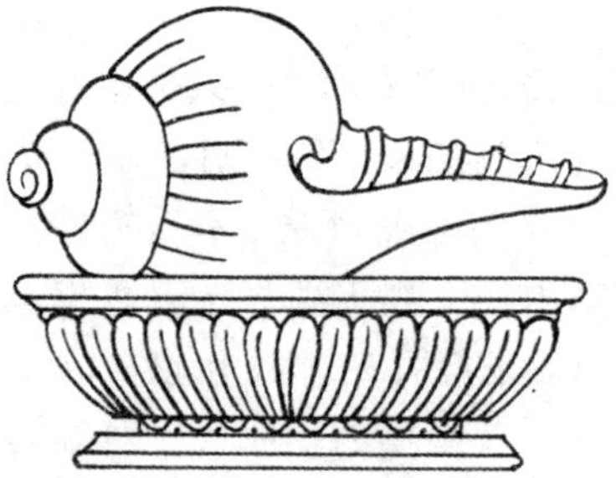

右旋海螺

右旋白螺象征着佛陀宣讲佛法。如前所述，它是八瑞物之一，是大天神因陀罗敬献给佛陀的。在佛教肖像画法中，在传统上，因陀罗神常被画成手持这种供物，以敬畏之姿站在佛陀面前。因陀罗神在呈这一化身时被视为众神之主①，这是因陀罗的别名，其意为“强大”或“百供者”。

朱砂（梵文：sindura；藏文：Li-khri）

据说,一位名叫鸠提沙拉贾②的婆罗门向佛陀敬献了朱砂。这种橘黄色或红色的粉末有时被看做是辰砂③或天然朱砂④,它们均从自然矿石的含水银的硫化矿中提取。通过加热把水银与硫化物分离,进而从辰砂中提取水银。从化学角度来看,硫化物与水银重新融合生成结晶辰砂的逆向程序也是可能的。辰砂变成水银及水银还原成辰砂的现象说明了元素的易变性,这一特性生成了印度和中国的炼丹术。

在梵文中,朱砂粉叫做“sindura”,被看做是矿物质“红铅”或“铅丹”,这种红色的氧化铅可以作为一种染料。西藏草药确认了铅丹的三种形式:1)取自石料的粗铅丹;2)取自土壤的软铅丹;3)从木头中提取的铅丹。“sindura”一词普遍定义为铅丹、辰砂、朱砂或圣灰。

朱砂和铅丹自古就一直被当作矿物颜料使用。在印度,朱砂粉是橘黄色或红色粉末,用来装饰圣像,也用于其他各种宗教目的和仪式。与姜黄或黄色的藏红花、红色的檀香木⑤和牛粪烧后的白灰⑥一样,虔诚的印度教教徒也用朱砂在前额点吉祥痣。在传统上,已婚妇女

---

① 梵文：Shakra 或 Shatakratu，众神之主。
② 梵文:Jyotisharaja,鸠提沙拉贾,人名,意为“星相术士之主”。
③ 藏文:Cog-la-ma,辰砂,即朱砂。旧时以湖南辰州府出的最著名,因而得名。
④ 梵文:mTshal,天然朱砂。
⑤ 梵文:chandan,檀香木。
⑥ 梵文:vibhuti,白灰。

前额上点的朱砂吉祥痣表明其丈夫依然在世，她不是个寡妇。这样的痣记在正统的印度教社会等级中也是十分重要的、外在的申明。在前额或身体其他部位点痣的习俗可以追溯到吠陀时期。等级森严的种姓制度及教派标识随着时间的推移已有所发展。点吉祥痣具有梵文词"手印"①的众多含义之一。

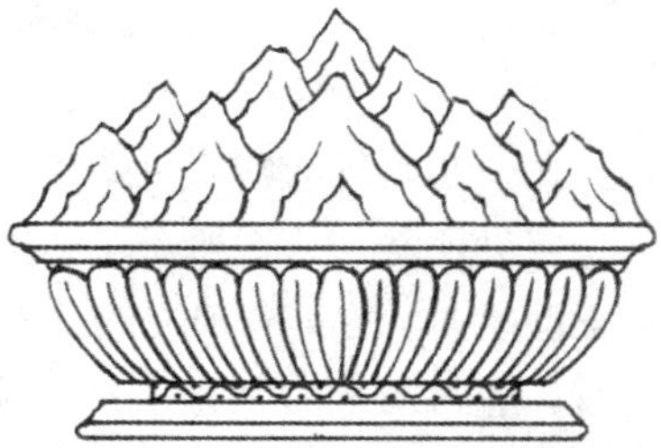

朱　砂

可以肯定，在佛陀时代，朱砂在礼仪中意义重大。其红色象征着权力，特别是具有磁力的爱欲，是经血的具体体现。在金刚乘佛教中，红色专门用于某些降魔和财富女神，如：红色的作明佛母②、吉祥天母和增禄天母。朱砂粉也用来制作砂制坛城，它也是许多世俗和宗教手工制品的装饰颜料。在汉地的象征意义中，朱砂和黄金被视为表示愉悦和繁荣的两大相互协调的色彩。

芥子（梵文：sarshapa；藏文：Yungs-vbru）

据说，怒相金刚力士曾向佛陀敬献过芥子。在佛陀时代，芥子是一种普通的家居食品。正如有关他的寓言所述，他让一位新近丧子的悲痛欲绝的母亲向无人故去的家庭要一些芥子，每户都有芥子，但无人能免除丧子之苦。当她听到他们伤感的故事后，她自己的痛苦逐渐减轻。

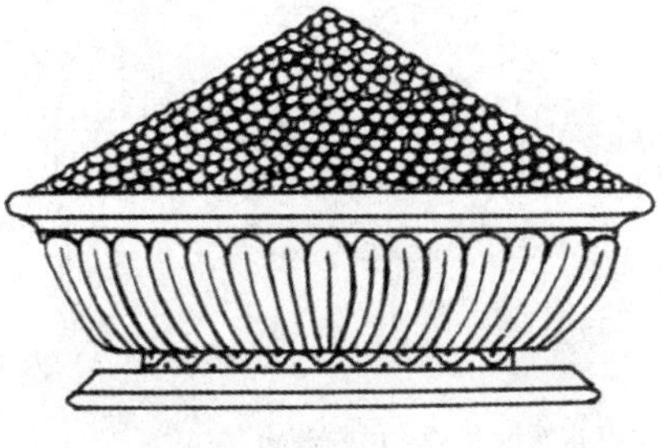

芥　子

种芥子是为了榨取食用和点灯用的油。芥子分为白芥子③和黑芥子④两种。在古印度，人们视芥子为具有神奇力量之物，有助于抵御一切障碍和命运的不祥逆转。佛陀在向希望孩子重生的母亲提出的忠告中解释了一个共同的信念。在举行护魔火祭仪式时，芥子是献给吠陀火神阿耆尼⑤的供品，此时，它用于断灭一切不祥之障。在印度教和佛教密宗教派中，芥子被视为令人感到恐怖的东西，在毁灭仪式上用于驱除以障魔化身的邪障。用密宗咒语为芥子加持，然后将其烧掉或抛撒以驱除恶鬼或愤怒精灵。控制幼童的精灵叫"红芥魔"⑥，可能指的是猩红热。芥子是主要

① 梵文：mudra，手印，佛的觉悟内容，称为"法印"。在密教，"印"即"印相"、"印契"。

② 梵文：Kurukulla，作明佛母，女神名。

③ 藏文：Yung-dkar，白芥子，十字花之物，可入药。

④ 藏文：Yung-nag，黑芥子，指油菜子。

⑤ 梵文：Agni，阿耆尼，婆罗门教火神。《梨俱吠陀》对他的颂歌仅次于因陀罗。

⑥ 梵文：Sarshaparuna，红芥魔，魔名。

“真言芥子”① 之一，在金刚乘毁灭仪式上，它是对付有害精灵的礼器。这些武器可以做成“朵玛”②、嘎巴拉碗、刻有有毒生灵的图案（如蛇、蝎、蛙）的牛角或牦牛角的形状。在控制天气的藏族仪式上也使用芥子，此时，可以用它来召唤雷暴或阻止雷暴。

内贝斯基－沃杰科茨基③在其著作《西藏的鬼怪神灵》④ 一书中描述了一种叫做“阎罗王磨盘”⑤ 的具有神力的武器，它就放在拉萨附近的卡多寺⑥里。这个武器是一个双面磨盘，磨盘的正面刻有十分灵验的咒语，是用来消灭政治怨敌首领的。担当此任的住持喇嘛要先抓住敌人的“生命索”⑦，把几粒白芥子捆在上面，然后将它们放在刻有独特咒语的磨盘下进行研磨。显然，这个过程极为危险，因为随意碰触磨盘的人不久就会身亡。

金刚手敬献的芥子象征着金刚部怙主不动如来⑧，其行为就是摧毁一切仇恨、侵犯及有害影响。

① 藏文：Thun，真言芥子，亦称“真言砂”，宗教徒诵咒加持后用以驱魔的芥子、砂粒等物。

② 藏文：gTor-ma，朵玛，由糌粑捏成用以供神施鬼的食品。每年举行送鬼仪式时，家家户户皆要把事先做好的朵玛抛到门外或大街上。人们认为这样做，会把影响一家人健康、幸福的妖魔鬼怪全部驱逐出去，从而保证在今后的生活中得到幸福和安乐。

③ 原文：Nebesky-Wojkowitz，内贝斯基－沃杰科茨基（1923 年～1959 年），奥地利藏学家。1948 年毕业于维也纳大学，获博士学位，留校任教，供职于该校人类学博物馆。1950 年～1953 年参加希腊和丹麦王子彼得组织的中亚考察队。在印度和锡金边界地带收集资料。对藏传佛教的护法神产生强烈的兴趣。1956 年出版了《西藏的鬼怪神灵》。另有遗作《西藏的宗教舞蹈》。

④ 原文：Oracles and Demons of Tibet，《西藏的鬼怪神灵》，书名。

⑤ 藏文：gShin-rje，阎罗王，亦称“死主”，所有死人的统治者。

⑥ 藏文：Kha-rdo，卡多寺，拉萨东北的一座寺院。

⑦ 藏文：Srog-snying，生命索，指生命命脉。

⑧ 梵文：Akshobya，不动如来，又称“阿闵佛”，住东方妙喜世界，如有人勤修六度，发愿生其国者，死后可以转世此地。密教认为，他是金刚界五智如来中住于东方者。其塑像常为坐形，左手握拳，右手持“梵函”。

第三章　五妙欲

五妙欲（梵文：pancha；藏文：vDod-yon-sna-lnga）

五妙欲是最为精妙的组合，可以吸引或迷住色、声、香、味、触五种感官。在传统上，五欲供的形式如下：1）镜子表示“色”；2）琴、铙钹或锣表示“声”；3）焚香或盈满香料的海螺表示“香”；4）水果表示“味”；5）绫罗表示“触”。

作为令人感官愉悦的器物，它们作为供物主要是敬献给善相神和世系大师的。此时，它们象征着取悦获得圆满的一种欲望，就施主而言，则代表着他们断欲的一种姿态。在传统上，它们被放在神祇的莲花座或宝座下，与供碗组合在一起。但它们也可画成单独的象征物或是云生天神的手持器物。在众多的佛教仪式中，这五种象征性供物经常作为供品敬献给住持喇嘛。此时，一般是一面镜子或一个小金轮、一对铙钹、香或一个海螺、一盘新鲜水果或糖果及一块丝绸。五欲供或其他成组的吉祥符号也可画在许多仪式中象征性使用的长方形“扎嘎里”① 上。酥油花造型极为精美细腻，色彩艳丽，也是由五欲供及其他各组供物组成，用于一些独特的仪式或节日。在这些节日中令人印象最深的是每年藏历正月十五日在拉萨举行的“大祈愿法会”②。每逢此时，拉萨各大寺院会竞相制作最优质的酥油花。酥油花与锥形供物“朵玛”形状相似，一般高达十多英尺，是几周艰辛劳动的成果。

① 藏文：Tsa-ka-li，扎嘎里，绘有象征天神、坛城、八瑞相等图案的小画片。

② 藏文：Mon-lam-chen-mo，大祈愿法会，藏文音译“默朗钦莫”，亦称“大传召”、“传召大法会”。“传召”是发愿、祈愿之意。藏传佛教传统节日，藏历年正月初三至二十四日举行，是宗喀巴大师倡导的四大佛事之一。

五妙欲的各种排列：宝镜或金轮（色）在中央，然后是声供（铙钹或琴）、香料（海螺）、水果和丝绸。较小的图像画有宝镜、铙钹和锣、海螺、水果、花及丝绢。

在拉萨主寺大昭寺①外夜间举行比赛，届时达赖喇嘛要评判胜出的酥油花。

五欲供与五佛有关，是五蕴②和五官的感官器官。大日如来代表“色”（识），即视觉，镜子是其象征物；宝生如来代表“声”，即听觉，象征物为琴或铙钹；阿弥陀佛代表代表“香”，即味觉，象征物为琴或盈满香料的海螺；不空成就如来代表“味”，即味觉，象征物为水果；不动如来代表“触”（或“色”），即触觉，象征物为丝绸。

在金刚乘佛教中，五欲供被神化为手持五欲供的五大供养天女。

色（梵文：rupa；藏文：gZugs）

小银镜或八辐金轮代表视觉和眼睛这个感官器官。镜子代表色（识）和五大③中的空。镜子清晰、无瑕、明亮，真实无误地反映一切图像。无论反映出美丑，还是天生的善与后天生成的恶，镜子都不会加以评判。镜中出现的图像丝毫不会受到影响，也不会发生任何变形和改变。同样，纯识觉也不会受到镜中出现和反射出的美丑之物及思想的善、中庸或恶的影响。如镜中反映出的万物一样，它们的本质是空，空之无物，但它们会继续在意识的“银屏”上或镜子的空性中展示一切。就像一头野兽在静止的湖面自己的倒影中寻找或袭击它的假想敌一样，尚未顿悟之心会自我确认自己投影的图像，而佛陀的顿悟之心却可视万象为自性的空性，宛如居住沙漠、熟悉海市蜃楼之人都明白他们永远不会找到解渴之物一样。

宝 镜

白色或银色圆盘镜代表大日如来，体现出他的品性，其中包括色识、视觉、白色的水及大日如来的明察或认知一切的智慧。大日如来手持一个八辐金轮或法轮。该金轮可替代镜子作为他的具体象征。

① 藏文：Jo-khang，大昭寺，位于西藏自治区拉萨市中心。始建于七世纪吐蕃王朝松赞干布时期。相传寺址由唐文成公主相度地势选定，由尼泊尔墀尊公主兴建。自明清以来，每年一度的正月传召大法会再次举行。该寺是最早的大型建筑之一。

② 梵文：skandha，五蕴，亦称“五种积集”，五种集合之意。构成我们的存在以至于周围环境的五种要素的集合。五蕴为：1）色；2）受；3）想；4）行；5）识。

③ 藏文：vByung-ba-lnga，五大，构成万物的五种要素：地、水、火、风、空。

声（梵文：shabda；藏文：sGra）

琴或一对铙钹把音乐欣赏比作能听到令人愉悦之声的听觉器官，偶尔也会画上一对锣或一支笛子。在传统上，琴①被画成中亚和汉地的四弦琴或五弦琴。琴体呈梨状，由一个精制的锥形指板和旋轴箱组成，旋轴箱的形状宛如神话中的神兽或神鸟。琴体通常画成左斜摆放在镜子后面，与演奏时的位置相仿。琴的上半边缘也可呈直线条，其外表与阿富汗的“拉巴巴”② 琴相同。琴颈的上半部常绘有悬垂的流苏或一块丝绸。

呈拉巴巴琴形状的中亚四弦琴（左），弦轴箱顶饰有金翅鸟头。众神的天琴（右）是用珍贵木料、各种金属和珠宝制成。

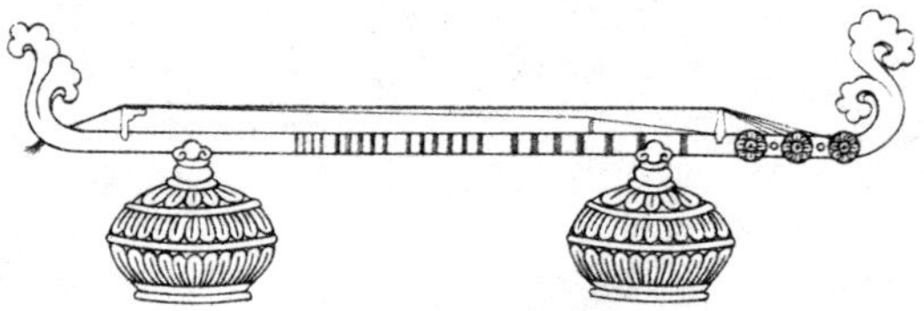

印度维那琴的一种，有两个置于底部的共鸣箱

在蒙古唐卡上，琴的形状与传统的马头琴③相同。这个双弦的弦乐器有一个长方形的共鸣箱，弦轴箱饰有雕刻而成的马的头颈。在汉式唐卡上，琴的形状像汉地的两弦琴，汉文称之为“二胡”或“胡琴”。在藏文中，它被称作“也”④。这种乐器的共鸣

① 梵文：vina；藏文：Pi-wang，琴，有时专指琵琶。

② 原文：rabab，拉巴巴琴，阿富汗的一种乐器。

③ 原文：morinkhur 或 khil-khur，马头琴，蒙古族弦乐器，有两根弦，琴身呈梯形，琴柄顶端刻有马头做装饰。

④ 藏文：Ye，指二胡或胡琴。

一对礼仪上使用的青铜铙钹（左上）；带有木鼓槌的碗状鼓（右上）；下面是作为供物使用的、被丝绢连在一起的两对藏式铙钹。

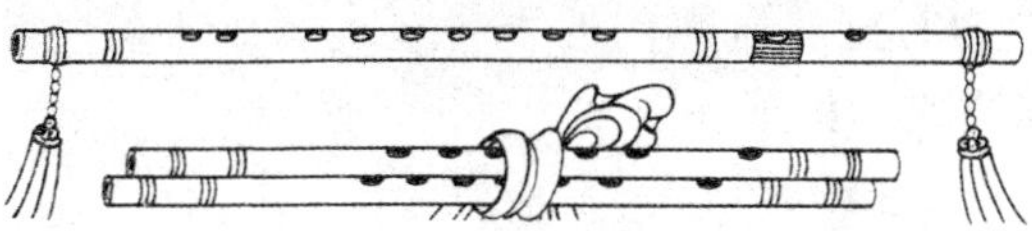

带竹笛膜的汉地笛子（上）；用丝绸捆在一起的一对印度笛子（下）

箱又小又深，呈圆筒或六边形，较薄的圆形木琴颈穿过琴的上半部，弦轴箱上方安有龙头雕刻。在印度式的唐卡上，琴的形状像印度的一种维那琴①。两个谐振葫芦固定在一个管状的木质或竹制的长琴颈上。

在画出金色铙钹来代表“声”时，一般常把它们画成对称摆放在供碗前方的中央处。铙钹中孔处用一根装饰性的丝彩带打圈系紧。铙钹的形状如同钟铜制成的藏式小手钹②，直径约三英寸，能发出持续的高音铃声。寺院仪式中最常见的形式是巨大的青铜铙钹，它能发出撞击声。作为供奉给善相神的供物，寺院使用的扁平状铙钹③用于怀柔护摩仪式，而圆形铙钹④用于诛灭护摩仪式。

在绘制铙钹时，它们常被画成一对对称摆放的金属碗，两个碗中间放有一对木槌。布圈垫在其底部以减少敲击产生的共鸣。中国的锣和蒙古的锣⑤可能是这些象征物的原型，它们出现在后期的藏族艺术之中。在新时期精神运动的现代神话中，锣逐渐被称作“会唱歌的藏式碗”。许多不可思议的、具有神力的传说已被移植到现代历史中及演奏技术的改革上了。二十世纪七十年代，黄铜碗或青铜碗首次出现在流寓海外的藏人的货摊上，但实际上它们只是这些人吃饭的家什或供碗。在过去的几十年里，这些“会唱歌的藏式碗”已大批量生产以满足印度和尼泊尔的

① 原文：vichitra vina，维那琴，印度的一种乐器。

② 藏文：Ting-shag，手钹。

③ 藏文：Sil-snyan，扁平铙钹。

④ 藏文：Rol-mo，圆形铙钹。

⑤ 蒙古文：dudaram，锣。

旅游市场,但有关它们在古代西藏作为神奇乐器使用的故事则成了一个现代版的神话故事。

在绘制笛子时，常常把它画成印度竹笛或中国长横笛的形状。笛子用竹子制成，有六个或七个指孔和两个吹孔。在演奏时，要用一片薄薄的笛膜盖住较低的那个吹孔，这样，笛子就会发出颇具特色的鼻音或发出卡逐笛①般的声音。笛子一般斜放在镜子后面，其上端通常系有一条丝制挂穗。

香（梵文：gandha；藏文：Dri）

焚香、香炉或盈满香料的海螺在传统上都代表着味觉。松柏叶末是藏香②最主要的成分，通常放在炭火盆或泥制香炉中焚烧。藏线香③是手工制成的，是用松柏叶枝碎末与各种成分混合而成，其中有中草药、藏红花、檀香、乳香、芦荟、麝香和其他香料。几根笔直的线香或用黄色棉线捆在一起的把香，常被画成插在盈满谷物的碗中或谷物盒中，袅袅燃烧。在传统上，松柏叶枝也常画成在香炉④中燃烧。香炉通常被画成三足青铜瓶状器皿，装饰华丽，有手柄或吊挂在三条链子上，宛如基督教中使用的提炉。在西藏，焚烧松柏枝叶使用的巨大神香炉灶⑤依传统建在寺庙屋顶或庙门附近。户外神香炉灶是用混有白粉水的泥土砌成，形状与佛塔相仿。更常使用的是室内木制香炉。这种长方形盒子的较低处有一个金属盘，香平放在盘中的一层香灰上，然后点燃。在古印度，香一般都呈蜡烛状⑥。这种有韧性的、柔软的蜡状物是用花精和木精精油混制而成的。

在印度，海螺是仪式上盛水用的祭器，放在一个叫做海螺碗⑦的三足小鼎上。由于是佛教的祭器或供器，因此，在传统上，海螺里要盈满藏红花水或散发着香气的藏红花、檀香、麝香、樟木和肉豆蔻五种香料的混合水。玫瑰水、芦荟精油和黄兰⑧精油在印度是制作“海螺香”⑨ 的液体料物。在西藏密宗仪式中使用的许多药材或草药要由处女或幼童去采撷，还要到天然水源中取水。

在肖像画法中，盈满香料的海螺常被画在供碗的正左或正右方，与对面的水果供物相对称。白色海螺要画成水平放置状，螺旋通常为右旋。海螺内的香料水常画成淡蓝色的“旋状供物”，液体的白色波峰象征着积极的本质或香料正在散发香气。

---

① 原文：Kazoo，卡逐笛，在其上面唱或哼而发音的一种乐器，一般由一个开口的管子和复有笛膜的侧孔组成。

② 藏文：bSang，藏香，香的一种。

③ 藏文：sPos，藏线香，香的一种。

④ 藏文：sPos-phor，香炉，烧香所用的器具。

⑤ 藏文：bSang-khung，神香炉灶，藏文音译“桑康”。造于屋顶或路旁用以焚烟祀神的瓶形泥灶。

⑥ 原文：dhup，蜡状。

⑦ 梵文：shankhapatra，海螺碗。

⑧ 梵文：champaka，黄兰，东印度樟科的一种乔木，花黄色，可以产生用作香料的油。

⑨ 梵文：shankhanakha，海螺香。

盈满正在旋转的香料水的四只海螺（上排）；各种燃香及三足香炉（左）；木香炉，内插正在燃烧的香及一只大型户外神香炉灶（右）。

味（梵文：rasa；藏文：Ro）

新鲜水果在传统上被画成美味可口的味觉供品，放在供碗的左侧或右侧。它们经常被画成三种圆形水果，构成一个三角形。这三种水果可能分枝于同一带叶的茎条，代表着三宝（佛、法、僧）、三世佛（过去佛、现在佛、未来佛）或汉地“富树果”（多产、成长、成熟）。这三种水果通常被画成梨状，但也可画成苹果、杏、芒果、橘子、柿子、番石榴、石榴、柠檬、来檬①或木瓜。石榴鲜亮的红皮和多籽象征着幸福、热情、多子多孙。梨是长寿和长生不老的象征。香橼是财富和富足的象征。在汉地的象征主义中，石榴、梨和香橼这三种水果被称作“祈福三果”，代表着福、禄、寿。有时，供碗中画的水果品种多样。味供可以呈朵玛状，朵玛是用手工从模子中刻出的青稞面团，这种朵玛更具体地指的是供奉怒相神的朵玛。

梵文词汇“rasa”（味）有多种各异的细微含义。一般来说，它指的是味觉，是对果汁、树浆、香精或香味的感觉，但在更具神秘色彩的层面上，它是富有创造力的精神或艺术灵感之液，在音乐、戏剧和舞蹈领域尤为如此。许多佛教的重要本尊神的舞姿和面部表

① 原文：lime，来檬，一种具刺的热带乔木，圆形果实，成熟时带黄绿色，有极酸的果肉。

各种食物和水果供品，其中有番石榴、香蕉、香橼、李子、草莓及甘蔗；中央左侧是一只糖果碗（左），右侧是三个朵玛供品。

情都被描述为在展现其“九味触”①。印度舞蹈和戏剧都展现了这九个具有性格特征的表现模式。在密宗经文中，“rasa”一词也是精液和水银的同义词。吠陀教对六种味觉进行了描述，它们是：甜、酸、咸、辣、苦、涩。在金刚乘佛教中，这六种味觉指的是五佛部和第六佛或最初一佛②金刚持③的智慧品德。

触（梵文：sparsha；藏文：Reg-bya）

彩色丝带无疑代表着触觉。丝绸柔软光滑，被视为一切织物中最令人赏心悦目、使人产生无拘无束之感的织物。印度丝绸商常把一幅丝绸从一枚戒指中穿过以示其丝绸的优质。人们视众神的神绸游丝为上等，能从指甲下抽出来。神绸面积之大足以覆盖须弥山。神绸如此轻薄，彷佛可以随天籁的微风飘拂，其边缘和底端形成极为雅致的皱褶和盘卷的曲线。

丝制供品绸带在镜或轮的底部打成结，其两端在供碗两边盘绞。丝绸可以从成对铙钹的中孔穿过，然后再从两侧穿出来。它们可以结在琴颈上，也可以披挂在供碗中间的碗盖上

① 梵文：navanathyarasa，九味触。

② 梵文：Adibuddha，最初一佛，最初的佛或本来的佛。

③ 梵文：Vajradhara；藏文：rDo-rje-vchang，金刚持，亦译“持金刚”、“执金刚”。密宗菩萨名。身呈青金色，右手持金刚杵，左手持金刚铃，表示金刚部菩萨摧毁魔敌之坚毅智力。密宗谓释迦牟尼讲说密法时所现身相，故为密宗的秘密主。

各种丝带，羽翎（左下）及成卷的丝绸（右）

并在碗边上结成上旋的饰状。丝绸供物可以是白、黄、红、绿、蓝五彩彩虹中的任何一种，与五大和五佛相符或与特定的神灵所属的佛部相符。成捆的多彩丝绸、丝绸卷或鸟翎束也可被解释成画的是触觉。

第四章　转轮王

转轮王（梵文：chakravartin；藏文：vKhor-lo-bsgyur-bavi-rgyal-po）

梵文词汇“chakravartin”通常译为“宇宙王”或“帝王”，其字面含义是“转轮者”或“无障碍旋转的轮”。该词的前缀“charkra”有多种解释，可以指太阳的火轮或太阳神的战车，其双轮代表着天地。作为毗湿奴的标识，轮是他的圆盘，轮也作为众神的掌心和足底的吉祥标识出现。作为计量单位，轮指的是两个海岸线间陆地的表面积。转轮代表着世俗和宗教的权威，它表示运动、扩展、胜利、变化及一个新的伦理道德秩序的形成。

当悉达多王子①诞生之时，大预言家阿悉达②将一些神奇事件和婴儿身体上的吉祥标识解释为神示，明示这个孩子注定要成为转轮王或觉者佛陀。他命中注定会获得世俗或精神的统治权。如同钟摆可以朝两个方向摆动一样，他只能选择其一。由于这个原因，悉达多之父净饭王③竭尽全力保护其子不让他接触严酷的生活现实，而让他沉溺于感观满足的富裕生活及年轻、精力旺盛和俊美的永恒快乐的虚幻之中。在好奇心的驱使下，年轻的王子走出黄金鸟笼到外面的世界去冒险。他亲眼目睹老、病、死的现实。他意识到，痛苦是人之宿命，这一现实揭开了永恒主义的虚伪面纱。如果人的灵魂最终会被老、病、死击败，那么，他又能从获得整个世界中获益些什么呢？面对如此喧嚣的非永恒的现实，年轻的王子不想再做任何其他选择。世界的主宰是终级的虚幻。只有自我探询痛苦的根源和心之本性才能最终理解现实。

---

① 梵文：Siddhartha，释迦牟尼出家前的本名，全名“萨婆悉达多”。

② 梵文：Asita，阿悉达，人名。

③ 梵文：Suddhodana，净饭王，相传为释迦牟尼之父，迦毗罗卫国国王。

转轮王的观念源于毗湿奴教①“大圣贤”② 陀提吉③的理念。作为毗湿奴的化身，大圣贤有三十二大相和圣贤的八十随行好④。佛陀释迦牟尼也有三十二相，在印度教中，他被尊崇为毗湿奴十大化身中的第九化身。这样的人注定要成为世界的主宰。与佛陀一样，在世间的某一个时段只能有一位转轮王。转轮王诞生前都有吉兆和星象显现。转轮王之母通常会在其降生后不久亡故，这种情况与佛母的情况如出一辙。日食与转轮王的死亡同时出现，因为太阳本身也是天上转轮王的大转轮的化身。转轮王的降生预示着七财的出现，七财包括：1）信财；2）戒财；3）惭财；4）愧财；5）闻财；6）舍财；7）慧财。转轮王出生时，七政宝也同时出现，它们是：1）金轮宝；2）神珠宝；3）玉女宝；4）主藏臣宝 5）白象宝；6）绀马宝；7）将军宝。金轮和神珠是转轮王世俗和精神尊严的象征，也是获得圆满的神奇工具。绀马和白象是其坐骑，象征着不知疲倦的速度和力量。玉女、主藏臣和将军是体现其爱、智慧和权力的三位一体，他们的忠诚得到他的恩泽。在坛城供物中，金宝瓶也列入转轮王七政宝之中，构成一组更为直观的八瑞相。

转轮王七政宝（梵文：saptaratna；藏文：rGyal-srid-rin-chen-sna-bdun）

在佛教传统中，转轮王的七政宝代表“大圆满七觉支”⑤，是克服通往大圆满之路上的“惑”或“障”的“觉悟”。七觉支为：1）择法觉支；2）舍觉支；3）精进觉支;4）喜觉支;5）念觉支；6）定觉支；7）轻安觉支。

七近宝⑥也是转轮王的属物，它们是：1）宝剑；2）龙皮褥；3）宫室;4）衣袍；5）靴履；6）宝座；7）林苑。七近宝代表着转轮王物化的继承物或器物。

金轮宝（梵文：chakravatna；藏文：vKhor-lo-rin-po-che）

珍贵的千辐金轮是转轮王的第一个宝物，也是最伟大的宝物。它闪闪发光，宛如一轮太阳，是用从南瞻部洲瞻部河中采集的黄金制成。一千个轮辐象征着贤劫⑦的千佛的千种佛法。转轮王的轮子就像一支天兵，其直径为五百“由旬”⑧，意为在行进中势不可挡。转轮王的四兵——马兵、象兵、车兵和步兵分布在轮的中毂上。它们可以穿越天际行程万

① 梵文：Vaishnavite，毗湿奴教。信奉大神毗湿奴及其各种化身的教派。

② 梵文：mahaparusha，大圣贤。

③ 梵文：Dadhichi，陀提吉，圣贤名。

④ 八十随行好，佛的身体所具足的八十种吉相。据说这是经过百大劫的长久修行才能感得，亦称“八十种好”。

⑤ 梵文：sapta-bodhyanga，大圆满七觉支，佛教用语。能增长觉悟的智慧的七种修行。

⑥ 七近宝的另一说法：1）剑宝；2）皮宝；3）宫宝；4）衣宝；5）苑宝；6）卧具宝；7）履宝。

⑦ 梵文：bhadrakalpa，贤劫，极长时间地现在一大劫之意，特别是现在的住劫之意。

⑧ 梵文：yojana，由旬，古印度计算距离的单位，以帝王一日行军之路程为一“由旬”，印度国俗为三十里。

转轮王七政宝：主藏臣手捧神珠；玉女双手合十；金轮宝在玉女身后；白象和绀马在将军前面；将军的右侧是七近宝：宝剑、宝座、衣袍、靴履、龙皮褥、宫室及林苑。

里，每日可穿行十万“由旬”。转轮王驾轮可到环围须弥山的四大瞻部洲①的其他三大瞻部洲去，还可以到四大天王的圣地。佛陀得道后准备第一次化缘时，四大天王赠给他四个珍贵的僧钵。

金刚时轮密乘描述了一个“并存的宇宙”，被称作“香巴拉”② 国。从理论上来看，这个神秘王国位于巴格达、中亚、俄罗斯、蒙古或中国的西藏。该国保存着时轮教义的原始传法，这是佛陀释迦牟尼传授给香巴拉第一任国王的。香巴拉教法经由七大法王、二十五位俱里剑③或转轮王得以传承。每一位转轮王统治一百年，现时相当于第二十一位转轮王的在位期。根据预言，在二十五位王中的最后一位的在位期（大约公元2327年）将爆发一场大战。那时，信教者（佛教徒）将战胜“野蛮人”或非信教者。大获全胜的转轮王的军队将驾着千辐金轮行进，据说，千辐金轮有力量战胜一切金属器物和战斗武器。

从肖像画法上来看，转轮王的金轮通常被画成金色法轮。八条轮辐象征着“转动”或传授佛陀的“八正道”。作为宗教和世俗统治的象征物，金轮是西藏伟大法王④的标识，也是众多达赖喇嘛化身的器物。

神珠宝（梵文：maniratna；藏文：Nor-bu-rin-po-che）

八面神珠宝或八面如意宝⑤可以实现转轮王及在其光芒笼罩下的人的一切欲望。具有传奇色彩的红宝石⑥是在海水被搅拌时露出水面的，成了毗湿奴和讫瑟吒⑦的胸饰。与红色珠宝一样，神珠宝也具有神奇的八大特征：1）其光芒能照亮一“由旬”或一百“由旬”以外的黑夜；2）在酷暑难耐之日，神珠宝变凉，而当寒风凛冽之时，神珠宝则变暖；3）当人感到口渴时，神珠宝能使小溪或甜水河出现在面前；4）能生成转轮王所希望的一切；5）能控制龙众、防止水患出现及冰雹和暴雨；6）其各面散射出的各种彩色光泽可以治愈一切精神障碍并涤除自然界的污浊之物；7）其光芒可以治愈一切疾病；8）可以防止婴儿早夭，确保祖孙三代按吉祥顺序自然死亡。

在肖像画法上，神珠宝一般被画成一串被拉长的多彩的棒状物，插在月亮形小圆盘和

---

① 梵文：Caturdvipa，四大瞻部洲，佛教用语。谓须弥山四方咸海之中有四洲，即：1）东胜身洲（梵文：Purvavideha）；2）南瞻部洲（梵文：Jambudvipa）；3）西牛货洲（梵文：Aparagodaniya）；4）北俱卢洲（梵文：Uttarakuru）。

② 藏文：Sham-bha-la，香巴拉，写作“香跋拉”，佛教一净土名。意译持乐世界。又称“香格里拉”。此世界地为圆形，雪山环绕，形状如八瓣莲花，花瓣之间河水周匝，贵种王朝，世领其地，佛说时轮经教，今犹盛传。

③ 梵文：kulika；藏文：Rigs-can，俱里剑，龙的一种，或世间所尊奉的神。

④ 藏文：Chos-rgyal，法王，对崇信佛教的国王、大臣的敬称。

⑤ 梵文：chintamani，如意宝。

⑥ 梵文：kaustubha，红宝石，宝石中的一种。

⑦ 梵文：Krishna，讫瑟吒，印度教的神祇，其形状是半神半人，被视为英雄，是农牧之神。

莲花上。八面神珠宝被画成琉璃[1]宝石的深青金石色，发出蓝色的光，该光能够照亮整个宫室或转轮王的四兵。

玉女宝（梵文：raniratna；藏文：bTsun-mo-rin-po-che）

玉女是凡界一切女子中最美丽、品德最高尚的人。她被比作印度财富女神罗乞什密。她的身体发出樟木和檀香木的自然香气，呼出的气体散发出蓝色夜睡莲的香气。她体现出女性高雅优美的三十二吉相。她既年轻又强健，宛若十六岁妙龄少女。她的身材比例适中，腰身笔挺，手指修长柔软，朱唇，明皓，黑色长发。其乳房坚挺浑圆，肚脐呈莲花状，耳垂垂长，皮肤润泽光滑，脖颈上有三条细褶。

她拥有优雅女性的八大完美特征：1）忠实其主转轮王，对其他男人毫无欲望；2）如果转轮王情移其他女人，她毫无嫉妒之心；3）子宫繁育功能好，能生育众多健康的子嗣；4）能为其主人的王国的众生聚敛财富；5）拥有天生的女性智慧，能辅佐其主；6）一贯讲真言，从不讲轻浮话；7）不受色情、刺激之物或物质诱惑；8）从无谬论。

玉女受到臣民的拥戴，她也崇拜和尊敬其主。他们在王国全境共同传播和平、繁荣、稳定与和谐。他们结合后生育了众多男性继承人，他们都承继了其父母的尊严、智慧和美丽。

主藏臣宝（梵文：mahajanaratna，parinayakaratna；藏文：Blon-po-rin-po-che）

主藏臣拥有众神的慧眼，能洞察一千“由旬”以外发生的种种事件。其思维像剃刀一样尖锐锋利，具有极强的耐心和倾听能力，这可以确保他能给转轮王提出恰如其分的忠告。他与其主的想法一致，甚至早在转轮王下令之前，聪慧的主藏臣就已经开始实施。主藏臣只希望多做善事以弘扬佛法，护佑和利益众生。由于具有神视能力，他能够确定一“由旬”半径内藏宝的位置，因此，在效忠其主期间，他使国库的财产数量激增。由于具有这方面的能力，他被称作“内务大臣”[2]。作为一个有文化的外交家，他在政治韬略、国家事务、社会福利、宗教职责、道德规范方面都做得十分出色。他深刻理解并实现转轮王的意愿。主藏臣宝经常与如意宝画在一起，有时他的右手持有宝箧。

白象宝（梵文：hastiratna；藏文：gLang-po-rin-po-che）

白象力大超过一千头普通的大象，是万象之王，宛若一座大山，岿然不动。象皮色白如雪或像在雪峰上月光泛出的银光。象鼻、象尾和阴囊拖至地面。其前额汗腺发出的气味制服了所有的大象，驱使它们温顺地尾随其后。白象被画成共有七大支干：四条强壮的大腿、运用自如的鼻子和两根有力的长牙。

---

① 梵文：vaidurya，琉璃，用铝和钠的硅酸化合物烧制成的釉料，常见的有绿色和金黄色两种。
② 梵文：gehapati，内务大臣。

战斗中，白象不知疲倦、英勇无畏、不可战胜。其耐力使它能在一天之内绕行南瞻部洲三次。在和平时期，它既充满智慧又温文尔雅，其步伐从容不迫，迈步小心谨慎，轻起轻落，步态有力、优雅。作为转轮王庄严的坐骑，白象绝对服从其主，心有灵犀地追随着其主人的精神指引。它头戴金色头饰，脖上挂有一串珠宝项链，背上披着丝毯。一根极细的绳子就可以将其牵走。它具有漫游天穹的超自然能力。白象常常被画成背驮金轮或驮着佛陀的僧钵，僧钵上盖有一块布。

绀马宝（梵文：ashvaratna；藏文：rTa-mchog-rin-po-che）

绀马有神马的三十二相。其眼、耳、舌、牙龈、牙齿、前额、颅骨、鬃毛、脖颈、胸、尾、骨骼、筋肉、腿、膝、距毛和蹄都有与众不同的特殊标记。与“风马”① 一样，绀马可以毫不费劲地迅速奔跑，能在一天之内绕行南瞻部洲三次。其身体通常为纯白色，宛若一只天鹅，其身上披挂着众神披有的黄金珠宝披饰。在一些传说中，它被描述为长有黑色马头和孔雀蓝色的身体，有瞬间遍游环围须弥山四大洲的能力。

绀马不会因周围的响声或恐怖之事而受到惊吓，其状态颇佳，镇定自若。它长有十万根光滑柔顺的马鬃和宛若彗星掠过般飘逸的长长马尾。它用不知疲倦的马蹄悄然、轻松、毫不犹豫地迅速将转轮王驮在“风云之翼”之上。与“风马”一样，它的马鞍上常常驮着神珠宝，给转轮王王国送去吉祥的祝福，因为，无论神珠宝到达何方都会随之带去它的神性。

将军宝（梵文：senapatiratna；藏文：dMag-dpon-rin-po-che）

将军②身披古代勇士的铠甲，头戴头盔。铠甲由金属箔打制而成，再用皮条连接起来。将军右手挥舞着一把无鞘宝剑，左手持有一面盾牌，象征着他已准备好（用剑）击退各种进犯，（用盾）保卫疆土。他掌握六十四种战术，因此，他的军事才能使之能在战争中永远立于不败之地。他会不惜一切代价来避免战争，但当战争无法避免时，他会挑选武器，选择战场，毫不畏惧地歼灭敌人。他与转轮王的意愿一致，对其主的意愿了如指掌，并能逐渐向四兵（马兵、象兵、车兵和步兵）灌输转轮王的意愿。将军是为真理和正义而战的。由于他已摒弃了不德之举，因此，他不会伤及爱好和平之人的财富和财产。当世间建立起佛法的公正，智慧和仁慈的平和随处可现时，将军会解甲归田，以“家长”③ 身份出现。

---

① 藏文：rLung-rta，风马，藏语音译“龙达”，亦称“风马旗”、“嘛呢旗”。多印在布和纸上。其图形为：中间一匹飞马，马背驮有火焰宝瓶，四角印有龙、虎、狮、大鹏或以上四种动物的名字等。藏族群众认为，“龙达”随风飘起与天神相见，代表人们向神灵表达自己的心愿。

② 藏文：dMag-dpon，将军。

③ 藏文：Khyim-bdag，家长或当家男子。

转轮王七近宝（梵文：sapta-uparatna；藏文：Nye-bavi-rin-po-che）

转轮王的七近宝包括：1）宝剑；2）龙皮褥；3）宫室；4）衣袍；5）林苑；6）靴履；7）宝座。这七件皇家佛教象征物源自古印度的七件皇室标识①的理念。七件标识是：1）宝剑；2）白色华盖；3）皇冠；4）靴履；5）拂尘；6）权杖；7）宝座。

在现代世界优裕的生活中，这七件物品可能显得十分普通，但对古印度王来说，其重要性是不可低估的。欧洲神话、民间故事和黑暗的中世纪的浪漫故事、骑士传说里充斥了许多涉及神剑、护身符、加持过的衣物和靴履、令人惊叹的宝座、宫殿和庭院的内容。

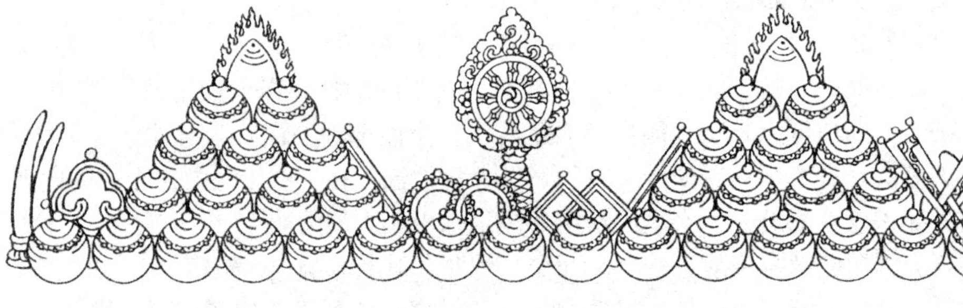

成堆的珠宝金字塔，后面有转轮王七珍

宝剑（梵文：khadga；藏文：Ral-gri）

转轮王的宝剑通常被画成直插在一个月亮形小圆盘和莲花上。剑身是用深蓝色的锻钢制成，间或也用经过打磨的黄金制成。带有装饰的黄金剑柄上有一个结状或双莲图案，做工十分精美。剑柄的圆头底上有一个五股金刚杵或一块珠宝饰。与文殊菩萨②的喷焰智慧剑一样，细长的火舌通常缠绕在双刃剑身上，在顶部形成冠状火焰。火焰象征着宝剑的坚固特性，不易折断，坚硬无比，不屈不挠。与亚瑟王③的宝剑④一样，转轮王的宝剑具有神奇特征，只有正义之人方可将其抽出，其光发出的火焰可以照亮黑暗，使无数的妖魔鬼怪闻风丧胆。

在西方传统中，在授勋仪式上，君主要用剑碰触被授勋者表示祝福和授勋。剑是君主的主要标识，象征着统治、权力、权威、仁慈、公正和超凡脱俗的智慧。转轮王的宝剑集众权力于一身，能刺穿愚痴之心，滴血不见就能消灭一切仇敌。据说，仇敌只要看到这把宝剑就会即刻投降。

---

① 梵文：rajakakuda，皇室标识。

② 梵文：Manjusri，文殊菩萨，意译“妙吉祥”等。佛教菩萨名。中国佛教四大菩萨之一。相传其显灵说法的道场在山西五台山。释迦牟尼的左胁侍，专司“智慧”，常与司“理”的右胁侍普贤并称。

③ 原文：Arthur King，亚瑟王，传说中的英国古代历史人物。曾联合不列颠各部落人民抵抗撒克逊人的入侵。他的事迹在民间流传很广，后来成为西欧骑士文学的主要题材。

④ 原文：Excalibar，宝剑。

龙皮褥（梵文：nagacharman；藏文：kLu-pags-pa）

珍贵的龙皮取自深海大龙王，是一件具有魔力的神奇护身符。这张光泽四射的龙皮像月亮一样闪烁发光。据说，其宽度为五“由旬”，长度为十“由旬”，转轮王通过他的力量征服各类龙精海怪，使之屈从自己的意志。他通过控制龙众来控制天气。在干旱之时，他能呼风唤雨，也能阻止狂泻的瓢泼大雨。在严寒的日子里，他能带去和煦的微风，使烈日炎炎的夏日降温。他能使由龙神之妖力引发的水肿、麻风、皮肤病和精神或肌体失调等病痛折磨在人间消失。

海底龙众的宝物包括珍珠、珊瑚和海螺，当转轮王有财力需求时，海底龙众会供奉出这些宝物。龙皮也具有战胜世间龙的力量，世间龙众同样也向转轮王献出其矿产财富。龙皮具有巨大的征服力，与炼金术中的火龙一样,它不会受到风、水、火摧毁性活动的影响。

宫室（梵文：harmya；藏文：Khang-bzang）

转轮王的宫室具有古印度宫殿的一切神圣特性。它是用优质木料、大理石、珍稀金属和七种珠宝修造而成。宫室宽敞明亮，比例和谐精准。门廊及朝向八方的窗户俯瞰转轮王王国全境。在夜间，从天窗望去，天体半球上的星辰、月亮和行星清晰可辨。冬季的暖风和夏季的凉风缓缓吹入。宫室充满神性，因神域的欢乐和愉悦而蓬荜生辉。梵音、香气、场景、温暖和气味展现了围宫墙内的五妙欲。这里的气氛令人欣然又十分恬静。静寂的殿堂使人感受不到死亡或疾病。在这个神圣的宫室里，人能怀着对最高神域的一切愉悦的甜蜜梦想轻易迅速入睡。

衣袍（梵文：chivara；藏文：Gos）

在藏族艺术中，转轮王的衣袍常被画成喇嘛或帝王在礼仪上所穿的外袍。这些锦缎衣袍是用产自古印度传统的纺织中心瓦腊纳西①最优质的丝和棉纺制而成。转轮王衣袍衣料的特点是鲜亮、柔软、精纺、耐磨、散发香气、清爽，其颜色往往是本色的。衣袍冬暖夏凉，具有抗饿、抗渴、抗疲劳和抗疾病的神力，不怕武器攻击及火、水、风、昆虫和尘土，并能破除咒语的影响。

林苑（梵文：vana；藏文：Tshal）

林苑是宫室的附属建筑。各式各样的香料树、果树、花卉和莲花在这个林苑里争奇斗艳。清凉、清澈的溪流流经布满饰物的河岸，流入水面铺满盛开莲花的池塘中。池塘中栖息着珍奇的鱼类和水鸟。色彩斑斓的禽鸟、蝴蝶和采集花粉的蜜蜂使这些树木充满生机。

① 原文：Varanas，瓦腊纳西，即贝拿勒斯。请参阅有关贝拿勒斯的注释。

在这里还可以倾听乾闼婆①演奏的神乐，天上香料发出的香气漂浮在静止的微风之上。优质金沙铺就的大道蜿蜒穿过林苑直抵宫室台阶。与众神的色欲二界一样，所有一切都因色彩而美丽，充满了生机。转轮王居于此地愉快地进行禅修。一些妙龄少女服侍左右，令他满心欢愉。

宝座（梵文：sayana；藏文：Mal-cha）

宝座做工精美，威严无比。它宽敞舒适，是一个供人坐卧之处。它的出现给宝殿创造出一种神圣的气氛。其体积庞大，但质地很轻，可以移动，能够轻而易举地搬到转轮王王国的任何一处。与觉者的圣座②一样，它为坐在上面的修持者创造出一种静修的状态，在它前面人们可以断灭痴、嗔、贪“三毒”。转轮王坐在这个奢华宝座的豪华坐垫上可以专心致志地、以无可挑剔的心境清净禅定静修。宝座能使人放松，精神振奋，消除一切疲劳和抑郁之感。

靴履（梵文：pulapaduka；藏文：Lham）

靴履十分舒适，合脚，轻便，柔软，结实，耐磨，冬暖夏凉。人穿此靴履可以感觉不到脚部的疲劳。转轮王脚登靴履获得了“捷疾脚”③ 的神力，使他在地上或水面上健步如飞。靴履的上半部用软毡制成，靴底用犀牛皮制成。这种耐磨的犀牛皮具有犀牛雄气十足的防御性的特质。

转轮王七珍（梵文：saptaratna；藏文：Nor-bu-cha-bdun）

转轮王七珍也可以画成七个一组的镶珠宝的徽相或标识。七珍如下：1）犀牛角；2）一对方形缠枝耳环；3）红色珊瑚树；4）一对圆形缠枝耳环；5）十字徽相或标识；6）一对象牙；7）镶嵌在三叶饰金座上的三睛宝石。转轮王七珍分别代表金轮宝、神珠宝、玉女宝、主藏臣宝、白象宝、绀马宝和将军宝。

尽管起源于信奉佛教的印度，但这组七珍已从汉地艺术被吸纳到藏传佛教的肖像画法上。很显然，没有原始藏文资料可以解释这些象征物。因此，几种不同的传说把七珍解释成与转轮王七政宝相关的物品。例如：圆形耳环常被认定是国王耳饰或如意宝；方形耳环可能专指大臣耳饰或皇后耳饰；三睛宝石被认定是金轮，而珊瑚树则是玉女宝或珍宝。犀牛角和象牙一定代表绀马宝和白象宝，而十字徽相则代表将军宝。

---

① 梵文：gandharvas；藏文：Dzi-za，乾闼婆，汉译作“香神”，藏译“食香者”。在佛教中，他是天上的乐师，不食酒肉，只求香以资养身体。他常侍在帝释天旁，演奏伎乐。

② 梵文：sthan，圣座。

③ 梵文：padalepe-siddhi，捷疾脚。

转轮王七政宝：持轮的玉女、主藏臣及盯视转轮王的将军，还有身驮珠宝的绀马和白象。前下方有七近宝中的宝剑、龙皮褥和靴履，背景上有宝座、衣袍、宫室和林苑。右前角是转轮王七珍。

作为有三十二大相和八十小相的“大人相”① 的象征物，七珍在传统上被画成摆放在众神莲座前的供物，被画成各式各样的聚合物。一般被画成水平排列或放在呈锥状的成堆珠宝的后面。

51页上的图展示的是转轮王七珍的多种绘制形式。顶部是转轮王七近宝。宝剑和龙皮褥放在左边；宝座、宫室和林苑置于中央，而衣袍和靴履放在右边。

第二排的七宝是：1）代表绀马的犀牛角②；2）代表白象的一对象牙③；3）代表玉女宝的圆形缠枝耳饰④；4）代表主藏臣宝的方形缠枝耳饰⑤；5）代表十字宝剑或将军宝的十字珠宝⑥；6）代表神珠宝的三睛宝石⑦；7）代表金轮宝的珊瑚树⑧。

第三排是七珍八物的另一种排列方式,其中包括代表转轮王的国王耳饰⑨,还有:1)代表金轮宝的八辐金轮;2)代表神珠宝的三睛宝石;3）代表国王或转轮王的圆形耳饰；4）代表主藏臣宝的方形耳饰；5）代表白象宝的十字象牙；6）代表绀马宝的犀牛角；7）代表将军宝的十字标识；8）代表玉女宝的两棵珊瑚树。

第四排的左侧画有六颗变异的珠宝，其中可能有代表佛、法、僧“三宝”的三睛宝石。一般会把它画成汉地的如意或金刚杵形状，带有三叶形的“云纹”。前两个把宝石画成三面宝石，后两个把三睛宝石画成有三个旋面的“喜旋”。最后两个把珠宝画成如意状。在这六块珠宝的右侧是犀牛角、象牙和两棵珊瑚树。

在藏文中，犀牛和当地的犀角鹿都叫做“色如”。在汉地，犀角鹿以麒麟著称，与藏族传统中的“风马”视为同一物。在中医药学中，犀牛角被称作“龙牙”，象征着男性勃起的能力，因此，它作为春药或男性补药备受青睐。在古代中国，整根犀牛角常常被刻制成酒具，人们认为盛放在这种酒具里的液体会吸收犀牛角的药物精华。这些角制酒具也有排毒的独特功能。

51页插图第五排中央是五块十字将军宝，分别视为十字珠宝、十字宝剑或一种测量器具。在中国的象征主义中，这个标识是“方胜”，与犀牛角并列为八宝之一。“方胜”为古代乐器磬，由两片联结的玉片构成。汉地的磬也被画成一种头饰，佩戴它则象征着胜利。

---

① 梵文：mahapurusga，大人相，伟大人格的特相。这是就佛或转轮王所具的殊胜三十二相而言。

② 藏文：bSe-ru，藏文音译“色如”，犀牛和当地的犀角鹿，也指犀牛角。

③ 藏文：gLang-chen-mche-ba，象牙。

④ 藏文：bTsum-mo-rna-cha，圆形缠枝耳饰。

⑤ 藏文：Blon-po-rna-cha，方形缠枝耳饰。

⑥ 藏文：Nor-bu-bskor-cha，十字珠宝。

⑦ 藏文：Nor-bu-mig-gsum-pa，三睛宝石。

⑧ 藏文：Byu-ru，珊瑚树。

⑨ 藏文:rGyal-povi-rna-cha,国王耳饰。

转轮王七近宝和七珍

在插图的下半部是承托着七珍的四排彩色珠宝，一般被画成敬献给神灵的珠宝供物。象牙一般成对摆放在一排珠宝的两端。在珠宝堆中，其他六珍宝的排列没有具体的顺序。还有其他珍贵的供物，如：海螺、喷焰宝、法轮或宝瓶，一般也包括在这些珠宝供物之中。

第五章　象征物与供物

三宝（梵文：triratna；藏文：dKon-mchog-gsum）

佛、法、僧“三宝”是佛教圣坛上的中央供物，代表着一切佛的身、语、意。它们共同构成了佛教教义中的“三学”①、“三箧”② 和“三皈依”③。从概念上来看，它们代表着得道者净化后的行为（身）、言语（语）和思想（意）。

三　宝

佛像或圆满大师像放在圣坛中央，代表着佛陀的圆满之身。经书放在佛像左侧，代表佛陀的经论和教义，是获得圆满之语或佛法的具象之物。佛塔放在佛像右侧，代表僧众或僧团的顿悟之心。作为佛陀的话语和教义，在传统上，要将经书放在圣坛的最高处。作为佛陀身相的表现形式，佛像要放在中央。佛塔代表僧众，放在佛像下面。在举行皈依仪式④时，要用这些三皈依物品迅速地碰触弟子的头。在初级密宗院里，信徒也要皈依大师、本尊神⑤和空行母⑥这“三根本”⑦。

---

① 梵文：trishiksha，三学，亦称“三事”。三学，佛教修行者所必须修习的三种最基本的学问，即：1）戒学；2）定学；3）慧学。戒时抑止邪恶，积习善行。定是使身心安静下来，止息种种念虑，使精神能集中，慧是如理思维，照见真实。

② 三箧，即：1）经；2）律；3）论。

③ 三皈依，即：1）皈依佛；2）皈依法；3）皈依僧。

④ 皈依仪式，一个人正式成为佛教徒时所举行的宗教仪式。

⑤ 梵文：Yidam；藏文：Yi-dam，本尊，密乘四部的每一部有各自的精神宇宙模式，即坛城系统，这个系统由一密乘主神与一些眷属神灵组成。坛城中的主神就是佛家所称的本尊神。

⑥ 梵文：dakini，空行母，藏传佛教中代表智慧与力量的飞行女神。

⑦ 藏文：rTsa-ba-gsum，三根本，1）加被根本依上师或喇嘛；2）成就根本依本尊；3）除障根本依空行母。

三颗一组的宝石也代表“三宝”。

三胜兽（藏文：Mi-thun-g·yul-rgyal-gsum）

三只杂交兽都是传统意义上互为对手的兽类结合而生。最初，可能是作为装饰性图案出现在早期印度佛教的胜利幢上。早期的胜利幢是用三色丝绸围成的三层帏帐制成，每块丝绸上都可能画有一只杂交兽。它们的形象也出现在唐卡、家具、星相图和占卜图、吉祥供物和胜利幢上，特别出现在西藏的风马旗上。三只杂交兽分别是：1）八足雄狮①；2）长毛或长皮的鱼②；3）海龙或水怪③。

八肢翼大鹏或金翅鸟雄狮是狮子与其传统天敌金翅鸟的后代。八个肢翼由长在狮子足底的四只爪掌和从金翅鸟膝部长出的四只利爪组成，但一般只画出四个爪掌。由于金翅鸟是天界之主，狮子是地间之王，因此，金翅鸟雄狮能成功地使天地合一。八足雄狮长有狮子的身体、肢干、鬃毛和尾巴，却长着带角金翅鸟的头、翅膀和利爪。人们很容易将这只杂交兽比作西方神话中的格里芬④。格里芬长有狮身、鹰头、鹰翅和尖利的鹰爪。早期希腊历史学家希罗多德⑤曾写到格里芬生活在印度的高山之中，在那里用利爪刨挖黄金。

“长毛的鱼”是鱼和其传统天敌水獭结

金翅鸟－狮子（上）；鱼－水獭（中）；摩羯－海螺（下）

① 藏文：Seng-ge-rkang-pa-brgyad-pa，八足雄狮。

② 藏文：Nya-spu-rgyas-pa，长毛的鱼。

③ 梵文：makara；藏文：Chu-sring，摩羯，水怪。

④ 原文：griffin，格里芬，一种神话中的野兽，典型形状为类似鹰的头、前腿和翼，通常有明显地竖立的双耳，前腿像鹰爪，而身体、后腿与尾则像狮。

⑤ 原文：Herodotus，希罗多德，约前484年～约前425年，古希腊历史学家，在西方史学中有“历史之父”之称，其著作有《希腊波斯战争史》。

合的产物。它长有水獭的身体和四肢，但却长着鱼的头、腮，有时还有鱼尾。与水獭一样，长毛的鱼的身体上长满了棕色、灰色或黑色的毛。鱼颈部的鳞片藏在水獭皮下无法看到，或有可能在鱼獭前腿上形成一条明显的分界线。

“水怪”或“摩羯”蜗是摩羯和其传统天敌海螺结合生成的。摩羯蜗可能出自寄居蟹，寄居蟹把螺壳或软体动物当作它的寄居之地。在整个喜马拉雅地区，在溪流和湖泊中也可以发现寄居蟹。摩羯被画成常见的形状，长有鳞片、角、獠牙、鬃毛、上翘的鼻子。它的双足经常从白色的螺壳中伸出。摩羯常令人难以置信地将其尾从螺壳的顶尖部旋出。

和气四瑞（藏文：mThun-po-spun-bzhi）

藏族吉祥主题中的和气四瑞是由大象、猴子、野兔和鹧鸪组成。在树下，它们一起叠摞成一个杂技般的金字塔状。和气四瑞源于有关佛陀往世故事之一的《本生经》①，但在寓言中只提到大象、猴子和鹧鸪这三种动物。这个有关道德的寓言说明了对长者的尊重应超过对学识、优越地位和高贵出身的尊重。

该寓言讲述佛陀最年长的弟子之一舍利弗②的故事。一次，他在吠舍离③未能找到落脚之处，而一些年轻弟子跑在他的前面很自私地为自己找到栖身之地。第二天清晨，佛陀得知了舍利弗独自一人在大树下栖身过夜。针对年轻僧人中盛行的自顾自的态度，佛陀讲述了《本生经》中“尊老”的寓言。

“一次，在喜马拉雅山脚下的一棵印度榕树④下住着鹧鸪、猴子和大象三个朋友。它们之间互不尊重。为了明确谁是长者，它们开始讨论它们栖居的这棵大榕树的年龄。大象首先发言，说当它还是个幼象的时候，这棵榕树仅是一个小树丛。猴子接着发话，声称在其幼年时，这棵树只不过是一株幼苗。鹧鸪说它曾经吞食过最早的树种，这棵强壮的大树实际上是从自己的粪便中长出来的。于是，鹧鸪被尊为长者，排在猴子和大象之前。动物王国从此和谐宁静起来。”

佛陀宣布，从今往后，僧众中的长者一切优先。他解释说，在其前世期间，他的弟子目犍连⑤就是大象，长者舍利弗就是猴子，而佛陀本人就是鹧鸪。后来，野兔也加入到这个传说中，它就是佛陀最年长的弟子阿难陀⑥。野兔在年幼长老顺序中排行第二，因为当

① 梵文：Tittira Jakata，本生经，亦称“本生话”。释迦前世作菩萨时救度众生的故事。在巴利圣典中，有五百四十七个类似的故事。

② 梵文：Shariputra，舍利弗，佛陀十大弟子之一。善讲佛法，故称“智慧第一”。

③ 梵文：Vaisali，吠舍离，古印度国名。相传释迦牟尼逝世后约一百年，为解决戒律疑难问题，七百比丘在此结集，是谓第二次结集。

④ 梵文：banyan，印度榕树。

⑤ 梵文：Mandgalyayana，目犍连，佛陀十大弟子之一。据传神通广大，能飞上兜率天，故称“神通第一”。

⑥ 梵文：Ananda，阿难陀，意译“欢喜”、“庆喜”等、释迦牟尼叔父斛饭王之子，释迦牟尼的堂弟。释迦回乡时跟从出家，侍从释迦二十五年，为“十大弟子”之一。传说佛教第一次结集，由他诵出经藏。

和气四瑞

树发芽时，野兔最先看到它。

这四个非食肉动物代表着天（鹧鸪）、树（猴子）、大地（大象）和地下（野兔）四种大地的生长环境。有时，鹧鸪被看做松鸡，榕树通常被画成一棵果树。在另一个寓言中，它们一个站在一个的背上以便能够到树上的果实，这暗含着相互合作的道德内涵。有时，这四只动物被分画在大树两侧。在一侧，它们被分隔在各自的生长环境里，而在另一侧，它们被画在一起，和谐合作。据说，某些印度树种只有经过鸟的肠道才能发芽，这同样象征着互相依存、相互合作的主题。和气四瑞的主题经常画在民居或僧房的墙壁、大门、家具和家用瓷器上。

德国城市不来梅①也选用《本生经》传说中动物相互合作的图案作为城防卫兵外衣上的徽记。相同的图案也出现在格林②兄弟的“不来梅的乡村音乐家”的传说故事中，但在这个传说中，四只动物分别是驴、狗、猫和小公鸡。

六长寿（藏文：Tshe-ring-drug-skor）

六长寿的象征物源于中国内地。在藏族艺术中，它常以世俗主题而不是宗教主题出现，经常刻在木镶板和家具上或绘制在瓷器上，作为壁画和装饰性图案。六长寿分别是：1）寿星老；2）树；3）岩石；4）河流；5）禽鸟；6）长寿鹿。

中国的寿星老相当于南船星座③中最明亮的老人星④。三、四月份在较低的南部地平线上可以清晰地看到它，因此，寿星老逐渐代表春分、万物复苏、和平和长寿。两大星神福星和财神星经常伴随在他的左右。梨、石榴和香橼⑤也象征着汉地吉祥的福、禄、寿三神。据说，寿星老从梨里出生。在汉地艺术中，梨树的枝干有时被画成缠绕形状的汉字“寿”字，表示长寿。寿星老儿常被画成一个知足常乐的老人，额头大而凸出，白发苍苍，白眉白胡苒长。在藏族传说中，这个眉慈目善的老人代表着深思熟虑的圣贤，表现出无量寿佛（长寿菩萨）⑥ 的特质。

寿星老端坐在一棵长寿树下，树常被画成汉地众神的梨树，枝丫果实累累。梨树可以结出长生果来。中医药学对梨树的药物成分极为重视。梨核常被雕刻成长寿护身符。松柏也是中国长寿的象征，与竹、李一起构成“冬岁三友”。在传统上，常青的松柏也与鹿、

① 原文：Brema，不来梅，德国地名。

② 原文：Grimm，格林兄弟，雅各·格林和威廉·格林兄弟都是德国语言学家、童话作家。他们共同搜集德国民间故事、传说和童话，合编的《儿童与家庭童话集》被译成多种文字，流传很广。

③ 原文：Argo，南船星座，分为船底座、船尾座、船帆座和罗盘座四个星座。

④ 原文：Canopus，老人星，与太阳相距一百八十光年。

⑤ 原文：citron，香橼，一种柑橘果，在外表和结梗上类似柠檬，但比柠檬更大和没有顶乳头。

⑥ 梵文：Amituyas，无量寿佛，即阿弥陀佛。密教称“甘露王”。净土宗的主要信仰对象，称他是“西方极乐世界”的教主，能接引念佛人往生“西方净土”，故又称“接引佛”，共有十三个名号。

汉式长寿图：寿星、长寿鹿、仙鹤、岩石、水和树。寿星手持一根龙头竹拐杖，拐杖上挂有一个炼丹用的双葫芦。其头顶上方的蝙蝠和围巾象征着幸福和纯净。

鹤画在一起，成为长寿三象征。

亘古不变的长寿石是形状吉祥的岩石。人们认为，岩石的地质特征对人类大有裨益。岩石通常呈海螺状，岩面缝隙和条纹天然右旋。人们认为，与加持过的岩石形状极为相似的地区是修造寺院、庙宇、佛塔、静修洞和隐居地最吉祥的地方。

长寿水具有八大吉祥特征：一甘、二凉、三软、四轻、五清净、六不臭、七饮时不伤喉、八饮时不伤腹。长寿水从海螺壳状的岩缝中流出，仿佛是从无量寿佛的长寿瓶中流出的甘露。在汉地艺术中，吉祥岩及瀑布般落下的水都叫做“玉泉”。

长寿鹤是汉地艺术中常见的主题。据说，鹤，特别是黑鹤寿命很长。黑鹤因能独自在水面上生活而享有美名。鹳同样也是长寿的象征。与鹤一样，人们认为鹳也是终生只有一个伴侣。据说，鹤可以把亡者的灵魂驮送到“西天”。这种说法与西方民间故事中鹳可以背驮新生婴儿身体的说法如出一辙。十八世纪以后，由于从汉地艺术中吸收了一些文化主题，因此，鹿、鹤和松柏开始频繁出现在藏族艺术中。单鹤象征着隐修者的永恒满足。双鹤或双鹳象征着幸福、忠诚和长寿。

鹿是寿星老的坐骑，在传统上，寿星老被画成骑坐在长着鹿角的成熟的雄鹿身上。鹿因是能够确定“灵芝”位置的唯一动物而备受尊崇。长寿鹿被画成口衔灵芝的样子。汉地传说描述“仙境位于东海”。仙人们在仙境吃的是灵芝仙果，饮的是玉泉流出的长生水。在佛教中，鹿是和平、和谐、非暴力，尤其是团圆的象征，因为与无家可归的托钵僧一样，人们认为鹿也是每晚居无定所。

藏式六长寿图

三大菩萨

人们认为，莲花、经书、从湖中升起的宝剑及侧伴它们的双头鸭和双头鹦鹉最早是由萨迦派①大师萨迦班智达②画在桑耶寺③的一面墙上的。另有一种观点认为，这个主题最初是以隐晦图形出现在信奉苯教的赞普（王）朗达玛④在位的第六年（在位期836年～842年）。朗达玛镇压佛教，摧毁了众多寺院并禁止佛像的艺术创作。这个隐晦的主题既是三大菩萨的标识，也是佛教教义最初传入西藏的标志。

作为三大菩萨的标识，莲花上的经书和智慧宝剑代表文殊菩萨；橘红色和粉色的双头鸭代表观音菩萨⑤；绿色双头鹦鹉则代表金刚手菩萨。三大菩萨分别代表着佛陀的智慧、慈悲和权力，统称为“三怙主”。文殊菩萨的如来部断灭“痴”，观音菩萨的莲花部断灭“欲”，而金刚手菩萨的金刚部断灭“嗔”。

该图案中画有公元八世纪西藏宁玛派⑥最重要的创始人中的五位，成为佛教首次传入西藏的标志。生长出莲花的湖代表印度佛教大师寂护⑦，他是应赤松德赞⑧赞普之邀入藏的。莲花代表印度密宗大师莲花生，在寂护的举荐下，他也应赤松德赞之邀入藏。经书和喷焰智慧剑代表西藏大法王赞普赤松德赞（在位期754年～790年），他被视为文殊菩萨的化身。双头鸭代表来自克什米尔的印度大师、译师无垢友⑨，他也是应赤松德赞之邀入

---

① 藏文：Sa-skya-pa，萨迦派，藏传佛教主要宗派之一。萨班·贡噶坚赞（1182年～1261年）是这一派的著名高僧。萨迦派不禁娶妻，以“道果”教授为主要修法。

② 藏文：Sa-pan Kun-dgav-rgyal-mtshan，萨班·贡噶坚赞，藏传佛教萨迦派第四代祖师，亦是一位学识渊博的学者，故世人尊称其为“萨迦班智达”，简称“萨班”（意为萨迦派的大学者），为萨迦派五祖之一。其著述颇多，后人辑之为《萨班全集》。

③ 藏文：gLang-dar-ma，朗达玛，吐蕃末代赞普。唐开成三年（838年）为反佛贵族大臣杰刀热等拥立，下令禁止佛教，封闭寺院，强迫僧众还俗，焚毁佛教经典。唐会昌二年（842年）被佛教僧人拉隆贝多吉暗杀。在他死后，吐蕃统治集团分裂，奴隶、属民起义，吐蕃王朝政权灭亡。

④ 藏文：bSam-yas，桑耶寺，位于西藏雅鲁藏布江北岸。约在八世纪赤松德赞时期修建。因修建时仿照印度的飞行寺，又融合了藏汉建筑特点，故又有“三样寺”之称。该寺是西藏第一座剃度僧人出家的寺院。

⑤ 梵文：Avalokitesvara；藏文：sPyan-ras-gzigs，观音菩萨，阿弥陀佛的左胁侍，“西方三圣”之一。佛教把他描写为大慈大悲的菩萨。在汉地寺院中的塑像常作女相。

⑥ 藏文：rNying-ma-pa，宁玛派，藏传佛教最古老的宗派。源自前弘期来藏传教的印度高僧莲花生大师，以修习密法为主。“大圆满法”是宁玛派的主要法门，主张“空明觉了”、“诸法性空”。从十二世纪开始，宁玛派发掘了不少伏藏。

⑦ 梵文：Shantarakshita，寂护，藏译名为“喜瓦错”。印度僧人，大乘佛教中观学派衍化出现的瑜伽中观派创始人。受赤松德赞迎请，两次入藏传播佛教，建桑耶寺，任该寺第一任堪布，并剃度第一批西藏贵族青年出家为僧。

⑧ 藏文：Khri-srong-lde-btsan，赤松德赞，吐蕃著名赞普。唐天宝十四年（755年）即位。在位期间，大力扶植佛教，宣布苯教为非法，迎请汉地僧人摩诃衍和印度僧人寂护、莲花生至吐蕃传布佛教，并设新制，定民法，任用僧人为却论（僧相），开吐蕃僧人干预政事之先例。与松赞干布、赤祖德赞合称“三法王”。

⑨ 梵文：Vimalamitra，藏文：Dri-med-bshes-gnyen，无垢友，古印度一佛学家名。八世纪末，赤松德赞延请来藏，传布旧密《大圆满心点》等法要。

藏的。双头鹦鹉代表藏族译师、莲花生的弟子毗卢遮那①。鸟儿面面相对，其双眼和喙象征着佛教从印度传入西藏，也象征着佛教教义从梵文译成藏文。

三大菩萨标识

七供碗（藏文：Ting-phor）

依照传统，每天清晨要将七只供碗摆放在佛龛上的三宝物前面，但位置稍低。七供碗一般是用黄铜、青铜或银制成，直径大约三、四英寸。碗上常有金银镶嵌的凿花吉祥图案。七供碗代表着“七支”②，可以消除孽障，积下阴德。“七支”为：1）敬礼支；2）供养支；3）忏悔支；4）随喜支；5）请转法轮支；6）请住世支（请不涅槃）；7）回向支（回向一切善事）。

在将七供碗放在佛坛之前，要在每只洁净碗里倒上一点水。作为初供，这可以确保供碗不空。在置放之前要用左手拿着叠摞在一起的洁净供碗，同时口默诵“Om A Hun”为其加持。在顶碗中加入少量新鲜水，顶碗中流下来的水注入第二只碗中，然后，将第二只碗摆放在佛龛前。这个过程往返重复直到七只碗从左至右排成一排。每只供碗间大约仅有一颗青稞粒大小的距离。供碗相互碰撞是个凶兆，表明有人会因此变得精神恍惚；间隔过大也是个凶兆，表明有人将与其大师分手。

注入供碗的新鲜水被画成倾流而下，宛若从盛水容器口流出的“青稞粒”。这暗示着倾倒出的水开始时稀少或流得缓慢，但到中间时段，水流开始增大或流得较急，而到最后，水流逐渐变成一条狭长的溪流。供碗中的水逐渐满溢，距碗口仅差一个青稞粒的高度。人们认为，水漫过碗口会造成道德伤害，水面过低则表明经济上的衰败。人们不应在供碗上方呼气，因为这会污染敬献给众神的供物。

七供碗也可以排成“七供物”。人们以尊崇的方式将它们敬献给众神。在古印度，人们也以这种方式迎候贵客临门。第一只供碗盛着洁净的饮用水和漱口水。第二只供碗中是濯足水，因为在印度的传统习俗中，人们要洗净双足，赤脚跨过门槛。第三只供碗盛满鲜花，代表印度的一种习俗，即：向男宾敬献项圈或花环，向女宾敬献作为头饰的小花环。第四只供碗内有一炷香，用以吸引众神和乾闼婆并使它们感到令人愉悦的气味。第五只供

---

① 原文：Vairocana，毗卢遮那，亦译“遍照护”、“大光明”，僧名。西藏早期佛经译者。前藏尼木人。桑耶寺建成后，赞普赤松德赞第一次命藏人出家的七僧人之一。后被派往印度学密法，迎请印僧无垢友、法称到桑耶寺传法、译经。

② 梵文：saptanga，藏文：Yan-lag-bdun-pa，七支，修学佛法时加行七法：1）敬礼支；2）供养支；3）忏悔支；4）随喜支；5）请转法轮支；6）请住世支（请不涅槃）；7）回向支（回向一切善事）。

碗中有一盏油灯或酥油灯，代表智慧顿悟之光。第六只供碗内盛有玫瑰水或香料水，能使人面部和胸部感到舒适。第七只供碗盛着献给嘉宾的美味佳肴。藏式的食品供物通常是一个红色或白色的锥状“朵玛”，是用青稞粉、染料和酥油制成的。

七供碗

传统上，第八种音乐供品也在供物之列，常被画成琵琶、笛子、铙钹、海螺或手鼓①。这些音乐供品十分常见，因此很少与七供物画在一起。在为某些仪礼进行安排时，有可能把前两只供碗合二为一。手鼓或小海螺放在第七只供碗里，代表乐器供品。对这八只供碗进行描述时，应与坛城中八大供养天女相符。此时，第三、四、五、六只供碗代表四小天女：供花天女、熏香天女、掌灯天女和涂香天女，而两端的两对供碗代表四大天女：歌咏天女、蹈踊天女、花蔓天女、舞蹈天女②。

① 梵文：damaru，藏文：Da-ma-ru，达玛茹，手鼓。打击乐器，俗称“拨浪鼓”，两面鼓，体形较小，系束皮绳、彩带等饰物。寺院中作为法器，外体多涂棕黄色，鼓面多涂绿色。演奏时用中指、无名指、小指击鼓。

② 八大供养天女有多种说法，另外的说法为：1）供水天女；2）濯足天女；3）供花天女；4）熏香天女；5）掌灯天女；6）涂香天女；7）供食天女；8）音乐天女。或1）蹈踊天女；2）花蔓天女；3）歌咏天女；4）舞蹈天女；5）供花天女；6）熏香天女；7）掌灯天女；8）涂香天女。

一旦供物摆放妥当，要在净水瓶中蘸一下拘沙草，然后用它在供物上滴洒为供物加持。与此同时，诵念三遍或七遍“Om A Hum”。在一天结束之时或静修期，要把供物搬下佛坛。供碗中的水也倒入一个容器里，然后把水、鲜花和食品供物一起抛洒在自然环境中，供过往的动物或饥肠辘辘的精灵食用。最后把七供碗清洁干净，倒扣摆放，以备明日或静修期再次使用。

水供还有另一种水施仪式。在这个仪式中，用一个朵玛盘架①来抚慰龙神和某类神灵。这套水供器皿共包括四种金属器物：1）带嘴的小浅壶；2）大碗；3）支在大碗里的三脚架；4）架在三脚架上的小扁碗。一小尊龙神像或财神像放在这个更小的扁碗上。此时，要将水不断倒入在净化仪式或增长仪式中使用的佛像和小碗上。

祥麟法轮

双鹿侧伴的八辐金轮是佛教的徽相，代表着佛陀在瓦腊纳西附近斯里那他鹿野苑的首次传法。这次传法也被称作“初转法轮”。当时，佛陀向五位印度托钵僧宣讲“四圣谛”和“八正道”教义。作为佛陀教义的象征，镀金立体祥麟法轮徽相传统上置于寺院和庙宇屋顶的前面，它发出的光芒象征着佛法。这个徽相同样出现在神圣坛城宫的四个门道上。

祥麟法轮

祥麟法轮徽相的起源可能早于佛教的出现，因为，从古代印度河文明（大约公元前2500年）遗址出土的泥印上已经发现了轮的徽相和侧伴湿婆兽主②的双鹿图案。这些古印可能构成了早期湿婆教与佛陀首批弟子之间的联系。佛陀释迦牟尼在菩提伽耶得道后返回了斯里那他鹿野苑并在那里首次传道。该地可能是湿婆兽主的一个神圣丛林，湿婆派③

---

① 藏文：Chu-gtor-chos，朵玛盘架，祭祀施食所用的特种器具。

② 梵文：Pashupati，兽主，湿婆的另一个名字。

③ 湿婆派，印度教三大派之一。佛典有时称为“涂灰外道”。主要崇拜毁灭之神湿婆。该派视牛为神圣，宣称教徒只有膜拜湿婆，才能使灵魂消除污秽，获得最后解脱。

的瑜伽师们居于此地并在这里修持。斯里那他位于被称为“光之城”的喀沙古城[①]（现今的瓦腊纳西）的附近。就湿婆而言，这个地方同样神圣。由于在斯里那他修建了巨塔和佛学院，因此，早期佛教徒可能也接受了双鹿侧伴湿婆的偶像形象，并用佛教法轮替换了中间的湿婆像。随后，祥麟法轮图案超过了早期湿婆教的图案，成为佛陀教义权威性的标志标识。人们认为，在佛陀被火化的拘尸那迦佛学院的门道旁的娑罗[②]双树之间还有一个火葬堆。很有可能，与佛陀一生重大事件有关的圣地都陈列着纪念这些事件的独特徽相，但祥麟法轮徽相最终成了佛教寺院的永久标志。佛教教义在寺院里得以传承，法轮也永不停歇地旋转。

双鹿平和、顺从地默跪在金轮两侧，公鹿在右，母鹿在左。有时，公鹿被画成独角的犀角鹿或犀牛。鹿的温厚和优雅体现了真正的佛教托钵僧的素养。

---

① 梵文：Kasha，喀沙，古城名。

② 梵文：sal，娑罗树。

第六章　动物和神话动物

大象（梵文：gaja，hastin；藏文：gLang-chen）

英国①白象“体大如雪山”，在印度、斯里兰卡、缅甸和泰国被尊为皇室或寺庙的坐骑。寓言中的白象享有盛名，但难以驾驭、需要精心饲养，且花费极高。据说，白象的前额可以生成“象宝”，象宝可以用来制作被称为“黄丹”的珍贵药丸。

“大象”一词有自己的词源，源于希伯来文的字母“Aleph”，其意为“公牛”或“牛”。在梵文中，它也以“hastin”为人所知，该词含有“拥有一只手”之意。它既指大象鼻子的灵巧性，又指源出自梵天之手的大象的创生传说。在古印度，好斗的大象构成四兵②之一象兵，它们受到极为严格的训练，能抵御一切战争的重创。饲象人或赶象人用一根绳索和一根带钩的刺棒驯服和驾驭大象。这两件工具为早期佛教吸纳，成为驯服的象征物。佛陀把无拘无束的心境比喻为野象。这一图像后来也用于寂止③训练和静修中。在解释禅定“九次第定”④ 以帮助锻

背驮如意宝的白象，鼻子托着一碗朱砂

① 原文：albino，英国，音译“阿耳比恩”，古希腊、罗马对英国的称呼。

② 梵文：caturanga，四兵，指转轮王的马兵、象兵、车兵、步兵。

③ 梵文：Shamatha，藏文：Zhi-gnas，寂止，一切禅定的总括或因，心不散往外境、专一安住所修静虑之中。

④ 九次第定：四禅、四无色及灭受想定，合起来是九种禅定。这九种禅定，不杂他心，次第由一定入于他一定。

白　象

炼记忆的一种图形中，黑色野象代表无拘无束的心境。随着逐渐熟谙寂止禅定的各个次第，这头黑象逐渐变白，原来的赶象僧人最终成为其主。僧人驯服它使用的绳索和刺棒分别代表着心境专一和透彻的感悟。

白象宝是转轮王七政宝之一，有时被画成长有六大肢干，这与蔼罗筏拿宝象①有关。蔼罗筏拿宝象是一头白色公象，长有六肢，是因陀罗（帝释天）的坐骑。从词源学上来看，蔼罗筏拿一词源自梵文词汇“iravat”，其意为“水生”，指它是从搅拌大海中生成的(参阅附录1)。象头神②是湿婆的长子。星宿神③的盯视使其头颅落地。在绝望中，湿婆用他巧遇的第一只动物的头颅替换了其子的头颅，这就是蔼罗筏拿大象。象头神也叫做“除障者”，这样的称谓源于大象具有用鼻子和四肢清除荆棘之路的能力。佛陀之母摩耶夫人④曾梦见在她怀孕之时有一头六肢白象进入了她的子宫。这个梦可能暗示，这个注定要成为佛陀的男孩最初被看做是因陀罗的化身。

怒相神的背上常披有新近剥下的鲜血淋淋的象皮，有时这张皮被看做是“因陀罗皮”。这个新剥之象皮的象征意义代表该神“把大象的愚昧撕成碎片”。这个图形的目的是把大象比作未驯服的心境。大象、人和怒相神身上的装饰物虎皮分别代表着断灭贪、嗔、痴“三毒”。

六肢白象蔼罗筏拿用鼻子挑着
一个带刀刃的因陀罗轮

① 梵文：Airavata，蔼罗筏拿宝象，在印度的叙述诗中，指因陀罗所乘之象。

② 梵文：Ganesh，象头神，在印度神话中，本来是群主之意，进入佛教，则变成大自在天之子的韦驮兄弟。其形相是象头人身，有单身及双身。

③ 梵文：Sani 或 Saturn，星宿神，印度教中众星的统治者。

④ 梵文：Mahamaya，摩耶夫人，相传是释迦牟尼的生母，是天臂（Devadaha）国善觉王（Suprabuddha）之女，迦毗罗卫国净饭王的王后。

白象宝是众多金刚乘神灵的坐骑。大象尤其是中部或东方的蓝色不动金刚部怙主的坐骑。承托着不动金刚宝座的八头大象使中部或东方等同于印度大陆，成为宇宙中心，因为在吠陀神话中，这块大陆就是由八头大象承托的。

鹿（梵文：mriga；藏文：Sha-ba）

在有善相神的风景画中常常画有鹿。此时，它们代表自然的和谐和神之净土的无畏，还代表着佛陀在斯里那他鹿野苑的初转法轮。与孤寂的犀牛一样，鹿象征着断灭，因为它从不会在同一个地方连续过夜。雄鹿也可被画成独角鹿①。在中国内地，鹿象征着长寿，是唯一能够确定灵芝位置的动物，因此备受尊崇。人们认为，鹿角尖部含有灵芝的精华。据说，鹿茸制成的药丸能益寿延年、强身健体、使人精力旺盛。在藏族艺术中，鹿常为雌雄成双成对出现，代表着和谐、幸福和忠诚。风景画中再画上一对白鹤则更可以凸现吉祥。

各种鹿：独角鹿（左上角）与正在腾跃的麋鹿（中上）。在抵角争斗中鹿角叉在一起两头小公鹿（右下）

① 藏文：sBe-ru，犀牛。此处指长有犀牛独角的鹿。

鹿皮或羚羊皮可以用来制作佛教瑜伽师或像米拉日巴①、日琼巴②和汤东杰布③这样的大成就者的禅修坐垫。由于苦修者能吸收鹿的精力，因此人们认为，鹿皮坐垫能够增加他的定力和意识。在修怒相神时，要经常使用虎皮坐垫，虎皮代表王者④或动力。

大慈大悲观音菩萨的左肩和胸前披着绿松石颜色的神鹿皮或羚羊皮，这种皮叫做“黑羚羊皮”⑤，象征着神的挚爱、慈悲和温柔。黑羚羊皮最初是湿婆以世尊⑥和“世界怙主”化现时的标识。

在全印度和喜马拉雅地区都能够发现鹿、羚羊和瞪羚多种物种。麝或许是最有名、最难找到的物种。其身高不足二十英寸，犬牙突出。可以从雄麝腹部鸡蛋大小的液囊里提取麝香，或许也可以从其留下香气痕迹的岩石上进行采集。

狮（梵文：singha，simba；藏文：Seng-ge）和雪狮（藏文：Seng-ge-dkar-mo）

万兽之王狮子是古印度君权和护佑的象征。早期佛教选用狮子作为佛陀释迦牟尼的象征，佛陀也叫释迦僧格⑦。作为其权力的象征，佛陀被画成端坐在由八头狮子承托的宝座上。八大方位的狮子象征着八大菩萨或佛陀的八大随佛弟子⑧。“狮子吼”⑨ 是观音菩萨一个化身的名号，说明佛陀的教法优于其他外道教法。狮子是众多金刚乘神灵的坐骑，其中有多闻天王、文殊菩萨、象头神和吉祥长寿女神⑩。狮子座在佛所化现的身相⑪上十分常见，如：药师佛、宝生如来和大日如来。大日如来是居于中央或东方的白色佛像，也是

---

① 藏文：Mi-la-ras-pa，米拉日巴，1040 年～1123 年，藏传佛教噶举派早期僧人。1078 年投师佛教大译师玛尔巴门下，学习佛法六、七年。最后得到玛尔巴全部教法，遂潜入深山继续修习。得成就后，收徒传法，以唱歌方式传教。其道歌总集称作《米拉日巴道歌》。

② 藏文：Ras-chung-pa，日琼巴，1083 年～1161 年，十一岁起即从噶举派米拉日巴。后两次赴印度，曾广收门徒，传授教法，并讲述道歌多种及米拉日巴生平事迹。

③ 梵文：1384 年～1464 年，汤东杰布，藏传佛教噶举派僧人，崇尚密宗，被奉为藏戏和铁器工匠的鼻祖。

④ 梵文：raja，王者之意。

⑤ 梵文：Krishnasara 或 Krishnajina，黑羚羊皮。

⑥ 梵文：Lokanath 或 Lokeshvara；藏文：vJig-rten-dbang-po，世尊，亦称“世饶王佛”，佛的十名号之一。

⑦ 梵文：Sakya seng-ge 或 Shakyasimha；藏文：Sakya-seng-ge，释迦狮子，即：释迦部落的狮子，释迦牟尼八大名号之一。

⑧ 梵文：asta-upaputra；藏文：Ne-bavi-sras-brgyad，八大随佛弟子或称八大随佛菩萨：1）文殊菩萨（梵文：Manjushri 或 Manjugosha；藏文：vJam-dpal 或 vJam-dbyangs）；2）观音菩萨（梵文：Avalokiteshvara；藏文：sPyan-ras-gz-igs）；3）金刚手菩萨（梵文：Vajrapani；藏文：Phyag-na-rdo-rje）；4）弥勒菩萨（梵文：Maitreya；藏文：Byams-pa）；5）普贤（梵文：Samantabhadra；藏文：Kun-tu-bzang-po）；6）虚空藏（梵文：Akashagarbha；藏文：Nam-mkhavi-sny-ing-po）；7）地藏菩萨（梵文：Kshitigarbha；藏文：Savi-snying-po）；8）除盖障菩萨（梵文：Nivarana-vishkambhin；藏文：sGrib-pa-rnam-sel）。

⑨ 梵文：Simhanada，狮子吼，佛的十名号之一。

⑩ 藏文：bKra-shis-tse-ring-ma，吉祥长寿女，女神名。

⑪ 梵文：nirmanakaya，身相，指佛所化现的身相；为了救度众生，佛以神通力化现与众生相似的身相，这是一种方便的身相。佛的三身之一，亦作“应身”。

正在腾跃的雪狮

如来部或佛陀部的怙主。

印度艺术中出现的狮子在藏族艺术文化表现中可以视为神话中的西藏雪狮。这头长着绿松石色鬃毛的白色雪狮是掌管西藏雪山山脉的厉妖①。与佛教从印度“跳过”喜马拉雅山一样，人们只有在白色雪狮顽皮地从一个山巅跳到另一个山巅时才能有幸一窥其雄姿。雪狮是西藏的动物徽相，装饰在旧地方政府的官印、硬币、钞票和邮票上。在唐卡上，双狮常被诙谐地画在积雪的高山之巅，与鹿和双鹤一样，它也构成了和谐主题。但有时也把狮子画成小猫滚绣球的样子。中国内地的一个传说认为，母狮的奶从其爪尖产出，狮子在戏玩带有空洞的球时会将一些奶水沾在球上。在藏族艺术中，该球呈三色“喜旋”状。

西藏的大瑜伽师米拉日巴曾经做过一个有预言性的梦，梦境中出现了狮子。他的大师

雪　狮

① 藏文：gNyan，厉妖，能使人畜遭受瘟疫的一类凶恶神灵。

玛尔巴①为其释梦时说："压在柱顶的这头狮子表现了瑜伽师狮子般的天性。它那奢华的鬃毛说明它是如何身驮密宗教义的。狮子的四爪代表着'四无量'。它那仰望天际的双目表明瑜伽师的断绝尘缘。狮子在山峦间自由翱翔表明瑜伽师已经达到了绝对自由的境界。"

老虎（梵文：vyaghra；藏文：sTag）

老虎并非西藏本土动物，但在藏族艺术中经常画有印度的孟加拉虎和中国周边地区的长毛老虎。在不产狮子的中国，老虎具有印度狮子的一切威武特征。在中国，老虎是力量、无畏和军事实力的象征。据说，老虎额头上有汉字"王"的天然标记。中医和藏医体系都认为老虎浑身都具有潜在的药用特性。虎骨用来治疗骨病，虎牙可以减轻牙患的疼痛，虎皮、虎骨、虎爪烧后的灰和虎鞭可以治疗各种疾病。

在印度，虎皮最初是湿婆的象征。他杀了"欲虎"，用其皮制作了他的禅修坐垫②。在印度教和佛教中，常用整张虎皮为众多瑜伽师、大成就者和神灵制作床垫或禅修坐垫。在传统上，鹿皮坐垫代表着平和或慈悲，而虎皮则代表恐怖或暴虐。十九世纪，英国老爷们③用步枪射杀了印度的孟加拉虎，这导致了西藏和不丹身披虎皮背毯的传统习俗④。在战斗中，要身披虎皮。佛教的胜利幢上也经常装饰虎皮围帐。

在金刚乘佛教中，老虎是众多神灵，尤其是怒相神或好战神灵的坐骑。骑在暴怒的老虎身上象征着大成就者或神灵的无畏及凌驾他人之上的意志。有时，老虎画得十分具体，如：长有多色斑纹的白色或黄色老虎或怀仔或哺乳的母老虎。许多怒相的饮血金刚⑤和护法神都身围虎皮围腰⑥，其女性伴偶则身着豹皮裙。老虎身上性器官形状的条纹代表阳性的方便，而子宫状的豹子斑点代表阴性的智慧。当神灵身穿虎皮时，这象征着它控制了嗔恚。剥下来的人皮和象皮是神灵另外两件服饰，象征着他征服了贪痴。

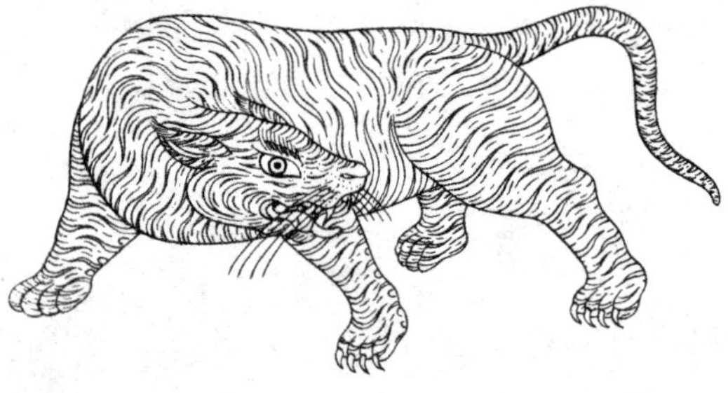

老　虎

---

① 藏文：Mar-pa，玛尔巴，藏族著名佛学家。噶举派创始人。曾三次赴印度投名师学喜金刚、密集、大印等密法。返藏后，广收徒众，宣说佛法，形成噶举派，为一代宗师。所唱道歌分别辑录在《玛尔巴传》、《米拉日巴传》等著名传记中。

② 梵文：asana，坐垫。

③ 梵文：Raj，大人，老爷。

④ 其实，早在吐蕃王朝时期就有对立战功者给予披虎皮的奖励的习俗，作者的这一说法并不准确。

⑤ 梵文：Hevajra，藏文：dPal-kyi-rdo-rje，饮血金刚，音译"亥如迦"。佛教无上密乘本尊之一。其主臂拥抱明妃金刚无我佛母，佛母左手勾喜金刚颈，右上扬着嘎布拉鼓，也有画成右手持月牙刀，正与喜金刚拥抱接吻。

⑥ 梵文：dhoti，虎皮围腰。

“蒙人驭虎”的画作经常出现在格鲁派寺院的墙壁上，画面上一个蒙古喇嘛或贵族牵着一只被铁链拴着的、已被驯服的老虎。据说，此图代表“三界怙主”，其中蒙人代表观音菩萨，铁链代表金刚手菩萨，而老虎则代表文殊菩萨。这幅画也具有宗教的象征意义，即：蒙人驭虎代表格鲁派①（黄帽系）战胜了被“驯服”的对手藏传佛教旧派（红帽系）。

老 虎

马（梵文：ashva；藏文：rTa）与风马（梵文：ashvavayu；藏文：rLung-rta）

马是古代社会主要的运载工具。对于前工业时期的人来说，良驹的品种与现代汽车的品牌一样受到重视。由于受到遥远的距离和难以跨越的地形条件的阻隔，人们只得依靠有耐力、有力量、有速度和顺从的马匹。竞技赛马促进了纯种马的培育，纯种马步伐轻盈、速度快，体态优雅。与得道者具有三十二大相一样，东方马也具有完美的三十二相，主要体现在马的眼、嘴、头、鬃毛、四肢、骨骼和肌肉上。完美骏马的前额、胸和马蹄的颜色也符合其独特性。尽管被紧紧拴住，但骏马决不会因惊人的噪音或恐怖的景象而狂躁不安。

马或狮子都是宝生部怙主南方宝生佛的坐骑。珠宝是宝生佛的徽相，一般被画在风马的马鞍上或转轮王的绀马上。在肖像画法中，马身画有金色饰物、铃铛、丝制围帐和牦牛尾饰。这些披饰是佛陀忠心耿耿的马匹犍陟②的“脖饰”（该马在其主逝去后心碎而死）。正在嘶鸣的马是怒相神马头明王③的象征，其头上装饰着一个或三个正在嘶鸣的绿色马头。据说，马发出的巨大嘶鸣声可以威慑一切恶魔，使人们更加笃信佛法。马鸣④是公元一世纪一位著名的印度佛教学者，他曾撰写过令人备受鼓舞的有关佛陀生平的故事。

风是马的天然要素，当它疾驰时，风起迎之。当马在静寂的空中快速疾驰时，马尾及马鬃飘逸掠过。游牧的藏人和蒙古人是马术高手。甚至有人认为，满人的发辫也源自他们

① 藏文：dGe-lugs-pa，格鲁派，藏传佛教派别之一。因该派僧人戴黄色僧帽，俗称“黄教”。创始人宗喀巴。格鲁派有六大寺院：1）甘丹寺（西藏）；2）哲蚌寺（西藏）；3）色拉寺（西藏）；4）扎什伦布寺（西藏）；5）塔尔寺（青海）；6）拉卜楞寺（甘肃）。以达赖、班禅两大活佛系统为主，拥有众多的活佛转世系统。

② 梵文：Kanthaka，犍陟，释迦牟尼离家出走时所骑之马名。

③ 梵文：Hayagriva；藏文：rTa-mgrin，马头明王，亦称“马头观音”。佛教菩萨名。六观音之一。以马置于头，故名，为观音的自性身。形貌愤怒威猛，摧伏妖魔，故称“马头明王”。藏传佛教大密共有九尊马头明王，都是忿怒相。藏密认为他是胎藏界（表大日如来的理性）观音院的本尊，是观音菩萨的忿怒相之一，是救度罗刹洲众生的本尊。据说患病念经求他疗效最好，否则只有钱财败光才能病愈。

④ 梵文：Ashvagosha，马鸣，约一、二世纪间。古印度佛教诗人、哲学家、大乘佛教的著名论师。

对为之服役的马匹飘垂马尾的尊崇。风和马都是运行的自然载体，马驮的是实物，而风载的是虚无缥渺之物，经幡常被风吹起。在西藏，经幡也叫作“风马旗”。

各种马和小马：被称作沙罗跋（sharabha，有说是一种想象中的八足神兽，住在雪山，比狮子和大象还强壮——译者注）的杂交神马，长有山羊头、鹿角、马身和狮鬃。

经幡为五佛的五种颜色，上有符咒①、祈祷文和吉祥符号，是用木制雕版印刷方法印在方形布上。一般风马居于中央，四角有“四个超自然动物”②。风马的马鞍上通常都驮着转轮王的如意宝，象征着无论它走到何方都会带去和平、繁荣和和谐。藏族史诗英雄格萨尔③也被画在风马旗的中央，他身骑白色神马④穿过翻涌的积云。

藏医和星象学体系都认为保持人的精力或协调需要四大要素：1）命⑤；2）身体⑥；

---

① 梵文：Mantra，符咒，译音“曼扎”，即：咒语、真言。

② 四个超自然动物，指龙、金翅鸟、老虎和狮子。

③ 藏文：Ge-sar，格萨尔，藏族长篇英雄史诗《格萨尔王传》中主人公。在天界时为白梵天王的第三子，为降妖伏魔、拯救灾难中的百姓而投胎人间。其名源自梵文，为“花蕊、精华”之意，比喻他是世界无比的英雄。

④ 藏文：Kyango Karkar，白色神马，格萨尔王的坐骑。

⑤ 藏文：Srog，命，生命。

⑥ 藏文：Lus，身，身体。

3）自在①；4）运气②。风马本身象征着四大要素的统一，精进可以消除疾病、灾祸、邪恶和星际影响引发的一切“障”。风相当于重要的气息，在通过体内脉道时可以毫无障碍地运动，由此引发如风马一样可以驾驭的潜意识流。

要在满月的清晨与煨桑仪式③同时举行风马祈祷仪式。在这个仪式中，要焚烧松柏枝以净化体内脉道，安抚居住在脉道的各路神灵。

四方超自然生灵

龙、金翅鸟、老虎和狮子是四种“超自然动物”，分别画在藏族经幡中央风马的四角。它们源自古代中国星象和泥土占卜传统。在古代中国，四方被比作四季，而每一方都安排了一位“超自然的”或“赋有神力”的生灵。东方升起的太阳被比作春天，用蓝色或天蓝色的龙作为象征；南方正午的太阳被比作夏天，象征物是凤凰或“太阳红鸟”；西方的落日被比作秋天，一只白虎是其象征；北方的日光无法照射到的区域被比作冬天，用驮着盘蛇的龟或“黑色武士”作为象征。它们的四种颜色与中国泥制坛城的“天界四方”相符。这四只天界动物构成了中国天界十二宫的最初形式，但在古代后期，其数量有所增加，构成了中国的十二生肖。其中，龙、鸡、虎被保留在十二生肖之中。龟的上半部圆壳代表天界天穹的阳，扁平的下半部代表天穹的阴。汉藏星象图中画出这只宇宙“神龟”的底面。文殊菩萨在神龟底面刻下了十二生肖、八卦图和带有 1～9 数字的“魔方”，这样，每个方位上的图形达到十五个。

春天的龙是生命轮回的标志，代表着生（青龙）；夏天的红鸟代表青春（赤鸟）；秋天的白虎代表暮年（白虎）；冬天的“黑色武士”代表死亡（玄武）。在汉地佛教中，四大护法动物象征着战胜生、老、病、死“四苦”。

在中国风水占卜传统中，这四只动物代表某地占卜的特质和特征。藏人从汉地吸纳这些动物标识，并将其用在自己的占卜传统中。他们保留了天蓝色或绿松石色的龙、红色的鸟或金翅鸟及长有黄色斑纹的老虎这三种动物标识，但把龟或“黑色武士”换成了白色雪狮。

在藏族占卜中，这四只“神授”动物代表着西藏当地的土地神。红鸟或金翅鸟表明在西方有一片红色岩石区域。天蓝色或绿松石色的龙代表绿草茵茵的地方、草场和溪流，其中一条河蜿蜒流向南方。黄色老虎表示光明之地的一块坡地或岩体向东方攀升。黑色乌龟或白色雪狮代表位于北方的一块黑色岩石或雪山。如果四方土地神（或称“大地支柱”）所处方向正确、位置适宜的话，那么，这表明四方土地神所示的完美的自然环境适于修建寺院、庙宇和佛塔。

---

① 藏文：dBang-thang，自在，还有“权力”和“地位”之意。

② 藏文：rLung-rta，龙达，直译“风马”，意译为“运气”。

③ 藏文：bSang，煨桑仪式，亦称“祭祀烟火”。藏族习俗，依焚香地点不同，有山头火烟与河岸火烟等差别。

风马和四方四大超自然生灵：金翅鸟、龙、老虎和雪狮

龙神（梵文：vritra；藏文：vBrug）

与欧洲恶龙不同，东方龙是具有创造力的吉祥物。中国龙的图像最先出现在旧石器时期的石刻上，其年代可以追溯到大约公元前五世纪，这也是人类最早的表象象征之一。对龙的最早文字描述出现在《易经》① 中。在《易经》中，它象征着天界发出强光的阳性、春天、变化和创造力。龙有难以捉摸的隐蔽天性，它能随意改变自己的身形。它可以隐身，可以缩小到蚕茧大小或也可以膨胀身躯以遮天蔽日。在春分时，它升腾到天空，一直呆到秋分。秋分时，它沉入深湖之中，在淤泥里躲藏到第二年的春天。作为天界和能发出强光力量之春天的象征，龙被比作东方、蓝色和阳性数字九。在中国艺术中，英姿勃发的天蓝色龙常与其大地阴性伴偶年迈的白虎画在一起。

据说，中国龙以三大物种和九小物种的形式出现。三大物种包括：1）强龙或长角的雷龙；2）狸或无角的海龙；3）居住在山间湖泊和洞穴中的有鳞蛟龙。九小物种为：1）天龙；2）神龙；3）翼龙；4）盘龙；5）带角的龙；6）拱嘴的龙；7）黄龙；8）水龙；9）护宝龙。水龙的头与印度摩羯头极为相像。据说，典型的龙可分为三个部分：1）从头到前腿；2）从前腿到腰；3）从腰到尾。另有九个相像之处：1）头像骆驼；2）角像鹿；3）眼像恶魔、兔子或对虾；4）脖颈像蛇；5）鳞像鱼；6）腹部像青蛙或巨蛤；7）耳朵像母牛；8）前腿和爪像老虎；9）爪子像鹰。在背上有八十一条喷焰状的背鳍鳞，突出的背鳍从其爪、颚、双膝和尾巴长出。鲤鱼般的须子从龙的上唇伸出来。其盘卷飘逸的发须宛若马鬃。它的双眼充满野性，盯视前方。其眼眉向上喷焰，牙齿尖利，舌头又长又卷。当龙在云海中翻腾时，闪电一般的火焰从其上腿散射出，其四爪紧紧抓住珍宝。

作为中国皇帝的帝王标志，天龙或宫龙都画有五爪。皇帝手下的大臣佩戴着四爪龙徽相，而官阶较低的官员则佩戴三爪龙徽相。在元朝（1271 年 ~ 1368 年），帝王五爪龙的高人一等是强制性的。当时，皇帝颁布敕令，禁止普通人佩戴龙徽相。皇帝的锦缎衣袍上要绣有九条龙，其中八条绣在袍外，第九条“暗龙”则绣在袍内。帝王的龙凤代表着中国皇帝和皇后，是天（阳）地（阴）的象征。龙凤徽相也用来比喻中国北方与黄河、中国南方与长江。

与印度的龙众②一样，传说中的中国龙偏爱控制天气，尤其偏爱狂暴的雷鸣及暴风骤雨。从龙爪中散射出叉形闪电，从口中喷出灼热的火球。它的吼声是一团雷电，在黑色雷暴云中不停地翻腾，形成一道犀利的闪电。倾盆大雨如热带暴雨般从其闪亮的鳞片落下。龙爪抓住的四大珠宝生成了露珠，当爪子并拢时生成瓢泼大雨。在帝王统治的中国，著名的工匠要雕刻玉龙或画龙以消除旱灾。海龙卷、海啸和海下地震都被视为海中四龙的展现形式。

---

① 《易经》，指《周易》中同《传》相对而言的经文部分、由卦、爻两种符号和卦辞（说明卦的）、辞（说明爻的）两种文字构成。都是为占卜用的。

② 梵文：Naga，龙众，龙或象之意。

龙和喷焰夜明珠

夜明珠是与龙并行出现的一个特殊标识，它被画成包在烈焰中的红色或白色小球。中国人认为，夜明珠是在海龙王口中生成的，而在印度，人们认为，它们生成于太阳之火。双龙常被画成二龙戏珠或相互追逐宝珠掠过天空。夜明珠可能源自“闪电珠”。叉形闪电爆炸形成无数白色的小闪光体时就生成了夜明珠。

在佛教中，龙是东方和中央白色神大日如来的坐骑。大日如来的龙座可能源自中国皇帝的龙座。天蓝色或绿松石色的龙是众多佛教护法神、水神或风暴神及护宝神的坐骑。作为护宝神，汉藏的龙可能与印度的龙众关系密切。

藏文中表示“龙”的词汇“主”（vBrug）指的是雷鸣的声音。不丹这个佛教王国被称作“主域”①，意为“雷龙之地”。不丹居民通常称作“主巴”②，是以西藏的主巴噶举派③命名的。这一教派是由藏巴嘉热④创建的。他在后藏日喀则附近曾亲眼目睹了九条巨龙腾飞升空，后来，他在这个偏僻之地修建了热垄寺⑤。在藏传佛教中，群龙腾升始终是最吉祥的吉兆。

龙众（梵文：Naga；藏文：kLu）

龙是居住在地下的蛇精。它们源自印度的古蛇崇拜，可能可以追溯到印度河流域文明的初期（大约公元前2500年）。在印度的《往世书》⑥ 时期的传说中，龙众是毗那达⑦之姐卡德鲁⑧的后代。卡德鲁生下了金翅鸟。迦叶佛⑨是龙和金翅鸟的父亲，但卡德鲁的背叛行为使它们成了死敌。卡德鲁生下一千条多头蛇，它们居住在地下的沃焦石山⑩上。这个地下王国盛产珠宝，有一座美丽的宫殿，由塞沙⑪、筏苏枳⑫和德叉迦⑬三大龙王统治着。三大龙王也出现在《往世书》时期的几个传说中。从历史角度来看，龙众是一个古印度部族。除了强烈的蛇崇拜遗存外，该部族鲜为人知。显然，蛇崇拜已存留在印度文化之中。

---

① 藏文：vBrug-yul，主域，指不丹。

② 藏文：vBrug-pa，主巴，指不丹人。

③ 藏文：vBrug-pa-bkav-brgyud，主巴噶举，藏传佛教塔波噶举派帕竹噶举八小派之一。主巴噶举派除了修习《密续》、《胜乐》、《大手印》、《喜金刚》等密典外，重视修习时轮金刚法、日琼巴所传六平等法。

④ 藏文：gTsang-pa-rgya-ras，藏巴嘉热，1161年～1211年，生于后藏江孜地区甲氏家族。二十三岁为岭热·白玛多杰的弟子。倡建热垄寺，又在拉萨河畔朗木地方建竹寺。

⑤ 藏文：Ra-lung-dgon，热垄寺，由藏巴嘉热在西藏江孜倡建的一座寺院。

⑥ 原文：Purana，《往世书》，亦称《古事记》。古代印度神话传说的汇集。印度教主要经典之一。约前一世纪至十世纪间成书。

⑦ 梵文：Vinata，毗那达，迦叶佛之妻，疾病魔女之名。

⑧ 梵文：Kadru，卡德鲁（音译），毗那达之姐。

⑨ 梵文：Patala，沃焦石山，位于海底，可以吸收海水，以避免海水水量的增加或溢出。

⑩ 梵文：Kashyapa，迦叶佛。古印度摩羯陀国王舍城人，属婆罗门种姓。释迦牟尼的四大弟子之一。传说为佛教第一次结集的召集人。

⑪ 梵文：Sesha 赛沙，吠陀时期的千头蛇神。据说在大力罗摩死前从其口中生成。

⑫ 梵文：Vasuki，筏苏枳，九头龙王之主。

⑬ 梵文：Takshaka，德叉迦，一个龙王之名。

甬道或菩提宝座的冠顶饰物，一头正在吞蛇的金翅鸟抓住了两条龙的尾巴（中上）。戴有七帽状头冠的龙王将一块如意宝捧在胸前（中右）；龙树戴有七蛇冠的头部细部（左下角），龙树是公元二世纪的佛教哲学大师，他从龙王那里得到《般若波罗蜜多经》（中下）。

龙崇拜的遗存在早期被吸纳进入了佛教之中。佛教中的龙众在很大程度上承继了古代印度的象征主义。龙居住在地下和海中地下世界里，特别居住在河流、湖泊、深井和海洋这样的地下王国里。在佛教宇宙学中，它们被派到须弥山的最底层，而其夙敌金翅鸟则被安排在上面一层。龙众是地下宝物和“伏藏”① 的守护者。它们能幻现蛇形、半蛇形或人形。公元二世纪伟大的印度佛教大师、哲学家龙树②或许是从龙那里获得的以《般若波罗

① 藏文：gTer-ma，伏藏，古代被人埋藏起来、后世被人发掘出来的藏文书籍总称。大多发现在十一至十三世纪前后。著名的伏藏如《玛尼宝训》、《五部遗教》等。

② 梵文：Nagarjuna，龙树，古印度大乘佛教中观派创始人。弟子有提婆等。著作甚多。

蜜多经》① 形式出现的“伏藏”的第一人。

龙对人具有有益、中立或敌意的影响。像中国龙一样，龙众也有控制天气的义务。在遭到冒犯时，它们能够抑制雨水引发旱灾。在息怒后，它们又会放出雨水。对其环境的污染或不敬之举，如：往龙众居住的水中撒尿或漂洗脏衣物都能引发疾病或龙污染。天花、癌症和肾病及皮肤病都被认定是与龙众有关的疾病。

佛教传说中共有八大龙王②。它们常被描述成被某些怒相神踩在脚下或是成为他们的饰物。根据印度的种姓或社会地位，龙可以分为五个等级。东方是白色的刹帝利，南方是黄色的吠舍，西方是红色的婆罗门，北方是绿色的首陀罗，而位于中央的是黑色的无种姓者③或“不可接触者”。颜色的配置与蓝色不动金刚居中的五佛坛城的传统方位相符。怒相神一般都佩戴八大龙王或五大种姓的龙作为“八大尸林④服饰”之一，也称作“旋龙饰”。怒相神佩戴着几对或几串令人生畏的毒蛇饰物。这些毒蛇上下翻滚、扭动着身躯，发出嘶嘶声。刹帝利种姓的白色盘蛇装饰缠围在怒相神头冠的半截金刚杵上。一圈吠舍种姓的黄蛇成串地挂在或盘在一起作为神灵的耳饰。神的项链或宝珠是用婆罗门种姓的一圈红蛇制成。神用缠绕在一起的首陀罗种姓的绿色长蛇作为饰带或胸前花环。神灵佩戴用小黑蛇编成的环形花环作为手镯、臂环和脚镯，这表示无种姓者或不可接触者的种姓。

在各自的肖像画法中，龙众通常被画成上半身为人形，腰以下部分是缠绕的龙身。最常见的龙众呈白色，一头两手，双手合十祈求或供奉珠宝。一条、三条、五条或七条小蛇像鸡冠一样立在龙众的头顶。这些小蛇的颜色分别与龙众的五大种姓和八大龙王的颜色相符。印度龙众中的多头蛇头冠的图案可能源自古印度河有七个或九个河口或出海口。

金翅鸟（梵文：Garuda；藏文：Khyung，mKhar-lding）

金翅鸟是印度教和佛教中禽鸟之中的神鸟鸟王。根据印度《往世书》时期之传说的说法，金翅鸟是迦叶佛和毗那达的儿子。毗那达用了五百年的时间孵化其“出生”的蛋。一破壳而出，金翅鸟那令人生畏的形象就遮蔽了天日。它拍打双翅震撼了大地，甚至众神也错把其金身发出的让人难以忍受的光芒当成了火神阿耆尼发出的光芒。

毗那达与其姐卡德鲁对搅拌大海生成的马的颜色发生了争执。卡德鲁是卵生龙众之

---

① 梵文：Prajna-paramita-sutra，《般若波罗蜜多经》，佛教典籍。

② 梵文：nagarajak；藏文：Kluvi-rgyal-po-brgyad，八大龙王，即：1）广财龙王；2）莲花龙王；3）力泷龙王；4）安止龙王；5）大莲龙王；6）护螺龙王；7）无边龙王；8）具种龙王。

③ 原文：outcaste，无种姓者，即没有种姓的人或被认为在社会之外的人。

④ 梵文：astamahas-masana；藏文：Dur-khrod-chen-po-brgyad，八大尸林，亦称“八大寒林”，即：1）东方暴虐寒林（藏文：gTum-drag）；2）南方骨锁寒林（藏文：Keng-rus-can）；3）西方金刚焰寒林（藏文：rDo-rje-vbar-ba）；4）北方密丛寒林（藏文：Tshan-tshing-vkhrigs-pa）；5）东南方吉祥寒林（藏文：bSil-bavi-tshal）；6）西南方幽暗寒林（藏文：Mun-pa-drag-po）；7）西北方啾啾寒林（藏文：Ki-li-ki-livi-sgra-sgrog-pa）；8）东北方狂笑寒林（藏文：Ha-ha-rgod-pa）。

母，为了进行报复，她掳走了毗那达并将她投入了自己的蛇坑监禁。为了营救母亲，金翅鸟在因陀罗天掀起了风暴并偷走了甘露作为赎金。金翅鸟用狡猾的手段救出了自己的母亲。但在救母过程中，有几滴甘露从其喙滴落在拘沙草上。蛇舔了拘沙草，锋利的草刃把蛇的舌头刺成叉状。尽管困难重重，众神终于设法从金翅鸟喙中夺回一些甘露，由于金翅鸟力大无比，结果在争斗中，把因陀罗身上的巨大金刚杵碰断了。只有毗湿奴能够制服金翅鸟，将其制服后，毗湿奴就让它发誓要服役和顺从。随后，毗湿奴让金翅鸟成为自己的坐骑并答应它长生不老的请求。在后期的印度神话中，毗湿奴的第八化身黑天①把金翅鸟作为自己的坐骑以征服大龙神迦梨亚②。

金翅鸟一直是蛇或龙众的夙敌。在众多神话传说中，这个介乎于猛禽和蛇类的仇敌十分常见。最初，印度的金翅鸟被画成鹰状巨鸟，分别称作“美丽双翼”③、“太阳鸟”④、“蛇之怨敌”⑤ 和“众鸟之王”⑥。后来其形状被确定为鸟人，即：半鹰半人，是有臂有手人形的上半身与鸟头、鸟大腿、鸟小腿、鸟爪和鸟翼的结合。在印度、尼泊尔、斯里兰卡、缅甸、泰国和东南亚都有金翅鸟超自然的不同化身。在传统上，这些地区的人们依然召唤金翅鸟来对付蛇、防止蛇咬及各种毒物。

在西藏，印度金翅鸟被同化为苯教的“妙翅鸟”，即：“万鸟之王”和苯教火鸟。在西藏肖像画法中，金翅鸟被画成长有人的躯干、臂膀和双手。腰下部的强壮大腿长有羽毛，与长有利爪的、鸵鸟般的小腿相连。金翅鸟背上长满羽毛，其尾翼一直拖到足部。其弯喙宛若鹰喙或隼喙。和其双爪一样，其喙坚硬宛若陨铁⑦。在金翅鸟紧握或啃咬中龙众难以死里逃生。它的双翼和双眼一般是金黄色的,黄褐色的羽毛向上翻卷,其眼眉像火一样炯炯发光。其尖利的双角之间隆起的肉髻⑧里藏有一块龙众宝。这块隐藏的珠宝和月牙、太阳及滴露⑨状饰物一起装饰在冠顶。传说讲述了金翅鸟如何从须弥山龙众之王那里偷走这块珠宝的。它把珠宝吞下后又将它喷出。这可能源自西藏民间传说的一个说法。在这个说法中，人们认为金翅鸟喷出的是治疗蛇咬和其他毒物的解毒剂。金翅鸟双手抓住一条上

① 梵文：Krsna，黑天，印度教崇拜的大神之一。毗湿奴的第八化身。黑天的业绩受到大神湿婆的尊敬，承认他是宇宙大神。黑天的形象在印度民间文学、绘画、艺术等艺术品中经常出现。

② 梵文：Kaliya，迦梨亚，大龙众之名。

③ 梵文：Suparna，美丽的双翼。

④ 梵文：Garutman，太阳鸟。

⑤ 梵文：Sarparati，蛇之怨敌。

⑥ 梵文：Khageshvara 或 Pakshiraj，众鸟之王。

⑦ 藏文：gNam-lcags，陨铁，亦称“天铁”。从地下掘出的金刚杵橛等金属器物，叩之发音清越，光泽油润暗黑。功能驱邪魔，镇惊狂。

⑧ 梵文:ushnisha,肉髻,汉译作“佛顶”,亦称“无间顶相”。佛的头顶骨隆起而成髻状。佛的三十二相之一。

⑨ 梵文:nada,bindu;藏文:Thig-le,滴液、滴露。又译“明点”,密乘所说体内风、脉、明点三者中之明点,是大乐的精髓或种子,以种种精华、糟粕的形式存于体内脉道之中。

金翅鸟

下翻滚的龙王，并用其尖利的喙咬住它的中段。金翅鸟有时也画成佩带着八大龙王饰物。

在宁玛派大圆满法①和苯教的传承中，金翅鸟意义重大。在宁玛派中，它幻化为莲花生大师的某些怒相化身。在伏藏中，它被尊崇为护宝神。作为神灵，金翅鸟与金刚手和马头明王联系紧密。修这三位神对除障、消病极为有效，特别是与龙众有关的疾病，如肾病、瘟疫和癌症。在这个独特的修习中，在身体的不同部位可以看到金翅鸟的不同化身。

五只一组的金翅鸟与五佛的颜色、五行、五智和五佛的特质相符。黄色（地）、白色（水）、红色（火）、黑色（风）和蓝色或彩色（空）。色彩斑斓的金翅鸟腰以下为黄色（地），从髀到脐为白色（水），从脐到喉是红色（火），从下颌到前额为黑色（风），其头为蓝色或绿色（智慧）。五彩金翅鸟的双翼是五种颜色的羽毛，其双翼可以把闪烁的彩虹光芒散发到十方大地，代表着“空”。有时，羽毛末端饰有金刚杵头。金翅鸟长有两只或三只眼睛，一般呈金黄色。

金翅鸟是不空成就如来的坐骑，不空成就如来是北方的绿色佛，也是羯磨部怙主。作为至高无上的金色太阳鸟，金翅鸟形象出现在甬道②或佛陀菩提宝座的顶部。它展开金色双翅并将两条龙尾抓在爪中。其头顶上的弯月、太阳和烈焰构成的吉祥冠象征着进入中脉的阴阳两气的合一。其双角代表二谛③，即：俗谛和真谛。其双翼代表着方便和智慧的结合。金翅鸟狂暴的形象象征着把毒物变成甘露。长满羽毛的它从卵中“再生”象征着觉识的萌生。

摩羯（梵文：Makara；藏文：Chu-srin）

梵文词汇“makara”指的是海龙或水怪，通常被看成鳄鱼。摩羯是吠陀神话中水神④和恒河女河神⑤的坐骑。一些学者认为它们就是居住在恒河清水中的河产海豚。摩羯也是吠陀时期的欲神的标识，也被称作“长尾摩羯”⑥。它是印度十二宫中的第十宫⑦，相当于摩羯宫⑧，即：西方十二宫中的海羊。

作为古印度的神话象征，摩羯是一个杂交动物，是几个都有鳄鱼特征的动物结合的产

---

① 藏文：rDzogs-pa-chen-povi-chos，大圆满法，藏传佛教宁玛派主要密修法。人的心体本质上是纯洁的，毫无尘垢，使此心自然而为，随意而往。大圆满中有心部、界部、教授部，属于第九乘无上瑜伽部。

② 梵文：torana，甬道，通常为木料制造但有时为石料制造，用两根立柱支撑一至三根横过梁，上面的雕刻十分精细，作为进入印度佛教庙宇的纪念性甬道。

③ 藏文：bDen-gnyis-chos，二谛，即：1）俗谛（梵文：samvritisatya；藏文：Kun-rdzob）；2）真谛（梵文：paramarthasatya；藏文：Don-dam-bden-pa）。

④ 梵文：Varuna，水神，天神或海神。

⑤ 梵文：Ganga，竞迦，指恒河。

⑥ 梵文：Makara-ketu，长尾摩羯。

⑦ 梵文：rasi，摩羯宫，十二宫的第十宫。

⑧ 梵文：Capricorn，摩羯宫。

带漩涡卷尾的摩羯（左）；带鱼尾的摩羯（中）；带摩羯的屋顶水滴（右）；两个摩羯头（中上）

物。摩羯长有鳄鱼的前爪、大象的拱嘴或鼻干、野猪的獠牙和耳朵、猴子滴溜乱转的眼睛、孔雀带有漩涡饰的尾翼。在从古印度到现在的藏式形象的演变过程中，摩羯变成了现在的模样，即：长有狮前爪、马鬃、鱼鳃和卷须及鹿和龙的角。最初简单的带毛鱼尾上出现了一个复杂的带旋图案，叫做“摩羯彗星”①。

鳄鱼具有天然的力量和韧性。正如寓言所说，鳄鱼至死也不会放弃它的猎物。许多金刚乘的武器上都画有摩羯，象征着韧性和力量。金刚乘的武器包括斧子、铁钩、钺刀②和金刚杵。各种武器的刃身或尖都从摩羯大嘴③中伸出。作为水的象征，摩羯头常常装饰在庙宇屋顶的突出部位作为石刻滴水嘴。摩羯头也出现在水源的源头，作为石刻出水口。从绘画和建筑的角度来看，在木雕甬道的上拱或在佛像或神像菩提宝座后的背光上，常有侧伴双龙的一对相对称的摩羯及一张戴冠金翅鸟的脸。甬道的雕刻形式在尼泊尔尼瓦尔艺术和建筑中十分普遍。作为甬道的守护者，摩羯像出现在大十字金刚杵弯曲的叉股头上，大十字金刚杵环围着平面坛城的四大甬道。在立体坛城上，这个十字金刚杵承托着整个坛城宫构架，象征着插有金刚杵的金刚座不可撼动的稳定性。

饕餮

“Kirtimukha”一词的意思是“帝威之脸”、“名望之脸”或“荣光之脸”，一般称作“鬼脸”或“无名之物”。在中国，它被称作“饕餮”，是一种令人生畏之物。据说，它确实存在。中国餐具上常常饰有饕餮这个“贪婪之兽”，以警告人们不要贪婪和放纵。作

① 梵文：Makaraketu，摩羯彗星。

② 钺刀，密宗常用法器之一，亦称“金刚斧”，原是古印度的一种兵器。其柄端是金刚杵形，下部是斧状的刀身和刀口。钺刀也是断除贪、嗔、痴、慢、疑、恶见等六种根本烦恼的标志和象征，在密宗图像和塑像中多为佛母（明妃）所持。

③ 梵文：makaramukha，摩羯大嘴。

为甬道的守护者，在中国、印度次大陆和东南亚都可以看到这个古代象征物。

饕餮源自《室健陀往世书》① 神话故事中的恶魔宿王②，是在湿婆慧眼③发出的火焰中生成的。它力大无比，与自己的养母、湿婆之妻雪山神女发生了乱伦。恶魔宿王怂恿其恶魔朋友罗睺④去引诱雪山神女与之非法媾和。湿婆得知此阴谋后勃然大怒，从其慧眼中又生成了另一个恐怖凶残的魔。该魔飞快地吞食罗睺。惊恐万分的罗睺乞求宽恕，湿婆最终接受了他的忏悔。饥肠辘辘的凶魔失去了自己的猎物只得自食自身直到只剩下头颅。湿婆对凶魔的力大无比感到欢心，将他的脸命名为“荣光之脸”，命他永远担当自己门槛的保护神。

饕餮脸

在尼泊尔尼瓦尔工匠的作品中，饕餮像极为普遍，在尼泊尔它被称作“切普”⑤。吞蛇像雕塑经常装饰在甬道和神龛的拱顶上。根据传说，阿卢那是金翅鸟的长兄，注定要成为一切天界众生中最勇敢、最具品德的。由于其母毗那达心太急等不到自然分娩，因此，当他从卵中孵出时，仅有头和双手发育完好。另一个传说讲述文殊菩萨是如何劝说隐身的阿卢那展示其神性的。当他在云中展示其上半身时，文殊菩萨秘密地为他画像，当阿卢那发现文殊菩萨要画下自己的神秘形象时，他立刻再次变成无形的样子，只给文殊菩萨留下了他画下的头和双手。然而，文殊菩萨对其勇敢和德行印象颇深，他宣布从今以后这个吞蛇的脸要出现在神殿大门顶处。于是，阿卢那就成了加德满都峡谷主要的保护神之一，其

① 梵文：Skhanda Purana，《室健陀往世书》，《往世书》十八部之一。

② 梵文：Jalandhara，恶魔宿王。

③ 梵文：urna，慧眼，亦称“第三只眼”或“天目”。

④ 梵文：Rahu，罗睺，大星宿神。占星的人所说的星名，认为为它能支配人间的吉凶祸福。

⑤ 梵文：Chepu，切普，尼泊尔人对金翅鸟之长兄阿卢那的称谓。

威慑一切邪恶之敌和龙众的能力与金翅鸟不相上下。

在藏族艺术中，饕餮作为一种纹饰出现在铠甲、头盔、盾牌和武器上。它经常被画成长有一张无下颌的凶恶的脸，头上长角。它的一双手紧握插在口中的金色的饰杖。通常其上颌挂有一颗珠宝、一组珠宝或珠宝帘帐。整个饕餮脸的帘帐构成了一张珠宝网，常常画在庙宇围墙的大梁上。装饰庙宇大柱的柱面幡①常用拱形饕餮脸作为饰物。从建筑学的角度来看，它们在门楣、拱道和楣柱上构成了一个相同的主题，反映出它们已融入了立体坛城宫中。它们也常作门把或门环出现在寺庙大门上，门把或门环上常挂有白色哈达形成的垂花饰。法铃的上半部常裹有一条横饰带，上面有八张饕餮脸，其口中衔有珠宝网。

饕餮的变体包括狮头②、金翅鸟头③、罗睺头④（吞噬时间的头）、海螺头⑤和摩羯头⑥（吞噬时间的摩羯）。

① 藏文：Ka-vpham，柱面幡，用棉麻或丝织缝成、悬挂柱面的装饰品。

② 梵文：simhamukha，狮头。

③ 梵文：garudamukha，金翅鸟头。

④ 梵文：kalamukha，罗睺头。

⑤ 梵文：shaukhamukha，海螺头。

⑥ 梵文：kalamakara，摩羯头。

第七章　星象符号

太阳（梵文：surya；藏文：Nyi-ma）和月亮（梵文：chandra；藏文：Zla-ba）

作为我们世界的主要发光体，太阳和月亮是金刚乘佛教中最重要的星相象征。红色或金色太阳代表着阴性的智慧，而白色月亮代表着阳性的方法或慈悲。但有时，在经文描绘某些神灵时，这种象征主义偶然也会相反。

根据藏医经文的说法，女孩的青春期大约在十二岁，男孩的青春期在十六岁。从象征意义上来看，十二岁代表着女孩“智慧”的阴性，因为太阳有十二个月份和十二宫。十六岁代表月亮的十六位数字或新月和满月之间十六天的间隔，因此，也代表男孩“方便”①的阳性。

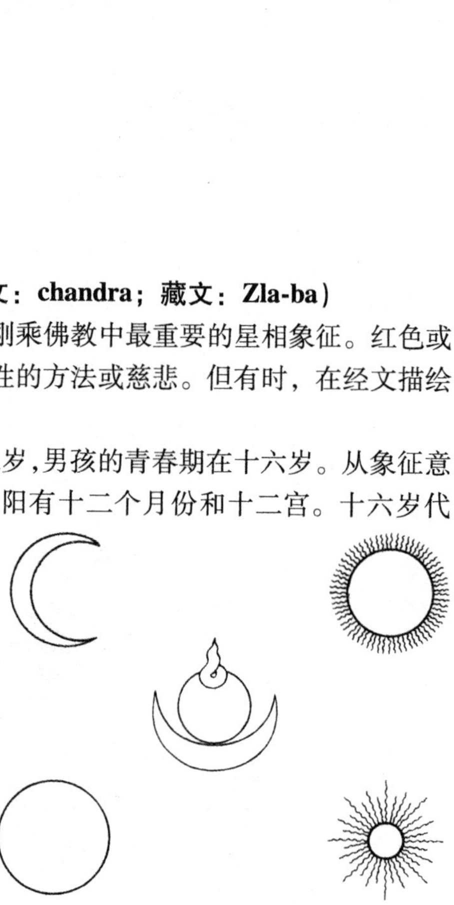

月牙和太阳（左上和右上）。月亮、太阳和滴液结为一体（中）。满月和太阳（左下和右下）

太阳和月亮圆盘通常都画在唐卡画面上部的天空上，在主供神像的左右两侧，把画面分成“智慧”和“方便”两部分。神灵的女性伴神大都靠近或拥抱着男神，仿佛她是从其左侧跨出来的。但在分别绘制时，女性伴神常常画在男神的左侧，而男神有时被画成“用左臂搂着其挚爱的脖子，并抚玩着她的左乳房”的形象。同样，人们认为，女性胎儿和男性胎儿分别在母亲子宫的左右两侧发育。在多臂神灵的肖像画法中，可以看到握在“方便”右手的大部分器物是具有穿透力的“阳性”武器，而握在“智慧”左手的器物

① 梵文：upaya，方便，为了接引众生的权宜的方式。

主要是“阴性”的或是令人易于接受的器物。

作为光源和光的反射物，太阳和月亮象征着绝对和相对真理、胜义谛和世俗谛的菩提心露①。在更神秘的层面上，红色太阳和白色月亮象征着在体内脉道中流淌的红白菩提心露。红白菩提心露分别生成于脐部和头部中央处。从中脉左右两侧升起的两条次要脉道被看做是阴阳两脉。在印度教军荼利法②瑜伽体系中，这些脉道的位置一般是相反的。端坐或站立之神像的太阳和月亮圆盘表明神灵的智慧或方便。作为“智慧”禅垫的红色或金黄色太阳圆盘专门是给颇有动感的半怒相神或怒相神使用的，通常出现在花瓣下垂的盛开的莲花之中。作为“方便”禅垫的白色月亮圆盘是给善相神使用的，一般出现在花瓣上翻的半开的莲花之中。这些圆盘可以画成是用“火晶”③ 或“水晶”④ 制成的。在古印度，火晶是一种具有神力的玻璃，而水晶则是具有凹透能力的散光物。

太阳的三腿红鸟（上）；月亮兔和太阳鸟的汉文象形字（二排左和右）。正在月亮上捣碎甘露的兔子（下左）和月兔（右下和中）

作为器物，太阳和月亮圆盘可以做成耳饰、头饰、胸饰或手持器物。燃烧的太阳从吉祥天母⑤这样的神灵脐部发出光来，象征着要把轮回大海晒干和促使圆满之“萌芽”成熟。新月的月牙常常画在某些与湿婆教神灵有关的本尊神的头顶上，如：转轮王、觉钵神⑥和时轮金刚⑦。这个月牙象征着慈悲和白色菩提心露的增长和神灵顿悟力的不断增强。

有时，在太阳和月亮圆盘中也画上一只三腿红鸟和一只白兔，它们源自汉地星相象征主义。其中，“太阳中的三腿红鸟”代表数字“三”这个能发出强光的阳性，而“月亮中

① 梵文：Bodhichitta，菩提心露，亦称“直心”，指纯一无染的心灵。

② 梵文：Kundalini，军荼利法，密教的修行法，以军荼明王为本尊，消灭灾厄。

③ 藏文：Me-shel，火晶。

④ 藏文：Chu-shel，水晶。

⑤ 梵文：Shri Devi，吉祥天母，亦称“功德天”、“宝藏天女”。这是专门授予人福德的女神。本来，这是印度神话中的神祇，其后纳入佛教。她普受众人的信仰，被视为福德圆满的女神。

⑥ 梵文：Buddhakapala，觉钵神，神名。

⑦ 梵文：Kalachakra；藏文：dPal-dus-kyi-vkhor-lo，时轮金刚，藏传佛教时轮金刚密法之本尊。时轮金刚形象多种多样，均为双尊像，有单首的，有双臂的，也有多臂的，脚下踏人，表示降妖。

的白兔”代表数字“二”这个微弱的、带有阴影的阴性。三腿红鸟也可以画成乌鸦、小公鸡或凤凰。人们认为，它们会周期性地飞落大地采集灵芝。兔的形象源自在月球海看到形似兔的东西或是满月上的“大海”① 的痕迹，这是源自汉地的一个传说，传说讲述一只兔子如何把长生不老甘露滴洒在月亮上的。印度佛教《本生经》中的一个传说也讲述了佛陀在前世托生为兔子，曾慈悲地舍身以喂养其他生灵。为了表示尊敬，因陀罗把这只兔子的轮廓画在月亮上，它会一直待在那里直至此轮世界的终结。

地、水、火、风、空五大要素

作为纯净的象征，黄色方块代表地，白色圆圈代表水，红色三角形代表火，绿色半圆形或月牙代表风，融溶蓝色滴液代表空。在呈立体状时，多层的黄色立方体、白色球体、红色锥状体、绿色半球体和融溶的飘浮滴状物分别代表地、水、火、风、空“五大”。在密宗里，黄色梵文字符“Lam”代表地，白色梵文字符“Vam”代表水，红色梵文字符“Ram”代表火，绿色梵文字符“Yam”代表风，而蓝色梵文字符“Hum”代表空。

被穿刺的青蛙象征着地方“年”神（左），也是地元素（中）和火、气和水（右）的象征物。

太阳、月亮和四大要素作为器物握在蓝色十八臂夜摩天母②的六只左手中。此时，金盘代表太阳，白盘代表月亮，四或五层台阶式方形建筑代表地，所有台阶和阶面可能都涂成黄色或白色、黄色、红色和绿色，以与四方的颜色相符。水被画成一个旋转的蓝白色波浪。一团朱红色火焰代表火，一条火舌为其手柄。一团绿色怒风代表着风，巨浪为其手柄。在西藏星相象征主义中，花斑青蛙通常代表地，一根木棍从其肛门穿过。这代表着某位具体的地方“年神”，常常画有带绿松石色斑点的金色青蛙。被穿刺的状态象征着稳定和大地的束缚。太阳、月亮和四大要素也成了握在喜金刚八只左手中六只手里的器物，但此时，它们被神化为神的化身。

须弥山（梵文：meru，sumeru；藏文：Ri-rab）

多层的锥状须弥山及其周围的瞻部洲有时也被画成手持器物。这座伟大的“世界之山”从宇宙中心隆起，其四面颜色分别为：东方的白色（水晶或银）；南方的蓝色（蓝宝

① 大海：指在月球表面或火星表面上一片相当大的暗区。

② 梵文：Yamari，夜摩天母，女神名。

石或青金石)；西方的红色（红宝石）和北方的金色（黄金）。须弥山四周环围着七条金色山脉，每座山脉都被淡水湖隔开，其高度随着向外延伸而依次递减。在山和湖的外侧有一个浩瀚的咸水湖，咸水湖在铁山周边的“宇宙之边”形成周缘。

根据《对法俱舍》绘制的须弥山宇宙结构（上左和下）及时轮（右上）体系

在巨湖的四大方位上，有环绕须弥山的四大瞻部洲。东方东胜身洲是白色的，呈半圆形；南方南瞻部洲是蓝色的，呈斧头状；西方西牛货洲是红色的，呈圆形；北方北俱卢洲是金色的，呈方形。四大瞻部洲的两侧都有一对小瞻部洲，每个小瞻部洲的形状和色彩与四大瞻部洲相同，但其大小或表面面积只达其一半。我们的世界就坐落在南瞻部洲上，南瞻部洲也叫做“蒲桃之岛”①。南瞻部洲之名源自蒲桃落水发出的“jambu”声。龙神吃了蒲桃之后，其粪便就成了瞻部河里的黄金。

须弥山的山底处有四个隆起的层面，龙神住在第一层，金翅鸟住在第二层，罗刹②和陀罗那③住在第三层，护宝的夜叉④住在第四层。四方的四大天王住在最高一层每一面的中央处。四大天王是：白色的东方持国天王，青色的南方增长天王，红色的西方广目天王和绿色的北方多闻天王。

大神因陀罗的天界⑤坐落在须弥山山顶，因陀罗居于如意树的天上童龙磨⑥树丛的宫殿里。因陀罗天也被称作三十三天⑦，因为还有三十二尊神与因陀罗一起居于此地。在吠陀时代，这三十二尊神被分为三组，每组十一位，分别居住天、地和地下“三界”。在印度教后期中，这些神的数量增至三亿三千万。

四大天王的王国与因陀罗的三十三天构成了“居地神”的前两个天。在须弥山上方的是“居天神”的四天。这六天（两个居地神天和四个居天神天）统称为“欲界天”。欲界天的上面是神的十七天或十八天。这些神具有极强的欲望，居于“色界天”。在他们之上的是最后四个“无色界天”。常用须弥山山顶上方徐徐上升的云岸代表这些等级不同的神界。但在传统上，只画出二十一个或二十二个云岸，因为，四个最大的神界是“无色的”。

女神娇吠哩⑧手持须弥山，左右两手分别握着四大瞻部洲。在“恶魔攻击”的画作中，魔王的众魔中的一个魔将须弥山整个宇宙抛向了佛陀。

坛城供（梵文：mandala；藏文：dKhyil-vkhor）

在佛教传统中，盛载全宇宙财富的坛城供是表示供奉的最高礼仪。在藏传佛教的“加行”⑨ 中，坛城供构成了金刚乘道四大主要修持之一。四大修持为：1）叩拜；2）金刚咒；3）坛城供；4）瑜伽上师祈祷文。每种修持都需进行一万次。叩拜可以净化身上的污

---

① 原文：Jambu fruit，蒲桃，属于几种热带植物中的任何一种，如番樱桃。

② 梵文：rakshasa，罗刹，印度神话中的恶魔，数目很多。最早见于《梨俱吠陀》，相传原为印度土著名，雅利安人征服印度后，成为恶人的代名词，使罗刹演变成恶鬼。后为佛教吸收，仍为恶鬼。

③ 梵文：danava，陀罗那，恶魔名。

④ 梵文：yakshas，夜叉，印度神话中一种半神的小神灵。佛教中作为北天王毗沙门的眷属，列为天龙八部之一。

⑤ 梵文：svarga，天界。

⑥ 梵文：Chitratatha，童龙磨，树名，亦称“花如”或“班如”。

⑦ 梵文：trayastrimsha，三十三天，意译“忉利天”。佛教用语。六欲天之一。谓在须弥山顶中央为帝释天，四方各有八天，共三十三天。

⑧ 梵文：Gauri，娇吠哩，七大神母之一。

⑨ 藏文：sNgon-vgro，加行，预备阶段，预备工作。佛书译为“先行”、“前行”。

垢；修金刚咒可以净化“语”和“意”的污染；坛城供可以积下六度①阴德；瑜伽大师可以传递世袭大师的护佑。

在修坛城供时，要在圆形底面上不断堆起三十七个谷物堆，做成一个“谷物坛城”。直径约十二英寸的木盘或金属盘可以做最简单的底面，用来盛放三十七个谷粒堆或稻粒堆。但有时也使用更为精致的“坛城架”。坛城架上有一个光滑的黄铜或珍贵金属底座、三个依次变小的带有断口的护圈还有一个插在中央莲花座上的法轮。根据传统，金属底座上凸起的圆盘上饰有凿花图案，上有环围须弥山的四大瞻部洲和八小瞻部洲，还有七圈金山山脉、浩瀚的咸海、铁山的外圈和“四财”（参阅后述内容）。最大扣环的边缘饰有转轮王七政宝和八瑞相之一金宝瓶的图案。第二圈饰有八大供养天女像。第三圈，也是最小的一圈饰有太阳、月亮、宝伞和胜利幢的象征物。在修持时，三十七个谷粒堆陆续隆起。这些扣环依次摞在坛城底座上，由此形成了逐渐隆起的四个谷物层，代表着须弥山的四大层。最后，将法轮摆放在最高层的中央处，代表佛陀证果的至高无上的荣光。

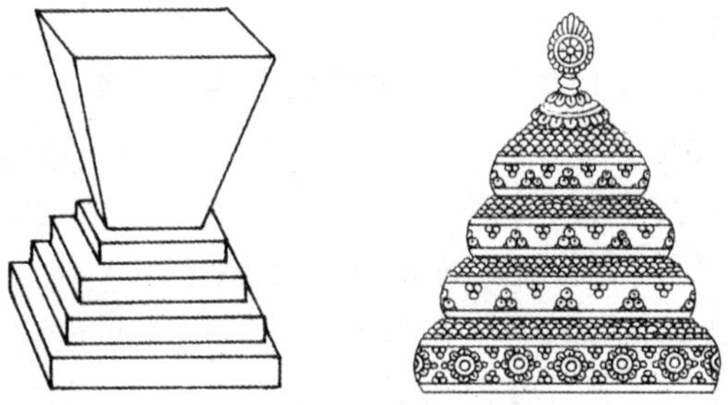

须弥山的多层结构（左）及
三十七堆谷物坛城（右）

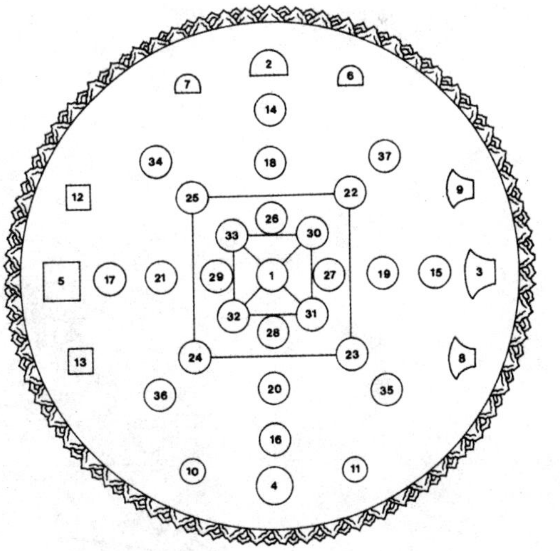

“长坛城”的三十七堆谷物的数字顺序

三十七个猩红色谷粒堆摆的具体排列顺序如下：1）用手把第一堆谷粒撒在基座中央，代表须弥山；2）把第2至第5个谷粒堆分别摆放在东南西北方向，代表四大瞻部洲；3）把第6至第13个谷粒堆摆放在四大瞻部洲旁边，代表八小瞻部洲；4）把第14至第17个谷粒堆摆放在四大瞻部洲里面，代表四大瞻部洲的四财，即：1）珠宝山（东方）；2）如

① 梵文：satparamita；藏文：Phar-phyin-drug，六度，大乘佛教所说从生死此岸到达涅槃彼岸的六种方法和途径，包括：1）布施；2）戒；3）忍；4）精进；5）禅；6）慧。

意树（南方）；3）如意母牛（西方）；4）大丰收（北方）；5）把第 18 至第 25 个谷粒堆摆放在四大方位和四大方位之间的方位上，代表转轮王七政宝和金宝瓶；6）把第 26 至第 33 个谷粒堆也按顺序摆放在四大瞻部洲里，代表八大供养天女；7）把第 34 至第 37 个谷粒摆放在外层的四大基本方位之间的四角上，代表太阳、月亮、宝伞和胜利幢。

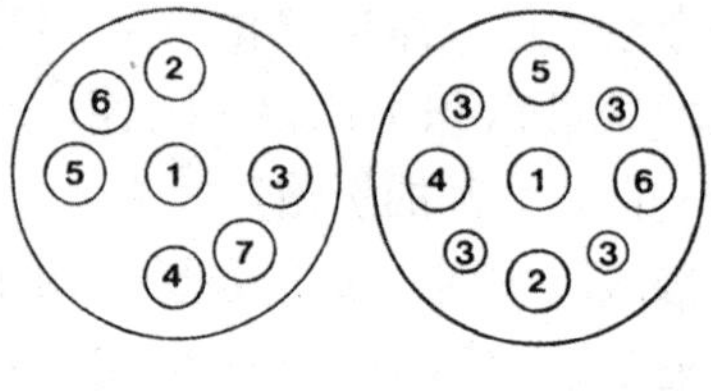

七堆谷物坛城（左）与六堆谷物坛城（右）的数字顺序

珠宝、贝壳或其他谷类也可以用作供物的替代品。不同教派也有二十五个谷粒堆或二十三个谷粒堆做成的坛城，也有七个谷粒堆或六个谷粒堆做成的小坛城。七个谷粒堆做成的坛城必须做到：1）将须弥山置于中央；2）四大瞻部洲置于四大方位上（第 2 至第 5 个谷粒堆）；3）太阳在东北方（第 6 个谷粒堆）；4）月亮在西南方（第 7 个谷粒堆）。六个谷粒堆制成的坛城是敬献给：1）大师；2）本尊神；3）护法神；4）佛；5)法;6)僧。

第八章　主要礼仪和密宗器具

金刚杵（梵文：vajra；藏文：rDo-rje）

金刚杵是金刚乘坚不可摧之道的典型象征。“金刚”二字既是金刚杵的名称，也是一群以金刚冠名的神灵、器物和性质的称号或前缀。梵文“vajra”① 意为“坚固”或“力大无比”。而藏文的对应词“多吉”② 则是“石王”之意，表明它和金刚石③一样具有坚不可摧的硬度和璀璨之光。这种坚硬无比的石头不易切割也不会破损。从根本上来讲，佛教的金刚杵象征着绝对现实的难以捉摸、不会毁灭、不可撼动、不可改变、无形和坚固的状态，即：佛性的圆满。

在印度吠陀时期，金刚杵最初是大天神因陀罗的主要武器或“霹雳闪电”。因陀罗神运用神力控制季雨期的电闪雷鸣并杀死了“810”条龙④。据说，因陀罗神的金刚杵是用大贤哲⑤陀提吉⑥坚硬的颅骨制成的。这个金刚杵常被画成中间有洞的圆盘，上面有一对交叉的涡杆或一根带槽的金属棒，棒上有一百颗或一千颗尖钉。作为霹雳闪电，金刚杵可

① 梵文：vajra，金刚杵，音译“伐折罗”，佛教法器。“金刚”意为金中最刚之意，用于譬喻牢固、锐利、能摧毁一切的意思。

② 藏文：rDo-rje，金刚杵，“rDo”为石头，“rje”为主人之意。

③ 藏文：Pha-lam，金刚石，金刚钻。

④ 梵文：vritras，龙。

⑤ 梵文：rishi，大贤哲，圣贤，圣者。

⑥ 梵文：Dadhichi，陀提吉，圣贤名。

能相当于条顿①民族雷神②的流星斧、希腊天神宙斯③的霹雳王杖和罗马朱庇特神④的三道霹雳闪电。作为一件投掷武器，因陀罗神的坚不可摧的霹雳闪电宛如火球般的流星划过天界，在雷暴的大漩涡中发出闪电和火光。在早期印度和中亚艺术中，金刚杵通常被画成短而坚硬的棍棒，两端各有一个尖利的股叉。这或许是对这个令人生畏之武器的最精准的描述。据说，佛陀从因陀罗神手中接过这个武器，将股叉折在一起使之变成了一根和平王杖。

股叉并拢的两个平和金刚杵（左）；股叉打开的两个忿怒金刚杵（右）

在佛教艺术中，象征王杖的金刚杵与令人生畏之武器金刚杵之间的区别极为鲜明。善相神右手中持有金色金刚杵，其五股股叉并拢，象征着神灵的方法或“方便”。怒相神右手所持的金刚杵被认定是由天铁制成，经常画成铁的深蓝色，其股叉像一对对称的三股叉那样张开。这个令人生畏的金刚杵有时也画成从中央股叉发出的喷焰或叉形闪电的形状。尽管它是神灵非同寻常的“方便”象征物，但它也象征着神所具有的毁灭一切愚痴和虚妄的不可摧毁的金刚力量。在佛教艺术中，五股金刚杵和九股金刚杵也有画法上的差异。在画这两种金刚杵时，各端只能画出三个股叉。在画五股金刚杵时，股叉并拢，而在画九

---

① 原文：Teuton，条顿，可能是古代日耳曼人或克尔特人的成员。

② 原文：Thor，雷神，神名。

③ 原文：Zeus，宙斯，希腊宗教的主神，位居奥林匹斯诸神之首。有时亦被称作“天王”，但不是天地的创始者。被认为是维持自然秩序者，尤为主宰雷电之神。

④ 原文：Jupiter，朱庇特，罗马宗教的主神。原为意大利半岛雷、电、雨之神和“葡萄之灵”，后传予罗马人。后又与希腊宗教中的宙斯相混同。

股金刚杵时，股叉打开。

天铁是锻造物化表现形式的金刚杵或其他铁制武器的最佳材质，因为天铁在掠过天际时已被神灵锤击过。陨石的完美隐喻着色与空的不可分割性。陨石在虚空中燃烧，变成一颗流星或一团火球，在地球表面爆炸成为熔融铁碎片。西藏高原海拔高、空气稀薄、地域辽阔，因此会有大量的陨石降落。西藏的金刚杵常常用天铁锻造而成。由于具有催眠作用，这样的天铁有时会返回原地。马来西亚和印度尼西亚蛇形剑①也有同样的传说，它们也是由天铁锻造而成的，在传统上，会受到一位天上捕获神的保护。

股叉并拢和打开的各种金刚杵

据说，金刚杵长度为十二指②，因为它灭除了因缘链条上的十二因缘。其圆形的中心点把法尔③比作空性的终极真谛。在扁平状的种子④中心处有字符“Hum”，它发出的三个合音代表一切佛法都是无依据的。三个和合音包括：法清净⑤、推求清净⑥和化生清净⑦。

在金刚杵中心点的两侧各有三个斜向上升的圆圈，这三个圆圈环围着金刚杵两个对称的莲花底座，形成珍珠项圈的样子。这三个圈象征着“三门”⑧，即：空解脱门、无相解脱门和无愿解脱门。这三个圈插在金刚杵的两个莲花底座之间并斜向上升，象征着它们在中心处的空性生成，宛若莲花盛开在反射实物的水面上。每个莲花底座都有八个合围在一起的莲瓣，上边的八个莲瓣象征着八大男性菩萨，下面的八个莲瓣象征着八大天女或女性

---

① 原文：kris，蛇形剑，亦称波刃短剑，一种马来刃或印度尼西亚人用的短剑，通常具有扇形的双刃和呈脊状的蛇形刀身。

② 梵文：angula，十二指。

③ 藏文：Chos-nyid，法尔，自然，本性，现译为“规律”。

④ 梵文：bija，种子符号。在密教，种子是具有象征意义的文字。种子是一种梵字，用以标示佛与菩萨各尊，其间亦含有哲学意味。通常是每一梵字表征某一佛或菩萨的种子。

⑤ 梵文：Hetu，法清净。

⑥ 梵文：Uha，推求清净。

⑦ 梵文：M，化生清净。

⑧ 三门，亦称“三三昧”。这是三种禅定的名称，是通往解脱的三个门户。这即是空、无相和无愿三者。

菩萨。十六个莲瓣象征着十六菩萨和大乘佛教经文列出的十六空①。两个莲花底座的上方都有三个一组的珍珠圈，它们代表着菩萨所修的“六度”，即：布施、戒、忍、精进、禅和慧。每个莲花座上面一圈的顶都有一个扁平的月亮圆盘，在中心点两侧构成了莲花座或宝座的形状。这两个月亮圆盘（作为月亮和太阳的星相象征物）代表方便和智慧、相对真理和绝对真理的结合及俗谛和真谛的菩提心露的合一。

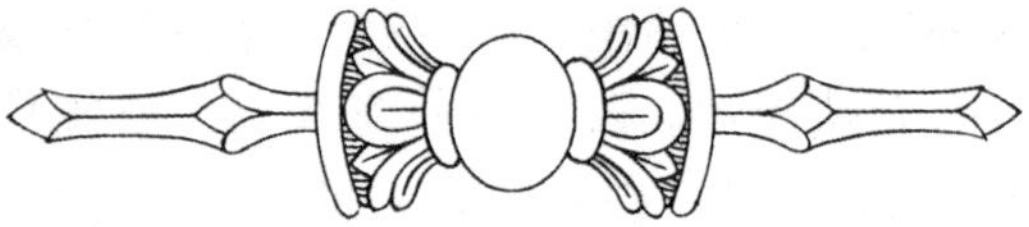

单股金刚杵

三股或五股金刚杵

两个对称的金刚杵轴股叉直插在月亮圆盘上。每个股叉的截面呈方形，长度为四指，形状更像一支矛或一把剑刃。中央股叉的叉头通常像削尖的锥体或四面珠宝。它们既象征着把人体内微观世界的轴中心比作中脉，也象征着把须弥山四面比作宏观世界宇宙的轴中心。以这种形式出现的单股金刚杵代表着一切星相象征物的结合。

三股金刚杵有两个内凹的边股叉，与四面股尖下面的中央股叉连在一起。这些边股叉叫做金刚舌，是从摩羯的嘴里伸出来的。摩羯浓妆厚饰的头面朝外，从月亮圆盘两面的边缘伸出来。在金刚杵图上，这些摩羯常太小无法画出，因此，这些边叉的外面一般都画有对称的漩涡饰或叶饰。三股金刚杵与三股叉十分相像，主要象征着战胜“三毒”（嗔、痴、愚）、掌控“三时”（过去、现在、未来）和“三界”（天界、地界、地下界），也象征着“三宝”的战无不胜及“三部怙主”（参阅附录2），还象征着获得“三身”（参阅附录3）和三大脉道（参阅附录4）。

五股金刚杵是金刚乘佛教最常使用的形式。它有一个中轴股叉，在四大基本方位上还有四个弯曲的外股叉。四个外股叉同样从摩羯嘴里伸出，与中央股叉末端连为一体。四个

① 十六空：1）内空；2）外空；3）内外空；4）空空；5）大空；6）胜义空；7）有为空；8）无为空；9）毕竟空；10）无际空；11）无散空；12）本性空；13）一切法空；14）自相空；15）无性空；16）无性自性空。

摩羯象征着“四无量”、“四解脱门”、战胜“四魔”①、“四业”②、“四喜”③、四大基本方位和土、水、火、风四大纯净要素。五个上股叉代表五佛智，这些智慧源于已经改变的“五毒”④ 和已经净化的“五蕴”⑤。四个外股叉向内弯曲，与中心股叉连为一体，象征着色、受、想、行“四蕴”是以第五蕴“识”为依据的。五个较低的股叉代表着“五佛母”，即：五佛的女性伴偶，象征着地、水、火、风、空五大纯净要素。五个上股叉和五个下股叉也代表着五妙欲和五官。总体上来说，五股金刚杵的十个股叉代表着十大方位、“十度”⑥ 和菩提修行的十地⑦。

九股金刚杵：股叉从莲瓣中伸出的金刚杵（左）；股叉从摩羯嘴中伸出的金刚杵（右）

九股金刚杵上有一个中轴股叉和八个弯曲的外股叉，它们直接插在金刚杵两端的四大基本方位和四小基本方位上。八个外股叉同样从摩羯嘴伸出，象征着八识⑧和引导人们摆脱轮回之苦的佛陀的“八正道”。中央股叉和四大方位的上股叉代表着五佛，而四

---

① 梵文：caturmara；藏文：bDud-bzhi，四魔，使人苦恼的四种魔，即：1）烦恼魔；2）阴魔；3）死魔；4）他化自在天魔。

② 梵文：caturkriya；藏文：vPhrin-las-bzhi，四业，佛教关于人们的四种不同的因果报应；即：1）息业；2）增业；3）怀业；4）诛业或伏业。

③ 藏文：dGav-ba-bzhi，四喜：1）喜（梵文：ananda）；2）胜喜（梵文：paramannda）；3）殊喜（梵文：vira-mananda）；4）俱生喜（梵文：sahajananda）。

④ 梵文：panchavisha；藏文：Dug-lnga，五毒：1）痴；2）贪；3）嗔；4）妒；5）慢。

⑤ 梵文：skandha；藏文：Phung-po，蕴。五蕴为五种集合之意，亦可解释为物质性、感觉、表象、意念与认识作用这五者的和合，即：1）色；2）受；3）想；4）行；5）识。

⑥ 梵文：dasaparamita；藏文：Phar-phyin-bcu，十度，大乘佛教中主张的十种德行，即：1）布施；2）戒；3）舍；4）慧；5）精进；6）忍；7）实；8）愿；9）慈；10）舍或心气平和。

⑦ 梵文：bhumi，地。十地，菩萨修行的五十二个阶段的第四十一位至第五十位。菩萨在这十地中，负荷众生的苦痛，支持他们，有如大地支持树木，古称“地”，即：1）难登；2）结慢；3）华庄严；4）明辉；5）心广；6）妙相具足；7）难胜；8）生诞因缘；9）王子位；10）灌顶位。或1）欢喜地；2）无垢地；3）明地；4）焰地；5）难胜地；6）现前地；7）远行地；8）不动地；9）善慧地；10）法云地。

⑧ 梵文：astavijnana；藏文：Shes-pa brgyad：八识，唯识说所立的八种识，即：1）眼识；2）耳识；3）鼻识；4）舌识；5）身识；6）意识；7）末那识；8）阿赖耶识。

小方位上的股叉代表着“四佛母”，即：占据四方之四佛的女性伴侣。中央和四个较低位置上的股叉代表“五佛智”，而四小方位的股叉代表“四无量”。九股金刚杵基本上象征着对宁玛派九乘①的彻悟。九股叉也象征着八大菩萨簇拥下的金刚持、佛陀及其“八正道”和坛城的主要中心和八大方位。

在更神秘的层面上，金刚杵这个象征物经常是众多神灵生成时所使用的直观修持的“前奏”。此时，将第一个种子符号画成生成于空性，或出现在修持者的面前或在他们心中。随后，这个种子符号融入光中，以八瓣莲花的形状显现，并在莲花上生成日月圆盘。另一个种子符号从这个圆盘上升起，然后，变成一个金刚杵，其中心有另一个种子符号。最后，这个金刚杵又变成神的化身。种子符号显现的三个阶段被称作“金刚三昧”②。第一阶段，种子符号从空性中产生；第二阶段，生成修持者的智慧或金刚心；第三阶段，金刚智度心转化成神的化身。从象征意义上来说，莲花用八个莲瓣代表心轮③；日月圆盘作为方便和智慧代表着红白滴露，是相对和绝对菩提心露的结合。金刚杵中股叉垂直延伸的部分代表着中脉，周围的八个股叉代表生成心轮的八大脉道。在中心点两侧的三个圈代表能使位于心轮的中脉收缩的三个脉轮结。金刚杵中心点的股叉象征着最终生成的神的种子符号，代表着心中的“金刚滴露”。修持者从这个“金刚滴露”中生成的觉识成为所观修之神的“明相”。

系有丝带的金刚杵

同样，在金刚乘神殿众多的神灵中，每一位神都被说成出自五佛部，每位神都冠以自己独特的佛部手印。善相神头顶的顶冠上常绘有其父佛陀的小像或他的种子符号，而怒相神头顶的顶冠上更常画有半截金刚杵，中央点上绘有其父佛陀的种子符号。

法铃（梵文：ghanta；藏文：Dril-bu）

法铃代表“般若波罗蜜多”④ 的阴性，它直接体现着空性。据说，每次摇法铃都在

---

① 梵文：yana，乘，是车乘，泛指能使人觉悟得度得教法。九乘是：1）声闻；2）独觉；3）菩萨；4）事部；5）行部；6）瑜伽部；7）大瑜伽；8）随类瑜伽；9）最极瑜伽或大圆满。

② 金刚三昧，亦称“金刚喻定”、“金刚定”。三乘的修行者最后断除一切烦恼而得究竟果的三昧。

③ 原文：heart chakra，心轮。

④ 梵文：Prajna-paramita，般若波罗蜜多，“般若”是空之智慧，“波罗蜜多”是完成、完满。即指最高的空之智慧的完成。六度或六波罗蜜多之一。

“宣告空性之声”。该铃也被称作金刚法铃①。神或修持者的“智慧”左手总是拿着阴性法铃，通常与握在“方法”右手的阳性金刚杵相配。它们合在一起象征着智慧或空性（铃）与方法或方便（金刚杵）的完美结合。铃代表空，金刚杵代表色。金刚杵的五个股叉代表六度的“阳性”五度，即：布施、持戒、忍辱、精进、禅定。法铃的开口部分代表六度中第六“阴性”度——智慧。

在传统上，要用熟练的砂铸技术分别用青铜或钟铜②铸成藏式法铃。在铸铃时要先准备好内外铸模，铸模在密实的优质砂中成型。要将砂与一种红色汁液或红糖原料类似的黏合剂混合在一起。要用一块无饰纹的铃“胎”作为模具进行铸造，然后，将铃内层精心装饰的图案小心地印刻在砂制模具的外层。要经过一系列金属压花工艺并刻上装饰铃外表面的各种图案才能完成。铃上半部的图案是一圈莲花，装饰华丽的莲瓣和种子符号已经刻在铃板的肩部。铃上部的青铜手柄是用青铜铸造的脱蜡法分别铸造而成，随后可能会进行镀金。最后，用沥青树脂把铸件和手柄粘在一起。金属铃舌③挂在铃内一个小插件上或铸件内中心点上一个焊接好的环上。

这套金刚铃杵主要代表修持者的本尊神及本尊神的坛城。作为神灵的坛城，铃的比例通常十分完美，与铸件的高度、底座的宽度及青铜手柄的尺寸相符。加大铃的表面积或增加铸件厚度会使铃的音量加大。

空心铸件或铃“口”代表着对智慧的直接领悟，而铃舌则表示“空性之音”。铃铸件内层的上端有一个环，铃舌挂在这个环上，内层刻有“法相”④，形状如六角星。在这个法相里面也刻有象征神之身、语、意的三个符号“Om A Hum”。

铃的开口和边缘稍稍向内锤打以形成一个薄金属圈，这个金属圈可以使铃发出的声音持续不断，使“空性之音”产生共鸣。铃边代表坛城外层的“宇宙圆盘”，是用线条勾勒出的、环围坛城的一片区域。在锥形边缘的上方是一圈直立的金刚杵，处于两排珍珠或砗磲念珠⑤之间。较低的一排珍珠代表坛城“光圈”⑥ 的外保护圈或“火山”⑦。火山由三十二堆火焰组成，四五种颜色交叠排序。三十二或六十四个直立金刚杵象征着“金刚栏”⑧，是坛城中不可侵入的保护圈。上面一排珍珠代表着“莲花子宫”这个第三层保护圈，“莲花子宫”由三十二个或六十四个形状各异的莲瓣组成。三层保护圈可以使坛城分

---

① 梵文：vajra-ghabta，藏文：rDo-rje drill-bu，金刚法铃。

② 铜钟，青铜合金，通常为三至四份铜与一份锡组成的青铜合金，用于铸钟。

③ 藏文：ljag，铃舌。

④ 梵文：Dharmodaya，法相，作为现象看的法，现象层面的存在。这是一般意思。但有时法相可作法的特质解，甚至作法性解，后者则不是现象，而是本体意思了。

⑤ 藏文：Dung-phreng，砗磲念珠，螺壳所制白色数珠。

⑥ 藏文：Vod-phreng，光圈。

⑦ 藏文：Me-ri，火山。

⑧ 藏文：rDo-rje-ra-ba，金刚栏。

别免遭大火、地震和洪水的侵袭，象征性地代表着断灭贪、嗔、痴“三毒”。

两种金刚铃：环围着十六个水平金刚杵和三十二个垂直金刚杵的金刚铃（左）；环围着八个水平金刚杵和十六个垂直金刚杵的金刚铃（右）。右上图画有带铃舌的金刚铃的横截面。右下图是金刚铃铃肩八瓣莲花上的字符的排列。

在较低的横装饰带的下面有一片毫无装饰的开阔区域，代表坛城的地圆盘。在这片开阔区域上面有一个横饰带，上面有八张饕餮脸。饕餮脸上挂有成串的珍珠，它们令人生畏的大嘴上挂有珠宝。八张饕餮脸代表着大十字金刚杵①的八大摩羯头。大十字金刚杵承托着位于中央的坛城宫，挂着珠宝的珠宝网和悬挂的珠宝代表着坛城宫宫墙复杂的装饰性结构。有时，饕餮脸有另一个象征符号，代表坛城的八大尸林。在饕餮脸中间或在珠宝圈的拱形处都有八大菩萨的象征物。它们常有的形式如下：1）轮（前面，东）；2）莲花（东南）；3）珠宝（南）；4）轮（西南）；5）莲花（西）；6）金刚杵（西北）；7）剑（北）；8）莲花（东北）。在菩萨象征物和饕餮脸横饰带上面还有两排珍珠，环围着八个或十六个水平放置的金刚杵。这两排珍珠代表着坛城供养女神圣坛和内墙的装饰。水平放置的一圈金刚杵代表着坛城中隆起的中央台座具有坚不可摧的金刚特质，也象征着“八空”或“十六空”。

① 梵文：Vishva-vajra；藏文：rDo-rje-rja-gram，大十字金刚杵。

在金刚铃铸件上肩部有坛城中央台座的八瓣莲花，每个莲瓣上都刻有一个特定的藏文字母。莲花的八个莲瓣象征着八大男性菩萨，八个字符象征着八大女性菩萨或八大供养天女。八大菩萨最常见的排列顺序如下：1）地藏菩萨①（东，前面）；2）弥勒菩萨（东南）；3）虚空藏菩萨②（南）；4）普贤菩萨③（西南）；5）观音菩萨（西）；6）文殊菩萨（西北）；7）金刚手菩萨（北）；8）除盖障菩萨④（东北）。八大供养天女及其字符的排列顺序如下：1）华蔓天女⑤（东，字符 Tam）；2）供花天女⑥（东南，字符 Mam）；3）花蔓天女⑦（南，字符 Lam）；4）供香天女⑧（西南，字符 Pam）；5）妙音天女⑨（西，字符 Mam）；6）灯明天女⑩（西北，字符 Tsum）；7）舞蹈天女⑪（西，字符 Pam）；8）涂香天女⑫（东北，Bhrum）。从金刚铃肩部的圈形设计上可以看到这些字符的排列。四大方位上的字符也与四佛母（四方佛的伴偶）相符。度母（Tam）在东莲瓣上，卢舍那⑬（Lam）在南莲瓣上，金刚母（Mam）在西莲瓣上，而大白衣观音⑭（Pam）在北莲瓣上。

八瓣菩萨莲花中有一个更小的圈，上面有二十四、三十二或四十个向四方散射的小莲瓣或莲幅，金刚铃的铃杆从中伸出。这个内圈代表坛城中央神的莲花宝座。如果是金刚铃，这个神就是大智慧波罗蜜多女神。

金刚铃的铃杆常比铃肩部高出一指，铃杆与青铜手柄在肩部合为一体。青铜手柄的底部有三小圈珍珠饰，它们和金刚铃顶部金刚杵上的另一组三个小圈连在一起，象征着六度波罗蜜多。长寿甘露瓶的方形或圆形底座放在这三个较低的圈上。长寿瓶有四个叶状悬饰，它把大智慧波罗蜜多女神体内的甘露比作“圆满甘露”。大智慧波罗蜜多女神的头从瓶顶伸出，她戴着珠宝头冠，头发拢在脑后形成发髻，代表着把一切观点束缚在一个单

① 梵文：Ksitigarbha，地藏菩萨，佛教菩萨名。受释迦牟尼佛嘱咐，在释迦既灭、弥勒未生之前，自誓必尽度六道众生，拯救诸苦，始愿成佛。中国佛教把他作为四大菩萨之一，相传其显灵说法的道场在安徽省九华山。

② 梵文：Akashagarba，虚空藏菩萨，显示如虚空般无限的慈悲的菩萨。这菩萨具福、智二藏，功德无量，如大空般广大无边。这是胎藏界曼荼罗虚空藏院的中尊，坐在莲花座上，戴五智宝冠，右手持智慧之宝剑，左手持福德莲花与如意宝珠。

③ 梵文：Samantabhadra，普贤菩萨，佛教菩萨名。中国佛教四大菩萨之一。相传其显灵说法的道场在四川峨嵋山。释迦牟尼佛的右胁侍，专司“理”德，与专司“智慧”的左胁侍并称，其塑像多骑白象。

④ 梵文：Sarva-nivarana-vishkambhim，除盖障菩萨，亦称“除一切盖障菩萨”，获致除一切盖障三昧的菩萨。

⑤ 梵文：Lasya，华蔓天女，八大供养天女之一。

⑥ 梵文：Pushpa，供花天女，八大供养天女之一。

⑦ 梵文：Mala，花蔓天女，八大供养天女之一。

⑧ 梵文：Dhupa，供香天女，八大供养天女之一。

⑨ 梵文：Gita，妙音天女，八大供养天女之一。

⑩ 梵文：Aloka，灯明天女，八大供养天女之一。

⑪ 梵文：Nritya，舞蹈天女，八大供养天女之一。

⑫ 梵文：Gandha，涂香天女，八大供养天女之一。

⑬ 梵文：Locana，卢舍那，神名。

⑭ 梵文：Pandara，大白衣观音，菩萨名。

一、非二元的现实中。其头冠上的五智宝珠叠列在金刚杵的莲花基座上。作为五佛智，它构成了金刚铃的冠状。在一些金刚铃上，带断口的圈替代了甘露瓶。在手持金刚铃时，中指和无名指可以插在圈的断口处。这个带断口的圈将大智慧波罗蜜多女神身体的智慧比作纯净的空性。

十字金刚杵（梵文：vishva-vajra；藏文：rDo-rje-rgya-gram）

十字金刚杵是由四个带有莲花座的金刚杵组成，四个金刚杵的杵头从中心点向四大方位散射，象征着绝对的定力。在对须弥山进行宇宙学的描述中，巨大的十字金刚杵承托着物质宇宙或横在其下面。同样，在描述坛城时，巨大的十字金刚杵是坛城宫不可撼动的支撑物或地基。佛陀释迦牟尼得道的圣地菩提伽耶被称作“金刚座”①，而佛陀不动的坐姿及大部分所绘坐神的纹丝不动的姿态被称作“金刚跏趺”②。在传统上，德高望重的佛教大师所坐的高高隆起的木制宝座前面都有一块方形锦缎，其中央处都有一个彩色十字金刚杵图，四角有四个小卐字符。这块锦缎代表不可撼动的大地或佛陀圆满的实现。在众多有形的观修中，特别是长时间的闭关静修中，十字金刚杵既可以画在或冥想成在修持者禅座的下面，同样，十字金刚杵标识也刻在金属板上，青铜佛像加持后须用它来封底。如果垂直十字金刚杵代表可视神灵的生成，那么，水平十字金刚杵则代表神灵之坛城宫所在的金刚地具有不可摧毁的稳定性。

十字金刚杵的中心点通常呈深蓝色，四

三股或五股十字金刚杵（总计十二或二十股）（上）。九股金刚杵共有三十六股。

---

① 梵文：Vajra seat，金刚座，释迦成道时的座所。这是由金刚石而成的宝座，在中印度菩提伽耶的菩提树下。

② 梵文：Vajraparyanka，金刚跏趺，修定时盘曲双腿左内右外的一种坐姿。

各种十字金刚杵

大方位的金刚杵头的颜色分别为：1）白色（东）；2）黄色（南）；3）红色（西）；4）绿色（北）。它们都与五大要素和五佛的位置和品性相符。蓝色的不动金刚佛居于中央。十字金刚杵是绿色北方不空成就如来的标识，表示其成就一切的智慧是“佛部怙主”的“业”①。无上瑜伽密宗的许多男性本尊神被画成头冠上冠有形状各异的十字金刚杵饰，象征着它们利益众生所做的“业”。十字金刚杵的四个杵头代表着密宗的“四业”：1）怀业（白色）；2）增业（黄色）；3）息业（红色）；4）诛业（蓝色）。第五种“一切业”（绿色）有时也在此列。承托坛城宫或装饰在坛城宫基面上的巨大十字金刚杵所涂的颜色也要与四大要素、四业和坛城四方佛的颜色相符。这个金刚杵的四组直立的股叉立在坛城宫的基面上，所涂颜色与它们各自的扇面相符。根据对不同坛城的描述，这些十字金刚杵或是扁平的，每个金刚杵只有三个股叉；或是立体的，有五个或九个股叉。从总体上来看，这三组十字金刚杵共有十二、二十或三十六个股叉。三股金刚杵的十二个股叉象征着净化“十二因缘”及环围须弥山的十二个大小瞻部洲。五股金刚杵的二十个股叉象征着净化二十种缪见。九股金刚杵的三十六个股叉及其中心点象征着“三十七道品”②（参阅词汇表）。

卐字符（梵文：savstika；藏文：g · Yung-drung）

卐字符是最古老、最常见的象征符号之一，但令人遗憾的是德国纳粹党选用它作为第三帝国的象征，这就使得这个曾经是吉祥的卐字符带上了邪恶的国家主义的色彩。在世界的每一个已知文化中都可以发现卐字符的形成过程。印度用它作为象征符号，这可以追溯到印度河流域莫亨朱达罗③哈拉帕古城（死亡之城）发掘出的人工制品上。卐字符最初被认为是吠陀神毗湿奴的太阳象征物火轮或是毗湿奴独特的发旋或胸前徽相。在印度艺术中，佛陀是毗湿奴十大化身中的第九大化身，他的胸前常画有卐字符。在古代中国汉地，卐字符最初是道教永生的象征，“万字”代表世间万事。

梵文词汇“svastika”源自词根“sv-asti”，其意为“福祉"、“好运”、“成功”或“繁荣”。有关该符号源自印度的说法不一。普遍接受的观点认为它最初是太阳的象征，源于太阳在四方和四季的运行。作为火的象征，它也被视为源于吠陀时期的火棍④。人们一起搓火棍就可以点燃神圣的护摩之火。另一说法认为，这个象征物是词根为“sv-asti”

---

① 梵文：kharma，业，意译“羯磨”，行为之意，通常分身、语、意三方面。由身、语、意三者而来的或善或恶的行为，可召感后来的果报。

② 三十七道品，亦称“三十七品”、“三十七菩提分法”、“三十七觉分”。指获得菩提智慧的三十七种实践修行法，包括：四念处、四正勤、四神足、五根、五力、七觉支、八正道。

③ 原文：Mohenjo-Dara，莫亨朱达罗，印度地名。

④ 梵文：arani，火棍。

交叠出现的卐字符或花边

的一些字母的堆叠，被写入佛教阿育王①设计的一个早期字母表的字体中，形成了卐字符这个拼合文字。还有一种说法认为，卐字符是早期佛教巴利文字母“su”和“ti”，的合成，而这两个字母又是源自梵文“sv”(意为“好”)和“asti”(意为“它是”)。

在西藏苯教中，雍仲卍②之意是“永生或不变”，本质上与佛教的金刚相符。与印度金刚杵的象征物使金刚乘佛教之“金刚之道”兴起一样，雍仲卍字符也象征着雍仲苯教的兴起。与印度教、佛教和耆那教顺时针旋转不同，苯教的卍字符是逆时针旋转的。出于这个原因，苯教修持者要在圣殿和圣地逆时针方向进行转经。在印度象征主义中，右旋③或顺时针旋转的卐字符被视为神的阳性，而左旋④或逆时针旋转的卍字符表明神的阴性。在梵文中，左旋卍字符叫“sauvastika”。在金刚乘佛教中，卍字符基本上象征着四大要素之一“地”及其不可摧毁的稳定性。在这一方面，它与十字金刚杵象征物关系密切。

金刚橛（梵文：kila；藏文：Phur-pa）

三棱金刚橛主要象征着怒相神金刚橛神⑤强力无比的佛性，金刚橛神有效地灭除一切障。梵文词汇“kila”有“道钉”或“大钉”之意。在吠陀时代，“kila”一词可能源于拴捆牲畜或祭祀动物的木桩。同样，藏文对应词“Phur-pa”也指的是桩子或帐篷桩子。在吠陀时期的泥土占卜仪式中，也要用一根木桩定位并钉住居于地下“地龙”的头以便

① 梵文：Asoka，阿育王，公元前273～前232年。印度摩揭陀国孔雀王国创始人旃陀罗笈多之孙。相传杀兄后即位，征服羯陵伽国，除半岛南端，统一全印度。特别扶植佛教，立佛教为国教。即位第十七年，在华氏城命目犍连子帝须召集主持佛教第三次结集。结集后，派遣传教师去四方传布佛教。

② 藏文：g·Yung-drung，雍仲，图形为“卍”或“卐”，藏语音译。古时译为“吉祥海云相”，释迦牟尼三十二相之一。原为古代的一种符咒、护符或宗教标志，被认为是太阳或火的象征。在西藏，“雍仲”苯是原始苯教理论化后的主要流派。雍仲是表示永恒的吉祥符号。

③ 梵文：dakshina，右旋。

④ 梵文：vama，左旋。

⑤ 梵文：Vajrakilaya，金刚橛神，神名。

在修建圣坛或火坑之前使地基稳固。在西藏，寺院、庙宇或佛塔修造之前也要举行类似的仪式以确定“蛇尾土地神”① 的精确位置。这个仪式起源于早期的创世神话，在这个神话中，大因陀罗神用其金刚杵杵尖钉住了大龙神②的头。大龙神盘绕着迈达拉山附近的一座小圣山，其头堵住了“生命之源”的流淌。“indrakila”一词也用来指从塔或大神像中穿过的、象征着中脉的木制轴杆。

最早的木制金刚橛被刻成神灵状，已在和阗③地区出土。在巴基斯坦北部吉尔吉特④的一座古代佛塔中最近发现了有关金刚橛仪式记载的最早的贝叶经，年代可以追溯到公元前五世纪。在莲花生大师传中，有记载说，他曾到过卡沙卡玛拉⑤北部地区，该地盛行金刚橛崇拜。后来，在加德满都峡谷帕尔平⑥阿修罗洞⑦中静修时，他遭遇恶魔制造的种种障碍。为了应付这些难题，他要求从印度带去《金刚橛密法》⑧。这些经文一到尼泊尔，人们就开始修持，自此之后，一切障都戛然停止。在抵达西藏时，莲花生大师向他的二十五位心传弟子传授了《金刚橛密法》。莲花生大师教授这些经文旨在除障，以在西藏弘传佛法。宁玛派最早把金刚橛神作为能够除障的本尊神进行修持，而这种修持也被吸纳到藏传佛教的各个教派之中。

作为礼器的金刚橛通常是铁制的，但在某些仪式活动中也使用特殊的木料或骨料。铁制金刚橛的深蓝色象征着陨铁般无坚不摧的金刚特质。三棱金刚橛的橛棱上画有熊熊燃烧的烈焰，因为，据说，金刚橛“在向朝十大方向劈杀时橛身可以喷焰”。据说，金刚橛较低的橛身代表着方法或方便，上把柄代表智慧。三棱棱刃象征着断灭贪、嗔、痴“三毒”。其喷焰的三角形状及金刚的特质把空性的实现比作可以烧掉或断灭仇恨的金刚怒。橛身从“凶残毁灭者”摩羯的大嘴中伸出。此时，摩羯头象征着金刚橛这个坚不可摧之武器的凶残力量和韧度。一对一对的盘龙从三个橛身凹处的摩羯嘴中垂下。这些龙神代表“六度”，金刚橛神的六臂也具有这个象征意义。地下龙神有时能引发各种痛苦，如：麻风病或与水有关的疾病，这些疾病是金刚橛神凶残活动的主要目标，因此，在大地降服仪式中也要使用金刚橛。金刚橛上金翅鸟的羽翼和龙神饰物同样代表着金刚橛神对龙神的敌意。三个橛身也代表对“三世”和“三界”的控制。

常常可以看到金刚橛的金属柄被做成一个鳞茎状，八面橛杆的两端都有对称的纽结，

---

① 藏文：Sa-bdag，蛇尾土地神，神名。

② 梵文：Virtra，大龙神，神名。

③ 原文：Khotan，和阗，在新疆维吾尔自治区。

④ 原文：Gilgit，吉尔吉特，古称“勃律”，地名。

⑤ 梵文：Kashakamala，卡沙卡玛拉，地名。

⑥ 梵文：Parping，帕尔平，地名。

⑦ 梵文：Asura Cave，阿修罗洞。

⑧ 梵文：Vajrakilaya Tantra，《金刚橛密续》，经文名。

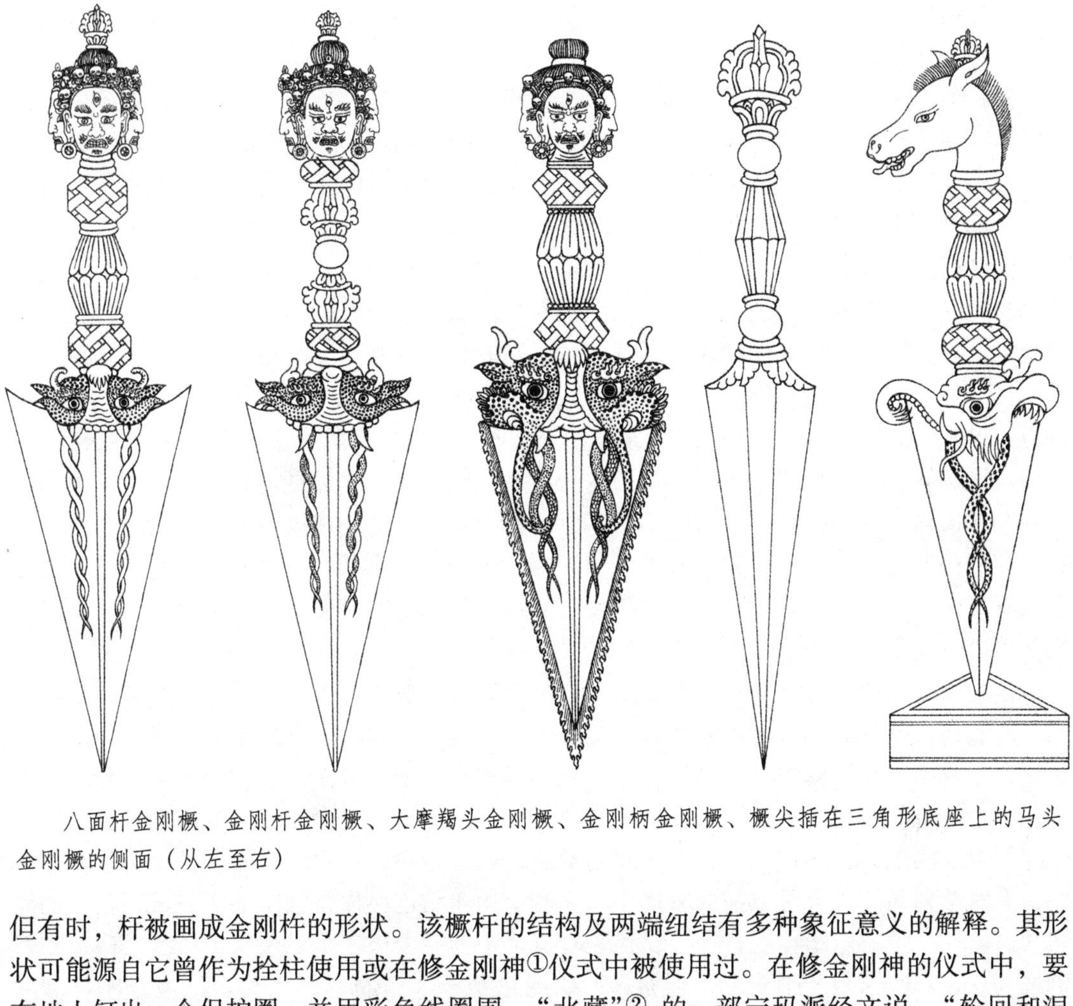

八面杆金刚橛、金刚杆金刚橛、大摩羯头金刚橛、金刚柄金刚橛、橛尖插在三角形底座上的马头金刚橛的侧面（从左至右）

但有时，杆被画成金刚杵的形状。该橛杆的结构及两端纽结有多种象征意义的解释。其形状可能源自它曾作为拴柱使用或在修金刚神①仪式中被使用过。在修金刚神的仪式中，要在地上钉出一个保护圈，并用彩色线圈围。“北藏”② 的一部宁玛派经文说：“轮回和涅槃被封在手柄任何一端的大纽结③里。手柄的八个面因一切创生而熠熠生辉。”有一种解释把欲界④天神放在较低的纽结上，将那些色界⑤天神放在橛杆的下半部，把无色界⑥天神放在橛杆的上半部，而把佛国放在上部纽结上。对八面橛杆的数字解释如下：1）八大

① 梵文：kilana，修金刚神或金刚神修法。

② 藏文：Byang-gter，北藏，伏藏师仁增果登发掘的四业诸法典。

③ 梵文：Mahakanda，大纽结。

④ 梵文：Kamadhatu，欲界，三界之一，为欲望所支配的世界。

⑤ 梵文：Rupadhatu，色界，三界之一，亦称“色界处”，由清净的物质所成的世界。

⑥ 梵文：Arupadhatu，无色界，亦称“无色处”。非物质性的世界；精神世界。

方向，纽结指的是天底和天穹；2）八正道；3）八识；4）坛城的八大尸林；5）八大传承神，即：金刚橛神的八大侍从。

橛杆的两个对称的半部通常画在一个被拉长的八瓣莲花图案上，其顶尖部触到橛杆的鳞状体的中心点。从密宗意义上来说，它们代表红白菩提心露的结合，红白菩提心露将“觉识”包在心轮的“金刚滴露”里。八面橛杆及其两个封印纽结代表着发自心轮的八大脉道，两个起着压缩作用的脉轮结丛将八大脉道封死。

金刚橛的顶部通常有三个怒相神头饰。这些神灵是应召住在金刚橛上的。在绘制它们的化身时，要分别画成白色、蓝色和红色，代表着嗔、痴、贪。右边的白脸通常被视为怖畏金刚①（或降三世明王）的脸，代表“身”和断灭“嗔”。中央的蓝色脸是甘露王的脸，代表“意”和断灭“痴”。左面的红脸是马头金刚的脸，代表“语”和断灭“贪”。就身、语、意而言，这三个神灵也代表“三身”②。九只眼睛象征着宁玛派的“九乘”和五佛及四佛母的九大智慧。三个恐怖的人头连在一起构成一个骷髅冠，是一圈十二个骷髅头的冕状头饰，代表战胜十二因缘的十二节链环。花环上部中央处有一个发髻，是用三个金刚神的头发拢绾而成，既象征着把一切极端之事和争执束缚在一个简单的现实之中，也象征着对密宗的承诺或誓言的约束。顶髻上通常用半截金刚杵做饰顶，有时是无装饰的扁平头顶，象征着用金刚橛把四处游走的精灵模拟像钉住。

作为手持器物，由于体积相对小巧，金刚橛经常以更为简洁的形式出现在藏族绘画作品中。然而，就其立体雕刻形式而言，金刚橛常受到各种肖像表现形式的约束。例如，其手柄可做成两臂或六臂中央金刚橛神上半身的样子。此外，金刚橛神的三个上半身也可分刻在三个橛身的任何一面上。金刚橛神的两只主手转动着一个金刚橛，四只向外伸出的手也挥舞着金刚橛。这些神灵也长有金翅鸟羽翼，有时金翅鸟也可与金刚橛神的下身合二为一，有时金翅鸟的头也可以换成摩羯头。手柄上的纽结也可以是镂空的，编成八角形的篮子状。第三个中心纽结在橛杆中部，代表马头金刚的一个或三个马头也可成为某些金刚橛的饰顶。在彩绘木制金刚橛上，金翅鸟、老虎和狮子这样的“图腾动物”及金刚杵和法轮这样的武器和护蔽众神和阿修罗兵众的城堡甬道都可以画在金刚橛纽结上或橛杆八角形的杆面上。

金刚橛是许多宁玛派传承大师或“伏藏师”③ 常用的器物。他们右手挥舞金刚橛或将其别在腰带上。手持金刚橛可以刺杀十方障魔。但左手挥舞金刚橛时，右手一般要配有一

---

① 梵文：Yamantaka，怖畏金刚，亦称“焰鬘得迦”，汉译“大威德金刚”，藏传佛教密乘无上瑜伽部本尊，为文殊菩萨化现的忿怒相，表示断除诸障、降伏怨敌。

② 梵文：Kayas，三身，指佛的三身：1）化身（Nirmanakaya）；2）应身（Sambhogakaya）；3）法身（Dharmakaya）。

③ 藏文：gTer-ston，伏藏师，发掘出藏文书籍“伏藏”的大师。“伏藏”是古代被人埋藏起来、后世被人发掘出来的藏文书籍的总称。

个金刚杵或金刚锤，表示钉住了障魔。金刚橛神双手转动的大金刚橛被称作“须弥山金刚橛”，其带焰的橛尖将一切敌人碾压成灰。作为礼器，金刚橛常画成垂直状，橛尖刺向一个三角形木架台或“铁狱”。

天杖（梵文：Khatvanga；藏文：Kha-tam-ga，Kha-twam-ga）

天杖①的字面含义是“吊床②的交脚或腿”，是金刚乘佛教中具有象征意义的最复杂的器物之一。其构成是：一根八面白檀香长木杆（杆底以单股金刚杵或半截金刚杵为饰，十字金刚杵为饰顶）、一个金色宝瓶、一颗血淋淋的人头、一颗腐烂的人头、一个干枯的颅骨、一个直立的金刚杵或一个喷焰三股叉。从十字金刚杵和宝瓶上垂下一根丝带和一、两颗悬珠。丝带上面有太阳月亮标识、一个三角幡、一个达玛茹和一个法铃。

佛教天杖的形状源自早期印度湿婆教瑜伽师的标志性手杖，瑜伽师被称作“持颅骨者”③。他们最初是异教徒，因随意杀死一名婆罗门而被判处十二年徒刑。这些赎罪者住在林中茅屋、人迹罕见的路口、尸林或树下，靠乞讨为生。他们要进行苦修，要穿麻皮围腰或身披狗皮或驴皮。他们必须随身携带用人的颅骨做成的僧钵，把被他们杀死的婆罗门的颅骨插在木棍上当作旗帜。这些印度教持颅骨者的苦修很快就成了明妃④或女神崇拜中“左手”密法道⑤的一个极端的外道派别。早期的密宗佛教的瑜伽师和瑜伽母选用了持颅骨者所持的女神或空行母器物。这些器物包括骨饰物、动物皮围腰、骨灰标识、颅器、达玛茹、利刃、胫骨号筒及用颅骨作饰顶的天杖。

金刚乘天杖基本象征着终极的菩提心是大乐和空性的结合，在本尊神及其伴偶的双修形式上，这种结合体现得最为完满。作为伴偶的象征，天杖架放在左臂臂弯里。当男性神手持它时，它象征着女性伴偶的智慧“之本”。当女性神手持它时，它象征着男性伴偶的方便“之本”。上师、传承大师、大成就者、空行母、瑜伽师和瑜伽母坐像的左臂弯里都架有一根天杖。但作为多臂本尊神的手持器物，它可以握在他们的左右两手中。不同形态的金刚瑜伽母的左肩上都扛有一根天杖。作为她的手持器物，它代表着其伴偶转轮王。天杖上的其他组成部分象征着转轮王坛城里的六十二位神灵。天杖也被画成与神灵等高，但作为多臂神灵或坐像的手持器物，出于审美的目的，天杖一般画得更短一些。

---

① 梵文：Khatvanga，天杖，密教修行者所持的一种杖，其上方结附有头盖骨。这本是印度教湿婆天所持的东西。

② 梵文：anga，吊床。

③ 梵文：Kapalikas，持颅骨者。

④ 梵文：skati，明妃。

⑤ 梵文：Vamamarg，密法道，道法名。

天 杖

在外在的象征意义上，天杖代表着须弥山的有形宇宙，而十字金刚杵、宝瓶、血淋淋的红色人头、正在腐烂的绿色人头和干枯的白色颅骨象征着地、水、火、风、空“五大”圆盘。八面杖杆及杆顶和杆底代表着须弥山的中轴线及十大方向。十字金刚杵代表着须弥山较低的地面，而十二个可以看到的股叉代表环围着须弥山的四大瞻部洲和八小瞻部洲。宝瓶代表着须弥山本体，上面的四个叶状饰物代表着须弥山的四个山面。宝瓶的开口代表须弥山山顶的因陀罗宫，山顶中央长着一棵观想中的如意树。宝瓶上方的那颗血淋淋的红色人头象征着欲神①的六天，因为红色是欲望之色。正在腐烂的绿色或蓝色人头象征着无欲色神②的十八天，因为绿色是沉寂之色。白色干枯的颅骨象征着无色神③最高的四层天。而带有冠饰的金刚杵象征着佛陀获得圆满的清净之界。宝瓶上系有的飘逸的白丝带代表着须弥山四周的山脉和浩瀚的咸海。三角幡代表须弥山山顶上的胜利幢。日月象征物代表着环围须弥山山顶的星辰。达玛茹和法铃象征着方法与智慧的结合。

在内在象征意义上，白色的八面杖杆象征着佛陀“八正道”的纯净。十字金刚杵通常只绘制一半，代表四大净色④、四业、四无量和四解脱门。一个盈满甘露的玲珑小巧的金色宝瓶象征着“圆满甘露”及无须思考的“觉识”，即：“般若波罗蜜多”。波浪般翻滚的白丝带代表佛陀的各种教法已被不同弟子各取所需地吸纳。黄、红、蓝三角幡代表着小乘佛教、大乘佛教和金刚乘佛教的结合。高悬的达玛茹和法铃代表着诠释方法和智慧的教义，而月牙和太阳的“吉祥结合”意味着方法和智慧的完满正觉。达玛茹、法铃和三角幡的结合也代表着顿悟后的心、语、意的纯洁。

三个串在一起的人头主要代表断灭“三毒”，其中血淋淋的红色人头象征着激情或欲望，正在腐烂的绿色人头象征着冷酷的邪恶或厌恶，而干枯的白色颅骨象征着毫无生气的痴愚。同样，它们也代表着“三身”：血淋淋的人头代表化身；正在腐烂的人头代表应身；干枯白色的颅骨代表法身。它们也象征着“三解脱门”⑤，即：空（红色人头）、无相（绿色人头）和无愿（白色颅骨）。它们也以白、红和蓝相反顺序与金色宝瓶及十字金刚杵合在一起表示佛陀的身、语、意、通用无碍和变化自在五种神通力。此时，干枯的颅骨代表头部（身）上的白色字符“Om”；正在腐烂的人头代表喉部（语）上的红色字符“A”；血淋淋的人头代表胸部（意）上的蓝色字符“Hum”；金色宝瓶代表脐部（通用无碍）上的字符“Sva”；十字金刚杵代表在“私处”（变化自在）的绿色字符“Ha”。这五大字符“Om A Hum Sav Ha”与五佛的种子符号相符：大日如来（白色字符“Om”）；无

① 梵文：Kamavacara，欲神，神名。

② 梵文：Rupavacara，无欲色神，神名。

③ 梵文：Arupavacara-deva，无色神，神名。

④ 四大净色，四种元素地、水、火、风所构成的清净的物质性的东西。

⑤ 三解脱门：1）空解脱（梵文：shunyata）；2）无相解脱（梵文：animitta）；3）无愿解脱（梵文：apranihita）。

天 杖

量光如来（红色字符“A”）；不动如来（蓝色字符“Hum”）；宝生如来（黄色字符“Sva”）；不空成就如来（绿色字符“Ha”）。天杖底部或顶部上的半截金刚杵或整个金刚杵象征着五佛智毫无差异的完美和无上瑜伽派“五身”的统一。当天杖顶部有一个喷焰三股叉时，它就象征着“三身”、“三宝”、“三世佛”及“殊胜三界”。

在更深的密宗层面上，三股叉代表三大脉道的结合。喷焰的中央杖杆象征着内火[①]经中脉向上升腾。天杖的白色杖杆象征着中脉里盈涌着白色菩提心露，头部（白色颅骨）顶部的露珠融溶形成白色菩提心露。杖杆的八面代表着从心轮中发出的八大脉道。十字金刚杵（地）、甘露瓶（水）、红色人头（火）、绿色人头（气）和白色颅骨（空）代表着正在升腾的五大元素。颅骨上方有整个或半截金刚杵，代表第六大智。悬挂的月牙和太阳标识代表着方法和智慧的结合，其意为阴阳脉道的进入、滞留和融入中脉的统一能量。成对的达玛茹和法铃代表方法和智慧，其意为大乐和空性的结合。飘拂的白丝带代表着白色菩提心露的融溶和倾洒。白色菩提心露使瑜伽师内心充满大乐之心。

在神秘的层面上，转轮王的身体和天杖分别代表他的坛城宫和居住在那里的六十二位神。转轮王的双腿呈弓步张开，拱形的风坛城就在其双腿间生成。三角形火坛城在其勃起的三角形阴茎和睾丸上生成，圆形水坛城从其圆形腹部生成，而方形地坛城从其方形胸部生成，其脊骨代表须弥山。头部上的三十二个莲瓣构成了坛城莲花子宫的护圈。其整个身体和伸出的手臂构成了坛城宫四个对称的围墙。其四肢的八块连在一起的骨头构成了宫殿的八大支柱。而其三十二大相和八十小相构成了坛城宫的一百一十二件饰物。

在天杖“中心点”的金色宝瓶代表着转轮王宫的中央祭坛。宝瓶内的甘露代表着转轮王和金刚瑜伽母的“大乐结合”[②]。十字金刚杵代表坛城“三昧耶轮”[③] 上的八位神灵。它们生成了八大脉轮，把“气”传送到舌头、肚脐、性器官、肛门、眉、耳、眼和鼻孔。较低处的蓝色人头代表着坛城“心轮”上的十六位蓝色神。中间的红色人头代表着坛城“语轮”上的十六位红色神灵。白色颅骨代表着坛城“身轮”上的十六位白色神灵。天杖冠顶的五股金刚杵代表着“大乐轮”上的四位方位神。这四位方位神把转轮王和金刚瑜伽母围在坛城中央。八面白色檀香木杖杆象征着坛城八大尸林的保护圈，杖杆底部的半截金刚杵代表着八大尸林四周的金刚帐护法圈。

某些神灵所持天杖是上述标准天杖的变体。例如，杖杆可能是由红色檀香木或“微红色的白色檀香木”制成；悬挂的饰物和丝带不一定要画出来；整根天杖可以是骨制的，上面的三个白色颅骨从宝瓶伸出。

---

① 梵文：Candali；藏文 gTum-mo，内火，亦称“脐轮火”、“猛厉火”、“绝地火”。密乘圆满次第根本法之一。集中坚守脉、风、明点，以使脐中针影（形如倒竖梵文字母短阿）燃起乐暖。功能猛厉焚烧一切不净蕴界，灭尽一切烦恼寻思，迅速生起俱生妙智。

② 梵文：mahausukha-yuganddha，大乐结合。

③ 原文：Commitment Wheel，三昧耶轮。

达玛茹（梵文：Damaru；藏文：Da-ma-ru，rNga-chung）

达玛茹的起源可以追溯到早期的哈拉帕文明，最初是以象形文字出现在古代印度河流域的文字中。作为湿婆教的早期标识，达玛茹是以“舞蹈之王”① 化身显现的湿婆右手所持的一件器物。湿婆奋力击鼓，形成雄浑的节奏②，以说明柔美的曲调节奏（贪欲③）是世界结构的基础。自远古以来，游商和街头艺人曾使用印度的达玛茹或“猴鼓”来“召引”观众，其时断时续的演奏很快就把人们聚集在一起。达玛茹被做成沙漏状的小鼓，用木料车制而成，有两个对称的羊皮鼓槌。用系在两张鼓皮间的一根 Z 型长绳将湿婆教达玛茹的鼓面绷紧，这样，通过挤压鼓腰上的绳格就可以提高它的音调。两个小圆鼓槌或两个小球固定在达玛茹鼓腰的两侧。高举右手前后快速摇动时，鼓槌轮流敲击鼓面，发出颇具特色的“铃鼓”般的音色。西藏艺术作品中有时也有沙漏形状的湿婆教达玛茹。

佛教的木制达玛茹或称小鼓是由两个空心的半圆组成，半圆的拱顶处连在一起。达玛茹的尺寸各异，从直径大约四英寸到十六英寸的巨型断行鼓④不等。更小的达玛茹常常是手工雕刻成圆形、四叶形或与人的颅骨相似的椭圆形，形状要根据颅骨进行设计。两个羊皮鼓槌的皮是从同一张整张羊羔皮上割下来的，先将皮放在水中浸泡，然后将其粘在两个木半球的边缘上。这样，在皮干了之后，两张皮能够发出相同的音调。羊皮常要经过染色或涂成绿色，也可用蛇皮或鱼皮制作小型达玛茹。

达玛茹中腰处围有一块起装饰作用的绸缎、毛皮或金属箍条，上面挂有布垫手柄或珠宝饰手柄。手柄中心箍条的两侧挂有两个布垫而成的或用钩针钩出来的小球，用于击鼓。通常用两条拧在一起的红色或黑色丝线将小球连在一起，有时，在两个小球连接的中心处打上一个结。在达玛茹的布垫手柄或珠宝饰手柄上垂挂着丝绸“尾穗”。在传统上，尾穗上有一个布垫手柄，形状宛如三叶“云纹”。一块五彩丝绸帐幔从上面垂下来，在帐幔的沿缘和上边下缘处缝着颜色排列顺序相同的丝线穗子。帐幔在不用时，长长的穗尾将其卷绕在鼓腰上，达玛茹则放在一个鼓状的、带有布衬的盒子里。布衬两面的中央处一般都有用十字绣法或凸绣法绣成的圆形图案，图案上有三色“喜旋”。在神灵手持达玛茹的彩绘图上，手柄通常是一个珠宝链，珠宝链末端有一个三叶云纹和一个带穗的三层帐幔。

佛教怒相神或半怒相神手持的密教达玛茹是用信奉婆罗门教的十五或十六岁的少男少女的颅骨制成，或是十六岁男童和十二岁女童的颅骨连在一起制成。藏族艺术家常把双面达玛茹左侧画得稍小一些来代表青春少女的颅骨。在密宗仪礼中常明确规定使用人骨和其

① 梵文：Nataraja，舞蹈之王。

② 梵文：tala，节奏。

③ 梵文：raga，贪欲。

④ 藏文：gCod-rnga，断行鼓。

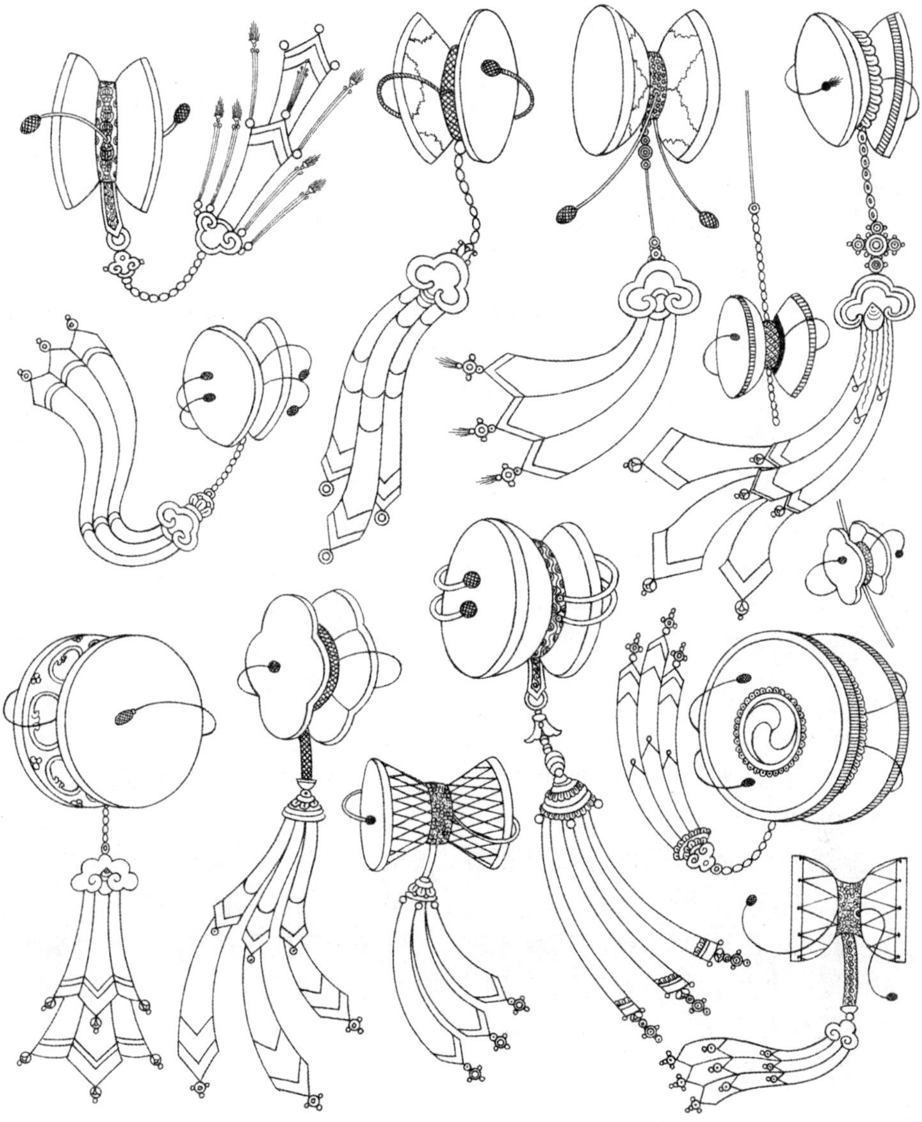

各种达玛茹：两个达玛茹（中上）；两只“断行”鼓（左下和右下）；两个湿婆教的鼓（中下和右下角）

他真言芥子，因为它们的特质能使礼器或“力器”与被安抚之神建立起特殊的亲密关系（参阅下面有关胫骨号筒的内容）。达玛茹的鼓槌和手柄装饰物都是用人骨制成的，令人生畏的手柄是用黑丝绒制成，黑丝绒上织有各种武器的图案。由于达玛茹的两个鼓面是用“同时发声”的两个少男少女的颅骨制成，因此，从性的角度来看，摇动达玛茹象征着方法和智慧的结合就是相对和绝对菩提心露。两个颅骨的颅缝被精准地粘连在一起，这也是在强调这种结合，颅缝被称作“梵孔”①。

藏式达玛茹一度相当的多，是用从尸林或天葬场得到的人的颅骨制成。但现在，这样的礼器在东方艺术市场上已寥寥无几，且售价极高。现代“仿造品”是印度工厂用“再生骨”制成的。工厂把遭意外伤害的无主颅骨和骨头清洗和漂白后用于出口。但根据密宗的规定，在即将使用这种颅骨的仪式中，它们已毫无效力。现在还可以得到用猴子颅骨制成的小巧玲珑的达玛茹。

男女神灵或密宗修持者的阳性“方法”右手总是手持达玛茹。其功能是召唤一切佛陀、菩萨和空行母，用大乐激励他们。“阳性”达玛茹发出“大乐之声”，它经常与法铃相配，握在“阴性”的左手上，发出“空性之声”。空行母的达玛茹召集并激励所有空行母发出大乐之声。大乐源自邬摩天女②或“外道女”③ 噼啪作响的内火，因为，在藏族瑜伽修法中，这个喷焰“天女”从中脉中升腾。

大型的木制达玛茹用于藏族的“断行”④ 修法中，能够发出“无常之声”。它召唤所有空行和空行母共跳“断我之舞”，并召唤一切精灵赴“盛宴”，一起吞食修持者的尸体。断我修持是大成就者帕·当巴桑杰⑤从印度传入西藏的，又经其著名的藏族女弟子玛久拉珍⑥传承下来。断我修法是让人亲眼目睹自己被肢解的尸体献给众神和心怀不满的鬼怪来清还业债的方法，寻求断灭“二执”⑦ 和自爱。这个有效的断执修法在传统上要在夜间的一个与世隔绝或超自然的地方进行，如鬼怪出没的十字路口或尸林。断行鼓的典型尺寸在直径八~十六英寸之间，鼓边常饰有莲花生八大化身或八大尸林袖珍画。在蒙贴鼓皮之前，达玛茹内侧面上常要刻上咒语。

达玛茹的空心鼓体象征着法身，两个鼓槌头象征着相与空的结合。鼓中腰处有一圈起装饰性作用的箍条，箍条上可以装饰宝石或子安贝壳⑧，代表着应身的三十二大相。两个鼓槌把报身比作方法与智慧的结合。填充而成的三叶云纹代表着三角形的“法相”。五色丝绸帐幔的尾边代表五佛。达玛茹上半部手柄有时是用海螺壳的某一部分制成，代表着“语”。鼓本身代表“身”，丝制帐幔的尾边代表“意”。

---

① 梵文：brahma-randhra，梵孔。

② 藏文：gTum-mo，邬摩天女，大自在天之妃，神名。

③ 梵文：candali，外道女。

④ 藏文：gCod，断行，断除一切烦恼之意。

⑤ 藏文：Pha-dam-pa-sangs-rgyas，帕·当巴桑杰，人名。公元十四世纪抵达西藏的一名印度佛学家。

⑥ 藏文：Ma-cig-lab-sgron，玛久拉珍，西藏一女佛学家名，也是能断派的创始人。依帕·当巴桑杰为师，是希杰决鲁派教法的主要传出者。其生卒年虽有不同说法，但多数认为，生于公元1031年，卒于1129年。

⑦ 二执，亦称“执二边”：执常、执断或执有、执无。

⑧ 原文：cowrie shell，子安贝壳，大量海洋腹足类软体动物一科中的任何一种，广泛分布于暖海中，具有美丽的有光泽贝壳，经常具发亮的颜色，大量用于装饰品或作为货币。

胫骨号筒（藏文：rKang-gling，rKang-dung）

藏式胫骨号筒是用人的大腿骨制成的带孔号筒。据说，它发出的声音可以取悦一切怒相神，也能恫吓一切邪恶精灵和恶魔。瑜伽师、瑜伽母和大成就者，特别是那些与断行派或与尸林有关之人的“智慧”左手常持有这个器物。在驱魔仪式和呼风唤雨的仪式中，西藏的萨满①或持咒者②也使用胫骨号筒。仅有几个主神，如：持胫骨号筒大红护法③和令人生畏的忿怒女神④，将其作为手持器物拿在手中。从断行修法来看，忿怒女神是尸林的女性保护神。拥有胫骨号筒主要象征着神对三界的控制。

密宗教派认为信奉婆罗门教的十六岁少女的左大腿骨最具效力，可以掌控精灵及其部众。信奉婆罗门教的十六岁少男的右大腿骨在功效上略低于上述大腿骨。而受害者的大腿骨、遭枪杀者或意外亡故者的大腿骨、死于病毒性或传染性疾病之人的大腿骨的效力依次降低。人们认为，老年亡故者或自然死亡者的大腿骨在降魔上的效力微弱。老虎的大腿骨⑤也用来制作胫骨号筒，因为，人们认为它能显示老虎的凶猛威力。

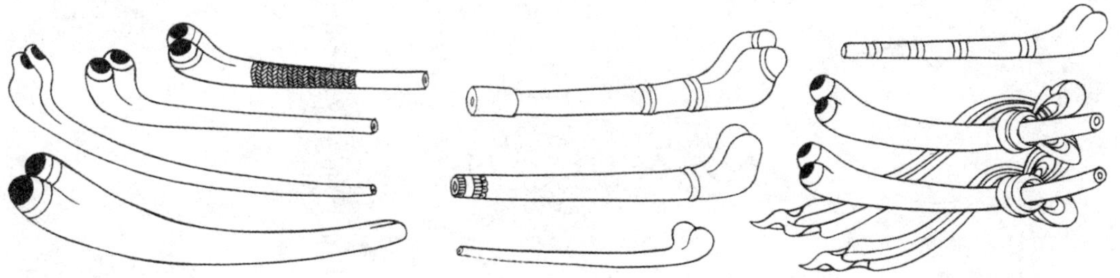

各种胫骨号筒

要将大腿骨的球状关节精心锯下制成单管号筒或双管号筒。常用铜丝缠绕较薄的号嘴或用一个金属套将号嘴套上。大腿骨内的髓管成了乐器天然的中空孔道。由于是寺院乐器，胫骨号筒也可以用青铜模仿人的大腿骨制成。

嘎布拉碗（梵文：Kapala；藏文：Thod-pa，Ka-pa-la，Ban-dha，Dung-chen）

嘎布拉碗（颅器）是用人颅骨椭圆形的上半部制成，是为数众多的金刚乘神灵的供器、饭碗或祭祀用碗。瑜伽师、大成就者、空行母、本尊神和护法神的左手都持有嘎布拉

① 原文：shaman，萨满，萨满教巫师。“萨满”一词为满－通古斯语族语言，原意为“因兴奋而狂舞的人”，后为萨满教巫师的通称。新萨满必须采用“神选”方式产生。

② 藏文：sNgags-pa，咒师，持咒者。以念诵咒语为人禳灾祈福的宗教职业者。

③ 藏文：mGon-dmar-rkang-gling-can，大红护法，神名。

④ 藏文：Khros-ma- nag-mo，忿怒女神，神名。

⑤ 藏文：sTag-gling，老虎的大腿骨。

碗。碗内盛有甘露、精液、酒、朵玛供品、化现为恶魔和魔①的邪恶之敌的鲜血、骨髓、肠子、脂肪、大脑和心肺。制作嘎布拉碗所使用的人骨来源不同，因此，在效力方面与上述胫骨号筒的情形相同。人们认为婆罗门的颅骨或被谋杀或被处决之人的颅骨是修怒相神时最有效力的中介物。青春发育期死去的小孩的颅骨也具有极大的潜力，七、八岁私生子的颅骨②亦是如此。用私生子颅骨制成的、盈满真言芥子血③的嘎布拉碗是以“吉祥退敌大咒王妃”④ 化身显现的怒相吉祥天女持有的器物。

嘎布拉碗和钺刀（左上和中）；嘎布拉碗与长寿瓶和金刚杵（右上）；盈满正在旋转的血和甘露的各种嘎布拉碗（下），其中三只放在骷髅三脚架上。

“智慧”左手通常将嘎布拉碗捧在神灵胸前。与之相配的“方法”右手持有金刚杵或钺刀之类的器物。许多怒相护法神和本尊神都握有钺刀，放在胸前嘎布拉碗的上方，象征

① 梵文：rudras，魔。

② 藏文：Nal-thod，私生子的颅骨。

③ 藏文：Thun-khrag，真言芥子血。

④ 藏文：dPal-ldan-dmag-zor rgyal-mo，吉祥退敌大咒王妃，神名。

着它们的方法与智慧的结合。钺刀或砍刀作为“方法”武器，可以斩断邪恶怨敌的命脉和重要器官。嘎布拉碗是“智慧”皿，内盛收集来的供神食用的鲜血和器官。对怒相女神来说，这个象征主义有时恰恰相反，钺刀可以代表断灭一切概念化的智慧，而嘎布拉碗则把方法比作“留有慈悲”(白色菩提心)。某些教派也认为,男性神手持的嘎布拉碗是用旧颅骨或“干”颅骨制成的,而女性神所持的嘎布拉碗则是用新鲜颅骨或“湿”颅骨制成。

嘎布拉碗中的血①通常被画成一个“旋转供物”，血呈汹涌或沸腾的液体状，象征着红色菩提心露的“燃烧和滴沥”。红色菩提心露从中升腾，形成内火。据说，供物会在怒相神或女神显现之地沸腾。《父续》② 强调的是方法的发展，因此，在修《父续》时，血顺时针旋转。《母续》③ 强调的是智慧的培养，因此，在修《母续》时，血会逆时针旋转。从男性头顶中央生成的白色颅骨把“色”比作阳性的白色菩提心露，而源自女性脐部温暖的红色血液把“空”比作阴性的红色菩提心露。从密宗上看，盈血嘎布拉碗代表神的心（白色颅骨）内盈大乐（红色鲜血）。从更深层意义上来看，这代表“幻身”（白色颅骨）生成于“明光”④(红色血液)。

天杖、达玛茹和嘎布拉碗是印度教嘎布拉派⑤瑜伽母的三大器物。这三大器物被密宗佛教成就大师所吸纳，代表着神的身、语、意。天杖代表“身”或伴偶（善举或善业)；达玛茹代表“语”（动听的话语)；嘎布拉碗代表“意”（被净化的思想)。

作为苦行僧的乞讨钵或饭碗，嘎布拉碗呈现出最温婉慈悲的一面，它时时提醒人们牢记死亡、无常及造成生死离别的生命的短暂和稍纵即逝。作为温和相神或略带怒相之神的器物，嘎布拉碗也可被视为一个“大海螺”⑥，内盈甘露、水果、药品、食物、珠宝或一个盈满甘露的长寿瓶。在更多的怒相神手中，嘎布拉碗上常带有“金刚标识”。碗内的具体东西是：温暖的血和脑浆或四魔之血。颅器正中央的裂隙通常都画在中央部位，呈 Y 字形。两个半圆形的裂隙画在嘎布拉碗的两侧。这些裂隙被画成三角形的红色 Z 字形线条，它们把嘎布拉碗分成五片，代表五佛。为“内供”所画的嘎布拉碗只在中央处有一条裂隙，象征着方法和智慧密不可分的结合。人们认为带有六条裂隙的颅骨十分异常，只能在某些神秘仪式上使用它。

钺刀（梵文：Kartri，Katari；藏文：Gri-gug）

带金刚杵头的弯形钺刀被称作“空行母刀”，握在女神的右手。天杖、达玛茹和嘎布

① 梵文：Rakta-purna；藏文：Thod-khrag，嘎布拉碗中的血。指放在用人的颅骨做成的容器中的血。

② 梵文：pitritantra；藏文：Pha-rgyud，，《父续》，金刚乘中，主要论述幻身或现分方便生起次第的经典。

③ 梵文：mātrtantra；藏文：Ma-rgyud，《母续》，以阐述智慧空分为主的佛教密乘经典。

④ 藏文：Vod-gsal，明光，亦称“极光净”。二禅天之上层。生于此中诸天，所发光明，照耀其他天处。

⑤ 梵文：Kapalika，嘎布拉派，佩戴头盖骨的湿婆教信徒。

⑥ 藏文：Dung-chen，大海螺或长形海螺。

拉碗是密宗男性瑜伽师或大成就者的三大嘎布拉标识。而天杖、钺刀和嘎布拉碗是密宗女性瑜伽母和空行母的三大主要器物。钺刀带有尖利、扁平的蓝色铁身，末端有一个弯钩。因此，用该钺刀可以进行砍、刮、勾等砍杀动作。金色叶状柄托或金色摩羯张开的大嘴把带刻面的手柄或八面手柄与钺刀的上刀身连接起来。手柄有一个半截金刚杵顶饰。

空行母“向十大方向挥舞钺刀”，来恫吓和战胜一切恶魔和邪恶力量。钺刀代表可以断灭一切情感污秽和精神感知的阴性智慧。锋利的刀身可以斩断二大“障蔽”①，一是惑障②，例如：我慢、嗔恚、嫉妒和欲望。另一个是智障③，例如：根本痴愚的谬见。彻底断灭二大“障蔽”标志着获得圆满。刀身还可以斩断六蔽（悭贪、破戒、嗔恚、懈怠、散乱、愚痴）使人进入禅修状态。因此，空行母的钺刀把智慧和空性比作断灭和一切概念化的空性。她的嘎布拉碗把方法比作对大乐的培养。她的天杖象征着乐与空的紧密结合，就像被空行母（智慧）拥抱的伴偶（结合）。空行母胜利般地向上挥舞钺刀，象征着她胜利地斩断了对主客观特性的依附。她把钺刀放在齐胸的位置，置于嘎布拉碗之上，象征着其智慧和慈悲的结合。这种结合能洞察“待出现”的一切观念，进而深谙自性的空性。她的钺刀可以指向下方，这象征着她已经彻底断灭了轮回的本源。

在男性怒相神手中，这个象征意义恰恰相反。钺刀把方法比作断灭一切观念，而嘎布拉碗把智慧比作祭器，用来装盛想象中的“鲜血和内脏”。当神灵把钺刀放在齐胸的位置，置于嘎布拉碗之上时，这象征着方法（钺刀）源自智慧（嘎布拉碗），并盈满智慧（血）。它也象征着神对誓言④的承诺，这样，通过隐喻的形式喝饮它们的血可以使自己得到解脱，也能使违背誓言者“复生”。梵文词汇“heruka”的字面含义就是“饮血金刚”。

在西藏的肖像画法中可以见到男神使用的两种截然不同的钺刀。第一种最为常见，是弯曲的带钩钺刀。第二种是为极怒相的神使用的半圆形的“金刚斧”。这种金刚斧的斧身呈月牙形，上面常带有喷焰。几种形式的大黑天神⑤的右手都挥舞着这种锋利的金刚斧，其左手将盈满鲜血的嘎布拉碗捧在胸前。这种金刚斧可以斩断恶魔、魔和违背誓言者及其他设障精灵敌人的“命脉”⑥。嘎布拉碗中盈满温暖的鲜血和这些邪恶之敌依然跳动的心脏。

---

① 梵文：Avarana，障蔽，使心隐没的东西。

② 梵文：kleshavarana，惑障，藏文：Nyon-mongs-sgrib，即烦恼障，二障之一。

③ 梵文：jneyavarana，智障，藏文：Shes-bya-sgrib，即所知障，二障之一。

④ 梵文：samaya；藏文：Dam-tshig，誓言，梵音译作“三昧耶”。不可逾越的金刚誓言，如所严肃应允永远坚持不违的最后誓言。

⑤ 梵文：Mahakala，大黑天神，佛教密宗护法神之一。藏语称“玛哈噶拉”，为大自在天的化身。据云，大黑天为战神，礼祀此神，可增威德，举事能胜。

⑥ 藏文：Srog-rtsa，命脉。

空行母的各种钺刀及怒相神的月牙形砍刀

第九章　兵　　器

弓（梵文：dhanus，chapa；藏文：gZu）和箭（梵文：sara，bana；藏文：mDav）

木制或竹制的弓很自然地握在“智慧”左手中，通常与握在“方法”右手的箭相配。作为智慧和方法的象征物，它们搭配在一起既表示弓的智慧特质可以像箭一样“投射在”方法或方便上，又表示圆满的智慧可以“促使”“五行”（布施、持戒、忍辱、精进、止观）① 的完善。当神灵的左手握着尚未拉开的弓箭时，它们象征着智慧和方法的一致或智慧与止观的结合。当搭箭于弦拉弓待发时，弓通常象征着神灵殊胜“三界”，而箭则象征着刺穿冥想和迷信等谬见。当箭瞄准怨敌之心脏时，它代表智慧和旨在实现法身之慈悲的强烈和自主的行动。此时，怨敌代表痴愚，怨敌的心脏代表“意”。在对某些神灵进行描述时，弓箭也可以表现出完全相反的象征意义。弓代表“方便”，可以投射在智慧单头箭上或刺穿“觉识”。

金刚乘中弓的形状一般与丘比特惯用的希腊弓形状相仿，是源自古印度战争中使用的“皇室兵器”。在印度史诗般的战争中使用两种形状各异的弓：“自用弓”（长弓）及较短的“复合弓”（混合弓）。长弓用整根木头制成，用的箭长五拃，是步兵弓箭手的主要兵器。长弓的标准长度也是印度的一个测量单位，一“弓”② 等于四轸③。一轸指的是从肘部到伸直的中指间的距离。一轸可再分为二十四指宽。四轸相当于人的身高。复合弓是用木料和角料黏合制成，用的箭长四拃，是战车驭手和步兵弓箭手的主要兵器。

---

① 五行，指布施、持戒、忍辱、精进、止观五种修行方法。

② 梵文：dhanus，弓，指一弓的长度。

③ 梵文：hasta，轸，指一手的长度（从肘部到中指尖的距离）。

蒙古骑手在拔都①和速不台②的率领下有效地运用了复合弓的独特特性（用力向后拉弓以克服其自然弯度）。蒙古弓的张力非常大，因此，其射程是中世纪十字弓射程的两倍，而且射发更迅速、更远，它也能轻而易举地穿透迷惑不解的东欧条顿骑士的铠甲。在成吉思汗抵达之前，藏人就已掌握了同样的骑术和箭术。成吉思汗征服了中亚和中国内地大部分区域后，他们被平和而至的佛法所征服。但竞技马术和射箭依然存留下来，成了西藏和不丹的一种体育运动。

在藏族艺术中，弓可以被画成多种样式，从简单的木制猎用弓到众神使用的装饰珠宝的奢华弓不等。弓的两端通常装饰着卷叶饰，中央把手一般裹有兽皮、毛毡或皮革。复合弓可以画成两个连接在一起的部分，即：下侧或“腹部”的竹制部分及外部或“背部”上的牦牛角。复合弓的弓身也可以缠上丝线，中央把手的两端挂有叶状纹饰。怒相大黑魔护法③身背一把黑铁弓，而罗睺神则身背一把双头蛇制成的弓，双头蛇的两个蛇头嘴咬弓弦，把弓弦撑开。

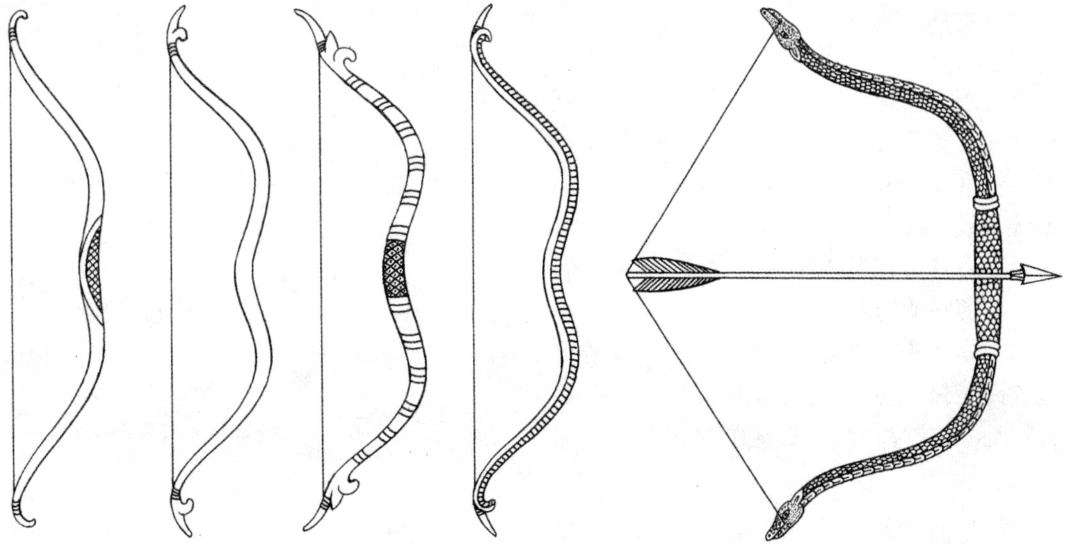

两张未装饰的弓；捆有丝绸的弓、复合木角弓；罗睺罗的蛇弓（拉弓瞄准怨敌的心脏）（从左至右）

古印度战争中使用的箭有许多不同的梵文名称。“sara”,“ishu”，“bana” 和 “bhalla”

① 蒙古文：Batu，拔都，人名。成吉思汗长子术赤的次子，钦察汗国的创建者。1227 年术赤去世，拔都受诸兄推戴，继承父位，统领术赤兀鲁思。

② 蒙古文：Subedei Khan，速不台，人名。蒙古国开国功臣。先世为蒙古贵族的世袭奴婢。速不台早年随成吉思汗，为其军事侍从，以勇猛善战闻名。

③ 梵文：Eunuch Traksad Mahakala，大黑魔护法，神名。

这些词通常指的是藤制或竹制的“芦苇箭”。这些古代箭带有铁头或骨制头及用苍鹰、鹅或孔雀毛制成的舵尾羽翼。“naracha”和“nalika”这两个词指的是用铁制成的箭，因为这种箭比较重，因此只有短箭杆，射程也短。可能会在这种铁箭上涂上油以便近距离地捕杀大象。显然在印度战争中，普遍使用涂过油的箭，涂油既可传导毒粉，又可当成一种润滑剂，使箭能更深地刺进肉里。毒头箭叫做“alakta”，“digdha”和“lipta”。火箭①要在沥青中浸泡，在吠陀时期，它们被画成一种“火器”②。“vipattha”是五拃长的一种木制箭，而“vaitastika”是一种非常短小的木制镖箭或弩箭，长度只达一拃，是用十字弓射发出。

藏式箭也有多个名称和式样，例如：竹箭③、铁箭④、毒头箭⑤、长箭⑥、真言箭⑦、火箭⑧、花蔓箭⑨和强力箭⑩。

在传统上，藏式箭舵尾羽翼是从胡子鹫或称髯鹫⑪的羽翼上剪下来的，将三个或四个半扇面形的羽翼粘在一起，然后用丝线把它们捆在箭杆较低处的凹槽里。箭杆本身是用一根笔直的细竹子制成，上面有三个被磨光的节。箭头可以制成如下形状：带尖的管状套箍；三角形铁刀身；弯曲的矛状头或一个倒钩。箭杆飞行的一端刻有深槽，弓弦可以放在其中。吉祥的五色丝绸常粘绑在箭的末端。

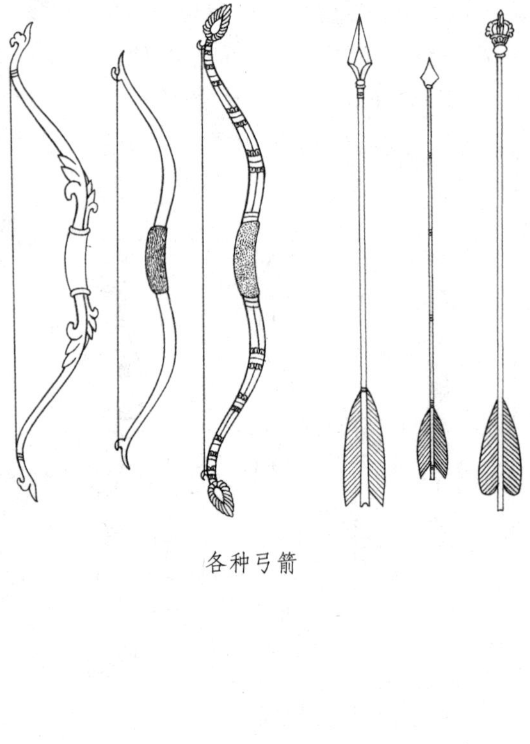

各种弓箭

大成就者娑罗哈⑫及其伴偶空行母的传说或许能最充分地展示箭的象征意义。娑拉哈是一位制箭大师，常被画成正在观看箭

① 梵文：agnibana，火箭。

② 梵文：agneya，火器。

③ 藏文：Myug-mdav，竹箭。

④ 藏文：lCags-mdav，铁箭。

⑤ 藏文：Dug-mdav，毒头箭。

⑥ 藏文：mDav-chen，长箭。

⑦ 藏文：Thun-mdav，真言箭。

⑧ 藏文：Mevi-mdav，火箭。

⑨ 藏文：Me-tog-gi-mdav，花蔓箭。

⑩ 藏文：mDav-bo-che，强力箭。

⑪ 髯鹫，欧洲最大的猛禽，生活于比利牛斯山到中国北部山区，体长约3．5英尺，翼展常常接近十英尺，它类似雕又类似鹫，亦称“胡子鹫”。

⑫ 梵文:Saraha,娑罗哈,人名。

杆以确定其是否光滑和笔直的样子。此时,箭杆代表中脉,而三个光滑的竹节代表收缩中脉的三大脉结的开关。三个舵尾羽翼代表"三身"的结合、身、语、意的净化、殊胜"三界"、"三时"和"三毒"。箭杆顶端插箭头的四个断口表示佛教中的各种四组佛像、"四禅"、"四念"、"四无量"、"四行"、"四喜"和不同层次的密宗经文。箭头象征着单一的、具有渗透力的"觉识",五色丝线代表"五佛智",低槽的两侧表示绝对和相对真理的结合。

彩箭（藏文：mDav-dar）

除了作为武器，在众多佛教仪式中，箭的使用也具有象征意义。彩箭由一根笔直的箭和箭杆上部所系丝带组成。彩箭也用于箭卜①和多种多样的金刚乘仪式中。这根具有象征

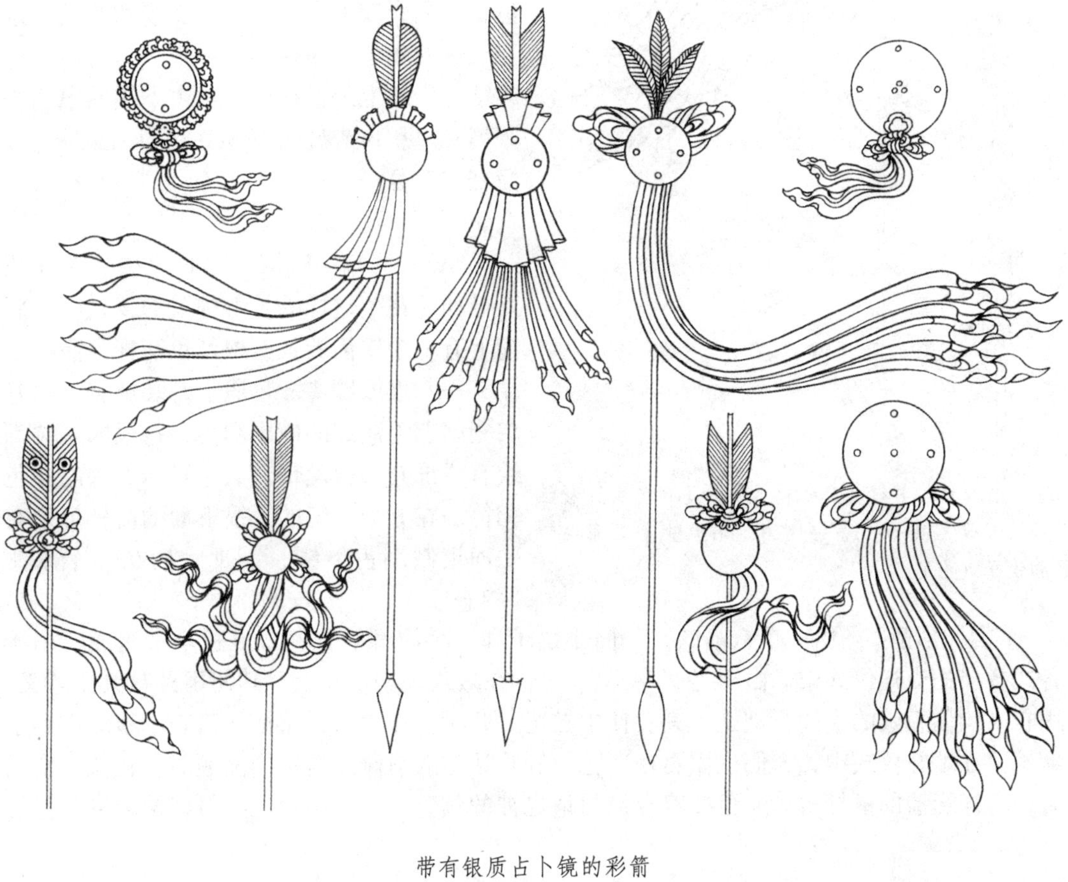

带有银质占卜镜的彩箭

① 藏文：mDav-mo，箭卦或箭卜。

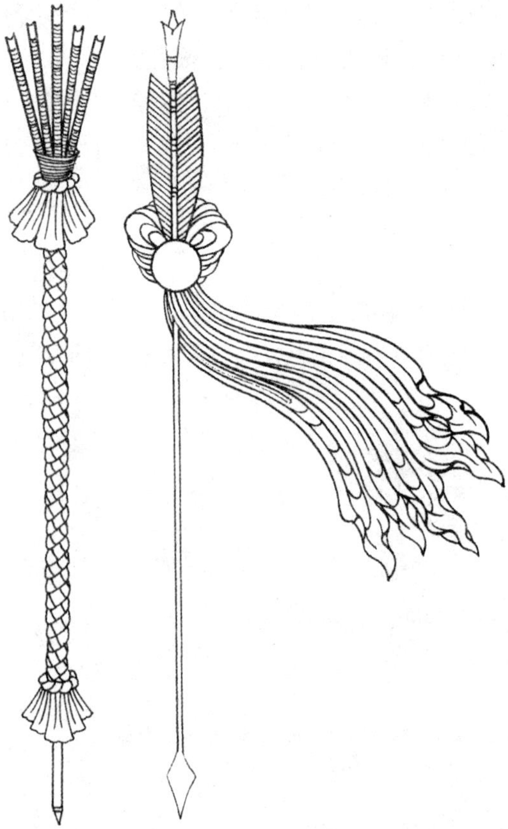

吉祥箭，其杆缠着五彩丝带，还有缠着五彩丝线的五股飞镖（左）。占卜箭（右）上有五彩丝带和镜子（右）。

意义的箭一般都箭头朝下地直插在一个“粮仓”① 里，粮仓是盛放谷物和其他吉祥物的一种容器。作为手持器物，彩箭通常直握在神灵的右手中，箭头朝下。箭的舵尾羽翼可能是用一些特定的鸟翼制成，箭杆可能由特定的木料制成，颜色也是特定的，箭镞是用特定的金属制成。一至五根丝带垂系在镖箭下面的箭杆上。如果只有一根彩色丝带，那么，它的颜色通常为白色、黄色或红色。五色彩带为白、黄、红、绿和蓝色，这与五佛的颜色顺序相同。彩带一起被捆在弓或结上，结上经常挂着一面占卜用的银制小圆镜②。占卜圆盘或海螺壳也挂在镜子上。箭杆、海螺壳和镜子分别代表神的身、语、意。

“长寿彩箭”③ 用于阿弥陀佛、吉祥长寿母和莲花生这样的长寿神灵的仪式中。彩箭上有一个铁箭镞及一根红色箭杆，箭杆末端有一个五股镖箭。每股上都装饰着三根苍鹰翅膀羽毛制成的舵尾羽翼，每股的末端都绘有或饰有一根丝带，其色彩与五佛的颜色相符。在五个一组的镖箭下面的箭杆上系有一面银制小占卜镜，箭垂直插在一个木制“粮仓”上。

“吉祥彩箭”④ 由一个铁箭镞、一面小镜子和一个海螺及三色或五色丝带组成，用于各式各样的吉祥仪式中。由于是“幸运箭”⑤，在藏式婚姻仪式上，其使用具有象征意义，用它来钩住新娘的衣领，把她从其女伴中拉走。此时，作为男性象征的箭表示新郎得到了新娘。在婚礼仪式中，人们也用裹在白色丝制哈达中的箭碰触新娘的前额。在礼仪上使用时，吉祥彩箭的箭杆所涂颜色要符合被召请之神的颜色，还要用彩色颜料将神的种子符号

① 藏文：vBru-mdzod，粮仓。
② 藏文：Movi-me-long，小圆镜。
③ 藏文：Tshe-sgrub-mdav-dar，长寿彩箭。
④ 藏文：g · Yang-sgrub-mdav-dar，吉祥彩箭。
⑤ 藏文：g · Yang-madv-mdav-dar，幸运彩箭。

画在镜面上。

“招财彩箭”① 由一个铜箭镞、一根红箭杆、三根舵尾羽翼和五色丝带组成，该箭用在祈求增长和繁荣的仪式中。

“火神彩箭”② 由一个铁箭镞、一根红色箭杆、三根舵尾羽翼、一根红色丝带及一面红色小方旗幡组成，旗幡上带有火神阿耆尼的种子字符“Ram”。这种箭直插在东南方向的地上，在该地要举行一个仪式或火供仪式以抚慰居于东南方的火神阿耆尼。

“风神彩箭”③ 与上述火神彩箭的制作方式相同，但箭杆是绿色的，绿色的小旗幡上带有风神的种子字符“Yam”，该箭要插在西北方向的地上以抚慰风神④。

彩箭的特殊形式也与八大部众相符，都有特定颜色的箭杆和丝带。其舵尾羽翼的羽毛取自与八大部众有关的乌鸦、苍鹰、鹅、山鸡、孔雀、鹰隼和猫头鹰等。这些“神灵箭”常常垂直插在为降伏精灵所举行的仪式的灵器⑤上。

火箭（梵文：agnibana，藏文：Mevi-mda）

火箭最初是古印度战争中使用的一种带有燃烧装置的箭，但后来，这个词也用来指发射器或火药推动的标枪。早期的印度史诗中曾提到过“火器”，在中亚已发现了其年代可追溯到公元二世纪的中国火器。用油或沥青来做火器的助燃剂，箭杆上部的一块圆毡蘸满沥青。

时轮金刚的众多右手中有一只手拿着一个器物，或是“火箭”或是“三箭”。这个器物被画成一根带有喷焰箭镞的箭或是三支一组的箭。一些藏族学者说，这个武器就是火药推动的火器，有的人说它是用火制成的箭，还有人认为，它是红色的，宛如带有喷焰箭镞发出的一团火。还有一些人认为，它是三个一组的箭⑥，时轮金刚用它来刺穿“三界”的“三毒”。但当1024年时轮金刚密乘传入西藏之时，中国人使用火药的历史已达一百多年了，因此，时轮金刚的火箭可能最初只是一种被火药推进的发射器。

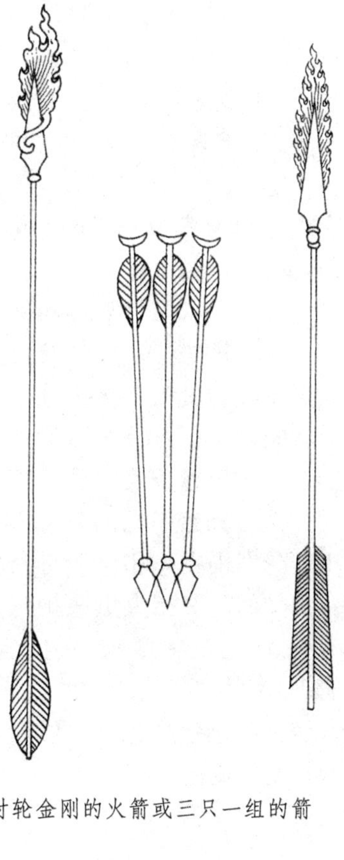

时轮金刚的火箭或三只一组的箭

① 藏文：Nor-sgrub-mdav-dar，招财彩箭。

② 藏文：Me-lha-vbod-pavi，火神彩箭。

③ 藏文：rLung-lhavi mdav-dar，风神彩箭。

④ 梵文：Vayu；藏文：rLung-lha，风神。

⑤ 藏文：mDos，灵器，供施代替品，藏文音译“垛”，用彩线绕成或用糌粑捏成日用品、牲畜、房屋等模拟物。用以供神者称为上供灵器，用以布施鬼类者成为下施灵器。

⑥ 藏文：gSum-dmav，三个一组的箭。

尽管火药的发明常归功于十三世纪的英国僧人和科学家罗吉尔·培根①，但中国人在十世纪中叶已经使用火药制造烟花和燃烧装置。到了十一世纪中期，他们制造出第一门大炮。蒙古人从汉人那里获得了制造火药的秘密，在十三世纪入侵俄国和东欧时用火药进行了毁灭性的军事打击。当时，他们射出竹制火箭，把装有火药的泥制手榴弹投向密集的敌军队伍中。这些鲜为人知的武器对其对手的实际伤害微乎其微，但依然使人畜受到极大的惊吓，使蒙古人因其能与恶魔为伍并使用巫术和妖术而声名大振。

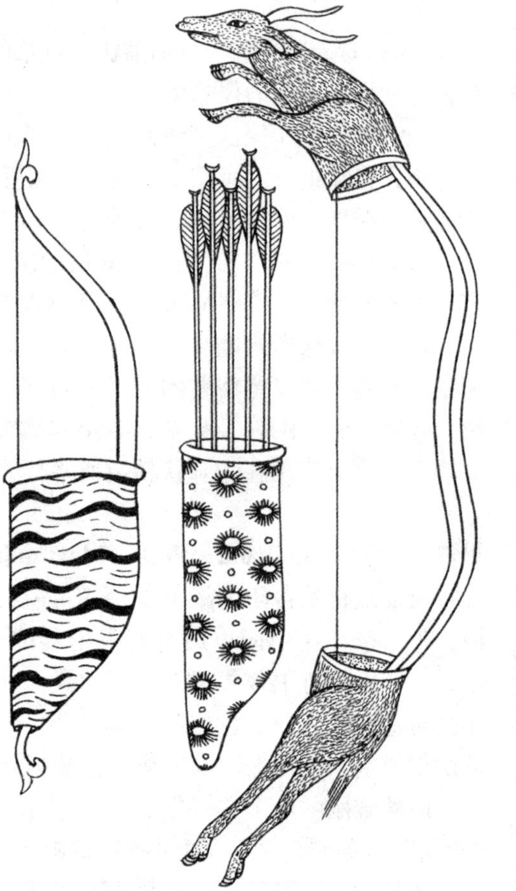

虎皮弓套、豹皮箭囊和鹿皮弓套（从左至右）

虎皮弓套（藏文：sTag-shubs）和豹皮箭囊（藏文：gZig-ral）

金刚乘中的弓常常插在豹皮或虎皮弓套中，弓套斜挂在勇士神②的肩上或腰间，常常与虎皮或豹皮箭囊搭配在一起。子宫状或阴道状的豹子斑点象征着阴性的智慧，而生殖器形状的老虎条纹则象征着阳性的方法或方便。作为截然不同的象征意义，豹皮和虎皮围腰分别围在怒相空行母女神和饮血金刚男神的腰间。怒相大黑魔护法神的身体右侧挂有一个虎皮箭囊③，左侧挂有一个豹皮弓套④。在大部分勇士神的肖像画法中，虎皮豹皮经常颠倒使用，即：弓套用虎皮制作，箭囊用豹皮制作。

---

① 原文：Roger Bacon，罗吉尔·培根（约1214年~约1292年），英国思想家、实验科学的先驱。他批判经院哲学，认为只有实验科学才能“造福人类”。他进行过许多有价值的科学观察和实验，有唯物主义的倾向。主要著作有《论科学的价值和发展》、《新工具》等。

② 梵文：Begtse，勇士神或护法神。

③ 藏文：sTag-ral，虎皮箭囊。

④ 藏文：gZig-shubs，豹皮弓套。

花蔓弓（梵文：pushpadhanus；藏文：Me-tog-gi-gzu）和花蔓箭（梵文：pushpasara；藏文：Me-tog-gi-mdav）

花蔓弓箭

用花制成的弓箭最初是吠陀时期欲神的手持器物。根据印度教《往世书》中的一个传说，欲神曾朝着正在苦修的湿婆射去五支箭，以引诱他对雪山神女萌生爱意。欲神两支箭中的第一支未能射中目标，第三和第四支箭刺中湿婆的意念，使其对禅定修行产生了动摇，而第五支箭刺进湿婆的心脏，使他失去了密修之主全部的慈悲之力。湿婆对这种干扰勃然大怒，从其慧眼中射出一股火将欲神烧成灰烬，罚他永生无身躯，成为不显现的“爱力”。

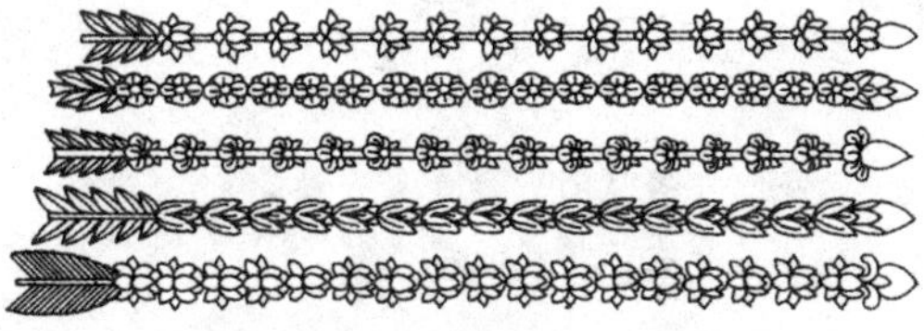

欲神的五支花蔓箭

欲神的弓用花或甘蔗制成，沾满蜂蜜的弓弦上布满蜜蜂。他的五支爱箭是用白色莲花、红色阿育伽树①、芒果树、白芝麻和蓝色夜莲花制成。欲神有众多的梵文称号，如：“无身躯者”②，“和平破坏者”③、“蛊惑者”④、“惑魔”⑤和“诱魔”⑥。在早期佛教中，最后一个称号“诱魔”也是诱惑和引诱之魔。佛陀释迦牟尼在菩提树下成道之前，它们对其进行袭击。在藏文中，欲神被称作“垛拉”⑦。

欲神的花蔓弓箭被吸纳进入了金刚乘佛教，成为作明佛母⑧和红色度母的主要武器。四臂大红作明佛母的两只主手拿着开弓的花蔓弓和箭，另两只手拿着钩索，钩索是用盈满

---

① 梵文：Ashoka，阿育伽树，佛陀之母在该树下生下释迦牟尼。

② 梵文：Ananga，无身躯者。

③ 梵文：Samantaka，和平破坏者。

④ 梵文：Muhira，蛊惑者。

⑤ 梵文：Maya，惑魔。

⑥ 梵文：Mara，诱魔。

⑦ 藏文：vDod-lha，欲神。

⑧ 梵文：Kurukulla，藏文：Rig-byed-lha-mo，作明佛母，佛名。

降伏（魔障的）红度母女神的
带有莲花托的花弓箭

甘露的红色夜莲花制成的。这些器物显示出她用自己的诱惑力进行蛊惑和迷惑的活动特征，宛如蜜蜂受到花蜜的吸引而陶醉其中。欲神满身画有花蔓器物，如：花蔓弓、花蔓钩、花蔓索和五支箭，它们被踩在佛教神灵作明佛母和时轮金刚的脚下。

在早期金刚乘佛教中，“五欲”是“五续”① 的性隐喻。从隐喻上来看，它们相当于示爱的渐进过程：向所爱之人微笑、握之双手、相互对视、拥抱、接吻和性交。“五情”② 也与“五毒”（痴愚、欲取、贪婪、我慢和嫉妒）、“五官”及其视觉、听觉、嗅觉、味觉、触觉的对象及色、受、想、行、识“五蕴”相符。

五支箭也与文殊菩萨及其头顶上的五个肉髻有关，它们代表“五佛智”。文殊菩萨的五支智慧箭射中了五佛精神中心的“五情”。痴愚在头部；欲取在喉部；嗔恚在心部；我慢在脐部；嫉妒在“私部”。

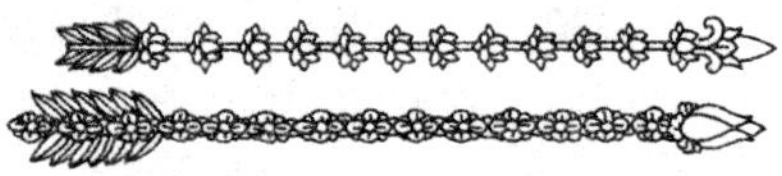

宝剑（梵文：asi，khadga；藏文：Ral-gri）

宝剑主要是智慧的象征或断灭愚痴和障蔽的觉识。喷焰宝剑是智慧菩萨文殊师利的两大标识之一。他用右手高举宝剑，其左手所持莲花上托着的《般若波罗蜜多经》与之相配。喷焰宝剑代表文殊菩萨敏锐精确的觉识，这种觉识可以断灭一切诱惑，揭示空性的真谛。经书则说明他渊博的学识。在尼泊尔，人们认为文殊菩萨用其“愚月剑”③ 斩断了环围乔巴峡谷④群山的环带，使曾溢满峡谷的湖水排出，形成了加德满都峡谷。他也因把知识和文化传到尼泊尔而享有盛名。据信，在中国，文殊菩萨居住在五台山，五台山的五座山峰代表文殊菩萨头顶的五个智慧肉髻。文殊菩萨的许多人形化身，如：赤松德赞、萨迦

---

① 五续：1）事部（梵文：Kriya）；2）行部（梵文：Charya）；3）瑜伽部（梵文：Yoga）；4）上瑜伽（梵文：Yogattara）；5）无上瑜伽部（梵文：anuyogayttara）。

② 五情，由眼、耳、鼻、舌、身五根而引起的五种情欲。

③ 梵文：Chandrahasa，愚月剑。

④ 原文：Chobar Gorge，乔巴峡谷，地名。

班智达、宗喀巴①和隆钦巴②都有莲花托着宝剑和经书的标识。

智慧剑③也是许多本尊神和怒相神表示胜利的武器，此时，其作用是斩断和摧毁一切障魔和怨敌。这些神灵都用右手持剑。某些无上密宗瑜伽神（如怖畏金刚）所持的宝剑也象征着得到获得成就所需的八大神通力。如，第一是“剑力”④，它给人力量以消灭佩带觉识之箭的敌人，也象征赋予了八大神通力。其他七大神通力分别为：2）千里眼⑤；3）飞毛腿⑥；4）隐身术⑦；5）炼丹术⑧；6）飞天⑨；7）能够移位，显现多种化身⑩；8）具有穿行各界的能力⑪。

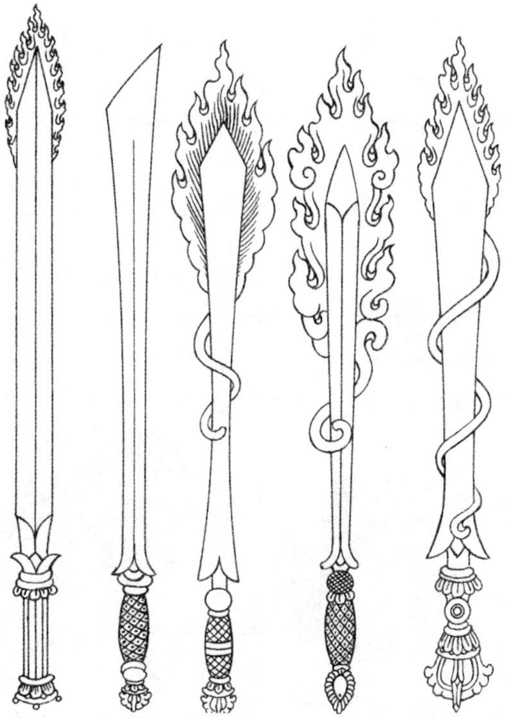

智慧箭

智慧剑是用蓝色的铁制成，宝剑的双刃上盘旋着卷旋的火焰，剑尖周围射出一道智慧之火。剑柄用黄金制成，顶端有一个半截五股金刚杵球饰。双刃剑的剑身象征着相对和绝对真理的统一。锋利的剑尖象征着智慧的完美。熊熊燃烧的烈焰象征着智慧觉识之

---

① 藏文：Tsong-kha-pa，宗喀巴，藏传佛教格鲁派（黄教）创始人。生于青海湟中。幼时从噶当派名僧达玛仁钦出家，学习显密教法十年，十六岁赴西藏深造，先后在前后藏各地投师求法，在噶当、萨迦诸大师指导下研习五论、五明，兼通显密，造诣颇深。著有《菩提道次第广论》、《密宗道次第广论》等书，阐明显密两宗修行次第，提倡不分显密都必须恪守戒律，形成一代宗风。

② 藏文：kLong-chen-rab-vbyams-pa，隆钦巴，1308 年～1364 年，藏传佛教宁玛派大圆满派开创祖师。随从噶玛巴・饶迥多杰、萨迦喇嘛丹巴、宁玛仁增钦摩等人学习宁玛派及其他教派之密法。曾遍游西藏各著名寺院以及印度、不丹等佛教圣地，并于不丹建有一座塔尔巴林寺，传授宁玛派教法。一生曾修订过许多宁玛派之密法，论著颇多，共有二百五十三篇，其中最著名的《七宝藏论》为宁玛派僧人必读之经典。

③ 藏文：Ye-shes-ral-gri，智慧剑，八大神通力之一。

④ 梵文：khadga-siddhi，剑力，八大神通力之一。

⑤ 梵文：ananja-siddhi，千里眼，八大神通力之一。

⑥ 梵文：padalepa-siddhi，飞毛腿，八大神通力之一。

⑦ 梵文：antaradhana-siddhi，隐身术，八大神通力之一。

⑧ 梵文：rasayana-siddhi，炼丹术，八大神通力之一。

⑨ 梵文：khechara-siddhi，飞天，八大神通力之一。

⑩ 梵文：bhuchara-siddhi，能够移位，显现多种化身，八大神通力之一。

⑪ 梵文：patala-siddhi，具有穿行各界的能力，八大神通力之一。

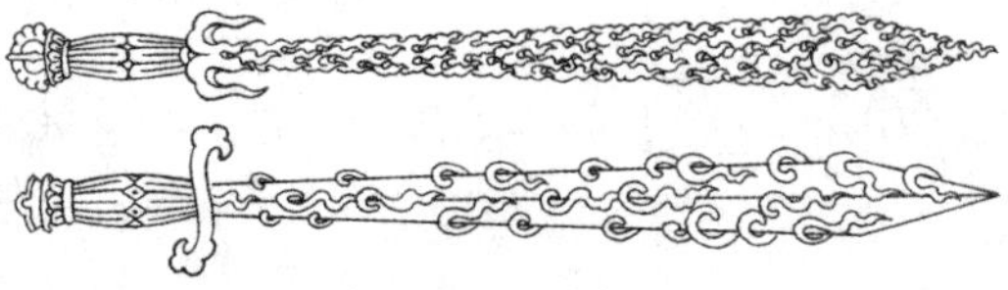

火　箭

火喷射十大方向。在某些勇士神的身上，特别是中央神与四方神形成一组的情况下，他们的宝剑常常被认为是用铁、水晶、铜、金和琉璃制成的。宝剑（或十字金刚杵）也是羯磨部怙主北方绿色佛不空成就如来“一切遍”的标识。

盾牌（梵文：phalaka，khetara，carma；藏文：Phub）

作为保护性的器物，盾牌常与剑搭配在一起成为防御和进攻的一对武器。阳性的“方法”右手挥舞着利剑，而阴性的“智慧”左手挥舞着防御性盾牌。

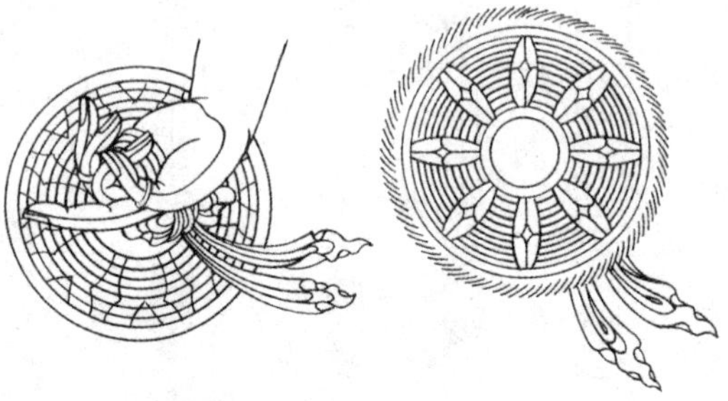

时轮金刚手左手手持的八辐盾牌（左）；盾牌的正视图（右）

饰有虎皮的盾牌（左）；装饰成莲花状的盾牌（右）

在藏族艺术中，盾牌被一成不变地画成圆形，通常饰有一个八瓣莲花图案或一个八辐金轮，或许这是强调其智慧方面。呈放射状的同心圆环也画在其中心点的八辐轮辐的后面，使它看起来像个藤编或柳条编制的盾牌（印度和东南亚的防暴警察现在依然常常使用这种盾牌）。在描绘金刚乘神灵时，有时规定盾牌必须是铁制的，但在绘画中，盾牌可以用铁、青铜、黄金、犀牛皮、牛皮、柳条或虎皮制成。在古印度的战争中，犀牛皮是制作盾牌的最佳材质。与木和铁不同，在重击之下，犀牛皮不会劈裂或出现凹陷。对于一般武士而言，牛皮比较易于获得。圆形牛皮被铆钉钉在盾牌圆形铁框上，常用四块中心铁或青铜饰钮作为装饰。盾牌外侧常常使用牛皮，内侧则使用虎皮为衬。这样的皮盾牌叫做“carma”，而铁盾牌一般叫作“phalaka”。

由于是成对使用的器物，因此，像怖畏金刚、时轮金刚、金刚力士①和大红欢喜天②

① 梵文：Vajravega，金刚力士，神名。

② 梵文：Ganapati，欢喜天，“大圣欢喜自在天”的略称，神名，亦称“大圣欢喜天”、“圣天”、“天尊”。

这样的神灵都佩带这样的剑和盾牌。盾牌基本上象征着保护和战胜敌人。怖畏金刚的盾牌代表佛陀战胜魔的攻袭、战胜一切敌人及用他无懈可击的智慧和成就护佑芸芸众生。时轮金刚的盾牌代表“身”的躯干，其剑代表“风”。

天蝎柄剑（梵文：vrishcika-khadga；藏文：Ral-gri sdig-pavi-yu-ba-can）

天蝎柄剑的剑柄是用蝎子黑色的背部和尾部制成，蝎刺形成一个把手，蝎钳成为剑柄，火焰团围的剑身宛如一个长长的铁舌从其口中伸出。由于是一件令人极为恐怖的武器，因此，只有与疫病和天灾有关的神灵，如怒相灾祸女神独髻母①的某种化身，才会挥舞它。护法的勇士神也挥舞此剑，代表他具有摧毁战场上的疾病和瘟疫的能力。

这种剑的剑身用陨铁制成，旋转的团团火焰盘缠在剑身上，表明其锋利无比和无坚不摧的金刚特质。蝎子的身体可以画成有腿或无腿，身体上布满眼睛，张开的大嘴里常画有尖利的门齿毒牙。很可能，这种剑具有刺杀没有资格但又去舞剑之人的力量。

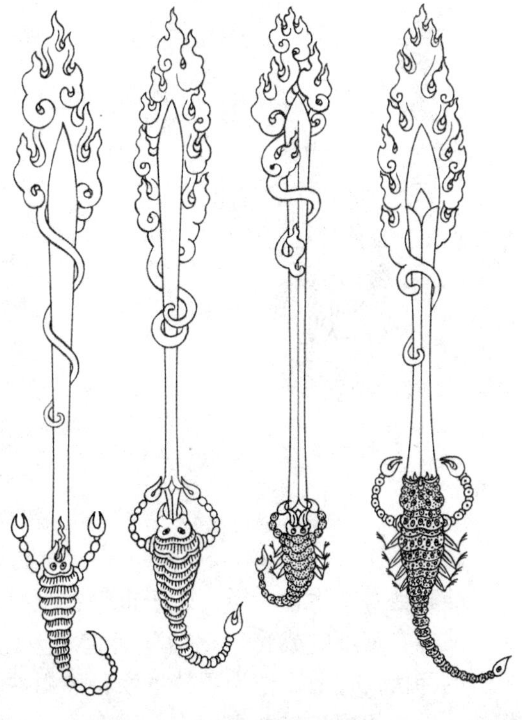

天蝎柄剑

天蝎（梵文：vrishcika；藏文：sDig-pa）

印度黑蝎是毁灭性怨恨的潜在象征，其身体长满鳞片，其钳带甲，像鞭子一样的毒刺针表明它是自然界最难对付、最令人恐惧的进犯者之一。在描绘不同等级的精怪的绘画作品中，用蝎子代表引发天灾和瘟疫之魔。某些精怪会长有蝎头和蝎钳，披着带褶的黑蝎皮作为护甲。其他一些精怪会手持天蝎作为器物或挥舞一把蝎柄剑。在举行保护或毁灭的仪式中，经常用蝎子图降伏精怪。例如：可以画出正在吞食“王魔”② 的蝎子以保护免遭这类王魔的伤害。正受蝎子攻击的其他等级的带镣精怪模拟像也同样画在护身符或林伽上，用作符咒以抵消这些精怪的怨恨。

---

① 梵文：Ekajati，独髻母，女神名。

② 藏文：rGyal-po，还有“皇帝”、“国王”、“君主”、“土司”之意，此处指一种王魔。

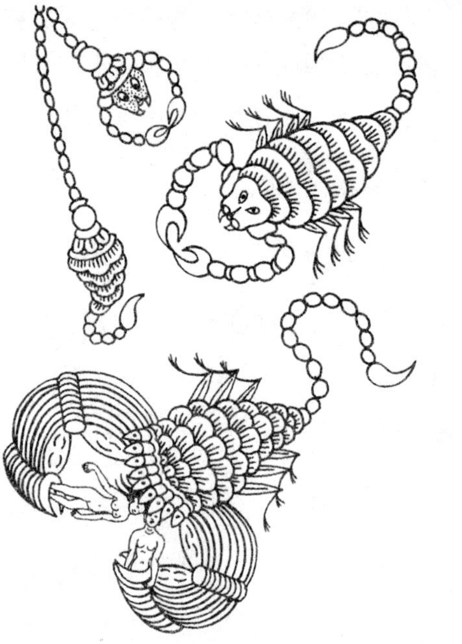

蝎子索和蝎子钩（左上）；八腿蝎子（右上）；蝎子长有九头、十八钳、二十七只眼睛，正在吞噬男精女怪（下）

《米拉日巴传》中描述了他在早年生活中是如何求助黑巫术来惩罚和报复那些心怀叵测的亲属的。在三十五位亲属参加的婚宴举行过程中，一群有毒的爬虫和昆虫突然出现，一只"宛如牦牛大小"的巨型蝎拽倒了屋中大柱，将所有的人斩尽杀绝。与此同时，在隐居洞中，米拉日巴召唤凶相精怪向他献上了这些亲属的滴血人头和心脏。

《莲花生大师传》描述了他如何在印度大尸林拉杰格里哈①从一只九头、十八钳、二十七只眼的巨蝎那里接受了《金刚橛法》的传承。这只巨蝎从藏在墓地岩石下的一个三角形石匣里挖出了金刚橛经文。当阅读伏藏经文时，莲花生能自然领悟。蝎头、蝎钳和蝎眼被"解释"为不同的"乘"。在拉杰格里哈，莲花生获得了"蝎子大师"的称号。当他以八大化身之一"莲花王"②的化身显现时，他被画成左手拿着一只蝎子。在早期藏传佛教宁玛派中，蝎子被视为金刚橛密法传承的象征，其有毒的红色刺针相当于被血液或毒药浸泡过的金刚橛橛尖。

与其他有毒生物一样，蝎子也画在巫师在密宗毁灭仪式或黑巫术中使用的"咒角"③上。从患有瘟疫的或受"蝎精"所害之人的尸体上取下的骨头也可以刻成金刚橛，用于灭敌的降伏仪式上。作为手持器物，黑蝎被画成长有六腿或八腿，在握蝎时，蝎头和蝎钳朝外。手持的蝎长有九头、十八钳和二十七只眼（每头长有三只眼），也可以将其画成正在吞食一对赤身裸体的男女精怪。

水波利刃（梵文：churi，churika；藏文：Chu-gri）

渔夫刀带有水波纹刃口，在藏文中被称作"水波利刃"④。作为手持器物，某些怒相神的右手持有这种剃刀般尖利的水波利刃，其部众中的众多不同精怪也挥舞水波利刃。水波利刃源自印度渔夫的传统利刃，他们用它来刮鳞和剔除内脏。在印度的沿海渔村依然可

① 梵文：Rajgriha，拉杰格里哈，印度一尸林名。
② 梵文：Pad-ma-rgyal-po，莲花王，莲花生八大名号之一。
③ 藏文：Thun-rwa，咒角，装真言芥子的牛角。
④ 藏文：Chu-gri，水波利刃。

以见到利刃的多种变体。利刃常常插在一个木座上，用双脚把木座夹住，这样就可以腾出双手来处理滑腻腻的鱼。

在藏族艺术中，这种利刃就是中等长度的水波利刃。利刃从摩羯张开的大嘴里的“鳄鱼钳”中伸出，装饰华丽的短柄末端有一个金刚杵或一个珠宝饰物。利刃刃口被画成铁的深蓝色，饰有摩羯的手柄是用黄金制成的。藏式水波利刃与印度尼西亚的蛇形剑惊人地相似。在传统上，这种蛇形剑用陨铁制成，剑出鞘时必须带血。

佛教的利刃象征着斩断轮回，因为，它切断了芸芸众生的内脏（固有存在的空性）、鳞（相对境的显现）、头（生的轮回与再生）和尾（业的倾向）。

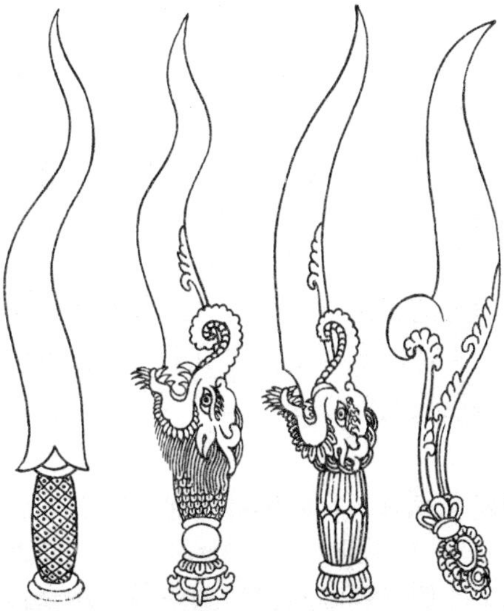

水波利刃

利刃（梵文：kshura；藏文：sPu-gri）

传统的印度利刃是剃度的佛教僧人获准携带的，是用来刮胡修面的为数不多的物品之一。作为武器，某些怒相神的右手挥舞着它，象征着“涤除”一切污秽之物或因过去的疏忽而积下的恶业。铁制利刃与渔刀的形状画得一样，但通常刀身稍短更直。刀身也可以画成由黄金或磨光的海螺壳制成。

利 刃

飞镖（梵文：bhindipala，shakti；藏文：Bhi-dhi-pa-la，sak-ti）

三角形的铁制飞镖带有三根孔雀翎，是怖畏金刚的右手器物。这个金刚杵形状的镖身有三个面，象征着断灭贪、嗔、痴“三毒”，而三根孔雀翎代表着怖畏金刚的殊胜三界。飞镖镖身和孔雀翎的结合也象征着“主观性和客观性”二元概念的净化。

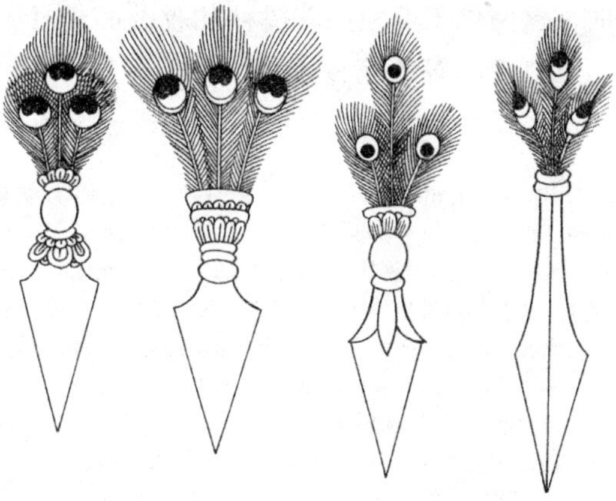

飞 镖

怒相女神班登拉姆①以独髻天母②化现时，她的右手拿着同样的武器，是一个叫做“sak-ti”的带有孔雀翎的小型飞镖。这个器物同样象征着女神战胜“三毒”（三个镖面）和“三界”（三个孔雀翎眼）。

梵文词汇“bhindipala”指的是一种短镖或一种带尖的投掷物。根据一些藏族传说的说法，怖畏金刚手持的飞镖就是带孔雀翎的锥形瓶口花③，它装饰在礼器的口部。

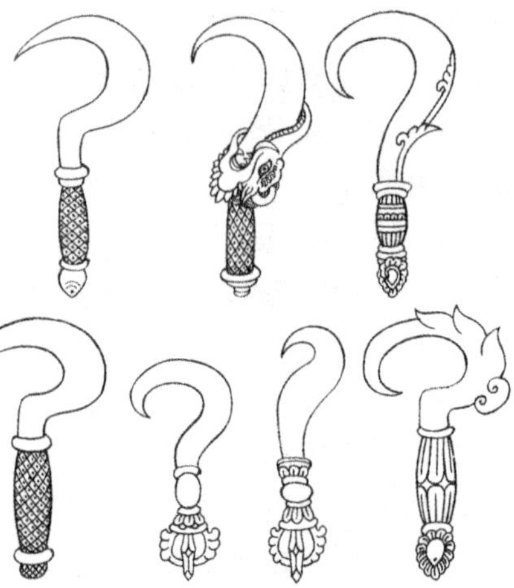
镰　刀

镰刀（藏文：Zor-bo，dGra-zor）

弯形镰刀作为一种武器用来肢解敌人的四肢并砍杀他们。伴随怒相神部众的小精怪的手中常画有镰刀。镰刀象征着斩断一切恶业。与播种过程中“颠覆地下世界”的犁地情况相反，在收获的善业中，镰刀是在“颠覆地上世界”。镰刀有一个锋利的、带钩的蓝色的铁制刀身。它插在一个金色手柄上，手柄上带有摩羯和金刚杵饰物。

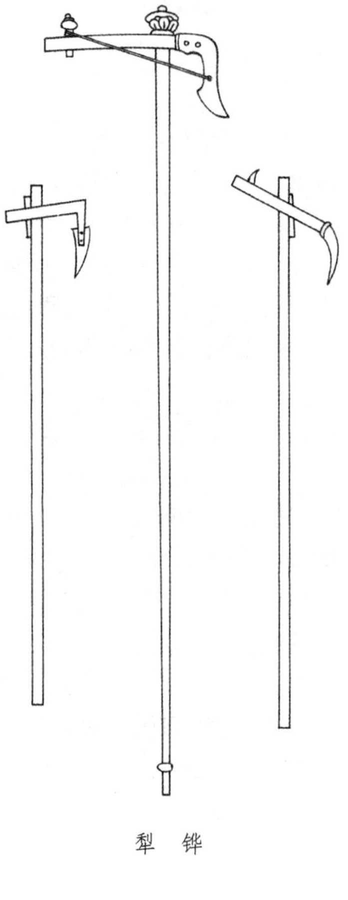
犁　铧

犁铧（梵文：langala，hala；藏文：Thong）

犁铧象征着神具有摧毁或“颠覆地下世界”、龙众界和其他地下生灵的能力。当与镰刀一起使用时，这两件工具象征着播种和收获的善业。犁铧握在本尊神阎魔敌④ 众多左手中的一只手中，这象征

① 藏文：dPal-ldan-lha-mo，班登拉姆，藏传佛教著名的女护法神。她一身深蓝色，生有一面、二手。骑一匹骡子。女神右手挥舞一根巨大的饰有金刚杵的檀木杖。左手放在胸前，持盈满童血的颅骨（童血是从乱伦所生的孩子身上取出的）。女神穿黑丝衣和粗布制成的围腰，头饰为刚刚割下的头颅串成的花环，系蛇腰带，整个身体用焚烧尸体的灰烬涂裹。女神生有三眼，獠牙，头发直立，戴孔雀羽毛冠，腰间别有拘鬼牌。

② 藏文：gTso-mo Re-ma-ti，独髻天母，神名。

③ 藏文：Kha-rgyan，瓶口花，插在宗教器物宝瓶等口部的吉祥草或孔雀翎所制装饰物。

④ 梵文：Yamari，阎魔敌，魔名。

着他对“业”的控制。犁铧也握在中阴界①的几个饮血金刚神的左手里，它象征性地表明死亡与转世之间的“中阴状态”。

三股叉（梵文：trishula；藏文：rTse-gsum，Tri-shu-la）

三股叉的字面意思是“三齿”，梵文称作“trishula”，其意为“三个大钉或三个尖”。三股叉是许多古代文化颇为熟悉的一种象征物。作为渔叉，它是希腊和罗马水上神灵海神②和海王星神③的主要器物。在现代星相学中，三股叉象征着“水上”的海王星。三股叉也与宙斯的雷电和朱必特神的三个雷电有着肖像画法上的密切联系，这些东西常以三股叉的形式出现。早期基督教采纳了犹太教④献祭用的三股叉，代表圣父、圣子、圣灵的三位一体，但在中世纪时期，它变成恶魔的象征，成为撒旦⑤或恶魔般之人⑥的“草耙”。

三股叉的象征符号最初出现在米索不达美亚⑦和印度河流域的古哈拉帕文明的泥印上。在哈拉帕文明中，它可能是湿婆的早期象征物。在吠陀神话中，三股叉被看成因陀罗的金刚杵或“雷电”上的三股叉（他的金刚杵最初被画成双头叉状）。在印度教中，三股叉是湿婆的象征，代表着他的意志力、智力和业力“三力”，也代表其品德超越三功德⑧。这些品德与创生、保护和毁灭之业相符。在印度教中，它们被拟人化为印度教的三位一体梵天、毗湿奴和湿婆，而“A-U-M”的发音与种子符号“OM”的发音相同。湿婆的三股叉也象征着殊胜三界和“三时”。

湿婆三股叉上的三个股叉也指湿婆的“三河之主”⑨ 的化身。梵文词“triveni”指的是古印度的恒河、朱木那河和娑罗室伐底河⑩三大河流在普拉雅格⑪圣地的交汇。在这个交汇处每十二年要举行一次大宝瓶节⑫。从密宗意义上来看，这个交汇处代表着阴（恒河）阳（朱木那河）脉道的会合，它们聚合在一起，然后融入中脉中（娑罗室伐底河）。娑罗室伐底河曾经是印度北部的一条大河，现已干涸，但在印度传说中，人们依然认为它是时隐时现的一条河。在印度各地每一座湿婆教神殿里都可以见到铁制三股叉。其杆代表

---

① 藏文：Bardo Thodol，中阴界，中阴指的是前身已弃，后身未得，即死后未投生中间。

② 梵文：Poseidon，海神。

③ 梵文：Neptune，海王星神。

④ 梵文：Judaism，犹太教，世界各地犹太人的宗教。奉雅赫维为“唯一真神”。认为犹太人是雅赫维的特选子民，并认为教义、教规系由雅赫维通过摩西传授而来。

⑤ 原文：Satan，撒旦，谓专事抵挡山地而与山地为敌。在犹太教、基督教《圣经》中为魔鬼之名。

⑥ 原文：Lucifer，形容恶魔般的人。

⑦ 原文：Mesopotamia，米索不达美亚，位于幼发拉底河和底格里斯河之间的两河流域。

⑧ 梵文：guna，三功德：1）微尘功德；2）黑暗功德；3）精力功德。

⑨ 梵文：triveni，三河之主。

⑩ 梵文：Sarasvati，娑罗室伐底河，印度河名。

⑪ 梵文：Prayag，普拉雅格，地名，现今的阿拉哈巴德（Allahabad）。

⑫ 梵文：Maha Kunbh Mela，大宝瓶节，印度的一个宗教节日。

中脉，通过这个脉道，军荼利女神①升腾与在轮冠的千瓣莲花上的其主（湿婆）结合在一起。

在早期印度佛教中，三股叉构成了佛陀首批古代标识之一，作为“梵天冠”的标识出现在佛陀的脚印上。这象征着“三宝”的三位一体和佛陀有关道德、禅定和智慧之教义的《大藏经》②。在金刚乘肖像画法中，湿婆教的三股叉被采纳，成为一种象征性的佛教武器，特别是与湿婆有关的神灵，如转轮王、怖畏金刚和大黑天神的武器。

佛教中的三股叉通常置于红色檀香杆的顶端，底部用半截金刚杵、珠宝或球饰为饰。蓝色铁制三股叉的三个股叉代表三大脉道。三股叉延长的中间股叉一般被烈焰包围，象征着从中央脉道升腾而起的“内火”。三股叉的两个外股叉上挂着铁环。这些环源自湿婆教的耳环供或手镯脚镯供的修法，象征着对湿婆的离弃和背叛。两个环代表“二谛”的结合；四个环代表“四无量”；六个环代表“六度”。在铁制三股叉的下面常有一个干枯的骷髅，骷髅的下面常悬挂着一个红色的牦牛尾拂和一个飘动的丝带或旗幡。从密宗意义上来看，干枯的白色骷髅代表经过中央脉道的白色菩提心露的下降，红色牦牛尾拂代表红色菩提心露的上升。

根据神的化身，三股叉也可以看成是三股叉军旗③、三股矛④、三股叉短杖⑤或三股叉天杖⑥。三股叉的杆上常有一个飘动的三角旗（三股矛在后面将有介绍）。三股天杖的形状宛如插在一根长木杆上的三股叉，可以有干枯的骷髅、牦牛尾拂和丝带。三股天杖可以画成一个顶部带有三股叉的嘎布拉天杖，或是以更简单的形式，即：顶部是割下的人头或插有骷髅的三股叉。

作为手持器物，三股叉主要象征着断灭“三毒”，把原始的愚昧变成中股叉的智慧之火。三个股尖也象征着神灵的“殊胜三界”、“三时”、“三身”及空性或身、语、意的结合。三股叉的藏文词汇是“rTse-gsum”，有“三个尖”的意思，与代表“三根”或“三脉”⑦ 的词汇相近。此处，“三根”指的是大乘佛教中的佛、法、僧三位一体，也指金刚乘中的大师、本尊和空行母的三位一体。

① 梵文：Kundalini，军荼利女神，女神名。
② 梵文：Tripitaka，《大藏经》，佛教典籍的丛书。以经、律、论为主，并包括印度等国家其他佛教撰述在内。
③ 藏文：Ru-mtshon-rtse-gsum，三股叉军旗。
④ 藏文：mDung-rtse-gsum，三股矛。
⑤ 藏文：dByu-gu-rtse-gsum，三股叉短杖。
⑥ 藏文：Kha-twam-ga-rtse-gsum，三股叉天杖。
⑦ 藏文：rTsa-gsum，三脉。

三股叉

三股矛（梵文：kunta-trishula；藏文：mDung-rtse-gsum）

三股叉常被画成某些最怒相神灵的器物，如“拯救灵魂”的大黑摩护法神和蓝色四面蓝色大黑天神。这种精致的三股叉头成为斧子、矛和钺刀或铁钩刃口的一部分，使劈、刺、砍、钩的功能大大增加。矛头中间的饰钮可能是一个骷髅头，从骷髅头的头顶伸出一个喷焰矛尖。在中央饰钮下面，从怨敌血淋淋的骷髅头的大嘴里伸出矛尖的管状底部，仿佛这颗人头是贯穿颈部和嘴里后插在杆上的。有时，这颗血淋淋的人头的舌头向上突起，表明该怨敌是一个起尸①鬼。在血淋淋的人头下面有一面盘绕在一起的三角形长战旗，战旗可以用丝、毡和皮制成或用从怨敌尸体上剥下的人皮制成。三股矛的长矛杆通常用红檀香木制成，其底部用半截金刚杵作钮饰。

这种三股矛的基本形状是有一个长长的三角形旗幢，其三叉头是斧、矛、钩刀的结合。蒙古骑兵用它做军旗，在大获全胜后，他们经常把敌人指挥官的首级挑在棍或矛上。三角旗通常用红色或黑色丝绸制成，用毡或皮镶边。三角形的齿形外沿呈火焰状或龙背鳍状。齿状旨在造成一种波浪涟漪的效果，瑟瑟风声宛如骑兵呼啸而来参战，使旗手信心倍增，也令敌军闻风丧胆。牦牛尾幢是蒙古战旗的主要标识之一，成吉思汗把九牦牛尾幢标识作为他的军旗。牦牛尾一般为红色或血红色，表明旗手在战场上英勇无比，不可战胜。

带有割下人头和旗幡的三股矛（左一和左四）；带骷髅顶饰的三股矛（左二）；斧刃矛（左三）；矛尖战斧（右）

① 梵文：vetala；藏文：Ro-lang，起尸，死尸复起。

天蝎柄矛（梵文：sarpa-trishula，藏文：sBrul-gyi-rtse-gsum）

天蝎柄矛是炼金术神海尔梅斯①的标识。它首次出现在古亚述文化②、赫梯文化③和腓尼基文化④中，成为用棍支撑的太阳和月亮象征物。后来，作为海尔梅斯这个希腊“神的信使”的手杖，天蝎柄矛有了盘缠在一起的蛇和翼形罩图形，这个图形作为治疗疾病的象征现已为人熟知。黑尔梅斯运用天蝎柄矛的魔力能使哈得斯⑤的受害者苏醒和复活。从医药学来看，双蛇代表着毒药和解毒药或毒液和血浆，符合“以毒攻毒”的顺势医疗的原则。从炼金术上来看，双蛇象征着朱砂和水银的易变性或经血和精液，它们的结合或嬗变能生成“长生不老药”。

在早期印度教中，当湿婆以世饶王佛化现时，天蝎柄矛是他的象征。这个象征物被纳入佛教，成为观音菩萨以“狮子吼”化身显现时的标识。狮子吼的天蝎柄矛是从其身体右后侧伸出，矛杆呈绿色，杆上盘旋着一条白蛇，血从其口中滴下。湿婆教世饶王佛的天蝎柄矛也可以是绿色或蓝色，杆上常对称地盘缠着双蛇。两条蛇分别为红色和白色，象征着缠绕中脉的阴阳脉道。柄杆顶部有一个红色牦牛尾幡、一个干枯的白色骷髅头和一个喷焰三股叉。红色旗幡和白色骷髅头象征着红色军荼利女神从中脉升腾与在骷髅头顶部的白色之主湿婆的结

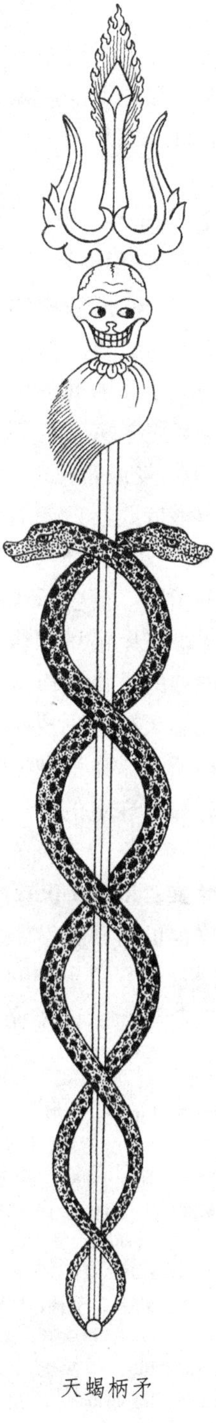

天蝎柄矛

① 原文：Hermes 或 Mercury，炼金术神海尔梅斯。

② 原文：Assyrian Culture，亚述文化。亚述为古代东方奴隶制国家。公元前三千年代末。塞姆（闪）人的一支在底格里斯河中游建立亚述城，是为亚述的起源。公元前二千年代初，形成了奴隶制社会和国家。亚述文化深受苏美尔、巴比伦文化的影响。

③ 原文：Hittite Culture，赫梯文化。赫梯，小亚细亚中部，里海南部古国，约公元前十七世纪建成统一的奴隶制国家。公元前八世纪并入亚述版图。赫梯文化多受巴比伦、埃及文化的影响。

④ 原文：Phoenician Culture，腓尼基文化。腓尼基，地中海东岸古国。公元前二千年建成若干奴隶制城邦，腓尼基人约在公元前十三世纪，主要依据古埃及文字制订了历史上第一批字母文字，它们是希腊、罗马（拉丁）以及后世西方文字的起源。

⑤ 原文：Hades，哈得斯，希腊宗教中的冥王，原意为“隐身者”。

合。顶部的三股叉象征着世自在殊胜三界或“三城”①。在印度神话中，用金、银和铁修造的三城是梵天、毗湿奴和湿婆分别送给一位名叫巴纳②的阿修罗的。这三座城市坐落在天上、地上和地下。后来，湿婆以“三城毁灭者”③ 化身显现，从其慧眼射出熊熊烈焰将这三座城市烧成灰烬。

矛（梵文：kunta，shakti，shula；藏文：mDung）

矛是许多怒相神“方法”右手所持的武器，基本象征着刺向或斩断各种谬见和偏颇的见解。古印度战争中的矛有众多的梵文名称。“shakti”一词有“强力”之意，可能也用于泛指一切铁矛。“mahashakti”（长矛）因饰有铃铛而享有盛名。“rathashakti”（兵车长矛）得名于带有旗翼的装饰华丽的长刺矛或能从兵车上进行投掷的简单标枪。“prasa”矛有一个宽刃矛头，与剑相仿。“shula”矛有矛头，矛头与三股叉中间的股尖十分相似，而“kunta”是最常见的代表矛的梵文词汇。

作为手持武器，矛通常画有红色或白色檀香木或橡木杆④。矛杆的下端用一个半截金刚杵、珠宝或小圆饰为饰物。矛头用顶端带烈焰尖的蓝色铁制成，其形状与尖头剑、金刚叉或箭头相似。蓝色矛头通常置于带有装饰的金黄色中心点上，中心点上挂着一小根血红色牦牛尾幡，尾幡稍稍飘向一侧。白色骷髅头也可以放在牦牛尾幡和金色中心点的下面。某些保护神的矛也可以画成用金、银、铜、水晶、琉璃或珊瑚等珍贵材质制成。怒相保护神持棒大黑天神被画成手持一根长矛，该长矛是用罗刹女⑤的胫骨制成。“八部众”⑥也持有各种利矛：“赞”神⑦持有红色矛，矛上系有血红色三角旗幡；橛尖魔⑧持有白色矛；法王持有饰有珠宝的矛。

矛翼（梵文：kunta-pataka；藏文：mDung-dar）

矛翼也可以称作“翼旗”⑨ 或“军旗”⑩，是蒙藏勇士的标识。作为一种标识，它常常握在蒙藏地方勇士神的手中。矛翼的形状与上述三股叉相似，是系在矛杆上半部的带有波纹的三角旗幡。该矛翼一般用丝绸制成，用毡、兽皮或皮革镶边，颜色各异。怖畏金刚

---

① 梵文：tripura，三城。
② 梵文：Bana，巴纳，阿修罗名。
③ 梵文：Tripuyantaka，三城毁灭者。
④ 藏文：Be-mdung，白色檀香木木杆。
⑤ 梵文：rakshasi，罗刹女。罗刹本来是一种恶鬼，其后成为佛教的守护神。罗刹女指女性的罗刹。
⑥ 八部众：1）阎罗王；2）非人；3）魔；4）刹；5）鬼；6）龙；7）夜叉；8）凶曜。
⑦ 藏文：bTsan，赞神，妖精、妖怪。迷信所说的一类厉鬼。
⑧ 藏文：dBal，橛尖魔，魔名。
⑨ 藏文：Ru-dar，翼旗。
⑩ 藏文：Ru-mtshon，军旗。

手持之矛的矛翼是红色的，而欢喜大黑天神①手持矛翼为“罂粟色”。某些神灵手持矛翼，矛翼上有一个长方形的标识，标识上饰有丝绸流苏，有时矛翼的样式极为简单，只是系有一根飘逸的丝带。

长箭（梵文：tomara，Kampana，bhindipala；藏文：mDav-chen）

长箭指的是被抛出或掷出的一种矛，其竹竿短小。与矛一样，它象征着刺穿或断灭邪见和邪念，因为它刺中敌人（痴愚）的心脏（意）。古印度战场上使用的长箭有各种梵文名称，如：“shanku”，“kanapa”，“tomara”，“bhindipala”。“kampana”一词有“摇晃”或“颤抖”之意，显然是指竹竿长箭在向目标投去时会像箭一样抖动。作为手持武器，长箭的形状就是简单的矛或一支无法飞行的箭，可以画成绿色竹竿或红色檀香木杆。

罥戈（梵文：kanapa；藏文：Ka-na-ya）

罥戈②是一种形状特殊的矛或长箭，其杆上有一个可以拽回的长绳索，常常作为怖畏金刚右手的所持器物。在肖像画法中，它象征着用觉识刺穿愚昧，或象征着克服身、语、意之误的智慧。与成对的铁钩和索套象征物一样，罥戈锋利的铁头尖代表着智慧，可以拽回来的绳索代表着“意”或“念”。怖畏金刚的罥戈常被画成矛头带焰的矛，矛杆上半部系有一根长绳。

短橛（梵文：danda，gada；藏文：dByug-pa，Be-con，Beng）

短橛是一种武器，可以粉碎、切断和压碎东西，主要象征着粉碎由“业”而生成的愚昧之障和精神上的污垢。作为右手“方法”的器物，短橛形状各异，从精致的锥形杆到装饰极为华丽的木制或金属“城堡”状不等。

在古印度战争中，沉重的短橛是身体强壮之人首选的武器，在训练摔跤者技巧时仍可以看到这一传统，摔跤者用一对木短橛进行气力训练。力大无比的猴王哈努曼③是印度摔跤者的庇护神，它挥舞的就是短橛。好战的印度教神灵所用的短橛常被画成被拉成扁平状的一大块金属片，插在木制锥形杆上。在印度史诗中，战争中的石制短橛被称作“lakutha”或“lagudha”，铁制短橛叫做“sthuna”，而沉重的木制短橛则叫做“danda”、“gada”、“bhusundhi”、“mudgara”或“musala”。

最常见的金刚乘神灵的短橛有一个锥形长木杆，其细长的底座上有一个小珠宝饰或半

---

① 梵文：Ganapati Mahakala，欢喜大黑天神，神名。

② 藏文：Ka-na-ya，罥戈，柄端系有细绳，抛后可以拽回的短戈。古代兵器之一。

③ 梵文：Hanuman，哈努曼，印度猴王名。

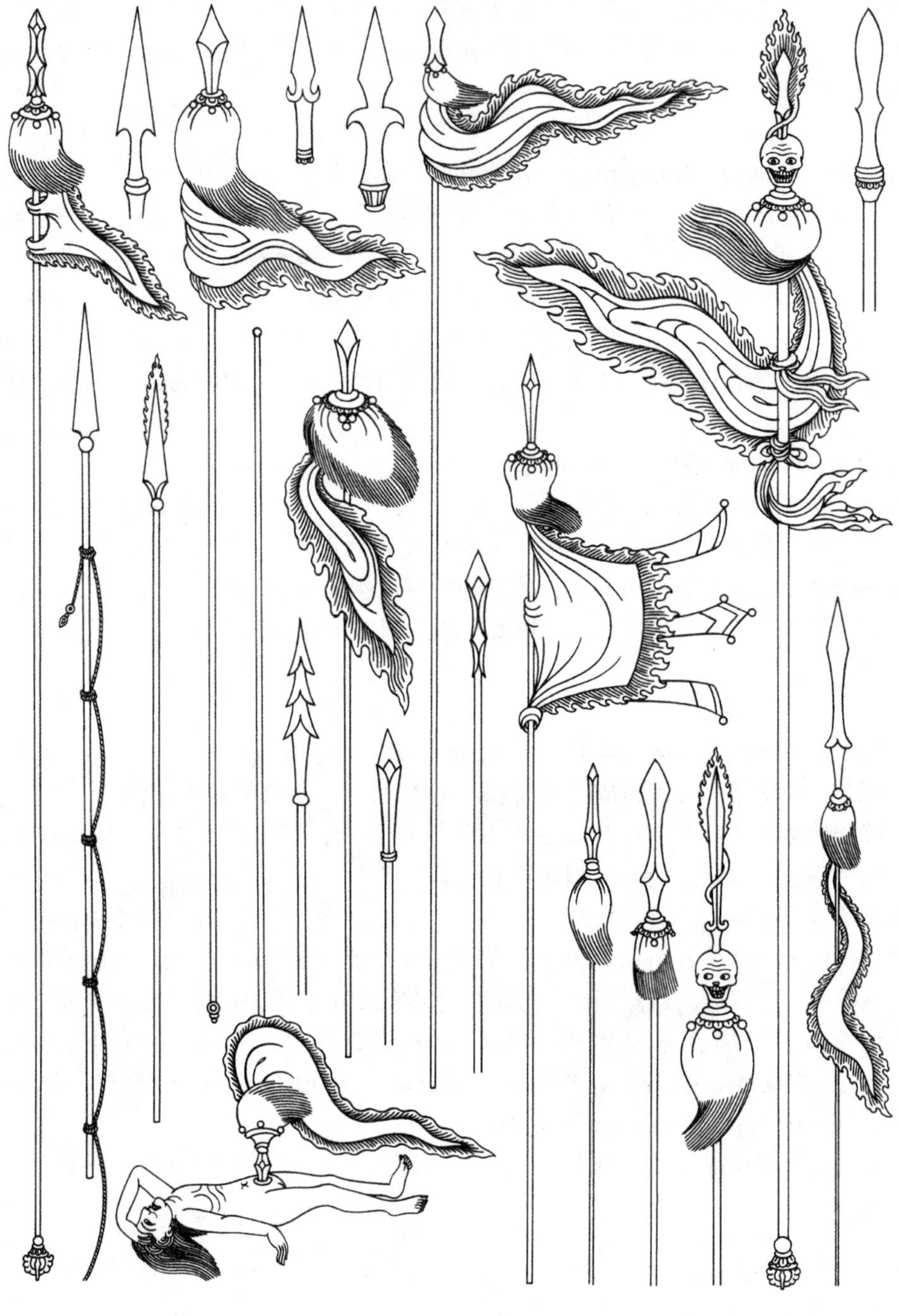

各种矛、矛翼和矛头；羂戈与可以拽动它的绳索画在一起(左二)；带有火焰尖的长箭(左三)

截金刚杵饰，杆顶有一个大的半截金刚杵饰、珠宝饰或三股叉饰。其杆是用坚硬的金合欢木①或红色檀香木②制成。杆的上半部通常饰有一捆丝带。珠宝镶顶的短橛是多闻天王几种化身的器物，多闻天王的器物常被画成短橛，上有一个如意宝饰、一个火焰宝饰或一个“珠宝花蔓”饰。有金刚杵饰顶的橛一般被视为短橛，是众多本尊神和护法神手中常持的器物。

大黑天神的众多化身都手持巨形檀香木橛③，它们均有具体的画法。持橛大黑天神的一个化身手持一个饰有珠宝的巨型檀香木橛。从橛顶喷出一股烈焰，从橛底喷出一股洪水，与此同时，众神和阿修罗大军正在橛的中央处鏖战。持橛大黑天神的另一个化身手持檀香木橛，橛底有一个三角形的铁金刚橛的橛身、一根滚花手柄、一根镂空的橛杆，橛顶有一个火焰宝饰或多面珠宝饰。短橛镂空的檀香木杆被画成城堡状④。城堡中的众神和阿修罗大军随时准备被持橛大黑天神放出来参战。这些“城堡”状短橛被画成檀香木杆的镂空结构，呈长方形剖面状，橛身有几个稍稍打开的孔道。孔道后面是众神与阿修罗交战或准备交战的场所。该短橛有金刚橛饰顶，橛身的三面代表着断灭“三毒”，而正

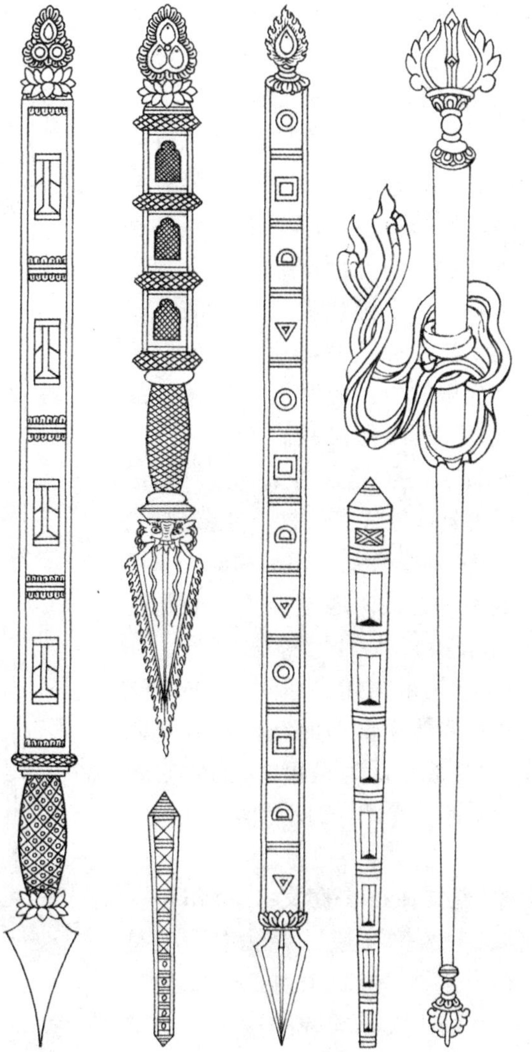

大黑天神带珠宝饰顶的檀香木短橛，上有三角形铁尖和四个城堡式孔道（左）。金刚杵饰顶的檀香木短橛，上有三个城堡式孔道（左二），下有一个檀香木的小棒。短橛装饰着象征“四大”和“四业”的象征物（左三）；带有三角形饰顶和城堡式孔道的短橛（左四）；金刚杵饰顶的檀香木短橛（右）。

① 梵文：khadira，金合欢木，树名。

② 梵文：chandan，红色檀香木，树名。

③ 藏文：Tsan-dab-kyi-beng-chen，巨形檀香木橛。

④ 藏文：rDzong，城堡。

在交战的众神和阿修罗大军代表着断灭另外两毒“慢”（神）和“嫉”（阿修罗）。

大黑天神另一个三联神化身叫做“三大具善”①，其双手挥舞着另一种形状的长橛。这个锥形橛是用红色檀香木的方剖面制成，其顶部四角各有一个锥状尖。短橛的长度与三大具善神的高度相同。他们用双手挥舞的方式表明这些短橛是战斗武器而不是权杖。在梵文中，“danda”一般指手杖，而“gada”一词更具体地代表权杖。在藏文中，“dByug-pad”或“dByug-to”一般指棍棒。更具体地说，“Beng”一词用来描述大黑天神的短橛，而“Be-co”用来描述多闻天王的短橛。另一种武器用锥形的红色檀香木制成，常常被错认为是短橛，而它是吉祥天女的拘鬼牌（参阅后面描述）。

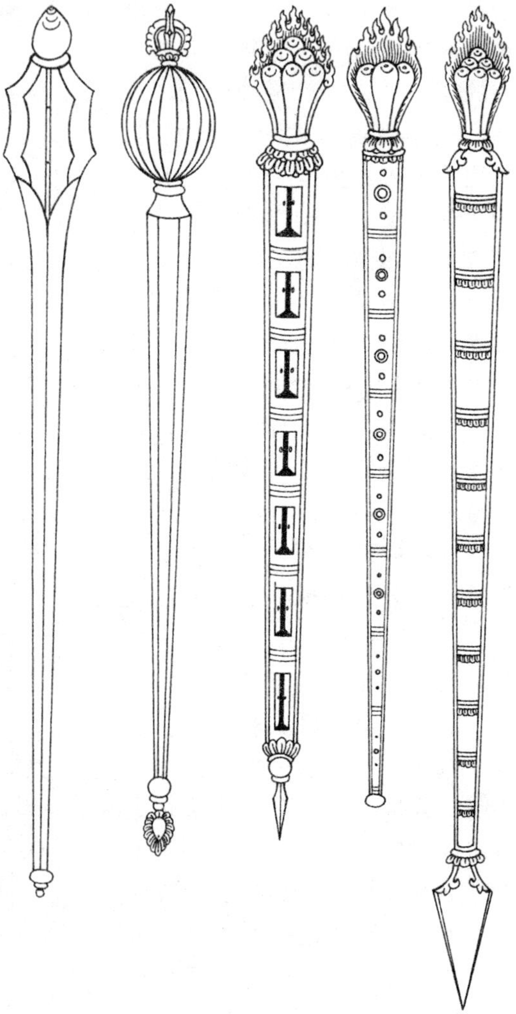

珠宝饰顶的带刃短橛（左）；金刚饰顶的短橛（左二）；三珠饰顶的短橛（右）。

横棒（梵文：gandi；藏文：Gan-di）

“巫术棒”或“魔力棒”②是怒相护法神“宝帐怙主”③的独特器物。由于大黑天神的这个化身被视为游牧部落人的帐篷，因此，人们常误认为它来自中亚。但宝帐怙主最初是信奉佛教的印度最大的佛

① 藏文：Legs-ldan-mched-gsum，三大具善，大自在天的异名。

② 藏文：vPhurl-gyi-gan-di，巫术棒或魔力棒。

③ 梵文：Panjara Mahakala；藏文：Gur mGon-po，宝帐怙主，密宗一智尊所现护法神，神名。

学机构那烂陀寺①的保护神，其名源自《金刚怙主密续》②。

木横棒具有寺院锣的功能，要用小木槌敲击来召唤僧众参加宗教课程或其他日常活动。木横棒用一块白檀香木或雪松木制成，约长六英尺（84～108 指宽），宽六指，厚二指。在仪式上使用时，木横棒既可以用绳子挂在木框上，也可以扛在肩上进行敲击。据说，木横棒发出的声音可以恫吓四魔，它甚至用于释迦牟尼在世时期。

作为武器，需要水平握着“魔棒”，把它横放在宝帐怙主的两个主臂上。宝帐怙主被画成“身强力壮的侏儒”③，呈蹲伏状。从古印度战争更为创新的军事战术来看，很可能会让侏儒挥舞横棒。由于身体肌肉结实，短腿粗壮，侏儒象征着巨大的力量、稳定性和耐力，被视为印度的夜叉④，即：“侏儒精灵”。在早期印度教和佛教建筑中，侏儒雕像常常被画成承托庙宇屋顶的横梁或洞穴顶部。在战争中，侏儒勇士挥舞横梁为障，抵挡敌人的马蹄和马腿。

大黑天神的横棒

宝帐怙主的横棒被画成一个沉重的方形红檀香木横梁，整根横梁上有几个城堡门道，这些门道把众神和阿修罗的联军遮挡起来。横梁两端是对称的两个沉重的金钮饰，在传统上，饰钮形似镶嵌莲花的珠宝、金刚杵或漩涡状摩羯尾图案。

① 梵文：Nalanda，那烂陀，古印度摩揭陀国王舍城东的著名寺院，在今印度比哈尔地方，经历代国王扩建，成为古印度规模宏大的佛教寺院和佛教最高学府。全寺分八个大院。中国玄奘、义净等人也曾来此地就学多年。十二世纪被毁。

② 梵文：Vajra Panjara Tantra，《金刚怙主密续》，经文名。

③ 藏文：Mivu-thung-gel-ba，身强力壮的侏儒。

④ 梵文：yaksha，藏文：gNod-sbyin，夜叉，汉译“捷疾鬼”。佛教八部众之一，以毗沙门天的眷属的身份守护北方。一说该夜叉与罗刹同为伤害人畜的恶鬼。

骷髅棒（梵文：kapala-danda，munda-danda；藏文：Thod-dbyug）

骷髅棒是众多神灵右手“方法”所持器物，象征着终止或业力的“死亡”及万象皆空。作为武器，它恫吓所有恶魔并降伏“三界”中一切邪恶精怪。骷髅棒源自有骷髅饰顶的手杖或湿婆教信徒①的天杖，其基本形状为一根细长的锥形红色檀香木杆或骨杆，杆顶结一个干枯的白色骷髅头。骷髅头头顶上有一个珠宝饰或一个半截金刚杵饰。杆底有一个更小的珠宝或半截金刚杵饰。杆的上半部一般系有一条飘拂的白丝带。

骷髅棒

骨架棒（梵文：kindera-danda；藏文：Keng-rus-kyi-dbyug-pa）

骨架棒比骷髅棒更可怕、更令人感到凄凉，是骷髅棒的形式之一。在众多怒相护法神中，如阎王②、怖畏金刚和尸陀林主③的右手上都绘有此棒。与骷髅棒一样，骨架棒源自湿婆教信徒的天杖，最初是把人的骷髅头插在胫骨或大腿骨上制成。而这又是源自早期湿婆教的天杖，是湿婆所持的一种武器，用床架做成。

骨架的上半部用人的骷髅头和人骨架的脊椎、肋骨和骨盆制成。较低的手柄是用脊椎骨的尾骨制成，有时用与固定样式的骨架连在一起的腿骨制成。“龇牙咧嘴”或“傲慢自大”的

---

① 梵文：kapalikas，湿婆教信徒，他们都佩戴骷髅。

② 梵文：Yama；藏文：gShin-rje，阎王，亦称“焰摩天”，密教作阎魔王。十二天之一。其图像则与阎魔王不同。乘水牛，左手持人头幢，专修延寿、消灾的焰摩天法。

③ 梵文：Citipati，尸陀林主，尸林的看护者。

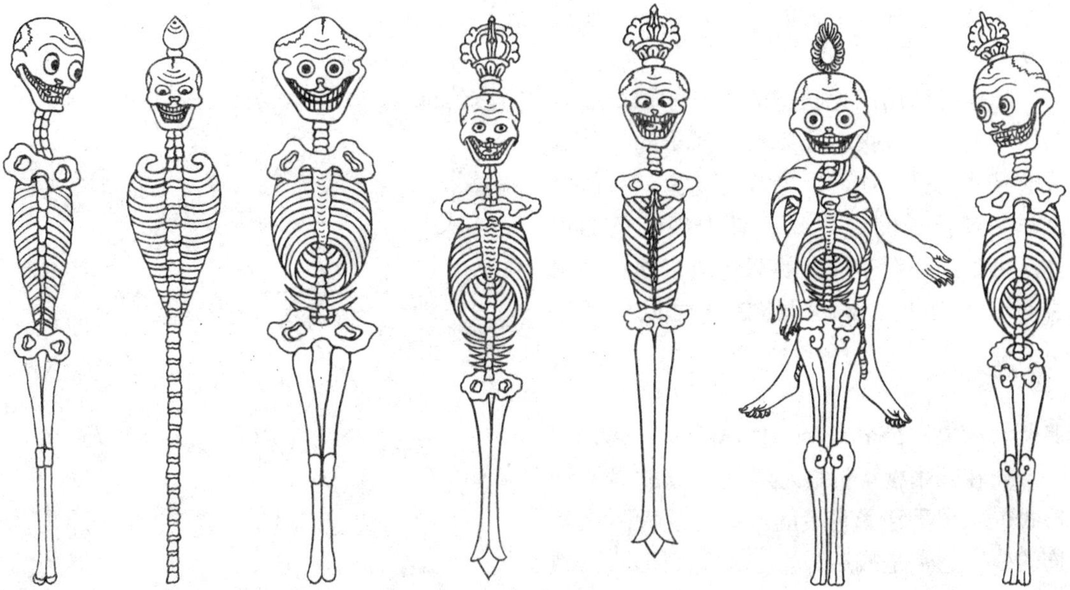

骨架棒

骷髅①的底部常用一块珠宝或一个半截金刚杵为饰。骨架一定要画成无臂骨状。有时，从尸体剥下的皮可以制成披风系在骨架的颈部。

骷髅棒或骨架棒更为简约的形式是画成插在一根脊椎骨杆上的骷髅头，脊椎骨包括膀骨和脖骨。阎王有时也画成手持骷髅棒的样子，骷髅棒由十三根椎骨制成。“十三”这个数字与佛塔的十三个伞轮相符，佛塔就是须弥山的“脊骨”。骷髅最恐怖的形状是双睛吊挂在空空的眼窝上，也可以画成嘴中喷焰、鼻中喷烟、眼窝喷血。

尸棒（梵文：shava-danda；藏文：Ro-dbyug，Zhing-dbyug）

独髻母、绿度母②和以“瘟疫女神”化身显现的天母之类的特别怒相之神的右手都挥舞尸棒。她们用这个武器摧毁一切对佛教教义有害之敌的生命，始终完全控制着各类

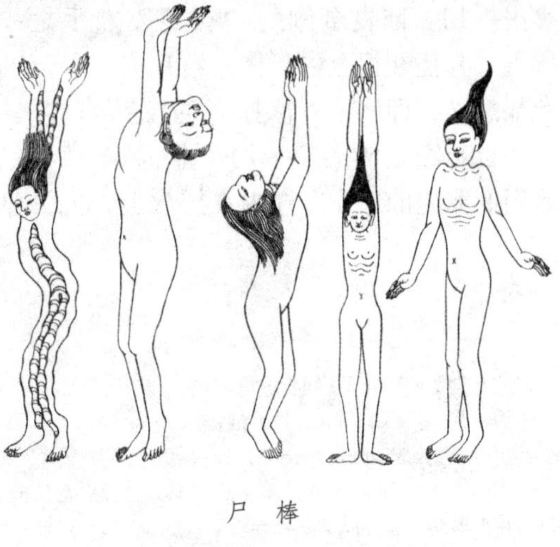

尸 棒

① 藏文：Gying-ba-thod，骷髅。

② 藏文：Thro-ma-nag-mo，绿度母，女神名。属菩萨类，为单身坐像。

精怪，特别是那些引发瘟疫和疾病的恶魔或妖女①。

尸棒可以用濒死状态的硬直的僵尸、木乃伊状的尸体或被剥了皮且已风干的尸体制成。某些精灵，如起尸鬼或还魂鬼，可能会高举一具孩子的尸体或一具朱砂红色的尸体。可以握住尸体伸开的双臂或双腿舞动僵直的尸棒当作武器，尸体的头可以作为手柄。

弗戈（藏文：gSal-shing-dbyug-pa）

插在长木棍②上的人尸是尸棒的另一种形式，木棍贯穿受害者的肛门。这种令人恐怖的残害通常是战后最常见的惩罚形式，胜者以此来羞辱败者。“插棍者”③ 或许是历史上这种残害形式最著名的受害者。罗马天主教教会法庭④在审问那些犯有鸡奸罪或性行为放纵者时也使用这种令人毛骨悚然的做法。在中世纪的印度，插杆致死也用于某些人祭仪式中。

作为手持器物，插在棍上的尸体经常被视为是罪犯的尸体，象征着万物皆空或使人丧失一切。怖畏金刚的“智慧”左手之一握着一具插在棍上的尸体。这还有另一层的象征意义，即：不管修持者的“惑”有多大，修怖畏金刚定能消除一切恶业，甚至那些最顽固的罪犯的恶业。在内在层次上，棍贯穿

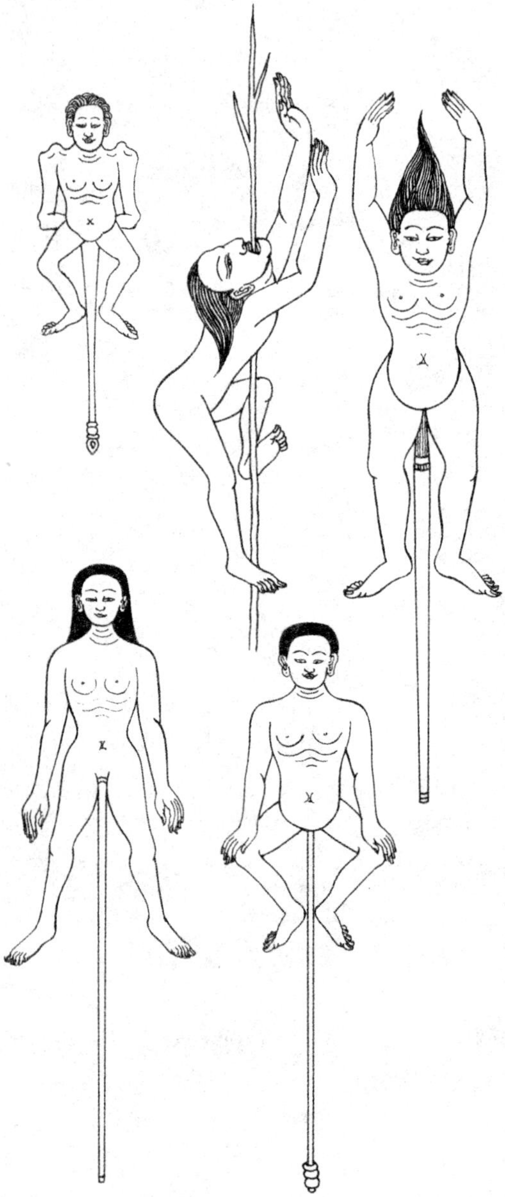

弗 戈

① 藏文：Ma-mo，妖女或魔女。

② 藏文：gSal-shing，长木棍。

③ 原文：Vlad the Impaler，插棍者。

④ 原文：Catholic Inquisition，罗马天主教教会法庭，尤指中世纪的或现代早期的罗马天主教教会法庭，其主要目的在于揭露、惩办以及放置异端。

肛门直到头顶象征着密宗修习的“圆满次第”①，此时，气②进入、停留并融入中脉，使“尸体”的自我得以解脱。

尸体通常被画成双腿叉开，棍从肛门穿过。女尸十分罕见。如果是女尸，那么，棍就要贯穿阴道。尸体的双手被铐在背后，有时可以看到棍从心脏、口或头顶穿出。

叉棒（藏文：lDem-shing）

作为手持器物，叉棒最常画在苯教神灵的手中。在早期的藏传佛教艺术中难得一见，但在敬献怒相神的成排武器中，可以看到它们“一组供物”③ 的绘画形式。

叉棒是一种简单武器，用削尖的或烧硬的硬木枝制成，有时把鹿角插在杆上制成叉棒。作为武器，叉棒一般被画成三尖或五尖插棒。藏族土地神④的右手握着一个三尖叉棒。藏族艺术家格戈喇嘛⑤把叉棒画成用干毒木制成的木叉。在传统上，藏族武僧⑥用叉状树控制宗教集会上的群众。

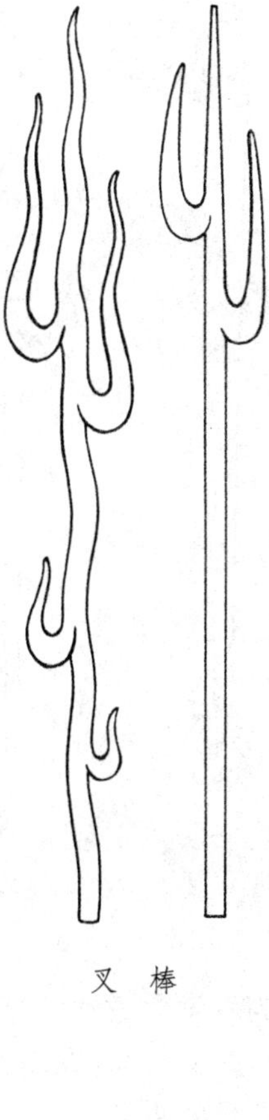

叉　棒

板斧（梵文：parashu，kuthara，kulisha；藏文：dGra-sta，sTa-re）

板斧既是砍伐工具，又是战斗武器。在古印度战争中，锋利的战斧是进行劈杀的主要武器之一，沉重的铁斧斧身可以制成多种形状，从传统的伐木者扁平的“斧柄带孔”的板斧到带有锋利乌鸦嘴镐和插在沉重木棒上的月牙斧不等。

藏文对战斧的描述说明它是比印度原型更为温和的武器。月牙形藏式斧的斧身外形与怒相神“钺刀”或弯

① 藏文：bsKyed-rim，圆满次第，为求净治四生习气，解脱凡庸见、闻、觉之缚，现见本尊、真言、智慧本性而修习之瑜伽。

② 藏文：rLung，气。

③ 藏文：rGyan-thogs，一组供物。

④ 藏文：Sa-bdag 或 Khyim-nang-lha，土地神或家神。

⑤ 原文：Gega Lama，格戈喇嘛（1931 年～1996 年），出生在西藏东部仁钦岭的一个小村。八岁时开始师从仲泽喇嘛学习藏族书法。1947 年，他师从颇受尊敬的绘画大师唐拉·次旺。二十二岁时成名，也是藏族噶尔智画派大师。

⑥ 藏文：lDab-ldob，武僧。

刀的刀身相似。斧身同样用一个摩羯张开的大嘴或一个叶状金座固定在斧的接点处。斧头接点的顶部和后背通常有两个半截金刚杵饰，象征着不可摧毁的“金刚”特质。板斧的锥形手柄用红檀香木制成，底部有一小块珠宝饰或半截金刚杵饰，杆的上半部系有一块打结的丝带。

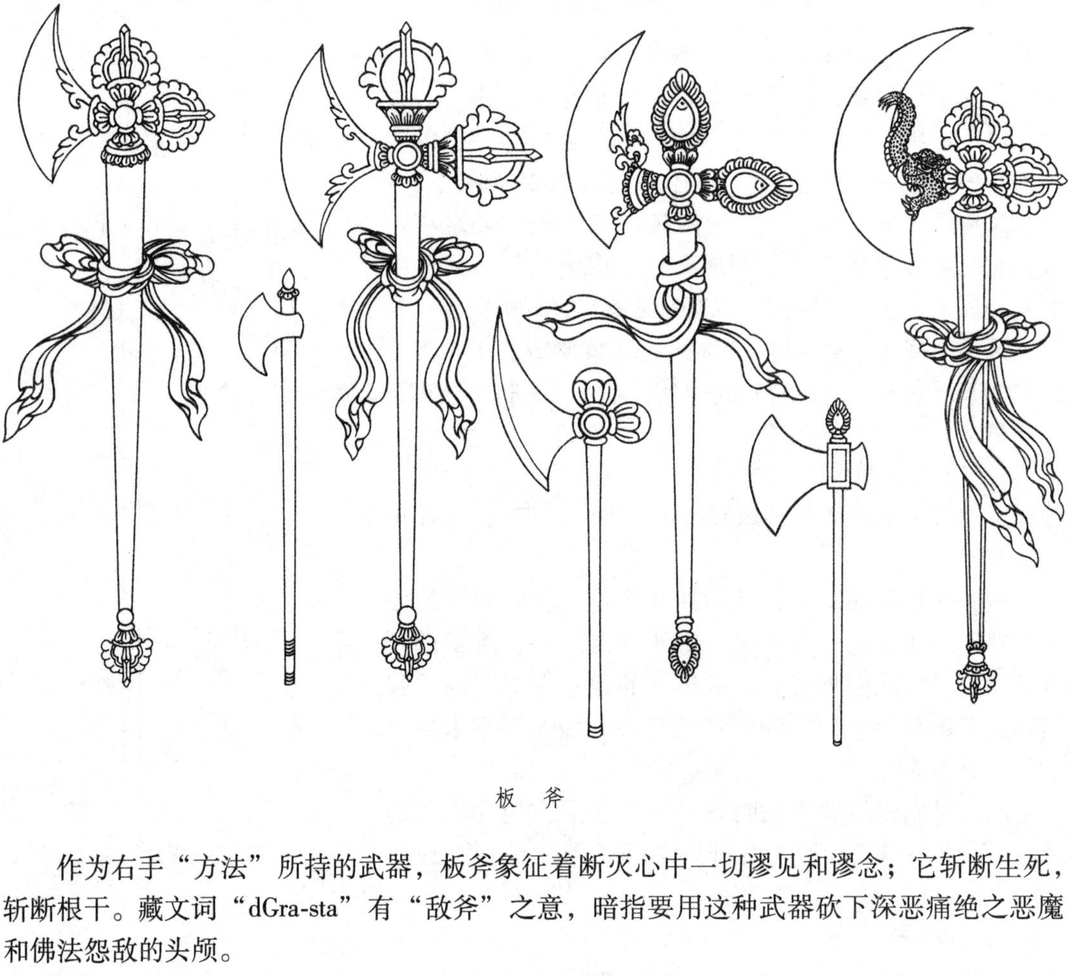

板　斧

作为右手“方法”所持的武器，板斧象征着断灭心中一切谬见和谬念；它斩断生死，斩断根干。藏文词“dGra-sta”有“敌斧”之意，暗指要用这种武器砍下深恶痛绝之恶魔和佛法怨敌的头颅。

铁锤（梵文：mudgara；藏文：Tho-ba）

铁制“金刚锤”是右手“方法”所持的武器，象征着砸碎邪恶本性，尤其是贪、嗔、痴“三毒”。铁锤可以与金刚杵搭配使用。用铁锤将金刚杵钉进邪恶精怪的模拟像中，也可以把一组金刚杵钉在地上形成坛城或寺庙建筑的保护圈。

锤头用铸铁或陨铁制成，但为某些神灵或出于某种仪礼目的也使用青铜、银或金制成的锤头。锤头形状像金刚铃，颜色为深黑色，表明它是铁制的。金刚锤接点的形状可为圆形或

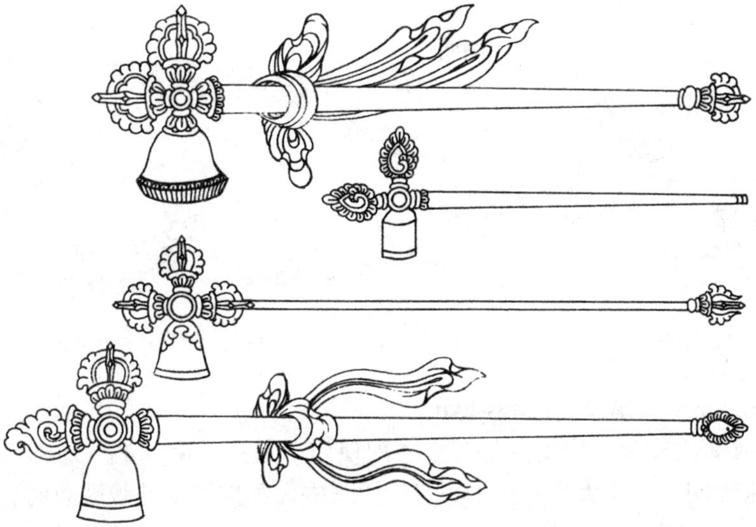

铁 锤

方形,其顶部和背部无一例外都有两个半截金刚杵饰,锥形锤柄用红檀香木制成。与板斧一样,其手柄的底部有一个小珠宝饰或半截金刚杵饰,斧杆的上半部系有一条打结的丝带。

铸锤(藏文:Khro-chuvi-tho-ba)和风囊(梵文:bhastra;藏文:Sbud-pa)

铸锤和风囊是善金刚神①以“黑铁匠”② 化身显现时所持的特有的手持器物。由于是奉行誓言③的世间护法,善金刚神的铁锤表明他将粉碎一切违背誓言者和心灵龌龊之“敌”。他的铁锤被画成用坚硬的铸铁制成,带有一根镶嵌珠宝的手柄,手柄上有一个金刚杵饰,但这个手柄通常被画成金黄色,形状与上述金刚锤的手柄相同。

善金刚神左手挥舞风囊,他用这个“黑色”武器把一切怨敌和恶魔吹入尘埃之中。在传统上,其皮风囊是用虎皮的上半部制成,这部分虎皮上带有凶残的虎头,从虎口龇出一个长喷嘴。将两个半张虎皮固定在两个捆在一起的木棒条或铁棒条上,把两个棒条捏在一起就可以把气从虎皮中排出,这样就使风囊工作起来。善金刚的风囊也可以用黑皮制成。

---

① 梵文:Vajrasadhu;藏文:Dam-chen-rdo-rje-legs-pa,善金刚神,神名。

② 藏文:mGar-ba-nag-po,黑铁匠。

③ 藏文:Dam-can,誓言。

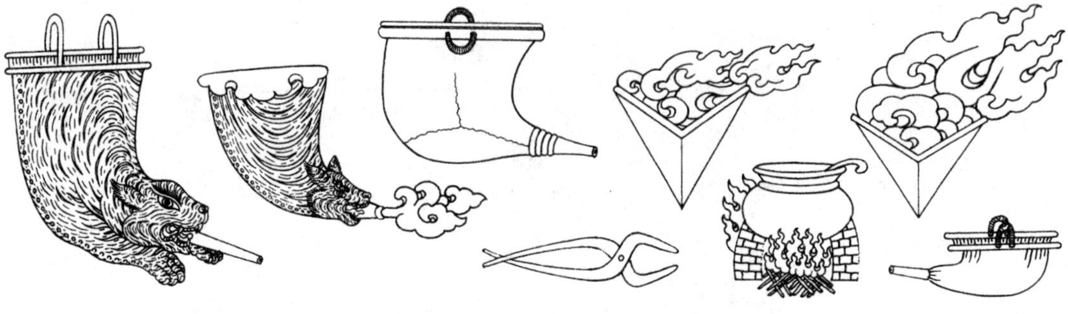

虎皮风囊（左）；皮风囊（中和右角）；铸锤（中下）；三角形火钵和炉子（右）

铁钩（梵文：ankusha；藏文：lCags-kyu）

金刚钩（或称铁象钩）传统上与套索搭配使用，是用于降伏的一对器具。金刚钩源自驯象人①用来控制和驯化大象的钩子。当钩子刺中大象皮皱褶的敏感点时，大象会按照某种方式行事。人们认为这些敏感点可能是古代针灸术的起源。作为器物，铁钩是驯服所有“野象”的武器。在佛教中，“野象”被比喻为未得到驯化的人心。在早期佛教中，大象钩和套索分别被视为“智慧”或“正见”、“意”或“念”的象征物。

神灵的“方法”右手常常挥舞铁钩，其食指上翘，呈“期克手印”②。更可怖的画法是铁钩刺入怨敌的心脏，套索捆住怨敌的脖颈和四肢。或许，从黑色马头金刚的化身上可以看到最令人信服的铁钩特性的表现形式。在画中，马头金刚挥舞着一个喷焰铁钩，食指威胁性地上翘，在翘起的指尖上有一个准备随时蜇人的黑色铁蝎。上翘和弯曲的食指、蝎刺和铁钩这些象征物表明期克手印表达的是令人生畏的蓄意害人之意。

铁钩的钩背与空行母的钺刀刀背形状相同，但铁钩画得更明显、更突出。摩羯张开的大嘴或金叶状座把钩背与钩的接点连在一起。接点的形状可为圆形或方形，其顶部或背部通常饰有两个半截金刚杵或珠宝。铁钩的锥形手柄用红檀香木制成的，与铁斧和铁锤一样，其杆的底部有一个小珠宝饰或半截金刚杵饰。杆的上半部系有一个打结的丝带。这种降伏钩主要象征控制或勾住一切恶业，把芸芸众生推向或赶到解脱和免受轮回之苦的方向上去。

---

① 梵文：mahout，驯象人。

② 梵文：tarjani，期克手印，具有威胁意思的手势。

铁钩或刺象棒

套索（梵文：pasha；藏文：Zhags-pa）

绳索通常握在某些神灵的“智慧”左手中，可以与右手握着的铁钩搭配使用。抛出套索的手一般呈期克印，其食指上翘，套索在指尖缠绕。套索两端通常都有小钩或铁环或金环为饰，或用一个半截金刚杵和一个钩、一个环为饰。

作为武器，套索代表着捕捉或捆绑行动。在和平方面，它代表着把智慧或觉识束缚在修持者心中。当与铁钩搭配使用时，套索代表着“念”和“正见”的结合。在更恐怖方面，套索捆住“命脉”和一切障魔的静脉。从比喻上来看，套索先是索住“自我”，然后将其捆住，最后将其扼杀。这三个降伏活动分别代表佛教的戒、定、慧“三事”。

某些善相神的套索被画成用金、珠宝、绳、夜莲花根或花朵制成。某些怒相神的套索可用绳、皮、杂色线、蛇、蝎、肠子，尸体的毛发、火、电、风、水或太阳光线制成。套索也可被具体染色，向外拉伸成直线或套马索，也可以盘卷在一起或存放在一个皮盒里。

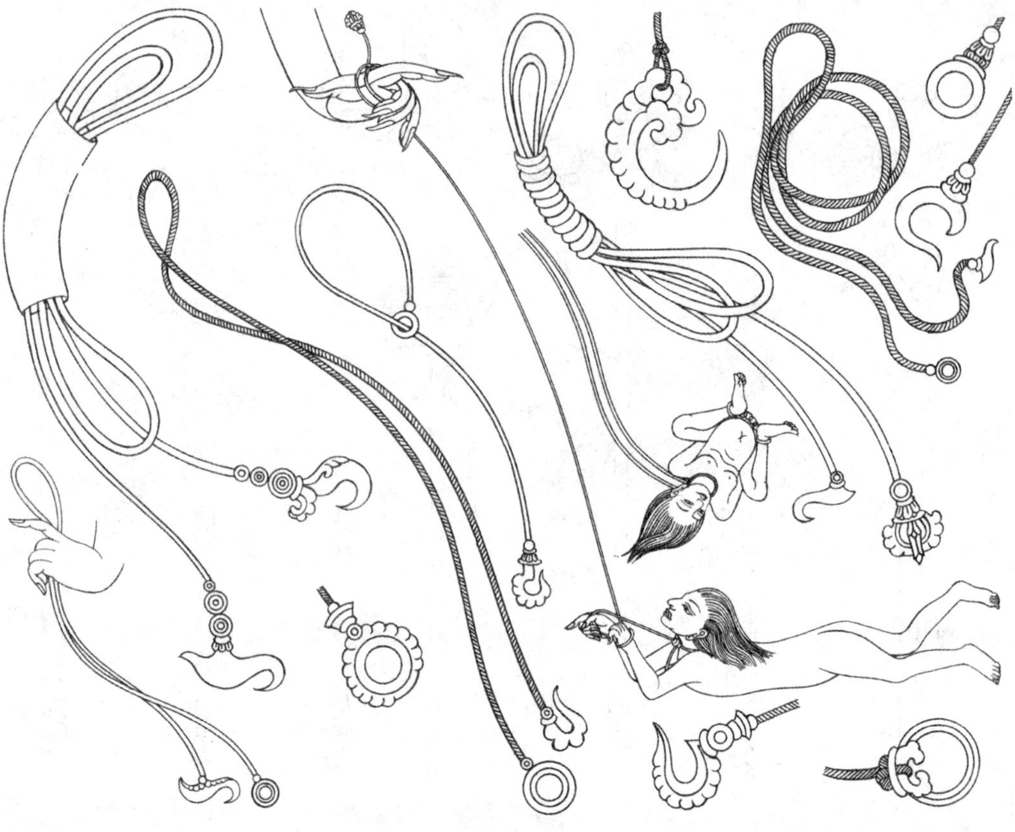

套　索

花蔓钩（梵文：pushpankusha；藏文：Me-tog-kyu）和花蔓索（梵文：pushpapasha；藏文：Me-tog-zhags）

花蔓钩和花蔓索是降伏（魔障的）女神红度母以作明佛母化身显现时手持的器物。她被画成手持一张花蔓弓、一支带有红色夜莲花饰顶的箭、一根花蔓钩和一朵夜莲花（其根编成一根套索）。这些器物被画成用白色莲花、青色莲花、芒果花、茉莉花和蓝色夜莲花制成，但一般都画成由小红花叶组成。

人们召唤作明佛母来进行降伏、催眠、迷惑和吸引等控制活动。她颇具诱惑力，她的五支花蔓箭是使人产生性兴奋的五种激情，使人发热、失去意识、迷惑不清和瘫痪。可以观想出她的花蔓钩钩住了颇有魅力之男子的心脏或颇有风韵之女子的阴道。她的花蔓套可以套住男子的阴茎或女子的心脏。作明佛母的象征意义十分丰富，可以被喻为迷恋花蜜的蜜蜂或盈满香味扑鼻甘露的红色夜莲花，有时也比喻她的花状器物可以进行套、拉、钩和刺的动作。

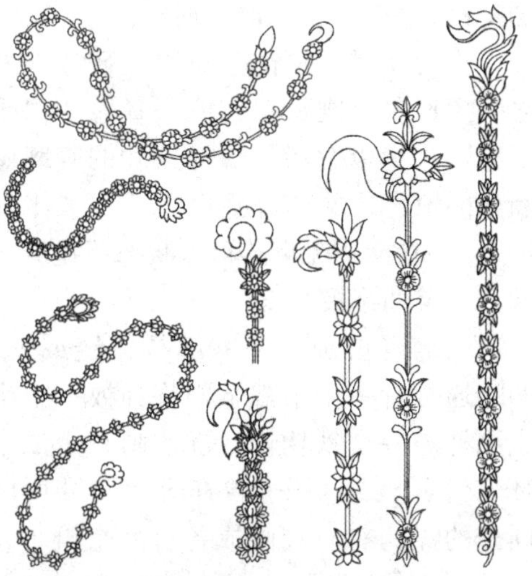

花蔓索和花蔓钩

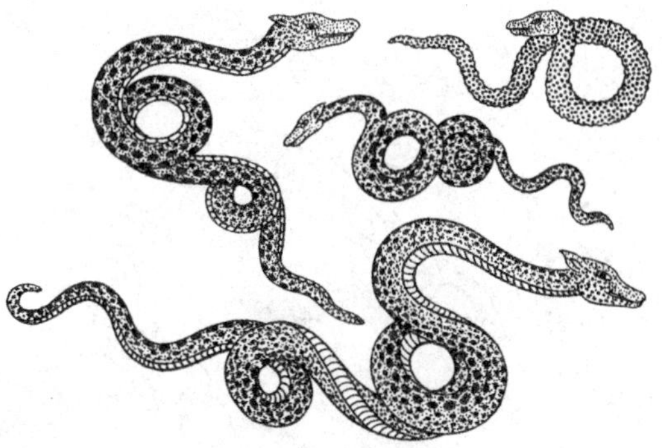

蛇 索

蛇索（梵文：nagapasha，sarpapasha；藏文：sBrul-zhags）

蛇索是罗睺罗、金翅鸟、吉祥天女和西方红色广目天王左手所持的器物。作为武器，蛇索被画成一条盘卷状的绿蛇或黑蛇。团紧的拳头通常握有蛇索，手的食指上翘，呈具有威胁性的期克手印。罗睺罗左手手持一只毒蛇，蛇头被画成摩羯头，缠在一个怨敌的身体上。这象征着对主要毒物“痴愚”的束缚。吉祥天女化现为“自在天女”① 时被画成挥舞着一条黑色蛇索，蛇索长九百九十呼，可以索住一切怨敌和违背誓言者。有时，构成绳索的蛇被看做是大龙王之一，如：须吉②。

铁链（梵文：shrinkhala，sphota；藏文：lCags-sgrog）

铁链是一种降伏器物。在传统上，它与套索、铁钩和金刚铃一起构成四个一组的器物，用于降伏仪式中。护卫某些坛城（例如：财神度母坛城和手持红矛、身骑蓝马的多闻天王的坛城）四门的四大怒相女神也挥舞这四件器物。四大女神分别是：1）东门的持

① 藏文：Rang-byung-rgyal-mo，自在天女，女神名。

② 梵文：Vashki，须吉，大龙王名。

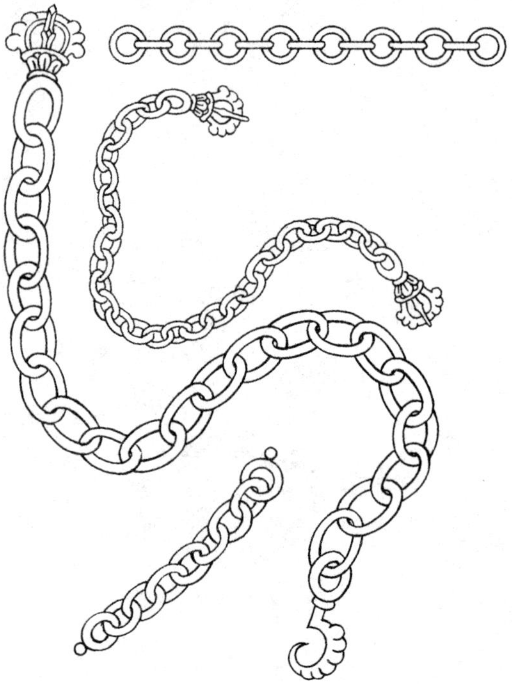

铁　链

钩天女①；2）南门的持索天女②；3）西门的持链天女③；4）北门的持铃天女④。

作为武器，时轮金刚的“智慧”左手之一挥舞着金刚铁链，象征着他从“十二因缘”中得以解脱。吉祥天女的脚踝戴着断开的镣铐，象征着她也断开了“十二因缘”，并在无拘无束的自由状态下抛弃了轮回和涅槃的终极之点。

铁链也被画成一截缠枝铁链或铁环，两端通常有一个半截金刚杵饰或一个半截金刚杵与一个铁钩饰。链上画有十二个链环，代表十二因缘。吉祥天女脚踝所戴的断开的镣铐有时被画成各有六个链环，象征着她已经克服了十二因缘中的“因”“果”顺序。知识渊博的藏族大瑜伽师和“铁桥建造者”⑤ 汤东杰布⑥右手也持有一截铁链。汤东杰布在西藏和不丹各地修造了许多悬空铁桥。

轮盘（梵文：chakra；藏文：vKhor-lo，Be-rdo）

抛轮盘的做法可以追溯到吠陀时期（公元前 1550 年）。当时，在第一次提到它时称之为“毗湿奴轮盘”⑦。在早期的雕塑作品中，毗湿奴轮盘在传统上是六辐或八辐轮辐。但在绘画艺术中，它更多地被画成发光的光圈，被称作“梵天轮”⑧，它环绕在毗湿奴和其他众多多臂印度教神灵的食指间。在这种情况下，它是铁环或是带有尖利铁边的扁状环。这种铁环是以现代飞碟或飞镖的方式进行投掷。直到近期，在印度，沉重的铁盘依然用来当作武器，在外表上可能与古希腊的奥林匹克铁饼相差无几。

---

① 梵文：Ankhshi，持钩天女。

② 梵文：Pashi，持索天女。

③ 梵文：Sphota，持链天女。

④ 梵文：Ghanta，持铃天女。

⑤ 藏文：lCags-zam-pa，铁桥建造者。

⑥ 藏文：Thang-stong-gyal-po，汤东杰布，1385 年～1464 年，西藏藏传佛教噶举派僧人，被奉为藏戏和铁器工匠的鼻祖。

⑦ 梵文：Sudarshana-chakra，毗湿奴轮盘。

⑧ 梵文：brahmachakra，梵天轮。

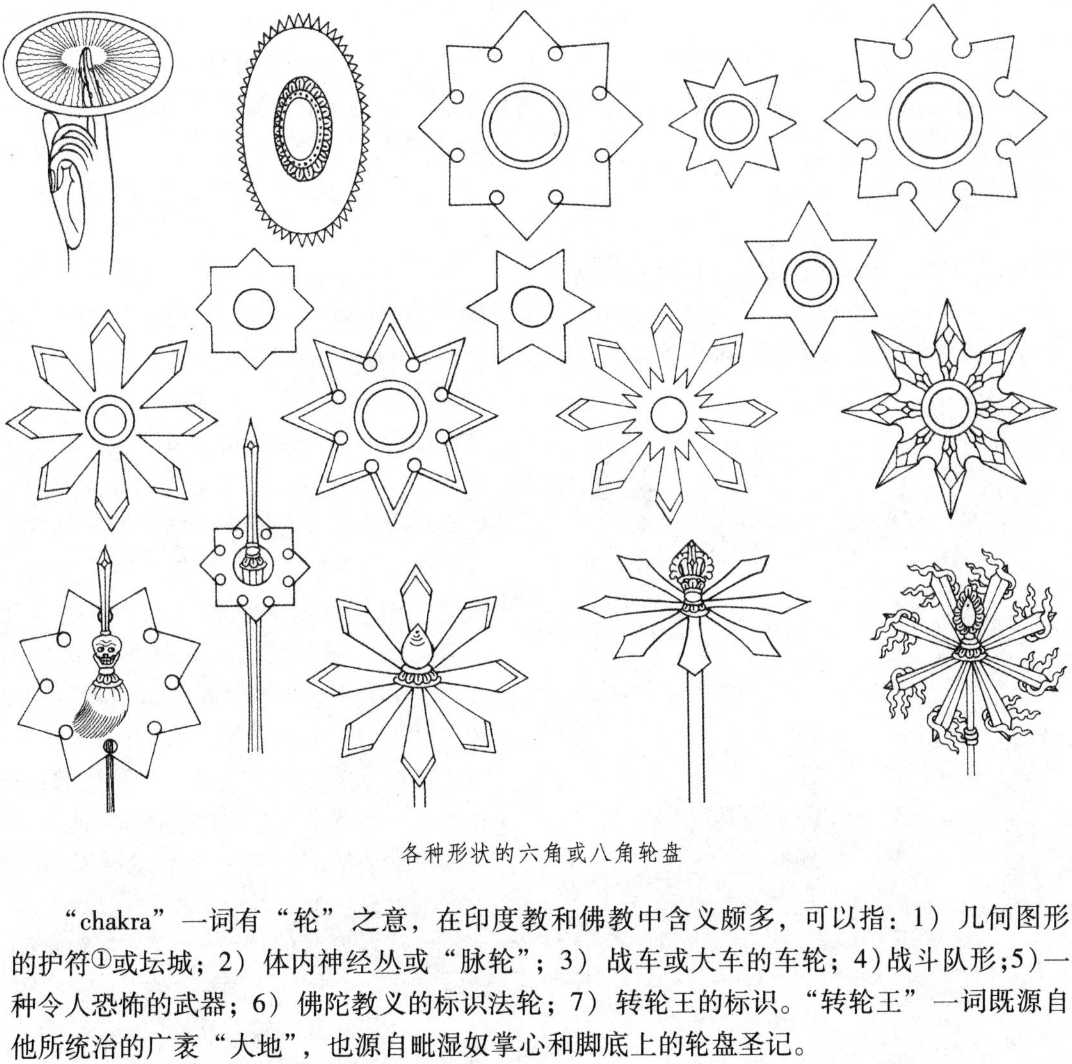

各种形状的六角或八角轮盘

“chakra”一词有“轮”之意，在印度教和佛教中含义颇多，可以指：1）几何图形的护符①或坛城；2）体内神经丛或“脉轮”；3）战车或大车的车轮；4）战斗队形；5）一种令人恐怖的武器；6）佛陀教义的标识法轮；7）转轮王的标识。“转轮王”一词既源自他所统治的广袤“大地”，也源自毗湿奴掌心和脚底上的轮盘圣记。

作为有八辐轮的一种武器，轮盘被接纳进入早期印度佛教中，成为法轮，是不杀生②的绝对标志。轮与带有八个金刚轮辐的铁圈圆沿连在一起，成为一种带刃的武器。但平和的佛法和作为武器的令人恐怖的轮盘所赋予的象征意义在神灵绘画作品中常常是一样的。在绘画作品中，它们同样代表佛陀对八方的统治，代表佛陀教义胜过“八正道”。

在金刚乘艺术中，轮盘一般被画成六角或八角铁星状，中心有一孔。与现今“功夫”

① 梵文：yantra，护符，印度教的一种几何图形。

② 梵文：ahimsa，不杀生，佛教十善之一。

片中“掷星”形状相同。作为攻击性的尖利武器，“轮盘”也可画成“剑轮”① 的形状，从连接处可以射出八个或更多的剑身。在“恶魔攻击”图中画有几种剑轮的变体。画中，剑轮插在中轴杆上，呈喷焰轮状。六角或八角星由交叉的三角形或正方形组成，在降伏精怪或毁灭的恐怖活动中也用它作为一种武器。此时，轮盘可以当作“铁狱”，堵住、限制和消灭狂暴的精灵。

木杵（梵文：musala；藏文：gTun-shing）

作为器物，木杵最初是讫瑟吒之兄、印度教的巴拉巴玛神②的武器。巴拉巴玛神也叫“持杵者”③，因为他手持一根杵状棒。后来，杵变成湿婆教神灵的一种器物，同样传交给信奉湿婆教的金刚乘神灵手中，这些神灵与怖畏金刚、讫瑟吒阎魔女④和欢喜天关系密切。作为右手“方法”所持的器物，怖畏金刚的木杵象征着记忆的恢复和觉识的专注。杵和臼的功能是把各种拼料研磨成“一味”⑤。在象征性意义上，这突出了味觉和重新记忆之间的关系，因为嗅球⑥的鼻神经直通脑干区，而脑干区控制着无意识的直觉记忆和性欲。

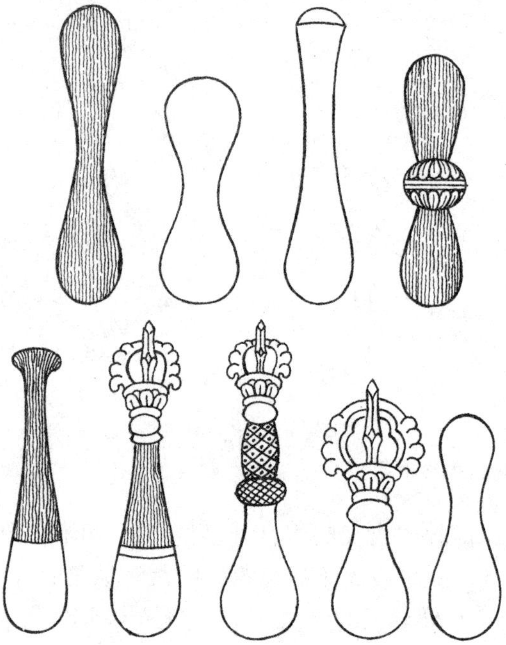

木　杵

在肖像画法上，杵通常的形状像一根骨头，两端各有一个圆形磨砂面（有时在锥形短手柄的底部有一个磨砂球），锥形短手柄上有一个半截金刚杵。在恐怖仪式上，生殖器形状的杵具有极强的性象征，此时，将一个喷焰金刚杵“敲”进臼的臼口，将一切恶敌碾碎并烧掉。

---

① 梵文：khadgachakra；藏文：Ral-grivi-vkhor-lo，剑轮。

② 梵文：Balarama，巴拉巴玛，神名。

③ 梵文：Musali，持杵者。

④ 梵文：Krishna-Yamari，讫瑟吒，阎魔女，女魔名。

⑤ 梵文：ekarasa，一味。如来教法的理趣，平等一味，一如海水具有同一的盐味。

⑥ 嗅球，嗅叶前的球状突出部分，嗅神经终止于此。

火钵（梵文：agni-kunda；藏文：Me-thab）

在传统上，泥制、石制或铁制火钵都画成三角形容器，用来盛放智慧火的火焰。可以把它画成倒三角形状或插在有金刚杵饰顶的金属杆上。有时，在其两侧各画有一个小送料门。火钵的三角形状要符合可怕的护摩仪式中所用灶坑的强大火力。这种火供灶坑是用来毁灭“障”或精神障碍的。火钵是“断苦”度母的器物，她是太阳神派①二十一度母之一。她把三角形火钵捧在胸前，象征着她有能力烧掉苦因。

火 钵

怖畏金刚的“智慧”左手拿着一个三角形火钵，象征着万象之本是“明光”。明光是最细微的觉识，在无上瑜伽密续圆满次第阶段才能实现。作为“万象之本”，明光阶段代表着无论往火供灶坑中投入什么东西，在燃烧时，它们的火焰一样，灰烬也完全相同。怖畏金刚较低的一只左手拿着一截人肠，它和火钵分别象征着“幻身”和“明光”的实现。

火团（藏文：Me-dpung）

手持或从掌心发出的燃烧的智慧火团②标识象征着最终断灭痴、欲、嗔、慢、嫉“五毒”。火可以从神灵“智慧”左手的掌心发出，也可以缠绕在呈威胁性的期克手印的上翘的食指间。像金刚橛神③和马头金刚这样最怒相的神灵都会喷出带焰“军队”④，象征着他们能摧毁“五障”。

火 团

① 梵文：Suryagupta，太阳神派，奉太阳为神的一个宗教派别。

② 藏文：Ye-shes-me-dpung，智慧火团。

③ 梵文：Vajrakilaya，金刚橛神，神名。

④ 藏文：dPung，军队、大军。

火轮（藏文：Me-vkhor）和风轮（藏文：rLung-vkhor）

可以把喷焰火轮或旋转风轮从金刚杵或三股叉这样的恐怖武器的尖顶卸下作为器物，这样可以烧掉“五毒”障魔或把它们吹进灰烬当中。红色摩羯阎罗①用这种摧毁方式从其左手射出喷焰风轮，灭除了五种精神污秽的毒物。在摧毁怨敌城堡的象征性仪式中，要使用七大神通轮②，即：石镖轮、船轮、火轮、剑轮、风轮、金刚杵轮和箭轮。

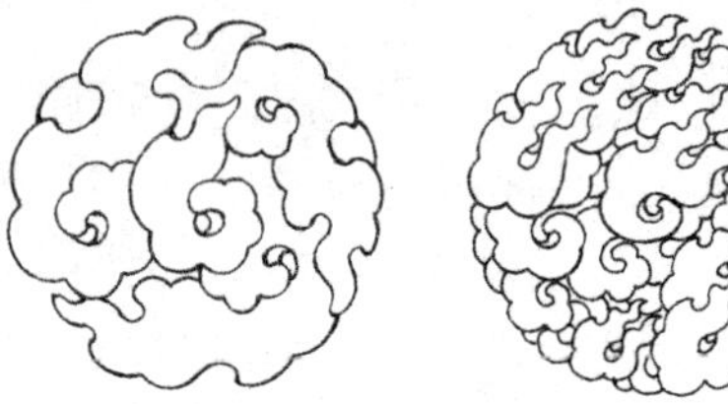

风　轮（左）；火轮（右）

火把（梵文：agnidanda，jvaladanda；藏文：Me-mgal）

伴随某些怒相神眷属的各类精怪中有一些精怪也会手持喷焰火把。火把形状宛如正在燃烧的松柏枝或棕榈枝状，或是一根正在燃烧的带焦油尖的棍或一根炽热的热铁棒。火把象征着毁灭行动和神圣火供的供火。在吠陀时期的印度，要在火供灶坑里用火把点燃圣火。两根木棍③可以摩擦生火，这些木棍取自菩提树④。

在金刚乘的怀柔护摩仪式中，应由一位大德或一位婆罗门在灶坑中点燃火把。在增长护摩仪式中，应到贵族或寺院的厨房中取火。在息灭护摩仪式中，应到臭名昭著的妓女的家中取火。在诛灭护摩仪式中，应在寡妇家的灶或铁匠炉中点燃火把。

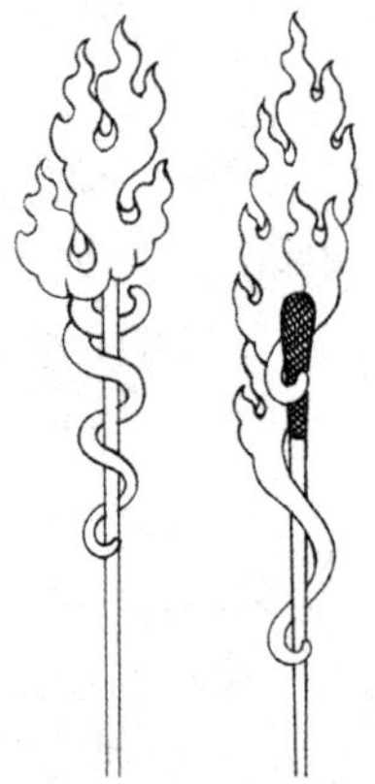

火　把

天网（梵文：jala；藏文：Dra-ba）

天网是天神因陀罗的武器之一，用来套住或捆住敌人。在佛教中，“因陀罗网”⑤被画成夜空的星辰，其作用是比喻相互依存。怒相女神金刚独髻母⑥将九“眼”网⑦披在背上。

---

① 梵文：Karma Yama，摩羯阎罗，阎罗名。
② 藏文：vPhrul-vkhor，神通轮。
③ 梵文：arani，木棍。
④ 梵文：ashvatta 或 pippala，菩提树。
⑤ 梵文：indrajala，因陀罗网。
⑥ 梵文：Vajra-Remati，金刚独髻母，女神名。
⑦ 藏文：Dra-ba-mig-dgu，九眼网。

恶魔军队的兵器

在藏族“佛陀十二业绩”的系列唐卡中，第九业绩描述了佛陀释迦牟尼如何降伏恶魔的，这些恶魔被魔王招来以阻碍佛陀获得圆满。此时，佛陀被画成在菩提树下蒲团①上结跏趺坐，其右手向下呈触地印，旨在召唤地神母②前来见证他的苦修。佛陀被恶魔大军团团围住，他们用许多恐怖武器恫吓他。当武器向佛陀抛去、刺去和射去时，它们神奇地变成了花朵，而这些花朵使佛陀闪闪发光的光轮更加美丽，熠熠生辉。

根据传统，至少要画出十几个正在攻击佛陀的凶残恶魔。有些恶魔有身形有脸，而有些恶魔长有公牛头、龙头、狮头、金翅鸟头和摩羯头。一个恶魔从脸上撕下面皮，露出了里面丑陋的骷髅。还有一些恶魔的腹部显露出令人恐怖的浮肿膨胀的脸。其中几个恶魔挥舞着剑、矛和弓箭这样的常规武器，而另一个恶魔挥舞着一个叉棒。一个恶魔把一块巨石投向佛陀，另一个恶魔掷出太阳和月牙，还有一个投出须弥山。金翅鸟面的恶魔骑着一条龙，龙嘴里喷出一股流星雨。另一个金翅鸟面的恶魔从口中吐出一群毒蛇并挥舞着一个有金刚杵顶饰的带有喷焰剑的火轮。狮面恶魔将一盘滚烫的油倒在佛陀身上，其他几个恶魔向佛陀抛去各种器械。恶魔准备将其中一个器械抛向佛陀，该器械的形状宛如喷焰铁车。另一个器械形似火轮，上面有几个正在旋转的轮身，车底架上的滑轮驱动着轮身。轮身的转动可以从车上的水箱中抽出燃烧的焦油。“恶魔攻击”图的多种变体中还有多种革新后的武器，如：疾病种子袋、咒语芥子包、熔铅或正在燃烧的煤块及战鼓、号和铙钹。

火轮围攻器

《时轮金刚密续》详细描述了与“野蛮人”交战中使用的大型车辆和武器。预言认为，这场大战将在公元2327年爆发。战车、炮楼、金刚帐、石弩、火箭和劈刀、剑、羂戈等“砍杀器械”和风及大炮都在描述之列。许多战争机器与雷纳尔多·达·芬奇③设计的机器惊人地相似。他所绘制的机械草图比1027年《时轮金刚密续》传入西藏要晚四百多年。

---

① 梵文：durva，蒲草。

② 梵文：Sthavara，地神母，女神名。

③ 原文：Leonardo da Vinci，雷纳尔多·达·芬奇，1452年～1519年，意大利文艺复兴时期的画家、自然科学家、工程师。作为绘画大师，他的代表作《最后晚餐》和《蒙娜丽莎》使当时绘画的表现水平发展到一个新阶段。他在军事、水利、土木、机械工程等方面也有许多重要的设想和发现。

第十章　吉祥天母的五种神器

吉祥天母有五种“神器”，这些武器也是伴随吉祥天母的许多小神灵和精怪眷属的器物，神器中的前四个分别是疾病种子袋、红咒语包、黑白骰子和魔线球，它们挂在吉祥天母装饰在骡鞍上的小毒蛇身上。第五种神器是拘鬼牌，别在其腰部的蛇皮带上。

疾病种子袋（藏文：Nad-kyi-rkyal-pa）

疾病种子袋是印度早期细菌战中使用的一种武器。在当时，人们可以把一皮口袋传染病病菌投入一座围城的城池或用它来污染水源。1346 年，蒙古人在围攻黑海沿岸的卡法[①]城时曾运用过这一战术使这座城市成为废墟。当可怕的瘟疫造成围攻的蒙古人大量死亡之时，蒙古指挥官命令将尸体从城墙上扔进去。当疾病在城内开始蔓延的时候，热那亚[②]商船逃到欧洲南部的地中海港口。在后来的四年里，这场瘟疫蔓延到整个西欧，成为众人皆知的“黑热病”，至少有四分之一的欧洲人死于这场腺鼠疫。这是蒙古人赠送的临别礼物，更是欧洲史上的最大的一次劫难。

疾病种子袋

① 原文：Kaffa，卡法，地名。

② 原文：Genoese，热那亚，地名。

作为吉祥天母的第一件神器，疾病种子袋由一个人胃、一张刚刚剥下的肉色人皮或一具干瘪的绿色人尸组成。疾病种子袋里塞有人体组织和人体器官，这些人都是死于鼠疫、水肿、麻风、天花、肝炎、霍乱、痢疾、血液和脑部疾病这些毒性最强的传染性疾病。在传统上，疾病种子袋被画成一小张膨胀的人皮，脖颈上常缠有无骨架的四肢，四肢在颈后打成结。一条蛇缠绕在尸体的脖颈上，蛇身上还挂有一对骰子。吉祥天母用这个神器向佛法的邪恶怨敌传播瘟疫疾病。

根据传说的说法，吉祥天母是从其母那里得到的疾病种子袋和拘鬼牌，这样，她就可以降伏龙众和众神。其他几个施疾鬼女①拿着瘟疫和细菌种子皮袋。疾病种子袋被画成盈满染病的血液、麻风病菌或闪电和冰雹。

红咒语包（藏文：Byad-dmar-gyi-khres-po）

吉祥天母身背红咒语包,发出的咒语具有束缚力,还向佛法之敌发出致命的咒语。她的第二种神器通常被画成长方形的藏经状,经文纸边染成红色,夹在两块红色经板之间。要用一块红布将红咒语包包好,并用红带子捆扎。红咒语包也可画成一组红色卷轴。

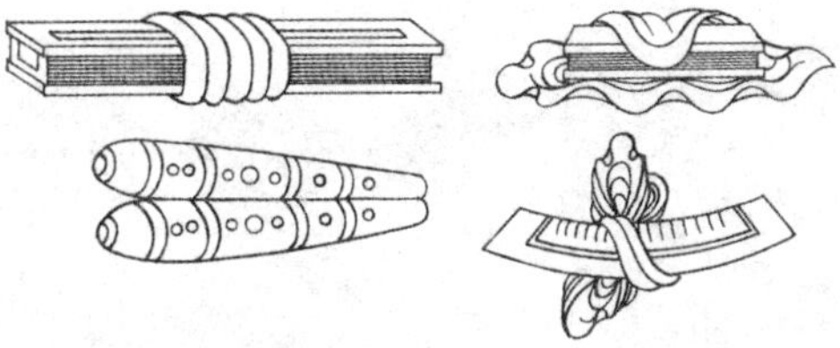

成捆的红咒语包

黑白骰子（藏文：Sho-rdevu-dkar-nag）

一对占卜骰子用线串起挂在吉祥天女鞍具前面的蛇形辖具上。它们一般与疾病种子袋和成捆的红咒语包成组出现。骰子呈黑白两色，白色骰子上有黑点，一般放在上面，黑色骰子上有白点，放在下面。根据传说的说法，吉祥天母有众多化身，她以其中一个化身的形象从她会掷骰子的人类伴偶那里获得了这些骰子。吉祥天母用这个“神器”或占卜骰子能决定任何情况下业报的结局。白色骰子正面的最大数点是六，而黑色骰子上的最小数点为一。这表明她对业报的判断和惩罚的范围之广。

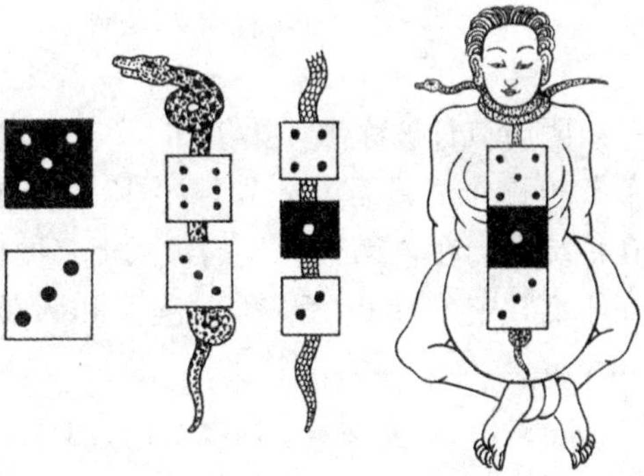

蛇线骰子

在藏族骰子卜筮②的各种体系中，一般要

① 藏文：Ma-mo，施疾鬼女，恶魔名。

② 藏文：Mo，卜筮，用以占卜吉凶祸福的迷信工具及其活动。

用三枚骰子，三枚骰子就可以给出数字3至数字18之间一系列的数字组合。有时，在吉祥天母肖像画中也绘有这三枚骰子。

吉祥天女的黑白骰子与《旧约全书》① 所述的所罗门神庙大祭司金色胸饰上的黑白占卜石或许存在着令人颇感兴趣的相似性。这两块石头分别叫作“土明”② 和“乌陵”③，源自巴比伦，是向世人诠释上帝意志的唯一神示中介物。所罗门神庙大祭司镜状的金色胸饰与西藏降神师佩戴在胸部的占卜镜或许也十分相似。

魔线球（藏文：mTshon-gyi-gru-gu）

多色线球是用五色彩线编成或缠成的，挂在吉祥天母鞍具后面的蛇形带上。绘制这个魔线球象征着一切恐怖武器、神力或咒语的本原。有了这件武器，吉祥天母可以用降伏和毁灭的咒语束缚一切邪恶之敌。

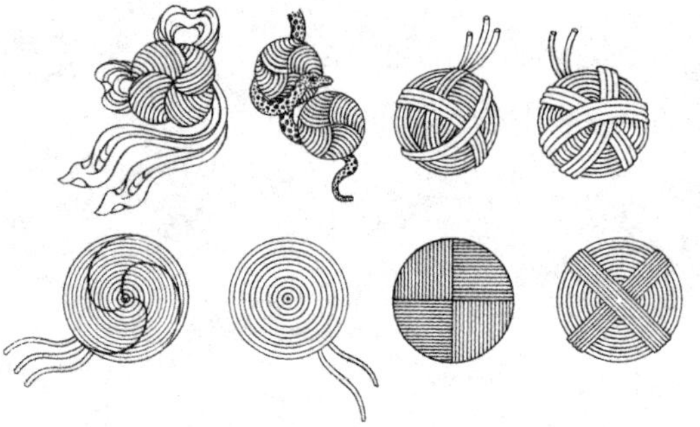

魔线球

在印度教传统中，某些宗教节日上也要使用彩线，它们被称作“驱鬼线”④。其中最盛行的一个节日要在雨季开始前举行。此时，姐妹们要将护身线系在其兄弟的手腕上，为此她们可以获得小笔的钱财作为礼物。另一个重要的节日是满月大师节⑤，要在雨季的第一个满月⑥时举行。在此期间，大师受到尊敬，人们会给大师的弟子们护身线。在传统上，可以给白线、红线、黄线或黑线，最初要与印度教的四大种姓相符。另一组阴历节日被称作“第五节”⑦，其意为在某月阴历五日举行的节日。春季的“第五节”被称作“武器供奉节”⑧，其意为在节日期间，法器、武器和工具都是供奉的对象。在传统上，在“第五节”的仪式上，要使用五色彩线球确保邪恶精灵无法得到这些武器。在印度教中，数字“5”⑨ 对湿婆和天母神们尤为神圣。梵文“raksha”一词有“保护”

① 原文：Old Testament，《旧约全书》，基督教《圣经》的第一部分。是《旧约圣经》装订成册时在中国所使用的名称。

② 原文：Thummin，土明，源自巴比伦的一块卜石。

③ 原文：Urim，乌陵，源自巴比伦的一块卜石。

④ 梵文：rakshabandha，驱鬼线。

⑤ 梵文：Guru Purnima，满月大师。

⑥ 梵文：purnima，满月。

⑦ 梵文：panchami，第五节。

⑧ 梵文：ayudhapuja，武器供奉节。

⑨ 梵文：panch，数字5。

之意，特别是能避免受到邪恶精灵的侵袭。梵文“raksha”一词还用作梵文词的前缀，用于表示保护免受恶魔侵袭的各种护符和咒语，例如：牛粪燃烧后的圣灰[①]源自五头不同颜色的母牛，“护身圣灰”[②]源自杂色牛的粪便，这种圣灰在抵御邪恶精灵方面尤为灵验。现代印度的杂色线球是用很长的棉绳纺成，棉绳按白、黄、红、绿、蓝顺序染成，间隔为一拃。

藏族的护身线戴在脖子或胳膊上，更常用红线制成，中间有个简单的吉祥结。五彩线常常出于具体护身的目的编在一起或缠在星相护身符上以保护佩戴者免受心怀叵测之星界精怪的伤害。五彩线用在某些金刚乘的加持仪式上。在召唤五佛部的智慧神时，要将线缠绕在主持仪式之大师的金刚杵铃上。在制作复杂的灵器时也使用彩色线。灵器是神灵的暂居地或是对付心怀叵测之精灵的陷阱。

吉祥天母的魔线球可以用多种方式绘制，其中有用混杂色线织成的球、四瓣色球，还有“喜旋”状的同心弧形球，上面有三个或四个旋转部分。

拘鬼牌（藏文：bDud-kyi-khram-bam）

吉祥天女的第五种武器是拘鬼牌，它被画成一根红檀香木长杖，别在她的蛇形腰带上。这个“鳞文板”[③]上刻有几个十字格或方格，用来乞灵和抵挡诽谤或咒语。从其词源就可以看出这件武器的复杂性，藏文“Khram”一词有多层含义，其中之一是“说谎者”、“违背誓愿者”、“罪犯”或“阴险狡猾之人”。它还指用于巫术或降神术中的神秘图形、十字线或刻在木头上的刻痕及方格。藏文“Khram-shing”一词也指把将要遭到鞭挞的罪犯锁铐住的木板。藏文“bam”一词也有很多含义。其字面意思是“集在一起形成系列”，因此，藏文“Khram-bam”一词指的是一根符木[④]。藏文“bam”一词也意味着“腐烂”或“正在腐烂”，而藏文“Bam-ril”一词指的是一具新鲜、完整的人尸。藏文“Bam-ro”一词则指被谋杀致死的佛教怨敌的手捏模拟像。

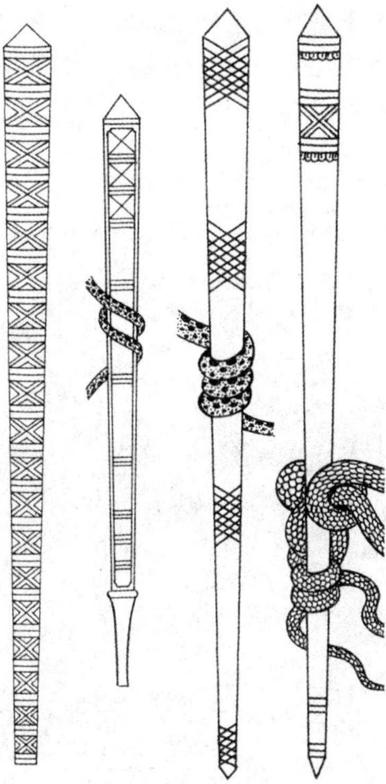
拘鬼牌

吉祥天母用这个神奇武器记录下对违背誓言者和与佛法不共戴天之敌进行惩罚的数量。她对这些敌人

① 梵文：vibhuti，圣灰。

② 梵文：raksha-vibhuti，护身圣灰。

③ 藏文：Khram-shing，鳞文板，宗教仪式中拘召鬼神的木牌，面上刻有格子花纹。

④ 符木，通常为方木条或木棍，上面刻以表示数的标记。

发出惩戒性的咒语，并破除巫师向其保护的信徒发出的邪恶咒语。在对这些人进行惩罚时，她将拘鬼牌投向敢于冒犯她的恶魔，拘鬼牌击碎了它的头盖骨，使可怕的咒语立即生效。

内贝斯基－沃基科维茨在其著作《西藏的鬼怪神灵》中指出，在西藏，符木是用来记录交易协定细节的，它出现在有利于文字记载的藏文字母传入之前。在许多古代文化中也可以看到协议双方之间类似交易抵押的东西，其中使用“以石为记”、“誓约所限”、“即买即卖”等字眼。他还提到符木的两个重要变体，一个为黑色，另一个为黄色，上面都有七个、九个或十三个红方格。各种精灵和一些小神，如：“死主”①、罗刹鬼②、鬼女和“赞”神③，构成了最怒相神的眷属，它们挥舞着这些神器。当用鳞文板砍杀敌人之时，方格的数量应与将来的受害者之年龄相符。

吉祥天母邪恶的拘鬼牌通常被画成一根红色檀香木杖，饰有锥形或方形结顶，顶部呈金字塔状。木杆上面的方格图案被画成金黄色、深红色或黑色的十字或方格图案，有时画成用几何图线或交叉线构成的神秘标识。

① 藏文：gShin-rje，死主，一切死的统称。佛书译为“阎罗王”。

② 藏文：Srin-po，罗刹鬼，鬼名。

③ 藏文：bTsan，厉鬼、妖精，藏文音译“赞”。

第十一章　恐怖的替代物和供物

梵天头（梵文：brahmashiras，brahmamukha；藏文：Tshangs-pavi-mgo-bo）

印度创生之神梵天被砍下的四面人头最初是湿婆的器物，后来进入了金刚乘肖像画法中，成为与湿婆有关之神灵，如：转轮王、怖畏金刚和时轮金刚的器物。梵天最初长有五头，其中的四个头朝四个方向，第五个仰天朝上。梵天在贪恋湿婆之女娑塔如巴①时长出了这些头。娑塔如巴四处躲避，最后跑到他的头顶上方以避开他诱惑的目光。一天，梵天犯下了侮辱湿婆的大错，在盛怒中，湿婆幻现成可怕的罗缚②，并用左拇指的指甲割下了梵天朝上的那颗头颅。梵天有时也被称作“四面神”③ 或“八耳神”④。另一个传说讲述了湿婆后来如何砍下梵天余下的四个头以惩罚他对自己的亲生女儿的不断勾引。作为湿婆的手持器物，这个红色或黄色的四面梵天头象征着《四吠陀》⑤、四劫⑥、印度的四大种姓和四大方位。

作为佛教神灵“智慧”左手所持的器物，四面梵天头既象征着断灭一切概念化的行动，也象征着通过慈、悲、喜、舍“四无量心”求得利他主义。“四无量心”也被称作

① 梵文：Shatarupa，娑塔如巴，湿婆之女。

② 梵文：Bhairava，罗缚。

③ 梵文：chatur-mukha，四面神。

④ 梵文：asta-karna，八耳神。

⑤ 梵文：Rig-veda，《四吠陀》，婆罗门教的根本经典。指《梨俱吠陀》（梵文：Rig-veda）、《夜柔吠陀》（Yajur-veda）、《娑摩吠陀》（Sama-veda）、《阿闼婆吠陀》（Atharva-veda）。

⑥ 梵文：yugas，四劫，这个世界要经过成、住、坏、空四种变迁的相状。佛教把一劫分为四个阶段：1）成劫；2）住劫；3）坏劫；4）空劫。

“梵天圣庙”①，该词可能源自专门供奉湿婆的印度四大古庙②。现在，在印度仅存一座梵天圣庙，坐落在拉贾斯坦③普沙喀尔④的圣湖边。

在金刚乘肖像画法中，本尊神的“智慧”左手通常都握有梵天头，用手揪着梵天头高高拢起的盘发就可以使之来回摇摆。他的四张黄脸上画有灰色胡须，其发际间饰有花朵，但在某些藏族仿造品上，梵天头上没有胡须，头戴菩萨像装饰的珠宝天冠。

四面梵天头：长有胡须的四面梵天头（左）；长有菩萨冠的四面梵天头（右）

砍下的人头（梵文：chinnamunda，shiras；藏文：mGo-bo）

某些怒相神手持血淋淋的人头作为器物，象征着断灭一切抽象和有形的概念。割下的人头也可以具体为恶魔头⑤，象征着砍死魔敌或断灭诱惑。时轮金刚的恐怖化身金刚力士被画成用其左右两只“辅手”拿着一个恶魔头和一个盈满恶魔血的嘎布拉碗。

割下的人头为男性人头，因为献祭者多为男性。人头被画成滴着鲜血，在藏族艺术中很少画有鲜血。但在印度密宗艺术中鲜血清晰可见，尤其在时母⑥、度母、遮文荼⑦和突迦⑧这样的怒相大无明⑨母神⑩身上。此时，祭祀人头代表着献祭者自我的消亡。作为器物，这些女神佩戴用新近割下的八颗人头编织的花环，代表着断灭利、衰、毁、誉、称、讥、苦、乐“世间八法”⑪。

---

① 梵文：brahmavihara，梵天圣庙。

② 梵文：vihara，古庙。

③ 梵文：Rajasthan，拉贾斯坦，地名。

④ 梵文：Pushkar，普沙喀尔，地名。

⑤ 藏文：bDud-kyi-mgo-bo，恶魔头。

⑥ 梵文：Kali，时母，音译“迦利”，意为“黑色女神”。印度教女神。雪山神女十大化身之一，湿婆的妻子。相对独立的女神——残杀和毁灭女神。

⑦ 梵文：Chamunda，遮文荼，邪恶精灵，经常召唤死者来砍杀敌人。

⑧ 梵文：Durga，突迦，湿婆的妻子。

⑨ 梵文：mahavidya，大无明。无明亦称“痴”、“愚痴”。佛教名词，“十二因缘”之一；“三毒之一”；“根本烦恼之一”，泛指无智、愚昧，特指不懂佛教道理的世俗认识。

⑩ 梵文：matrika，母神。

⑪ 藏文：Chos-brgyad，世间八法，亦称“世间八风”：1）利；2）衰；3）毁；4）誉；5）称；6）讥；7）苦；8）乐。

人头花环和骷髅花环（梵文：mundamala，kapalamala）

众多半怒相和怒相本尊神及护法神都戴有用五十或五十一颗割下的人头或骷髅头编织而成的长花环。人头项链或花环①主要代表“色”的阳性，骷髅项链②代表“空”的阴性。尽管没有明确的规定限制神和女神各自应戴什么器物，但人头花环主要用于男神，而骷髅花环则用于女神。某些神灵也被画成既戴人头花环，又戴干枯的骷髅花环。

割下人头制成的人头花环和骷髅花环，串在肠子上的人头和串在尸体头发上的骷髅。左花环里面有一个花蔓花环及怒相男神的虎皮围腰。右花环里面有一个蛇形花环及怒相女神的豹皮围腰。

新割的人头一般用盘绕的人肠串成花环，人头代表“色”，肠子代表万象的虚幻本质。人头都是男性献祭者的头，被画成滴着鲜血。骷髅花环一般是用尸体③上缠结的头发串成。骷髅代表空性，尸体的头发代表着“无我”或更概念化行动的“灭失”。骷髅可以画成干、湿和滴血三种，但在艺术表现形式上，这三类骷髅没有视觉上的差异。

五十一颗人头串成的花环或骷髅头花环代表着“语”的纯洁，因为花环挂在神灵的喉轮上。五十颗人头或骷髅代表着梵文中的十六个元音和三十四个辅音。神灵冠轮上的五骷髅宝冠同样代表着神的“身”，象征着晒干或断灭人的“五蕴”。神灵心部的八辐骨轮象征着“八识”和发自心轮的八大脉道，代表着神灵的“意”。

十六个“白色元音”和三十四个“红色辅音”构成了代表“语”的念珠，在梵文中分别称作“ali”和“kali”。在许多观修仪式中，这些元音和辅音分别按顺时针和逆时针方向排成圈以净化“语”。在内修瑜伽时，这些字母应与融入体内脉道并在脉道中流动的

① 梵文：kapalamala；藏文：dBu-bcad-ma-vphreng-ba，人头项链或花环。

② 梵文：kapalamala；藏文：Mi-mgo-skam-povi-phreng-ba，骷髅项链。

③ 藏文：Shi-skra，尸体。

红白菩提心露相符。在这个方面，作为神灵最精妙的化身，它们代表咒语。

当神被画成戴有用五十颗人头或骷髅头串成的花环时，这象征着净化“五十一心所”①。佛教早期的《阿毗达磨藏》② 经文已列出并描述了“五十一心所”。“五十一心所”是五十一种方法，其中“觉识”就是所见的现象。“五十一心所”与无著③早期的唯识派④相符，而其弟世亲⑤在瑜伽行派⑥中仅列出了四十六心所。

断臂（藏文：Lag-pa）和断腿（藏文：rKang-pa）

在绘制尸陀林主的画上常绘有被肢解的身体部分，如：人体器官、感官器官、肠子和砍下的四肢。这些被肢解的东西都有不同层面的象征意义。在描述某些特别的怒相神之坛城的周边环境时，这些被肢解的东西都派上了用场。如：一堆颤抖的肉代表“痴”；泛有微光的血海代表“贪”，而一堆闪亮的骨头代表“嗔”。

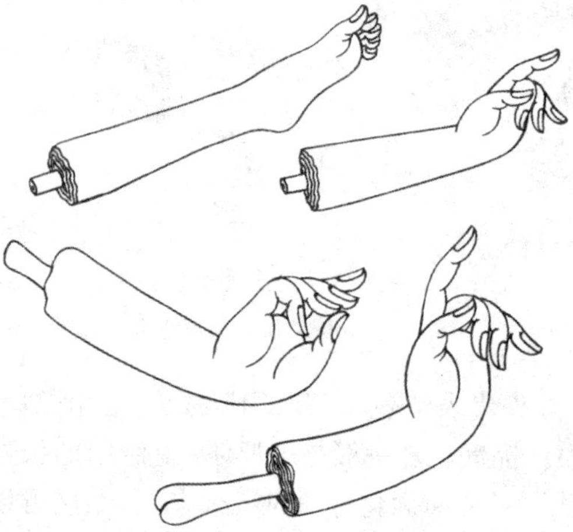

砍断的腿和手臂，右图手臂上有两只手，结期克手印。

在勇士神、阎魔和大黑天神等怒相神的眷属中，许多精怪都持有人体的不同部分。怖畏金刚的三只左手握有两根断臂和一条断腿。其中一只胳膊画有右前臂和手，四根手指伸出，这象征着修怀业、增业、息业、诛业密宗“四业”时其右手的灵活性。怖畏金刚手握的第二只手是一只左前臂，手臂上的手的食指上翘，呈恫吓的期克手印，象征着他的愤怒及向一切“邪恶”（左手的）魔敌进行恫吓。砍下的小腿和脚象征着他能迅速地率领芸芸众生踏上顿悟之路，也象征着他允许修持者进入佛门。

---

① 梵文：chaitasika；藏文：Sems-byung，五十一心所，自力能见各自对境事物特殊属性之性所生法。

② 梵文：abhidharma，《阿毗达磨藏》，佛教经、律、论“三藏”中的“论藏”。

③ 梵文：Asanga，无著，约公元四、五世纪。古印度大乘佛教瑜伽行派创始人之一。据称从弥勒菩萨受大乘空观，研习《瑜伽师地论》，尽领解其义。著作很多，主要有《摄大乘论》、《金刚般若尽论》等。

④ 梵文：Chittamatra，唯识派。此派承认万法皆为识变，只有内识而无外境，执识是胜义实有。

⑤ 梵文：Vasubhandu，世亲，约公元四、五世纪。古印度大乘佛教瑜伽行牌创始人之一。无著之弟。据称他遍通小乘十八部教义。后广著大乘论书，解释《华严经》、《法华经》、《般若经》等大乘经。

⑥ 梵文：Vaibhashika，瑜伽行派，大乘佛教重要的唯心学派。此派抨击上座部佛教的彻底现实论和大乘佛教中观学派的务实假设现实论。

小肠（梵文：antra；藏文：rGyu-ma）

怒相神的一个常见图案是缠卷的几截小肠。从尸林里被肢解的尸体上及恐怖供物①上垂悬的皮围帐上都可以看到它们。它们也是串成怒相神人头花环的细绳。肠子代表万象固有存在的无实相的实现。在象征意义上，这与肠子能消化各种美味佳肴并将其变成粪便的能力相一致。当内脏被画成放在盈满鲜血的嘎布拉碗时，肠子可能代表着相对和绝对真理的结合，或在更深层的密宗意义上，代表着幻身（内脏）生成于明光（血）的状态。作为手持器物，怖畏金刚和大红马头金刚这样的怒相神手中握有缠卷成套索的肠子，象征着它们展示了万象的无实相性。

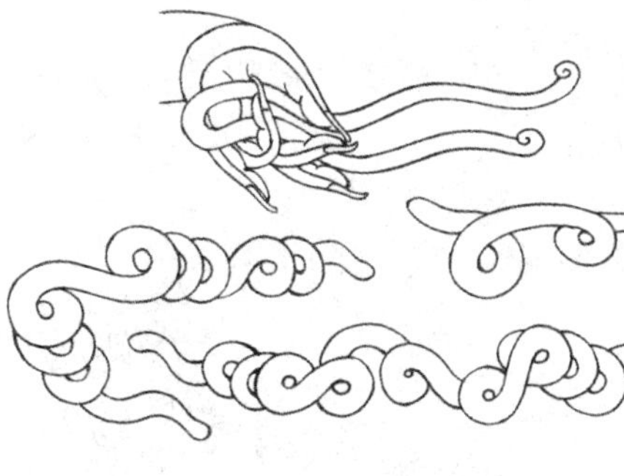

成卷的肠子

心脏（藏文：sNying-po）

人的心脏②、怨敌的心脏③和恶魔的心脏④或人的心肺⑤都可能作为器物握在许多怒相神的手中。撕碎的心脏通常紧握在神灵的“智慧”左手里，也可以画成正投入神灵口中。心脏还可画成被示胜般地高高挥舞，或捧举在神灵胸前，或作为盈满神灵鲜血的嘎布拉碗中的一件示众之物。勇士神和大黑魔护法神的几个化身被画成“把冒着热气的怨敌心脏和人体器官塞入口中”的样子。黑蛇阎魔手持一个血淋淋的怨敌心脏，两条毒蛇正在吸啜之。被吞噬的心脏和命脉象征着断灭欲望和吞噬一切魔敌。被钺刀砍碎劈开的心脏象征着断灭五钝使⑥之本，通过分食心脏，将可以使“五钝使”变成“五佛智”。在更深的密宗层面上，在生起次第修持阶段⑦，神切下心脏、脉道和肺并食之象征着在圆满次第⑧阶段的明点、脉和气的活性。

摘下来的心脏被画成红色莲花花苞形状，花苞顶呈红色鳞茎状，下面有一个带齿边的白色血管套和一个较低的肌肉“瓣”套，“莲瓣”套下面挂有单股、双股或三股命脉纤

---

① 藏文：rGyan-tshogs，恐怖供物。

② 藏文：Mi-snying，人的心脏。

③ 藏文：dGra-snying，敌人的心脏。

④ 藏文：bDud-snying，恶魔的心脏。

⑤ 藏文：gLo-snying，心肺。

⑥ 五钝使，亦称“五惑”，贪、嗔、痴、慢、疑五种妄惑。

⑦ 藏文：bsKyed-rim，生起次第，为求净治四生习气，解脱凡庸见、闻、觉知之缚，现见本尊、真言、智慧本性而修习之瑜伽。

⑧ 藏文：rDzogs-rim，圆满次第，于金刚身严守要窍，凭借有堪能性风、脉、明点，以四空现证光明，以四喜现证俱生慧的殊胜智。

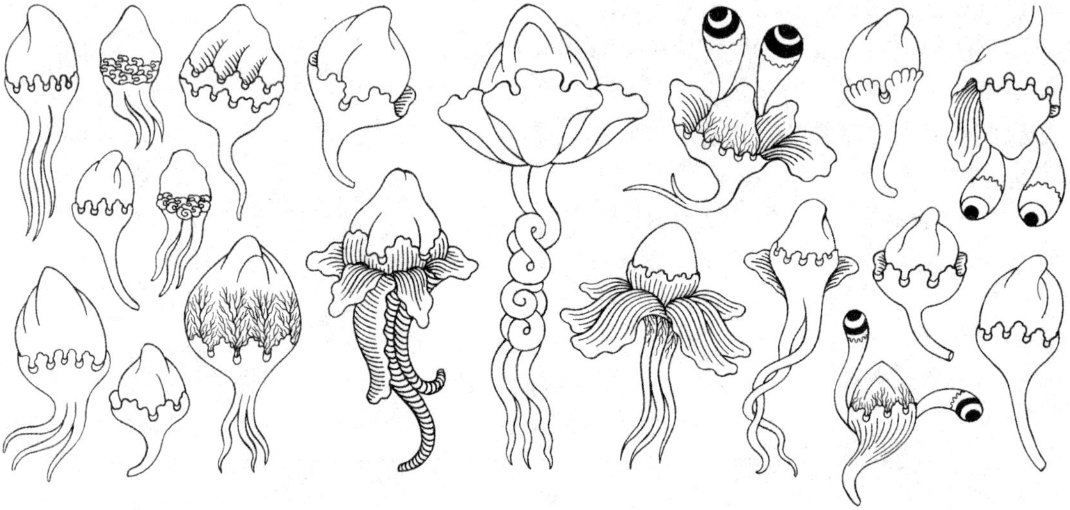

带有一条、二条和三条脉道的各种心脏。右边的三颗心脏上有挖出的眼睛，象征着“觉识”（心脏）与“色”（视觉）的结合。

维。此处，红色鳞状体和白色心脏套代表心部中央的金刚滴露；肌肉“瓣”代表着从心部发出的八大脉道；悬挂的命脉代表三大主要脉道。

颅骨（藏文：Thod-tshal）

怖畏金刚众多的左手握着的呈颅器状的器物，该器物一般被画成常见的嘎布拉碗，但上面有剥下的头皮和带有头皮的头发。这个新砍下的或湿漉漉的颅骨①盈满鲜血，意味着怖畏金刚的整个精神（头皮和头发）中溢满大慈的甘露（鲜血）。可以将“这块颅骨”画成从颅骨上砍下的带发的天灵盖，内盛另一块颅骨。这块颅骨被画成倒置放置的恶魔上颅骨状，上面有眼窝和外龇的利牙。

带有头皮和头发的各种颅骨碎片

颅骨或倒置的上颅骨都带有剥下的头皮和头发，与盛放敬献给怒相神之供物的器皿相同。颅骨常常可以分为干、湿或滴血不同

① 藏文：Thod-rlon，颅骨。

类型，分别指的是旧的、干枯的白色颅骨、湿漉漉的或正在变干的黄色颅骨及滴有鲜血的红色颅骨。但从艺术表现形式上来看，这三类颅骨通常没有明显的区别。不过，新鲜的颅骨被画成带有剥下的头皮和头发。“一块颅骨”一词也用于怒相神头冠上的五骷髅饰，是用人骨碎片雕刻而成，上面绘有骷髅。

尸林布（藏文：Dur-khrod-kyi-ras）

怖畏金刚“智慧”左手所持的器物是一块白色棉布，象征着他战胜死亡及摧毁痴愚（痴愚视现象为独立自我的存在）。正如尸林布可以遮蔽无我之“尸”一样，揭开这层尸林布则表明去除实现空性的障碍。怖畏金刚之名“阎王杀手”① 表明他战胜了死亡。棉制尸林布通常被画成一块折起的长布或一块飘拂的布，颜色为白色、红色或绿色。无缝尸林布也象征着断灭一切虚幻和爱执。犹太人的谚语幽默地说：“裹尸布上没有钱袋。”

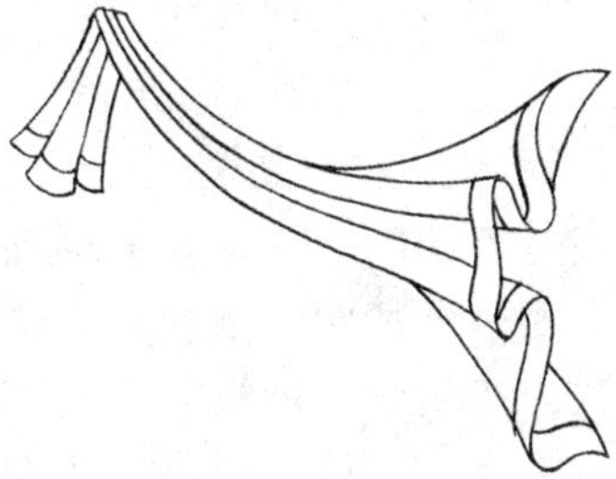

尸林布

经旗布（藏文：rLung-ras）

怖畏金刚最低的一只左手拿着一块“经旗布”，当作扇子使用。经旗布可以画成一块白色或绿色布，系在一根竿子上。有时画成固定在宛如担架的两根平行竿上的一块长方形布，有时画成方形旗或三角旗。用经旗布来扇火，象征着吹走一切“障”，增加智慧之火的灼热度。经旗布的可变性和波浪形状象征着万象的虚空本质。在更神秘的层面上，怖畏金刚的经旗布象征着《密集金刚密续》② 中的“九品往生”③。

经旗布

① 梵文：antaka，杀手。

② 梵文：Guhyasamaja Tantra，《密集金刚密续》，经文名。

③ 藏文：vPho-ba，往生，死亡之意，佛书译为“转趋”。指念佛修行者往生净土，依其自身的罪业与修行的不同所分的九个等级。

针（梵文：such；藏文：Khab）线（梵文：sutra；藏文：sKud-pa）

针和线是摩利支女①的器物。在呈双臂化身时，她的左右手握有这些器物，而在呈六臂化身时，她的第二只右手拿着一根穿着线的针，象征着其方法和智慧的结合。在观修摩利支时，她从修持者的右鼻孔射出，瞬间幻变成无数个与她一样的使者。这些使者将所有的施害者召集在一起，用针线将他们的嘴和眼缝上，然后，将其四肢捆住，最后，把他们扔进一个坑里。随后，摩利支进入修持者的左鼻孔，自变成另一个双臂摩利支。她坐在四头黄猪拉的车上。摩利支和这四头猪最后幻现成无数头令人生畏的猪。最后，它们将坑内的施害者残暴吞噬。

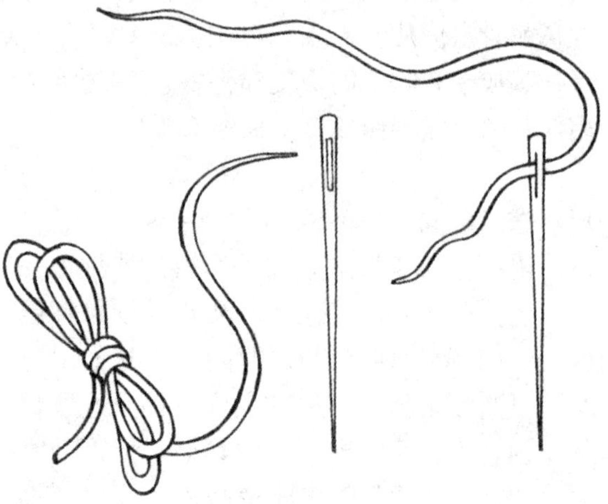

针和线

巫师神角（藏文：Thun-rwa）

在毁灭仪式、密宗仪轨或黑巫术中都要使用藏式神角。用镂空的牦牛角制成的神角是该武器最简单的形式。它的里面装满各种“真言芥子”，然后用一个塞子或盖子封住。在降神仪式中使用的真言芥子包括：文字咒语、指甲夹和未来受害者的头发、各种动物的血和肉、从铁匠那里得到的铁屑、十字路口的尘土、妓女的经血及寡妇或孩提时代就亡故之女子的头发。真言芥子分为“干”“湿”两类。干真言芥子包括矿物、金属、骨头、土、谷物和芥子种子。“湿”

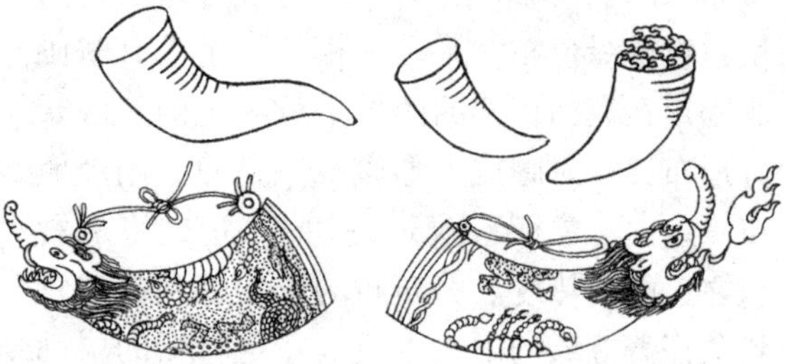

牦牛角（上）。右边的牦牛角内盈“湿物质”。下面是两种刻制而成的巫师神角。

① 梵文：Marici，摩利支女，女神名。

真言芥子可以包括血液、体内分泌物、酒类及从地下泉水汲取的水。在举行密宗仪式时，将神角抛向障魔或鬼怪。在举行砍杀仪式中，“恶咒角”① 被秘密地埋在未来受害者的屋内。

阳刻在牦牛角或牛角上的巫师神角更为精致，上面刻有恐怖武器及有毒昆虫和爬虫，其中有蝎子、蜘蛛、蛇和蛙。在传统上，神角尖被刻成摩羯头的样子，其开口末端通常用一个小木塞为底，底面饰有一个小骷髅和一个直立的结。神角开口的底部一般都有一块金属封板，上面刻有十字金刚杵或法轮。最恐怖的神角使用尸体头发做成的塞子来封底。在古代西藏，牦牛角很多，经常是盛放酥油、火绒和火药等世俗物品的天然容器。

① 藏文：Ngan-gtad-rwa，恶咒角。

第十二章　手持标识和礼仪供物

莲花（梵文：padma，kamala，utpala；藏文：Pad-ma，Chu-skyes，Ut-pa-la）

莲花出污泥而不染，是佛教再生、纯洁和免受轮回之苦的主要象征。作为手持器物，最常见的莲花是浅红色或粉色，带有八个或十六个莲瓣，莲瓣的上面有具体的礼器或神灵标识。手持莲花低处的莲茎常稍有卷曲，呈莲花根状。神灵或世系大师的拇指和前三个指尖中的一个指尖常放在胸前，呈说法印或施予印，指尖优雅地握着莲花低处的茎。莲茎优雅地向上攀缘，在攀缘到与神灵耳部齐平时莲茎长出叶子，象征佛法像甘露一样得以传承，这种传承将吸引弟子们像蜜蜂一样扑向口传或“口耳相传”之教法发出的绝对纯美的香气上。莲花主茎在攀缘时一般会在每侧的荚果上长出三个芽，主花开在中央，另一边是个含苞欲放的花苞。开花的三个阶段分别代表过去、现在、未来“三世佛”。

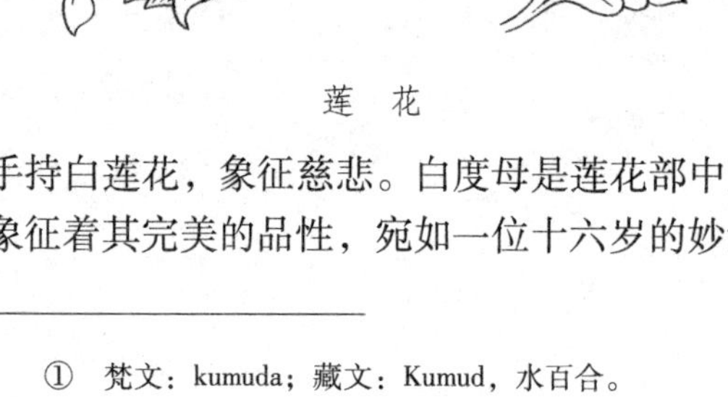

莲　花

莲花主要是红色西方佛莲花部怙主阿弥陀佛的标识，其善识一切的特质代表着把慈悲变成具有辨识能力的智慧。阿弥陀佛的主菩萨是金刚手观音，即：西藏的慈悲菩萨和护法神。梵文“Padmapani”一词意为“莲花手”，他手持一朵八瓣白莲花，象征着他的纯洁无瑕、仁爱和慈悲。作为观音菩萨的化身，历代达赖喇嘛的化身一般都被画成右手持白莲花，象征慈悲。白度母是莲花部中主要的女性菩萨之一。她手持的十六瓣白莲花象征着其完美的品性，宛如一位十六岁的妙龄少女。据说，水百合①只在月光下开放。白

① 梵文：kumuda；藏文：Kumud，水百合。

莲花①是式佛②的具体象征。在前一世时期，他坐在这朵精美的小花朵前获得了圆满。白莲花象征着珍奇和瞬间即逝，因为这种花独特的花苞很少开启，在被碰触时，精致的莲瓣就会脱落。

莲　花

莲花可以开出白色、粉色、红色、黄色、金黄色、蓝色、靛蓝色和黑色的花朵。粉色或淡红色莲花的梵文词是“kamala”，它也是印度教“莲花女神”罗乞什密的另一个名字。梵文“Kamala”一词源自词根“kama”，其意为爱、渴望、性欲和性交，在密宗中隐喻为女性的美丽和性感。梵文“Padma”和“kamala”这两个词都是女性柔软、粉色、有开口的阴道的同义词，是男性硬挺、能够插入的阴茎（“金刚”）的相反相成的象征物。“金刚”代表“色”，莲花代表“空”，它们的结合象征着佛法和智慧的完美“契合”，或象征着大乐和空性的自然生成。黄色莲花③和金黄色莲花④都是观音和度母几个化身的手持器物，他们一般也都用“莲花”来表示。蓝色、靛蓝色或黑色莲花在印度佛教梵文经文中用“utpala”（夜莲花）表示。由于莲花无法在高海拔的西藏生长，后来藏人就用这个词“Ut-pa-la”表示各种品种和颜色的莲花。蓝色莲花⑤在古代埃及颇受尊崇。当时，人们把莲瓣浸泡在水和酒中或加以蒸馏制成一种精油，也可以制成一种有效的返老还童和回春的灵丹妙药。梵文“ut-pala”一词的意思是“盛开”或“无肉的”。梵文“utpala-naraka”用来指佛教星相学中的八寒地狱⑥。生活在八寒地狱中的生灵的皮肤因严寒而变蓝并皴裂，宛如夜莲花的瓣隙。蓝色夜莲花是绿度母和许多其他金刚乘神灵的器物。梵文中也称之为“nilabja”，“nilotpala”，“pushkara”和“nilanalina”。

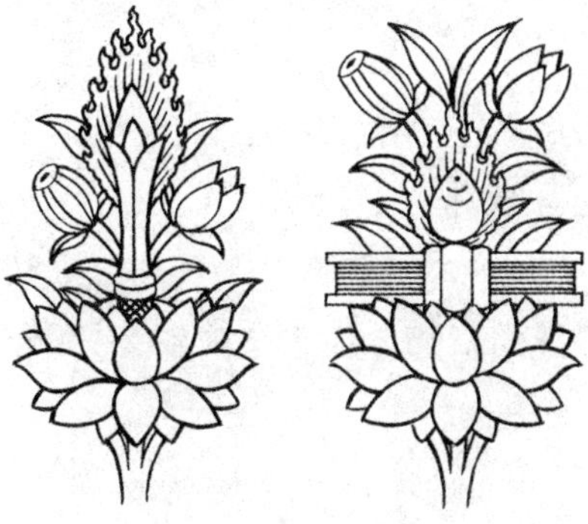

手持莲花是文殊菩萨的标识：
剑（左）和经书（右）

---

① 梵文：undarika；藏文：Pad-ma-dkar-po，白莲花。

② 梵文：Buddha Shikhin，式佛，过去七佛之一。

③ 藏文：Pad-ma-ser-po，黄色夜莲花。

④ 藏文：gSer-gyi-pad-ma，金黄色夜莲花。

⑤ 原文：Nymphaea caerulea，蓝色莲花。

⑥ 梵文：Astasitanaraka，八寒地狱，佛教所说的八种酷寒的地狱，包括：1）等活地狱；2）黑绳地狱；3）众合地狱；4）号叫地狱；5）大叫地狱；6）炎热地狱；7）大热地狱；8）阿鼻地狱。

男女菩萨的手持莲花上一般都有特殊的标识，这些标识都放在莲花圆拱形果荚皮上或中间的果荚上。八大菩萨的人①神②化身手持的莲花上托有如下器物：1）文殊菩萨，宝剑和经书；2）金刚手菩萨，金刚杵或金刚铃杵；3）弥勒菩萨，法轮和净水瓶；4）虚空藏菩萨，宝剑；5）地藏菩萨，珠宝；6）普贤菩萨，太阳；7）除盖障菩萨，月亮；8）观音菩萨，无饰物的莲花。白色智慧波罗蜜女神手持有关《般若波罗蜜多经》的两部经文，经文放在从其左右手掌掌心生出的红白莲花上。

金轮或法轮（藏文：Chos-kyi-vkhor-lo）

金色法轮是众多佛教神灵的器物，也是白色中央佛如来部怙主（大日如来佛）的器物。金色法轮的八大轮辐代表佛陀的“八正道”。作为手持器物，法轮也可以插在一个小轮柄或莲花座上。轮辐后面四个代表方位的部分常涂以颜色，代表四大方位、四大要素、四佛，其中东方（底部）为白色；南方（左）为黄色；西方（顶部）为红色；北方（右）为绿色。

金轮或法轮

海螺（梵文：shankha；藏文：Dung-dkar）

右旋白螺是古印度护法神的器物，巨大的海螺号宣告他们战争的胜利。早期佛教把吠陀时期的海螺看做宣讲佛教教义的一种象征物，象征着他无所畏惧地向十大方向弘传佛法。作为佛陀“语”之力量的象征，海螺具有穿透力的声音欣喜地宣称佛法的统治、殊胜“三界”和对一切魔鬼和邪恶精怪的恫吓力。常见的天然螺壳的壳口一般为左旋，而右旋白螺③十分罕见，被视为仪式中的吉祥之物。作为手持器物，海螺一般被握在神灵的左手中。

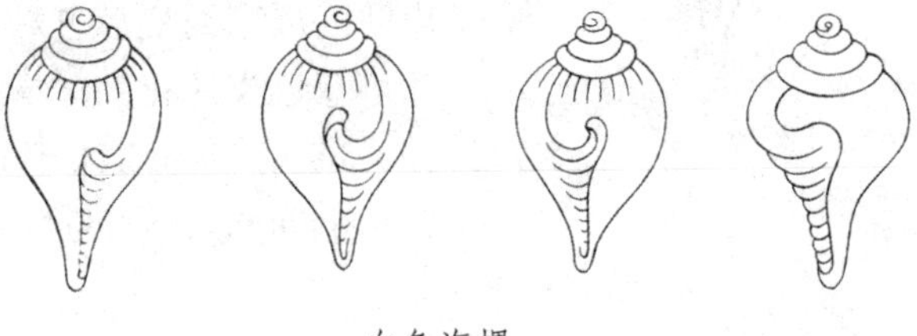

白色海螺

① 梵文：nirmanakaya，人。

② 梵文：sambhogakaya，神。

③ 梵文：dakshinavarta-sankha；藏文：Dung-dkar-g · yas-vkhyil，右旋白螺，海洋贝类的一种，是神圣珍贵的藏传佛教法器，因其螺纹逆时针方向旋转，极为稀有，被视为珍宝。有大法力，渡江者若供于船头，便会风平浪静。

宝伞（梵文：chatra；藏文：gDugs）

宝伞是表示忠诚和保护的印度传统象征物，宝伞下的阴影象征性地遮蔽炎热之苦、疾病和“障”及邪恶力量。在古印度，国王的侍从高擎十三把宝伞，而在早期佛教中也把十三个伞轮安在佛陀菩提塔的塔顶上。空宝座上方所画的宝伞和菩提树是佛陀早期的象征性形式，无鞍马上方的宝伞这个象征物象征着悉达多①（幼年佛陀）逃离其父王的宫殿。在肖像画法上，在佛陀和菩萨化身的上方，有一顶白色丝绸圆顶宝伞，上面饰有华丽的丝绸幔帐、珠宝挂饰、牦牛尾、孔雀翎和丝带。在金刚乘佛教中，白伞这个器物被神化为大白伞盖佛母。

宝　伞

胜利幢（梵文：dhvaja；藏文：rGyal-mtshan）

胜利幢最初是印度战事中使用的军旗。早期佛教吸纳胜利幢为释迦牟尼战胜恶魔大军的象征。恶魔的邪恶护法也携带胜利幢作为标识。胜利幢直插在须弥山山顶，象征着佛陀征服了整个宇宙。作为手持器物，众多神灵，特别是与财富和军事成功有关的神灵都高擎胜利幢。在肖像画法上，它被画成圆柱形，插在一根木杆上。幢顶通常为白色伞状的小圆顶，中央插有一块如意宝，圆顶边缘环围着装饰华丽的金黄色徽记杆，杆上悬挂着飘拂的黄色或白色丝哈达。胜利幢的锥柱上垂直裹着几层彩色丝绸围帐并挂有珠宝，底部有一个飘拂的丝绸群帘和布条。锥柱的上半部常饰有虎皮围帐。胜利幢是佛陀战胜四魔的象征物，经常装饰在寺院或庙宇屋顶的四角，同样，胜利幢当作脊角状装饰也画

胜利幢

① 梵文：Siddharta，悉达多，佛陀幼年之名。

在坛城的外墙上。

摩羯幢（梵文：makaradhvaja；藏文：Chu-srin-gyi-rgyal-mtshan）

在古印度战事中，鳄鱼头和剥下的鳄鱼皮常作为头饰佩戴，或作为插在旗杆上的旗幢，令敌人胆战心惊。摩羯幢最初是夜叉或湿婆及欲神的战旗。作为魔的印度化身，欲神在其军队攻击菩提树下的释迦牟尼时用这个标识作为自己的军旗。在早期佛教中，四个摩羯幢直插在塔基的四大方向，代表佛陀征服了“四魔”或战胜了魔的四兵。

作为手持器物，大星宿神罗睺的上右手挥舞着摩羯幢，象征着他降伏了四魔，断灭“五毒”。在肖像画法上，摩羯幢可以画成插在木杆上或剑上的摩羯头和剥下的摩羯皮，有时画成带有摩羯头的丝绸幔帐胜利幢。

摩羯幢

狼幢（梵文：vrikadhvaja；藏文：sPyang-kivi-rgyal-mtshan）、公牛幢（梵文：vr-ishadhvaja；藏文：Khyu-mchog-gi-rgyal-mtshan）和虎幢（梵文：vyaghradhvaja；藏文：sTag-gi-rgyal-mtshan）

在金刚乘神殿中，某些次要神灵和精怪挥舞用不同动物的头或剥下的皮制成的胜利幢。据说，佛教的胜利幢象征着断灭“愚痴”的十一种方法：即：1）戒；2）定；3）慧；4）解脱；5）解脱见慧；6）根寂（六根的寂静）；7）知足；8）修法；9）知方便；10）分别义；11）不著利。与这十一种方法法相对应的十一种动物幢可能是：1）摩羯幢；2）虎

狼幢（左）和公牛幢（右）

幢；3）狼幢；4）水獭幢；5）鹅幢；6）猫幢；7）孔雀幢；8）蛙幢；9）蛇幢;10)蝎子幢;11)乌龟幢。但经常在一些次要的佛教神灵手中绘有羯摩幢、狼幢、公牛幢和老虎幢。公牛幢是狮子座神灵欢喜天的器物。鱼幢①和乌鸦幢②也是几个印度佛教神灵的器物。

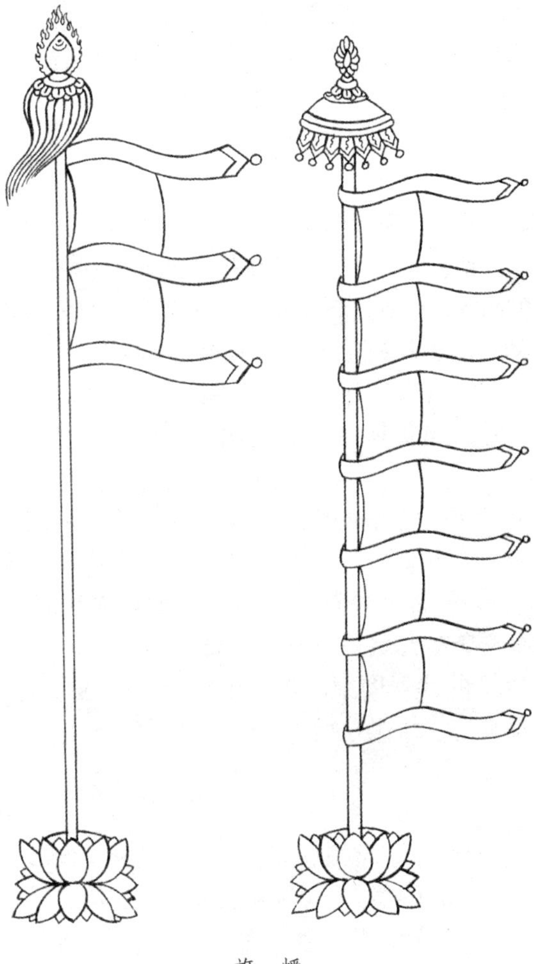
旗　幡

旗幡（梵文：pataka；藏文：Ba-dan）

旗幡是护法神的主要标识，护法神挥舞手中矛或三股叉上的旗子作为战旗。作为战事的标志，旗幡通常呈三角形丝绸长旗③形状，镶有齿状毡边、丝绸边、棉布边或犊皮边。像岭·格萨尔、勇士神或大红关羽④等许多护法神或“赞”神都戴有小三角旗幡作为头盔饰物。它们为彩色丝绸三角旗，成对出现，向外飘展，宛如蝴蝶翅膀或船帆。盔旗的外沿常挂有一小簇白色羊毛，象征着云彩（白色簇团）飘浮在空中(成片的幡旗)。护法神的盔顶常饰有小矛尖或宝剑、珠宝、红色牦牛尾、白色羊毛团、孔雀翎或小胜利幢标识。蒙藏武士在战略上使用这些盔旗使佩戴者产生虚幻之感,仿佛自己比实际更难对付。

作为和平的标志，旗幡飘扬在整个佛地，成为佛陀教法的标识。在西藏，在传统上，要在庙宇、寺院、佛塔、桥梁、山口和其他吉祥地附近的圣地挂上旗幡。旗杆很高，是用松树、柏树或杉树的细树干制成。用钉在地上的绳索将旗杆竖起，绳上挂满印制的经幡。

---

① 梵文:minadhvaja,鱼幢。

② 梵文:kakadhvaja,乌鸦幢。

③ 藏文：Dar-khru，三角形长旗。

④ 藏文：Tsi-vu-mar-po，关羽，（？ ~219 年），三国蜀国大将，字云长。他的事迹被封建统治者大肆渲染，并加以神化，尊为“关公”、“关帝”。

在西藏，这些地方通常被称作“达钦”①，意为“大旗”。藏族经幡或“风马旗”为方形。依照传统风马旗要染成蓝、白、黄、红、绿色，顺序要与五佛部的顺序相符。通常用木版印刷的方法将各种祈祷文、咒语、神像和吉祥符号印制在方形布②上，也偶见印在丝绸③上的。“风马旗”的中央人物和“四大超自然动物”（金翅鸟、龙、狮子和老虎）也常常印在旗幡上，这五种形象代表中央和四大方位。风马旗迅速地将祈福祷文借风传到凡间的四大角落。旗幡的形状可为长条棉制印经布，经布的长度与旗杆相同。彩色丝幔把悬挂的方形旗幡隔开。在吉祥的场合里，如藏历新年，都要挂上新的旗幡。

丝带（藏文：Dar-dpyangs）

在神灵的服饰上绘有彩色丝绸和白、蓝、黄、红和绿色丝带，用以说明这五种颜色与五佛的关系。白色丝绸用于安抚或抚慰仪式；黄色丝绸用于增长或招财仪式；红色丝绸用于召神或降伏仪式；蓝色丝绸用于强力或恐怖的活动中，而绿色丝绸可以用于一切目的或一般的活动。五色丝绸常被画成礼器上的飘带，如占卜用的箭或镜子。在菩萨穿的“彩虹裤”上也可以看到这五种颜色。彩虹宝裤所绘的颜色代表“因陀罗弓”④的天象或彩虹。

丝　带

黑丝绸⑤仅在最恐怖的仪式或降神仪式中使用。在这些仪式上，绝对要彻底摧毁障魔或怨敌。某些极为恐怖的怒相神身穿黑丝外罩和长袍。例如：大黑披风金刚⑥就被画成身穿九层黑丝外袍，最外面的一件衣袍上绣有令人生畏的武器图案。作为手持器物，遍畏⑦和军荼利女神都拿着一块黑丝绸。

三层饰（藏文：Phan-rtse-gsum-pa）

三层饰由三个领带形状的丝绸幔帐组成，是宝伞、宝幢、天杖、达玛茹和三股叉等众多礼器上的饰物。三层丝绸幔帐的颜色一般排序如下：第一层为黄色或白色；第二层为红色或橘红色；第三层为绿色或蓝色。总体上，它们象征着佛教各类三个一组的东西，如：

① 藏文：Dar-chen，大旗。
② 藏文：rLung-ras，方形布。
③ 藏文：rLung-dar，丝绸。
④ 梵文：indradhanus，因陀罗弓。
⑤ 藏文：Dar-nag，黑丝绸。
⑥ 藏文：rDo-rje-ber-nag-chen-po，大黑披风金刚，金刚神名。
⑦ 梵文：Samantabhairava，遍畏，夜叉名。

“三宝”、“三世佛”、“三乘”、“三身”或身、语、意三方面及殊胜“三界”、“三毒”和“三时”。红、黄、蓝的顺序可能代表佛教小乘、大乘和金刚乘“三乘”。白、红、蓝顺序可能代表身、语、意的三个方面。

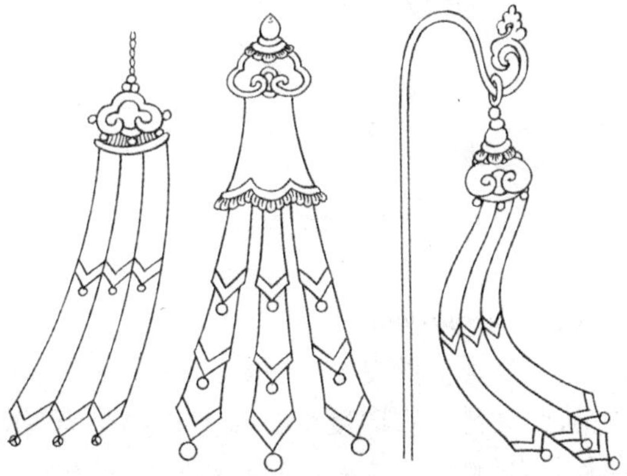

三层饰

胜利幢装饰在第一批佛塔上，三层饰可能构成了印度胜利幢最早的式样之一。三层饰的上面绘有“三胜兽”，它们是由金翅鸟与狮子、鱼与水獭和羯摩与海螺六种动物杂交而生。作为吉祥旗幡，三层饰被插在一根棍上，然后垂直插在金色宝瓶中。在呈几何状坛城的外墙上方一般都有这个标识，还会有胜利幢、宝伞、金瓶和如意树。天杖上饰有三个悬挂标识物：达玛茹、金刚铃和三层饰，总体象征着神的身、语、意的纯净。

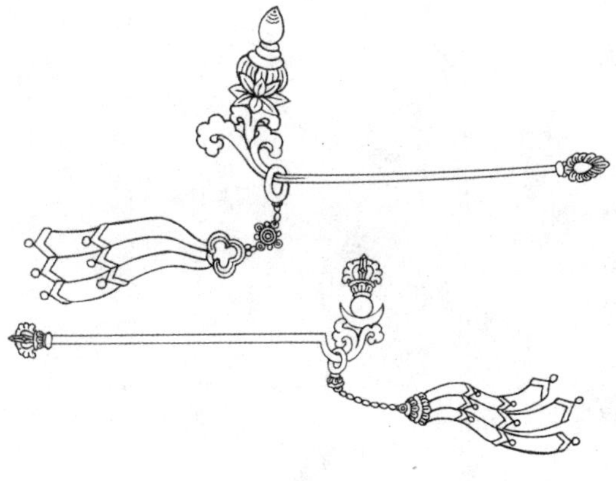

挂在杆上的三层饰

作为手持器物，怖畏金刚较低的一只手中握有三层饰，此时，它再次象征着神的身、语、意的统一。怖畏金刚的三层饰通常挂在三股杆上的一根珠宝链上，象征着怖畏金刚殊胜“三界”。有时，三层饰和珠宝缨珞挂在一根杆上，杆顶饰有长寿瓶或半截金刚杵及连在一起的月牙和太阳饰。三层饰也可作为耳饰挂在“羌姆”① 服饰上或作为寺院和庙宇建筑物的悬挂饰物。

三层饰顶部通常冠有一块珠宝或一个月牙、太阳及滴露，在它们的下面是三睛宝石。作为三宝的象征物，三睛宝石是汉族艺术中称作“玦玉”的三叶“云饰”。

① 藏文：vChams，羌姆，藏语音译。原意为“舞”或“舞蹈”，现为寺庙古典舞的专用名词，即跳神舞。羌姆内容以降魔镇妖、避难解灾、弘扬佛法、普度众生、因果报应、生死轮回等佛教教义和佛经故事为主。

镶珠缨珞（梵文：ratnadaman；藏文：Rin-po-chevi-chun-po）

镶珠缨珞可以画成镶珠小三角形帷幔或是画成几根白色牦牛尾，它们悬挂在装饰华丽的卷轴上或带有金刚杵饰顶的杆上。用镶珠缨珞触碰弟子的头表示为他们祈祷祝福。罗汉或佛陀的一位天界侍从的手中也持有镶珠缨珞。

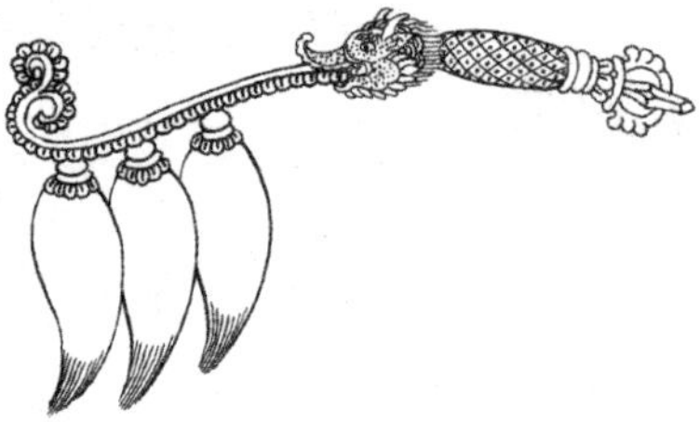
镶珠缨珞

牦牛尾拂尘（梵文：chamara，prakirnaka；藏文：rNga-yab）

白色牦牛尾拂尘在古印度是皇家的标识。在烈日炎炎的夏季，贵胄用它扇风和驱赶苍蝇、黄蜂和蚊子这类的昆虫。漂白的牦牛尾是从西藏传入古印度的，藏文称拂尘为“rNga-yab”，其意为“尾巴之父”。在印度也用白色鹿尾作拂尘，马尾、羊毛和狐狸尾拂尘在中亚也同样使用。蒙古武士们用成吉思汗的九牦牛尾作为军旗，中亚的牦牛尾器物最终列入了三股叉和矛这类的金刚乘象征性的武器之中。

早期佛教用白色牦牛拂尘作为佛陀统治和慈悲的标识。与宝伞一起，白色牦牛拂尘成为两个最早的佛教护法象征物之一。强调不杀生理念的耆那教描述了拂尘的用途。耆那教苦修者用它清扫沿途的昆虫，甚至戴上粗纱面罩以避免吸入小昆虫。佛陀同样宣称，所有剃度僧人都应有一把拂尘。在道教和汉地佛教中，住持僧人在举行宗教辩论或辩经时应根据礼仪手持一把拂尘。在尼泊尔尼瓦尔佛教传统中，一对拂尘替代了八瑞相中的法轮作为佛陀统治的标识。在早期藏族佛教艺术中，一对拂尘、一个宝座基和一部经文图案构成了印度佛教大师阿底峡象征性的表现形式。

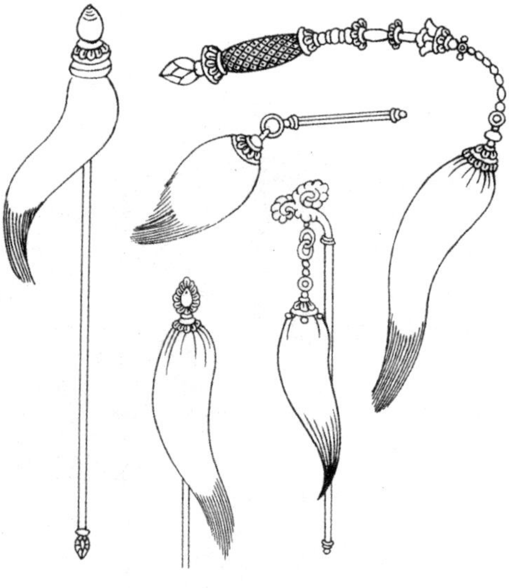
牦牛尾拂尘

作为手持器物，罗汉阿麕伽①、伐那婆

① 梵文：Angaja，阿麕伽，罗汉名。

斯①和伐阇罗弗多罗②及他们的两大侍从之一信士③达玛塔拉④都手持白色牦牛拂尘。佛陀的天上眷属及观音菩萨和金刚手菩萨在侧伴顶髻母时也都持有牦牛拂尘。牦牛拂尘通常插在一根有金色珠宝饰的手柄上，上面挂有一个金色铃铛。

孔雀翎（梵文：mayura-tilaka；藏文：rMa-byavi-mdongs）

在传统上，印度的孔雀是蛇与蝎这样的有毒生灵的天敌。孔雀绚丽的色彩和长尾羽翼代表着将这些毒物变成智慧甘露或圆满。孔雀颈部电光蓝色的羽毛也与湿婆的一个传说密切相关。为了拯救世界，湿婆喝下了搅拌大海时生成的致命毒药⑤。毒药封住了湿婆的喉咙，使喉咙变成蓝色。从这一点来说，湿婆也被称作“蓝喉者”⑥。在印度教传说中，孔雀是战神韦驮⑦的坐骑。在佛教中，孔雀是阿弥陀佛这个红色西方佛的坐骑。他的孔雀宝座曾是印度孔雀王朝⑧及伟大佛教之王阿底峡的象征。公元 1739 年，孔雀宝座被从印度掠走，最终成为波斯沙阿⑨的象征。孔雀也与太阳有关，因为它忧郁的叫声宣告着黎明的来临。它傲慢地张开长尾羽翼求偶预告着季风季节即将开始。作为光的象征物，孔雀造型常常做成青铜酥油灯⑩，照亮印度和尼泊尔的庙宇。

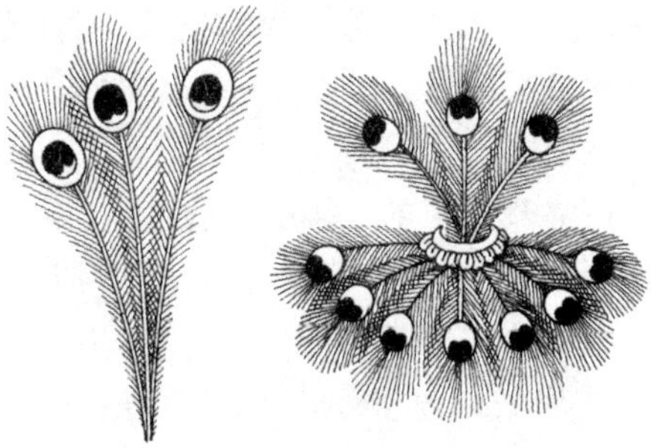

孔雀翎和孔雀翎伞

作为手持器物，三根一组的孔雀翎象征着贪、嗔、痴“三毒”的嬗变。五根一组的孔雀翎象征着贪、嗔、痴、慢、嫉“五毒”嬗变为五佛智。孔雀翎上的“眼睛”代表智慧，其发光的金色羽杆代表着佛陀无数的方便和方法。孔雀翎经常装饰在扇子、镜子及天神高擎的宝伞上。它们也是插在飞镖上的羽毛和净水瓶中的水掸。某些护法神也戴有三根或五根一组的孔雀翎作为盔饰的一部分。藏军的头

---

① 梵文：Vanavasin，伐那婆斯，罗汉名。

② 梵文：Vajraputra，伐阇罗弗多罗，罗汉名。

③ 梵文：Upasaka，信士，音译“优塞婆”，居士之意，在俗信者。

④ 梵文：Dharmatala，达玛塔拉，人名。

⑤ 梵文：kalakuta，致命毒药。

⑥ 梵文：Nilakantha，蓝喉者。

⑦ 梵文：Skand 或 Karttikeya 或 Kumara，韦驮，佛教天神。为南方增长天王的八大神将之一。其塑像一般穿古武将服，手持金刚杵，被安于天王殿弥勒之后面，面对释迦牟尼像。

⑧ 梵文：Maurya，孔雀王朝，古印度摩揭陀国的王朝。公元前 321 年，旃陀罗笈多（月护王）率军赶走马其顿侵略者，推翻难陀王朝（Nanda）所建。“孔雀”据说从其母名。阿育王在位时国势强盛，除半岛南端外统一印度全境，定佛教为国教。约公元前 187 年为巽加（Sunga）王国所取代。

⑨ 梵文：Shah，沙阿，“国王“之意。

⑩ 梵文：mayura-dipa，青铜酥油灯。

盔上也饰有一圈相同的孔雀翎。大成就者萨巴日巴①身着一件孔雀毛制成的围腰，是无种姓的萨巴拉部族②的象征。这个部族在印度东部的温迪亚③古林中以狩猎为生。金刚乘中的“大孔雀天母”④ 的右手持有孔雀翎。在大圆满教法中，可用孔雀翎象征物代表“超越定”⑤。

孔雀翎扇和宝镜（藏文：rMa-byavi-bsil-yab）

耆那教僧人在行走时用孔雀翎作扫把清扫沿途的昆虫。用一束孔雀翎来清扫印度庙宇中的圣像，在炎热的天气里用孔雀扇使神像感到凉爽。传统的印度扇子一般用象牙或檀香木制成椭圆形扇骨，在其边缘插上一排孔雀毛翎，呈扇状。传统的中国扇是用蒲草、纸、羽毛或丝绸制成。竹折扇和纸折扇最初是在十一世纪从日本传入中国的。

在佛教艺术中，印度的孔雀翎扇常被画成侍奉佛和菩萨之天神的器物。该扇插在一根红檀香木长杆上，扇形通常呈金色椭圆形或三叶形框架，框架边有一圈向外散射的孔雀翎。扇子中央椭圆形或三叶形的接点涂成白色，代表被拉长的神丝膜。有时，扇的接点就是一面镜子，白色的镜面象征着万物的反射皆为空。镜面上经常画有圣地、佛或菩萨。例如：在“佛诞图”中，擎在佛母头顶上的宝扇和宝镜上也绘有度母像或观音像。莲花支架可以确保扇子立在杆上，传统上，木杆顶部系有一根飘拂的丝带。

孔雀翎镜和孔雀翎扇

① 梵文：Sabaripa，萨巴日巴，大成就者名。
② 梵文：Sabara，萨巴拉部族，无种姓的人，被认为在社会之外的人。
③ 梵文：Vindhya，温迪亚，印度地名。
④ 梵文：Mahamayuri，大孔雀天母，女神名。
⑤ 藏文：Thod-rgal，超越定，亦称“超入禅”、“超等至”。不是逐步修习，而是直接超越次序而入根本定。

孔雀翎华盖（梵文：mayura-chatra；藏文：rMa-byavi-gdugs）

孔雀翎制成的华盖是世俗权威或统治的象征。在某些宗教队列中，如达赖喇嘛的出行队列中，也高擎显示其宗教权威的白色或黄色丝绸华盖。孔雀翎制成的横带挂饰上经常饰有置于佛和菩萨头顶上方的精美华盖。孔雀翎华盖被高擎在怒相吉祥天母的头顶上方，象征着她能够竭尽全力地护佑芸芸众生。华盖代表她的力量、对各界的统治及她具有将一切毒物和恶业变成光辉灿烂之智慧的能力。生成于吉祥天母的头顶的“秋女神”① 戴有孔雀翎脖套，她也是“四季之后”之一。

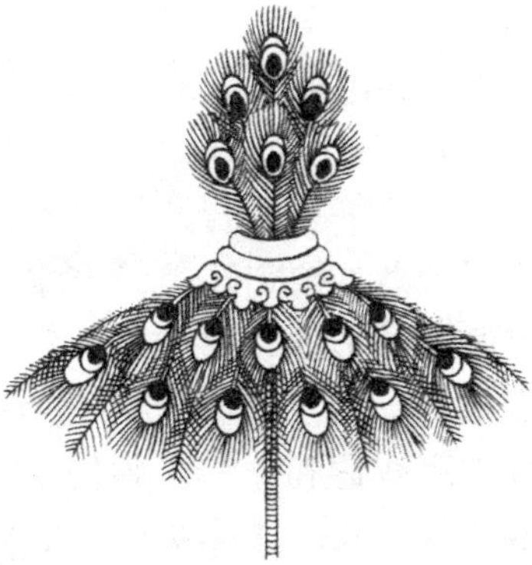

孔雀翎华盖

经书（梵文：pushtaka；藏文：Po-ti，gLegs-bam，dPe-cha）

最早的印度梵文经文是写在或刻在横条贝叶上，可以追溯到公元前三千年的《四吠陀》。贝叶经用于印度佛教的整个历史中，与古埃及、希腊和罗马使用的纸莎草经、古代中国使用的竹简及中亚使用的木楔板经相似。在七世纪初期，中国人发明了木版印刷术，已知的最早的汉文木版经文是一卷本的《金刚经》，其年代为公元 868 年。可能在十一世纪期间，藏人首次使用木版印刷在纸上印制木刻版经文。这些经文模仿传统的印度贝叶经，为长型横散页，将散页夹在扁平的木经板之间或用布包裹加以保护。每张木刻板都是用阴刻法刻制的，分别着墨，然后将正方形纸张从其上面滚压。纸张是人工制造的，选自“纸树”② 带浆的内茎皮，这类纸张从尼泊尔和不丹大量进口。纸边常常染成红色，与西藏宁玛派、萨迦派和噶举派的“红帽”相符。染成黄边则与改革派格鲁派的“黄帽”相符。

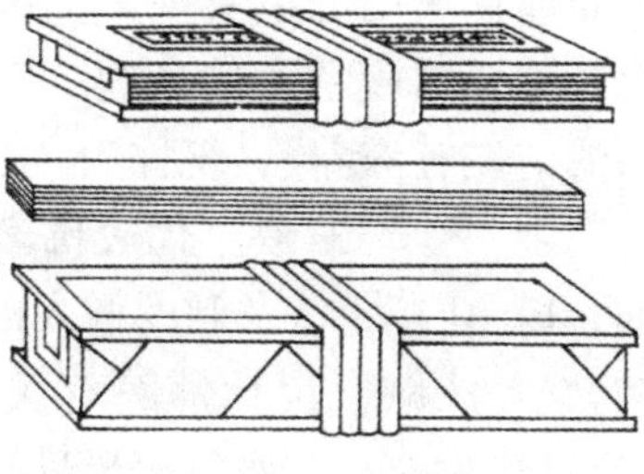

木面和布面佛经

许多神灵及印度和西藏历史上的大师都手持经书作为器物，最常见的是左手持有经文，象征着他们获得圆满后的智慧品性和知识的传承。该经文就是《般若波罗蜜多经》，是公元二世纪印度伟大的佛教哲学家龙树大师从龙王那里作为“伏藏”获得的。这部原版经文的扩充版本共有十万偈③，每偈有三十二个梵文字母。中版有二万五千偈，短版有

---

① 藏文：sTon-gyi-rgyal-mo，秋女神，指代表秋天的女神。

② 梵文：Daphne cannabina，纸树。

③ 梵文：shloka，偈。

八千偈。还有几个更短的版本，其中最著名的是《心经》和《金刚经》。还有一个版本只有一百偈，用来背诵，甚至还有一个“精华”版，只有一个字符“A”。

文殊菩萨和般若波罗蜜神这样的神灵经常手托智慧经文，这类经文常被画成印度佛教贝叶经的形状，白色的短经页夹在两块木经板之间，再用一块彩色丝带捆上。罗汉、印度的班智达和藏族大师们所持的经书常被画成长度更长、式样更为随意的藏式木刻经文的样子。在藏文中，这种经文叫做“白恰”①。作为佛法的象征，经书也代表佛的语的方面。

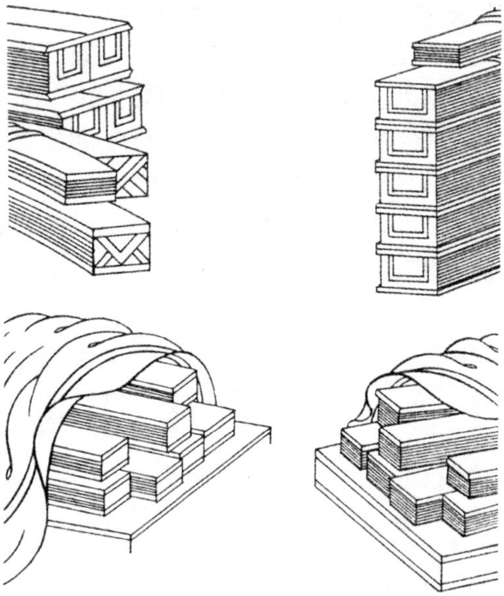

成堆的木面和布面经书

宝箧（梵文：pitaka；藏文：Za-ma-tog，sDe-snod）

在印度信奉佛教的初期，贝叶经在传统上是放在编制的宝箧中，宝箧常被画在印度班智达或藏族学者的身边。宝箧代表佛陀教义的“精神滋养”，统称为“三藏”② 或“增上三学”③。“三藏”代表佛教教义的三个方面：1）律藏，涉及剃度僧人的道德规范和誓约；2）经藏，包括佛陀有关禅修的口头教法；3）论藏，主要包括智慧的开发。

在肖像画法上，宝箧被画成椭圆形、圆形或卵形器皿，器皿周边饰有颇具装饰性的箍条和图案。顶部常饰有一个带莲花托的珠宝，上圆顶饰有丝带。

宝箧（左）和噶当塔（右）

在传统上，在印度大师阿底峡的左右两

① 藏文：dPe-cha，经书。

② 梵文：tripitaka；藏文：sDe-snod gsum，三藏。经、律、论合称“三藏”。“藏”是一切佛教的文书、教义的储藏之意。佛教的一切圣典都是“藏”。

③ 梵文：trishiksha；藏文：Lhag-pavi bslab-pa，增上三学，三学至上珍宝，胜出凡夫外道之道。增上三学为：1）增上戒学；2）增上顶学；3）增上慧学。

侧常画有装在宝箧中的经文和一个椭圆形的噶当塔。阿底峡于1042年抵达西藏后藏，并创建了藏传佛教噶当派①。信奉苯教的朗达玛对佛教短暂的残酷迫害使佛教经历了二百年的衰微，此后，开始了佛教的再次弘传②。阿底峡与宝箧和噶当塔分别代表着佛陀的身、语、意。噶当塔带有钟形塔基，塔基上有一个带莲花座的涅槃塔，塔上有十三个伞轮。阿底峡因可以使用十三把宝伞而享有盛名，这使他在精神地位上与佛陀齐名。在早期藏族艺术中，阿底峡有时被象征性地画成一部经书，放在宝座上，两侧放有一对拂尘，象征着佛（宝座）、法（经书）、僧（拂尘）。

僧钵（梵文：patra；藏文：Lhung-bzed）

释迦牟尼得道后不久，四方的四大天王每人赠他一只僧钵，其中最漂亮的僧钵是用宝石制成的，最朴素的一只是用普通石头制成的。据说，释迦牟尼挑选了最朴素的石钵，也收下了其他三个僧钵。他愤愤地将它们混成一个单色的僧钵，该僧钵足以满足普通托钵僧的需要。根据一些佛教传说的说法，这个石钵是用紫色斑岩或长石做成的。

佛教僧人或比丘的传统钵的形状宛如一个倒扣的佛顶肉髻，把佛教的最高果位比作可以直接实现空性的智慧。僧钵一般握在坐姿佛及其弟子僧众的智慧左手中。这只左手常常放在膝盖上，呈禅定印，手中的僧钵表明断灭及修空性的手势。

僧钵，内盈吉祥物质，如：须弥山、酸奶、诃子和三种水果

① 藏文：bKav-gdams-pa，噶当派，藏传佛教后弘期创立的第一个教派。“噶当”，藏语音译，意为佛所说的一切显密教语。公元十五世纪，宗喀巴根据噶当派的教义创立了格鲁派，被称为“新噶当派”，原噶当派寺院逐渐改宗格鲁派。

② 关于西藏佛教再次弘传的开始年代，有不同的说法，实际上应早于公元1042年阿底峡进藏。

在藏族艺术中，佛教僧钵被画成乌鸦眼睛般的黑色，形状宛如鸡蛋的下半部。在传统上，它被画成铁的深蓝色，钵沿内弯，以防比丘清晨化缘行走时钵内的东西泼洒。寺院戒律①规定，佛教僧人应该在前半夜进食，因为化缘得来的食物在印度炎热的日子会很快变质。泥钵或铁钵是为僧人做的，但上乘的僧钵是用铁锡合金制的，经常涂以黑漆。佛陀的僧钵口径处有时绘有小串珍珠或金色珠宝饰。阿弥陀佛常被画成手托绿松石僧钵，而药师佛手捧盈满甘露的僧钵，该僧钵是用青金石颜色的琉璃或绿柱石制成的。

在传统上，僧钵内沿要涂以白色，代表释迦牟尼得道之前吃过的四十九口乳糜。这种白色物质也被看做是酸奶或牛奶，是长寿、生命力和智慧的“三大甘露”。须弥山也可画在僧钵中间的白色口径上，成为整个宇宙的象征性供物。代表佛、法、僧的三种水果或三块珠宝也可以画在僧钵上。在某位神灵的僧钵里可以看到他的具体器物。

天杖（梵文：khakkhara；藏文：vKhar-gsil）

佛教受戒僧人的铁制天杖一般握在罗汉和佛陀弟子的右手中，常与左手的僧钵配成一对，象征着断灭和修空性两大标识。天杖有三大功能：1）走路时使用的拐杖；2）发出的金属声响可以恫吓托钵僧沿途遭遇的蛇和其他小动物；3）化缘时托钵僧可来召唤布施者。由于僧人经常要噤声，而且戒律也禁止他们和女性说话和抬眼看她们，因此，僧人天杖发出的哗哗声告诉人们他们前来化缘。僧人在屋主门槛前要晃动天杖三次。如果无人应答，要继续晃动五次或七次。若此地依然无人应答，托钵僧会默默地走到第二家。

据说，天杖复杂的形式象征性地体现了“三十七道品”。长长的柄杆一般用铁、木或竹制成，杆的上半部常有一个用毡或皮制成的球状杆柄。杆柄上部和下部有三个或六个薄金属箍，象征着“三宝”或“六度”。杆柄下端有一

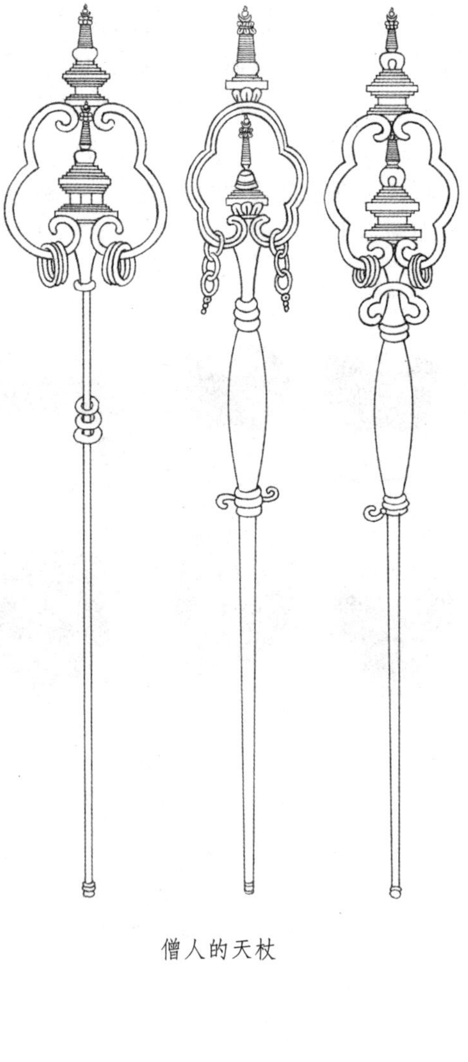

僧人的天杖

① 梵文：vaidurya，琉璃。用铝和钠的硅酸化合物烧制成的釉料，常见的有绿色和金黄色两种，多加在黏土的外层，烧制成缸、盆、砖、瓦等。

个铁钩或铁环，是肩扛天杖时所用的皮带附件。天杖的上框架用铁制成，为三叶形椭圆状，内包一座佛塔，第二座塔构成天杖的尖顶饰。三叶形框架一般只有两个相对称的部分。但有时，立体天杖图上会画有四个方向。几个铁环挂在框架较低的弧形处，这样，在晃动天杖时就会发出哗哗的声响。据悉，四环象征着普通比丘①或僧人的“四圣谛”；六环象征着菩萨的“六度”；八环象征着罗汉尊奉的“八正道”；十二环象征着佛陀摆脱了十二因缘的因缘链。

僧人允许身穿的拖鞋、鞋、靴子及系带靴（左列）；僧人不允许穿的带装饰的鞋（左下）。各种筛子（中）；水壶（右上）；放在三脚架上的筛子（右中）；两个僧钵（右下）。

比丘用品

早期印度的佛教僧人在寺院剃度受戒后才能过上真正的僧人生活，并获准拥有极为有限的生活用品。最早开列的僧人用品只有八件，后来增至十三件以适应印度更加严寒的山区气候条件。最初的八件物品是：1）~3）三件僧袍；4）僧钵；5）锡杖；6）水壶；7）细筛子；8）毯子或披风。也允许僧人随身携带腰带、针线、牙签和修脸刮头用的剃刀。

比丘的三件僧袍包括：1）一件黄色或红色的百衲外袍②；2）一件上衣袍③；3）一件内袍④。这三件“颜色偏暗”的衣袍象征着戒、定、慧“三事”。这些衣袍都有具体的尺寸和数量不同的褶皱。允许比丘尼⑤多穿一件厥修罗衣⑥和一根系住月经带的腰带。后

① 梵文：Bhiksu，佛教称谓。指出家后受过具足戒的男僧。

② 梵文：sanghati；藏文：Nam-sbyar，百衲外袍。

③ 梵文：uttarasangha；藏文：Bla-sos，上衣袍。

④ 梵文：taravasaka；藏文：mThan-gos，内袍。

⑤ 梵文：Bhiksuni，比丘尼，亦称“沙门女”。俗称“尼姑”。佛教称谓。指女子出家后受过具足戒者。

⑥ 梵文：kusulaka，厥修罗衣，佛教僧尼衣服，亦称“下裙”。把长方形布缝在两边，成筒形，伸入两腿，腰系纽带。此衣唯比丘尼用。

来僧袍的单子中又增加了两件内袍、一件白天用的披风①、一张晚间用的毯子、一条洗脸用的小毛巾、一条剃头用的大毛巾和一个坐垫。也允许僧人在炎热的日子使用扇子，在季雨期可以穿雨披，并允许他们行走在粗糙地面时穿拖鞋或无装饰的鞋子，以保护他们免遭毒蛇、水蛭、荆棘和刺草的伤害。

在古代印度，要用细筛子粗滤饮用水，因为水只能从井、水塘或流淌的河流或溪流中汲取。细筛子可以筛除水中的杂质，也可以挽救无数小昆虫的生命。早期戒律还宣称，比丘只能吃细筛滤过的粮食。把精纺纱布或干酪包布②绷在一个带柄的框架上制成细筛子，底部常有一个小“奶头”或“过滤用的球状物”。僧人的水壶③一般画成两种形状。一种是带盖净瓶④，以防尘土和昆虫，用于饭后漱口和洗手。第二种是装饰更为华丽的带柄茶壶⑤，是盛放饮水的器皿。在印度，各个教派的托钵僧都随身携带黄铜水壶用来喝水和便后净手。

佛像（梵文：buddharupa；藏文：Sangs-rgyas-kyi-sku-gzugs）

身、语、意指的是行为、语言和思想的纯净，分别被画成佛像或神像、经书和佛塔。在金刚乘仪式或灌顶仪式中，经常要向住持喇嘛敬献这三件物品，住持喇嘛要将它们高高举起，并庄重地用头去触碰它们，象征着圆满后的身、语、意的纯净。身、语、意三位一体也称作“三门”、“三藏”和“三金刚”，与西方的正思（意）、正语（语）和正业（身）的宗教理念相符。“三金刚”也与“三身”相符。“身”在头部（化身⑥）；“语”在喉部（应身⑦）；“意”在心部（法身⑧）。

佛 像

获胜的长寿顶髻天母⑨的上右手持有一小尊“无量光佛⑩”像（阿弥陀佛像）。手持这尊佛像象征着她具有使人长寿并获得至高无上智慧的权力。虚空观音⑪在化现为“虚空王”⑫时，

① 梵文：zen，披风。
② 干酪包布，一种平纹稀疏未经上浆的很轻的棉织物。
③ 梵文：kundika，水壶。
④ 藏文：sPyi-blugs，带盖净瓶。
⑤ 藏文：Phud-tib，带柄茶壶。
⑥ 梵文：nirmanakaya，化身，三身之一。
⑦ 梵文：sambhogakaya，应身，三身之一
⑧ 梵文：dharmakaya，法身，三身之一。
⑨ 梵文：Ushnishavijaya，长寿顶髻天母，女神名。
⑩ 藏文：Vod-dpag-med，无量光佛，佛名。
⑪ 梵文：Akasharaja，虚空观音，观音名。
⑫ 藏文：Nam-mkhavi-rgyal-po，虚空王。

他的十只主手之一也握着一尊佛像。

佛塔（藏文：mChod-rten）

佛塔代表佛的“意”（法身）并存有他的灵骨。佛塔也是西方红色广目天王、罗汉阿氏多①和黑色双臂怒相多闻天王几个神灵的手持器物。手持佛塔呈白色或金黄色，常插在莲花基座上。在象征意义上，佛塔有一整套的肖像意义，每个组成部分都代表通往圆满之路的某个具体方面。塔基为称作“狮座”的多阶方座或勒脚（底座）。“狮座”上有一个塔状半圆形拱顶、一个方形佛龛②和带有十三层“伞轮”的塔尖及莲花伞状顶饰、月牙和太阳圆盘及滴焰。

佛陀释迦牟尼圆寂③后不久，人们修造了两组八大佛塔。一组被称作“八大圣地如来塔”，记载了释迦牟尼一生中的八件大事。另一组被称作“八大胜迹塔城”，是其火化后骨灰分藏的八个地方。由于佛教传播到亚洲的不同地区，因此，佛塔也是形状各异。根据藏族传统，要修造八大佛塔以纪念佛陀一生的八个重大事件。

1）聚莲塔，纪念佛陀降生在蓝毗尼④，他在此地向四方各走七步，莲花由此盛开。

2）菩提塔或降魔塔，纪念他征服了恶魔及在菩提伽耶的菩提树下修得正果。

3）多门塔，纪念佛陀在瓦腊纳西附近斯里那他鹿野苑的“初转法轮”。

4）神变塔，纪念佛陀在舍卫国⑤祇园⑥丛林中神奇地击败了外道教徒。

5）天降塔，纪念佛陀在夏季静修期间上升天界向其母的转世传法并从兜率天降至僧佉尸⑦城。

6）和好塔，纪念佛陀在王舍城⑧竹林精舍⑨调解僧人之间的争论冲突。

7）尊胜塔，纪念佛陀在吠舍离将自己的生命延长了三个月，此时他已八十岁高龄。

8）涅槃塔，纪念佛陀在拘尸那迦沙罗双树下“毫无懊悔地”圆寂。

---

① 梵文：Abheda，阿氏多，罗汉名。

② 梵文：harmika，佛龛。

③ 梵文：parinirvana，圆寂，佛教对于僧尼死亡的一种美称。

④ 梵文：Lumbini，蓝毗尼，佛教圣地，相传为释迦牟尼的出生地，地处古印度拘利和迦毗罗之间，是善觉王（Suprabuddha）为其夫人蓝毗尼建造的一个花园，故名。现属尼泊尔。

⑤ 梵文：Shravasti，舍卫国，亦称“室罗伐”。古印度一王国名，在今印度西北部拉普地河南岸。以崇佛而闻名的波斯匿王曾居住此，城内有给孤独长者施舍的祇园精舍，遗址今尚存。

⑥ 梵文：Jetavana，祇园，须达（Sudatta）长者为释迦及其教团所建的僧坊。在中印度，释迦曾在此处开示佛法。与王舍城的竹林精舍并称为佛教最早的两大精舍。

⑦ 梵文：Sankasya，僧佉尸，城名。

⑧ 梵文：Rajagriha，王舍城，亦译“罗阅祇”，古印度摩揭陀国都城，在今印度比哈尔邦底赖雅（Tilaya）附近，周围有灵鹫山等五山，是释迦牟尼传教中心之一。

⑨ 梵文：Veluvana，竹林精舍，相传释迦牟尼在王舍城宣说佛法时，皈依佛教的迦兰陀长者献出竹园。与舍卫城的祇园精舍并称为佛教最早的两大精舍。释迦牟尼成道后，曾久居此。

八大佛塔（1~8）。中央是装饰华丽的菩提塔。

梵文“caitya”一词的意思是“墓碑”，而梵文“stupa”一词还指发髻①或法冠。小型冠状塔具有弥勒标志的特征，因为他的头顶上有一个小菩提塔或大菩提塔。长寿顶髻天母像也可以画在长寿塔拱顶的边沿或佛龛上。

手托塔的三种变体

念珠(梵文:mala;藏文:vPhreng-ba)

传统的佛教念珠是用一百零八颗尺寸划一的珠粒制成，通常握在神灵或世系大师的右手中，象征着通过背诵咒语、供奉和慈悲觉识体现出其语之纯净。许多印度和藏族世系大师的左腕或右腕上常画着缠绕的一串念珠。在印度教、耆那教和佛教中，数字“108”是一个神圣或“完满”的数字，也与特指神灵的名字的传统数字相符。由于是十二和九的乘积，数字“108”代表十二宫中的九曜②。作为四和二十七的乘积，数字“108”代表二十七星座③中任何一个星座上月亮的四个住所（每周一个）。这些星座是月亮每月经过黄道的二十七个部分。在呼气瑜伽④，即：“控制呼吸”的瑜伽中，根据计算，人在一天二十四小时内要呼吸二万一千六百次。二十四小时分为六十个时段，每个时段呼吸三百六十次。因此，十二小时的“日”循环就相当于呼吸一万零八百次。

密宗的“四种仪式”规定要用一些特殊的念珠。水晶、珍珠、白莲籽、白珊瑚、螺壳或象牙念珠都用于怀柔仪式；菩提子、莲籽、黄金、白银或青铜念珠用于增财或增长仪式；红珊瑚、红珍珠、红玛瑙、红檀香木或发出藏红花香味的红木念珠用于召唤、吸引和息灭仪式。诃子⑤、铁、铅、人骨或兽骨念珠用在诛灭仪式。念珠的珠数因仪式不同各异。一百零八颗珠粒的念珠用于怀柔和增长仪式;二十五颗珠粒的念珠用于息灭仪式;六十颗珠粒的念珠用于恐怖仪式。某些怒相神,如大黑天神,也拿着或佩戴着小骷髅头念珠或刻成骷髅头形状的骨片。尽管骷髅头的具体数字没有规定,但通常画成用十二、十六和二十一颗骷髅串成的念珠。十二颗骷髅象征摆脱十二因缘;十六颗骷髅象征“十六空”;二十一颗骷髅象征二十一种纯净智慧。观音手持一串白水晶或珍珠念珠,珠粒大小相同的念珠象征着他的心境平和。一百零八颗念珠这个数字与这个大慈菩萨的一百零八个化身相符。

① 梵文：stupa，stuka，发髻。
② 梵文：navagriha，九曜。
③ 梵文：nakshattra，星座或星群。
④ 梵文：pranayana，呼气瑜伽。
⑤ 梵文：Rudraksha，诃子。

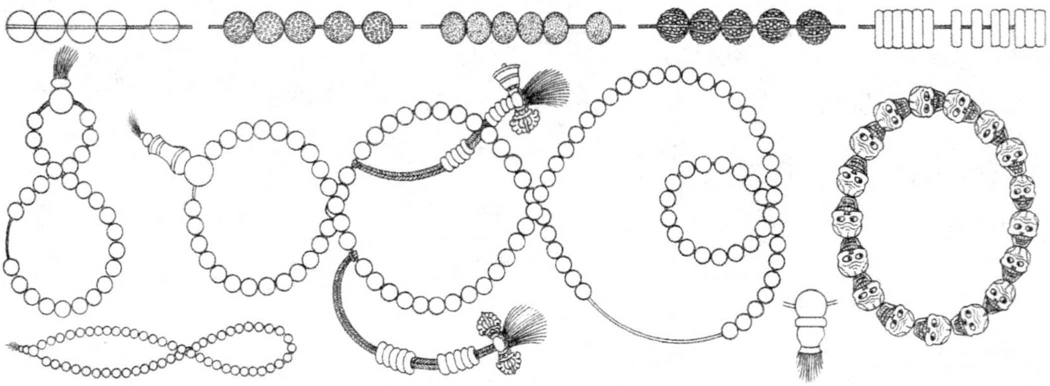

水晶珠串、莲花或菩提子珠串、檀香木珠串、诃子珠串和骨珠串（上排从左至右）；二十七粒珠的手持念珠（左）；典型的佛珠（共有一百零八颗珠粒及两个计数珠粒）（中）；大黑天神的骷髅念珠（右）；简单的念珠（左下）和大师的珠子（右下）。

传统的或用于“一般目的”的念珠上共有一百零八颗珠粒，用三股或九股捻线串成，象征着“三宝”、金刚持和八大菩萨。这些串珠也代表佛法解释一百零八种世间法的连续性。不同颜色的珠粒或半宝石珠粒通常放在第二十七、第五十四和第八十一颗珠粒的珠顶，把念珠分成四个相等的部分。彩珠也可以放在第十颗和第二十一颗珠粒的珠顶用来计算背诵咒语的次数。念珠上面还有两个带穗的计数绳，每根小绳上都系有十个银的、金的或青铜的小环，绳的两端分别挂有金属的小金刚铃杵。这些小计数珠串在代表“方法和智慧”的双股细绳上，用来计算念珠完整背诵的个位数（金刚杵）和十位数（金刚铃）。用第三个计数珠粒计算百位数，它的上面挂有法轮或珠宝的小象征物，还有一个线圈，这样，就可以顺着念珠来回拨动珠粒以计算上千次咒语的背诵次数。在念诵一百零八遍咒语之后，要把念珠倒过来，从相反方向顺着念珠接着数。念珠的末端有两颗“大师”珠粒，一颗为圆形，另一颗为锥形，象征着认知空性的智慧和空性本身。两颗珠粒的形状也代表佛陀的菩提塔。当把三颗“大师”珠粒串在念珠末端时，它们要与“三宝”和三个神圣字符“Om A Hum”相符。

珠宝（梵文：ratna，mani；藏文：Rin-chen，Rin-po-che，Nor-bu）

在古代印度传说中，九珠宝①被视为九曜：1）珍珠（月曜星）；2）红宝石（日曜星）；3）黄玉或金黄宝石（木曜星）；4）钻石（金曜星）；5）祖母绿（水曜星）；6）红

① 梵文：navaratna，九珠宝。

珊瑚①（火曜星）；7）蓝宝石（土曜星）；8）石榴石②（罗睺星）；9）猫睛石③（计都星）。罗睺星和计都星是两颗黯淡的“蚀星”，在西方天文学中，它们与月亮在北部和南部的交点一致。这些交点是黄道上的“升”“降”点。月亮在这些交点处围绕地球的轨道平面与地球围绕太阳的轨道交叉，因而产生了引发日食的水平阴影。

藏族传说中共列出五宝或七宝。金、银、珊瑚和珍珠构成了前四宝；琉璃、绿松石或宝石排列第五位。在某些列表中，水晶替代珍珠，而宝石被祖母绿代替。在列出七宝时，其排列顺序通常如下：金、银、珊瑚、珍珠、琉璃、钻石和宝石。琉璃常被视为闪烁蓝光的杂青金石④（但将其视为蓝石或蓝晶是正确的）。琉璃可呈白、黄、红、绿和蓝色。只有发出这样光谱的半宝石才是蓝石。

珠　宝

在藏族艺术中，有关宝石的绘画作品十分丰富。在绘画作品中，它们作为供品、饰品和器物出现。在描述神灵和坛城时，用宝石进行比喻十分普遍，如“红的像红宝石或珊瑚”。蓝、白、黄、红、绿五大颜色经常等同于珍贵的宝石和金属。梵文和藏文中“珠宝”一词常用在描述印度大班智达⑤和藏族仁波且⑥身上。“珍宝”和“如意宝”等词用来描述佛及其教法。“三宝”是佛、法、僧的同义词。

作为供品，珠宝通常画成圆形或梨形，颜色从顶部到底部渐深。珠宝一般带有清晰的顶尖，顶尖上有几条金色的环线，表示珠宝在闪烁发光。也可根据彩色线条进行排列，形成金字塔状。珠宝常被画在“转轮王七珍宝”等吉祥供物的前面。珠宝供品和器物也可以画成多面珠宝。

作为饰物，珠宝被画成不同形状，代表善相受用身神或菩萨的“八大宝饰”：1）珠宝冠；2）耳饰；3）短项链或箍式项圈；4）长垂心部的中长项链；5）长垂脐部的长项

① 藏文：Byu-ru，红珊瑚。

② 梵文：gomeda，石榴石。

③ 梵文：lashuniya，猫睛石，一种宝石，做装饰品时多磨成圆球形，看起来很像猫的眼睛。

④ 梵文：rajavarta，杂青金石，一种次级宝石，通常为天蓝色。

⑤ 梵文：ratna，大班智达，班智达为“学者”之意。

⑥ 藏文：Rin-po-che，仁波且，本是“宝具”之意，现已成为“活佛”的称呼。

链；6）手镯和臂镯；7）踝饰；8）镶珠腰带。在神灵绘画作品中，白珍珠①和红珊瑚是最常见的珠宝饰物，象征着月亮和太阳、方法和智慧、红白菩提心露及男精和女血的结合。善相神所戴头冠饰有五块带有莲花托的珠宝。五颗珠宝的颜色与五佛相符，中央的珠宝颜色代表神灵所属的佛部，其他四块珠宝按照坛城的方位顺序排列。

珍珠和珠宝圈链

作为手持器物，众多的佛教神灵，特别是与财富和繁茂有关的那些神灵，都手持珠宝。珠宝可以画成梨状和带有喷焰顶的宝石状，有时绘成下面将要描述的多面珠宝。增禄天母呈“财流”手印②时，珠宝如溪流般在其掌心神奇生成。

如意宝（梵文：chintamani；藏文：Yid-bzin-nor-bu）

据说，如意宝存在于神界和龙界，这块如意宝经常画成夹在大龙王们合十的手掌间。据说，作为转轮王七珍之一，如意宝可以使拥有者实现自己一切利他的愿望。如意宝经常被画在转轮王宝马的马鞍上，成为“风马”的标识。风马会把吉祥的祝福传递到四面八方。在本质上，如意宝是佛陀及其教法的表现形式。前缀“Chintamani”用于观音和度母这样的菩萨身上。

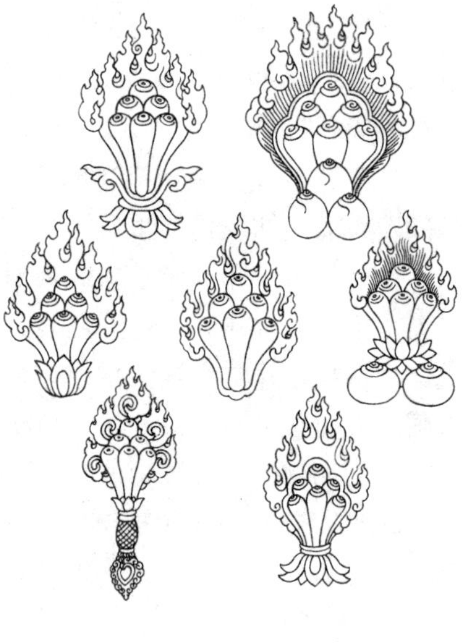

多面如意宝

① 藏文：Mu-tig，白珍珠。

② 藏文：Rin-po-chevi-car-vbebs-pa，财流手印。

如意宝可以画成红、橘红、绿和蓝的梨形珠宝，常常置于莲花托上，四周环围着冠状火焰或炽热的光。如意宝也可画成八面珠宝的形状，常画有三个被拉长的茎状物或棒形茎状物，茎状物上面有三块一组的珠宝。三个主要茎状物的圆形底座常常插在一个月亮圆盘和莲花上，一根丝带或一个金箍将其锥形腰部捆住。实际上，只有六个面能画出彩色珠宝尖，其他两个面则被珠宝主串挡住了。

密集金刚①和度母的几个化身都将如意宝握在手中作为手持器物。度母被画成从如意树上采撷珠宝，并将珠宝分赠芸芸众生。如意宝也被画成戴在某些菩萨和本尊神的发髻上。

如意树（梵文：parijata，kalpavriksha；藏文：dPag-bsan-gyi-shing）

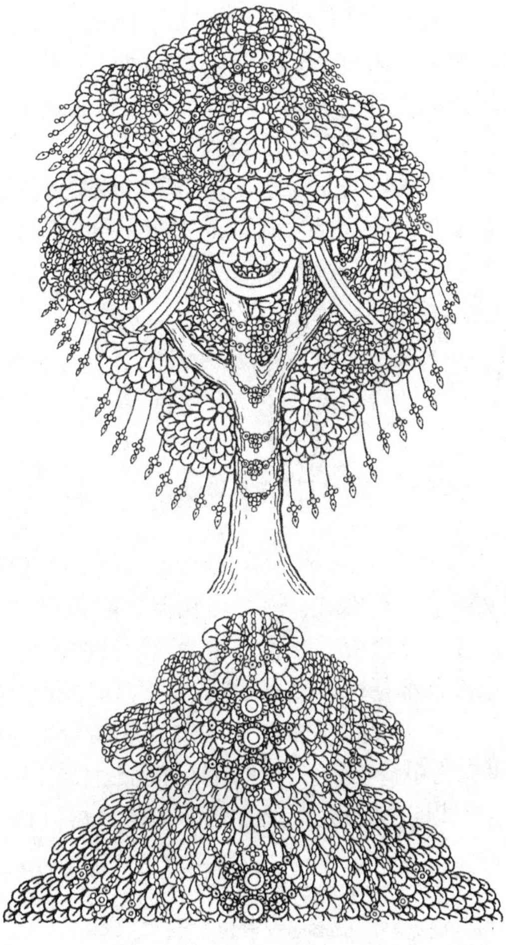

如意树

在印度神话中，在搅拌宇宙大海时如意树从浩瀚的水面露出。据说，它开在因陀罗五大天堂花园最中央的须弥山山顶上。每座花园都有自己的中央如意树②。为了争夺如意树，阿修罗们与天神的战事不断，因为天神随意采撷如意树上的神花和神果。生性嫉妒的阿修罗居住在贫瘠的如意树较低的根干和树根处。人们常把如意树视为印度珊瑚树③（尘世间的一种对应物），但它经常被画成一颗木兰属树④。该树被画成长有黄金根、白银树干、杂青金石枝条、珊瑚叶、珍珠花、宝石花蕾和钻石果的样子。在肖像画法中，如意树被画在彩色风景画中，树上饰有花朵、丝绸，并挂有珠宝。在无量寿佛和顶髻天母这类的长寿神所持长寿瓶的顶部也绘有小

① 梵文：Guhyasamaja，密集金刚，亦称“集密金刚”或“密聚金刚”，神名。藏传佛教格鲁派所修密宗主尊，常为单身三首坐像。

② 梵文：harichandana，kalpa，parijata，mandara 和 santana，如意树。

③ 梵文：Eythrina indica，印度珊瑚树。

④ 梵文：champaka，木兰属树。

棵如意树。沙门天女①的左手握着一根镶珠的如意树枝条。

水晶（梵文：sphatika；藏文：Shel）

在大圆满法传承中，在灌顶时，要用水晶②象征性地向弟子阐释其“意”的完全透彻。南喀·诺布③在其著作《水晶和光明之路》中描述了镜子、水晶和水晶球是如何用于大圆满法中对精义、本质和精进进行阐述的。镜子无条件地反射光芒，水晶无条件地折射光芒，水晶球则在内部成像。作为礼器，闪烁发光的水晶出现在《五世达赖喇嘛秘观》经文中所描述的几幅绘画作品里。该篇经文描述说，水晶用于灌顶仪式中的第四步骤，以向弟子介绍和阐释“意”的光明特质。闪闪发光的水晶也出现在拉萨龙王庙④里有关大圆满法的壁画上。这些壁画绘制于六世达赖短暂的在位期（1697～1706年）。在大圆满法中，水晶和孔雀翎这两个不同的象征物也用来代表“观”⑤和“超越定”这两个密宗教法的秘密传承。

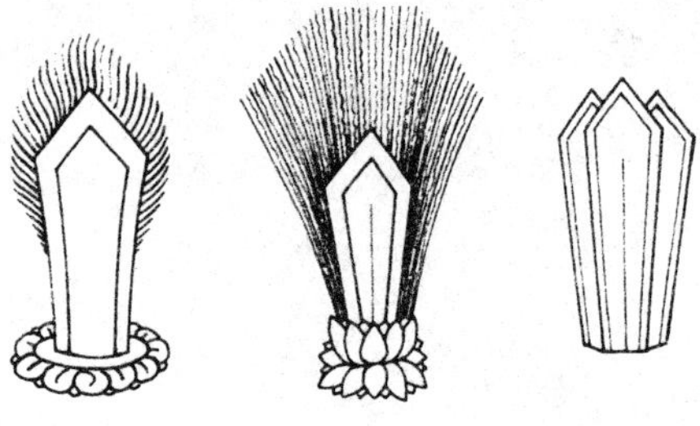

水　晶

作为宝石或一种珍贵物质，水晶形成了须弥山的东坡面。也可用水晶来描绘在东部的方位神和东方精怪的品性和器物。石水晶还可以用来雕刻小型佛塔、佛像和礼器，因为石水晶的晶莹剔透象征着它们具有“金刚”的特质。在印度教中，湿婆教林伽和护符在传统上都是用石水晶刻制的。这些护符和成排的小型宗教像都是用半宝石刻制的，在印度和尼泊尔的旅游市场上能轻易购得。

观音化现的“虚空王”的两只右手都持有月亮水晶⑥、水水晶⑦和太阳水晶⑧或火水晶⑨作为手持器物。水水晶具有使液体或阳光变凉的特质，火水晶就像一个聚光镜可以聚合阳光以点燃圣火。观音的两个化身可以使人避开八难⑩，她们也拿着这些器物。“避火

① 梵文：Shramanadevi，沙门天女，女神名。

② 藏文：Man-shel，水晶。

③ 藏文：Nam-khav-nor-bu，南喀·诺布，1938年生于西藏东部康区的德格，两岁时被确认为宁玛派伏藏师卓堆·帕沃多吉的化身。自1964年以来一直在西方任教，是大圆满社团的创始人和精神导师。

④ 藏文：Lu-khang，龙王庙，六世达赖喇嘛在龙王潭岛心修建的一座小庙，用以供龙。

⑤ 藏文：Khregs-chod，观，泛指一切思维观察活动，特指在佛教“正智”指导下对特定对象或义理的观察思维活动。

⑥ 梵文：chandra-kanta，月亮水晶。

⑦ 藏文：Chu-shel，水水晶。

⑧ 梵文：surya-kanta，太阳水晶。

⑨ 藏文：Me-shel，火水晶。

⑩ 八难：1）狮难；2）象难；3）火难；4）蛇难；5）贼难；6）镣难；7）水难；8）非人难。

难观音”手持一块冰凉的月亮水晶，“避象难观音”手持一块炽热的太阳水晶。四臂观音和四臂白色无量寿佛常被画成手持水晶念珠和水晶拂尘器物，而众多的金刚乘神灵则被画成手持宝瓶。

瑟珠（藏文：gZi）

缟玛瑙在藏文中被称作“瑟”，常用作护身符，以抵御各种邪恶影响。在古墓附近或新近耕作的农田里经常可以发现瑟珠。据说，瑟珠源于史前时期，有关瑟珠的神话传说甚多。一种说法认为，瑟珠是活的生物或虫子，当人们一看见或触摸它们时，它们就石化了。另一种说法认为，瑟珠是天神抛撒下来的珠宝。每当珠宝破损或变成碎粒时，天神就将它们抛下。还有一种说法认为，瑟珠是天上如意树掉下的果实；是传说中金翅鸟口中掉落的东西；或是传说中的藏族英雄岭·格萨尔王散落的珍宝，他从波斯王的宝库里掠取了这些珠宝。

瑟珠一般被分为两类：一种是圆桶形棕色或黑白条纹相间的缟玛瑙，上有圆形“睛”或环。另一种是圆形玉髓或光玉髓变体，上有螺旋形赭色、白色或金色条纹。根据形状，瑟珠还可分为细长的锥状“母”瑟珠和较厚的桶状“公”瑟珠。最受尊崇的瑟珠是圆桶状棕色或黑色缟玛瑙，上有九个白“睛”，白睛内有一个带成角的、与卐字符相似的图案。九睛瑟珠十分罕见且价格昂贵。在西藏，九睛瑟珠的交易价格相当于一座中等农舍的价格或几磅重的银锭。

自公元前三世纪以来，在印度河和底格里斯河①之间广阔的区域可能就已使用了蚀刻玉髓、蚀刻光玉髓和蚀刻不透明玛瑙的技术。先用芦苇笔或毛笔蘸着浓烈的苏打水在圆筒状石头上画出图案。在烘干时，将石头埋在热灰中烘烤片刻。在石头变冷、被清洗干净后，变得更黑的石头上就会留下带釉的白色图案或者说是白色图案渗入更黑的石头中。把苏打水溶液涂在整块石头上就可以得到相反的图案，然后进行烤烧直到石头变白。随后，用硝酸铜溶液进行蚀刻直至出现白底黑色图案。最早的瑟珠图案可能带有条纹或五星。上等石头是未经切割和不透明的，图案深藏在石头中，石头要有光滑度，闪烁着熠熠生辉的光泽。

瑟珠在上个世纪被大量仿制。现在，在印度、尼泊尔、中国内地和西藏都已仿制出瓷瑟珠、塑料瑟珠、树脂瑟珠、牦牛角瑟珠和玻璃瑟珠。台湾现已制出最上乘的仿制品，工艺采用的是原始的火蚀刻加工工艺。

---

① 原文：Tigris，底格里斯河，河名。发源于土耳其东南部，向东南流入伊拉克境内，下游在库尔纳，同幼发拉底河汇成阿拉伯河，注入波斯湾。

各种蚀刻和天然瑟珠，上排为三个九睛瑟珠

瑟珠源自西藏本土，因此，它不具备印度佛教神灵的宝石器物和类似之物的特征。但在描绘苯教神灵时经常提到瑟珠。

吐宝鼠鼬（梵文：nakula；藏文：Nevu-le）

吐宝鼠鼬张开的大嘴吐出珠宝雨，它是宝藏神、多闻天王或沙毗门天①这类财神左手所持的器物。罗汉巴枯拉②的左手也持有鼠鼬。当鼠鼬吐出一串珠宝时，他用右手抚摸它并紧紧握住它。当对着神灵的左侧挤压鼠鼬时，它就会吐宝。珠宝雨或吐宝鼠鼬象征物源于中亚的一种习俗，在中亚，人们用鼠鼬皮制作钱包或珠宝袋，从鼠鼬口中可以倒出硬币、宝石或

吐宝鼠鼬

① 梵文：Kubera；藏文：Lus-nyan，沙毗门天，音译“俱吠滥”，是印度神话中的财富之神。

② 梵文：Bakula，巴枯拉，罗汉名。

子安贝壳。鼠鼬也是财宝和财富的护宝者龙或蛇传统意义上的天敌。印度和中亚的鼠鼬常被错认为獴①。作为手持器物，鼠鼬象征着慷慨、施欲、财宝和成就。

金鞭（梵文：suvarna-ashvakasha；藏文：gSer-gyi-rta-lcag）

金鞭是岭·格萨尔王这类的骑马护法神右手所持的器物。金色鞭杆的底部饰有一块珠宝或一个半截金刚杵。从杆顶上悬垂下几束绳索，绳索稍有分叉，宛如飘逸的五彩彩虹发出的光芒。神灵手持金鞭象征着力量、控制和降伏。

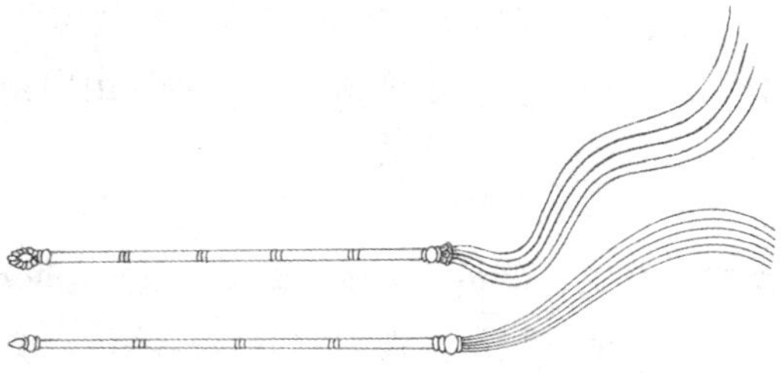

金 鞭

金耳环（梵文：kanaka-kundala；藏文：gSer-gyi-rna-rgyan）和珠宝冠（梵文：mukuta；藏文：Cod-pan，dBu-rgyan）

罗汉迦里迦②手持一对从众神那里得到的金耳环，这对金耳环象征着众神在神域已经聆听到并理解了他所传授的《金法》。耳环象征着忍辱的完美、对口传教法的理解和断灭。古代印度贵族佩戴的沉重耳环使他们的耳垂向下拉长了四、五指。男女菩萨身着古代印度王子和公主所穿的“五种丝绸盛装”并佩戴“八种珠宝饰”，他们的长耳垂上都佩戴这种金耳环。佛众曾摒弃所有的世俗财富和饰物，因此，他们的长耳垂上不画任何饰物，象征着他们断灭一切。

罗汉罗睺罗③手中握有从众神那里得来的珠宝，是他在神域传授教法时神奇生成的供品。罗睺罗是历史人物佛陀释迦牟尼之子，他在佛陀得道的那一瞬间降生于世，此前，他因在母亲子宫里呆了六年而名声大噪。六岁时，他成了获得圆满之父的弟子，后被认定为精通戒学、定学、慧学“三学”之弟子中的佼佼者。珠冠戴在最温和的男女神灵的头上，珠冠上的五颗珠宝，代表着把

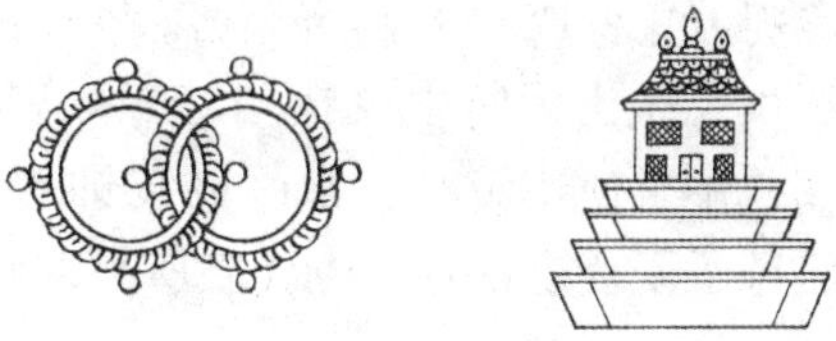

金耳环（左）和天宫（右）

① 北非当地的鼠鼬类动物。在古代它能吞食鳄鱼卵故而视为敬兽。

② 梵文：Kalika，迦里迦，罗汉名。

③ 梵文：Rahula，罗睺罗，罗汉名。

“五盛阴苦”① 和“五浊”② 变成“五佛智”。

天宫（梵文：vimana，pura；藏文：gZhal-med-khang）

小宫殿、重楼房屋③或建筑结构精美的房屋④也是某些神灵的手持器物。这类建筑物既代表须弥山山顶的因陀罗神城⑤，也代表坛城中央某个神灵居住的宫殿。

香炉（梵文：dhupadana；藏文：sPos-phor）

香象征着味觉，被画成五妙欲之一。香炉也是焚香天女⑥的器物。柏枝⑦碎末是藏香的主要成分。藏香也可以画成把香或在香炉中燃烧的粉末。香炉通常是一个装饰华丽的小金属钵，下面有三个短足。它也可以像基督教乳香香炉一样悬挂在一个可以晃动的链子上。这种形状的香炉可能源自中亚的聂斯脱利派⑧。作为手持器物，香炉是罗汉阿詹伽的标识。

香 炉

宝镜（梵文：darpana；藏文：Me-long）

镜子是空性和心识的完美象征。镜子洁净、明亮、闪闪发光，可以清晰地反映出万物，但它完全不受镜中之物的影响，本质上诠释了万象皆空。在肖像画法上，手持镜可以画成白色或银色圆盘，盘边镀金。在镜子中央和四大方位饰有五个小圈，象征着将万象变成“五佛智”。某些神灵手持“神镜”⑨，这面神镜可以反映出万物生灵在“三界”和“三时”的“业”。在占卜仪式中也使用镜子，常画成装饰着彩箭索结的样子。作为供物，镜子既代表视觉，也代表所见之物及可见的“色”。

---

① 五盛阴苦，即五阴所构成的身体之器，盛载诸众苦。所谓五阴，是构成众生的生命存在的五种物理的与心理的要素，即：1）色；2）受；3）想；4）行；5）识。

② 五浊，在恶世、末世中出现的五种污浊，即：1）劫浊；2）见浊；3）烦恼浊；4）众生浊；5）命浊。

③ 梵文：kutagara；藏文：Khang-brtsegs，重楼房屋。

④ 藏文：Khang-bzang，建筑结构精美的房屋。

⑤ 梵文：svarga，神城。

⑥ 梵文：Dhupa，焚香天女，女神名。

⑦ 藏文：bSangs，柏枝，藏语称“桑”。“煨桑”指的是焚烧柏枝的仪式。

⑧ 原文：Nestorian，聂斯脱利派，基督教的一个较小教派，信奉君士坦丁堡主教聂斯脱利所倡导的教义，故名。

⑨ 藏文：vPhrul-gyi me-long，神镜。

宝　镜

水壶和净水瓶

水壶（梵文：kalasha，kundika，kamandalu；藏文：sPyi-blugs，Ril-ba）

水壶用在净化仪式和灌顶仪式中，象征着纯洁。通过点洒水壶中的“长寿水”或“甘露”为人们赐福。在古代印度，国王登基时要用水壶为其涂油。在灌顶仪式中也同样用这种敷圣油的方法来清洁圣像或礼器。水壶是弥勒的标识，八臂观音和千臂观音也捧水壶作为手持器物。水壶象征着观音用慈悲抚慰水减轻芸芸众生的饥渴，洗涤他们身上的污浊，洗刷一切精神障碍和“恶业”。在印度肖像画法中，水壶一般被画成简单的圆形陶罐或青铜罐，但在藏族艺术传统中，水壶被画成金色细颈净水瓶，有盖和壶口。金色水壶的瓶状体通常都有环形箍条，上面饰有莲瓣图案。作为献新器皿①，水壶也可以有一个装饰华丽的手柄。

礼瓶（梵文：ghata，kalasha；藏文：Bum-pa）

在举行许多金刚乘仪式时，要使用两种礼瓶，一种叫做“主瓶”②，另一种叫做“羯磨瓶”③。这两种礼瓶外表常画得相似，但从刻在其上沿口的梵文字符和符号可加以区别。主瓶象征着神灵的观修坛城，内有灌顶水，而在仪式的各个阶段实际要用从羯磨瓶中倒出的水进行净化。

礼瓶（或净水瓶）是用金属箔制成的小圆壶，形状宛若一只僧钵，其瓶基向外逐渐变薄，壶颈长，壶口宽。壶嘴从瓶体垂直向上延伸，可以从装饰华丽的羯摩头或心形座上伸出。壶底有时饰有“三宝”标识。主瓶宽大的上口径上刻有五佛的梵文种子字符，而

① 藏文：Phud-tib，献新器皿。献新指的是在饮食前用指沾少许向空弹撒敬神。

② 藏文：gTso-bum，主瓶。

③ 藏文：Las-kyi-bum-pa，羯磨瓶。

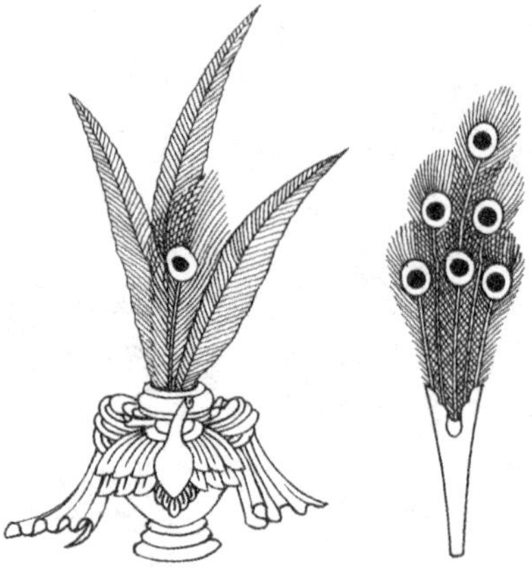

礼瓶（左）和锥形洒水器（右）

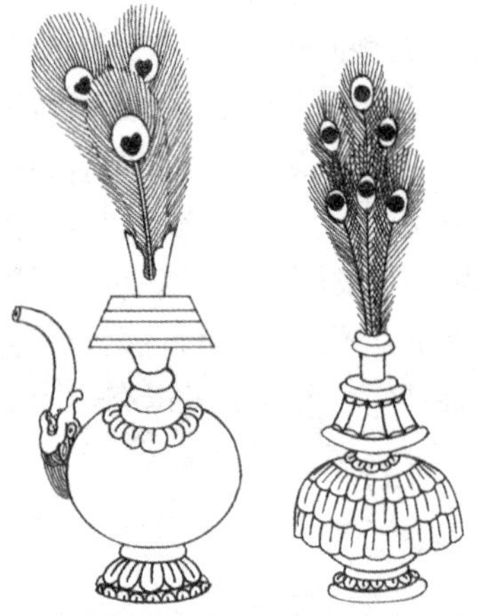

礼瓶（左）和胜利瓶（右）

羯磨瓶上刻有五佛的象征物（法轮、金刚杵、珠宝、莲花宝剑或十字金刚杵）。上瓶口口沿中间有一个可以移动的金属瓶口花。这个锥形管体上饰有一把捆在一起的孔雀翎或孔雀翎和拘莎草，管体上塞着一条缎带。在作为洒水掸子使用的孔雀翎前面可以画上一块装饰华丽的如意宝。礼瓶的颈口系有一条彩色丝带，代表着佛部中的一位，也符合正在举行之仪式的智慧活动。多色丝围幔也披在净水瓶的瓶颈上，用于一般目的或一切目的。

礼瓶中的灌顶水或“甘露”是有色的，发出藏红花的香气，代表混在一起的二十五种宝瓶药①。宝瓶药包括五种药物（代表身）、五种香料（代表语）、五种精华（代表意）、五种谷物（代表业）和五种珍贵物质（代表特质）。这二十五种物质由藏医院或密宗院制成药丸②，将其碾碎后再溶入藏红花水中。五种香料一般包括檀香木、芦荟木、柏木、樟木和温尸罗根③。五种精华是芝麻籽（地之精华）、盐（水之精华）、乳酪（牲畜之精华）、糖蜜（植物之精华）和蜂蜜（花朵之精华）。五种谷物是芥子籽（怀柔）、稻谷（增长）、豆类（息灭）、青稞（增强）和芝麻（诛灭）。五种珍贵物质是金、珍珠、水晶、珊瑚和绿松石（或琉璃）。灌顶水象征性地代表佛的“三身”。水要装满宝瓶的三分之二。三分之二的水代表“变化身”和“受用身”的结合。而水上三分之一的空间代表法身的无色空性。

礼瓶在传统上是用青铜箔或银箔制成，饰有莲瓣、珍珠、缠枝涡形饰和吉祥符号。主瓶也可以做成胜利瓶④的形状，在加持时可以作为坛城的主神瓶。胜利瓶没有瓶嘴，这个“神瓶”的球状瓶体一般都有一个彩色锦缎瓶罩⑤。

---

① 藏文：Bum-rdzas，宝瓶药，瓶水溶剂。溶解于宗教徒宝瓶水中的药物如红花等。

② 藏文：Ril-bu，药丸。

③ 梵文：ushira，温尸罗，须芒草属植物。

④ 梵文：vijaya-kalasha；藏文：rNam-rgyai-bum-pa，胜利瓶。

⑤ 藏文：Bum-khebs，瓶罩。

在沙坛城的开光仪式中要使用胜利瓶，此时，它们是主神的“宝座”。这些水瓶常饰有奢华的吉祥图案，如：带有八张饕餮脸的大横饰带，饕餮的利爪上挂有成串的珠宝。

作为手持器物，礼瓶被描述或画成多种变体，可用水晶、铜、金、银、红宝石、蓝宝石或其他宝石制成。可以用它盛水、甘露、酒、宝物或珠宝，也可以画成饰有月亮圆盘、金刚杵、一串树叶和水果、“长寿奶头”、如意树或莲花等饰物。根据一份早期仪式活动开列的清单，怀柔仪式要用水晶礼瓶；增长仪式要用银礼瓶；招财仪式要用金礼瓶；息灭仪式要用铜礼瓶；铁礼瓶会招致怨恨；泥礼瓶会引起堵塞或麻痹；木礼瓶会使人昏惑，而人骨礼瓶会招来杀戮。

长寿瓶（梵文：jivana-kalasha；藏文：Tshe-bum）

长寿瓶是无量寿佛的手持器物，也是无量寿佛的几个人神化身的器物。

无量寿佛是红色无量光佛（阿弥陀佛）的受用身，该佛被派任西方莲花部的怙主。无量寿佛、白度母和顶髻佛母构成了长寿三联神。长寿三联神担负着使亲朋好友或高僧大德延年益寿的使命。

长寿瓶

长寿瓶（左）和嘎布拉碗中的长寿瓶（右）

在增寿仪式中要使用长寿瓶，要象征性地往瓶内注满众神和阿修罗在竭力搅拌大海时生成的“甘露”。“甘露”是纯净的、被藏红花染红的溪水，它与上述二十五种物质混在一起。在某些长寿灌顶①仪式中，长寿瓶有时也会装满青稞酒②而不是水。金色长寿瓶的基本形状与上述无嘴胜利瓶相差无几，其瓶体呈顶髻状或僧钵状，底足带有凹槽，瓶颈细长，上瓶口宽，呈锥状。珠宝串和珍珠饰带一般都画在瓶的球状体上。莲花图案画在瓶的底足上，瓶的上沿口画有盘卷在一起的羯摩尾或珠宝图案。上沿口顶部的四个方向悬垂着四个叶状垂饰。形似神珠串、花卉、树叶和蔓叶的四个叶状垂饰从瓶的边缘悬垂下来。四种垂饰代表着无量光佛四周的四方佛（不动如来佛、宝生如来佛、大日如来佛和不空成就如来佛），无量

① 藏文：Tshe-dbang，长寿灌顶。

② 藏文：Chang，青稞酒，用青稞酿成的酒。

光佛居于长寿坛城的中央。长寿瓶的瓶顶上冠有一尊无量光佛像或无量寿佛像，有时是一个喷焰红色珠宝或一块珠宝背光，背光中间有无量光佛的种子字符“Hrih”。一串新鲜的树叶和水果，如无忧树①和芒果，也可以放在瓶上，象征着富足和长寿。一棵如意树也经常置于瓶顶，根据传说的说法，这棵神树总是枝叶花果繁茂，为无量光佛所有。莲花生大师手持的嘎布拉碗里也有一个长寿瓶，瓶内神奇地溢出蓝色甘露，盈满了嘎布拉碗。长寿瓶也是天杖和金刚铃的一部分，象征着本尊神或伴神的本质或“甘露”。

金色宝瓶（梵文：nidhana-kumbha；藏文：gTer-gyi-bum-pa）

金色宝瓶主要是财富之神的器物，从仪礼上来看，它用在增长仪式上。带饰顶的金色宝瓶常放在或埋在风水宝地，如山口、朝圣地、泉水、海洋和溪流。此时，它们能把富足带到周边地区并取悦居于此地的地方神。宝瓶常被画成装饰华丽的金瓶，珠宝不断从中喷涌。金色宝瓶的上沿口饰有一颗如意宝珠，有时是三联珠宝，代表“三宝”。某些财神（如：黄色宝藏神、绿色多闻天王和红色象头神）的脚下都画有一个金瓶。黄色增禄天母的一个化身端坐在从宝瓶中升起的莲花座上。大罗乞什密女神②的莲花座由九只宝瓶承托着。红色宝藏神和黄色增禄天母的几个其他化身都站在一对金瓶之上，金瓶靠相连基座的两侧支撑着。

宝　瓶

宝箧（梵文：nidhana-petaka；藏文：gTer-sgrom）

宝箧是“伏藏师”的象征，他们一般都是宁玛派大师，经常是莲花生大师“二十五位心传弟子”的化身。莲花生大师及其明妃益西错杰③把大量的“伏藏”藏在喜马拉雅区域和西藏地区，这些“伏藏”在将来注定要被伏藏师发现。这些宝物常常埋在或藏在风水宝地，空行母和宝藏主④在那里守护着它们直到时机成熟再重见天日。宁玛派伏藏列出了生活在十一世纪至今的几百名伏藏师的名字。伏藏通常被画成礼器或是用古体文写在藏纸上的经文。伏藏中最著名的可能是《中阴救度经》，该书更以《西藏生死书》著称。它是

---

① 梵文：ashoka，无忧树，此种花颜色鲜红，能吸引人们的注目，而显现祥瑞的征兆。

② 梵文：Mahalakshmi，大罗乞什密，女神名，该神为财富之神和助人之神。

③ 藏文：Ye-shes-mtsho-rgyal，益西错杰，人名。莲花生的妃子。

④ 藏文：gTer-bdag，宝藏主，毗沙门天的异名。

十四世纪伟大的“北藏伏藏师”仁增·噶玛林巴①发现的。用“心间伏藏”②和“净相”③可以阐释伏藏的教义。

尽管伏藏传承与藏传佛教宁玛派有极强的联系，但在印度佛教和汉地佛教中，其成因更为久远。公元二世纪的印度佛教大师龙树从龙神那里直接获得伏藏《般若波罗蜜多经》。同期，八位早期的印度大师（包括龙树）都因在菩提伽耶附近的锡达瓦那④尸林获得佛陀修订过的《大瑜伽密续》⑤传承而声名显赫。

宝盒和宝箧

某些宁玛派伏藏师的左手常托有宝箧作为手持器物。宝箧也会出现在他们周边地区的岩缝或岩洞里。通常将宝箧画成长方形或圆形的柳条盒或镀金盒，盖上饰有一颗珠宝。

护身佛盒（藏文：Gavu）

藏族的护身佛盒⑥是用来盛放圣物和其他物品的圆盒、方形小盒或拱形灵骨盒。它是藏族珠宝物之一，它具有私人佛龛的功能，通常都戴在脖子上，置于胸前，宛如一个圆形雕饰。护身佛盒两边的两个小钮上系有彩带、皮条、链索或项链。护身佛盒一般用青铜箔或银制成，正面刻有错综复杂的錾花吉祥符号（符号常是镀金的）并镶嵌着小块绿松

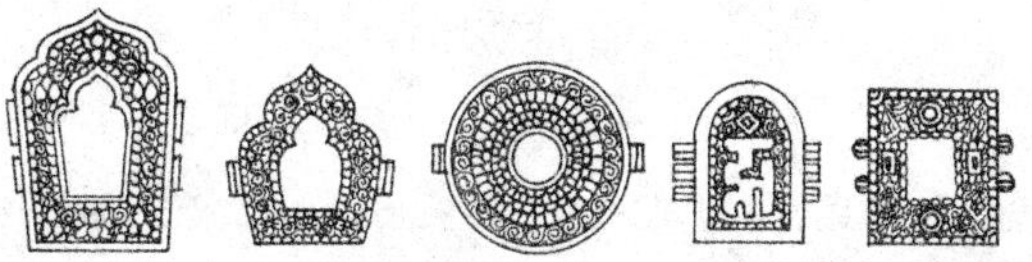

护身佛盒

① 藏文：Rig-dzin Ka-rma-gling-pa，仁增·噶玛林巴，北藏伏藏师。

② 藏文：dGongs-gter，心间伏藏，宁玛派所说修行者自然悟到和说出的佛教经文。

③ 藏文：Dag-snang，净相，清净现分，现见一切情器世间均是净土，均是佛身佛智之所示现。

④ 梵文：Sitavana，锡达瓦那，地名。

⑤ 梵文：Mahayoga Tantras，《大瑜伽密续》，经文名。

⑥ 藏文：Gavu，护身佛盒，藏文音译“嘎乌”，亦称“宝盒”。妇女首饰。内装神像或活佛喇嘛所赐的物品，面镶各种珠宝翡翠，珍珠为链，一般挂于颈下。

石、珊瑚、珍珠、琉璃和琥珀。护身佛盒的正面常有一个背光形状的窗口①，从中可以看到里面摆放的金属或泥制的神像“擦擦”②。护身佛盒的背面可以拆下装进一些小的圣物，如：宝石、印制的咒语、星咒和护身符咒及各种舍利。作为手持器物，护身佛盒是双臂黄色象头神的器物。

盆钵（梵文：karota；藏文：gZhong-pa）和钵（梵文：patraka；藏文：sNod）

盆钵常被画成供品器物，盛放各种珍贵供品，如：珠宝、水果、甘露、药品和药丸、糖果、八瑞相、八瑞物、转轮王的宝物和五妙欲。作为手持器物，财神常手托盈满珠宝的钵。象头神也画成手持一个盆钵，内盛它最喜欢吃的“饭团”③。鬼子母神④的“五百童子”也捧着盛满糌粑的碗。

内盈五妙欲的碗，前面有一把琴

一碗长寿丸⑤也可以画在长寿神的前面。在长寿加持仪式中要分撒这些长寿丸，它们是用中草药制成，与糌粑、“三白”（酪、乳、酥油）及“三甜”（糖、糖蜜、蜂蜜）混合在一起。盆钵被画成装饰华丽的金色器皿，呈宽口碗或浅盘状。铁碗⑥内盛有甘露、糖果、疾病或人血，是某些怒相神的手持器物。

琵琶（藏文：Pi-wang）和弦子（藏文：rGyud-mang）

在藏族艺术中，常可以交替画出中亚和中国内地的琵琶及印度的维那琴⑦，这取决于画中人物是中国风格还是印度风格。

---

① 梵文：prabha-torana，窗口。

② 藏文：Tsa-tsa，藏文音译“擦擦”。宗教用品，指用泥制成的小供品。一般大小如拳头，呈圆锥状，有佛像、佛塔及经文，由木头和金属模具制作而成。泥土多为黄色或红色，常供于寺院、佛塔、转经堂及各户人家的房顶、经堂等圣洁之地。

③ 梵文：ladduka；藏文：La-du，饭团，亦称“面饼”、“饭丸”，翻越大山时食用的特制食品。有两种不同作法：其一用三甜三果撒香料和稀面为丸，煮于牛奶酥油中；其二以细面、荜拨、生姜、胡椒、葡萄、石榴、三川柳果等和为饭团。

④ 梵文：Hariti，鬼子母神，音译“诃利底”，意译为“爱子母”、“天母”、“功德天”。这原本是暴戾的夜叉女，专门吞食他人的幼儿，其后接受佛的教化，成为养育幼儿之神。

⑤ 藏文：Tshe-ril，长寿丸。

⑥ 藏文：lCags-snod，Par-bu，铁碗。

⑦ 梵文：vina，比那琴，一般为四弦的有长竹制指板的印度乐器，指板上有可移动的品，一端为葫芦制共鸣器。

中亚的琴是白色东方持国天王的器物，乾闼婆的双手也捧有维那琴。琵琶经常画成与阿富汗拉巴巴琴①或现代印度萨洛特琴②相似的形状。该琴有一个羊皮面木音盒及一个无饰纹的锥形指板。其顶部有一个装饰华丽的上弦轴盒或弦钮，上面常饰有雕刻而成的神话动物的头，如：龙头、金翅鸟头或羯摩头。琵琶有四根或五根弦及一个小琴马③，其顶边常被画成一条直线，底边被画成传统式样的琴体。

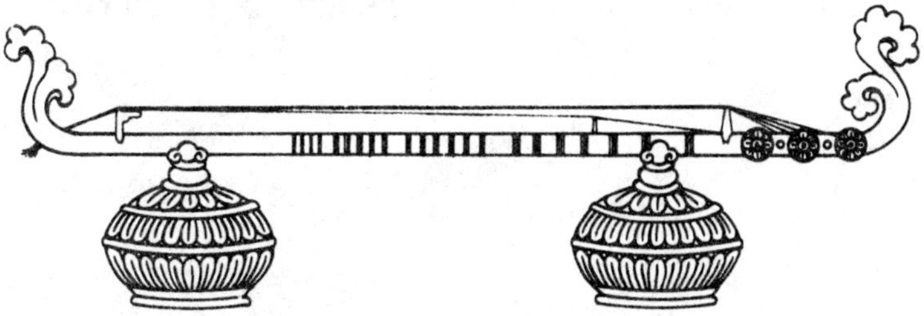

北印度的维那琴

印度维那琴是辨才天女的主要器物，它也握在妙音天女④和音乐女神⑤的手中。妙音天女的维那琴与现代印度北部的维奇特拉⑥琴形状相似。这种形状的维那琴是用一根破开的长竹制成，上面有拨弦，琴两端的下面固定着两个葫芦制成的共鸣器。维那琴的琴马末端有一个小共鸣器，弦轴盒上有一个雕刻而成的琴头，琴身和琴头都是传统的大雁形状，大雁是辨才天女的坐骑。

---

① 原文：rabab，拉巴巴琴，琴名。

② 原文：sarod，萨洛特琴，琴名。印度的弓弦或拨弦乐器，通常有四根弦和八至十二条共鸣弦。

③ 琴马，弦乐器上支承弦的一片木片，通过它把弦的振动传递到面板。

④ 梵文：Shabdavajra，妙音天女，女神名。

⑤ 梵文：Vinadhara，音乐女神，女神名。

⑥ 梵文：vichitra-vina，维奇特拉，维那琴的一种。

第十三章　植物供品

荜拨（梵文：picula；藏文：Pi-tsu-ravi-vbras-bu）

圣纯陀度母①和增禄天母的右手都持有荜拨果②这个器物。常把荜拨果画成李子，它的内瓤呈黄色，皮呈蓝色或紫色，与木瓜③的形状和大小相同。梵文词典中把荜拨树看成是柽柳④中的一种。有时，也称作“picu”、“picuka”和“vicula”（叶花茜木属⑤）。

香橼（梵文：jambhira，jambhara，bijapura；藏文：Bi-dza-pu-ra-ka）

黄色的香橼果（或称亚洲芒果）是纯陀天女和财神的多种化身，如宝藏神、多闻天王和毗沙门天的器物。梵文“柠檬”一词也有“胜利”之意，与源自财神宝藏神的词根“jambha”相同。在印度教中，希望能够怀孕的妇女要敬拜宝藏神。“柠檬”的同一个梵文词“bijapura”有“装满种子的”之意，也有“盛满精液”的性含义。黄色香橼象征着富裕、繁荣和多子多孙。它常常握在财神施财的右手中，可与握在神灵左手中的吐宝鼠鼬配对使用。

萝卜（梵文：mulaka；藏文：La-phug）

白萝卜⑥是印度教和佛教象头神的标识，通常握在它的右手中。萝卜的顶部常饰有三

---

① 梵文：Arya Cunda Tara，圣纯陀度母，度母名。

② 荜拨，生于深谷的胡椒科药用木本植物名。味辛而甘，性温热。扶持胃阳，治痰分、风分及呼吸不畅诸病，能分离恶血和良血。

③ 梵文：bilva，木瓜，水果名。

④ 原文：Tamarix indica，柽柳，落叶小乔木，老枝红色，叶子像鳞片，夏秋两季开花，花淡红色，结蒴果。

⑤ 原文：Vangueria spinosa，叶花茜木属。

⑥ 原文：Raphanus sativas，白萝卜。

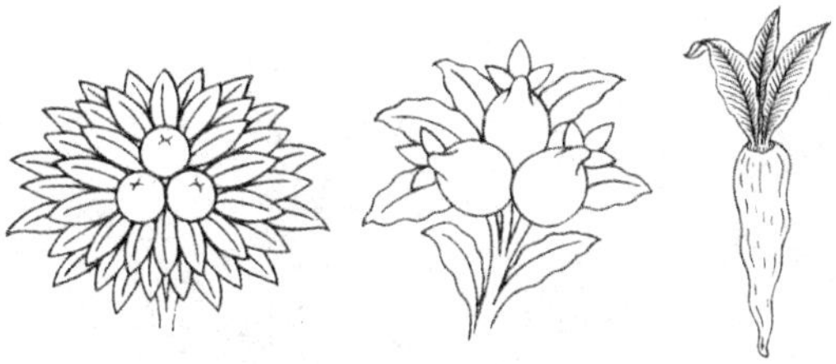

荜拨（左）、香橼（中）、萝卜（右）

根长叶，象征着“三德”①。与饭团一样，萝卜是象头神最钟爱的食物，象征着大地的精华。萝卜和肉、鱼、大蒜与洋葱都是不吉利的，也是净化或缘慈②仪式上禁止使用的“黑色”食物，这些食物可以引发“钝”、无知和谬误③。

诃子（梵文：haritaki；藏文：A-ru-ra）

诃子树④神圣的药用果是药师佛⑤的主要器物。药师佛的右手握有一根结有三粒诃子果的茎梗，左手捧着一个僧钵，内盈甘露和另外三个诃子果。诃子果是一种生涩的果实，干瘪后宛如洋李大小，可以制出黄色染料或颜料。在印度草药学和藏医体系中，诃子作为预防和治疗的灵丹妙药而备受尊崇。在藏文中，诃子被称作“万药之王”⑥，该树的各种部分，如根、茎、枝、皮、叶和果都可用来治疗骨、肌肉、血管、皮肤、内脏或人体器官和心脏等疾病。各种传说都认为诃子源于神话，其中几个神话都是以“搅拌大海”传说中洒出的几滴“甘露”为依据。藏医体系列出了八种诃子，而印度草药学列出了十一种。每一种诃子的药性、味道、质地、颜色和形状各不相同，诃子果可以画成几个独具特点的不同形状。

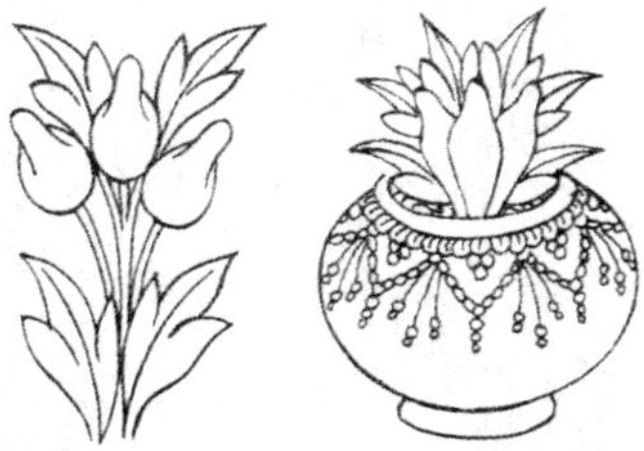

三种诃子果的手持器物（左）；
僧钵中的三种水果（右）。

① 梵文：guna，德行、属性之意。三德为佛之德行的三个方面：1）恩德，如来以大愿力救护众生；2）断德，如来断除一切烦恼，无所残余；3）智德，如来以平等智慧遍照一切诸法而无碍。

② 梵文：sattvic，缘慈。

③ 梵文：tamasic，引发愚钝、无知和谬误的。

④ 梵文：Terminalia chebula，诃子树。

⑤ 梵文：Bhaishajyaguru；藏文：Sangs-rgyas-sman-bla，药师佛，全称“药师佛琉璃光如来”，亦称“大医王佛”、“医生善逝”等。佛名。是“东方净琉璃世界”的教主。《药师经》中称他发过十二大愿，要满足众生的一切欲望，拔除众生的一切痛苦。

⑥ 藏文：sMan-mchog-rgyal-po，万药之王。

玉米穗（梵文：dhanyamanjari；藏文：vBruvi-sne-ma）

玉米穗是增禄天母左手所持器物之一。她手持玉米穗，象征着繁荣、果实累累和大丰收。千臂观音菩萨（共有一千零五十只手臂）的化身叫做“虚空王”，他的三十八只次手中有一只握有冬天收获①的玉米穗。据信，冬天收获的庄稼中有最优质的玉米和青稞。

玉米穗（左）和大丰收的冬玉米（右）

谷穗（梵文：manjari；藏文：sNe-ma）

“珠宝谷穗”②是红色增禄天母和化现为“牛郎”的黄色增禄天母右手所持的器物。谷穗是大丰收后繁荣的象征，而大丰收是生长在须弥山北俱卢洲的长生无壳谷穗的标识。据说，富饶大地上尚未收获的庄稼会在收割的那一天自动再生。谷穗干净、完美、美丽、香甜、令人愉悦、易于收割。

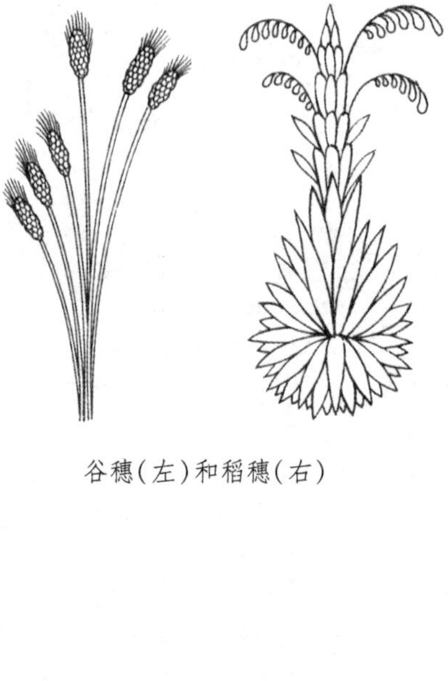

谷穗（左）和稻穗（右）

稻穗（梵文：kanisha；藏文；vBras-kyi-sne-ma）

增禄天母的某些化身手持沉甸甸的稻穗作为左手所持器物，稻穗也是“九母”③ 手中常见的左手手持器物。九母是多神形态的宝藏神九大化身在各方位上的伴偶。

菩提树或道树（梵文：bodhi-vriksha；藏文：Byang-chub-kyi-shing）

释迦牟尼在无花果树④下得道，当时，无花果树被称作“菩提树”或“道树”。同样，先于释迦牟尼时代的“过去六佛”中有五位分别在菩

---

① 藏文：dGun-vbru，冬天收获。

② 梵文：ratnamanjari；藏文：Rin-po-chevi-sne-ma，珠宝谷穗。

③ 九母，宝藏神九大化身在各方位上的伴偶。九母为：1）财流母；2）月光母；3）布施母；4）极施母；5）圣母；6）极贤母；7）隐母；8）妙颜天母；9）妙音母。

④ 原文：Ficus religiosa，pippala，无花果树，树名。

提树、无忧树、娑罗双树、合欢树①、无花果树和印度榕树下得道，五佛是：1）毗婆尸佛②；2）毗舍浮佛③；3）拘留孙佛④;4）拘那舍牟尼佛⑤;5）迦叶佛⑥。对毗湿奴来说，菩提树十分神圣，它也被称作“马站树”⑦，因为马匹会自然地吸引到树边，并在树下纳凉并得到保护。

某些神灵被画成坐在一些特定的树下或背靠某种大树树干站立着。例如：担木度母⑧被画在担木⑨丛中。六臂大黑天神背靠着一棵檀香树。在坛城的八大尸林里也绘有八种不同的菩提树，分别是：1）铁力木⑩（东方）；2）刺梧桐树⑪（东南）；3）芒果树（南方）；4）巴塔克树⑫（西南）；5）香蕉树（西方）；6）阿见树⑬（西北）；7）菩提树（北方）；8）核桃树（东北）。

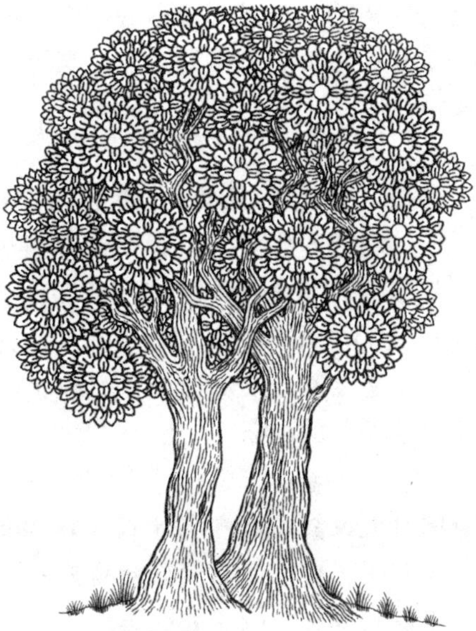

两棵缠枝菩提树

神树与花枝

某些神灵手持一棵树或一枝花枝作为器物，如婆利阇多迦⑭神花或如意树的花枝。持宝天母菩萨⑮手持一枝珠宝细枝，枝条上垂下“果实穗”。蓝色披叶女神⑯的第一只右手

① 梵文：shirisha，合欢树，树名。
② 梵文：Vipashyin，毗婆尸佛，佛名。过去庄严劫的三佛之一。
③ 梵文：Vishvabhu，毗舍浮佛，佛名，过去六佛之一。
④ 梵文：Krakuccandra，拘留孙佛，佛名，过去六佛之一。
⑤ 梵文：Kanakamuni，拘那舍牟尼佛，佛名，过去六佛之一。
⑥ 梵文：Kashyapa，迦叶佛，佛名，过去六佛之一。
⑦ 梵文：ashvatta，马站树。
⑧ 梵文：Khadiravani，担木度母，绿度母之一。
⑨ 梵文：khadira；藏文：Seng-ldeng，担木，紫檀，檀木，檀香科乔木名。入药味甘涩，性凉，功能收敛败血黄水。
⑩ 梵文：nagkesar，铁力木，指藤黄科两种东印度树产的乔木。
⑪ 梵文：karaya，刺梧桐，树名。
⑫ 梵文：bataki，巴塔克树，树名。
⑬ 梵文：arjuna，阿见树，产于热带亚洲的橄仁树属。
⑭ 梵文：parijata，婆利阇多迦，神花名。
⑮ 梵文：Manidhara，持宝天母，菩萨名。
⑯ 梵文：Parnasabari，蓝色披叶女神，女神名。

持有天树的一枝果实累累的枝条，这根枝条可以去除一切疾病。怒相大黑魔护法的一只右手拿着一根喷焰毒树的树干。毒树是见血封喉①，在战争中，将其白色浆液涂在箭头制成毒箭。

无忧树（梵文：ashoka，藏文：A-shwa-ka，Mya-ngan-med-pavi-shing）

细高的无忧树是亚洲一种普通的树种，长叶带槽，季节性地盛开红花。梵文“ashoka”一词有“无忧”之意，吠陀时期的欲神奉它为神圣之物。当善良德高或心地纯洁的女子触摸它时，花朵就会盛开，为此而享有盛名。在佛教中，无忧树是毗婆尸佛的菩提树，也是摩利支女的标识。摩利支女神的几个化身和二十一度母之中的几位度母也手持无忧树或开花的枝条。

龙树（梵文：naga-vriksha，champaka，Michelia champaka；藏文：Klu-shing）

龙树被称作“含笑属涎香树②”，属于芒果树中的一种。龙树芬芳的白色花朵在蒸馏后可以制成香料或“龙涎香”。该树是弥勒菩萨的标识，他的左手常持有一朵白色龙花或一枝开花的枝条。

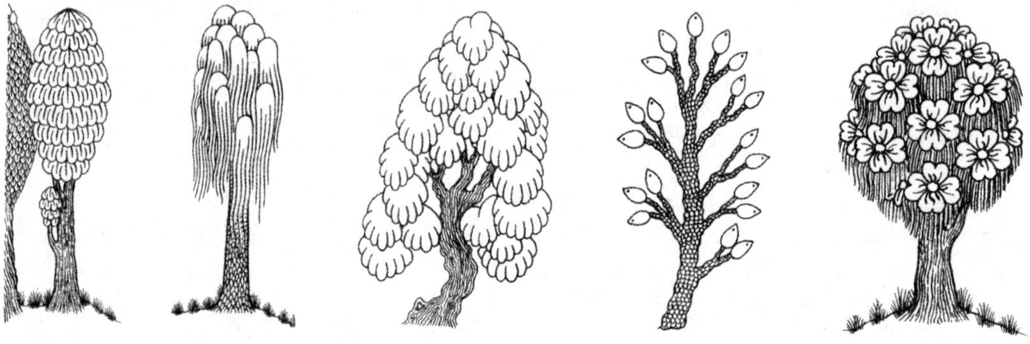

无忧树、白色檀香树、红色檀香树、珠宝枝条和龙树（从左至右）。

---

① 梵文：upas，见血封喉，一种很大的常绿乔木。过去曾信它有毒以致毁灭其临近的任何生物，生在亚洲东南部及往东至菲律宾，与木菠萝相近，它产生一种含有毒性的生物硷，对于心脏起作用，用于箭毒及标枪毒。

② 原文：Michelia champaka，含笑属涎香树，亚洲的一个灌木和乔木，属木兰科。

第十四章　法　源

喜旋（梵文：ananda-chakra；藏文：dGav-vkhyil）

喜旋的形状被画得与古代中国的阴阳图相同，但其旋转的中心点通常由三个或四个部分组成。藏文“dGav”一词用来描述各种快乐、喜悦和愉悦。藏文“vKhyil”一词的意思是“旋转”或“围转”。喜旋通常画在法轮的中心点上，三个旋或四个旋代表“三宝”或殊胜“三界”，或是“四圣谛”及四大方位。作为“三宝”的象征，喜旋是转轮王的“三睛宝石”或如意宝。在大圆满教法中，喜旋的三个旋主要象征着基智、道智和果智“三智”①。

正逆时针旋转的喜旋

在无上瑜伽密法的内瑜伽修法中，喜旋这个象征物代表着红白菩萨心露通过中央脉道的脐轮、心轮、喉轮和头轮上升或下降，因而产生了“四喜”。下面将对金刚瑜伽母法源②中喜旋的内在象征意义进行更为详细的阐释。

法源（梵文：dharmodaya；藏文：Chos-kyi-vbyung-gnas）

法源代表生成某些神灵的观修场所。法源可以画成倒三角、交叠的六角星或倒三角形的“金刚岩”的形状（“金刚岩”置于神灵端坐或站立的莲花座下面。三角形法源通常生

① 藏文：mKhyen-gsum，三智：1）基智，亦称“一切智”，声闻缘觉之智、知一切法之总相者；2）道智，知一切种种差别之道法者，菩萨之智；3）果智，亦称“一切种智”，是佛智，佛智圆明，通达总相、别相化道断惑一切种之法者。

② 梵文：Vajrayogini dharmodaya，金刚瑜伽母法源。

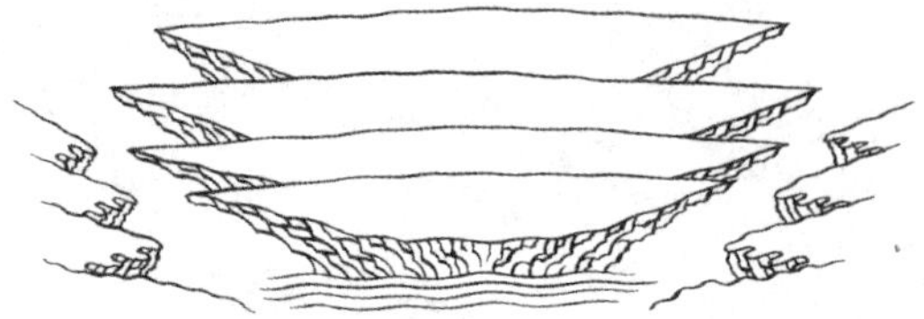

三角形金刚岩的构成方式

吉祥天护符

成于空性，其字符为“E”。在早期印度文字中，字符“E”被写成三角形状，代表“evam”一词。早期佛教的每一部经文都以“evam”为开篇词，其意为“我曾耳闻”。

在印度教和佛教的密宗经文中，倒三角形为“阴性”，象征着女神的阴道①；正三角形为“阳性”，象征着神的阴茎②。交叠的六角星是由两个交叉对置的等边三角形组成，象征着神与其伴偶的结合。在印度教密宗经文中或在刻制的护符上都可以看到交叠的六角星、三角形和正方形几何图形的多种变体。护符是专门敬献给某些特定神灵的，尤其是十大智明女神③。几何图案中最复杂、最著名的是吉祥天女神④护符，该护符是由五个阴性的倒三角形和四个阳性的正三角形组成。九个三角形交叠起来形成了共有四十三个三角形的一个完美的数学图形。

许多金刚乘神灵生成于三角形法源。其形状一般是锥形三角形金字塔，塔尖朝下，仿佛指向神灵下方较远处的某一点。但在艺术绘画作品中，法源常被画成平面三角形，环围着神灵的莲花宝座。神灵被画成从法源中升起，法源外部常涂成蓝色或白色，内部涂成红色。某些怒相神或本尊神的坛城宫也被视为立体法源（下面将对金刚瑜伽母法源进行描述）。

金刚瑜伽母法源

金刚瑜伽法源呈六角星或立体六边形，由两个相互交叠的等边三角形金字塔组成，塔尖朝下，指向坛城“金刚场”中央三角形的交合点。这个六边形构成金刚瑜伽母的天宫。

---

① 梵文：yoni，阴道。

② 梵文：lingam，阴茎。

③ 梵文：Mahavidya，十大智明女神，十位智慧女神名。

④ 梵文：Tripura-sundari，Shri，吉祥天女神，女神名。

金刚瑜伽母法源

金刚瑜伽母火供仪式中使用的火灶图形

六边形从其原点向上逐渐外扩，象征着金刚乘修习的“道路次第”①。法源内部呈红色，象征着大乐；外部为白色，象征着空性。交叠三角形的三个角代表着空、无相、无愿“三解脱门”。构成法源六角的六个等边小三角形代表着戒、忍、精进、禅、慧、布施“六度”。顶角和底角是空的，象征着一切皆空和芸芸众生的无私。四边各角都有逆时针方向迅速旋转的粉色喜旋，代表着“四喜”。

在观修金刚瑜伽母内瑜伽时，通过红白菩提心露在中央脉道的上升和下降可以体验到“四喜”。可以把白色菩提心露观想成脉轮中央的白色小喜旋。它迅速旋转，使人感到大乐的生成。随着大乐的增长，白色喜旋从脐部上升到心部，并继续旋转，使大乐不断增加。可以把红色菩提心露观想成在额头旋转的红色喜旋，它欢快地上升到头部，然后经过喉部下降，最终停止在心部旋转的白色喜旋上。红白菩提心露越来越接近，最后合成一个旋转的菩提心露，其形状为粉色喜旋。喜旋的体积逐渐膨胀，直至融入空性的明见之中。由白色菩提心露上升和红色菩提心露下降而生成的“四喜”均要经过四大脉轮中心（脐部、心部、喉部、头部）。

① 藏文：Lam-rim，道路次第，经行道路的先后次第。

第十五章　朵玛与象征性供品

朵玛（梵文：bali；藏文：gTor-ma）

藏族朵玛是一种用面团捏制的象征性的礼仪供品，上面常饰有酥油花制成的彩色图形。朵玛的概念源自古印度被称作“bali”的一种献祭仪式。作为供奉给善相神的圣“物”，这个献祭仪式通常使用食物供品，如：水果、谷物、米饼或饴糖。供奉怒相神和女神时，献祭仪式常是动物供或血供。由于佛教强调不杀生并视万物为神圣不可侵犯的，因此，佛教严禁动物供，而寻求用象征的赎身品①替代血供。

藏文“gTor-ma”一词源自“gTor-ba”这个词根，其意为“摒弃”、“切开”和“分撒”。该词也指无须回报的献赠。在仪式结束时常抛撒朵玛。朵玛有三种主要形状：1）供奉朵玛，用于怀柔、增长及除障等世俗仪式；2）锥形食用会供朵玛②，精神祝福的仪式举行后可以将其切开，分撒给参加仪式的人食用；3）最大的一种神灵朵玛，需要单独捏制，代表坛城的象征形式或符合某位独特神灵的“口味”。有些朵玛既小又单一，只是一个基本的锥形体或三角形金字塔，而有些朵玛却极为复杂，尺寸高达一人。

白色圆锥体朵玛是供奉给白度母和观音菩萨这类善相神的怀柔朵玛。供奉给转轮王或金刚瑜伽母这类的半怒相本尊神的朵玛十分复杂，通常为红色心形食子。供奉给大黑天神或金刚橛神这类怒相神的朵玛通常是红色的，顶部有雕制而成的三角形火焰。在增强仪式中使用的朵玛普遍为红色或黑色三角形。为了与密宗四大“密业”相符，也要捏制白、黄、

---

① 藏文：gLud-tshabs，赎身品，亦称“供施代替品”。用彩线绕成或用糌粑捏成日用品、牲畜、房屋等模拟物，送祟时一并施舍的财物。

② 藏文：Tshogs-gtor，会供朵玛，用作会供的食子。食子，即：朵玛，由糌粑捏成用以供神施鬼的食品丸子。

怒相五觉供品

红、黑朵玛。一般说来，朵玛食子通体涂成白色①或红色②，代表神灵的温和或恐怖的活动。朵玛也可用作替换物品或伏魔术中使用的物品，因为，在抛撒之前，朵玛已将疾病和恶业吸了进去。

在糌粑面团中加入各种原料，在传统上，要把糌粑粉、酥油和水揉在一起，内含“三白”（酪、乳、酥油）、“三甜”（糖蜜、饴糖、蜂蜜）和二十五宝瓶药。在敬奉本尊神和怒相神时，要在上述成分中加入红茶、酒、蒜和肉。朵玛的装饰极为奢华，包括一些象征性的成分，它们是用混有彩色染料的酥油花③制成，这些成分包括朵玛的圆形莲花底座、六角形法源或带台阶的方形基座。锥形、金字塔形或心形朵玛食子也经常饰有一些象征物，如：太阳、月亮和融滴。彩色圆盘或莲花代表着花瓣、三角形火焰和特定神灵的标识。根据字面解释，在观修神灵和金刚乘仪式中，有几百种图案用于形态各异的朵玛上。许多藏族家族都有自己独特的制作方法和装饰传统。

灵器（藏文：mDos，Nam-mkhav）

与制作某类朵玛一样，在举行仪式时也要经常制作灵器作为神灵的临时住所。用两根细木棍捆成十字形就是灵器的基本形状。要用这个十字缠出一个蜘蛛网状的复杂的菱形彩色图案。根据将举行的仪式所用的特定颜色安排彩线的顺序，颜色多达六种，共有黑、白、黄、红、绿、蓝。更为复杂的灵器可绑成各种各样错综复杂的几何图形，包括一个大菱形状（四角有四个更小的直立十字架）、一个吉祥结、一个倒置的风筝图形、一个六边形或各种几何图形的结合体。

最精致的灵器是立体的，其多层基底座代表着四大要素的根基。基座上方有一个带有四面围墙的坛城宫，坛城宫宫顶呈三角形，宫顶上方支有一个复杂的平面灵器。灵器较低的基面通常被建成四层或五层的须弥山。每层台阶上都摆放着四大方位的供物，如：供灯、食品、武器和赎身品及精怪和动物模拟像。用木制糌粑模子④可以刻制出面制模拟小像，也可以用它刻出奢华仪式所需的大批的各式各样的动物、武器、象征物和赎身品。灵器支棍末端饰有特定的鸟翎或白色棉团，象征着天空。绘有被安抚之神灵的小型佛画放在灵器顶部，灵器中央可以画上或塑上一张具有象征意义的脸。

在恐吓或息灭仪式中，灵器具有“狱所”的功能，邪恶精灵可能会在特定供品的诱惑下走进“狱所”。随后，它们被线织的幻网缠住。然后，将灵器毁掉、捣碎、焚烧，并在十字路口或偏僻之地进行抛撒。作为一种保护装置，灵器常矗立在居所或寺院的屋顶以

① 藏文：dKar-gtor，白色朵玛。

② 藏文：dMar-gtor，红色朵玛，指带血的朵玛或涂成红色的朵玛。

③ 藏文：Mar-tshon-mchod-pa，酥油花，藏族特有的古老手工艺术。酥油花反映的题材十分广泛，花样繁多，形象各异。

④ 藏文：Zan-spar，糌粑模子，刻制糌粑制品的模子。

诱惑并缠住出没在这些建筑物里的游魂恶鬼。

赎身品：箭（藏文：mDav）和纺锤（藏文：vPhang）

赎身品①用于某些藏族仪式中，以去除邪恶精怪对芸芸众生、他们的财富及财产的邪恶影响。在传统上，这些“替罪羊”或“假”供品的形状如同彩绘护篱②或受害者的面塑像。

下图中左下角有一对这样的木护篱。在传统上，护篱要直插在一个叫做“粮仓”的谷物斗盒里。左边的护篱上绘有一个身披“阳性”虎皮的男子③。他的“方法”右手拿着一支象征男性的箭，护篱下半部绘有他的财富和牲畜，护篱的三角部分绘有象征阳性的金刚杵。右边的护篱上绘有身穿“阴性”豹皮的女子④。她的“智慧”左手拿着一个象征女性的纺锤，护篱下半部也同样绘有她的财富和财产，护篱顶部上也绘有象征女性的莲花。阳性箭和阴性纺锤这对截然不同的象征物源自前佛教时期。在苯教中，它们作为“真言武器”⑤ 而广为使用。

赎身品也可按照为之举行特殊仪式的人的模样进行捏制。在捏制时要把剪下的指甲、头发和从受害者衣物上取下的一块布揉进模拟像的面团中。

五觉供品（藏文：Khro-bovi-dbang-po-lnga-tshogs）

令人生畏的“五官供花”⑥ 在传统上被画成敬献怒相神的朵玛。这个令人恐怖的供品与善供中的五官供品相对应。五官供品是敬献给善相神的，但要画出真正的五官来替代令人感官愉悦的五种美丽的物品（镜子、乐器、香料、水果和丝绸）。作为朵玛的一种，这种供品是手工捏制的糌粑面团，色彩斑斓，宛如一个涂有矿物或蔬菜染料的“酥油花”。

这个令人生畏的供品基座是一个倒置的骷髅或嘎巴拉碗。在传统上，要插在一个有三个小骷髅的三脚架上。骷髅里有五大器官：1）一个撕裂的心脏，代表觉识或触觉；2）长长的视觉中枢上的一对撕裂的眼睛，代表视觉；3）舌头，代表味觉；4）鼻子，代表嗅觉；5）一对耳朵，代表听觉。有时，砍下的双手双脚构成恐怖一组的一部分，象征着触觉。常把一只彩箭直立刺入心脏，象征着“六识”⑦。这只彩箭象征着为五官加持之神的身、语、意。箭杆把中央脉道比作神之“身”。箭的舵尾羽翼和黑丝箭旗代表着咒语或神之“语”。刺入心脏的箭头把神之“意”比作对心脏中央“金刚滴露”的最细微的觉

---

① 藏文：gLud，赎身品，亦称“替身模拟像”、“替身品”或“赎命物”。宗教活动中用以忏悔替死的财物。

② 藏文：rGyang-bu，护篱，送祟时所用灵器周围竖立的十字形竹签撑架。

③ 藏文：Pho-gdong，披虎皮的男子。

④ 藏文：Mo-gdong，披豹皮的女子。

⑤ 藏文：Thun-zor，真言武器。

⑥ 藏文：Me-tog-dbang-po-lnga，五官供花。

⑦ 六识，八识中的前六识，即：1）眼识；2）耳识；3）鼻识；4）舌识；5）身识；6）意识。

内火供

识。在仪式使用上，抛撒朵玛之前要先把彩箭拿走。

在描绘怒相神的唐卡上，五觉供品常被画在中央神灵的莲花宝座前面和下面。盈满漩涡状甘露或酒的嘎巴拉碗和盈满漩涡状血液的嘎巴拉碗分放在主供品的左右两侧。就总体而言，这三个象征物代表着人胚胎成长发育的三个主要阶段。盈满蓝或白色“甘露”的嘎巴拉碗代表着有繁殖能力的男精，而盈满红色血液的嘎巴拉碗代表有繁殖能力的女血。五觉供品代表人们寻求再生的意识。在藏医传统中，据说父亲的白色精液能够生骨、生脑及生胚胎神经。而母亲的红色经血可以生成柔软的人体器官。寻求再生的意识使五官介入了这种生育的结合。五官及其相应的五觉是“门”，通过这道“门”，寻求再生的意识最终感受到了这个世界。

内供（藏文：Nang-chod）

“内供”是具有最高象征意义的供品，用于观修《转轮王密续》、《金刚瑜伽母密续》,《喜金刚密续》、《密集金刚密续》、《怖畏金刚密续》等无上瑜伽密续。内供是一个白色的大嘎布拉碗，碗中央有一大裂缝。嘎布拉碗内部呈红色，放在一个由白、红、蓝三颗割下的人头搭成的三角架上。三角架立在一个倒置的红色三角形火坛城和一个正置的蓝色碗状风坛城中间。风坛城的两侧有两个白色或金色甘露瓶，一根红色檀香木杆从瓶中伸出。瓶顶饰有一个金刚杵和一个牦牛尾三角幡。每根杆上都系有一个三角形胜利幢。当风坛城中的大漩涡使火坛城向上燃烧并熔化了大嘎布拉碗中的物质时，胜利幢迎风飘拂。

碗中的物质包括“五甘露”和“五肉”。五甘露包括人的大便、骨髓、男精、女血和小便。五肉指的是牛肉、狗肉、大象肉、马肉和人肉。五甘露被排成坛城形状：黄色大便在东方（前）；绿色骨髓在北方（右）；白色男精在西方（后）；红色女血在南方（左）；蓝色小便在中央。五肉的排列相同，黑色牛肉在东南方（左前）；红色或蓝色狗肉在西南方（左后）；白色大象肉在西北方（右后）；绿色马肉在东北方；红色人尸在中央。

在禅修的生起次第阶段，风坛城、火坛城、嘎巴拉碗及碗内被熔化和液化的物质分别代表着风、火、地、水四大要素。三颗人割下的头象征着修习者的身（白色人头）、语（红色人头）、意（蓝色人头），是将被净化的三大“根本”。嘎布拉碗生成的白色字符“A”象征着空性，而嘎巴拉碗本身象征着大乐。嘎布拉碗的白色外壳代表着父亲的白色菩提心露（精液）；嘎布拉碗的红色内壳代表母亲的红色菩提心露（经血）。嘎布拉碗中央的一条缝隙代表方法与智慧、慈悲与宁静、色与空的不可分割性。五甘露和五肉生成于它们梵文名字的第一个字符，象征着所有这些物质都是因特意安排而存在，经过正思而生成。

五甘露象征着五佛、“五识”① 和将被净化的“五蕴”。大便代表大日如来佛、视觉和色蕴；骨髓代表不空成就如来佛、触觉和行蕴；男精代表无量光佛、味觉和想蕴；女血

① 五识，透过眼、耳、鼻、舌、身五种感觉官能而表现除了的五种认识。

代表宝生如来佛、嗅觉和受蕴；小便代表不动如来佛、听觉和识蕴。

五肉象征着五佛母或五佛的伴偶、五大要素、"五惑"① 或 "五毒"②。牛代表大日如来③、地和"无明"；狗代表金刚母④、水和"嗔"；大象代表白衣观音⑤、火和"贪"；

① 五惑，亦称"五钝使"，贪、嗔、痴、慢、疑五种妄惑。

② 五毒，贪、嗔、痴、慢、疑。

③ 藏文：Locana，大日如来，音译"卢舍那"，佛名。五佛之一。

④ 藏文：Mamaki；藏文：Ma-ma-ki，金刚母，音译"摩莫枳"，佛名。

⑤ 梵文：Pandara；藏文：Gos-dkar-mo，白衣观音，佛名。

马代表度母、风和“嫉”。中间的人既代表金刚界母①的伴偶，又代表“空”和“我慢”。

上述五甘露和五肉的方位顺序与《转轮王密续》和《金刚瑜伽密续》中对《母续》的描述一致。但在修密集金刚和怖畏金刚《父续》时，这十种物质的顺序有截然不同的更改。此时，五肉排在与五佛对应的四大方位上，而五甘露则排在与五佛母对应的四小基本方位上。中央的人尸颜色要与主供本尊神之伴偶的颜色相符。在作为密集金刚和怖畏金刚的伴偶时，人尸呈蓝色，而作为转轮王和金刚瑜伽母的伴偶时，人尸呈红色。这个“人肉”尸体放在嘎布拉碗的小便里，头朝西或朝后。其他四只动物放在右边，其头朝向中央。它们的身体左侧刻有各自的字符。五肉都被画成“无骨”的，其意为每张无骨皮都填满了从它们身上割下的肉。

在“圆满次第”修习阶段，风坛城象征着“下势风”，具有在脐轮下创生的能量。火坛城象征着“北支脉”② 的“内火”，在脐轮处被点燃。飘拂的旗幡象征着将下势风聚集起来，使北支脉的火坛城向上燃烧。当北支脉的“内火”向上升腾时，它与风合并在一起，使中央脉道的滴液融化。这就产生了“白色显现”、“红色增长”和“黑色完全证得”这三个内在标记。这是死亡过程中的第五、第六和第七阶段的标志。割下的人头象征着白色、红色和蓝色三大阶段。宽大的白色嘎布拉碗象征着“明光之意”，它的出现表明人进入死亡的第八阶段和临终阶段。嘎布拉碗往上延升的缝隙代表着体验了自发大乐的生成。

五甘露和五肉代表不洁的“五蕴”和“五大要素”。通过修明光，可将它们变成五佛和五佛母。它们融溶并转化成甘露就是把这十种物质（净化后的智慧）蒸馏成“一味”长生不老药。四小基本方位上的大便、骨髓、男精和女血绕着中间的小便逆时针旋转。这些甘露象征着菩提心露从头轮降到喉轮、心轮和脐轮过程中所体验到的“四喜”。四大基本方位上的牛、狗、大象和马绕着中间的人顺时针旋转。这些肉象征着倒顺的四喜：从脐轮上升到心轮、喉轮，最后到头轮。

在内供观修过程中，每个组成部分都生成于各自的种子字符。观修的生起次第的初始阶段使十种内供物质融成了橘黄色的液体，此后是几个观修阶段。白色字符“Hum”出现在融液的上方，变成了一根倒置的白色菩提心露天杖。热量使天杖熔化，滴入嘎拉碗中，橘黄色液体变成带有甜味的、水银般的长生不老药。在这个长生不老药的上方升起三排梵文元音和辅音，颜色分别呈白、红、蓝色。这几排字符在中央点渐渐淡散，直至最后融入倒置的白色字符“Om”、红色字符“A”和蓝色字符“Hum”中。这三个字符最后下降，融入长生不老药中，把药变成一种经过炼丹而成的灵丹妙药，它能给人带来慈悲、活力、长寿和智慧。

---

① 梵文：Vajradhatishvari；藏文：rDo-rje dbyings-phyug-ma，金刚界母，亦称“金刚界自在母”，女神名。

② 藏文：gTum-mo，北支脉，指人体心脉轮中的北支脉。

在实际修习中，内供物质与修习者的颅骨形状相同，内有一粒混有红茶和酒的“甘露丸”。这种甘露丸是用五甘露和五肉的“合成精华”配制的，并由修习者的世系大师为之加持。在传统上，用来配制甘露丸的象征性配料源自植物，其中包括各种榄仁树、丁香木、小豆蔻、肉豆蔻、藏红花和檀香木。

第十六章　手　　印

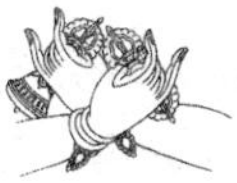

梵文“mudra”一词源自动词“mud”，其意为“取悦神灵”。该词一般指的是印记、符号或标识。在佛教词汇中，该词主要用来指佛和神灵所结手印。在早期的大乘佛教肖像画法中，只有几个主要手印出现在雕塑佛像上。在后来的金刚乘佛教肖像画法中，五佛都有这些清晰可辨的手印。大日如来佛结传法印；不动如来佛结触地印；宝生如来佛结施予印；无量光佛结禅定印；不空成就佛结护法印。

随着后期金刚乘佛教形象表象①的丰富发展，大量的手印开始进入不断扩充的众神神殿中。一般可列出三十六种主要手印，内有十二种单手手印②和二十四种双手手印③。在加德满都峡谷尼瓦尔佛教中，一般列出八大手印④，即：1)：法轮印；2)施法印⑤;3)金刚印；4）金刚界⑥印；5）金刚萨埵所结手印；6）无量光佛所结手印；7）大日如来佛所结手印；8）金刚持所结手印。日本佛教一般也列出八大手印。印度教密宗和瑜伽派共列出一百零八种不同的手印，其中常用的有五十四种。在印度金刚乘佛教中，一般可以看到十二种主要手印，但在敬拜这些神灵的仪式中使用的手印数量远远不止这些。

并非所有的手势都归类为手印。有些手势，如：上翘的“威胁性食指”或“舞蹈中打榧子的手指”只是简单代表一些独特的手势。梵文“hasta”一词有“手”之意，也可

---

① 形象表象，感觉器官接受刺激后继续活动所造成的瞬间表象。

② 梵文：asamyukta，单手手印。

③ 梵文：samyukta，双手手印。

④ 梵文：asta-mahamudra，八大手印。

⑤ 梵文:abhaya,施法印。

⑥ 梵文：Vajradhatu，金刚界，大日如来的觉悟的智德，坚固无比，有如金刚石，能发挥殊胜力量，摧毁一切烦恼。“界”即是其作用的处所。

用来描述一种手势，在手握器物或礼器之时更是表示一个字的手势。

在金刚乘肖像画法中，右手五根手指中的每一根都被视为五佛之一和五大要素之一，而左手五根手指中的任何一根都被视为五佛母之一。四根手指将大拇指指尖包在其中，自然形成一个五佛坛城。拇指被视为大日如来佛（水）的白色字符“Om”；食指被视为不动如来佛（空）的蓝色字符“Hum”；中指被视为宝生如来佛（地）的黄色字符“Tram”；无名指被视为无量光佛（火）的红色字符“Hrih”。小拇指被视为不空成就如来佛（气）的绿色字符“A”。

在时轮金刚的肖像画法中，五佛和五大要素的排列和色彩与其他密宗体系有所不同。在这种肖像画法中，每根手指都有具体的颜色：每根拇指的指背涂成大地的黄色；食指涂成水的白色；中指涂为火的红色；无名指涂为气的黑色；小拇指涂为空的绿色。转轮王手指内侧的三个指关节从掌心向外依次涂成黑、红、白三色，象征着神的“意”（黑色）、“语”（红色）和“身”（白色）。转轮王共有二十四只手，每只手有十五个关节，总计为三百六十个指关节，这与阴历年的三百六十天相符。十五个指关节代表阴历年份两周的天数，二十四只手代表阴历年中阴历周的周数。

印度教和佛教常把二十个手指和脚趾分为四根拇指和十六根手指两类。这种数字划分赋有各种象征意义，如：“四无量”、“十六空”、十六根手指脚趾，或是新月和望月之间的阴历天数。神灵的掌心和脚心常被涂以较浅的颜色以突出肤色的差异（在皮肤黝黑的亚洲人掌心和脚心上常可以看到这种较浅的肤色）。在藏族艺术中，很少画出掌心的主要纹路，最常见的是画一条代表金星①和月亮分界线的“X”折线。掌心也可画有一个菱形，代表生命线、心线、头线和命运线四大主线。在佛的化身身上，在菱形里还可画上八辐金轮或千辐金轮这样的吉祥标识。

在佛教密续中，右手代表着阳性的方法或方便，左手代表阴性的智慧或空性。成对的礼器，如：金刚杵铃或弓箭分别握在左右手中，象征着动态的阳性方便与静态的禅定阴性智慧的结合。当用左右两手结双手印时，左手通常被握在右手中，如：吽迦罗手印②。有时，左手朝里，如在结法轮印时。此时，里面的左手代表教法与自身（智慧）的契合，而外面的右手则代表能将佛法传授他人（方便）。在佛像画上，佛的右手常结动态的方便印，如：触地印、护法印、无畏印、施予印或传法印。左手一般保持静态的禅定姿态，左手放在膝上，象征着智慧或禅修空性。

施予印（梵文：varada-mudra；藏文：mChog-sbyin-gyi-phyag-rgya）

结施予印时，掌心外翻向下，所有手指放松外伸或稍有内缚。它把“慷慨地”施舍

① 原文：Venus，金星。

② 梵文：humkaramudra，吽迦罗手印，菩萨对付敌人所结手印。

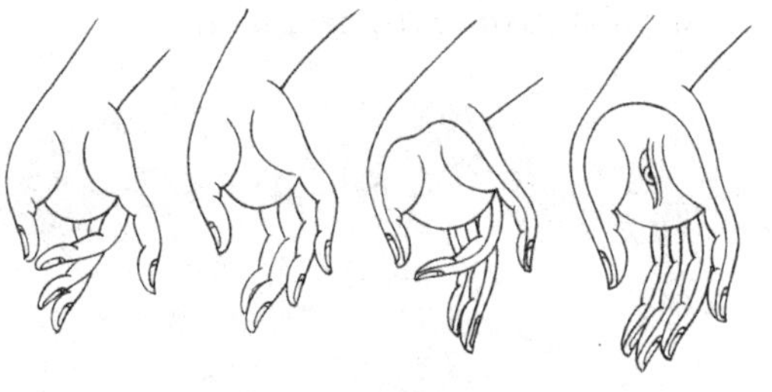

右手结施予印，掌心中有一只眼睛（右）

比作慈善或赐予希望。通常要用“方法”右手来结施予印。在善相神，特别是参与怀柔和增长这类吉祥活动的善相神中，该手印十分常见。坐姿佛像最常结施予印，其手放在膝上，空无一物的掌心代表着赐予佛法中的如意宝。赐福神灵也在其内缚的右掌心捧着代表增长的器物，如一块珠宝或一个水果。参与“降珠宝或甘露”活动的几个神的右手呈圈状，令人不可思议的是，珠宝和甘露生成于他们空无一物的掌心。十一面观音四只右手中的第三只手结施予印，该手印也叫做“消饥除渴印”①。此时，其空无一物的掌心倾流出一股甘露可以减轻饿鬼的饥渴之感。

像白度母、大白伞盖佛母和千手观音这类神灵的每个掌心上都绘有一只“慧眼”。慧眼象征着他们无尽的慈爱觉识。慧眼和五根手指的结合把方法与智慧的结合比作“六度”。“六度”中的前“五度”布施、持戒、忍辱、精进、禅定（五根手指代表）需要“六度”中的第六度“智慧”（掌心中的慧眼为代表）的支持，并以此为依据。

护法印（梵文：abhaya-mudra；藏文：Mi-vjigs-pavi-phyag-rgya）

护法印或无畏印也被视为施依印，下面将对此进行描述。“方法”右手通常结此手印。其掌心向外，手指上翘。表面看来，它与施予印相似，但其指尖向上而不是向下，手印通常结在胸前。施法印代表佛陀使芸芸众生免除轮回的所有恐惧。它是绿色北方不空成就如来佛特有的手势。在早期佛教艺术中，在佛像上常可看到护法印，该手印代表该佛的统治和保护性的福报。在早期基督教艺术中，耶稣基督也结同样的手印，这个手印也叫做“大手”②。

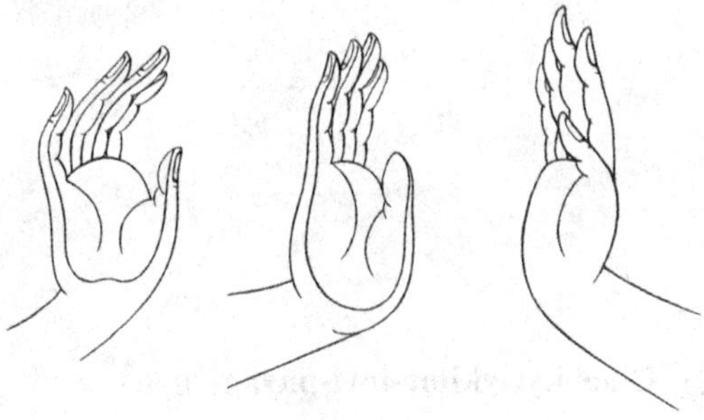

护法印

① 藏文：bKres-skom sel-ba，消饥除渴印。

② 原文：magna manus，大手。

施依印（梵文：sharanagamana-mudra；藏文：sKyabs-sbyin-gyi-phyag-rgya）

在藏族艺术中，护法印也被普遍称作施依印，左右两手均可结此手印。度母的八大化身或观音菩萨常结此手印，她们使人免遭“八难”。掌心向上朝外可以结出此手印。有时，在降伏令人恐惧之物时要掌心向下。食指、中指与无名指和拇指相触形成一个圆圈也可结出施依印，此时其他三指向上直伸。圆圈象征着施依是方法和智慧的结合，三个直伸的手指代表佛、法、僧“三宝”是所依之物。度母的各种化身都用她们的“智慧”左手结此手印，同时手握着一朵洁白莲花的莲茎，莲花置于拇指和指尖相触形成圆圈内。

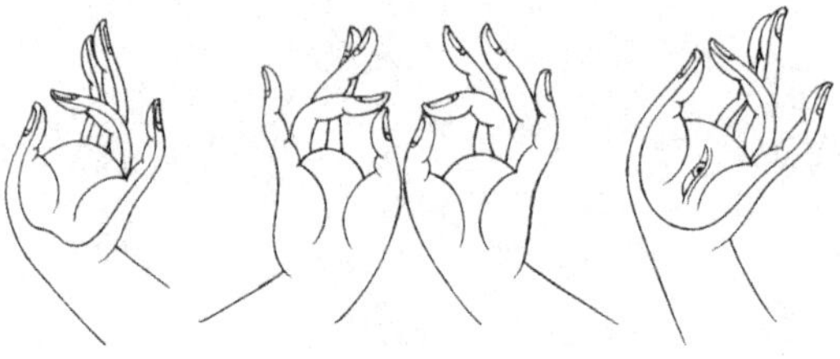

施依印

触地印（梵文：bhumyakramana；藏文：Sa-gnon）

触地印或许更以“大地见证”或“地触手势”① 为人所知。结此手印时要将直伸的右手向下，指尖触地，这象征着“觉者”佛陀释迦牟尼在菩提树下消灭了恶魔大军并召请地神母亲证他无数次献祭的这一时刻。佛陀释迦牟尼常被画成端坐在菩提宝座上，其右手触地，左手放在膝上结禅定印。这象征着他在征服恶魔（右手）时，他的方法或方便与禅修空性的完美智慧（左手）的结合。触地印也是中央或东方蓝色不动如来佛的手印。

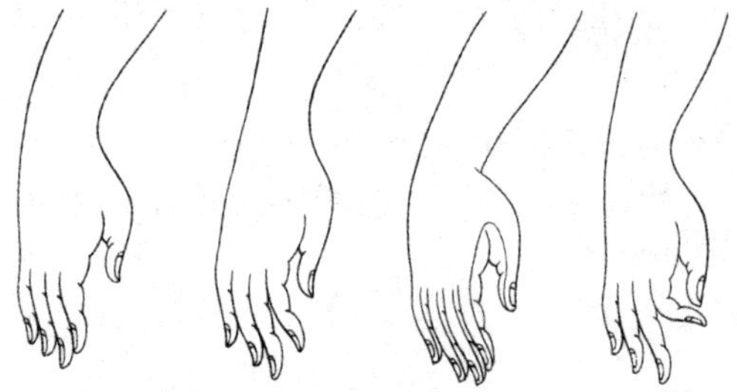

触地印

法轮印（梵文：dharmachakra-mudra；藏文：Chos-kyi-vkhor-lovi-phyag-rgya）

法轮印或释法印②有时指的是“说法印”。法轮印源自佛陀释迦牟尼在瓦腊那西附近斯里那他鹿野苑初次阐述“四圣谛”。这个历史事件也被称作佛陀的“初转法轮”。在该地，他“转动”了其教法的“完美法轮”。他分别在王舍城和舍卫城二转法轮和三转法轮。斯里那他博物馆的工作人员在现场用一块打着松结的手绢演示如何用这个手姿转动双

① 梵文：bhumisparsha，地触手势。

② 梵文：vyakhya-mudra；藏文：Chos-vchad-kyi-phyag-rgya，释法印。

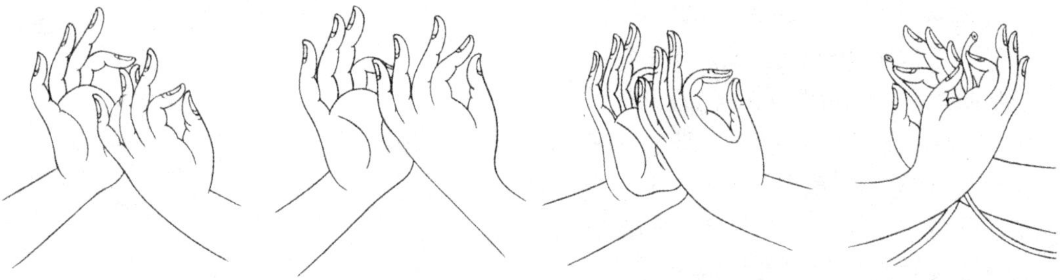

法轮印

手来解开“表象结”。法轮印也指“转法轮印”①，这个手印与转轮王也有直接的联系。

法轮印是双手相结的手印，双手放在胸前，右手外缚，左手内缚。双手食指和拇指指尖通常稍稍相触形成一个圆圈，代表着法轮是方法和智慧结合而成。三根直伸的手指稍有内缚，沿着食指曲线，代表着佛教的各种三位一体。更具体地说，右手的三根直伸的手指代表着早期佛教教法中的“三乘”，即：1）声闻乘；2）缘觉乘；3）大乘。左手三根直伸的手指代表着按三道②修持的人的大、中、小“三力”③。“方法”右手的掌心外缚代表着将佛教教法传授他人。“智慧”左手的掌心内缚代表自身对这些教法的内悟。“智慧”左手放在“方便”右手前面，象征着方便源自智慧，或象征着“五度”有赖于顿悟空性的第“六度”智慧。法轮印是中央或东方白色大日如来佛的手印。佛的众多化身，如：释迦牟尼、燃灯佛④、弥勒佛和文殊菩萨，都在胸前结此手印。许多印度神灵和藏传佛教大师，如：无著、阿底峡、宗喀巴和萨迦班智达，也均结此手印。

说法印也可以只用右手在胸前结法轮印，而将左手放在膝上结禅修空性的禅定印。在这个实例中，右手可以画成结“推究印”⑤ 或释法印。在早期佛像上可以看到其左手揪着多褶僧袍的一角，这象征着内教法或出离智慧。

大圆满手印（梵文：bodhyangi-mudra；藏文：Byang-chub-mchog-gi-phyag-rgya）

大圆满手印是大日如来佛最具特点的一个手势。他在幻现为众多早期瑜伽密宗坛城中

① 梵文：dharmachakra-pravatana-mudra，转法轮印。

② 三道，行位三道，即：在修行道位上的三个阶段：1）见道；2）修道；3）无学道。

③ 三力：1）我功德力，行者修身、语、意三密的力量；2）如来加持力，由佛而来的慈悲的力量；3）法界力，佛性的一如平等的力量。

④ 梵文：Dipamkara，燃灯佛，亦译“锭光佛”，佛名。释迦牟尼前世曾买五茎莲花供献该佛，故被授记（预言）九十一劫后之“此贤劫”（现在之劫）时当成佛。

⑤ 梵文：vitarka-mudra，推究印，手印名。

的白色之主摩诃大日如来①时更结此手印。大圆满手印是双手相结的手印，双手放在胸前，紧握的“金刚拳”右手包着紧握的“金刚拳”左手上翘的食指。大日如来佛的另一个化身结大圆满手印，其右拳紧握的四根手指包着左拳上翘的拇指。拇指象征着坛城中央的大日如来佛，四根手指代表大日如来佛四周的四方佛。如果大圆满手印中手的位置颠倒的话，那么，上翘的右手食指则象征着阳性金刚杵插入左手的阴性的“莲花拳”中。

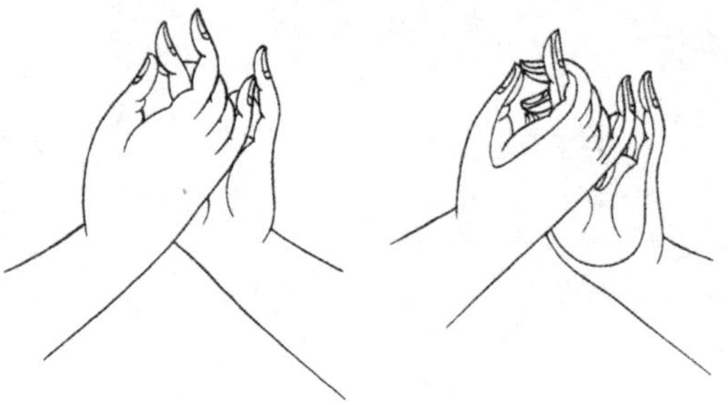

大圆满手印

禅定印（梵文：dhyana-mudra；藏文：mNyam-bzhag-phyag-rgya）

在结禅定印或三摩地印②时，要将左手或两只手放在膝上，掌心向上，手指伸开。当仅用“智慧”左手结此手印时，“方法”右手可以绘成结任何手印或握有神灵的具体器物。佛的众多化身都用左手结这个手印，象征着禅定力的稳定。他们上翻的左掌掌心常常托有僧钵，象征着他们的出离心。当双手都放在膝上时，右手总是压在左手上，象征方法（右手）的完善得到智慧（左手）的完美支撑。两个拇指指尖通常相触，此时，双手相合结禅定印，这代表红白菩提心露两大主脉在拇指处终结，并分别传送着方法和智慧结合而生的能

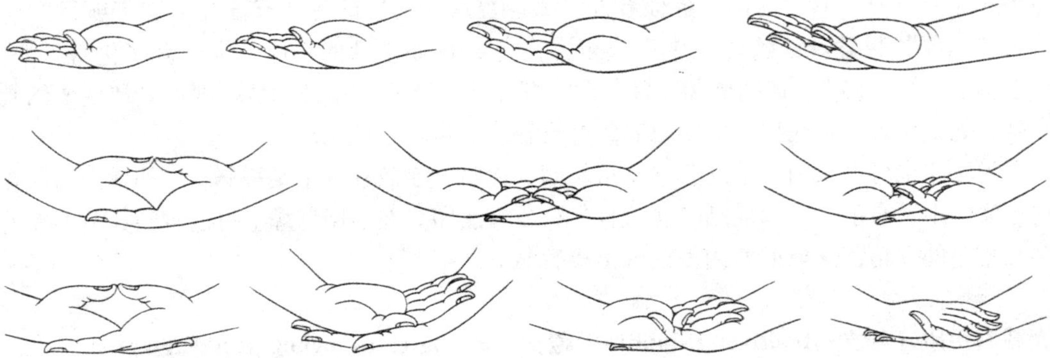

禅定印

① 梵文：Mahavairocana，摩诃大日如来，佛名。

② 梵文：samadhi-mudra；藏文：Ting-nge-vdzin-gyi-phyag-rgya，三摩地印。

量。禅定印是宁玛派最初一佛①普贤所结的特有手印,也是西方红色无量光佛的手印。

合十印(梵文:anjali,kritanjali;藏文:Thal-mo-sbyar-ba)

合十②是印度表示敬意、尊敬和赞赏时的传统手势,要在胸前或额头前将掌心相合。这个表示尊崇的手势可能是所有印度手印中最古老的一个。在佛教肖像画法中,这个手印被画成“双掌合拢”或相合,它是观音菩萨的几个化身及其眷属的主要手势。四臂观音、八臂观音和千手观音常被画成双手稍稍相合,在掌心中间捧有一块如意宝。这块珠宝象征着他的财产和赐予佛法宝,但在对观音菩萨像进行描述时,很少提及作为器物的这块如意宝。

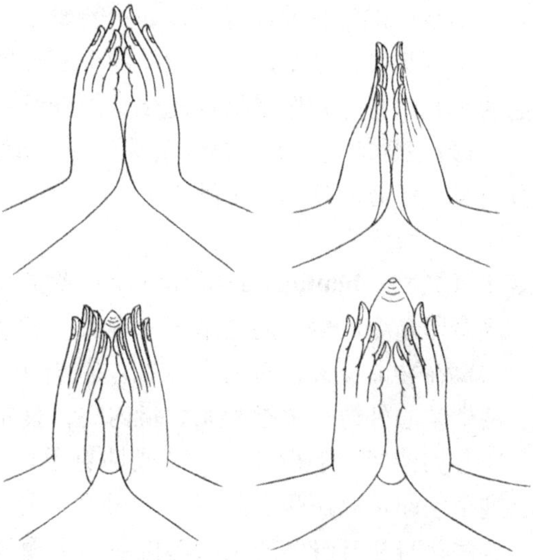

合十印

天神或龙众侍供于供品两侧,它们向神进行供奉时也常结此手印,以表示祈求或赞美。在叩拜仪式中也用这个手印,此时,要把相合的掌心放在额头、喉部和胸前。以代表身、语、意的纯净。梵文“anjali”一词的字面意思是“两捧”,源自掌边相扣的掌心,仿佛它们正捧着两捧谷粒或水。

殊胜三界印(梵文:humkara-mudra;藏文:Hum-mdzad-kyi-phyag-rgya)

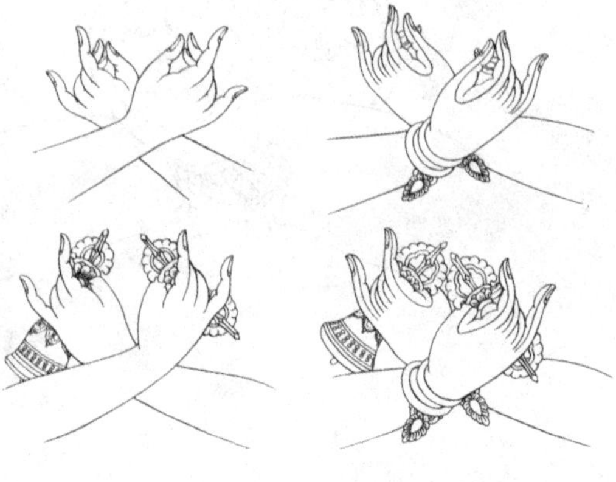

殊胜三界印

梵文“Humkara”(字符“Hum”)是大力神③怒相化身的名字,大力神也被称作“降三世明王”。该手印是一个双手所结手印,结该手印时,前臂要在胸前交叉,“方法”右前臂放在“智慧”左前

① 梵文:Adibuddha,最初一佛,最初的佛或本来的佛。

② 梵文:namaskara-mudra,合十,一种敬礼方式,两掌在胸前对合。

③ 梵文:Sambara,大力神,神名。

臂上。两只手并拢成松弛的“金刚拳”状，中指和无名指与拇指合成一圈，食指和小拇指优雅地展开，所结手印一般被称作金刚印①。神灵交叉的左右两手通常握有代表方法和智慧的金刚杵铃。这个主要手印常被视为“金刚殊胜印”②。许多半怒相本尊神，特别是从蓝色不空如来生成的本尊神，如：转轮王、密集金刚、时轮金刚和金刚殊胜神，常被画成两只主臂交叉，结金刚持神所结的金刚殊胜印。金刚持这个一切佛部的怙主被视为释迦牟尼的主要法身，释迦牟尼以此化身阐释密续。

“殊胜三界印”③ 被视为金刚殊胜神④所结的“降三世印”，金刚殊胜神的双手在头顶上方交叉，掌心向外，表示胜利。

降魔印（梵文：bhutadamara-mudra；藏文：vByung-po-vdul-byed-kyi-phyag-rgya）

降魔印是令人生畏的金刚手（也称“降魔者”⑤）的四臂化身所结的手印。结此手印时，双臂在胸前交叉，右前臂压在左前臂上，两根个小手指勾在一起，形成降伏链的形状。两个掌心外缚，中指和无名指内缚，食指上翘。中指和无名指向下与拇指形成圈状。两手向各侧伸展，手指外指，结成期克手印。该手印的形状宛如金翅鸟外展的翅膀，据说，这个手印可以恫吓和降伏一切邪恶精怪。金刚手的几个怒相化身都与金翅鸟关系密切，这些化身从其身体的不同部位射出金翅鸟，让它们充当降魔的使者。

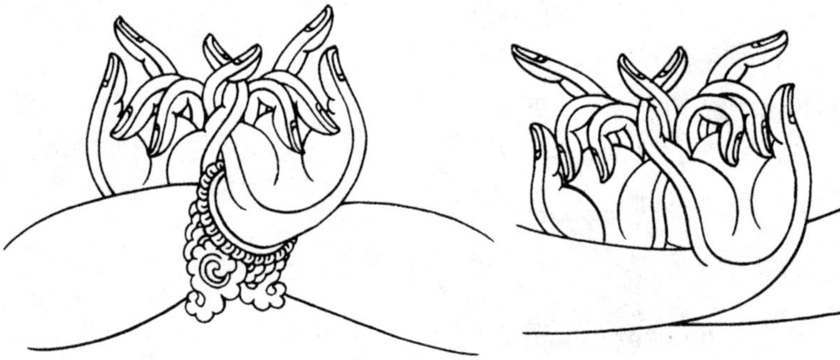

降魔印

① 藏文：rDo-rjephyag-rgya，金刚印，手印名。

② 梵文：vajrabumkara-mudra，金刚殊胜印，手印名。

③ 梵文：trailokyavijaya-mudra；藏文：vJig-rten-gsum-las-rnam-par-rgyal-bavi-phyag-rgya，殊胜三界印，亦称“降三世印”。

④ 梵文：Vajrahumkara，金刚殊胜神，神名。

⑤ 藏文：vByung-vdul，降魔者。

期克印（梵文：tarjani；藏文：sDig-mdzub）

由于仅用食指结印，因此，具有威胁意义的上翘食指实际上不能划归手印之类。作为恐怖或威胁的手势，食指像钩子一样从紧握或松弛的拳头中伸出。许多怒相神都结此手印，特别是当它们手握套索或铁钩这样的降魔器物或是从智慧火中喷射出火球之时更需要结此手印。上翘的食指象征着不动如来之字符“Hum”的凶残特质，这种特质可以恫吓一切邪恶之敌。上翘的食指也叫“铁钩印”①。黑色马头金刚像或许能最生动地体现出其恫吓力。该神被画成左手挥舞着喷焰铁钩，铁钩上趴着一只伺机啃咬上翘食指指尖的黑色铁蝎。上翘和弯曲的食指、铁钩和蝎尾说明了这个强力手印内含的恶意令人恐惧。

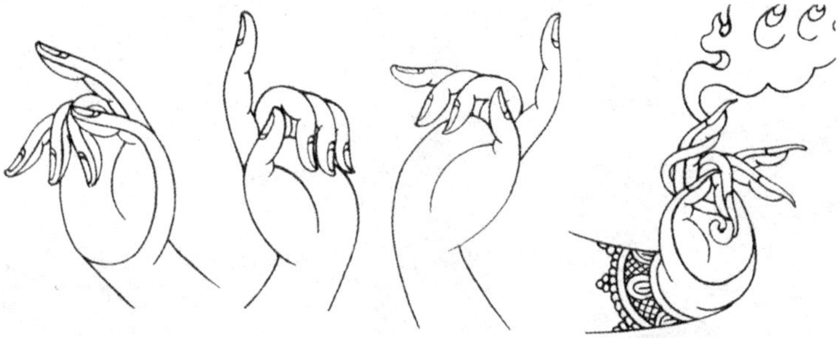

期克印

坛城印（梵文：mandala-mudra；藏文：dKyil-vkhor-phyag-rgya）

结坛城印表示将整个宇宙供奉给获得圆满的佛和大师。实际上，众神并不结此手印，但在“坛城供”礼仪观修中则广泛使用这一手印。在这个相当复杂的手印中，双手的无名指相背，指尖向上，而食指和小拇指要交叉或在掌心平面上交叉。此时，大拇指展开，穿过掌心，压在小拇指的指尖上。食指向后弯，压在中指的指尖上。两根直伸的无名指代表须弥山，交叉的中指和小拇指代表环围须弥山的四大瞻部洲，拇指和弯曲的食指代表环围须弥山的浩瀚咸海。在坛城供仪式中，修持者的念珠常盘卷在掌心和绕在直伸的无名指上，代表环围须弥山之金山的七座山脉和湖泊。

坛城印

① 梵文：ankusha；藏文：lCags-kyu，铁钩印，手印名。

纯陀印（梵文：cunda-mudra；藏文：Lha-mo-tsundavi-rtsa-bavi-phyag-rgya）

纯陀印是女性菩萨纯陀颇具特色的手势。与观音菩萨的合十印相同，结这个手印时，要将双手的掌心在胸前相合，食指压着中指的中指节上，拇指指尖压在食指的指根上。

持有礼器的手

附　录

搅拌大海的传说

这里简述一下古代印度的搅拌大海的传说，传说源自《毗湿奴往世书》[①]，但在《罗摩衍那》[②]和《摩诃婆罗多》[③]中也有关于这个传说的不同论述。《往世书》是印度的早期经典，讲述了独特的印度众神的传说，并通过这些传说传播了与祭祀关系密切的更为早期的吠陀仪礼。《毗湿奴往世书》包括创世神话，讲述了寻找长生不老之甘露的故事。甘露更早起源于吠陀时期献祭用的一种被称作肉珊瑚[④]的神圣植物。搅拌大海的传说被吸纳进早期印度佛教之中，该传说后来又被忠实地从梵文译成藏文。在藏医传统中，这个传说极为重要，因为它描述了甘露、神医和众多药用植物的形成过程。该神话也揭示了一些古代象征物的起源，如：神龟、大蛇神、白象宝、绀马宝、如意树、珠宝、牛、诃子、拘莎草、宇宙山和印度教的主要神灵，它们都被吸纳进后来的佛教象征主义之中。

由于众天神厌倦了与阿修罗无休止的战争，它们到大神毗湿奴那里祈求长生不老。毗湿奴劝告众天神与阿修罗结盟一起搅拌大海，这样就可以使藏在海底深处的珠宝、草药和甘露浮出海面。在创生之神梵天和大蛇神的帮助下，众神和阿修罗才能连根拔起迈达拉山，把

---

① 梵文：Vishnu Purana，《毗湿奴往世书》，《往世书》十八部之一。

② 梵文：Ramayana，《罗摩衍那》，印度古代梵文叙述诗，与《摩诃婆罗多》并称为印度两大史诗。印度经典之一。相传约前四至前三世纪根据传奇材料编成。

③ 梵文：Mahabharata，《摩诃婆罗多》，印度古代梵文叙述诗，世界最长的史诗之一。与《罗摩衍那》并称为印度两大史诗。印度经典之一。

④ 梵文：soma，肉珊瑚，印度的一种萝藦科无叶藤本植物，产生一种稍带酸味的乳液，在印度古代让人变醉的植物汁液，用作对神的供品，且被崇拜者在吠陀仪式上当作长生饮料，作为一个吠陀神仙的人格化的形式加以崇拜。

它当作搅拌棍。毗湿奴从海底深处出来，幻现成巨龟，浮升到海面。巨龟将迈达拉山驮在背上，梵天压在它的上面使之更加稳定。盘绕在这座山上的大蛇神成了搅拌绳。众天神和阿修罗拽着蛇头蛇尾来回摆动，使大山转动把大海搅拌起来。

海水逐渐被搅拌成牛奶，而后又变成了澄清的酥油。搅拌使大海骚动起来，同时，海中生成了第一批东西，即：射出千道光芒的太阳和凉淡的月亮（肉珊瑚），湿婆用它们作为自己的头冠饰物。随后生成的是白色宝马①和六肢白象，湿婆用它们作为坐骑。如意树和光彩夺目的红宝石随后生成。众神认为该树应为天界所有，湿婆用宝石作为自己的胸饰。吉祥天女接着生成，湿婆娶她为妻。随后出现的是醉醺醺的女酒神②。众神饮下她的酒，但没有造成恶劣后果，但阿修罗不能饮酒。梵文“asura”（阿修罗）一词源自“Sura”（女酒神），意为“不能饮酒之人”或“没有女酒神的那些人”。

由于众神和阿修罗继续卖力地搅拌大海，于是就生成了致命的黑毒药③诃罗诃罗④的恐怖、凶残的化身。众神被凶残的诃罗诃罗的化身吓昏过去，但梵天设法使众神恢复意识。后来，梵天通过默念冗长的字符“Hum”成功地降服了诃罗诃罗，使他的毒身爆裂成无数碎块。大龙神声称这股毒药的香气为它们自己所有，而诃罗诃罗身体爆裂的碎块生成了各式各样的有毒生物和植物。这个传说的另一个版本认为，湿婆持咒设法降服了诃罗诃罗并将其整个吞食。但毒物卡住了湿婆的喉咙，把喉咙变成了蓝色，自此，“蓝喉者”就成了湿婆的称号之一。

白色如意牛随后从海中生成，它可以产出牛奶、凝乳、酥油、小便和大便五种不同物质，满足了人的需求。最后生成的是双手托着甘露瓶的众神的神医⑤。神医是专为阐释印度草药学而生的，印度草药学后来成为藏医体系《四部医典》⑥的根本。

阿修罗恢复了他们固有的嫉妒天性，再次发起与众神争夺甘露的战争。湿婆幻现成魅惑女神⑦的化身诱骗了阿修罗，并把甘露给了众神。阿修罗中的罗睺识破了这个狡猾的诡计，他装扮成神的模样也去饮用甘露。太阳和月亮看穿罗睺的骗局并告诉了湿婆。湿婆向罗睺抛去火盘，在甘露快到罗睺喉咙之时，湿婆砍下了他的头颅。罗睺的身体倒地引发了大地震。罗睺再次恢复了原本的乌鸦样子，被砍下的头颅飞到了天界。罗睺对太阳和月亮的计谋勃然大怒，这位带有阴影的星神和天界之主注定要永生穿越天界追逐太阳和月亮并周

---

① 梵文：Uchaishravas，白色宝马。

② 梵文：Sura，女酒神，神名。

③ 梵文：Kalakuta，黑毒药。

④ 梵文：Halahala，诃罗诃罗，神名。

⑤ 梵文：Dhanvantari，众神的神医。

⑥ 藏文：rGyud-bzhi，《四部医典》，藏族医学名著，成书于公元八世纪下半叶，由藏族大医学家宇妥·云丹贡布等九人编撰而成。全书分四部分，共一百五十六章，为藏族医学奠定了理论基础。有多种藏文木刻本和汉译本。

⑦ 梵文：Mohini，魅惑女神，神名。

期性地引发日食。一旦他的阴影遮蔽日月,日月就会从他被砍断的喉咙处再生。这个传说的另一个版本认为,是毗湿奴的坐骑金翅鸟试图偷盗甘露。他之所以这样做是为了解救被龙神监禁的母亲。但金翅鸟被大天神因陀罗降服,被迫退还了甘露。有几滴甘露从金翅鸟鸟喙叼着的瓶子中洒落到拘莎草地上,生成了各种草药植物。甘露的香气吸引了龙神,他们开始去舔拘莎草上的甘露,但拘莎草尖利的叶片把龙神的舌头从中间劈开,形成了叉状。

据说,众神为重新获得甘露与阿修罗进行了十二天的战争,甘露瓶中洒出的四滴甘露洒落在了印度城市阿拉哈巴德、赫尔德瓦尔①、纳西克②和乌贾因附近。这四座城市每三年轮流举行一次盛大的宗教节日“宝瓶节”③,每十二年要举行一次规模更大的宗教节日。十二年的周期源自这一概念,即:众神的一天相当于世间一年。

众神拥有了全部甘露,这激怒了阿修罗,他们发起了针对众神的更激烈的战争。众神已经饮用了甘露,因此,他们已克服了自己的致命弱点,但阿修罗身体的各个部位却依然易于受到攻击。阿修罗最终消失在大地和大海之中,而获胜的众神再次恢复了他们在天界的应有地位。《轮回图》④描述了这场战争,画面中,众神和阿修罗为争夺如意树发起了战争。因陀罗率领着神之大军,他挥舞着金刚杵和轮,骑在六肢白象的身上。众神住在如意树树冠的周围,他们能够随意分尝如意树的花朵和果实,而嫉妒成性的阿修罗住在大树的根部,永远不能满足自己的私欲。

迈达拉山是一座较低的圣山,位于印度北部的比哈尔邦⑤。搅拌大海的传说使这座山在印度教、佛教和耆那教中极为神圣,各宗教都在此地修造庙宇。在佛教宇宙观中,迈达拉山具有八大尸林众山之一的特征。

① 梵文:Haridwar,赫尔德瓦尔,印度地名。

② 梵文:Nasik,纳西克,印度地名。

③ 梵文:Kumbh Mela,宝瓶节,印度的一个节日。

④ 藏文:Srid-pavi-vkhor-la,轮回图,藏语称“斯巴霍”,汉语称“十二因缘图”,即描述六道生死轮回的画面。佛教认为,众生受报,皆因趣果。轮回往复,无始无终。

⑤ 原文:Bihar,比哈尔邦,印度地名。

五 部 佛

五部佛是金刚乘佛教教法的核心，一般被称为“五禅佛”或“禅定佛”，但这种认定是错误的。五部佛或五胜佛①构成了几何形状坛城的基础，它们占据中央点和四大基本方位，是其完美特质的形象化的表象。坛城的轴线沿着太阳的路径，底部为东（面对观者），顶部为西。

五佛代表净化后的“五蕴”、五大要素、“五官”和“五识”②。每尊佛都有特定的方位、颜色、种子字符、动物宝座、伴神、菩萨和神灵的后代、特定的手印和象征性的标识或器物。有时还要加上五个一组的东西：如“五味”、“五类声”③、“五珍宝”、一日的五时和五季（春、夏、雨季、秋、冬）。从本质上来看，五部佛代表着把“五钝使”或“五毒”（贪、嗔、痴、慢、疑）变成“五智”④。

五部佛包括：1）蓝色不动如来佛（中央或东方）；2）白色大日如来佛（东方或中央）；3）黄色宝生如来佛（南方）；4）红色无量光如来佛（西方）；5）绿色不空成就如来佛（北方）。在不同的密宗体系中，大日如来佛和不动如来佛的五毒、五蕴可以与智慧互换，它们都占据东边的中央位置。在早期的汉地佛教和后期的日本佛教中“拜”大日如来佛极为盛行。在众多早期的瑜伽密续中把大日如来佛的白色善相化身置于中央位置。许多半怒相的蓝色本尊神，如喜金刚、密集金刚、转轮王、多闻天王和时轮金刚这些后期的无上瑜伽密续神灵也都让蓝色不动金刚佛占据中央的位置。印度世袭大悉达们将对无上瑜伽密续神灵的敬拜传到西藏。

五部佛是从更早期的，与痴、贪、嗔“三毒”相对应的密续三部概念演变而来。密续三部就是佛部（痴）、莲花部（贪）和金刚部（嗔）。文殊菩萨、观音菩萨和金刚手是三部的怙主，总称为“密宗事部三怙主”。作为佛陀的智慧（嬗变后的痴愚）、慈悲（嬗变后的贪欲）和力量（嬗变后的嗔怒），按阶位大小，文殊菩萨在最高处，观音菩萨在中央，金刚手在最低处，与众多三位一体物相对应，如：身、语、意，大、中、小及印度教中的梵天、毗湿奴和湿婆。文殊菩萨画在观音菩萨和金刚手之上体现出这种精神阶别。在

① 梵文：panchakula；藏文：Rigs-lnga，五胜佛，五部佛的另一种叫法。

② 五识：透过眼、耳、鼻、舌、身五种感觉器官能表现出来的五种认识。

③ 五类声：梵文字母的子音中，在破裂音与鼻音方面，有五组，每组五字母。

④ 五智：1）法界体性智；2）大圆镜智；3）平等性智；4）妙观察智；5）成所作智。

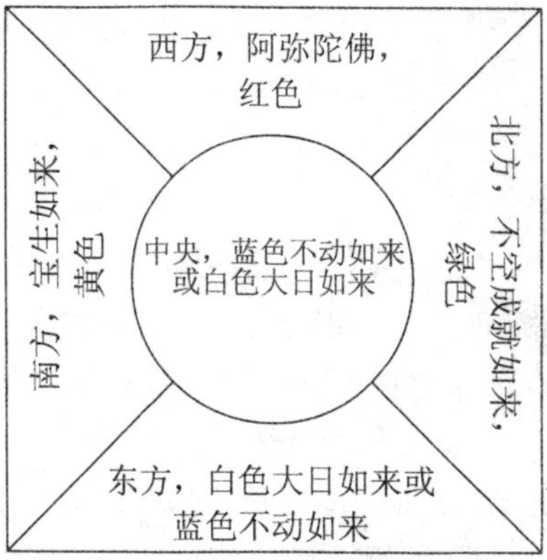

佛部中，金刚萨埵或金刚持被加入其中扩展成为一组六佛，这一组佛是五佛部所有佛的“最初一佛”。

从早期的《轮回图》中可以看到从三部到五部或六部的变化过程。画面中，在中央轮毂上象征性地画上一头猪、一只小鸽子和一条蛇代表痴、贪、嗔“三毒”。“三毒”也代表下三界的畜生、饿鬼和地狱，而慢（众神）、嫉（阿修罗）和五毒（人）的结合具有上三界的特征。五部佛的颜色也与五毒相符：大日如来佛的白色象征着“痴”的嬗变；不动如来佛的蓝黑色象征着“嗔”的嬗变；宝生如来佛的黄色象征着“慢”的嬗变；无量光佛的红色象征着“贪”的嬗变；不空成就如来佛的绿色象征着“疑”的嬗变。在对谚语进行比较时，我们能看到类似的说法，如：“无色表示‘痴’”、“蓝色或黑色表示‘嗔’”、“黄色表示‘慢’”、“红色表示‘贪’”、“绿色表示‘疑’”。

白色大日如来佛是中央或东方的佛部怙主，其伴神是“能断灭‘愚’”的卢舍那①。虚空藏菩萨或普贤是大日如来佛的主菩萨。大日如来佛代表色蕴（或“觉识”）、水（或“空”）、痴和大圆镜智。该佛结说法印或大圆满印，种子符号为白色“Om”，与头部的“身”相符，其标识是法轮。他端坐在龙座或狮座上。他生成了许多主要女神，如：顶髻天母、摩利支、大白伞盖佛母和金刚豕②女神。

蓝色不动如来佛是中央和东方的金刚部怙主，其伴神是“能断灭‘嗔’”的金刚母，其主菩萨是金刚手。不动如来佛代表识蕴（或色）、空（或水）、嗔（痴）和大圆镜智。该神手结触地印，种子符号为蓝色“Hum”，与胸部的“意”相符，其标识是金刚杵。他端坐在大象宝座上。他生成了许多怒相神，如：密集金刚、转轮王、喜金刚、阎魔女、怖畏金刚、金刚橛神、觉钵神、摩诃摩耶③和时轮金刚。

黄色宝生如来佛是南方宝生部怙主，其伴神是“能断灭‘慢’”金刚界自在母，其主菩萨是地藏菩萨或宝生持④。宝生如来佛代表受蕴、土、慢和平等相智。其手印为施予印，种子符号为黄色“Tram”，与脐部的“器物”相符，其标识是一块珠宝。他端坐在马座或狮座上。他生成了某些财富神，如：宝藏神和增禄天母。

红色无量光佛是西方的莲花部怙主，其伴神是“能断灭‘欲’”的白衣观音，其主菩

---

① 梵文：Locana；藏文：sPyan-ma，卢舍那。

② 梵文：Vajravarahi，金刚豕，亦称“金刚豚”，女神名。

③ 梵文：Mahamayuri，摩诃摩耶，亦称“摩耶夫人”，饭净王之妻，释迦牟尼之母。

④ 梵文：Ratnapani，宝生持，神名。

萨是莲花手观音。无量光如来佛代表想蕴、火和妙观察智。其手印为禅定印，种子符号为红色“Hrih”，与喉部“语”相符，其标识是莲花。他端坐在孔雀宝座上。他生成了许多神，如：观音菩萨、马头金刚、作明佛母、毗俱胝①和度母的几个化身。

绿色不空成就如来佛是北方的羯磨部怙主，其伴神是“能断灭‘嫉’”的绿度母，其主菩萨世持②。不空成就如来佛代表行蕴（意愿）、气、嫉和成所作智。其手印为护法印或无畏印③，种子符号为绿色“A”，与私处的“活动”相符，其标识是十字金刚杵或宝剑。他端坐在金翅鸟宝座上。他生成了许多神，如：佉地罗瓦尼④、圣度母、孔雀明王⑤和披叶度母⑥。

五部佛的伴偶叫做五佛母，在传统上，她们常画在坛城中轴线莲花瓣四小基本方位上。白色卢舍那是大日如来的伴神，通常在东南方，其种子符号为白色“Lam”。蓝色金刚母是不动如来的伴神，通常在西南方，其种子符号为蓝色“Mam”。红色白衣菩萨是无量光佛的伴神，通常在西北方，其种子符号为红色“Pam”。绿度母⑦是不空成就如来佛的伴神，通常在东北方，其种子符号为绿色“Tam”。第五个佛母是黄色金刚界自在母，作为宝生如来佛的智慧，她通常在坛城的中央。由于是“金刚界的女主人”，她也可以成为妙金刚⑧的金色伴神或密集金刚的蓝色伴神。

当来自某个佛部的神灵居于坛城中央时，坛城中央的主神（大日如来佛或不动如来佛）会移到该神原来的位置上。例如：观音菩萨居于坛城中央时，白色大日如来就会移到红色无量光佛在西方的位置上，因为，无量光佛是观音所属的莲花部怙主。

五部佛也与人体的五大轮脉相符：白色大日如来在头轮，红色无量光佛在喉轮，蓝色不动如来佛在心轮，黄色宝生如来佛在脐轮，绿色不空成就如来佛在私处轮。此时，他们与种子符号“Om A Hum Sva Ha”所代表的身、语、意、特质和业力相符。在传统上，这五个种子字符要刻在主神轴轮轮尖后面的唐卡背面。

在肖像画法上，五部佛一般画成佛的变化身，他们身披佛教僧人所穿的暗红色僧袍。在呈现受用身时，他们佩戴菩萨所戴的十三种神圣饰物，呈金刚萨埵姿，在胸前持有各自的器物。

---

① 梵文：Bhrikuti，毗俱胝，观音菩萨的化身之一。

② 梵文：Vishvapani，世持，亦称“世掌”，神名。

③ 梵文：abhaya-mudra，无畏印，手印名。

④ 梵文：Khadiravani，原文不详，音译为“佉地罗瓦尼”，神名。

⑤ 梵文：Mahamayuri，孔雀明王，亦称“孔雀王”，“佛母孔雀大明王”。其形如菩萨，一面四臂，持着莲华，俱缘果、吉祥果、孔雀羽，乘坐孔雀。

⑥ 梵文：Parnasabari，披叶度母，度母名。

⑦ 藏文：sGrol-ljang，绿度母，度母的另一种藏文写法。

⑧ 梵文：Manjuvajra，妙金刚，神名。

三 身

梵文“kaya”（藏文：sKu）一词的字面含义是佛“身”。该词汇不仅指佛陀的肉身，也指生成佛证觉后的品质和特性的各个方面。小乘佛教经论一般具体指明佛有两身：1）法身；2）色身①。大乘佛教经论一般认为佛有三身：1）自性身②；2）受用身；3）变化身。大乘佛教的经典中有一类被称作“如来藏”③，它把“身”分为四种：1）法身；2）受用身；3）变化身；4）自性身。此处，“自性身”指“法身”更精微的展现。在金刚乘经文中也常指“三身”（法身、受用身、自性身）基本的、不可视见的本质。在无上瑜伽密续中把“身”分为五种，除其他三种外，还包括现证身④和金刚身⑤。现证身指的是法身的“具有表现力或可以体验到的本质”，而金刚身指的是法身的“不可分割的本质”。

佛教的“三身”与印度哲学的“不二论”⑥ 学派有关，在传统上，“三身”等同于一天的三个状态，即：睡眠状态（法身）、做梦状态（受用身）和睡醒状态（变化身）。在金刚乘佛教中，这三个状态可以归类为“自性”⑦ 中阴，也构成了六种中阴中的三个，即：睡醒状态的中阴（变化身）、做梦状态的中阴（受用身）和禅定状态的中阴（法身）。死亡和转世之间的四十九天是一段具有象征意义的阶段，要经历其他三个中阴，这三个阶段也同样与“三身”有直接的联系。死亡阶段经历的临终中阴⑧对应于法身和“明光”、“觉识”的自然生成。当善相神和怒相神示现时，实相中阴⑨对应于受用身和“幻身”⑩ 的亲证。转世进入六道轮回的过程为中有中阴⑪，对应于变化身和将一个新身

---

① 梵文：rupahaya，色身，身体由地、水、火、风、空等物质的要素合成。据佛教，色身是会毁灭的，它没有永恒性。

② 梵文：svabhavikakaya，自性身。

③ 梵文：tathagata-garbha-sutra，如来藏，佛教名词。指佛所说的一切经藏。《增一阿含经》卷一：“其有专心持《增一》，便为总持如来藏”。

④ 梵文：abhisambhodikaya，现证身。

⑤ 梵文：vajrakaya，金刚身，亦称“金刚不坏身”。如金刚石般坚固不变坏的身体，即佛身。

⑥ 梵文：advaita，不二论。吠陀经里的非二元论，否认现实方面与非人格的婆罗门同一体的任何分离。

⑦ 藏文：Rang-bzhin，自性。

⑧ 藏文：vChi-khavi-bar-do，临终中阴。

⑨ 藏文：Chos-nyid-bar-do，实相中阴，亦称“法尔中阴”。

⑩ 藏文：sGyu-lus，幻身，无上密宗圆满次第所说虽无行相而有种种现分虽有现分而无自性，故名幻身。

⑪ 藏文：Srid-pavi-bar-do，中有中阴，亦称“投生中阴”。

带走。

在无上瑜伽密续修习的生起次第和圆满次第阶段，通过有意识地模仿死亡经历，将三个中阴变成“三身”，从而把三个中阴“带入‘道’中”。在死亡过程的临终中阴出现的“八大视相”最终获得“明光”，成为“法身”（或称佛的无色“法身”）。在中有中阴中，神之化身的转世意识最终“带走旧体”，变成佛的变化身。在藏语中，“色身”叫做“朱古”①，该词也用于转世喇嘛身上，他们转世为佛的“色身”。死亡、中阴和转世这三个阶段也转换成佛神圣的“三身”。由于获得了“三身”，死亡本身也就进入了大圆满状态。

在肖像画法上，仅有两位金刚乘神佛是无色“真身”（法身）的化身。他们是古代宁玛派（旧译派）的最初一佛普贤和金刚乘（新译派②）的最初一佛金刚持。在传统上，宁玛派用普贤（法身）、金刚萨埵（受用身）和莲花生（变化身）代表“三身”。在萨迦派、噶举派和格鲁派这些“新译派”中，金刚持代表初始法源，由它生成众多佛身和密宗传承。金刚持被画成呈受用身状，代表佛陀释迦牟尼为了“阐示”密法而展示的初始方面。

金刚乘神殿中一切超凡的禅定善相神和怒相神现示的都是佛陀“大喜”的受用身形象。这些神都是在纯光中生成的，没有实体形态。它们生成于空性，拥有证果之人的三十二大相和八十小相。作为男女菩萨，他们呈六十岁男女神灵相，装饰着证果之人佩戴的十三件受用身饰物。作为半怒相本尊神，他们装饰着骨饰、人皮兽皮及显示其圆满之纯净的具体饰物和器物。作为怒相护法神，他们装饰着令人恐怖的尸林盛装，毫无畏惧地站在熊熊燃烧的智慧之火之中。

佛陀和圆满大师所示现的是变化身，旨在慈悲地指引芸芸众生。变化身包括释迦牟尼及其他佛的化身、阿罗汉、大成就者、印度和西藏大师及传承大师，如：阿底峡、无著、莲花生、米拉日巴和达赖喇嘛。

“三身”也与身、语、意“三门”有关。“三门”同样与“三部怙主”及头（变化身；身；如来部；白色字符“Om”）、喉（受用身；语；莲花部；红色字符“A”）和心（法身；意；金刚部；蓝色字符“Hum”）三个主要中心相对应。无上瑜伽密续中另有两身与另外两个佛部相符，即：脐部的黄色宝生如来佛（现证身；特质；宝生部；黄色字符“Sva”）和私处的不空成就如来佛（金刚身；业力；羯磨部；绿色字符“Ha”）。

---

① 藏文：sPrul-sku，活佛之意。

② 梵文：Sarma；藏文：gSar-ma，新译派，亦称“新教”，指西藏后弘期佛教。

脉 轮

根据佛教密宗经文的说法，人能怀胎有三个主要原因，即：精液和经血、它们的结合及寻求转世的意识。白色男精可以生成坚硬的白色骨髓、大脑和脊柱，红色女血可以生成柔软的红色内脏器官、内脏、血和肌肉。寻求转世的意识把这种觉识引进这种生物平衡之中。通过“无色门”，即将进入的觉识最终会体验到这个世界并与之互动。

精液和经血的大量结合可以生成“终生金刚滴露”，“终生金刚滴露”被描述为宛如芥子粒大小，白顶，红底。“终生金刚滴露”注定要存留在心脏中央直至死亡降临。“终生金刚滴露”无形地包围着“永恒金刚滴露”即将进入之觉识的“最细微的意和精气”。“永恒金刚滴露”注定存留直至获得圆满。最细微的“意”及其持续的气将羯磨“蓝印”印在“终生金刚滴露”上,使细胞链开始工作,这就使子宫在怀孕的第一个月就经历了“混合、凝结、凝固和成圆形”的阶段。在发育的第二阶段,纤细的内“中脉”和粗大的外韧带开始形成。在两个次要脉道中,它们相互印证自身的存在。在心部相融的红白金刚滴露较纤细的细胞“精华”开始增生并沿中脉上升下降。白色滴露上升生成脊柱和大脑结构,红色滴露下降至脐部,生成柔软的内脏器官。白色滴露输送白色男精,红色滴露输送红色女血。

随着子宫的继续发育,要经历“鱼状、龟状和猪状”几个阶段,这与“无四肢(水的)、有四肢和头(两栖的)及吞食不洁食物(哺乳的)”阶段相一致。在出生之前,中脉心部中存留的静止不动的气开始通过脐部中央进入两个次脉道并通过鼻孔排出。出生后进行的第一次呼吸的重要的心气①开始激活“体内”的气,使“意”达到与“世俗”的“觉”的自我认同。输送“意”之精华的心气以五种主要和五种次要的“气”的形式出现。气停留在脉道精细的网上,生成无数条觉识。随着孩子的成长,红白“滴露”继续在整个体内游移。在青春期,这些滴露完全成熟,在大约十二岁女性月经来潮,在大约十六岁男性开始生精。

在死亡降临之际,地、水、火、气和空五种体内要素开始互融,它们保持了体内骨髓(地)、血和湿度(水)、暖度和肤色(火)、呼吸(气)和孔道(空)的平衡。当这些要素融入并朝着心脏归并时,它们生成了死亡过程中前四大境相,宛如闪烁的海市蜃楼,有烟雾、火花或萤火虫及一盏摇曳的酥油灯。然后,当大“意”及其无处不在的“气”完全升华为“持命”之气进入中脉时,天之要素“空”融入第六要素“智”中。当这个升华的“气”开始“进入、滞留和融入”中脉时,中脉中正在收缩的“脉轮结”此时开始打开。在有意识的生命中,“脉轮结”

① 梵文:prana,心气。

会阻碍气进入中脉。头部的白色滴露开始朝着心部的金刚滴露下降,生成宛如秋日晴朗天空之月光的第五观“白色观相”。然后,脐部的红色金刚滴露朝着金刚滴露向上升腾,生成宛如秋日晴朗天空之阳光的第六观“红色增长”。当红白滴露融合并把金刚滴露完全包住就生成了宛如秋日夜晚幽黑之阴暗的第七观“黑色近得”。最后,心部的金刚滴露迸裂,显示出“死亡之明光”宛如明媚秋日黎明之天空的最精细的“觉识”和气。此时,微弱的气是亡者觉识的运输工具,通过人体的“九疮门”之一朝着业力预定的转世之界下降。九疮门是:1)肛门(地狱界);2)性器官(畜生界);3)口(饿鬼界);4)鼻(人界);5)耳(阿修罗界);6)肚脐(欲神界);7)眼(色神界);8)头顶(无色神界);9)头顶的“梵天孔”(阿弥陀佛的极乐天)。由于丧失了持续的生命力或觉识,在心部的“终生金刚滴露”的红白混合物此时分离。白色金刚滴露一般下降,通过性器官离开身体,而红色金刚滴露上升,通过鼻孔流出体外。“临床死亡”的过程此时已经终结。

死亡过程的八十境相也出现在熟睡、生理兴奋状态和昏厥之时,但由于没有意识,几乎无人知晓这些难以体察的境相。这些境相每天都会出现,但没有得到认知,因此,在死亡的实际经历中,亡者的觉识几乎无法或根本就不能控制死亡、中阴和转世这三个阶段。

金刚乘佛教神灵瑜伽修法中大量运用具有创造性的、精炼的观视技巧,人们可以通过自我认定某一位独特神灵的神形和品性及其坛城来模仿死亡的体验。达赖喇嘛说:“简言之,只有通过修佛才能获得佛身。”在无上瑜伽派中,运用禅定修持的两个阶段,通过实际变成本尊神化身的过程来激发死亡过程并获得最高圆满。第一阶段被称作“生起次第”,以生动的本尊神的化身或“明相”来完善这一阶段(该神实际拥有“神慢”)。第二阶段叫做“圆满次第”,要让气进入、留驻和融入金刚身的中脉并将在心部的金刚滴露释放出来完善这一阶段。随着金刚心露的打开及“明光”的明晰,空性被有意识地视为“明光大乐心”。这就生成了“幻身”,“幻身”是以神的清净光的形式显现。“明光”与“幻身”的结合是神禅修空性的纯空形式,这一结合将智慧和方法迅速聚合,可以直接获得在佛性上的圆满。修持者把气吸入中脉的能力标志着从生起次第到圆满次第的转变。

对身体形象化的描述揭示了不同密宗经文中对圆满次第修持的某些差异,但在无上瑜伽派的主要经文中,大部分的经文,如:《时轮金刚密续》、《金刚瑜伽母密续》、《怖畏金刚密续》和《喜金刚密续》,都沿用早期的密集金刚体系的模式。在梵文中,这些体系被称作“脉轮体系”,在藏文中被称作“脉风明点”①。中脉道②在梵文中被称作“avadhuti”,其意为“抛掉或晃掉”。左脉道③被称作“lalana”或“抚爱女人”,右脉道④被称作

---

① 藏文:rTsa-rlung-thig-le,脉风明点,寿未变异、命未止息时期之识所依处、此三者互相依存,脉如居宅,精如财宝,风心如主人。

② 藏文:rTsa-dbu-ma,中脉道,脉道之一。

③ 藏文:rKyang-ma,左脉道,脉道之一。

④ 藏文:rTsa-ro-ma,右脉道,脉道之一。

“rasana”或“舌头”。左、右、中三大主脉也叫做身、语、意脉，通常可以观想为白、红、蓝三色。白色“阳性脉”代表男性的方法和白色男精。红色“阴性脉”代表女性的智慧和红色女血。中脉中无气，但具有火的特质，把男女两性的相反性别或方法与智慧结合在一起，形成大乐与空性的结合。在《父续》和《母续》的不同修法中，阴阳脉道的位置可以颠倒。在时轮密续体系中，这两条脉道在脐部交汇，右脉输送脐下废物和脐上血液。左脉输送脐下小便和脐上的精液。

中脉像一根垂直的根茎从性器官顶部上升直抵头部，随后，它向前弯折，盖住颅顶，终止在两眉之间的“慧眼”上。阴阳脉道平形上升直抵中脉，在左右鼻孔的上鼻尖处终止，改变着每天二万一千六百次的呼吸节奏。在中脉的各个不同点上,阴阳脉道环围中脉盘绕,形成正在收缩的“脉结”①。这些脉结出现在五大脉轮②中心,在私处、脐部、喉部和头部结成单脉结,在心部结成三重脉结。在密集金刚体系中,中脉的两个开口在前额和私处,它们被收缩的脉结封住,这有效地封住了中脉,阻止了贯穿意识生命的精气的进入和游移。

脉轮是收缩脉结的五大神经丛和神经，各种神经从此处发出，呈轮辐或莲瓣状。可以将它们观想成伞骨的骨条，骨条沿中脉互为拱形。“大乐轮”在顶部，呈内拱形，有三十二个白色轮辐或莲瓣。“喜轮”在喉部，呈上拱形，有十六个红色轮辐。“现象轮”在心部，有八个白色轮辐，呈下拱形。“变化轮”在脐部，呈上拱形，有六十四个红色轮辐及一个三角形中心。叫做“邬摩天女”的“内火女神”住在三角形里。“护乐轮”在私处，呈下拱形，有三十二个红色轮辐。

不同密宗教派的脉轮、脉结、滴露和气稍有不同。例如，在许多修习中仅用头轮、喉轮、心轮和脐轮四大脉轮，而在其他修习中可以观想出七大脉轮。时轮密续独特体系认定头部的“大乐轮”有四个莲瓣；前额的“风轮”有十六个莲瓣；喉部的“喜轮”有三十二个莲瓣；心部的“现象轮”有八个莲瓣；脐部的“生成轮”有六十四个莲瓣；私处的“护乐轮”有三十二个莲瓣。在肖像画法中，半怒相本尊神佩戴的骨饰代表脉轮，其骨珠或骨环的数量与头部（带有三十二个挂环的轮子）、喉部（带有十六个环的项链）、心部（带有八辐骨轮）、脐部（带有六十四个环的骨围裙）的莲瓣相符。中脉轮四、八、十六、三十二、六十四的倍数也与坛城各种莲花环圈和护法轮相符。

包括印度的军荼利瑜伽体系在内的所有密宗体系在理论上都认为人体分布着七万二千根神经（脉道）。在佛教经文中，这七万二千根神经均源自八大主要脉道。每条主脉道都有自己的名称、具体的意识功能和支撑它的气。八大主脉道中的每一条脉道都分有白、红、蓝三条支脉，分别代表着身、语、意，并输送白色菩提滴露、红色菩提滴露及支撑它们的气。二十四条脉道通往身体不同的感官神经丛，象征着转轮王“身坛城”的二十四

---

① 藏文：rTsa-mdud，脉结，藏医所说的人体血管纽结处。

② 梵文：nadi-chakra；藏文：rTsa vkhor-lo，脉轮。

个圣地，二十四位护法和瑜伽母居于此地。二十四个神圣的朝圣地源自有关湿婆首任妻子萨底①的悲剧传说（毗湿奴将其尸体肢解成二十四块，抛撒在印度各地）。二十四条脉道中的每一条脉道又分成三个支脉，共形成七十二条白、红、蓝脉道。它们同样输送白色滴露、红色滴露和气。七十二条脉道随后分成一千条脉道，总计为七千二百条脉道。这些脉道输送觉识的不洁之气，在死亡时，这些不洁之气会融入中脉，在生起次第禅修阶段，它们会被净化并受到控制。在圆满次第修持阶段，这些净化后的精气被吸入中脉，在那里“进入、留驻和融入”，这使得每一个脉轮中正在收缩的脉结轮打开，最终示现心轮上永恒金刚滴露的最细微的觉识。

五大主气分别与五佛的功能、位置、方位、要素及颜色相符。密宗修持中最重要的气是心轮上“支撑生命的气”，从这个重要的气中生成支配五官的五种次要的气。在密宗“内火”② 修持中，通过控制呼吸的技巧（称作“瓶呼吸”）把脐部的“同住气”集中在一起，以扇起脐部中央的消化之火，使之燃烧并通过中脉向上燃烧，宛如一根盘旋的火针。该火熔化在头部的白色滴露中并生成对大乐的体验，据描述，这种大乐比生理兴奋状态要高出一百倍。所有主气和次气都出现在大的、精细的和极为精细的不同层面上，大的和精细的气输送粗糙之物和净化后的精神觉识，而极为精细的气输送极为精细的、可以使一个生命转化成另一个生命的觉识。同样，红白菩提滴露也生成在大的、精细的和极为精细的不同层面上，大的滴露生成性乐，精细的滴露生成密宗的“四喜”，最细微的金刚滴露生成“明光之意”。

印度的军荼利瑜伽中也同样使用“内火”修持。在修习中，“盘旋”的女蛇神军荼利被迫进入中脉，并上升与其白色之主湿婆在头轮的千瓣莲花中结合。在军荼利瑜伽中，中脉叫做“sushumna”，其意为“最精细”。白色的阴性左脉道被称作“舒适脉”③，红色的阳性右脉道被称作“黄褐色脉道”④。在军荼利瑜伽中，与生起次第相对应的是呼吸控制和哈德瑜伽⑤。控制成功就可净化体内的七千二百条脉道。“哈德瑜伽”一词有“强制的或暴力结合”之意，由太阳字符“Ha”和月亮字符“Tha”组成，象征着红色阳脉⑥和白色阴脉⑦中被净化的气在“极为精细的中脉”⑧ 中被迫⑨的结合（瑜伽）。

---

① 梵文：Sati，萨底，湿婆首任妻子。

② 藏文：gTum-mo，内火，该词另有如下含义：1）邬摩天女；2）北支脉。

③ 梵文：ida-nadi，舒适脉。

④ 梵文：pringala-nadi，黄褐色脉道。

⑤ 梵文：Hatha Yoga，哈德瑜伽，一种以增进身体的控制能力和尽善尽美为目的的身体修炼体制。系印度教四大教规之一。

⑥ 梵文：pingala-nadi，红色阳脉。

⑦ 梵文：ida-nadi，白色阴脉。

⑧ 梵文：sushumna-nadi，极为精细的中脉。

⑨ 梵文：hatha，被迫。

通智学①信徒布拉瓦茨斯基夫人②和科罗内尔·奥尔科特③首次引发了西方世界对军荼利瑜伽脉轮体系之概念宇宙论的关注。亚瑟·阿瓦伦④在1918年翻译了《蛇力》一书，为人们理解深奥晦涩的军荼利瑜伽的密宗教法做出了贡献。他把神通学信徒C·W·里德比德神父⑤撰写的（1910年）有关时轮的较早的、过于简单的论文引入了人们的视线。在有关军荼利瑜伽的一个研讨会上，卡尔·古斯塔夫·荣博士⑥说："这些象征符号（轮）特别令人着迷。它们抓住了一些多少有些丧失意识的人，令我们着迷。但它们是我们体系之外的东西，我会经常会意识到它们影响的危险性。"

实际上，卡尔·古斯塔夫·荣博士的男女意象的理论源自军荼利和湿婆这两个截然相反的象征物。他具有极强的洞察力，因此，他把这些密宗教义仅仅看做是进入西方心理学的舶来品，是古态型而不是一个经过体验的现实，他把它们看做是一份菜单而不是实际佳肴。卡尔·古斯塔夫·荣博士是对的，他观察到这些象征符号具有一种吸引方式，而且自神智运动兴起的最初几年来，它们的吸引力就已渗入到西方新世纪文化之中（西方新世纪文化中有大量治疗实践和观念）。在有关精神方面的杂志上已充斥着时轮治疗的广告、有关军荼利的课程和密宗中性的研讨会，上面刊有授课者堆满笑容的照片、授课地点、时间和价格。但这些东西现已不大奏效，饥饿的羊羔抬头观望，但无人喂养。正如我的朋友、博学多才的罗伯特·E·斯沃博达⑦所说:"当军荼利瑜伽的复制在永恒的多极现实世界中具有有用的心理学工具的功能时,在谈及精神发展时,它们无法替代真实的东西。"或者,正如鲁米⑧一针见血地指出的那样:"倾听大师的教诲,不要听毛头小子的一派胡言。"

卡尔·古斯塔夫·荣博士不会因在这些密宗概念面前的退缩和反对而受到责难。他明白，打开超前意识的潘多拉的盒子⑨是超出了理性之人的思想的承受能力，因为它同时表明，"我"或"自我认定"⑩的完全转变。在真正的印度场所修习军荼利瑜伽是要在能力超强之大师的指导下完成。这类大师十分罕见，因为，他本人要精通军荼利瑜伽。密修过程不是经历神秘的观修，而是要把人的创造性的观想精炼到某一程度，只有这样，才可能会发生真正的精神转变。但超出个人控制的因素也可唤请军荼利明妃，这些因素包括极度的精神创伤、精神病或治疗精神病药物的化学变化。此时，主客观现实或醒着或象征性的

---

① 神智通，泛指任何神秘主义哲学和神学说教，如新柏拉图主义、诺斯替教派等。

② 原文：Blavatsky，布拉瓦茨斯基，1831年～1891年，人名。

③ 原文：Colonel Olcott，科罗内尔·奥尔科特，1832年～1906年，人名。

④ 原文：John Woodroffe，亚瑟·阿瓦伦，即：约翰·伍德罗夫爵士，汉译"吴卓飞博士"，人名。

⑤ 原文：Leadbeater，C·W·里德比德神父，人名。

⑥ 原文：Carl Gustav Jung，卡尔·古斯塔夫·荣，1875年～1961年，汉译荣格博士。

⑦ 原文:Robert E. Svoboda,罗伯特·E·斯沃博达,人名。

⑧ 原文:Rumi,鲁米,人名。

⑨ 原文：Pandora，潘多拉，希腊神话中的第一个女人。"潘多拉盒子"常用来比喻灾祸的来源。

⑩ 梵文：abamkara，自我认定。

现实争相引起关注。在这样的“军荼利危机”中，由于迅速游移和广泛的变化会引发个性的转变，人可被比喻在无边无尽大海多变的现实中坐在一只漏水的概念船上。妖怪一旦被唤醒就不可能再放入瓶中，因此，现实的安全之地就不复存在了。尽管寓言常说，有勇气不看熟悉海岸的人才能发现新大陆，但即便在颇有能力之大师的保护下，但穿越“军荼利危机”的航行极少是风平浪静的。或者，如拉玛穆蒂·米沙提博士①尖锐指出的那样：一个人可以在那样的条件下结束修持，“神经病患者在空中修建城堡；精神病患者住在里面；心理学家到此来收取租金”。

印度军荼利瑜伽时轮体系

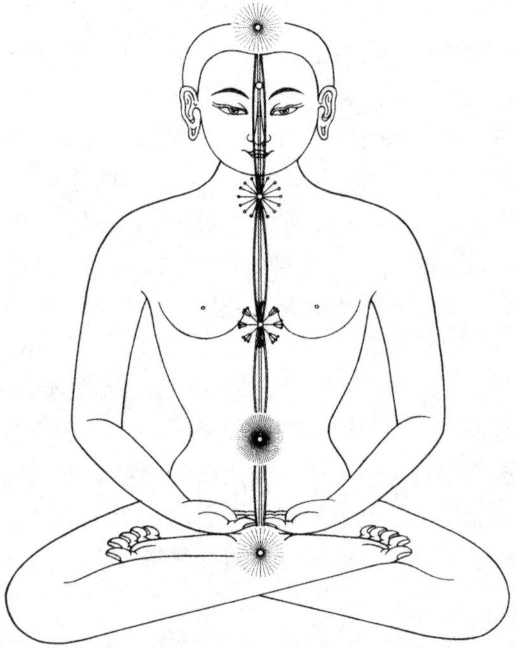

佛教脉道轮时轮体系

① 原文：Ramamurti Mishra，拉玛穆蒂·米沙提，人名。

词　　汇

蕴（梵文：skandha；藏文：Phung-po）

五蕴是芸芸众生的组成部分，包括：1）色蕴；2）受蕴；3）想蕴；4）行蕴；5）识蕴。色蕴是“身”，其他四蕴是“意”。

甘露（梵文：amrita；藏文：bDud-rtsi）

在搅拌大海生时重新获得神的甘露。梵文“amrita”一词有“长生”或“不死”之意，藏文的对应词“bDud-rtsi”意为“琼浆玉液”（rTsi），可以战胜恶魔或死魔。在藏族艺术中，甘露在传统上被画成正在旋转的蓝色滴液。

无上瑜伽部（梵文：Anuttarayogatantra；藏文：rNal-vbor-bla-na-med-pavi-rgyud）

无上瑜伽部①是四大密续中最复杂、最深奥的一部，特别强调禅修中生起次第和圆满次第两个阶段。早期宁玛派将无上瑜伽部（或称内瑜伽部）分为三类：1）大瑜伽方便续部②；2）瑜伽智慧续部③；3）方便智慧无二部④。后来的新教派将无上瑜伽部分为：1）父续；2）母续；3）无二续部。《密集金刚密续》、《怖畏金刚密续》和《阎魔女密续》是主要父续；《转轮王密续》、《金刚瑜伽母密续》和《喜金刚密续》是主要母续；《时轮金刚密续》是主要无二续。《父续》强调方便或方法及“幻身”的发展，《母续》强调智

---

① 梵文：Anuttarayogatantra；藏文：rNal-vbor-bla-na-med-pavi-rgyud，无上瑜伽部，方便智慧无二和合，成为一切密乘至高无上。

② 梵文：mahayoga，《大瑜伽方便续部》，四大密续之一。

③ 梵文：anuyoga，《瑜伽智慧续部》，四大密续之一。

④ 梵文：atiyoga，《方便智慧无二部》，四大密续之一。

慧和“明光”的培养是空与乐的结合。

阿罗汉（Arhat；藏文：dGra-bcom-pa）

阿罗汉指的是获得圆满或摆脱轮回之苦的人。“个人解脱”的这个目标与小乘佛教“较低果位”尤为有关。在传统上，十六个为一组的阿罗汉排成一排，被画成佛祖释迦牟尼的亲传弟子。梵文“Arhat”一词有“值得尊敬之人”或“长者”之意，藏文的对应词“dGra-bcom-pa”意为“灭敌者”。

阿修罗（梵文：Asura；藏文：Lha-ma-yin）

阿修罗是半神、泰坦①或“妒神”，居住在须弥山的低坡上。为了争夺如意树，他们经常与高阶位的神争斗。如意树的树根扎在较低的阿修罗界，而果实却长在更高的神界。作为六界之一，阿修罗界的特点是妒忌和敌意。

器物（梵文：upakaranam；藏文：Yo-byad-vtshogs-chas）

神的标识、徽记或礼器。

中阴（梵文：antarabhava，anubhava；藏文：Bar-do）

据说，从象征意义上来看，死亡与转世之间的中间阶段要持续四十九天，达到中阴要经过三个阶段。第一阶段叫做“临终中阴”，是经历死亡的阶段。第二阶段叫做实相中阴，是善相神和怒相神显现的主要阶段。第三阶段是寻求转世的投生中阴。“生命本体”的经历也可以进一步分为醒分际、梦分际和禅定三个中阴状态。

菩提心露（梵文：Bodhichitta；藏文：Byang-chub-kyi-sems）

在大乘佛教中，菩提心露有两个层次鲜明的含义。一是传统的菩提心露，指为芸芸众生获得圆满的利他动力。二是终极菩提心露，指的是直接实现空性的觉识或智慧。在密宗教法中，菩提心露也指经过体内脉道并在其中流动的滴露或“精液”。这些滴露被分为两种：1）白色滴露，相当于男精；2）红色滴露，相当于女血。白色滴露在头轮（大乐轮），红色滴露在脐轮（幻化轮）。时轮密续比较特殊，它将四种滴露分别放在主轮（头轮、喉轮、心轮和脐轮）上。“身滴露”在头顶生成醒的状态；“语滴露或梦滴露”在喉部，生成做梦的状态；“心滴露或酣睡滴露”在心部，生成酣睡状态；“深识滴露”在脐部，生成性愉悦的经历。

---

① 原文：titan，泰坦，希腊神话中的巨人。

菩萨（梵文：Bodhisattva；藏文：Byang-chub-sems-dpav）

菩萨或“觉者”指在精神之道上走了很久的精神修持者。他的主要目的是引领芸芸众生经过他（或她）利他的菩提心的启迪而获得圆满。大乘佛教教义列出了十大智地①或从菩萨道到获得大圆满的“十地”，但在某些密宗教法中可以增至十三地。在佛教神殿中，菩萨是五佛部的精神继承者。在传统上，一组八大男菩萨和八大女菩萨是这些精神继承者中的佼佼者，有时是一组十六尊男菩萨和十六尊女菩萨。参阅八大随佛弟子。

苯教信徒（梵文：Bonpo；藏文：Bon-po）

藏文“Bon-po”一词指的是苯教信徒。苯教是先于佛教的西藏本土宗教或“萨满教”。据说，苯教源于西域的大食②，许多学者认为它是波斯和巴尔赫③的琐罗亚斯德教④。自从公元八世纪佛教传入以来，苯教吸纳了许多佛教教义和教法，扩充了神殿的神灵。与佛教徒顺时针转经相反，逆时针转经是苯教徒最鲜明的特征之一。

中脉（梵文：avadhuti；藏文：rTsa-dbu-ma）

中脉是指轴线上或居中的脉道，它垂直贯穿整个身体，从会阴直到头顶，并经过五大神经丛或五大脉轮。

断行（梵文：Chöd；藏文：gCod）

藏文“gCod”一词的意思是“断行”。这个独特的禅定修习是由印度大成就者帕·当巴桑杰传入西藏的，他又将教法传承给其藏族女大弟子玛久拉珍。修断行的目的是断灭对自我欣赏的依恋，借用强力的观修方法切开自己的身体，将其供奉给饿鬼。要在夜深人静之际，在与世隔绝的尸林孤寂地修断行。

明光（梵文：prabhasvara；藏文：Vod-gsal）

“明光”是最精炼或最细微的“意”，只有愚钝的“意”不再活跃之时才能得以展示。尽管明光的内在射线存在于芸芸众生之中，但通常只有在死亡之际更愚钝的“意”融入时才能体验到明光。在无上瑜伽部的圆满次第阶段，修持者要学会如何控制体内所有重要的气，如何唤醒停留在心部成为金刚滴露的“明光之意”，从而激起对死亡的体验。密续中死亡经历中的“母明光”和经过禅修培养的“子明光”是有区别的。

---

① 梵文：bhumi，智地。“智”指的是佛智，“地”是基础、所自来的地方。

② 藏文：rTag-gzig，大食，古地名。

③ 原文：Bactria，巴尔赫，古称“大夏”，现今阿富汗境内。

④ 原文：Zoroastrian，琐罗亚斯德教，中国史称“祆教”、“拜火教”，流行于古代波斯、中亚地区的宗教。

识（梵文：vijnana；藏文：Shes-pa，rNam-shes）

“识”分为六类或八类。“六识”是五感识（眼识、耳识、舌识、鼻识、身识）和意识。另两个为阿赖耶识①和末那识②，与“六识”一起构成“八识”。

空行母（梵文：Dakini；藏文：mKhav-vmgro-ma）

“空行母”的字面解释是“穿越天际者”，这象征性地表明，这是一个沉浸在空性体验中的人。空行母是瑜伽母，她已获得成就③，是教法的护法或圆满智慧女神。空行母通常被画成裸体舞姿状，身上装饰着五骨饰庄严。她们的男性伴偶叫做“无畏”④。在印度教肖像画法中，空行母经常被视为吸血“女巫”，侧伴着时母⑤和遮文荼⑥等怒相女神。

法身（梵文：Dharmakaya；藏文：Chos-sku）

法身指佛陀圆菩提心的纯净空性。

滴露（梵文：bindu；藏文：Thig-le）

参阅菩提心露、金刚滴露。

寒林八饰（藏文：Dur-khrod-kyi-chas-brgyad）

寒林八饰是最怒相神的八件服饰或“必需品”。前三件是面部用品，后三件是身上用品，最后两件是臂饰、头饰或项饰。寒林八饰包括：1）尸灰点子⑦，涂抹前额；2）鲜血明点⑧，涂抹鼻子的三个突出部分和脸颊；3）人油胭脂⑨，涂抹在下颌或喉部；4）披在背上的象皮肩披⑩；5）围在脖子上的恶人全皮⑪；6）虎皮围裙⑫；7）五种姓龙神的“旋转蛇饰”；8）五骷髅冠头饰和五十五个干骷髅或新割的人头做成的头饰。有时，金翅鸟的双翼和一团喷焰智慧火也包括在怒相神的第九件和第十件服饰中。

---

① 梵文：alayavijnana，阿赖耶识，是自我意识的基础。

② 梵文：klishthamanovijnana，未那识，是一切现行的种子的贮藏之处，亦称“藏识”。

③ 梵文：siddhi，成就。

④ 藏文：dPav-bo，无畏、英雄之意。

⑤ 梵文：Kali，时母，音译“迦利”，意为“黑色女神”。印度教女神，雪山神女十个化身之一，湿婆的妻子。相对独立的女神，即：残灭和毁灭女神。性力派崇奉的主神之一。专喝恶魔的鲜血，据说她象征强大和新生。

⑥ 梵文：Chamunda，遮文荼，恶神，曾把死者召集在一起以干掉敌人。

⑦ 藏文：Thal-chen-gyi-tshom-bu，尸灰点子，寒林八饰之一。

⑧ 藏文：Khrag-gi-thig-le，鲜血明点，寒林八饰之一。

⑨ 藏文：Zhag-gi-zo-ris，人油胭脂，寒林八饰之一。

⑩ 藏文：gLang-po-chevi-pags-pa，象皮肩披，寒林八饰之一。

⑪ 藏文：Zhing-lpags-kyi-yang-gzhi，恶人全皮，寒林八饰之一。

⑫ 藏文：sTag-lpags-kyi-sham-thabs，虎皮围裙，寒林八饰之一。

八大随佛菩萨（梵文：asta-upaputra；藏文：Ne-bavi-sras-brgyad）

八大随佛菩萨指的是八大男性菩萨：1）文殊菩萨；2）观音菩萨；3）金刚手菩萨；4）弥勒菩萨；5）普贤；6）虚空藏；7）地藏菩萨；8）除盖障菩萨。承托着佛陀菩提宝座的八只狮子是八大菩萨的象征。

八识（梵文：astavijnana；藏文：Shes-pa-brgyad）

五感识、意识、阿赖耶识和末那识总称为“八识”。参阅词汇“识”。

八难（astabhaya，astaghora；藏文：vJigs-pa-brgyad）

八难包括：1）火难（嗔）；2）水难（执）；3）狮难（慢）；4）象难（痴）；5）牢狱难（贪）；6）龙难（嫉）；7）非人难（疑）；8）贼难（谬见）。圣度母和十一面观音是保护芸芸众生免遭“八难”的两大菩萨。

八大尸林（梵文：astamahasmasana；藏文：Dur-khrod-chen-po-brgyad）

八大尸林（寒林）是古印度主要的八大墓地，许多佛教信徒和密修瑜伽师在此处静修获得成就。据说，从神话学上来看，八大尸林生成于恶魔楼陀罗①被肢解的身体的八个部分，这八个部分进入金刚乘众多怒相神的坛城中形成八大尸林的外圈保护轮。八大尸林均有特定的树、湖、云、火、护方神、护地神、龙神、大成就者、山、塔和各种各样的尸体、精灵、动物、瑜伽师、瑜伽母和博学的持修者。一般列出的在四大位上的四大寒林是：1）东方暴虐寒林；2）南方骨锁寒林；3）西方金刚焰寒林；4）北方密丛寒林。四小方位上的寒林是：5）东南方吉祥寒林；6）西南方幽暗寒林；7）西北方啾啾寒林；8）东北方狂笑寒林。

八苦（梵文：astadukha，藏文：sDug-bsngal-brgyad）

八苦包括：1）生苦；2）病苦；3）老苦；4）死苦；5）爱别离苦；6）怨憎会苦；7）求不得苦；8）略摄一切五取蕴苦。

世间八法（梵文：astalokadharma；藏文：vJigs-rten-chos-brgyad）

世间八法是：利、衰、誉、毁、称、讥、苦、乐。

---

① 梵文：Rudra，楼陀罗，婆罗门教、印度教神名，为后来大神湿婆的雏形。

八正道（梵文：astangamarga；藏文：vPhags-lam-yan-lag-brgyad）

“八正道”直接源自佛陀在斯里那他鹿野苑初转法轮时宣讲的“四圣谛”中的最后一谛“灭谛”。“八正道”是断灭痛苦、培养菩萨圆满态度的方法。此道包括：1）正见；2）正思；3）正语；4）正业；5）正命；6）正精进；7）正念；8）正定。

空性（梵文：shunya，shunyata；藏文：sTong-pa-nyid）

空性指现实的终极本性，完全不存在于“人空”和“法空”中，而在“我空”和“他空”之中。空性是“终极真理”、“法性”和“真如”① 的同义词。大乘佛教经文中提到二空、四空、十六或二十空。

梵文中的五十个元音和辅音

怒相神佩戴的用五十颗新割人头或白色骷髅串成的长花环象征着“语”的净化，它们是梵文字母表中的十六个元音和三十四个辅音或与之对应的藏文字母。在许多密宗观修中，元音②和辅音③在循环的“语念珠”中生成，十六个“阳性”或白色元音顺时针旋转，而三十四个“阴性”或红色辅音则逆时针旋转。这些“咒语念珠”常与红白菩提心露在体内脉道中融合和流动。在某些能立④中，元音的数量可以增至四十，咒语念珠的数量可以加倍，两圈白色元音的数量可达到三十二个，两圈红色辅音的数量可达到八十个。这些数字与得道者的三十二大相和八十小相相符。

十六个元音是：A，AA，I，II，U，UU，RI，RII，LI，LII，E，AI，O，AU，AM，AH。

三十四个辅音可分为七个语音组：1）KA，KHA，GA，GHA，NGA；2）TSA，TSHA，DZA，DZHA，NYA；3）TA，THA，DA，DHA，NA；4）TA，THA，DA，DHA，NA；5）PA，PHA，BA，BHA，MA；6）YA，RA，LA，WA；7）CHA，SHA，SA，HA，KSHA。

五十一心所（梵文：chaitasika；藏文：Sems-byung）

怒相神佩戴的用五十一颗新割人头或骷髅串成的环形长饰物代表着五十一心所的纯净。在佛教早期的《阿毗达磨藏》中，特别在唯识论经文中，共列出五十一心所⑤，并对

---

① 梵文：tathata，真如，亦称“如”。“如”是不变之意，指实现或最高真理。

② 梵文：ali，元音。

③ 梵文：kali，辅音。

④ 梵文：sadhana，能立，因明学中要建立某种观点主张或对论式的建立的证明，都是能立。

⑤ 心所：直力能见各自对境事物特殊属性之心法所生。五十一心所：五遍行、五别境、六根本烦恼、二十随烦恼、十一善、四异转或不定。

其进行了分类。注释家[1]列出了《阿毗达磨藏》中“经过污染的思想过程”的四十六心所。

五部佛（梵文：panchakula；藏文：Rigs-lnga）

五部佛也叫做“五种姓佛”，分别是：1）不动如来（金刚部）；2）大日如来（如来部）；3）宝生如来（宝生部）；4）无量光如来（莲花部）；5）不空成就如来（羯磨部）。梵文“kula”（藏文：Rigs）一词的意思是“家族”或“部族”。在西方，五佛一般被称作“五禅佛”。

五大种（梵文：panchabhuta；藏文：vByung-ba-lnga）

地、水、火、风、空为五大种。从内在含义上来看，五大种与身体的固性（骨）、液性（内脏器官或体液）、热量（肤色）、能量或流动（呼吸）和空性（意识）相一致。

五道（梵文：panchamarga；藏文：Lam-lnga）

通达佛性的“五道”[2]，即：1）资粮道[3]；2）加行道[4]；3）见道[5]；4）修道[6]；5）无学道[7]。

五毒（梵文：panchavisha；藏文：Dug-lnga）

五毒为：1）痴；2）贪；3）嗔；4）妒；5）慢。有时，第六毒“谬见”也加入其中。

四等至（梵文：catursamapatti；藏文：sNyoms-vjug-bzhi）

四等至[8]为四个最平和的境性之相，获得四等至可以使人投生于四大无色天中。四等至分为：1）空无边处等至[9]；2）识无边处等至[10]；3）无所有处等至[11]；4）非有非非有处等至[12]。

---

① 梵文：Vaibhashika，注释家，梵文音译“毗婆沙”。

② 藏文：rGyal-ba-rigs-lnga，五道，所渡津梁，所行路途。从此能登世间及出世间最胜果位之历程。

③ 梵文：sambharamarga；藏文：Tshogs-lam，资粮道，五道之一。

④ 梵文：prayogamarga：藏文：sByor-lam，加行道，五道之一。

⑤ 梵文：darshana-marga：藏文：mThong-lam，见道，五道之一。

⑥ 梵文：bhavana-marga：藏文：sGom-lam，修道，五道之一。

⑦ 梵文：ashaiksha-marga：藏文：Mi-slob-lam，无学道，五道之一。

⑧ 梵文：catursamapatti；藏文：sNyoms-vjug-bzhi，四等至，亦译“四定”，静虑所摄身内大种，心及心所，于所缘平等安和心一境性之相。

⑨ 梵文：akashanantya，空无边处等至，四等至之一。

⑩ 梵文：vijnananantya，识无边处等至，四等至之一。

⑪ 梵文：akinchaya，无所有处等至，四等至之一。

⑫ 梵文：naivashanjnanasamjna，非有非非有处等至，四等至之一。

四业（梵文：caturkriya；藏文：Phrin-las-bzhi）

四业具有得道之人果法的功能。在佛教密续中，护摩火供仪式通常表现出四业。四业包括：1）息业[①]；2）增业[②]；3）怀业[③]；4）诛业[④]。息业指的通过除障和除病进行净化和安抚。增业指的是增富或使人富有和长寿。怀业指的是控制局面的影响或吸引力。怒相神、毁灭神或暴力行动都意味着灭除混乱和障碍。有时，"任定业"作为第五业加入其中。

四续部（梵文：caturtantra；藏文：rGyud-sde-bzhi）

金刚乘瑜伽四续分类为：1）事部[⑤]，主要强调外在活动和礼仪；2）行部[⑥]，既强调外在礼仪修习，又强调内在观修；3）瑜伽部[⑦]，主要强调内在瑜伽修习或禅修；4）无上瑜伽部[⑧]，极为强调"生起次第"和"圆满次第"的观修。

四加行（藏文：Thun-mongs-kyi-sngon-vgro-bzhi）

"四加行"也叫"四禅定"。"四禅定"是前行阶段[⑨]禅修的四大内容，以克服"执"、并打下坚实的精神基础。第一加行为禅修生；第二加行为反思死亡与不灭；第三加行为禅修因果规律之羯磨；第四加行禅修轮回的痛苦与苦难。

四静虑（梵文：caturdhyana；藏文：bSam-gtan-bzhi）

"四静虑"[⑩]是人在神的最高色界转世而进行禅修的四个阶段。"四静虑"的特点是断灭：1）身体的痛苦或不适；2）精神或情绪上的不快；3）令人愉悦的激动；4）世俗的欢愉体验。

四解脱门（藏文：rNam-par thar-pavi-sgo-bzhi）

人们通过这些方法可以达到解脱：1）空解脱门（空三昧）；2）无相解脱门（无相三昧）；3）无愿解脱门（无愿三昧）；4）终极空性或万象皆空。参阅"三解脱门"。

---

① 藏文：Zhi-ba，息业，四业之一。
② 藏文：sGyas-pa，增业，四业之一。
③ 藏文：dBang，怀业，四业之一。
④ 藏文：Drag-po，诛业，四业之一。
⑤ 梵文：kriyatantra；藏文：Bya-rgyud，事部，四续部之一。
⑥ 梵文：caryatantra；藏文：sPyod-rggyud，行部，四续部之一。
⑦ 梵文：Yogatantra；藏文：rNal-vbyor-rgyud，瑜伽部，四续部之一。
⑧ 梵文：anuttarayogatantra；藏文：rNal-vbyor-bla-med-pavi-rgyud，无上瑜伽部，四续部之一。
⑨ 藏文：sNgon-vgro，前行阶段，最初的准备阶段。
⑩ 静虑，亦译"禅定"。心不散乱，不染烦恼，心境专注。由此之因，生起一切正量智慧之果。

四大（梵文：caturbbuta；藏文：vByung-ba-bzhi）

地、水、火、风（气）为四大物质要素。从内在含义来看，四大与体内的髓液、体液、温度和能量相对应。

四空（梵文：caturshunyata；藏文：sTong-nyid-bzhi）

四空包括：1）空①；2）极空②；3）大空③；4）一切空④。在密宗体系中，与“四空”相对应的是：1）自性空；2）无法空；3）他法空；4）法相空。“四空”可分类为：1）有性空；2）无性空；3）自性空；4）他性空。参阅空性、二空性和十六空性。

四无量（梵文：catvary-apramanani；藏文：Tsha-med-bzhi）

四无量也称作“四无量心”或“四梵往”。四无量指的是：慈、悲、喜、捨。慈无量是无量地使众生免于痛苦的利他愿望；悲无量是无量地使众生享受快乐；喜无量是无量地让众生处于解脱的喜乐之中；舍无量是让众生舍弃“执”与“嗔”平等相待的愿望。

四喜（梵文：caturananda；藏文：dGav-ba-bzhi）

在白色菩提心露从最低的私处轮向上升腾至脐轮、心轮、喉轮和头轮的过程中可以经历“四喜”并逐渐体验大乐的生成。“四喜”为：1）喜；2）胜喜；3）殊喜；4）俱生喜。在《喜金刚密续》中，“四喜”有隐喻的性解释。喜是莲花和金刚（阴道和阴茎）的接触；胜喜是对更大欢愉的欲望；殊喜是兴奋高潮后对松弛的渴望；俱生喜是由前喜而生成的满意状态或满足。在密续中也有列出“八喜”或“十六喜”的。白色菩提心露在四大轮的升降中可以生成八喜，而红白菩提心露的升降则生成“十六喜”。

四魔（梵文：caturmara；藏文：bDud-bzhi）

魔（Mara）有“毁灭者和践踏者”之意，它是试图阻碍佛陀在菩提树下证果的邪“魔”。在这个阻碍过程中，魔被消灭。在传统上，魔就是吠陀时期的欲神，也是最高欲界天众神之主。当他呈此化身时，他被视为“他化自在天魔”或“魔子”，该称谓指撒旦对基督的诱惑。在早期的佛教经文中，把魔的大军描述为四兵（马兵、象兵、车兵、步兵）。在后来的大乘佛教中，四兵被拟人化成为四魔，被绘成印度神的化身。

---

① 梵文：shunya，空，四空之一。

② 梵文：atishunya，极空，四空之一。

③ 梵文：sarvashunya，大空，四空之一。

④ 梵文：catur-brahmavihara；藏文：Tshangs-pavi-gnas-pa-bzhi，一切空，四空之一。

四魔中的第一位魔是阴魔，即：五蕴之魔，以黄色梵天的化身出现。第二位是烦恼魔，以白色毗湿奴的化身出现。第三位是死魔，以蓝色的自在天的化身出现。第四位是他化自在天魔，即："他化自在"，是魔子或傲慢与贪欲之魔的化身，以黑色因陀罗的化身出现。也可将它们画成梵天（阴魔）、夜叉（烦恼魔）、炎魔（死魔）和因陀罗（欲魔）。作为魔的化身，欲魔也可画成欲魔的红色化身。

在肖像画法上，四魔也可以画成被踩在喜金刚和怖畏金刚这样的神灵脚下，四魔的鲜血也会出现在某些怒相神的嘎巴拉碗中。在金刚乘佛教中，魔的大军代表着一切精神和情感上的"惑"，这些"惑"生成"邪恶大军或恶魔"。金刚乘神灵手持的许多武器都具有砍杀、挤压、刺杀和斩断四魔之"障"或邪恶影响的功能。

四圣谛（梵文：catuharyasatya；藏文；vPhags-pavi-bden-pa-bzhi）

四圣谛是以释迦牟尼在斯里那他鹿野苑的首次传道为依据的。四圣谛包括：1）苦谛；2）道谛；3）业谛；4）灭谛。参阅八正道。

四障（梵文：caturavarana；藏文：sGrib-bzhi）

四障包括：1）烦恼障；2）碍对障；3）所知障；4）贪著障。

四摄法（藏文：bsDu-bavi-ngos-po-bzhi）

菩萨摄持弟子的四种方法：1）布施摄；2）爱语摄；3）利行摄；4）同事摄。

大乐（梵文：mahasukha；藏文：dBe-ba-chen-po）

在无上瑜伽部修持中，"大乐"指的是修持者对大乐的究极体验，大乐生成于与同伴或伴偶的结合（无论是观修还是实际的体验）。当这种究极大乐的体验随着对空性的直接体验而生成时，其产生的状态被称作"大乐与空性的结合"。

护摩（梵文：homa；藏文：sByin-sreg）

在传统上，长时间闭关静修结束后要举行护摩仪式（火供仪式），以净化闭观静修期间滋生的罪孽。出于一个具体的宗教或世俗目的，如：除障或增财，也可以举行一次护摩仪式。护摩仪式要唤请火神阿耆尼，并把各种东西作为焚烧供品投入圣火中，供品包括木头、草、谷物、种子、蜂蜜和乳酪。为这些仪式专门修造的火灶或火坑一般分为四种，与"四业"和密宗仪式相对应。白色圆形灶用于怀柔护摩；黄色方形灶用于增长护摩；红色弓形型灶用于息灭护摩；黑色三角形灶用于诛灭护摩。

幻身（梵文：mayadeha；藏文：sGyu-lus）

在无上瑜伽密续的“圆满次第”阶段，修持者的“意”生成在修持者本尊神变幻的白色“幻身”的“明光”阶段。获得幻身使“意”与神的受用身完全同一。《父续》特别强调获得幻身，而《母续》尤为强调获得“明光”。据说，在金刚乘佛教中有七类幻身：1）譬喻幻化；2）现分幻化；3）梦境幻化；4）中有幻化；5）光明幻化；6）变化幻化；7）智慧幻化。

金刚滴露（梵文：vajrabindu；藏文：rDo-rje-thig-le）

金刚滴露形成于红白菩提心露的精华，即：父母充裕的精液和经血。寻求转世之众生的转世意识这个最细微的“意”被包在滴露之中。在人的一生中，滴露在心脏中央始终不变。当死亡降临之际，金刚滴露融化并开启，让最细微的“意”和“意”所依之“气”进入到下一个转世。

证果者（梵文：Mahasiddha；藏文：Grub-chen）

证果者指的是“大成就者”或修学佛道证得殊胜成就之人。在传统上，共有八大证果者。印度佛教共列出八十四位证果者，生活在八世纪和十二世纪间的这些历史人物都是佛教经文的主要传承者或“阐述者”。

魔（梵文：Mara；藏文：bDud）

魔试图阻止佛陀修得正果。参阅“四魔”。

方法或方便（梵文：upaya；藏文：Thabs）

修方便或方便指的是通过布施、持戒、忍辱、精进、禅定五“阴”积下阴德。方便度也是“十度”之一，在“十度”中，它表示为利益众生而积下回向功德。在修无上瑜伽部《父续》时，方法也表示性交技巧①，该技巧被脉道、气和滴露激活。神灵右手持有这些“方便”器物作为“阳性”的象征。

脉道（梵文：Nadi；藏文：rTsa）

脉道指的是体内输送红白菩提心露的神经或脉道及它们承载的气或“精气”。人体内共有七万二千条脉道，其中三条脉道格外重要。

---

① 藏文：sByor-ba，性交技巧。

九乘（梵文：navayana；藏文：Theg-pa-rim-pa-dgu）

藏传佛教早期的宁玛派把佛教的“道”分成为几个渐次的“乘”，其依据是“显教三部”、“三外乘”和“三内乘”。九乘分别是：1）声闻①；2）独觉②；3）菩萨③；4）事部；5）行部；6）瑜伽部；7）大瑜伽④；8）随类瑜伽⑤；9）最极瑜伽⑥或大圆满⑦。

化身（梵文：Nirmanakaya；藏文：sPrul-sku）

“顿悟者”展现其化身以帮助他人。佛及顿悟的印度和藏族大师或活佛⑧以这种可见的化身显现。

宁玛派（藏文：rNying-ma）

宁玛派（“古译派”）是西藏四大主要佛教教派中最古老的一个。可以将其追溯到公元八世纪，当时，莲花生和无垢友首次将佛教教义从印度传到西藏。西藏其他三大教派是噶举派、萨迦派和噶当派，被统称为“新教”或“新密乘”，噶当派后来并入格鲁派（“新译派”）。格鲁派是由宗喀巴大师创建。宁玛派、噶举派和萨迦派常被称为“红帽系”，而格鲁派被称为“黄帽系”。

《往世书》（梵文：purana）

《往世书》是古印度神话传说的汇集，涉及创世说、宇宙毁灭史诗、有关众神的各种传说及印度宗族和王族世系。现存十八部，另有十八部为《小往世书》⑨，主要涉及有关梵天、毗湿奴和湿婆的各种传说。《往世书》中的大部分可能成书于公元六世纪和公元十四世纪之间，但有些部分可以远溯到公元一世纪。

受用身（梵文：Sambhogakaya；藏文：Longs-spyod-rdzogs-pavi-sku）

神示现出三十二大相和八十小相的受用身。只有证果者才能看到。

---

① 梵文：Shravaka，声闻，九乘之一。
② 梵文：Pratyekabuddha，独觉，九乘之一。
③ 梵文：Bodhisattva，菩萨，九乘之一。
④ 梵文：Mahayoga，大瑜伽，九乘之一。
⑤ 梵文：Anuyoga，随类瑜伽，九乘之一。
⑥ 梵文：Atiyoga，最极瑜伽，九乘之一。
⑦ 藏文：rDzogs-pa-chen-po，大圆满，九乘之一。
⑧ 梵文：tulkus，藏文：sPrul-sku，活佛。
⑨ 梵文：upa-purana，《小往世书》，书名。

七支（梵文：saptanga；藏文：Yan-lag-bdun-pa）

修“七支”以净化“惑”并积下阴德，“七支”包括：1）礼拜；2）供奉；3）忏悔；4）随喜；5）皈依；6）发心；7）回向。

七圣财（梵文：saptadhana；藏文：vPhags-pavi-nor-bdun）

七圣财包括：1）信；2）戒；3）闻；4）舍；5）惭；6）愧；7）慧。七圣财是随一位转轮王的诞生而生成。

六度（梵文：satparamita；藏文：Phar-phyin-drug）

六度为：1）布施；2）戒；3）忍；4）精进；5）；禅；6）慧。“六度”中的前五度是“阳性”的方法或方便，形成“清净”①。最后一度“慧”是“阴性”的，构成“智”②。

六界（梵文：sadaloka；藏文：Rigs-drug）

六界或六道轮回以图解形式绘制在《轮回图》上。投生六界之一的特点是处在独特的精神状态或“毒”中。六界为：1）神界或天界（慢）；2）嫉妒成性的阿修罗界（嫉）；3）人界（欲或“五毒”）；4）畜生界（痴或愚）；5）饿鬼界（贪和苦）；6）地狱界（怒或嗔）。前三界是“上三界”，被视为对人有利，后三界为“下三界”，充满着痛苦。有时，只列出五界，在《轮回图》中，天界和阿修罗界合二为一。

十六空（梵文：sodashashunyata；藏文：sTong-nyid-bcu-drug）

《般若波罗蜜经》共列出十六种空，用于不同的现象显示。它们是：1）内空③；2）外空④；3）内外空⑤；4）空空⑥；5）大空⑦；6）胜义空⑧；7）有为空⑨；8）无为空⑩；

---

① 梵文：punya，清净，远离种种染恶烦恼。

② 梵文：jnana，智，智是心的简择作用。

③ 藏文：Nang-stong-pa-nyid，内空，十六空之一。

④ 藏文：Phyi-stong-pa-nyid，外空，十六空之一。

⑤ 藏文：Phyi-nang-gnyis-ka-stong-pa-nyid，内外空，十六空之一。

⑥ 藏文：sTog-pa-nyid-stong-pa-nyid，空空，十六空之一。

⑦ 藏文：Chen-po-stong-pa-nyid，大空，十六空之一。

⑧ 藏文：Don-dam-pa-stong-pa-nyid，胜义空，十六空之一。

⑨ 藏文：vDu-byas-stong-pa-nyid，有为空，十六空之一。

⑩ 藏文：vDu-ma-byas-stong-pa-nyid，无为空，十六空之一。

9）无际空①；10）毕竟空②；11）散空③；12）本性空④；13）一切法空⑤；14）自相空⑥；15）不可得空⑦；16）无法自性空⑧。就空性而言，十六空在本质上基本相同，即：内在的自我认定或外在的现象的终极空性。在大乘佛教经文中也可以看到二空、四空、八空、十六空和二十空。

十方（梵文：dasadik；藏文：Phyogs-bcu）

十方包括：东、南、西、北四大基本方位、四小基本方位以及上顶下底。中心点可能也包括在内，成为第十一方，象征着十一面观音。

十恶（梵文：dasa-akushalani；藏文：Mi-dge-ba-bcu）

十恶为：1）杀；2）盗；3）淫；4）妄语；5）离间语；6）恶语；7）绮语；8）贪欲；9）嗔；10）邪见。1～3为身不善，4～7为语不善，8～10是意不善。同修“十善”⑨以抑制上面所列的“十恶”。

十度（梵文：dasaparamita；藏文：Phar-phyin-bcu）

十度为：1）布施；2）持戒；3）忍辱；4）精进；5）禅定；6）智慧；7）方便；8）愿；9）力；10）智。参阅“六度”。

如来十力（梵文：dasabala；藏文：sTobs-bcu）

如来十力是达到菩萨道“第八道品”⑩的佛或菩萨的十种力量：它们是：1）知处非处智力；2）知自业智力；3）知种种解智力；4）知种种界智力；5）知根胜劣智力；6）知遍趣行智力；7）知净虑解脱等持等至等智力；8）知宿命随念智力；9）知死生智力；10）知漏尽智力。

---

① 藏文：mThav-las-vdas-pavi-stong-pa-nyid，无际空，十六空之一。

② 藏文：Thog-ma-dang-mthav-ma-ned-pa-stong-pa-nyid，毕竟空，十六空之一。

③ 藏文：Dor-ba-med-pa-stong-pa-nyid，散空，十六空之一。

④ 藏文：Rang-bzhin-stong-pa-nyid，本性空，十六空之一。

⑤ 藏文：Chos-thams-cad-stong-pa-nyid，一切法空，十六空之一。

⑥ 藏文：Rang-mtshan-nyid-stong-pa-nyid，自相空，十六空之一。

⑦ 藏文：Mi-dmigs-pa-stong-pa-nyid，不可得空，十六空之一。

⑧ 藏文：dNgos-po-med-pavi-stong-pa-nyid，无法自性空，十六空之一。

⑨ 梵文：dasakushalari；藏文：dGe-ba bcu，十善：1）不杀生；2）不偷盗；3）清净行；4）不妄语；5）无离间语；6）无粗恶语；7）无绮语；8）不起贪心；9）无嗔心；10）无邪见。

⑩ 梵文：astabhumi，第八道品。

三十七道品（梵文：saptatrimsa-bodhipakshadharma；藏文：Byang-phyogs-so-bdun）

三十七道品是相随的修法，指通过修法达到圆满。在小乘佛教中，修三十七道品可以获得阿罗汉果位。在大乘佛教中，通过菩萨的十个果位可以获得圆满或成佛。三十七道品可分成七大类，与“菩提五道”相对应。三十七道品分别是：1）四念往;2)四正断;3)四神足；4）五根；5）五力；6）七觉支；7）八圣道支。

1）四念往：①身念往[①]，使人理解第一圣谛“苦谛”；②受念往[②]，使人理解第二圣谛“业谛”；③行念往[③]，使人理解第三圣谛“灭谛”；④法念往[④]，使人理解第四圣谛“道谛”。

2）四正断[⑤]：①断断；②律仪断；③随护断；④修断。

3）四神足[⑥]：①欲神足；②勤神足；③心神足；④观神足。

4）五根：①信根；②精进根；③念根；④定根；⑤慧根。

5）五力；①信力；②；精进力；③念力；④定力；⑤慧力。

6）七觉支；①择法觉支；②精进觉支；③喜觉支；④轻安觉支;⑤舍觉支;⑥定觉支；⑦念觉支。

7）八正道支：①正见；②正思；③正语；④正业；⑤正命；⑥正精进;⑦正念;⑧正定。

三十七果位（藏文：rGyal-sras-lag-len-so-bdun-ma）

藏族大师额曲·妥美桑布[⑦]撰写的一篇经文，涉及一组从菩萨果位到实现圆满的三十七果位。

三十三（梵文：trayastrimsa；藏文：gSum-cu-rtsa gsum）

三十三天位于“居地神”居住的欲界，在《轮回图》上，该欲界常画成最高的一重天。“三十三”之名取自大天神因陀罗天及其三十二个助神或大臣。在印度传说中，这个数字常被乘以百万以与神殿中不同神灵的数量相符。据说。神的总数达到三百三十万。

---

① 梵文：kaya，身念往，四念往之一。

② 梵文：vedana，受念往，四念往之一。

③ 梵文：chitta，行念往，四念往之一。

④ 梵文：dharma，法念往，四念往之一。

⑤ 四正断，①断断，未生恶不善法令不生；②律仪断，已生恶不善法令断；③随护断，已生善法令增长；④修断，未生善法令生。

⑥ 四神足，四种禅定。足者，所依之意，是禅定的比喻词，如身意足而立。

⑦ 藏文：Ngul-chu Thog-me Zang-po，额曲·妥美桑布，人名。

三十二相（梵文：dvatrimsanlakshanani；藏文：sKyes-bu-chen-povi）

法轮王或“大人物”的三十二相，包括：顶有肉髻、眉间毫相、手足掌中各有千辐金轮、目绀青色、肤体紫磨金光、手足指皆网面。八大相包括对面部和体态特征的描述，例如：眼、睫毛、舌、发、指甲、足和手。

三门（梵文：tridvara；藏文：sGo-gsum）

身、语、意与思（意）、语（语）、业（身）相对应。头部的白色字符“Om”代表“身”，喉部的红色字符“A”代表“语”，而心部的蓝色字符“Hum”代表“意”。

三解脱门（梵文：vimokshamukha；藏文：rNam-par-thar-pavi-sgo）

通过三解脱门就可获得解脱。“三解脱门”是：1）空解脱；2）无相解脱；3）无愿解脱。

三宝（梵文：triratna；藏文：dKon-mchog-gsum）

三宝：1）佛；2）法；3）僧。

三毒（梵文：trivisha；藏文：Dug-gsum）

“三毒”指的是贪、嗔、痴三大消极情绪，在《轮回图》中央绘制的“三毒”如下：1）黑猪，象征着痴或愚；2）红色小鸽子，象征着贪或欲；3）绿色蛇，象征着嗔或怒。这三种动物相互咬着尾巴，象征着最初的痴愚可以生成贪欲，贪欲又生成怒，怒又可生成更进一步的愚痴。参阅“五毒”或“轮回”

圣道三要（藏文：Lam-gyi-gtso-bo-rnam-gsum）

获得圆满的圣道三要为：1）出离心；2）菩提心；3）正见。

三根本（藏文：rTsa-gsum）

“三根本”为：1）上师；2）本尊；3）空行母（或护法）。加被根本依上师或喇嘛；成就根本依本尊；除障根本依空行母。参阅空行母和本尊。

三时（梵文：trikala；藏文：Dus-gsum）

三时为：1）过去；2）现在；3）未来。

三金刚（梵文：trivajra；藏文：rDo-rje-gsum）

三金刚为净化后的身、语、意。

三界（梵文：triloka，trailokya，tridhatu；藏文：Khams-gsum）

佛教宇宙观将轮回分为三界：1）欲界；2）色界；3）无色界。欲界围着在地狱界、恶鬼界、畜生界、人界和阿修罗界六道轮回中的生灵及较低的六位天神。六位天神由两位“居地神”（四大天王天和“三十三天”）和四位“居天神”组成。色界由较高的十七层或十八层天组成，其特点是“意”的渐次精细及生成于前世的“四静虑”之一或更多静虑的意识中。无色界由四层无形天组成，个人作为纯意识存在于此。四层天生成于前世“四等至”之一或更多的等至之中。

“三界”一词也可以指“三地”①：1）地上②，神和天神界；2）地③，人界；3）地下④，龙神界。在吠陀传说中，三界指的是神、人和地狱界。

马鞍形甬道（梵文：Torana；藏文：rTa-babs）

马鞍形甬道⑤是一种拱道或门道。作为佛和菩萨“六庄严”的菩提宝座上的拱形圆光在传统上常饰有各种艺术图案或神话动物，其顶部饰有金翅鸟或饕餮，圆光下对称饰有龙神和摩羯。两侧通常饰有各种图案，如：珠宝十字杆、一对小神或天神、两只杂交羚羊⑥、两头狮子和两头大象。在尼泊尔加德满都峡谷依然可以见到精美的木雕或石刻甬道。在南印度的建筑上，甬道常呈精致雕刻的门道状，被称作“山门”⑦。

十二因缘（梵文：dvadasanga-pratityasamutpada）

在佛教的因果观念中，十二因缘是最重要的教法之一，它诠释了人生的种种苦难均源自痴愚及痴愚诱发的“业”。十二因缘以图形方式绘制在《轮回图》的外圈上。

1）无明，盲人。

2）行，正在制作陶器的陶工。

3）识，受到食物吸引的顽皮猴子。

4）名色，站在船上的两名男子。

5）六入，有五扇窗和一扇门的房子。

---

① 藏文：Sa-gsum，三地：1）地上；2）地；3）地下。

② 藏文：Sa-bla，地上，三地之一。

③ 藏文：Sa-steng，地，三地之一。

④ 藏文：Sa-vog，地下，三地之一。

⑤ 梵文：torana；藏文；rTa-babs，梵文“torana”一词意为“甬道”，藏文“rTa-babs”一词指的是“牌坊”，在此处似乎译为佛像上的“背光”或“圆光”比较妥当。

⑥ 梵文：sharabha，杂交羚羊。

⑦ 原文：gopura，山门，印度南部庙宇的山门，常指山门上部的金字塔形的大塔。

6）触，一对正在接吻或做爱的人。

7）受，被箭射中一只眼睛导致失明的人。

8）爱，正在饮酒的人。

9）取，正从树上采摘果实的猴子。

10）有，孕妇或正在趴窝的母鸡。

11）生，正在分娩的妇女。

12）老死，拄着拐杖的老者和一具被抬往墓地的尸体。

二资粮（藏文：Tshogs-gnyis）

二资粮[①]为：1）福德资粮[②]：通过布施、持戒、忍辱、精进、禅定“五度”得以获得；2）智德资粮[③]：通过修“六度”中的第六度“智慧”获得。

二空（梵文：dvisbunya；藏文：sTong-nyid-gnyis）

二空为：1）人空：主体的人无自性（五蕴）；2）法性，客观的法无自性。

二谛（梵文：dvisatya；藏文：bDen-pa-gnyis）

二谛为：1）俗谛，通过普通的认知来体验现实世界显而易见的真谛；2）真谛，通过圆满智慧来体验空性的实际真谛。

二障（梵文：dvi-avarana；藏文：sGrib-gnyis）

“二障”是遮蔽我们获得圆满佛性的因素。二障包括：1）烦恼障；2）所知障。烦恼障也称作“解脱障”，其特点是带有消极的情绪、思想和情绪上的烙印，如：嗔、欲、嫉、妒。“所知障”也称作“迷执障”，其特点是痴愚。

吠陀（梵文：vaidika，Veda；藏文：Rig-byed）

吠陀指的是四部最古老的《吠陀本集》[④]，包括：1）《梨俱吠陀》；2）《夜柔吠陀》；3）《娑摩吠陀》；4）《阿闼婆吠陀》。它们构成了印度教最古老的经典，可能成书于公元前二千年，是根据印度圣者的“神示”撰写的。吠陀时期（公元前 2000 年～前 900 年）后来被婆罗门时代所取代，婆罗门时代后期与释迦牟尼佛陀时代同期。

---

① 藏文：Tshogs-gnyis，二资粮：1）福德资粮；2）智德资粮。佛教徒把“福德”和“智德”看做是修法者应具备的两种资粮，认为以此二德作为资粮可证佛果。

② 藏文：bSod-nams，福德资粮，二资粮之一。

③ 藏文：Ye-shes，智德资粮，二资粮之一。

④ 梵文：veda，《吠陀本集》。

轮回图（梵文：bhavachakra；藏文：Srid-pavi-vkhor-lo）

《轮回图》以图解形式阐述了佛陀关于无常、苦难、羯磨、死亡和转世进入六道轮回及十二因缘等教法。图中央绘有一头黑猪、一只小红鸽子和一条绿蛇，它们相互咬着尾巴，象征着痴、贪、嗔“三毒”。图右边白色部分的第二圈画有升至上三界的人，左边黑色部分画有降至下三界的人。第三圈被轮辐分成五个或六个部分，畜生、饿鬼及各种地狱界的下三界都画在较低的部位。人、阿修罗和天神的上三界画在上面或其他两、三个地方。轮最外层顺时针地绘有十二因缘的图解。阎王或红色恶魔的爪子持轮，象征着无常。阎王或红色恶魔用致人死地的尖牙啃咬并吞食着轮子。释迦牟尼化身站在轮的上方和轮的外缘，他举着右臂，指向月亮，象征着佛教教义将指引众生免受轮回之苦。《轮回图》是一件珍贵的文物，据说最初经由佛陀释迦牟尼加以阐述的。参阅“十二因缘”、“六界”和“三毒”。

般若（梵文：prajna；藏文：Shes-rab）

“般若”一词的最佳定义或许是“智慧”或能根据空性正确理解万象的能力，或定义为直接领悟现实（空性）真实本质的感悟力。梵文“jnana”（藏文：Ye-shes）一词也可以用来指“智慧”或“知识”。或许，圆满心境的“原始认识”或“纯净、未遭污染的知识和直觉”是其最佳定义。“般若”（智慧）始终被视为具有“阴性”特质，男神的女性伴偶常被称作“般若”。由于具有空性的“阴性”（与“色”的阳性相反），神灵的左手手印和器物通常展示他们的智慧。

本尊（梵文：ishtadevata，ishtadevi；藏文：Yi-dam，Lhag-pavi-lha）

藏文“Yi-dam”一词指的是男女密宗神，修持者将其视为自己的禅定神。作为上师、本尊和空行母“三根本”之一。成就根本依本尊；加被根本依上师；除障根本依空行。

由旬（梵文：Yojana；藏文：dPag-tshad）

“由旬”是古印度的大计量单位，是不套轭具的牛拉着车舒适行走的路程距离。在早期的阿毗达摩体系中，一由旬相当于四千弓，大约四英里半。在后来的时轮体系中，由旬增倍至约九英里。《时轮密续》中列出了各种计量单位：“八颗粒相当于一个粒子。八粒子相当于一根优质发丝的发尖。八根发丝尖相当于一粒芥子。八粒芥子相当于一只虱子。八只虱子相当于一粒大麦。八粒大麦相当于一指节①。二十四指节相当于一轸。四轸相当于一 弓，二千弓相当于一闻距，四闻距相当于一由旬。”

① 梵文：angula，指节，古印度的计量单位。

图书在版编目(CIP)数据

藏传佛教象征符号与器物图解/（英）比尔著；向红笳译．—2版．—北京：中国藏学出版社，2014.3（2024.11重印）—ISBN 978-7-80253-704-0

Ⅰ．藏… Ⅱ．①比…②向… Ⅲ．①喇嘛宗-通俗读物 Ⅳ．①B946.6-49

中国版本图书馆CIP数据核字(2014)第074449号

藏传佛教象征符号与器物图解 ［英］罗伯特·比尔著 向红笳译

出版发行 中国藏学出版社
印　　刷 北京隆昌伟业印刷有限公司
版　　次 2014年5月第2版 2024年11月第3次印刷
开　　本 787×1000毫米 1/16
印　　张 18
字　　数 387千
图　　片 262幅
印　　数 10001—15000册
书　　号 ISBN 978-7-80253-704-0/B·188
定　　价 68.00元

图书若有质量问题，请与本社联系
E-mail:dfhw64892902@126.com 电话:010-64892902